빅데이터 분석 및 응용

Big Data Analysis & Application

남상엽 · 최선정 · 홍재혁 · 임용순 · 이혜명 · 이현진 공저

도서출판 상학당

欲爲大者 當爲人役

크고자 하거든 남을 섬기라

빅데이터 분석 및 응용

머리말

데이터 산업은 '데이터의 생산, 수집, 전처리, 정보저장관리, 정보처리, 분석, 및 지식 가시화를 통해 지식을 유통, 활용하기까지 등의 가치를 창출하는 상품과 서비스를 생산 · 제공하는 산업'으로 정의한다. 데이터의 생명주기(또는 가치사슬)상에 나타난 데이터와 관련된 제반활동을 포함해 데이터로부터 가치가 창출되는 일련의 모든 과정, 이와 연관된 활동을 포함한다. 빅데이터, 인공지능 등 관련 기술과 데이터가 밀접한 연관성이 있고, 이에 대용량의 데이터를 처리 · 분석하기 위한 데이터 저장 · 보관, 데이터 전송 등 인프라 구축 또한 매우 중요하다.

빅데이터(Big Data)란 기존의 데이터베이스 관리도구 및 분석체계로는 감당할 수 없을 정도의 거대한 데이터의 집합을 지칭하며, 대량의(수십 수백 수천만 테라, 페타, 제타비이트 단위 이상) 정형 또는 비정형 데이터 세트 및 이러한 데이터로부터 의미 있는 가치를 추출하고 원하는 결과를 분석하는 기술이다. 즉 빅데이터는 정보의 수집, 저장, 배포, 관리 및 분석을 지원하는 고급기술이 필요한 대량의 가변데이터를 설명하는 용어이다.

빅데이터는 범람하는 정보속에서 새로운 가치창출을 하고자 데이터를 저장 · 분석하는 과정으로 단순히 범람하는 정보를 처리 · 삭제하는 과정이 아니다. 또한 대용량 데이터를 보관하기 위한 시스템을 갖추는 것이지 용량을 줄이는 것이 아니다. 분석결과를 갖고 국가기관, 민간 등의 분석기획 담당자들이 자유롭게 이용할 수 있어야 한다.

빅데이터 처리과정은 6단계로써 빅데이터 소스, 빅데이터 수집, 빅데이터 공유, 빅데이터 저장, 빅데이터 처리, 빅데이터 분석, 빅데이터의 시각화(표현) 과정으로 구분된다.

빅데이터 분석을 위한 개선과제 이슈(Issue) 정하기에서 정리된 내용을 바탕으로 개선방향에 알맞은 빅데이터의 분석목표를 수립해야 한다. 빅데이터의 분석방법에 따라 필요한 데이터 원천, 데이터 입수 난이도, 분석방법 및 개별 분석의 난이도, 분석 수행주기, 분석결과에 대한 성과평가 기준을 고려하여 목표 수준을 정리해야 하며, 현시점에 현실적으로 가능하게 분석목표를 수립해야 한다.

데이터 수집 세부계획 수립은 데이터 선정 이후 데이터의 유형, 위치, 데이터의 저장방식, 데이터 수집기술, 데이터의 보안사항 등을 구체적으로 작성하는 활동이다.

빅데이터 저장시스템이란 대용량 데이터 집합을 저장하고 관리하는 시스템으로 사용자에게 데이터 제공 신뢰성과 가용성을 보장하는 시스템을 말한다. 빅데이터 저장시스템을 구성하기 위해서는 하드웨어인 (분산)저장시스템과 데이터베이스 기술에 기반을 둔 다양한 형태의 빅데이터 저장 소프트웨어를 선택하여 구성한다.

빅데이터 처리시스템이란 대용량 데이터를 분산 병렬 처리하고 관리하는 시스템으로 사용자에게 데이터의 유형에 따라서 실시간 처리나 배치(Batch) 처리를 할 수 있도록 하는 프레임워크를 제공한다. 빅데이터 처리시스템은 대규모 양의 데이터의 수집 · 관리 · 유통 · 분석을 처리하는 일련의 분산 병렬 처리 프레임워크를 말한다.

빅데이터 분석은 추세, 패턴, 고객행동 및 시장선호도를 파악하여 더 나은 비즈니스 의사결정을 제공하기 위해 크고 복잡한 데이터 소스를 분석하는 프로세스이다. 빅데이터 분석의 복잡성으로 인해 예측 분석, 머신러닝, 스트리밍 분석, 데이터베이스 내 및 클러스터 내 분석과 같은 기술을 비롯한 다양한 방법이 필요하다. 빅데이터로 알려진 정형 및 비정형 데이터의 부상은 데이터를 행동으로 전환하고 비즈니스에 가치를 추가함으로써 비즈니스 인텔리전스(BI)의 기능을 근본적으로 변화시켰다.

빅데이터 분석은 대량의 정형 · 비정형 데이터로부터 의미 있는 정보를 추출하고, 숨겨진 패턴 혹은 그간 인지하지 못했던 다양한 데이터 간의 관계를 발견해내어 정보를 추출 · 분석하는 과정이다. 이러한 분석을 통해 기업은 궁극적으로 더 나은 의사결정을 수행하는데 그 목적이 있다. 빅데이터 분석을 위해서는 데이터 수집 · 처리를 위한 다양한 IT 기술의 도움이 필요하지만, 데이터로부터 의미 있는 정보를 도출해내기 위해서는 결국 통계 및 데이터마이닝 기법들이 빅데이터 분석의 기초이자 핵심이라 할 수 있다.

머신러닝 기반의 데이터 분석을 효과적으로 수행하기 위해서는 우선 머신러닝이 무엇을 의미하는지, 주로 어떤 상황에서 사용하는지를 올바르게 이해할 필요가 있다.

머신러닝은 스팸메일 분류, 주식매매 등의 알고리즘 트레이딩, 맞춤광고 및 추천시스템, 컴퓨터 비전(문자 인식, 물체 인식, 얼굴 인식)이나 자연어 처리, 음성 인식, 정보검색 및 검색엔진, 유전자 분석, 로보틱스, 컴퓨터 게임 및 가상현실 등 실제 현실 속에서 매우 다양한 분야에서 활용되고 있다. 또한 최근 구글 등에서 추진하고 있는 무인자동차나 인공지능 알파고 같은 클라우드 기반의 인공지능 시스템도 머신러닝이 활용되고 있는 대표적인 분야라고 할 수 있다.

텍스트마이닝 혹은 텍스트 분석은 비정형 텍스트 데이터로부터 유용한 정보를 추출하는 기술이다. 데이터마이닝(Data Mining)은 구조적인 데이터(정형 데이터)를 대상으로 유용하고 가치 있는 패턴을 추출하는 것이다. 반면에 텍스트마이닝(Text Mining)은 자연어로 구성된 비구조적인 데이터(비정형 데이터)를 대상으로 개체명(인명, 지역명 등), 패턴 혹은 단어-문장관계 정보를 추출하는 것이다.

머리말

빅데이터의 양이 기하급수적으로 증가하면서 데이터가 가지고 있는 잠재적인 정보의 가치가 커짐에 따라 데이터 시각화에 관한 관심이 급증하고 있다. 빅데이터 시각화(Visualization)는 인간의 시각능력을 토대로 데이터에 대한 이해와 설득에 도움을 주기 위해 그림이나 도형 등의 그래픽 요소들을 이용하여 데이터를 묘사하고 표현하는 것이다. 빅데이터 시각화는 최근에 이슈가 된 것이 아니라 아주 오래전부터 인간이 정보를 전달하기 위한 수단으로 사용해 온 의사소통 방법이다.

빅데이터의 비즈니스 모델을 판별하는 주요 기준은 수익성이다. 그리고 빅데이터가 경영에 미치는 영향을 체계적으로 이해하고, 기업의 실정에 맞는 단계적인 혁신을 추구하여 신사업 창출에 역동성을 가해야 한다.

빅데이터 플랫폼은 데이터의 수집 · 저장 · 처리 · 관리 및 분석 등의 역할 수행을 지원함으로써 새로운 인사이트(Insight)와 비즈니스 가치창출이 가능한 데이터 프로세스 환경을 의미한다. 즉 빅데이터의 다양한 데이터 소스에서 수집한 데이터를 저장 · 처리 · 분석 등 전 과정을 통합적으로 제공하여 그 기술들을 잘 사용할 수 있도록 지식을 발굴하고, 이를 기반으로 지능화된 서비스를 제공하는데 필요한 준비된 ICT 환경이다.

빅데이터의 가치가 높아지면서 안전한 활용을 위한 빅데이터 보안의 중요성은 더욱 커지고 있다. 과거에는 주로 관련된 규제에 대한 대응 차원에서 데이터 보안시스템을 설치하여 운영하였지만, 점점 더 실질적인 보호를 위한 정책을 적용하고 모니터링을 하는 등의 방향으로 변하고 있다.

기술적으로는 클라우드로 IT 시스템을 이전하는 기업 및 기관이 증가하면서, 새롭게 전개되는 환경에 적합한 DB보안 기술에 대한 수요가 증가하고 있다.

빅데이터의 융합방법은 데이터의 융합, 분석방법의 융합, 플랫폼의 융합을 해야만 진정한 빅데이터의 조화로운 융합이라고 할 수 있다. 즉 데이터의 융합은 정형과 비정형 데이터의 융합을 통해 가치있는 데이터를 사용자에게 제공할 수 있고, 플랫폼의 융합은 다양한 플랫폼을 목적과 특성에 맞게 융합하여 활용할 수 있다. 또한 분석방법의 융합은 빅데이터 분석을 위해 여러 방법인 키워드 분석, 최적화, 다차원 분석, 예측 분석, 데이터 품질관리 방법, Ad hoc Report 등을 융합하여 활용하는 방법을 사용함으로써 진정한 빅데이터 융합이 된다.

이 《빅데이터 분석 및 응용》은 전기, 전자, 컴퓨터, 정보통신, 빅데이터, 디지털 트윈, IoT, AR/VR/MR, 인공지능, 콘텐츠, 핀테크 엔지니어링, 보안, 에너지, 전력전자 등 4차산업 관련 공학, 환경, 위생, 금융 및 경영분야의 입문자를 대상으로 빅데이터 분석 및 응용에 대한 기본적인 지식이 없어도 단계별 필요지식 및 수행과정을 꾸준히 따라오면 빅데이터 분석과 응용에 관련 지식을 얻어 이해하는 단계로 발전하여 능력향상이라는 숲을 볼 수 있도록 눈높이를 맞추는 데 1차적인 목표를 두었다.

《빅데이터 분석 및 응용》의 주요구성은 다음과 같다.

학습 1. 빅데이터의 이해, 학습 2. 빅데이터의 분석기획, 학습 3. 빅데이터의 수집, 학습 4. 빅데이터의 저장, 학습 5. 빅데이터의 처리, 학습 6. 빅데이터의 분석용 데이터 탐색, 학습 7. 통계기반 빅데이터 분석, 학습 8. 머신러닝 기반의 빅데이터 분석, 학습 9. 텍스트 마이닝 기반의 빅데이터 분석, 학습 10. 빅데이터의 시각화, 학습 11. 빅데이터의 비즈니스 모델과 활용전략, 학습 12. 빅데이터의 플랫폼과 관리, 학습 13. 빅데이터의 보안분석, 학습 14. 빅데이터의 융합으로 구성되어 있다.

특히 각 장에서는 빅데이터 분석 및 응용에 대한 교재의 수행 질문에 따라 임의적으로 해법을 제시하여 창의적인 사고를 통해 각장의 본문 및 수행과제를 수행할 수 있다.

《빅데이터 분석 및 응용》이 출간되기까지 가장 많은 지원과 아낌없는 격려를 보내주신 도서출판 상학당 남승우 사장님 및 《빅데이터 분석 및 응용》 관련 자문 및 논문, 보고서 사이트 등 자료 제공을 해주신 관련 교수님, 기업 및 단체에 대하여 지면을 빌려 깊은 감사의 말씀을 드리고, 특히 《빅데이터 분석 및 응용》 관련 자료를 인터넷 블로그 및 관련 연구소 자료집에 올려주신 저자들 등 관련 관계자 여러분에게 감사의 마음을 전한다.

《빅데이터 분석 및 응용》에서 부족했던 점이나 기타 문의사항과 관련한 자료제공 및 지원은 도서출판 상학당을 통해 지속적으로 지원할 계획이며, 《빅데이터 분석 및 응용》에 필요한 자료 등, 기타 보충자료 또한 지속적으로 업데이트할 예정이므로 독자여러분의 따뜻한 질책과 조언을 부탁드린다.

저자 씀

차 례

차 례

빅데이터 분석 및 응용 학습모듈 개요

1. 학습모듈의 목표

빅데이터 분석 및 응용에 대한 시장 및 특허동향과 응용 관련 기술에 대한 기본적인 이해를 통하여 빅데이터를 파악하여 그 목표와 응용 및 기술활용 범위를 정의하고, 이를 구축하기 위한 기술과 활용 방향을 계획할 수 있다. 빅데이터 플랫폼 및 응용기술들의 분석 및 활용을 구축하기 위하여 기능 설계에 따라 학습, 추론, 인지, 모델링, 플랫폼 관리 기능을 구현할 수 있다. 빅데이터 분석에 필요한 데이터를 내·외부에서 수집하고 추출, 정제, 변환, 검증하여 데이터 분석에 필요한 형태로 수집할 수 있다. 수집·변환된 데이터를 조직의 활용 목적에 적합하게 저장하고 관리할 수 있다.

2. 선행 학습

인공지능, 범용기술(General Purpose Technology), XR(eXtended Reality)기술, 디지털 트윈, 블록체인, 5G네트워크, 모바일 엣지 컴퓨팅(MEC), IoT, 플랫폼, 3D 그래픽, 클라우드, 정보기술 환경분석, IT프로젝트 범위관리, IT프로젝트 일정관리, IT프로젝트 원가관리, 소프트웨어공학, 요구공학, 통계기반 데이터 분석, 분석용 데이터 탐색, 빅데이터 수집, 비즈니스의 이해, 리눅스 기초, 프로그래밍 기초, RDBMS, 데이터베이스 요구사항 분석, 애플리케이션 구현, 개념 데이터 모델링, 프로그래밍 언어 활용, SQL 활용, 빅데이터 분석·기획, 통계프로그래밍 언어 사용법

3. 핵심 용어

데이터베이스 접근 위한 구조화 질의어(Structured Query Language), 작업명세 구조(Work Breakdown Structure), 비즈니스 인텔리전스(Business Intelligence), 평가 위원회(Steering Committee), 규제(Ccompliance), 데이터 수집 도구, 내·외부 데이터 수집, 데이터 변환, 데이터 보안, 데이터 품질, 데이터 검증, 빅데이터 저장, NoSQL, 관계형 데이터, 요구사항 분석, 빅데이터 모델, 정형데이터, 비정형데이터, 빅데이터 적재, 클라우드 컴퓨팅, 맵리듀스 프로그래밍, 하둡(Hadoop), 에코 시스템(Eco System), HDFS, YARN, 하이브(Hive), 스파크(Spark), 분산 병렬 처리, 인-메모리(In-memory) 처리, 머신러닝 정의, 분류 기법, 수치예측 기법, 앙상블 모형, 모델성능 평가, 과적합, 교차검증, 시각화, 분석 정보, 데이터 규칙, 시각화 도구, 그래프, 인터랙션

4. 교육과정 학점 및 이수시간

학 습	교육과정 학점 및 이수시간	
	학점	이수시간
학습 1. 빅데이터의 이해	3	3
학습 2. 빅데이터의 분석기획	3	3
학습 3. 빅데이터의 수집	3	3
학습 4. 빅데이터의 저장	3	3
학습 5. 빅데이터의 처리	3	3
학습 6. 빅데이터의 분석용 데이터 탐색	3	3
학습 7. 통계기반 빅데이터 분석	3	3
학습 8. 머신러닝 기반의 빅데이터 분석	3	3
학습 9. 텍스트마이닝 기반의 빅데이터 분석	3	3
학습 10. 빅데이터의 시각화	3	3
학습 11. 빅데이터의 비즈니스 모델과 활용전략	3	3
학습 12. 빅데이터의 플랫폼과 관리	3	3
학습 13. 빅데이터의 보안분석	3	3
학습 14. 빅데이터의 융합	3	3

빅데이터 분석 및 응용 학습모듈 명세서

학습명	학습내용명
1. 빅데이터의 이해	1-1 빅데이터의 개요 및 정의 1-2 빅데이터의 유형 1-3 빅데이터의 가치 1-4 빅데이터의 처리과정
2. 빅데이터의 분석기획	2-1 빅데이터의 분석을 통한 개선방향 2-2 빅데이터의 분석목표 수립 2-3 빅데이터의 활용 수준 분석 2-4 빅데이터의 프로젝트 계획
3. 빅데이터의 수집	3-1 빅데이터의 수집계획 수립 3-2 빅데이터의 세부계획 작성 3-3 빅데이터의 세부계획 적절성 검토 3-4 빅데이터 수집시스템 구성 및 운영 3-5 내 · 외부데이터 수집 3-6 데이터 변환 3-7 수집데이터의 검증
4. 빅데이터의 저장	4-1 저장방식 선정 및 저장계획 수립 4-2 빅데이터 저장모델 설계 4-3 빅데이터 모델 설계 및 타당성 검증 4-4 빅데이터 저장관리시스템 구성 4-5 빅데이터 적재 4-6 빅데이터의 운영
5. 빅데이터의 처리	5-1 빅데이터의 처리계획 수립 5-2 빅데이터 처리시스템 구성 5-3 분산병렬 수행 5-4 실시간 수행 5-5 이벤트 처리 수행
6. 빅데이터의 분석용 데이터 탐색	6-1 빅데이터 분석의 개념과 분석기술 6-2 빅데이터의 분석기술 6-3 기본통계 확인 6-4 데이터 분포 확인 6-5 변수 간 관계 확인 6-6 데이터 정제 6-7 데이터 변화 적재 6-8 분석용 데이터 검증

학습명	학습내용명
7. 통계기반 빅데이터 분석	7-1 가설설정 7-2 빅데이터 모델 개발 7-3 빅데이터 모델 평가검증 7-4 빅데이터 모델 운영방안 구축
8. 머신러닝 기반의 빅데이터 분석	8-1 머신러닝 수행방법계획 8-2 데이터 세트 분할 8-3 지도학습 모델 적용 8-4 자율학습 모델 적용 8-5 모델성능평가 8-6 학습결과 적용
9. 텍스트마이닝 기반의 빅데이터 분석	9-1 텍스트 분석계획 수립 9-2 텍스트 모델 구축 9-3 단어사전 구축 9-4 텍스트 분류결과 분석 9-5 정형 데이터 결합분석 수행
10. 빅데이터의 시각화	10-1 빅데이터의 분석결과 스트리텔링 기획 10-2 빅데이터의 분석정보 시각화 10-3 빅데이터 분석정보 시각표현 10-4 빅데이터 시각화 최신 기술동향
11. 빅데이터의 비즈니스 모델과 활용전략	11-1 빅데이터의 비즈니스 모델 11-2 빅데이터의 활용전략
12. 빅데이터의 플랫폼과 관리	12-1 빅데이터 플랫폼 개요 12-2 빅데이터 플랫폼 관리 12-3 클라우드 컴퓨팅
13. 빅데이터의 보안분석	13-1 빅데이터 시스템 관련 보안이슈의 이해 13-2 빅데이터 분석의 보안위협요소 분석 13-3 빅데이터 보안기법 13-4 개인정보 비식별 처리수준과 프레임워크
14. 빅데이터의 융합	14-1 빅데이터의 융합 14-2 빅데이터의 데이터 융합 14-3 빅데이터의 플랫폼 융합 14-4 빅데이터와 인공지능의 융합

학습 1 빅데이터의 이해

학습 목표

1. 빅데이터의 이해를 이해할 수 있다.

1-1 빅데이터의 개요 및 정의

1. 데이터 산업의 정의

데이터 산업은 '데이터의 생산, 수집, 전처리, 정보저장관리, 정보처리, 분석, 및 지식 가시화를 통해 지식을 유통, 활용하기까지 등의 가치를 창출하는 상품과 서비스를 생산 · 제공하는 산업'으로 정의한다. 데이터의 생명주기(또는 가치사슬)상에 나타난 데이터와 관련된 제반활동을 포함해 데이터로부터 가치가 창출되는 일련의 모든 과정, 이와 연관된 활동을 포함한다. 이러한 정의에 따라 데이터산업의 비즈니스 유형은 크게 데이터와 관련한 제품을 판매하거나 기술을 제공하는 데이터 처리 및 관리 솔루션 개발 · 공급업, 데이터 구축 및 컨설팅 서비스업과 데이터를 판매하거나 이를 기반으로 정보제공 및 분석서비스를 제공하는 데이터 판매 및 제공 서비스업으로 구분해 볼 수 있다.

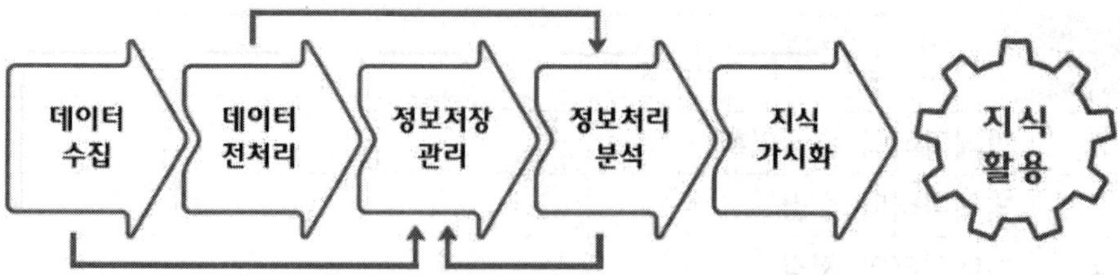

[그림 1-1] 빅데이터로부터의 지식 활용단계

그 외 데이터 기반 솔루션 구축과 서비스를 위해 반드시 필요한 서버, 스토리지, 네트워크 등을 바탕으로 데이터 인프라 서비스를 제공하는 데이터 인프라 서비스업이 있다.

빅데이터, 인공지능 등 관련 기술과 데이터가 밀접한 연관성이 있고, 이에 대용량의 데이터를 처리·분석하기 위한 데이터 저장·보관, 데이터 전송 등 인프라 구축 또한 매우 중요하다.

이에 데이터 클라우드, 서버, 네트워크 등의 데이터 인프라 또한 데이터 관련 비즈니스 영역으로 포함할 수 있다.

2. 빅데이터의 정의

빅데이터(Big Data)란 기존의 데이터베이스 관리도구 및 분석체계로는 감당할 수 없을 정도의 거대한 데이터의 집합을 지칭하며, 대량의(수십 수백 수천만 테라, 페타, 제타바이트 단위 이상) 정형 또는 비정형 데이터 세트 및 이러한 데이터로부터 의미 있는 가치를 추출하고 원하는 결과를 분석하는 기술이다.

〈표 1-1〉 빅데이터의 정보화 시대의 변천

구 분	PC 시대	인터넷 시대	모바일 시대	스마트 시대
패러다임 변화	디지털, 전산화	온라인화, 정보화	소셜화, 모바일화	지능화, 개인화, 사물정보화
정보기술 이슈	PC, PC통신 데이터베이스	초고속인터넷, WWW, 웹서버	모바일 인터넷, 스마트폰	빅데이터, 차세대 PC, 사물네트워크(M2M)
핵심분야 (서비스)	PC, OS	포털, 검색엔진 Web 2.0	스마트폰, 앱 서비스, SNS	미래전망, 상황인식, 개인화 서비스
대표기업	MS,IBM	구글, 네이버, 유튜브,	애플, 페이스북, 트위터	구글, 삼성, 애플, 카카오, 페이스북, 트위터,
정보기술 비전	1인 PC	클릭 e-Korea	손안의 PC, 소통	IT, everywhere, 신가치 창출

〈표 1-1〉처럼 1990년대 이후 인터넷이 전세계로 확장되면서 정형화된 데이터와

비정형화된 데이터들이 엄청난 양이 발생하면서 정보 홍수의 개념, 정보화 시대라는 개념들이 등장하였고 이것이 지금의 빅데이터 개념으로 이어졌다.

특히 스마트폰의 보급으로 데이터가 매우 빠르게 축적되고 있어 제타 바이트(Zeta Byte) 시대인 스마트시대를 맞이하게 되었다.

빅데이터의 개념은 2000년대 이후에 도입되었으며, 2011년부터 본격적으로 활용되었다. 빅데이터의 발전은 컴퓨팅 파워, 유비쿼터스 및 모바일 컴퓨팅, 네트워크 스토리지, 새로운 형태의 데이터베이스 설계, 소프트웨어 매개 통신 및 트랜잭션의 새로운 모드, 머신러닝을 활용하는 데이터 분석의 발전으로 가능해졌다.

데이터양의 증가로 인해 기존의 데이터 기반의 서비스들의 데이터베이스 관리 시스템(DBMS)들의 저장 · 관리 · 분석 · 처리에 SW, H/W적인 한계가 있어 테라 단위의 데이터 셋트들을 위한 패러다임들도 변화하게 되었다.

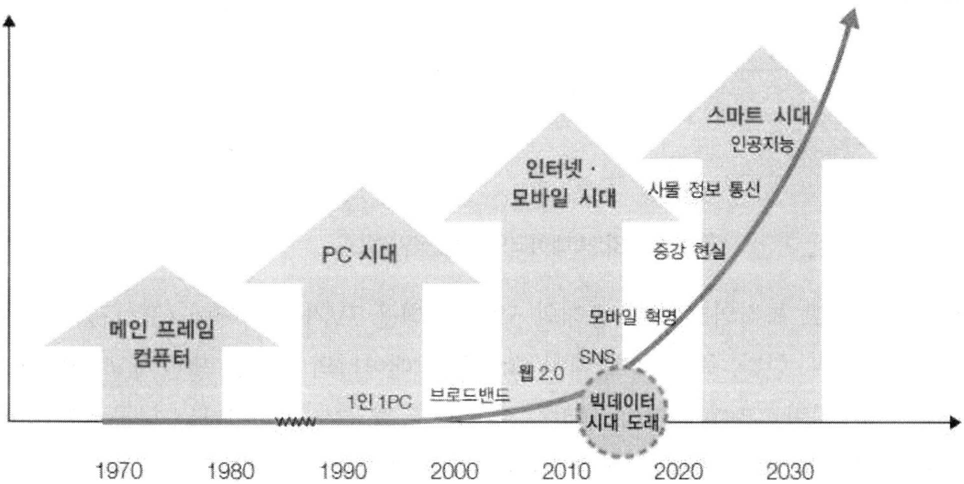

데이터 규모	EB(엑사바이트) (1990년대 말=100EB)	ZB(제타바이트) 진입 (2011년대 말=1.8ZB)	ZB 본격화 시대 (2020년=2011년 대비 50배 증가)
데이터 유형	정형 데이터 (데이터베이스, 사무 정보)	비정형 데이터 (눈, 멀티미디어)	사물정보, 인지정보 (RFID, 센서, 사물 정보)
데이터 특성	구조화	다양성, 복합성, 소셜	현실성, 실시간성

[그림 1-2] 데이터 셋들의 패러다임 변화

3. 빅데이터의 주요 특징

빅데이터의 기술적인 주요 요소로 첫 번째는 데이터이다. 데이터는 크게 정형 데이터와 비정형 데이터로 구분할 수 있다.

두 번째 요소는 데이터 수집 · 처리 · 저장기술이다. NoSQL, Hadoop 등의 프레임 워크가 활용된다.

세 번째는 데이터 분석 및 지식추출기술이다. 회귀분석, 군집화 등 데이터를 분석하여 가치 있는 정보, 또는 지식을 도출해 내는 기술이다.

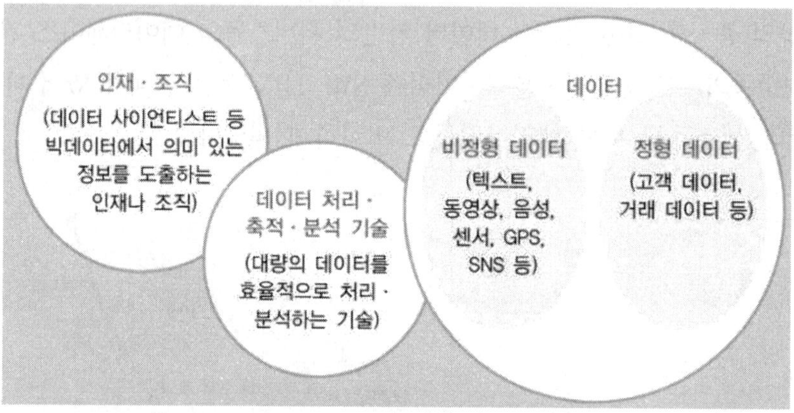

[그림 1-3] 빅데이터의 기술적인 요소

빅데이터 주요 특징의 속성은 종래의 3V에서 최근 7V가 추가되어 〈표 1-2〉처럼 10V로 부르기도 한다. 즉 시대에 따라 당연히 빅데이터의 정의는 달라지고 정의하고 해석하는 사람, 분야에 따라 달라질 수 있다. 결국은 빅데이터는 다른 데이터 소스와 구별되는 여러 가지 고유한 속성을 가지고 있다.

[그림 1-4]처럼 가장 중요한 속성은 V3이다.

① 양(Volume) : 규모이다. 빅데이터 데이터 크기(Volume)는 수직 확장의 물리적 한계를 초과할 정도의 페타, 제타바이트 등 거대한 크기가 특징이다. 현재도 해마다 디지털 정보량이 기하급수적으로 폭증하는 추세이다.

② 다양성(Variety) : 데이터 종류 및 형식의 다양성이다. 다양한 종류의 데이터를 수용하는 속성인 다양성은 정형 데이터뿐만 아니라 텍스트, 영상, 로그 기록 등 다양한 데이터를 분석대상으로 한다.

③ 속도(Velocity) : 데이터 생산속도이다. 데이터를 빠르게 처리하고 분석할 수 있는 속성인 속도는 순차적 데이터 처리 수준의 속도에서 실시간 데이터 처리 및 분석이 진행될 정도의 높은 속도가 특징이다.

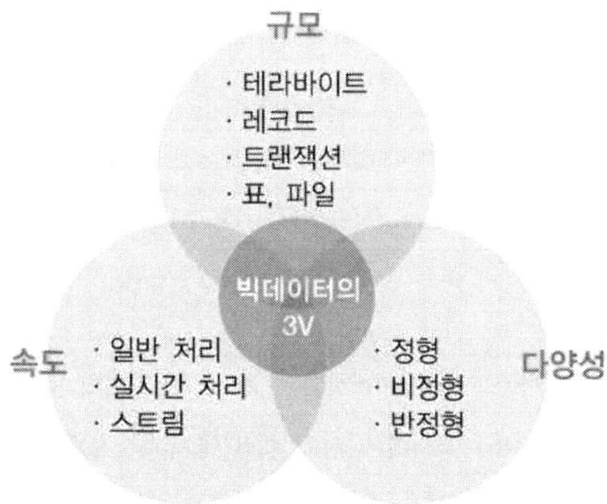

[그림 1-4] 빅데이터의 3V

④ 진실성(Veracity) : 데이터 출처에 따른 신뢰성이다. 데이터에 부여할 수 있는 신뢰수준인 신뢰성(Veracity)은 데이터의 품질이나 정확도가 성과에 중대한 영향을 미치는 만큼, 노이즈를 제거하고 시그널을 확보함으로써 데이터의 신뢰성을 제고하는 것이 특징이다,

⑤ 가치(Value) : 데이터의 가치이다. 빅데이터를 저장하려고 IT 인프로 구조시스템을 구현하는 비용인 가치는 데이터의 정확성과 시간성과 관련이 있다는 것이 특징이다.

⑥ 유효성(Valiaity) : 데이터의 정확도이다. 어떤 결정을 내리는데 타당한 데이터인지 판단하는 속성인 유효성이 특징이다.

⑦ 변동성(Voiatility) : 환경에 따른 데이터의 변동성이다. 데이터가 얼마나 오래 저장되고 타당하여 얼마나 사용될 수 있는 속성인 휘발성(Voiatility)이 특징이다.

⑧ 가변성(Variability) : 환경에 따른 데이터의 가변성이다. 데이터의 의미의 지속적인 변화의 속성인 가변성이다.

⑨ 취약성(Vulnerability) : 데이터의 유출 가능성이 취약성이다. 데이터의 개인적인 특성과 개인정보 보호 및 보안의 필요성이 필요한 속성인 취약성이다.

⑩ 시각화(Visualization) : 데이터의 여러 속성으로 인한 시각화가 어려운 상황이다. 즉 데이터의 낮은 확장성 및 기능성의 속인 · 성인 시각화이다.

이 10V 증가뿐 아니라 복잡성(Complexity) 등 추가적인 구성요소를 갖추어야 한다.

〈표 1-2〉 빅데이터의 10가지 속성

속 성	정 의
양(Volume)	데이터의 양(데이터 기록 수, 속성 및 연결장치)
속도(Velocity)	데이터의 생산속도(데이터 기록 생산, 수신, 처리 및 이해속도)
다양성(Variety)	데이터의 종류 및 형식에 대한 다양성(데이터 소스, 형식, 미디어 및 콘텐츠의 다양성)
변동성(Volatility)	데이터의 변동성(변화하는 기술 및 데이터 스토리지)
진실성(Veracity)	데이터의 출처에 따른 진실성(출처 및 가용성의 신뢰성)
유효성(Validity)	데이터의 정확도(데이터의 정확성, 신뢰성 및 품질)
가치(Value)	데이터의 가치(수집된 데이터의 비즈니스 가치)
가변성(Variability)	환경에 따른 데이터의 가변성(데이터 의미의 지속적 변화)
취약성(Vulnerability)	데이터의 유출 가능성(데이터의 개인적 특성과 개인정보 보호 및 보안의 필요성)
시각화(Visualization)	데이터의 여러 속성으로 인한 시각화가 어려운 상황(낮은 확장성 및 기능성)

4. 빅데이터의 개념 및 의의

고객정보와 같은 정형화된 자산정보(내부)뿐만 아니라 외부데이터 및 비정형, 소셜, 실시간 데이터 등이 복합적으로 구성되어 있다.

Google, Naver, Apple, Daum 등 대기업의 프로젝트에 분석하는 대용량의 정형화된 개념은 빅데이터의 개념과 다르다.

빅데이터는 범람하는 정보 속에서 새로운 가치 창출을 하고자 데이터를 저장하고 분석하는 과정으로 단순히 범람하는 정보를 처리 · 삭제하는 과정이 아니다. 또한 대용량 데이터를 보관하기 위한 시스템을 갖추는 것이지 용량을 줄이는 것이 아니다. 분석결과를 가지고 국가기관 민간 등의 분석기획 담당자들이 자유롭게 이용할 수 있어야 한다.

〈표 1-3〉 정보의 데이터 구분

구 분	정보화 시대(1세대)	스마트 시대(2세대)
저장	관계형(정형) 데이터베이스, 데이터웨어하우스	비관계형(비정형) 데이터베이스, 가상화, 클라우드 서비스
관리	지식관리 시스템(KMS, Knowledge Management System), 웹 2.0	플랫폼, 소셜 네트워크(SNS), 집단지성
분석	경영정보, 고객정보, 자산정보분석(ERP, CRM, 데이터마이닝 등)	빅데이터 분석(소셜분석, 고급분석, 시각화)

잠재적 가치와 잠재적 위험이 공존하며 사회·경제적으로 성패를 좌우하는 핵심 원천이 될 것으로 평가된다.

분석을 통해 나타난 복잡한 정보를 한눈에 볼 수 있도록 도표나 3D형태의 정보의 시각화가 이루어져야 한다.

1-2 빅데이터의 유형

빅데이터를 처리할 때 데이터 집합의 크기와 데이터의 종류에 따라 각각의 특징을 가지고 있다.

빅데이터 유형과 소스를 분류하는 보편적인 접근 방식은 없지만, 유엔 통계위원회(The United Nations Statistical Commission)는 빅데이터의 유형을 다음과 같이 분류한다.

〈표 1-4〉 빅데이터의 유형

유 형	내 용
행정 데이터 (Administrative Data)	정부 또는 비정부 프로그램 관리에서 발생하는 데이터 소스(전자 의료기록, 병원방문, 보험기록 및 은행기록)
상업 데이터 (Commercial Data)	두 기업 간의 거래에서 발생하는 상업 또는 거래 데이터 소스(신용카드 및 온라인 거래, 전자 판독 데이터)
센서 데이터 (Sensor Data)	센서 네트워크 소스(위성 영상, 도로 센서 및 실내온도 센서)
추적 또는 모바일 데이터 (Tracking or Mobile Data)	추적장치 소스(모바일 및 위성위치 확인 시스템의 데이터 추적)
행동 및 의견 데이터 (Behavioral and Opinion Data)	행동 데이터 소스(세붐, 서비스 또는 온라인 페이지 방문 횟수에 대한 검색) 및 사용자 의견 데이터 소스(소셜 미디어 내의 댓글)

〈표 1-5〉는 전통적인 데이터와 빅데이터의 특징을 비교하였다.

정형 데이터는 쉬운 예로 DBMS에서 주로 사용하는 SQL을 이용한 테이블, 릴레이션을 갖는 데이터 셋이다. 이러한 데이터 셋을 수십년간 사용한 형식으로 당연히 테라, 페타 단위의 데이터를 갖는 경우가 거의 없다. 즉 고객 명단, 거래 데이터 등 가공된 데이터로 쉽게 말하면 엑셀로 정리할 수 있는 데이터를 뜻한다.

정형 데이터는 특수한 상황, 전문적인 기술을 다루는 분야에서 사람들에 의해 생성되는 데이터베이스 시스템을 다루거나 SQL(구조질의어, Structured Query

<표 1-5> 전통적인 데이터와 빅데이터의 특징

구 분	전통적인 데이터	빅데이터
데이터 원천	전통적인 정보 서비스	일상화된 정보 서비스
목적	업무와 효율성	사회적 소통, 자기표현 사회기반 서비스
생성 주체	정부 및 기업 등 조직	개인 및 시스템
데이터 유형	• 정형 데이터 • 조직내부 데이터(고객정보, 거래 정보 등) • 주로 비공개 데이터	• 비정형 데이터(비디오 스트림, 이미지, 오디오, 소셜 네트워크 등 사용자 데이터, 센서 데이터, 응용 프로그램 데이터 등) • 조직 외부데이터 • 일부 공개 데이터
데이터 특징	• 데이터 증가량 관리 기능 • 신뢰성 높은 핵심 데이터	• 기하급수로 양적 증가 • 쓰레기(Garbage)데이터 비중 높음 • 문맥 정보 등 다양한 데이터
데이터 보유	정부, 기업 등 대부분 조직	• 인터넷 서비스 기업(구글, 아마존 등) • 포털(네이버, 카카오 등) • 이동통신회사(SKT, KT 등) • 디바이스 생산 회사(애플, 삼성전자 등)
데이터 플랫폼	정형 데이터를 생산, 저장, 분석, 처리할 수 있는 전통적 플랫폼(예 분산 DBMS, 다중처리기, 중앙집중 처리)	비정형 대량 데이터 생산, 저장, 분석, 처리할 수 있는 새로운 플랫폼(예 대용량 비정형 데이터 분산 병렬처리)

Language)을 이용하는 전문가, 개발자, 엑셀과 같은 스프레드 시트를 전문적으로 다루어 RDBMS(관계형 데이터베이스 관리시스템, Relational DataBase Management System)를 사용하는 경우를 생각하면 된다.

비정형 데이터는 가공되지 않은 데이터로 동영상이나 사진, 텍스트 등이 있다.

데이터의 규모가 작으면 전통적인 방법의 비즈니스 모델을 갖게 되지만 만약 비정형의 경우 소프트웨어 수준에서 간단한 분석, 작은 분석값들을 얻을 수 있으며 비즈니스 가치를 갖는다고 말하기 어렵다.

비정형 데이터 역시 특수한 상황에서 사용되거나 데이터가 축적된다. 최근 스마폰의 등장으로 비정형 데이터인 SNS글, 문서, 이미지, 영상 등 비정형 데이터들이 빠르게 늘어나고 있다.

빅데이터의 유형 중 하나로 반정형 데이터로는 웹로그, 소셜미디어 피드가 있다.

빅데이터인 경우 처리 연산이 비례하게 되므로 전통적인 방식에서는 확장성이 떨어져서 숨은 가치를 추출하기가 매우 어렵다. 그러나 비정형, 정형 모두 빅데이터 처리를 위한 인프라와 기술을 활용하면 가치를 얻을 기회가 많아지고 있다.

1-3 빅데이터의 가치

1. 빅데이터의 가치

빅데이터의 가치는 여러 가지 변수로 인해 빅데이터 시대에서는 가치를 측정하는 것이 쉽지 않다.

〈표 1-6〉 빅데이터 가치 선정의 어려운 점

항 목	내 용
데이터 활용방식	데이터 활용방식에서는 재사용이나 재조합, 다목적용 데이터 개발 등이 일반화되면서 특정 데이터를 언제/어디서/누가 활용할 지 알 수 없게 되었다. 따라서 가치를 산정하는 것도 어려워졌다.
새로운 가치창출	빅데이터 시대에는 데이터가 '기존에는 없던 가치'를 창출함에 따라 그 가치를 측정하기 어려워졌다.
분석기술 발전	현재는 가치가 없는 데이터일지라도 추후에 새로운 분석기법이 등장한다면 거대한 가치를 지닌 데이터가 될 수 있다.

2. 빅데이터의 영향

다양한 시장 주체들이 빅데이터를 활용함에 따라 소비자이면서 국민인 일반인들은 맞춤형 서비스를 저렴한 비용으로 이용하게 되고, 적시에 필요한 정보를 얻음으로써 다양한 형태로 기회비용을 절약할 수 있어 사람들의 생활이 점점 스마트해지고 있다.

〈표 1-7〉 빅데이터가 미치는 영향

분 야	영 향	내 용
기업	혁신, 경쟁력 제고, 생산성 향상	빅데이터를 활용해 소비자의 행동을 분석하고 시장변동을 예측해 비즈니스 모델을 혁신하거나 신사업을 발굴한다.
정부	환경탐색, 상황분석, 미래대응	기상, 인구이동, 각종 통계, 법제 데이터 등을 수집해 사회변화를 추정하여 관련 정보를 추출한다.
개인	목적에 따른 활용	빅데이터를 서비스하는 기업의 출현이 늘어나면서, 데이터 분석비용이 지속적으로 하락하여 정치인이나 내송 가수 등과 같은 개인도 인지도 향상에 빅데이터를 활용한다.

1-4 빅데이터의 처리과정

빅데이터 처리과정은 6단계로써 빅데이터 소스, 빅데이터 수집, 빅데이터 공유, 빅데이터 저장, 빅데이터 처리, 빅데이터 분석, 빅데이터의 시각화(표현) 과정으로 구분된다.

1. 빅데이터 소스(1단계)

1단계로써 데이터 소스는 ① DBMS와 시스템의 내부데이터, ② SNS 등의 소셜 미디어, 공공데이터와 같은 데이터 웨어하우스 등의 외부데이터, ③ 이미지, 영상 등의 미디어들이 빅데이터 처리를 위한 데이터 소스가 된다.

2. 빅데이터 수집(2단계)

비즈니스 목적에 알맞은 데이터 소스를 수집한다. 수집을 위하여 시스템이나 소프트웨어를 이용하여 로그를 수집하거나 크롤링, 하드웨어를 이용하여 수집을 한다.

빅데이터 수집기술은 데이터의 형태나 종류에 관계 없이 수집할 수 있어야 한다. 단 빅데이터의 형태나 종류에 따라 수집방법이 달라지므로 다양한 수집방법이 필요하다. 수집한 데이터를 가공 · 재생산할 수 있어야 하며, 수집방법에는 데이터를 가공 · 재생산하는 과정을 포함해야 한다. 가시적 형태로 서비스를 제공하고 데이터를 효율적으로 활용할 수 있도록 저장해야 하며, 정형/비정형 형태로 데이터를 저장하는 기능을 제공해야 한다.

〈표 1-8〉 빅데이터 수집하는 기술들

방 법	내 용
로그 수집기	내부에 있는 웹서버 로그를 수집한다. 웹로그, 트랜젝션 로그, 클릭 로그, DB로그, 사용자 로그 등 각종 로그데이터를 수집하는 오픈소스 기술(Chukwa, Flume, Scribe 등)이다.
크롤링	주로 웹로봇, 크롤링 프로그램으로 거미줄처럼 얽혀 있는 인터넷 링크를 따라다니며 방문한 웹사이트의 웹페이지라든가 소셜 데이터 등 인터넷에 공개되어 있는 데이터를 수집한다. 크롤링은 API를 제공하지 않는 기존 애플리케이션과의 연결성을 해결하는 기법으로, 웹 상의 비정형 콘텐츠를 수집한다.

방 법	내 용
센싱	각종 센서로 데이터들을 수집한다. 이미지 음성, 온도, 전력, 압력, 화학물질, 전자 · 방사능, 수온, 강우 · 수량 등을 수집한다.
RDB Aggregator	관계형 데이터베이스(RDBMS)에서 정형 데이터를 수집해 HDFS(하둡 분산파일시스템)나 HBase와 같은 NoSQL에 저장하는 오픈소스 기술(Sqoop, Direct, JDBC 등)이다.
RSS 리더	데이터의 생산, 공유, 참여 환경인 웹2.0을 구현하는 기술로 필요한 데이터를 프로그래밍으로 수집한다. 웹 기반 최신 정보를 공유하기 위한 XML 기반의 콘텐츠 배급 프로토콜인 RSS 서비스를 통해 데이터를 수집하는 기술로, RSS 사이트에서 제공하는 주소를 RSS Reader에 등록하면 자동으로 데이터를 전송받아 수집하는 기술이다.
ETL	데이터의 추출(Extraction), 변환(Transformation), 적재(Loading)의 약자로써 다양한 소스 데이터를 취합하여 데이터를 추출하고 하나의 공통된 형식으로 변환하여 데이터 웨어하우스에 적재하는 과정을 지원한다. 여기서 데이터의 전처리와 저장단계가 진행되기도 한다.
Streaming	인터넷에서 음성, 오디오, 비디오 데이터를 실시간으로 수집할 수 있는 기술이다.

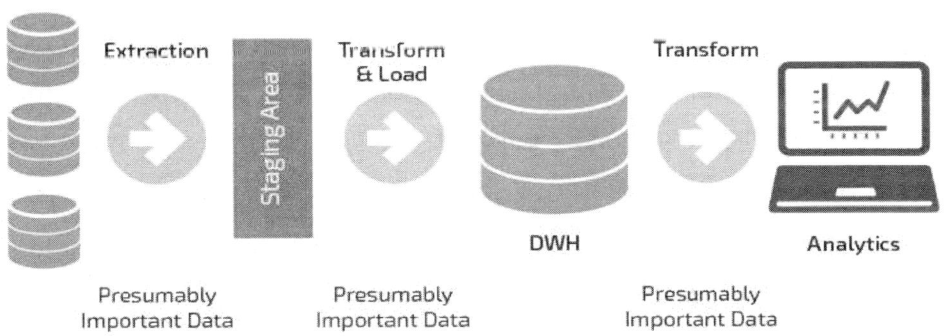

[그림 1-5] ETL 과정

3. 빅데이터 저장(3단계)

수집한 데이터들은 정형, 비정형, 반정형의 형태를 갖추면 적절한 방법으로 빅데이터 시스템에 저장한다. 데이터 크기에 상관없이 저장함에 있어 저렴한 비용구소로 처리하고 처리된 데이터를 빠르고 쉽게 하도록 하는 기술이다. 예를 들면 병렬 DBMS, 하둡(Hadoop), NoSQL 등의 기술이 있다.

〈표 1-9〉 빅데이터 저장기술

접근방식	내 용	기 술
분산파일 시스템	컴퓨터 네트워크로 공유하는 여러 호스트 컴퓨터 파일에 접근할 수 있는 파일 시스템을 갖춘다.	GFS(Google File System) HDFS(Hadoop Distributed File System) 아마존 Cloud의 S3파일시스템

접근방식	내 용	기 술
NoSQL	데이터 모델을 단순환하여 관계형 데이터 모델과 SQL을 사용하지 않는 모든 DBMS, 데이터 저장장치에서 사용된다.	Cloudata, HBase, Cassandra
병렬 DBMS	다수의 마이크로프로세서를 사용하여 여러 디스크의 질의, 갱신, 입출력 등 데이터베이스 처리를 동시에 수행하는 데이터 베이스 시스템이다.	VoltDB, SQP HANA, Vertica, Greenplum, Netezza
네트워크 구성 저장시스템	서로 다른 종류의 데이터 저장장치를 하나의 데이터 서버에 연결하여 총괄적으로 데이터를 저장 및 관리한다.	SAN(Storage Area Network) NAS(Network Attached Storage)

4. 빅데이터 처리(4단계)

빅데이터 처리단계는 수집한 데이터를 실시간으로 일괄 처리하게 되는데, 이는 일종의 데이터 정제과정이다. 데이터 셋에서 원하는 부분만 혹은 전체를 추출하고, 분석을 위해 데이터 셋을 재배치하는 등의 데이터 셋의 폼을 바꾸는 과정이다. 대용량의 데이터를 저장·수집·관리·유통·분석을 처리하는 일련의 기술들이다. 예를 들면 분산병렬 처리, 실시간 처리, 인-메모리 처리 등의 기술이 있다.

분산병렬 데이터 처리기술의 표준, 일반범용 서버로 구성된 군집화 시스템을 기반으로 〈키, 값〉 입력 데이터 분할처리 및 처리 결과 통합기술, job 스케줄링 기술, 직업 분배기술, 태스크 재수행기술이 통합된 분산 컴퓨팅기술이다.

〈표 1-10〉 빅데이터 처리기술

기 술	내 용
빅데이터 일괄 처리기술	• 빅데이터를 여러 서버로 분산하여 각 서버에서 나누어 처리하고, 이를 다시 모아서 결과를 정리하는 분산처리 기술방식이다. • 구글 맵리듀스, 하둡 맵리듀스, 마이크로소프트 드라이애드 등이 있다.
빅데이터 실시간 처리기술	• 스트림 처리기술로 강화된 스트림 컴퓨팅을 지원하는 IBM의 InfoSphere Streams, 분산환경에서 스트리밍 데이터를 분석할 수 있게 해주는 트위터의 스톰이 있다.
빅데이터 처리 프로그래밍 지원기술	• 분산데이터를 처리하는 프로그래밍 언어인 구글의 Sawzall과 병렬처리를 하는 고성능 데이터-플로우 언어와 실행 프레임워크인 하둡 pig가 있다.

5. 빅데이터 분석(5단계)

빅데이터 분석은 데이터를 효율적이고 정확하게 분석하여 비즈니스 등의 영역에 적용하기 위한 기술이다.

상황에 따라 앞선 처리과정에서 전처리가 될 수도 있고 분석과정에서 먼저 전처리를 해준다. 데이터를 분석할 수 있는 타입(Type)으로 전처리한 후 수학적인 기법을 적용하여 통계분석, 데이터마이닝, 텍스트마이닝(Text Mining), 최적화 분석, 등의 기술이 있다. 인공지능(AI)에서 대표적인 딥러닝, 머신러닝 기법들을 통해 예측, 분리 등의 분석결과를 만들어 낸다.

텍스트마이닝은 자연어 처리(NLP)기술로 인간의 언어로 쓰인 비정형 텍스트에서 유용한 정보를 추출하거나 다른 데이터와의 연계성을 파악하면 분류나 군집화 등 빅데이터에 숨겨진 의미있는 정보를 발견하는 분석방법이다.

6. 빅데이터 시각화(6단계)

빅데이터 시각화는 자료를 시각적으로 묘사하는 기술로 다양한 차트와의 관계 등을 시각화하여 데이터 탐색 및 결과해석 등에 활용하는 기술이다.

분석결과를 시각화하는 과정으로 분석결과와 그 자체가 될 수 있고 그래프, 스프레드시트, DB, 인포그래픽 등 다양한 형태로 직관적이고 보기 편하게 표현한다.

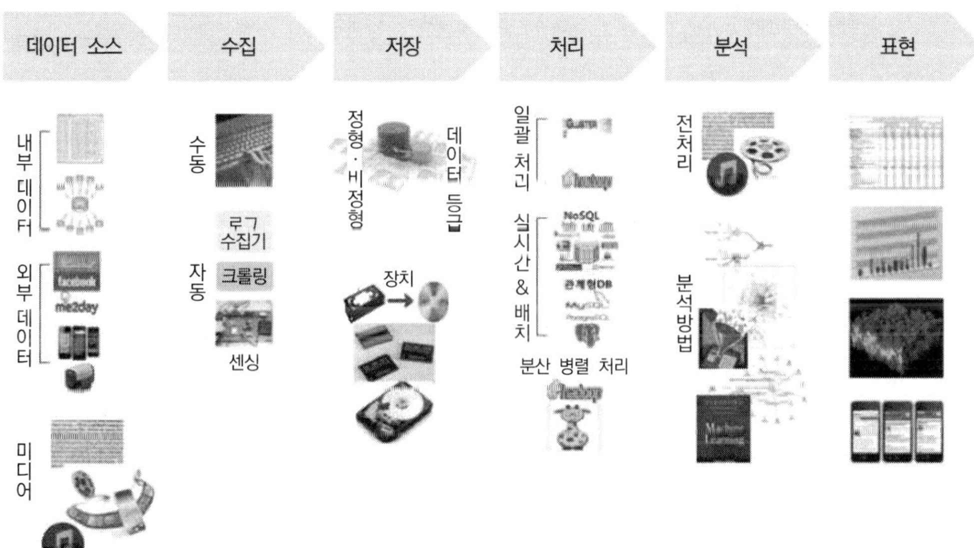

[그림 1-6] 빅데이터 처리과정

표현을 위하여 R과 Python의 Plot모듈로 그래프 표현이 가능하다.

표현단계는 개발자, 엔지니어들만의 작업영역이 아닌 비즈니스 시스템의 이해관계자들의 공통의 작업도 필요하다.

〈표 1-11〉 빅데이터 처리과정별 기술영역

처리과정	기술영역	내 용
생성	내부데이터	데이터베이스, 파일관리 시스템 등
	외부데이터	인터넷으로 연결된 파일, 멀티미디어, 스트림
수집	크롤링	검색엔진의 로봇, HTML 크롤링 소프트웨어를 사용한 데이터 수집
	ETL(Extration, Transformation, Loading)	소스 데이터의 추출, 전송, 변환, 적재
저장	NOSQL데이터 베이스	비정형 데이터 관리
	스토리지(Storage)	빅데이터 저장, 저장소
	서버(Server)	초경량 서버
처리	맵리듀스(Map Reduce)	데이터 추출
	프로세싱(Processing)	다중업무처리
분석	자연어처리(NLP)	자연어 처리(Netural Language Processing)
	기계학습(Machine Learning)	머신러닝, 딥러닝을 이용한 데이터의 패턴인식
	직렬화(Serialization)	데이터 간의 순서화
표현	시각화(Visualization)	데이터를 도표나 그래픽 등으로 표현
	획득(Acquisition)	데이터의 획득, 재해석

수행 내용

재료 · 자료

- 빅데이터 가이드라인 관련 자료
- 개인정보 비식별화 가이드라인

기기(장비 · 공구)

- 컴퓨터, 문서작성 프로그램, 프린터, 주변기기

안전 · 유의사항

- 빅데이터 관련 장비의 안전 및 유의사항을 숙지한다.
- 외부데이터일 경우 데이터 수집 및 경로 등을 빠짐없이 기록한다.
- 내 · 외부데이터 구분 후 개인정보보호법 등 관계 법령에 위배 여부를 확인한다.

수행 순서

01 빅데이터 서비스 동향에 대하여 분석하라.

1. 공공데이터

정보시회는 정보의 생성 · 유통 · 사용 · 통합 및 조작이 경제적 · 정치적 · 문화적 활동의 핵심으로, 디지털 정보와 이를 매개로한 소통기술이 정치, 경제, 교육 등 사회 전반을 변화시키는 원동력이 되는 사회를 말한다. 단적으로 이전 산업사회와 비교했을 때 정보사회는 경제활동의 중심이 지식, 정보에 있다.

최근에는 '데이터'가 새로운 경제, 정보시회를 대표하는 핵심 요소로 부각되고 있다. 링크드 데이디, 개방형 데이터, 빅데이터, 정부 3.0(Gov3.0) 등이 새로운 데이터 사회를 대표하는 새로운 용어들로 이 용어는 공통적으로 가공된 정보가 아닌 이전 단계의 데이터 활용에 대한 가능성에 중점을 두고 있다. 정보화 사회에서 데이터는 흔히 '새로운 오일(Data is the New Oil)'로 지칭하며, 경제적 파급효과의 분석을 위한 노력이 계속되고 있다. 데이터 경제는 본격적으로 데이터 주도의 새로운 사회 질서를 나타내며, '데이터'가 가져올 수 있는 실질적인 혜택과 구현 등에 관한 논의를 중심으로 확산되고 있다.

공공데이터는 이런 새로운 데이터 중심의 정보생태계 초기에 양적 · 질적 인프라 구축의 가장 핵심적인 영역을 차지하고 있으며, 공공데이터 중에서도 정부데이터가 가장 큰 역할을 담당하고 있다.

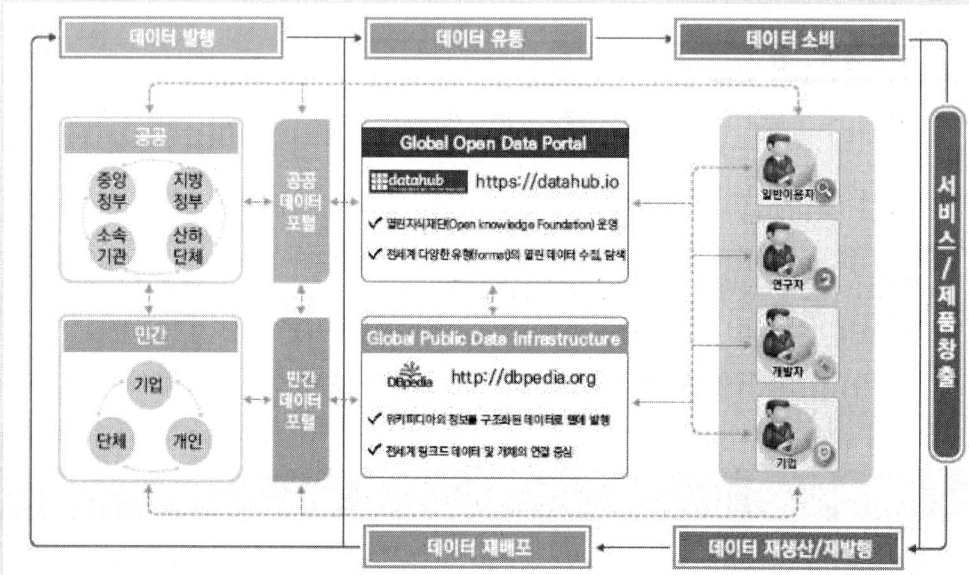

[그림 1-7] 공공데이터의 유통 흐름

오늘날 공공데이터는 단순히 공공기관에 의해서 생성, 서비스되는 데이터 이상의 의미를 갖는다. 공공데이터는 새로운 경제질서의 중심에 있으며, 정부는 단순한 데이터의 제공자가 아니라 고품질 데이터를 민간산업계에 공급해야 하는 중요한 임무를 갖는다. 공공데이터의 중요성이 높아지게 된 기술적 · 사회적 요구는 다음과 같이 요약할 수 있다.

① 가공 전 원천데이터 공급의 필요성 증대

② 재활용이 가능한 라이센스, 표준 준수 데이터의 필요성 증대

③ 기계 가독형 구조적 데이터 중심의 생태계 등장

④ 웹을 플랫폼으로 한 데이터 생태계의 등장

이런 요구들은 향후 공공데이터 자체의 수요, 공급은 물론 공공데이터 활성화와 민간 활용성 증대를 가속화할 수 있는 기술시장에도 반드시 수용해야하는 요소들이다.

향후에도 정부, 공공기관의 책임있는 데이터 생산, 공급체계와 더불어 표준화된 데이터 품질체계를 통해 활용성이 극대화된 공공데이터 시장체계 구축이 필요하다.

2. 기상정보

기상정보는 현행 법령상 용어 정의가 명시되어 있지 않으나, 기상청 기상백과에서 '기상에 관한 지식이나 보도 내용으로서, 일기예보 · 기상통보 · 기상주의보 · 경보 등으로 정의되며 좁은 의미로는 기상관서가 일기예보 등과 관계있는 태풍 · 폭풍이나 그 밖의 악기상 등에 대한 정보를 일반 국민이나 관계 기관에 구체적으로 신속히 발표하는 것'으로 정의된다. 또한 기상청훈령인 예보업무규정 제40조(기상정보)에는 '현재 및 예상되는 기상상황을 국민에게 특별히 알려주어야 할 필요가 있을 때 행하는 기상현상에 대한 설명과 특보 이외의 예보'로 정의하고 있다. 그러나 이는 기상상황 또는 기상현상에 대한 상세한 정의를 포함하고 있지 않으며, 정보 제공 주체 역시 맥락상 기상청으로 한정되어 있어 현재 다양한 제공 주체가 존재하는 기상정보를 정의하기에는 한계가 있다. 따라서 '기상'과 '정보'의 합성어인 기상정보의 경우, 기상 현상에 대한 정의를 통해 총체적으로 도출될 수 있다.

기상현상이란 기상법 제2조(정의)에 의하면 대기의 여러 현상을 의미하는 기상(氣象)과 더불어 기상에 영향을 미치는 현상인 지상(地象 : 지면 또는 지중에서 일어나는 현상)과 수상(水象 : 내륙의 하천과 호수 또는 해양에서 일어나는 현상), 기타 대기권 밖의 현상을 모두 포함한다. 따라서 기상정보는 기상, 지상 및 수상 등에 관한 과거, 현재 및 미래의 정보라고 종합적으로 정의할 수 있다.

최근 기상청은 택시의 운행 기록 자기진단장치(OBD)에서 수집한 기온 및 기압 등 기상 데이터를 관측 자료로 활용하기 위해 기술개발을 추진 중에 있다. 이는 기상관측소가 설치되어 있지 않은 관측 공백 공간에 대한 밀도 높은 기상데이터의 수집을 시도하는 것으로, 해당 기술이 성공적으로 개발될 경우 기존 13km 간격으로 설치된 기상관측소의 위치적 · 공간적 한계를 해소하게 될 것이다. 이에 따라 고밀도의 정확도 높은 예측정보 생산이 가능해져 기상정보에 대한 활용도 및 국민 체감도 향상에 기여할 것으로 보인다.

미국, 영국 등의 경우에도 개인용 기상관측장비 보급, 다양한 디바이스 정보 및 웹데이터의 수집, 택시 등 운송수단을 통해 다량의 기상관측 데이터를 수집하여 활용을 추진중이다. 이는 컴퓨팅파워의 확장과 함께 빅데이터 처리기술의 발달과 연결되어 있으며, 결국 이러한 기상정보는 빅데이터 플랫폼을 통해 오픈됨으로써 범죄, 교통 등의 사회 현안 해결 및 경제적 인사이트 노출에 활용될 것으로 전망되고 있다.

국내에서도 드론 등과 결합된 IoT 기상관측센서 등을 통해 기상 · 기후 빅데이터의 종류와 용량이 폭발적으로 증가될 것으로 기대되며, 이러한 시도는 기상정보의 정확도 향상과 더불어 다양한 산업정보와 융합되어 서비스됨으로써 창조경제 실현의 원동력이 될 것으로 전망된다.

3. 보건의료정보

과거 입에서 입으로 전달되던 정보는 문자가 개발되면서 비약적으로 확대되어 유형의 기록으로 남게 되었고, 이제는 손에 들고 있는 스마트폰 하나로 전세계 모든 곳에서 생산된 정보를 실시간으로 볼 수 있는 시대가 되었다.

특히 보건의료정보는 정보가 가진 전문성으로 인해 정보를 생산하는 전문가 집단과 소비자 사이의 간극이 가장 큰 분야 중 하나이면서 또 대부분의 나라에서 정부 주도하에 생산되고 관리됨에 따라 공유와 개방이 가장 늦은 분야였다. 그러나 정보를 중개하는 다양한 기업들이 생겨나면서 정보의 폐쇄성이 허물어지며 새로운 서비스들이 등장하기 시작했다.

보건의료정보는 진료 과목별 의료기관 개 · 폐업 현황과 인구 동태 통계를 연결한 상권분석, 지역별 처방 실적 데이터를 활용한 제약회사의 마케팅 전략 수립 등 B2B에서 활용하는 보건의료산업 데이터와 내 주변 지역의 좋은 병원 검색, 증상으로 질병 가능성을 분석해주는 인공지능 등 B2C 고객의 건강 증진용 콘텐츠로 구분 가능하다.

보건의료 분야는 헬스케어라는 세계적으로 가장 잠재력이 높은 시장 한가운데 위치해 있다. 모바일 플랫폼 시대에는 국가간의 장벽도 없어 글로벌 사업이 가능한 분야이기도 하다. 실제로 아마존이 운영하는 글로벌 웹사이트 트래픽 분석 서비스인 알렉사(Alexa)에 따르면 webmd(세계 1위 건강의학콘텐츠 서비스)의 홈페이지 방문자 비율은 미국이 62%, 인도가 9.5%, 영국이 3.1%, 캐나다가 3%, 중국이 2.1%로 전세계에서 동시에 이용되고 있다. 헬스케어는 질병을 예방하고 건강한 삶을 영위하는 웰니스 분야와 질병을 정확하고 빠르게 치료하는 메디컬 분야로 나눌 수 있다.

위 두 가지 분야를 모두 정확하게 수행하기 위해 보건의료정보는 필수적으로 요구된다. 웰니스 분야는 인구 통계학적 데이터, 생활습관 유형, 센서를 통해 수집된 라이프로그 등의 데이터를 통합해 사용자의 현재 상황을 분석하고, 결과에 맞춰 맞춤형 콘텐츠와 전문가를 연결하는 데이터 서비스가 핵심이다. 과거에는 센싱, 즉 디바이스 개발이 필수적이었으나 최근에는 스마트폰을 포함한 대부분의 웨어러블 디바이스가 API를 오픈해 주고 있어 데이터를 관리하는 기술만 있더라도 충분히 웰니스 분야의 서비스를 만들어 낼 수 있다.

메디컬 분야는 진료가 필요한 상황에서 대상자에게 적합한 진료과와 병원을 추천해 주고, 진료후 사후관리를 제공하는 서비스가 필요하다.

심평원을 비롯한 대부분의 공공기관은 지속적으로 보다 고도화된 정보를 제공하기 위해 노력하고 있다. 하이닥, 굿닥 등 전문 서비스가 네이버, 다음 못지 않게 많은 병원DB를 확보하게 된 것도 이 때문이다. 향후 우리나라에도 Webmd, Your.MD, Healthtap, Zocdoc과 같은 세계적인 서비스가 나올 수 있는 환경은 열려 있다.

4. 신용정보

신용정보법(신용정보의 이용 및 보호에 관한 법률, 이하 신용정보법) 제2조에서는 신용정보를 '금융거래 등 상거래에 있어서 거래 상대방의 신용을 판단할 때 필요한 정보'로 정의하고 있다. 구체적으로는 식별정보, 신용거래정보, 신용도 판단정보, 신용능력정보, 공공정보 등이 해당되며, 개인 신용정보는 생존하고 있는 개인의 정보로서 사망자 정보는 개인 신용정보에 해당되지 않는 점에 유의할 필요가 있다.

신용정보는 개인 신용정보와 기업과 관련된 신용정보인 기업신용정보, 기술에 관한 정보를 활용하여 새로이 만들어지는 정보인 기술신용정보 등으로 분류되기도 한다.

신용정보는 전통적으로 부정적 정보와 긍정적 정보로 분류할 수 있는데, 부정적 정보(Negative Information)는 연체, 부도 등과 같이 신용정보 주체에 대한 신용평가에 불리한 영향을 미치는 정보, 긍정적 정보(Positive Information)는 대출 상환 실적, 소득 금액 등 신용평가에 유리한 영향을 미치는 정보라고 할 수 있다.

최근에는 Thinfile 고객에 대한 신용평가에 SNS 정보 등이 활용되기도 하는데, 이러한 비전통적인 정보를 대체정보(Alternative Data)라고 하여 최근 P2P 대출업체, 모바일뱅킹 등에서 적극 활용되고 있다.

신용정보법이 2016년 3월 12일 개정 시행됨에 따라서 신용조회회사(민간 CB사)의 업무범위가 대폭 축소된 반면, 신용정보에 대한 관리 · 보안이 대폭 강화되고, 그동안 개별 신용정보집중기관(개별 협회)에서 수집 · 활용되던 카드/보험/증권정보가 한국신용정보원으로 통합 집중 관리되게 되었다.

최근에는 '개인정보 비식별 조치 가이드라인'이 마련되어, 익명화된 신용정보를 핀테크업체, 금융회사들이 자유롭게 활용할 수 있는 길이 열리게 되었다.

이에 향후 신용정보는 기존 리스크관리 분야뿐만 아니라 다양한 업권에서 다양한 목적으로 활용될 수 있을 것으로 기대된다. 하지만 신용조회회사(민간CB사)의 업무역할이 본인식별, 신용평가 · 위험관리 모형개발로 국한되고 공적기관인 한국신용정보원의 업무 역할이 확대된 점을 고려한다면, 신용정보의 정교한 활용 측면에서는 다소 아쉬운 점이 있다는 업계의 분석이다.

5. 특허정보

특허는 발명자가 연구개발한 새로운 기술사상을 공개하면 그에 대한 대가로 독점적 실시를 특별히 인정해 준다는 취지에서 출발한 제도이다. 특허가 포함된 지식재산권은 사람의 지식으로부터 파생된 창작물에 대한 권리와 배타적 소유권으로 단순히 기술을 보호할 뿐만 아니라 고부가가치를 창출하는 원천이 될 수 있어 그 중요성이 점차 높아지고 있다. 특히 최근 상표 · 디자인에 대한 글로벌적 소송과 분쟁이 발생함에 따라 특허뿐만 아니라 지식재산권 전체에 대한 관심과 활용이 높아졌고, 매년 그 출원 건수도 증가하고 있다.

더욱이 최근 지식재산권의 확보가 기업 및 국가의 중요한 경쟁력으로 작용하면서 심판정보, 소송정보, 권리변동 정보 등의 부가정보 제공의 필요성이 커지고 있다. 지식재산권 정보를 활용하여 새로운 기술과 제품을 개발하고 권리를 획득함으로써 기술개발을 독점하여 기업의 경쟁력을 높일 수 있다. 또한 기술정보 · 경영정보 또는 권리정보의 기능을 가지고 있으며 기업의 전략 수립과 관련하여 그 정보적 가치가 크다고 할 수 있다. 해외 선진 기업들과의 기술격차 해소 및 기술이전을 효과적으로 수행하기 위해서는 지식재산권 정보를 효율적으로 활용하는 것이 중요하다.

이러한 특허정보를 보다 쉽게 검색하고 효율적으로 활용할 수 있도록 특허정보를 데이터로 구축한 것이 특허정보 데이터베이스이다. 특허정보는 원천데이터가 비정형화 되어 있고, 국가별 · 시기별 · 대상별로 다양한 형태로 배포되는 것이 특징이지만 전세계적으로 통일된 표준형식을 규정하고 있어 비교적 동일한 형태의 글로벌적 데이터베이스 구축과 활용이 가능하다. 또한 지식재산 비즈니스의 영역이 지식재산 등록, 라이센싱 계약 및 소송에서 IP금융, IP법률서비스, 가치평가 등으로 확대가 되면서 특허정보 검색 중심의 서비스에서 분석 · 평가 · 무효화 등 다양한 형태의 서비스가 제공되고 있다.

최근 특허정보 서비스 동향을 보면 정보의 글로벌화와 해외 기업 간의 특허소송이 많아지면서 정보와 서비스 모델이 더욱 다양하고 고급화되고 있다. 과거에는 주로 과거의 특허정보 조회나 검색 위주의 정적인 데이터가 서비스되었다면, 최근에는 소송 · 심판 · 판례 · 권리자 변동정보 · 존속기간(예상) 만료일 등의 동적인 데이터들을 활용한 서비스가 출시되고 있다.

한편, 특허정보는 그 기반이 공공데이터이며 데이터의 구축과 운영에 많은 비용이 투자되므로 기본적으로 공공의 데이터 보급정책이 관련 서비스산업에 큰 영향을 미치게 된다. 우리 정부는 정부 3.0 도입 이후 많은 데이터를 민간에게 개방하였고, 앞으로도 시장의 수요에 따라 지속적으로 다양한 주제의 정보보급이 예상된다.

민간시장에서는 이러한 정부의 정책변화에 따른 다양한 주제의 데이터들을 융합하여 새로운 가치의 정보서비스 모델을 발굴할 것이며, 이로써 새로운 정보 이용자층의 확대는 물론 기존 이용자들의 정보 활용도가 더욱 높아지게 되어 그들의 비즈니스에 미치는 영향력도 커질 것으로 예상된다.

6. 교육훈련정보

1990년대 이후 세계경제는 정보통신기술을 비롯한 과학기술 발달에 힘입어 빠른 속도로

지식기반경제(Knowledge-based Economy)로 전환되고 있으며, 지식기반 서비스업의 중요성도 커지고 있다. 지식기반 서비스업이란 지식이 체화된 중간재를 생산활동에 집적하여 고부가가치를 창출하는 산업으로 제조업에 비해 부가가치 유발계수가 높고 노동집약적 특성을 가지고 있어 고용창출 효과가 크다는 특징이 있다. 정보통신을 비롯하여 금융/보험, 의료, 문화, 교육 등이 지식기반 서비스업에 포함되며 최근에는 산업 간 융합분야인 에듀테크, 핀테크, 바이오테크가 유망 산업으로 떠오르고 있다. 교육서비스는 국가인적자원 개발에 핵심적 역할을 하는 대표적인 지식기반 서비스로써 학교교육과 평생교육뿐 아니라 직업훈련, 국제교육 부문까지 범위가 매우 넓다. ICT 발전과 함께 전통적 집체훈련 방식은 이러닝, 블랜디드러닝 등 다양한 형태로 진화하고 있다.

전세계적인 불황과 고령화 문제, 취업난 및 비정규직 증가와 같은 고용구조 변화속에서 세계 각국은 국가인적자원의 경쟁력 강화를 위해 많은 노력을 기울이고 있다. 공공정보에 대한 접근성을 높이기 위해 공공영역에서는 학술정보와 각종 통계정보를 투명하게 공개하고 있으며, 초중고 및 대학 등 정규교육기관과 평생학습기관에서도 양질의 교육 콘텐츠를 무료로 제공하고 있다. 일예로 OCW나 MOOC를 통해 대학이 보유한 교육 콘텐츠를 제공함으로써 특정 대학이라는 물리적 울타리에 구애되지 않고 온라인을 통해 누구나 양질의 교육을 받을 수 있게 되면서 학교교육 및 평생교육의 경쟁력이 향상될 것으로 기대된다.

ICT 발전에 따라 집체 중심의 교육훈련은 이러닝이나 스마트러닝 등 원격훈련으로 대거 전환되어 왔으며, 집체훈련과 인터넷 원격훈련의 장점을 모은 블랜디드러닝과 플립드러닝 등 진화한 교육훈련 방식이 교육현장에서 뿌리내리고 있다. 앞으로 네트워크와 스마트 디바이스의 기술적 진화, 빅데이터 처리기술 및 기계학습의 발전에 따라 개인화된 콘텐츠가 구현될 것으로 기대하며, 증강현실(AR)이나 가상현실(VR) 기술을 기반으로 높은 몰입도의 체험기반 학습이 확산될 것으로 예상된다.

02 빅데이터 속성과 처리의 특징에 대하여 분석하라.

5G 시대, 인공지능 기반의 4차산업혁명 시대를 맞아 자동화와 첨단서비스 구현의 근간이 되는 데이터의 중요성이 더욱 커지고 있다. 디지털 빅데이터는 과거와 달리 석유와 같은 원자재나 필수 자원으로 대접받고 있다. 최근에는 데이터3법 개정과 같이 국가자원의 보호 및 활성화 정책을 유도해내는 가장 영향력 있는 미래의 자산으로 다뤄지고 있다.

초고속 네트워크, 사물인터넷(IoT) 기술의 발달에 따라 데이터의 생산주체가 다양해지면서 빅데이터 형태에 따른 속성 또한 다양해지고 있다.

폭증하는 다양한 형태의 데이터 프로세싱을 위한 여러 가지 시도가 진행되고 있다. 대표적인 적용 기술로 인프라 측면에서 컴퓨팅 파워를 탄력적으로 활용해 기존 단일 박스 형태의 하드웨어가 가진 구성의 한계를 병렬화, 가상화 방식으로 극복하는 클라우드 기술 등이 있다. 또 다른 기술로는 데이터 최적 관리, 보안 관리, 모니터링을 자동화하고 자율 운영할 수 있는 인공지능기술의 적용이 시도되고 있다.

1. 빅데이터 처리의 속성

빅데이터, 즉 엄청난 크기의 데이터 셋을 처리하는 빅데이터 처리의 속성들은 다음과 같다.

1) 의사결정 속도

의사결정 속도는 빠른 의사결정이 상대적으로 덜 요구되는 장기적, 전략적인 접근이 필요하다.

2) 처리 복잡도

처리 복잡도(Processing Complexity)는 다양한 데이터 소스, 복잡한 로직처리, 대용량 데이터 처리로 처리 복잡도가 높아 분산처리 기술이 필요한지 판단한다.

3) 데이터 규모

데이터 규모는 처리할 데이터의 규모가 방대하다. 고객정보 수집 및 분석을 장기간에 걸쳐 수행해야 하므로 처리해야 할 데이터양이 더욱더 방대해 진다.

4) 데이터 구조

데이터 구조는 비정형 데이터의 비중이 높다. 소셜미디어 데이터, 로그파일 스트림 데이터, 콜센터 로그 등 비정형 데이터 파일의 비중이 높다는 것에 포커스를 맞춘다.

5) 분석 유연성

분석 유연성(Analysis Flexibility)은 처리·분석 유연성이 높다. 잘 정의된 데이터 모델, 상관관계, 절차 등이 없으므로 기존의 데이터 처리방법에 비해 높은 처리, 분석 유연성이 특징이다.

6) 처리량

처리량(Throughput)은 동시 처리량이 낮다. 대용량과 복잡한 처리가 가능하기에 동시에 처리할 수 있는 데이터양이 적어 실시간 처리로 인한 서비스와 같은 비즈니스 모델, 데이터 분석모델에서 부적합하거나 사전의 처리를 진행한 후 실시간에 이루어져야 한다.

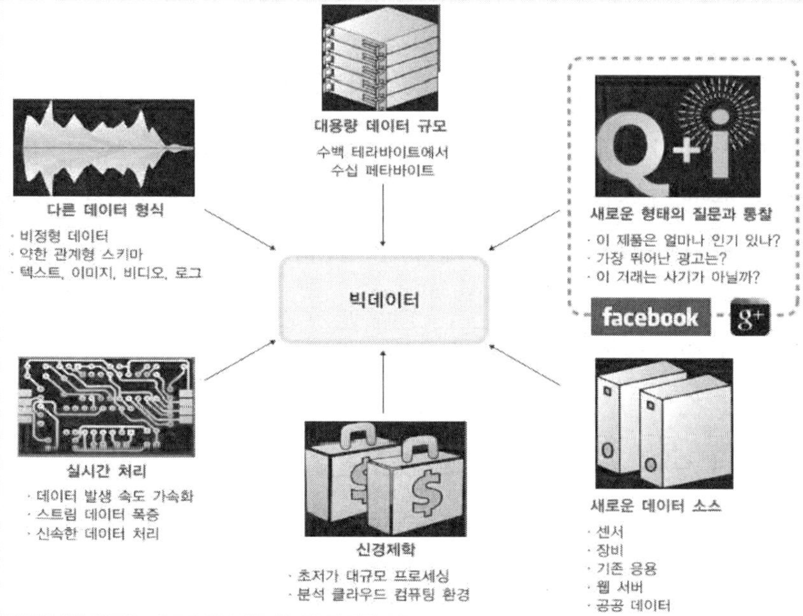

[그림 1-8] 빅데이터 속성과 처리 특징

03 빅데이터의 생산기술에 대하여 분석하라.

현대 산업에서 데이터는 중요한 경쟁요소다. 빅데이터나 인공지능기술은 대량의 데이터 축적이 필수적으로 요구되고 있다. 대량의 데이터를 축적하기 위해서는 자동화한 데이터 생산기술과 데이터 수집기술이 필요하다.

최근에는 외부에 흩어져 있는 무수히 많은 비정형 데이터를 어떻게 수집해서 저장·관리하는지가 생산이나 수집의 핵심기술로 주목 받고 있다.

1. 빅데이터 생산기술 개요

빅데이터를 업무에 활용하기 위해서는 먼저 필요한 데이터를 확보해야 한다. 데이터를 확보하는 방법으로 데이터를 직접 생산하거나 외부데이터를 수집하는 방법이 있다. 전통적인 데이터베이스(DB) 환경에서는 프론트엔드 애플리케이션에서 필요한 데이터를 생산하는 방법을 주로 사용했다면, 최근에는 내부에서 생산되는 데이터보다 외부에서 수집되는 데이터 비중이 훨씬 올라가고 있다.

과거에는 정형 데이터의 자체 생산에 초점이 맞춰져 있었다면, 앞으로는 외부의 비정형 데이터를 수집하는 방향으로 전환할 것이다.

외부로부터 수집되는 데이터는 장비에서 기계적으로 생성되는 데이터가 상당 부분 포함돼 있어 그 양에서 차이가 크게 난다. 따라서 데이터 수집단계에서는 성능이 시스템의 중요한 요소가 된다. 또한 외부의 데이터는 소스가 다양해, 이를 수집하기 위해서는 여러 수집방식을 동원해야 한다. 수집대상이 되는 외부데이터는 DB나 파일의 정형 데이터뿐만 아니라 텍스트, 로그, 음성, 영상 등 비정형 데이터가 포함돼 있어 비정형 데이터를 수집해 분석목적에 적합하도록 저장하는 기술이 필요하다.

2. 빅데이터 생산

조직의 업무처리나 의사결정은 내·외부에 존재하는 여러 유형의 데이터를 생산해 축적하는 것부터 시작된다. 애플리케이션을 활용해 데이터를 입력하거나 이를 가공해 재생산하는 전통적인 방식과 기기나 센서를 통해 자동으로 데이터를 생산하는 방식이 있다.

1) 데이터 입력방식

데이터를 입력해 생산하는 방식에는 조직 내에서 자체적으로 개발한 업무용 애플리케이션을 통해 생산되는 정형 데이터를 이용하는 방식과 SNS나 블로그 등과 같이 개인이 생산하는 비정형 데이터를 이용하는 방식이 있다.

조직 내에서 데이터가 생산되는 환경에서는 데이터 생산 시점부터 완료 시점까지 정합성 보장을 위한 트랜잭션 관리가 매우 중요하다. 만약 특정 사용자의 정보를 수정할 경우, 수정이 완료되기 전까지는 과거 정보로 일관되게 표현돼야 한다. 이후 이 작업이 완료된 것이 확정된 때부터 새로운 정보로 나타나야 하는 것이 원칙이다.

데이터는 업무목적에 맞게 사용되도록 일관되고 표준화돼야 하므로 데이터는 정형화한 형태를 띠게 된다. 이런 성격 때문에 정형화한 구조의 데이터를 관리할 수 있고 락(Lock 또는 Enqueue)과 같은 오브젝트로 트랜잭션을 보장해주는 관계형 DB가 데이터 생산에 중요한 기술로 쓰였다.

SNS나 블로그 같은 웹을 통해 개인이 생산하는 데이터는 조직 내 데이터와 달리 제약

없이 자유로운 형태를 띠고 있다. 이러한 불특정 개인이 웹을 통해 생산하는 데이터는 여기저기 분산돼 있으므로 생산보다는 수집이라는 관점에서 볼 필요가 있다.

2) 데이터 자동생산방식

사물인터넷(Internet of things, IoT) 기술이 확산되면서 데이터 생산 방식이 다양화되고 있으며, 센서 · 로그데이터 · SNS가 제공하는 스트리밍 데이터 등 생산되는 데이터의 저장 및 관리기술이 점점 더 중요해지고 있다.

〈표 1-12〉 사물인터넷 데이터 생산방식

구 분		데이터 생산방식
스마트 홈	구글 네스트	CCTV, 기상정보 연계, LED/온도 센서 네트워킹
	애플 홈킷	잠금장치, 조명, 카메라, 온도 조절, 플러그, 스위치 등과 아이폰 연결
스마트 시티	스마트 주차장	바닥 센서 네트워킹
	스마트 표지판	디지털 방향조절 표지판과 연결
스마트 물류	아마존 물류 창고 로봇 '키바'	제어센터와 운반 로봇 통신
	스마트 사물함	디지털사물함과 스마트폰 연결
스마트 카	볼보 커넥티드 카	충돌센서 정보수집, 차량제어기능 등 스마트폰 연결
	폭스바겐 커넥티드 카 + 스마트 홈 서비스	차량제어기능에 집안의 조명, 난방, 가전기기 제어기능 연결

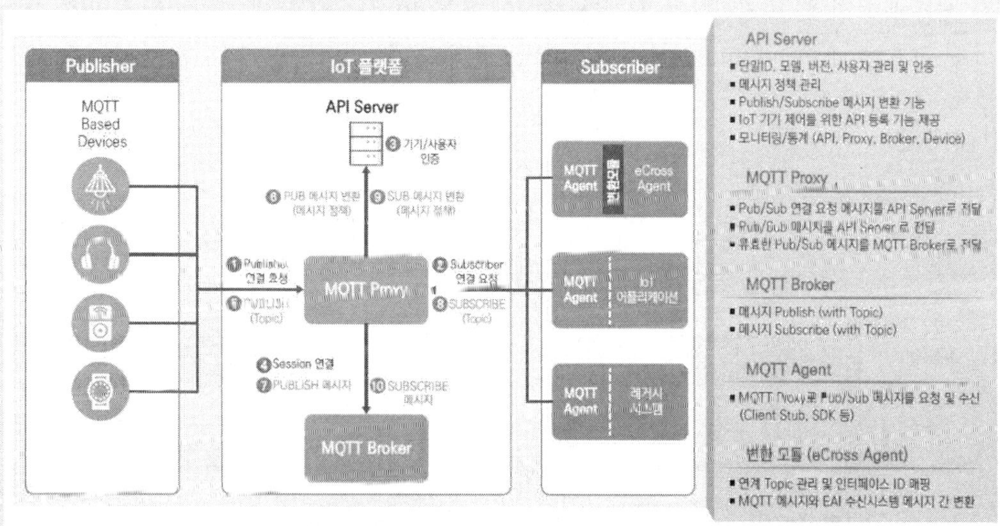

[그림 1-9] IoT 플랫폼 구성

최근 IoT 플랫폼은 서비스를 구성하는 데 필요한 공통 요구 기능을 포함하고 있으며, 개별 사물과 서비스에서 독립적으로 동작할 수 있다. 이 플랫폼은 서버나 클라우드 형태로 제공될 수 있으며 Pub/Sub, Topic 방식의 메시지 송수신 기능을 제공하는 IoT 어댑터 등을 제공해 디바이스에 직접 위치할 수도 있다.

IoT 플랫폼 기술은 초기에는 센서 · 액츄에이터(Actuator) · 데이터 중심의 특징을 기반으로 수백만 개의 인터넷 기반 서비스 도메인 수준의 규모를 지원했으나, 점차 데이터 · 프로세스 · 지능 중심으로 바뀌어 수백억 개 이상의 글로벌 규모로 발전하고 있다. 이러한 IoT 플랫폼에 대한 표준은 IoT 글로벌 협의체를 바탕으로 개방형으로 운영 중이다.

3) 데이터 저장

IoT 기반의 미래형 서비스에 적합한 기술을 구현하기 위해서는 데이터를 저장하는 요건들이 필요하다. IoT 데이터 저장을 위해 고성능 대용량 데이터 처리가 가능한 오픈소스 RDBMS를 제공해야 하며, LBS(Location Based Service) 데이터 저장을 위해서는 국제표준(ISO)을 따르는 지리(위치) 정보 처리 및 관리 기능을 위한 오픈소스 GIS-DBMS를 제공해야 한다.

또한 방대한 데이터를 처리하기 위한 스트리밍 프로세스(Streaming Process)와 분산처리 를 위한 오픈소스 하둡(Hadoop) 플랫폼을 제공해야 한다. 새로운 데이터 보안 위협에 대응하기 위한 국가 표준 알고리즘(ARIA-128/256)의 적용 및 엄격한 키 관리를 통한 데이터 암호화 기능과 사용자, 애플리케이션, IP 등의 조건에 따른 데이터 접근 제어 · 관리 기능을 제공해야 한다. 마지막으로 실시간 데이터 흐름 및 시스템 상태 모니터링을 위한 통합관제 기술을 제공함으로써 안정적인 데이터 저장을 유도할 수 있다.

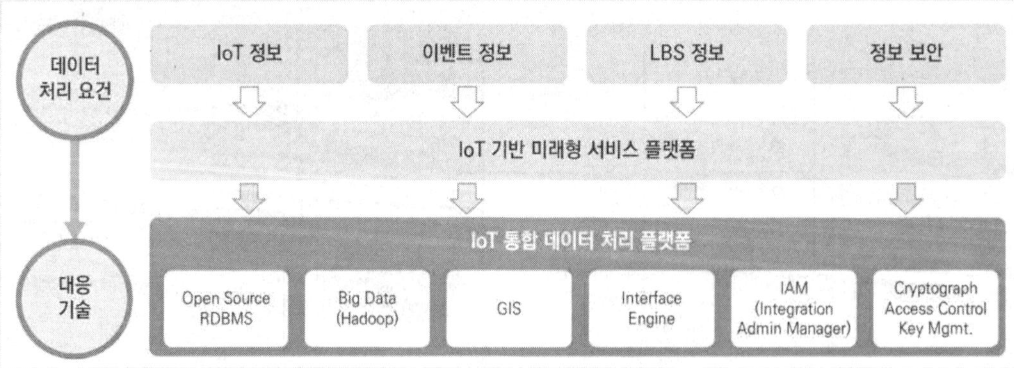

[그림 1-10] IoT 기반 서비스 데이터 저장 및 처리를 위한 SW 기술요소

04 데이터 산업의 데이터 직무, 기술등급 및 자격에 대하여 분석하라.

1. 데이터 직무

데이터 관련 업무를 수행하는 데이터 직무는 데이터 아키텍트, 데이터 개발자, 데이터 엔지니어, 데이터 분석가, 데이터베이스 관리자, 데이터 과학자, 데이터 컨설턴트, 데이터 기획자 총 8개로 구분하고 있다.

〈표 1-13〉 데이터 직무 구분

직무명	설 명
데이터 아키텍트 (DA, Data Architect)	• 전사적 관점의 데이터 기반 IT 정책, 표준화, 구조, 설계 및 이행 • 개념적, 논리적, 물리적 데이터 설계 및 관리체계 수립 예시) 데이터 아키텍트(DA), 데이터 모델러, 데이터 웨어하우스 아키테트
데이터 개발자 (Data Developer)	• 데이터(DB)를 활용하여 서비스 개발을 하는 직무 • 데이터 활용 및 서비스 제공을 위한 API 개발 • QA 및 오픈 라이브러리 활용 및 개발 • 빅데이터 처리를 통한 응용 솔루션 개발 업무
데이터 엔지니어 (Data Engineer)	• 데이터 성능, 서비스, 제품에 대한 기술지원자, 제품 개발자, 유지보수 • 머신러닝 모델 학습 및 배포, 도메인 지식 기반 데이터 전처리·추출 업무 • 대용량 처리가 가능한 데이터 파이프라인 및 플랫폼 설계 및 구축 • (빅)데이터를 저장·처리·관리하거나 프로그램 개발 • 로그, 크롤링 자동화 등 (빅)데이터 수집 환경 구축 • 기계 학습용 데이터 생성·활용을 위한 참조구현 구축 • 데이터 구분·선별, 데이터 결합 및 포맷 변형 예시) 데이터 엔지니어, 백엔드 엔지니어, 풀스텍 엔지니어, 데이터 플랫폼 및 시스템 엔지니어, 머신러닝 엔지니어, 피처 엔지니어 직무 포함
데이터 분석가 (Data Analyst)	• 정형·비정형 데이터를 식별·관리·조작·분석하여 기업 경영의 의사결정에 활용할 수 있도록 사료를 만들어내는 직무 • 통계, 머신러닝, 인공지능 기반 데이터 분석, 분석결과 시각화 업무 • 다양한 분석기법을 활용하여 데이터가 보여주는 현상을 해석하고, 그 원인을 분석해 정보를 얻는 업무 • 핵심 비즈니스를 파악하고 개선하기 위한 실험 설계, 데이터 분석하여 결과를 도출하는 업무 • 마케팅조사, 사회여론조사 등 조사 데이터를 분석하여 정보를 얻고 인사이트를 도출하는 업무 • 서로 다른 이종데이터 매쉬업과 가명정보 결합을 통해 데이터를 분석하는 업무

직무명	설 명
데이터베이스 관리자 (DBA, Database Administrator)	• 요구사항 기반으로 데이터 관리 체계를 검토 · 개선 · 관리하는 업무 • 데이터(DB) 구성, 변경, 용량, 성능, 가용성(백업, 복구), 보안, 장애, 문제관리 등 운영시스템 관리 업무 • 외부 기관과 데이터를 송수신하는 체계를 수립하고, 물리적 보안 및 정보 보호 기능을 운영하는 업무
데이터 과학자 (Data Scientist)	• 조직 내외부데이터의 관리 · 활용 · 분석 체계를 새롭게 만들고, 프로세스 혁신 및 신제품 개발, 마케팅 전략 결정 등의 의사결정을 이끌어내는 직무 • (빅)데이터에서 데이터 간 관계, 패턴, 규칙 등을 찾아내 모형화하고 이에 적용하는 알고리즘을개발하는 업무 • AI 모델 설계 및 실무 적용, AI 최신 기술연구와 구현 및 적용 업무
데이터 컨설턴트 (Data Consultant)	• 성능튜닝, 데이터 아키텍쳐, 데이터 기반 문제해결 등을 총칭하는 데이터 컨설팅 직무 • 빅데이터 분석을 토대로 기업이 앞으로 나아갈 방향, 해결책 등을 제시하는 업무
데이터 기획자	• 정제된 DB 및 비정제 영상 · 이미지 · 음성, 데이터 관련 제품 · 서비스 기획과 판매를 위한 데이터 상품 구성 • 데이터 활용 · 분석 등을 위한 데이터 큐레이팅 · 코디네이팅 등 데이터 수집 관련 기획 업무

2. 데이터 직무 기술등급

데이터 직무의 기술등급은 경력과 학력에 따라 초급 · 중급 · 고급으로 구분하며, 각 등급의 기준 요건은 다음 표와 같다.

〈표 1-14〉 데이터 직무 기술등급 구분 기준

기술등급	기 준
초급	• 정보처리기사, 정보처리산업기사 등 동급 데이터 관련 자격 취득자 • 전문학사 이상의 학위 보유자 • 고등학교 졸업 후 3년 이상 경력자
중급	• 기사자격 또는 데이터 관련 자격 취득 후 3년 이상 경력자(데이터 관련 자격 : 데이터 아키텍처 준전문가, SQL 개발자, OCP, 데이터 분석 준전문가, MCDBA, CSP, MySQL, DB Administrator, DB2 for Linux and Windows) • 산업기사 자격 취득 후 7년 이상 경력자 • 석사 학위 취득 후 기사자격 또는 데이터 관련 자격 취득 후 2년 이상 경력자
고급	• 정보관리 기술사, 컴퓨터시스템응용 기술사 • 중급 이후 3년 이상 경력자 • 데이터 고급 자격 취득자(데이터 고급 자격 : 데이터 아키텍처 전문가, SQL 전문가, OCM, 데이터 분석 전문가) • 박사 학위를 가진 자로서 기사 및 데이터 관련 자격 취득자

3. 국내 데이터 전문인력 자격증

데이터 전문인력 자격증으로는 빅데이터 분석기사, 데이터 아키텍처 전문가(DAP), SQL 전문가(SQLP), 데이터 분석 전문가(ADP) 등이 있으며 내용은 아래 표와 같다.

〈표 1-15〉 국내 데이터 전문인력 자격증

자격증명	설 명
데이터 아키텍처 전문가 (DAP)	효과적인 데이터 아키텍처 구축을 위해 전사 아키텍처와 데이터 품질관리에 대한 지식을 바탕으로 데이터 요건분석, 데이터 표준화, 데이터 모델링, 데이터베이스 설계와 이용 등의 직무를 수행하는 전문가 자격검정
데이터 아키텍처 준전문가 (DAsP)	효과적인 데이터 아키텍처 구축을 위해 전사 아키텍처에 대한 지식을 바탕으로 데이터 요건분석, 데이터 표준화, 데이터 모델링 등의 직무를 수행하는 실무자 자격검정
SQL 전문가 (SQLP)	데이터를 조작하고 추출하는데 있어서 정확하고 최적의 성능을 발휘하는 SQL을 작성할 수 있고, 이를 토대로 SQL을 내포하는 데이터베이스 프로그램이나 응용 소프트웨어의 성능을 최적화하거나, 이러한 성능 최적화를 지원 할 수 있는 데이터베이스 개체(뷰, 인덱스 등)의 설계와 구현 등의 직무를 수행하는 전문가자격검정
SQL 개발자 (SQLD)	데이터베이스와 데이터 모델링에 대한 지식을 바탕으로 응용 소프트웨어를 개발하면서 데이터를 조작하고 추출하는데 있어서 정확하고 최적의 성능을 발휘하는 SQL을 작성할 수 있는 개발자자격검정
데이터 분석 전문가 (ADP)	데이터 이해 및 처리기술에 대한 기본지식을 바탕으로 데이터 분석기획, 데이터 분석, 데이터 시각화 업무를 수행하고 이를 통해 프로세스 혁신 및 마케팅 전략 결정 등의 과학적 의사결정을 지원할 수 있는 전문가자격검정
데이터 분석 준전문가 (ADsP)	데이터 이해에 대한 기본지식을 바탕으로 데이터 분석기획 및 데이터 분석 등의 직무를 수행할 수 있는 실무자자격검정
정보처리기사	정보시스템의 생명주기 전반에 걸친 프로젝트 업무를 수행하는 직무로서 계획 수립, 분석, 설계, 구현, 시험, 운영, 유지보수 등의 업무를 수행할 수 있는 전문가자격검정
사회조사 분석사	다양한 사회정보의 수집·분석·활용을 담당하는 새로운 직종으로 기업, 정당, 지방자치단체, 중앙정부 등 각종 단체의 시장조사 및 여론조사 등에 대한 계획을 수립하고 조사를 수행하며 그 결과를 분석, 보고서를 작성하는 전문가자격검정
빅데이터 분석기사	대용량의 데이터 집합으로부터 유용한 정보를 찾고 결과를 예측하기 위해 목적에 따라 분석기술과 방법론을 기반으로 정형/비정형 대용량 데이터를 구축, 탐색, 분석하고 시각화 직무를 수행하는 전문가자격검정

05 공식 통계에서의 빅데이터 전망에 대하여 분석하라.

궁극적으로 빅데이터에 대한 투자는 투자 대비 효용성을 고려하여 신중하게 비교되어야 하며, 이를 위해서로 다른 소스의 데이터를 결합해 공식 통계의 가치를 높이고 데이터 가치 사슬(Data Value Chain)의 관리자를 통해 표준화시켜야 한다.

SDG(SDG, Sustainable Development Goals)와 관련해 빅데이터는 기존 데이터 방식과 비교했을 때 더 나은 해결 방안을 제공할 수 있다.

국가통계시스템(NSS, National Statistical Systems)에서 빅데이터는 다음과 같은 사항을 포함해 여러 목적으로 활용될 수 있으므로 높은 가치를 지니고 있다.

① SDG를 포함한 기존 및 새로운 측정 기준에서 통계 통찰력의 범위, 폭 및 품질 향상
② 데이터 제품이 시계열의 공백을 메우거나 실시간 데이터 제품에 대한 새로운 요구를 충족할 수 있도록 시기적절하게 지원
③ 소규모 면적 추정치를 사용하여 기존 데이터 세트의 세분성 향상
④ 기존 설문조사와 관련된 비용 및 보고 부담 감소
⑤ 새로운 방법론의 혁신 추진 및 새로운 인재 유치

빅데이터와 관련된 기회를 이용하기 위해서는 범위, 적시성 및 해결방법 제고뿐 아니라 통계를 리소스화하고 정리하는 데 있어 효율성을 높이고 비용을 절감해야 한다.

빅데이터의 발전은 급격한 혁신을 수반하기 때문에 국가통계시스템에 여러 과제와 위험을 안길 수 있으며, 여기에는 방법론적 문제, 법률 및 규제 문제, 지속 가능성 및 접근권 문제, 데이터 개인정보보호, 보안 및 평판 문제가 포함된다.

빅데이터의 기회, 과제 및 위험은 빅데이터의 유형(오픈소스 또는 사유), 법률 및 규제 맥락, 기관 역할 설정에 따라 크게 달라질 수 있다.

〈표 1-16〉 공식 통계에서의 빅데이터 기회, 과제 및 위험

기 회	과 제	위 험
• 기존의 데이터 세트 보완, 교체, 개선 및 추가 • 기존 설문조사의 비용 절감 • 결과물의 증가 • 보고 부담 및 설문조사 부담 감소 • 소규모 및 세부적인 분석 보완 및 확장	• 빅데이터 기업과 전략적 제휴 체결 • 데이터 및 메타데이터에 대한 접근 권한 획득 • 데이터 세트의 출처 설정 • 법률 및 규제와 윤리적 문제	• 미션 드리프트 • 평판 손상 및 국민의 신뢰 상실 • 개인정보 침해 및 데이터 보안 • 일관성 없는 접근권 및 연속성 • 빅데이터 기업 및 대중의 반발

기 회	과 제	위 험
• 품질 및 지상 실측정보 개선 • 기존 통계 구성 개선 • 관할 구역 간 비교 용이 • 다른 데이터 세트에 대한 연결성 향상 • 데이터 분석을 통해 새롭고 더 나은 통찰력 창출 • 생산과정의 작업방식 및 효율성 향상 최적화 • 가치 높은 작업에 인력 재배치 • 계산 과학, 데이터 과학 및 데이터 산업과의 협업 강화 • 공식 통계의 사용 및 가시성 향상	• 목적에 대한 적합성 설정 • 진실성(정확도), 불확실성, 오류, 편향, 신뢰성 및 교정과 관련된 데이터 세트 품질 설정 • 데이터 보안 보장 • 데이터 분석 및 모델링 기능 개발 • 기관의 변경 관리 • 관리 기관 간 협업 및 공통 표준 보장 • 대규모 데이터 세트의 처리, 저장 및 전송 • 데이터 변동성	• 국가 간 접근방식의 단편화 • 자원활용의 제약 및 절감 • 민영화 및 경쟁

06 데이터의 크기에 대하여 분석하라.

요비 바이트(Yobibyte : YiB) 또는 요타 이진 바이트(Yotta Binary Byte)는 2^{80}(2의 80승)을 의미하는 이진 접두어의 요비와 컴퓨터 데이터의 표시 단위인 바이트가 합쳐진 자료량을 의미한다. SI 접두어를 사용한 요타 바이트(YB) 와 구분된다. 현재 실존하는 SI 접두어 중에서 가장 큰 정보 단위이다.

1 YiB = 2^{80} bytes = 1,208,925,819,614,629,174,706,176 bytes

〈표 1-17〉 데이터의 크기 표시

기호(이름)	십신수 값	기호	이신수 값	V값
kB(Kilo Byte)	$1000^1 = 10^3$	KB	$1024^1 = 2^{10}$	2^{10}
MB(Mega Byte)	$1000^2 = 10^6$	MB	$1024^2 = 2^{20}$	2^{20}
GB(Giga Byte)	$1000^3 = 10^9$	GB	$1024^3 = 2^{30}$	2^{30}
TB(Tera Byte)	$1000^4 = 10^{12}$	TB	$1024^4 = 2^{40}$	2^{40}
PB(Peta Byte)	$1000^5 = 10^{15}$	PB	$1024^5 = 2^{50}$	2^{50}
EB(Exa Byte)	$1000^6 = 10^{18}$	EB	$1024^6 = 2^{60}$	2^{60}
ZB(Zetta Byte)	$1000^7 = 10^{21}$	ZB	$1024^7 = 2^{70}$	2^{70}
YB(Yotta Byte)	$1000^8 = 10^{24}$	YB	$1024^8 = 2^{80}$	2^{80}

학습활동.1 교수 · 학습 방법

교수 방법

- 빅데이터의 이해에 대한 관련 용어, 구성, 방식 이해 정도를 파악한 후 수업을 진행한다.
- 교수자의 주도로 빅데이터의 이해 등의 내용을 PPT 자료로 제시한 후 설명한다.
- 가능하면 사전에 개인별 학습 자료를 준비하여 모든 학생이 참여할 수 있는 문제 해결식 수업, 협력 수업이 가능하도록 한다.
- 빅데이터의 이해 전 과정을 작업의 순서에 따라 단계적으로 실습이 이루어질 수 있도록 지도한다.
- 교재를 통해 수업을 준비하는데 있어서 필요한 모든 정보나 팁, 힌트 등 도움이 될 만한 내용들을 확인할 수 있다.
- 학생들이 만들게 될 각 모델들은 수업시간에 중점적으로 다뤄질 부분과 어휘, 질문, 답을 포함하고 있으며 또한 탐구할만한 추가적인 아이디어들도 포함하고 있다.

학습 방법

- 빅데이터의 이해에 대한 관련 용어를 숙지하고, 빅데이터의 이해에 대해 이해한다.
- 빅데이터의 이해의 각 단계별 중점 사항을 체계적으로 학습한다.
- 빅데이터의 이해의 수행순서의 전 과정을 실습한다.
- 빅데이터의 이해의 내용을 이해한다.
- 빅데이터의 이해를 숙지하고 숙달이 될 때까지 학습한다.

학습활동.1 평가 및 피드백

평가 준거

- 평가자는 피평가자가 수행 준거 및 평가 내용에 제시되어 있는 내용을 성공적으로 수행할 수 있는 지를 평가해야 한다.

학습내용	평가항목	성취수준		
		상	중	하
빅데이터의 이해	빅데이터의 이해를 이해할 수 있다.			

평가 방법

- 작업 포트폴리오

학습내용	평가항목	성취수준		
		상	중	하
빅데이터의 이해	빅데이터의 이해를 이해할 수 있다.			

- 필기시험

학습내용	평가항목	성취수준		
		상	중	하
빅데이터의 이해	빅데이터의 이해를 이해할 수 있다.			

- 체크리스트를 통한 관찰

학습내용	평가항목	성취수준		
		상	중	하
빅데이터의 이해	빅데이터의 이해를 이해할 수 있다.			

- 피드백

1. 작업 포트폴리오
   - 제출한 보고서를 평가한 후 주요 사항에 대하여 표시하여 돌려준다.
2. 필기시험
   - 평가 결과 성적이 저조한 학생은 보고서 제출 기회를 부여한다.
3. 체크리스트를 통한 관찰
   - 실습 과정에서 평가한 후 개선해야 할 사항 등을 정리하여 돌려준다.

참 | 고 | 문 | 헌

- 개인정보보호법(시행 2016년 4월 7일, 법률 제13723호)
- 공공 데이터의 제공 및 이용활성화에 관한 법률(시행 2016년 7월 25일, 법률 제13423호)
- 공공데이터포털, https://www.data.go.kr, 2016.8.10.
- 교육부 · 전종훈 외, "빅데이터 분석, NCS 학습모듈"
- 국가법령 정보센터, http://www.law.go.kr
- 국가통계포털, http://kosis.kr, 2016.8.11.
- 김선남 · 이환수, 『빅데이터 개인정보 가이드라인(안)의 개선방향 연구』, 『정보화 정책 제21권, 제4호』, 25쪽, 2014.
- 김시환 · 천석진 · 이현주, 『Big data 이용현황과 시사점』, 『지급결제와 정보기술 제52호』, 금융결제원 금융결제 연구소, 2013.
- 김진영, 『헬로 데이터 과학』, 한빛 미디어, 2016.
- 빅데이터/쉽게 읽는 데이터, https://ikkison.tistory.com/66, 2019.5.23.
- 소프트웨어공학센터, http://www.sw-eng.kr
- 쉽고 세세한 디지털 꿀팁, 빅데이터의 가치와 영향, https://nujnow.tistory.com/40
- 위키백과, https://ko.wikipedia.org/wikl
- 이상한 · 정영훈, 『빅데이터 시스템 구축 가이드』, 프리렉, 2015.
- 이재운 기자, "통계학적 방식으로 취약점 방어...빅데이터 활성화 기대", 디지털타임즈, 3면, 2016.7.1.
- 포스터 프로보스트 · 톰 포셋, 『비즈니스를 위한 데이터 과학』, 한빛 미디어, 2014.
- 한국데이터베이스진흥원, 『데이터 분석 전문가 가이드 2014 Edition』, 한국 데이터베이스 진흥원, 2014.
- 한국데이터베이스진흥원, 『데이터 분석 전문가 가이드 개정판』, 한국 데이터베이스 진흥원, 2016.
- 행정자치부 관계부처 합동 보도문, 『개인정보 비식별화 가이드라인』, 행정자치부 관계부처 합동 보도문, 2016.
- 신신애, 김근은, 빅데이터 기술분류 및 현황, NIA, 빅데이터 전략센터, 2013.12.

학습 목표	1. 빅데이터의 분석기획을 이해할 수 있다.

2-1 빅데이터의 분석을 통한 개선방향

1. 분석과제 AS-IS 정의

업무 주제영역별 분석과제 요건을 수립하기 위해서는 기초적인 업무분석을 통한 업무이해가 이루어진 후 각 업무 분야별 이슈 등에 대해 수집하는 단계가 필요하다. 업무 분야별 이슈는 해당 업무 분야별 현업에서 정리하는 것이 효과적이며 세부 업무별로 목록을 작성해야 한다. 분석담당 인원들은 업무분서 자료와 업무 분야별 이슈 목록 등을 종합하여 인터뷰에 필요한 업무 분야를 선정해야 한다.

1) 분석요건 문제점 정의

업무 분야별 이슈 목록 중에서 분석관점에서 문제를 개선할 수 있는 이슈를 선별하고 인터뷰에 필요한 인터뷰 질의서를 작성해야 한다. 인터뷰 질의서를 작성할 때 유의할 점은 업무 분야별 업무자료 수집 및 이슈 내용 확인, 업무 분야별 가능성 있는 분석주제 또는 실제 발생하고 있는 분석주제를 탐색해야 한다는 목적을 반드시 포함해야 한다.

(1) 인터뷰 통한 조사

인터뷰 조사를 위해서는 보통 Top Down, Bottom Up 방식으로 구분될 수 있으며, 특정 방향이 정해지지 않는 상황일 경우 Bottom Up 방식으로 접근하여 분석 주제를 발굴한다.

① 인터뷰 질의서 구성항목 시 필수 고려요소

- 대상업무 파악을 위한 질의내용
- 분석주제에 관한 이해를 돕기 위한 질의내용
- 대상업무에 관한 이슈 중심의 원인파악 질의내용(상세질의)
- 추가 인터뷰 및 관련 조사를 위한 질의내용

예를 들어 조직 내 일반 업무를 대상으로 분석 이벤트(Event) 주제에 대한 인터뷰 진행을 위해 기본적인 자료조사 후 리스크/감사 관점으로 정리하면 다음 그림과 같이 구성할 수 있다.

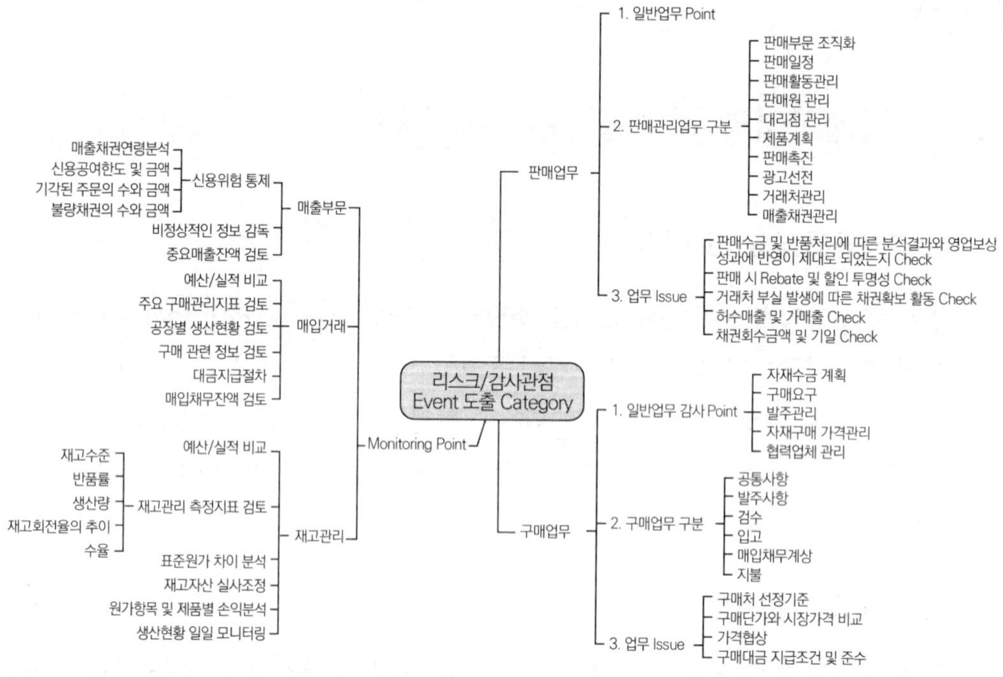

[그림 2-1] 대상업무 인터뷰 위한 관점 정리 리스크/감사관점 예시

② 인터뷰 내용 분석 : 인터뷰 일정에 따른 인터뷰 수행 후 특정 주제별로 정리가 끝나면 문제파악, 개선사항 도출 등을 정리한다.

- 대상 분야 업무 이슈 구분 : 대상 분야의 프로세스별 업무 구분 후 각각의 이슈를 구분하고 담당자가 생각하고 있는 원인을 정리한다.
- 이슈별 대상 시스템 및 데이터 확인 : 프로세스별 업무담당자가 다루고 있는 대상 시스템 및 데이터의 종류, 획득 주기 등을 정리한다.
- 현행 분석방식 확인 : 현행 업무를 위해 분석하고 있는 방식, 주기 등을 확인하고, 분석진행 시 이슈가 되는 부분과 현행 분석환경에서의 제약점 여부를 추출한다.
- 추가 인터뷰 통한 개선방향 정리 : 1차 인터뷰를 통해 정리된 내용을 바탕으로 개선 가능한 분석 접근방향을 현업 업무 담당자에게 제시하고 의견을 청취하여 정리한다.

[그림 2-2] 대상업무 인터뷰 분석(마인드맵 활용)

(2) 인터뷰 결과 정리

대상업무에 대한 인터뷰 내용을 상세히 정리한 후, 관련 이슈(Issue)가 무엇이고 현재도 해결이 안 되는 원인이 무엇인가 상세히 조사해야 한다.

또 관련 사항과 관계있는 관련 시스템은 무엇인지 정확하게 파악해야 하며, 상세한 조사를 위해 관련 자료를 요청해 분석하고 담당자에게 사실 확인 후 문서화한다.

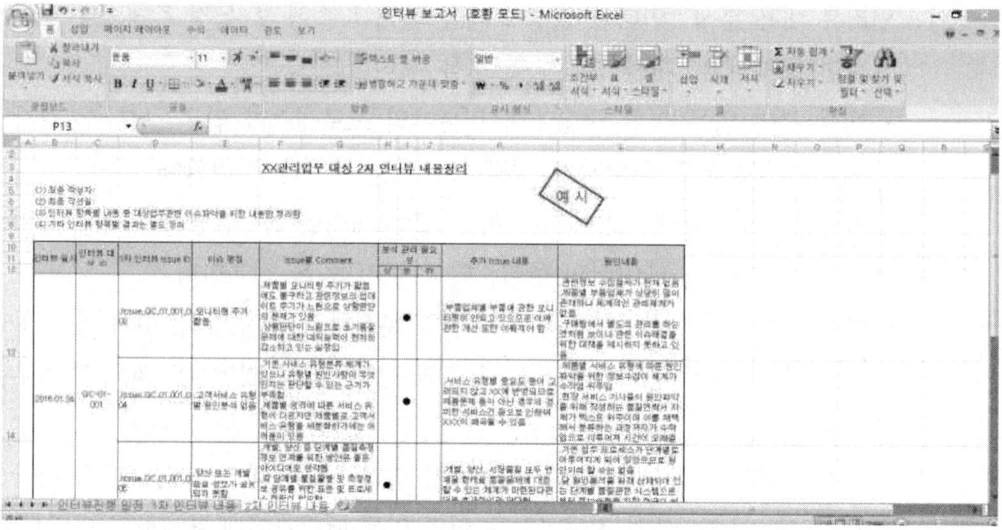

[그림 2-3] 인터뷰 결과서 정리 예시

출처 : 스크린샷은 Microsoft Corporation으로부터 허가를 받아 사용하였음.

2. 개선과제 작성

대상 업무별로 선정된 이슈들을 중심으로 개선목표를 수립해야 한다. 개선목표 수립 시 현업 인원들과의 토의를 진행하기에 앞서 인터뷰 후 개선과제를 도출하는 인원을 중심으로 해당 이슈별 개선 가능한 접근방향을 먼저 제시한다. 이후 토의 중 개선목표를 수립한 후 빅데이터 요건 정의서를 작성한다.

1) 이슈별 개선방향 도출

이슈별 개선방향을 도출하기 위해서는 분석 개선 관점, IT 시스템 개선 관점, 외부/공공데이터 활용 가능성 관점에서 이를 검토해야 한다. 검토를 위해서는 내부·외부 자료에 대한 조사가 선행되어 전체 개선관점에 대한 시나리오를 개발한 후 상세한 토의를 거쳐 개선목표를 수립한다.

(1) 개선방향 작성 위한 자료조사

이슈별 개선관점을 위한 자료조사는 회사 내부 컨설팅 자료, 전문 서적, 관련 논문자료, IT 벤더 회사의 case study 자료 등을 대상으로 하며, 필요하면 자문 전문가에게 의뢰하여 조사와 분석을 진행한다.

① 개선 점검유형 개발 : 개선 점검유형은 기업 및 조직 단위별 특성에 따라 분석 관점이 달라질 수 있으며 분석을 통해 개선 될 우선순위, 중요도도 변화할 수

있다. 예를 들어 '품질 불량'이라는 특정 분석주제에 대해 품질 또는 서비스 관련 부서가 느끼는 중요도와 재무 관련 조직에서 품질 불량으로 인한 비용처리로 느끼는 중요도는 매우 다를 수 있다. 다음은 품질 불량 개선을 위해 고려하는 개선 점검 유형의 예시이다.

- 실시간 상태 점검 : 모니터링 주기를 실시간 관점으로 개선
- 불량 원인 추적 : 원인 인자를 이벤트(Event)별로 사전 선정
- 품질분석 데이터 확대 : 샘플링 기법이 아닌 제조 공정 데이터 전수 대상으로 상세 분석
- 품질 한계 불량 신규지표 개발 : 서비스와 관련된 콜센터 접수 민원 데이터 분석결과를 기존 제품별 불량 분석결과와 합쳐서 볼 수 있는 지표 개발(생산에서의 문제 부품 이슈(Issue)가 고객 민원으로 이어지는 현상 관찰)

위에서 언급된 예시를 통해 개선 점검항목을 실시간 분석 필요성, 조기 원인 파악을 위한 주요 원인 유발 인자 목록화, 분석대상 데이터의 확대, 신규 분석지표 개발 등 다양한 관점으로 작성한다.

② 자료수집 : 대상 이슈 목록별로 자료를 수집할 경우 사전에 기획된 개선 점검 유형에 따라 유형별로 자료가 구분될 수 있도록 목록을 개발한다. 개발된 목록에 따라 분석 접근 방안, 시스템 개선, 프로세스 개선, 데이터의 확대, 신기술 적용 등 5가지 관점으로 요약한다.

③ 개선방향 시나리오 작성 및 토의 : 수집된 자료를 토대로 대상 이슈별 개선방향에 대한 관점별 설명을 요약하고 AS-IS 대비 예상되는 효과를 시나리오로 제시한다. 대상 이슈 1개에 대해 4~5가지 개선 관점의 설명을 더 하고 예상효과를 중심으로 현업들과 토의를 통해 검토한다.

④ 개선목표 도출 : 대상 이슈별 개선 방향 시나리오를 토대로 현업들과 검토된 결과를 개선목표로 수립한다. 대상 이슈와 개선목표 사이의 차이 등의 현격한 차이가 발생하면 대상 비즈니스의 중요도 등을 고려하여 우선순위를 정한 후 점수화하여 개선목표를 선정한다.

(2) 최종 개선방향 수립

현업들과 토의를 통해 정해진 대상 이슈별 개선목표에 대해 빅데이터 분석기법, 기술 등을 최종적으로 검토하여 최종 선정한다.

① 개선목표별 빅데이터 분석기법/기술 적합도 검토 : 개선목표에 대한 요구사항의 실현 가능성을 검토하기 위해 빅데이터 분석기법, 빅데이터 기술 관점에서

적합도를 산출하여 결정한다. 진행 상황에 따라 빅데이터 분석기법과 기술 모두에 대한 적합도 산출이 어려울 경우는 자문이 가능한 전문인원 섭외 후 진행하는 것도 방법이다.

〈표 2-1〉는 현업들과 토의 결과 시장품질 불량 분석의 개선목표를 실시간 분석체계로 개편하기로 하고, 신기술인 CEP(Complex Event Processing) 기술을 활용하기에 적합한지 아닌지를 판단하기 위해 선정기준을 개발하여 평가하는 예시이다.

〈표 2-1〉 신기술 적용 검토 예시

<table>
<tr><th rowspan="2">분류</th><th rowspan="2">평가기준</th><th rowspan="2">설 명</th><th colspan="3">판단기준</th><th rowspan="2">중요도</th><th rowspan="2">근 거</th></tr>
<tr><th>상</th><th>중</th><th>하</th></tr>
<tr><td rowspan="8">정의</td><td rowspan="2">발생원인의 복합성</td><td rowspan="2">다양하고 복합적인 Factor를 고려해야 Event를 판단할 수 있는가?</td><td colspan="3">Factor 개수</td><td rowspan="2">상</td><td rowspan="2">고려할 Factor가 많을수록 수작업이 어려워지고 자동화 효과가 극대화됨</td></tr>
<tr><td>6 이상</td><td>5 이하</td><td>3 이하</td></tr>
<tr><td rowspan="2">인지의 신속성</td><td rowspan="2">Event를 발생 즉시 인지해야 하는가?</td><td colspan="3">인지시간</td><td rowspan="2">상</td><td rowspan="2">발생 즉시 인지해야 하는 업무일수록 실시간이 강조되어 수작업이 어려워지고 자동화가 강조됨</td></tr>
<tr><td>즉시</td><td>1일 미만</td><td>1일 이상</td></tr>
<tr><td rowspan="2">프로세스의 다발성</td><td rowspan="2">관련 업무의 활동이 빈번하게 발생하는가?</td><td colspan="3">1일 발생 횟수</td><td rowspan="2">하</td><td rowspan="2">관련 프로세스가 빈번히 발생해야 인지를 위한 수작업이 어려워지고 자동화가 강조됨</td></tr>
<tr><td>10 이상</td><td>10 이하</td><td>1 이하</td></tr>
<tr><td rowspan="2">상위지표와의 연계성</td><td rowspan="2">Event가 기존의 ELS, BSC, 보고서 등에서 관리되는 지표에 영향을 미치는가?</td><td colspan="3">영향받는 지표 개수</td><td rowspan="2">중</td><td rowspan="2">Event가 기존 관리지표에 영향을 준다면, Event를 지표의 사전징후로 보아 지표에 대한 대응력이 높아짐</td></tr>
<tr><td>3 이상</td><td>2 이하</td><td>없음</td></tr>
<tr><td rowspan="4">효과</td><td rowspan="2">Business Impact의 적합성</td><td rowspan="2">Event 확인을 통해 기업의 Business Impact(예 고객만족도, 비용절감)에 영향을 미치는가?</td><td colspan="3">영향받는 Impact 개수</td><td rowspan="2">상</td><td rowspan="2">Business Impact가 기업의 Vision, 목표 등과 관련이 있다면 구축효과의 설득력이 높아짐</td></tr>
<tr><td>3 이상</td><td>2 이하</td><td>없음</td></tr>
<tr><td rowspan="2">효과의 명확성</td><td rowspan="2">Event 인지를 통한 효과가 정량적(예 시간, 돈, 지수)으로 표현될 수 있는가?</td><td colspan="3">있음, 없음</td><td rowspan="2">중</td><td rowspan="2">효과의 정량적인 표현은 구축의 근거를 뒷받침함</td></tr>
<tr><td>있음</td><td>-</td><td>없음</td></tr>
<tr><td rowspan="4">구축</td><td rowspan="2">데이터 획득 가능성</td><td rowspan="2">시스템으로 관련 데이터가 관리되는가?</td><td colspan="3">관리됨, 관리안됨</td><td rowspan="2">상</td><td rowspan="2">시스템으로 데이터가 관리되어야만 구축이 가능함</td></tr>
<tr><td>관리됨</td><td>-</td><td>관리인원</td></tr>
<tr><td rowspan="2">데이터 검증 결과</td><td rowspan="2">실 데이터 검증시 Event가 발생하였는가?</td><td colspan="3">발생함, 발생안함</td><td rowspan="2">중</td><td rowspan="2">실 데이터로 검증이 되어야 Event의 유효성이 확인됨</td></tr>
<tr><td>발생함</td><td>-</td><td>발생안함</td></tr>
</table>

② 최종 개선목표 수립 : 대상 개선목표가 빅데이터 분석, 빅데이터 기술 관점에서 적합도 검토를 통해 실현 가능성이 있다고 판단되면 최종적으로 선정한다.

(3) 빅데이터 요건 정의서 작성

최종 결정된 이슈별 개선과제, 최종 합의 내용을 중심으로 빅데이터 요건 정의서 산출물을 작성한다. 빅데이터 요건 정의서는 분석에 대한 기획의도와 도입 또는 진행 이후 개선되는 부분이 어떤 것이 있는지를 결정하는 내용이므로 시간이 많이 소요되더라도 충분한 의사결정이 필요하다. 이후 요건 변경 시에는 기록을 남겨 추적 관리한다. 그리고 회의록이 필요한 경우는 회의 진행 시점마다 제공할 수 있도록 한다.

2-2 빅데이터의 분석목표 수립

학습 2

1. 빅데이터의 분석목표 정의

빅데이터 분석을 위한 개선과제 이슈(Issue) 정하기에서 정리된 내용을 바탕으로 개선방향에 알맞은 빅데이터의 분석목표를 수립해야 한다. 빅데이터의 분석방법에 따라 필요한 데이터 원천, 데이터 입수 난이도, 분석방법 및 개별 분석의 난이도, 분석 수행주기, 분석결과에 대한 성과평가 기준을 고려하여 목표 수준을 정리해야 하며, 현시점에 현실적으로 가능하게 분석목표를 수립해야 한다.

1) 분석방식에 따른 준비

분석 필요 업무대상에 대한 현재의 이슈와 최종 개선목표가 정한 내용을 정확히 이해하고 분석을 통해 이루고자 하는 목표를 사실-원인관계 파악, 예측을 통한 문제 해결 등 의사결정 방식에 맞게 데이터 준비, 분석기법 선택, 성과측정 및 평가방법을 선택해야 한다.

(1) 필요데이터 원천 파악

분석대상에 따라 데이터 원천의 종류와 크기는 매우 다양할 수 있다. 하지만 도메인 이슈 정하기 단계에서 가능성 있는 분석주제와 대상 시스템을 선별하였으므로 이를 토대로 개별 테이블 정보 및 메타 정보를 정리한다.

① 대상 시스템별 데이터 정보조사 : 분석관점에서 필요한 테이블 정보와 데이터의 축적 기간, 데이터 회득 주기를 정리 후 문서화 한다.

- 데이터 정보조사 시 필수 고려요소
  - 대상 시스템의 데이터 획득주기, 데이터의 축적 기간
  - 시스템별 테이블 정보(칼럼별 정보 포함)
  - 데이터별 메타정보(수집주체, 사용자, 정보 요약)
  - 현재 해당 데이터에 의한 지표 존재 여부 기록

② 데이터 입수 난이도 조사 : 분석관점에서 필요한 데이터는 원천별로 데이터 수집이 용이한지 여부를 조사해야 한다. 데이터 원천별로 필요에 따라 이미 수집되고 정제되는 프로세스가 있는지 여부를 확인한 후 별도의 데이터 입수를 위한 조치가 수반되어야 한다. 특히 외부데이터 및 상용 데이터, 제휴 데이터의 경우 제한적

요소가 있을 수 있으므로 수집 시기 및 방법 그리고 메타정보 조사를 세밀하게 진행해야 한다. 입수 난이도가 높을 경우 해당 데이터 활용에 대해서 재고해야 한다.

(2) 분석접근 방안 및 적용 가능성 판단

도메인 이슈(Issue) 정하기는 기술된 최종 개선목표에서 판단한 정보를 활용하여 현재의 분석목표와의 차이를 고려해야 한다. 현존하는 빅데이터 분석기법과 기술이 분석목표에 부합되더라도 현재의 분석환경 또는 구축하고자 하는 환경에서 마련되지 못하는 것이라면 우선순위 조정을 해야 한다. 예를 들어 실시간 상품추천을 목표로 하면 고객 행동 점수를 실시간 수집하고 계산해야 효과적일 경우 도입 가능한 기술이 있다 하더라도 고객 행동 로그 수집을 위해 해당 시스템에 별도의 개발이 허락되거나 할 수 없다면 다른 방안을 생각해야 한다. 또 실시간 로그수집이 불가능하다면 일 배치작업으로 로그데이터를 수집하고 분석 후 상품추천에 활용할 수는 방안이 가능한지를 판단해야 한다.

(3) 분석 수행결과에 대한 성과평가 기준 수립

분석 수행결과에 대한 성과평가 기준은 정성적인 측면과 정량적인 측면으로 구분해야 한다. 현 단계에서는 분석 수행 이전이므로 성과평가 기준 수립 후 데이터 가설 · 검증 단계, 데이터 분석 모형 검증단계, 실제 운영단계 등으로 구분하여 측정하도록 한다.

① 정성적인 측면
- 신규 분석기법 및 기술 활용성
- 신규 데이터 및 외부데이터 등의 활용성
- 기존 방식과 다른 세분화 또는 군집화를 통한 집단 선정(㉠ 구매 이력 기반 라이프스타일 세분화, 애완동물 선호 1인 가구 추정 등)
- 기타 : 해당 부서가 선정하는 정성적인 요소(㉠ 고객분석을 위한 가설 N개 수립 등)

② 정량적인 측면
- 기존 분석 대비 타켓팅 효과 N% 증/감
- 데이터 분석 가설/검증단계에서 유효한 가설 N개 확정
- 데이터 분석 모형 검증단계에서 목표대비 N% 수준 증명
- 데이터 모형 정확도 측정
- 분석특징에 따른 자체 KPI에 의한 성과측정

2. 빅데이터의 분석목표 정의서 확정

분석방식에 따른 준비과정을 통해 정리된 내용을 바탕으로 정의서를 작성한다. 작성된 정의서 내용에 대해 실무자들과 워크숍을 통해 공유하고, 피드백 내용에 맞게 최종 수정 후 분석목표 정의서를 확정한다.

학습 2

2-3 빅데이터의 활용 수준 분석

1. 필요 빅데이터의 품질 점검

정의된 빅데이터의 분석목표 따라 데이터 분석 시작 전 현재 보유하고 있는 빅데이터를 점검해야 한다. 분석목표 또는 서비스 기획방향에 따라 보유 빅데이터 중 어떤 시스템의 데이터, 보관 데이터 중 어느 주제영역의 데이터 등을 활용할지 사전에 파악할 수 있으므로 해당 데이터의 상황을 정리할 수 있다.

빅데이터의 품질, 분량, 수집경로 및 빅데이터의 유형 등이 정리되면 데이터 분석단계에서의 데이터 파악 및 전처리 과정의 시간을 많이 절약할 수 있다.

1) 필요 빅데이터 상황점검 지식

빅데이터 분석목표 정의서를 통해 정의된 필요데이터에 대한 상세조사를 통해 최종적으로 활용 가능한 데이터를 선별할 수 있다.

(1) 필요 빅데이터 요약

데이터 분석목표 정의서 확정단계에서 조사된 데이터 조사목록을 바탕으로 해당 데이터를 어떠한 목적의 관점으로 사용 가능한지에 대해 요약정보를 구성한다. 대상 시스템별로 다수의 데이터 테이블이 존재하고 있지만, 전체적인 관점에서 살펴보면 정보의 중복성이 있을 수 있다. 사전에 필요한 빅데이터에 대한 정보를 요약하면 데이터 분석단계에서 데이터 탐색시간을 많이 줄일 수 있으며, 분석 마트 구성 시에도 효율적으로 데이터를 선별하여 저장해둘 수 있다.

(2) 필요 빅데이터의 품질 점검

데이터 탐색단계 전에 대상 데이터들에 대한 분량과 품질 수준을 점검 후 정리하면 데이터 분석 전문가들이 가설을 수립할 때 많은 도움을 줄 수 있다.

〈표 2-2〉 필요데이터 품질 점검 항목

점검항목	점검내용
데이터 분량 확인	• 테이블 내 필요 칼럼별 확인 • 칼럼별 데이터 축적 기간 및 분량 확인
데이터 완전성	• 데이터 내 필요한 대상과 속성을 포함하는지 판단 • 데이터 누락 또는 결측값의 비율 확인
데이터 일관성	• 데이터 속성 간 관계 확인 • 데이터 상위/하위 간 관계에서의 값의 일치성 확인 • 데이터 유형과 값의 일치성 확인
데이터 정확성	• 데이터의 편향(Bias)과 분산 확인 - 편향성이 큰 경우는 측정값이 지속적인 영향 받는 경우임 - 분산이 큰 경우는 표본의 대표성이 낮을 수 있음

필요데이터에 대한 요약 통계정보를 정리 후 제공하면 전체적인 관점에서의 데터 선택과 활용 여부를 의사결정할 때 도움이 된다. 또 필요로 하는 외부데이터의 경우에 대해서도 최대한 확인 가능한 수준까지 요약 통계 형식의 품질확인이 필요하다.

필요한 대상이 될 수 있는 데이터들에 대해 사전적으로 어느 정도 파악이 되어있는지에 따라 데이터 분석의 용이성이 달라질 수 있다.

2. 필요 빅데이터 수집경로 및 데이터 유형 파악

빅데이터 분석정의서 정리 시 활용된 정보를 바탕으로 빅데이터의 수집경로를 파악해야 한다. 대상 데이터가 어떤 시점에 어떤 경로를 통해 최종적으로 획득되는지 파악되면 시간적 의미의 해석이 중요할 때 활용할 수 있다. 즉 시간당 집계되는 정보와 1년에 한 번 집계되는 정보의 차이를 생각해볼 수 있다. 데이터 수집경로가 파악된 이후 해당 데이터들에 대한 유형을 정형 · 반정형 · 비정형 등의 유형 또는 연속형 · 범주형 등으로 구분하여 기록해야 한다. 기록된 데이터 유형정보를 토대로 데이터의 변환 여부 등을 추후 가늠해볼 수 있다.

1) 필요 빅데이터 수집경로 파악

내 · 외부데이터의 구분 후 각 제공 데이터에 대한 요약정보, 기관 또는 부서명칭, 제공되는 데이터의 현재 기준의 최신 일자를 파악하고 데이터 입수를 위해 제공 가능한 업데이트 주기, 데이터의 제공형태(CSV, XLS, XML, Open API 등의 형태) 데이터의 수집경로의 경우는 내부일 경우 해당 시스템의 인터페이스 방식과 방법을 표기하고, 외부데이터의 경우는 해당 URL 등을 표기한다.

[그림 2-4] 공개데이터 제공형태 예시

출처 : 공공데이터 포털 www.data.go.kr, 2022년 7월 08일 스크린 샷

[그림 2-4]는 공공데이터 포털에서 제공하는 데이터에 관한 내용이다. 그림 내용에서 보면 데이터의 제공형태가 CSV 파일의 형태임을 알 수 있다.

2) 필요 빅데이터별 유형조사

필요 빅데이터로 수집경로가 파악된 데이터들을 대상으로 정형, 반정형, 비정형 등의 형태를 기록하고 변수의 형태까지 조사한다. 변수의 형태는 수치형 변수(연속형 변수, 이산형 변수)와 범주형 변수(순위형, 명목형 변수)로 구분하고 해당 데이터가 어떠한 유형의 변수인지 파악 가능한 정보를 제공할 수 있도록 한다. 데이터의 변수형태는 추후 데이터 탐색 및 분석진행 시 어떠한 변수를 활용할지 또는 변환하여 사용할지를 판단하기에 좋은 정보가 될 수 있다.

3. 빅데이터별 컴플라이언스 준수

앞선 단계에서 활용하기로 한 빅데이터들에 대해서 조직 내부의 정보보안 방침과 국가의 개인정보보호법에 위배되지 않도록 하는 점검해야 한다. 이외에도 데이터를 외부에 공개하는 부분이 있어도 여러 컴플라이언스에 정한 규칙을 모두 준수하는지 확인을 받은 후 공개하도록 해야 한다. 현재 국내에서 아직 확정되지 못한 부분의 법률 영역이 있을 수 있는 경우 관계기관 또는 조직 및 기관의 내부 법무팀의 가이드를 받은 후 적절한 범위에서 데이터 활용이 이루어지도록 해야 한다.

1) 데이터별 정보활용 점검

조직 및 기관이 정한 정보보안 점검, 데이터 활용방식에 따른 다양한 법률적 규칙 준수 여부를 점검한다.

(1) 내부 정보보안 점검

정보보안의 목적은 조직 및 기관 내 내부 인원들이 활용하는 빅데이터에 대한 무분별한 사용을 방지하고 외부에 유출할 수 있는 사고를 미연에 방지함에 있다. 업무 영역별 종사자가 활용할 수 있는 책임과 권한이 데이터 활용에 제약을 줄 수 있도록 만들어진 점검 리스트에 위배되지 않도록 관리 감독해야 한다.

그리고 빅데이터 활용에 따른 이력이 시스템을 통해 기록될 수 있도록 해야 한다. 개인정보보호법에서 정한 개인정보 범위 및 처리에 관한 규정은 부록에 있는 개인정보보호법 법령 발췌 내용을 확인하기 바란다. 조직 내부에서 정보보안을 점검하는 관리책임을 가진 조직은 필요한 SW를 구비하고 정기점검을 통해 조직 내부 인원들의 이력을 점검 후 관리 감독한 내용이 필요하면 제출할 수 있어야 한다.

(2) 빅데이터별 개인정보 비식별 점검

빅데이터 내 포함된 개인정보에 대한 활용 및 비식별화 조치 후 활용 가능 여부에 대한 부분이 최근 관계부처(행정안전부, 방송통신위원회, 과학기술정보통신부, 금융위원회, 보건복지부, 국무조정실) 합동으로 '개인정보 비식별화 가이드라인'이 마련되었다. 2014년 과학기술정보통신부와 방송통신 위원회가 '빅데이터 개인정보 가이드라인'을 발표하였으나 기존의 법률인 개인정보보호법, 정보통신망법에서 규정한 내용과 어긋나는 내용을 포함하고 있었다. 유사한 내용임에도 불구하고 관계부처별로 상이한 기준과 해석이 있어서 데이터 활용에 어려움이 있었다. 다음 내용은 2014년에 나온 빅데이터 가이드라인과 기존 법 간의 주요 충돌 항목 등을 정리한 내용이다.

〈표 2-3〉 빅데이터 가이드라인과 기존 법률의 주요 충돌항목

빅데이터 가이드라인	• 기존 법률(개인정보보호법, 정보통신망법, 위치정보보호법) 충돌조항
공개된 개인정보의 수집(제3조)	• 개인정보보호법(제15조 개인정보의 수집, 이용 등) • 정보통신망법(제22조 개인정보의 수집, 이용 등) • 위치정보보호법(제15조 위치정보의 수집 등의 금지 등) • 충돌쟁점 : 공개되었다는 이유로 정보주체의 동의과정 생략하는 행위
이용내역 정보의 수집 (제4조)	• 개인정보보호법(제15, 16, 17조, 개인정보 수집제한, 개인정보의 제공 등) • 정보통신망법(제24조, 24조의 2, 개인정보의 이용 제한/ 제공 동의 등) • 위치정보보호법(제18, 19조, 개인위치 정보 수집/정보의 이용 등) • 충돌쟁점 : 포털사이트에서 사용한 위치정보, 검색정보를 이용하여 개인에게 민감하고도 내밀한 사생활 정보를 생성할 수 있다. 이를 이용자가 동의하지 않은 상황이라면 법률적으로 원칙에 위배된다.
공개된 개인정보 등의 이용 (제10조)	• 개인정보보호법(제18조, 개인정보 목적 외 이용 제공 제한 등) • 정보통신망법(제24조 개인정보의 이용 제한 등) • 위치정보보호법(제19조, 개인위치 정보의 이용 또는 제공 등) • 충돌쟁점 : 공개된 개인정보를 정보주체의 동의 없이 제3자에게 제공할 수도 있도록 한 부분은 나머지 2개의 법안에 규정에서 볼 때 어긋남
공개된 개인정보 등의 제3자 제공 (제11조)	• 개인정보보호법(제17조, 개인정보의 제공 등) • 정보통신망법(제24조의 2, 개인정보의 제공 동의 등) • 위치정보보호법(관련 해당 법률과 유사한 항목 없음) • 충돌쟁점 : 제3자에게 공개된 개인정보를 정보주체의 동의 없이 제공하는 경우는 2개의 법안과 상충하며, 관련 피해가 발생할 경우 책임의 소재와 그 부담을 개인에게 지우게 되는 점이 있음

출처 : 김선남, 이환수(2014년), 빅데이터 개인정보 가이드라인의 개선방향에 관한 연구, 정보화 정책 제21권 4호, p.25.

2016년 7월 행정안전부와 관계부처가 발표한 개인정보 비식별화 가이드라인에서는 데이터 분석 시 필요한 데이터 세트에 포함되는 개인을 식별할 수 있는 요소를 일부 또는 전부를 삭제 또는 대체하는 방안을 제시하고 있다. 비식별 조치는 4단계로 사전검토, 비식별 조치, 적정성 평가, 사후관리이다. 활용예정인 데이터 세트에 포함된 개인정보는 '개인정보 비식별화 가이드라인'에 따라 조치 후 점검내용을 남긴 후 활용하도록 한다.

(3) 외부데이터 수집사항 및 데이터 공개 시 점검

데이터 분석에 필요한 외부데이터의 경우 수집경로 및 필요한 제약사항을 표기해야 한다. 위에서 언급한 바와 같이 개인정보가 포함되었을 경우 개인정보를 제거 또는 대체하여 수집한 방안을 조직 내부의 법률부서로부터 확인받은 후 사용하고

점검받아야 한다. 조직 내부에서 데이터를 외부에 공개할 경우 개인정보보호법, 개인정보 비식별화 가이드라인 및 기타 법률에 따른 판단을 법률부서로부터 확인 후 조치하도록 해야 한다(데이터 유통에 따른 거래 등은 추후 법률적 해석 또는 가이드라인 제정 필요). 정부단체의 경우는 '공공데이터의 제공 및 이용 활성화에 관한 법률'을 확인 후 공개하도록 해야 한다. 해당 법률의 일부 내용에 발췌한 내용은 다음과 같다.

> 법령 : 공공 데이터의 제공 및 이용활성화에 관한 법률 제3장 공공 데이터 등록 등 제공기반 조성
>
> 제17조(제공대상 공공 데이터의 범위) ① 공공기관의 장은 해당 공공기관이 보유 · 관리하는 공공 데이터를 국민에게 제공하여야 한다. 다만, 다음 각 호의 어느 하나에 해당하는 정보를 포함하고 있는 경우에는 그러하지 아니한다.
>
> 1. 「공공기관의 정보공개에 관한 법률」제9조에 따른 비공개대상정보
> 2. 「저작권법」및 그 밖의 다른 법령에서 보호하고 있는 제3자의 권리가 포함된 것으로 해당 법령에 따른 정당한 이용허락을 받지 아니한 정보
>
> ② 공공기관의 장은 제1항에도 불구하고 제1항 각 호에 해당하는 내용을 기술적으로 분리할 수 있는 때에는 제1항 각 호에 해당하는 부분을 제외한 공공 데이터를 제공하여야 한다.
>
> ③ 행정안정부장관은 제1항 제2호의 제3자의 권리를 포함하는 것으로 분류되어 제공대상에서 제외된 공공 데이터에 대한 정당한 이용허락 확보를 위한 방안을 제시할 수 있으며, 공공기관의 장은 그 방안에 따라 필요한 조치를 취하여야 한다. 〈개정 2017.7.26.〉

(4) 활용예정 데이터 컴플라이언스 최종 점검

빅데이터 활용 방식별로 전체 내용에 대해 컴플라이언스 최종 점검을 받은 후 점검 양식에 확인내용을 기재 후 실제 데이터 분석에 활용하도록 한다.

2-4 빅데이터의 프로젝트 계획

1. 프로젝트 계획수립

빅데이터 분석 프로젝트를 위한 계획수립을 위해 책정된 소요비용에 관련된 예산, 예상되는 소요기간, 현재의 IT 환경(데이터 분석 솔루션, 플랫폼, 데이터 현황)을 고려해야 한다. 이를 위해서는 앞선 단계에서 만들어진 분석목표 정의서 내용을 확인하고 해당 데이터 분석 프로젝트의 주관부서와의 협의를 통하여 최종적인 프로젝트 계획을 수립해야 한다.

학습 2

1) 빅데이터 프로젝트 소요비용 배분

빅데이터 분석 프로젝트를 위해 책정된 비용을 기준으로 인건비, H/W, S/W, 기타비용 등으로 구분하여 세분화해야 한다.

(1) 인건비 배분

인건비 배분으로 책정된 금액을 기준으로 프로젝트 매니저(PM), 데이터 분석가, 데이터 처리를 위한 엔지니어를 기본으로 하며, 프로젝트 역할상 필요한 인원이 있으면 기타 인원으로 구분한다. 인원별 단가는 발주처의 기준으로 계산하여 월별 또는 일별 기준으로 수립한다.

〈표 2-4〉 인건비 배분 기준

인원 구분	투입기간 및 인원별 단가
프로젝트 매니저	• 투입기간 : X개월 • 인원별 단가 : (단가등급 초/중/고, 개별 단가 표시)
데이터 분석가	• 투입기간 : X개월 • 인원별 단가 : (단가등급 초/중/고, 개발 단가 표시) • 여러 명인 경우 투입 월을 기준으로 개별적으로 표시
데이터 처리 엔지니어	• 투입기간 : X개월 • 인원별 단가 : (단가등급 초/중/고, 개별 단가 표시) • 여러 명인 경우 투입 월을 기준으로 개별적으로 표시
기타 인원	• 투입목적별 기재 • 투입기간 : X개월 • 인원별 단가 : (단가등급 초/중/고, 개별 단가 표시) • 투입목적별 인원이 여러 명인 경우 개별적으로 표시

(2) H/W 비용 배분

기존 H/W를 활용하지 않고 신규 H/W가 필요하면 해당 H/W 규격을 산정한 후 H/W 공급업체로부터 견적금액을 받아서 참고한 가격을 중심으로 책정한다. 신규 H/W가 필요하면 IT 조직의 협조를 받아서 운영 · 유지 · 보수 비용 등을 고려하는 것이 좋으며, H/W가 위치할 공간의 특성을 고려하여 네트워크 회선 연결 등에 필요한 비용 등을 고려하고 의뢰할 수 있도록 한다.

(3) S/W 비용 배분

기존 S/W를 활용하지 않거나 추가 라이센스 획득이 필요하면 해당 S/W 규격을 산정하여 해당 공급업체로부터 견적금액을 받아서 참고한 가격을 중심으로 책정한다.

가격을 책정할 때 공급업체로부터 유지보수 금액과 S/W 교육 등 필요한 항목을 고려하여 받는 것이 좋으며, 해당 S/W 구동을 위해 필요한 별도의 S/W가 있는지 확인하는 것이 좋다.

(4) 기타 비용 배분

인건비, H/W, S/W 외 데이터 분석 프로젝트를 위해 필요한 비용을 고려하여야 한다. 기타 비용 산정의 경우는 여러 가지 항목이 있을 수 있으며, 추가 인건비 외에는 전체 비용의 3% 이내로 여유를 두는 것이 좋다. 분석 프로젝트 수행과 더불어 빅데이터 시스템 구축이 이루어질 경우는 설계, 구축, 각종 시스템 연계 및 시험, 최종 시험까지 고려된 비용 배분이 이루어져야 한다. 빅데이터 시스템 구축과 관련된 부분은 부록에서 설명하고 데이터 분석을 중심으로 수행한다.

2) 프로젝트 WBS(Work Breakdown Structure) 수립

프로젝트 일정계획 수립을 위해서는 분석목표 정의서, 프로젝트 소요비용 배분계획을 중심으로 데이터 분석 흐름에 알맞게 수립하는 것이 좋다. 데이터 분석 흐름은 데이터 분석과제 정의, 데이터 준비 및 탐색단계, 데이터 분석 모델링 및 검증, 산출물 정리 및 기타 등으로 크게 4단계로 구성하는 것이 좋으며, 필요에 따라 단계를 추가하면 된다.

(1) 데이터 분석과제 정의 단계

분석목표 정의서를 기준으로 프로젝트 전체일정에 맞게 사전 준비를 하는 단계이다. 인원, H/W, S/W의 전개가 전체 일정을 기준으로 이루어질 수 있도록 하며, 단계별 필요 산출물, 주요 보고 시기 등으로 정리하여야 한다. 기본 4단계로 구성하는 데이터 분석 흐름 별 주요 파트리더들과 협의하여 단계별로 세부적인 일정계획을 수립하도록 하고, 이를 최종적으로 반영할 수 있어야 한다.

(2) 데이터 준비 및 탐색단계

해당 단계는 데이터 처리 엔지니어와 데이터 분석가의 역할을 구분하여 세부일정이 만들어져야 한다. 분석목표 정의서에 기재된 내용을 중심으로 데이터 처리 엔지니어가 필요데이터를 수집하고 정리하는 일정과 데이터 분석가가 이를 토대로 분석에 필요한 데이터들로부터 변수 후보를 탐색하고 최종적으로 도출하는 과정이 포함되어야 한다. 또 데이터 분석목적에 맞는 데이터 분석가설을 수립하고 유의미한 검정작업을 마치는 일정이 기본적으로 포함되어야 한다.

(3) 데이터 분석 모델링 및 검증단계

데이터 준비 및 탐색이 완료된 이후 데이터 분석가설이 증명된 내용을 중심으로 데이터 분석 모델링을 진행한다. 데이터 분석 모델링 과정에 대해서는 실험방법 및 절차를 구분 기획하고 검증하는 내용에 대해 자세한 일정을 수립하는 것이 좋다. 보통 데이터 분석 모델링의 경우 1개 이상의 기법으로 분석을 시행하고 비교평가하는 방식을 취하지만 전체 프로젝트 일정 및 분석 인프라의 가용성에 맞추어 진행해야 하므로 상황에 맞게 일정을 고려해야 한다. 또 데이터 분석 모델링 과정이 1회 이상 수행되므로 해당 검증일정을 고려하여 정교하게 수립해야 한다.

(4) 산출물 및 기타

프로젝트 성격에 따라 데이터 분석결과가 나오므로 이로 인하여 종료되기도 하지만, 해당 결과를 별도의 애플리케이션으로 연계 또는 화면개발 후 연계하는 방식으로 진행될 경우는 추가 단계를 수립하여야 한다. 데이터 분석결과가 나와서 끝나는 경우라면 데이터 분석단계별 산출물을 정리하고 분석 모델링 과정에서 개발된 분석 스크립트 등을 잘 정리하여 최종 산출물로 정리해야 한다. 전체 프로젝트 일정에서 산출물 정리단계를 반드시 포함해서 문서화가 잘되도록 해야 한다. 문서화가 잘 진행되지 않고 해당 프로젝트 인원이 철수할 경우 데이터 분석모형에 대한 유지보수 등의 작업이 어려울 수 있다.

(1)~(4) 단계의 내용을 중심으로 프로젝트의 WBS 설계를 최종적으로 마무리 후 프로젝트 관계 기관과 워크숍을 통해 최종적인 협의를 완료한다.

프로젝트 최종 워크숍 진행 시 회의록을 작성하고 관계기관별 담당 인원들과 회람 후 해당 내용에 관한 확인을 받도록 한다. 최종적으로 합의가 되지 않는 이슈가 있으면 해당 이슈를 표기하고 추후 해결안을 포함한 최종 회의록으로 다시 확인을 받도록 한다.

2. 프로젝트 자원 분배

1) 프로젝트 업무분장 계획 및 배분

프로젝트 소요비용 배분단계에서 고려된 인건비 배분 기준을 중심으로 프로젝트 WBS의 단계별 인원투입을 계획한다. 투입이 결정된 인원에 대해서는 업무 역할을 명확히 해야 하며, 프로젝트 필수 산출물을 정의해야 한다. 또 프로젝트 기간 동안 의사소통(일정 충돌, 이슈 논의 등)을 진행하는 평가위원회를 구성해야 한다.

(1) 프로젝트 소요기간별 투입 인원 역할 구분

인건비 배분 기준 인원 외 상주하지 않지만 프로젝트의 역할을 담당하는 비상주 인원까지 고려하여 역할을 구분한다.

〈표 2-5〉 프로젝트 투입 인원 업무분장 예시

기 법	설 명	상주/비상주 구분
프로젝트 PM	프로젝트 전체 일정 및 산출물 총괄	전체기간 상주
데이터 처리 엔지니어	데이터 수집/정제/처리 작업 및 데이터 마트 개발 업무담당	투입기간 상주
데이터 분석가	데이터 탐색 및 모델링 업무, 분석내용 검증 업무담당	투입기간 상주
데이터 분석가 QnA	데이터 분석단계별로 내용 흐름을 점검하고 조언하는 업무담당	비상주 투입으로 특정 시점마다 역할
(기타) 화면 개발자	데이터 분석결과에 대해 별도의 화면으로 개발하는 업무담당	투입기간 상주
(기타) IT 지원	데이터 수집 시 필요 부분 및 분석 인프라 고려 시 지원하는 업무담당	비상주 투입으로 특정 시점마다 역할

프로젝트 투입인력의 역할과 업무분장이 이루어지고 나면 투입기간별로 투입되는 역할별로 표시하여 전체 프로젝트 기간 내 인력이 어떤 작업을 할 수 있는지 파악하도록 〈표 2-6〉과 같이 작성한다.

〈표 2-6〉 프로젝트 투입기간별 인원투입 예시

구 분	역 할	상 세	등급	M	M+1	M+2	M+3	M+4	M+5	M+6	M+7	소계
PMO	PM	프로젝트 총괄/매니지먼트	고급	1.0	1.0	1.0	1.0	1.0	1.0	1.0	1.0	8.0
	사업관리	사업일반관리	고급	1.0	1.0	1.0	1.0	1.0	1.0	1.0		7.0
	자문 QnA	데이터 분석방향성 자문	특급			0.5	0.5					1.0
데이터 분석	데이터 탐색1		고급	1.0	1.0	1.0	1.0	1.0	1.0			6.0
	데이터 탐색2		중급	1.0	1.0	1.0	1.0	1.0	1.0	1.0		7.0
	분석방향 컨설팅		고급			1.0	1.0	1.0	1.0			4.0
	데이터 분석		고급			1.0	1.0	1.0	1.0	1.0		5.0
			중급			1.0	1.0	1.0	1.0			4.0
			중급			1.0	1.0	1.0	1.0			4.0
데이터 처리	데이터 처리		특급	1.0	1.0	1.0						3.0
			중급	0.5	1.0			0.25				1.75
			중급				1.0	0.25				1.25
			중급			1.0						1.0
			중급			1.0						1.0
보고서 화면 개발	리포팅 화면 개발		중급									
인프라 지원	인프라 설치/지원		중급						1.0	1.0	1.0	3.0
합 계				5.5	6.0	11.5	9.5	8.5	9.0	5.0	2.0	57.0

(2) 프로젝트 필수 산출물 정의

프로젝트 일정 단계별로 필수 산출물을 명시하여 프로젝트 단계별 평가와 종료 평가 시 활용할 수 있도록 한다. 필수 산출물 외에 필요한 산출물은 프로젝트 PM이 별도로 정리 후 관리하면 된다.

〈표 2-7〉 프로젝트 필수 산출물 정의

산출물 구분	산출물 내용
데이터 분석과제 계획서	• 데이터 분석목표 정의서 포함 기재 • 프로젝트 일정계획, 자원배분 계획, 의사소통 계획 포함
데이터 탐색 보고서	• 데이터 수집대상 내용 포함 기재 • 데이터 후보 변수 도출과정 및 최종 후보 변수목록 포함 • 데이터 분석가설별 유의성 검증내용 포함
데이터 모델링 및 검증 보고서	• 데이터 모델링 방안 및 실험계획 포함 기재 • 데이터 모델링 개발 스크립트 • 데이터 모형 비교검증 위한 검증내용 포함
기타 보고서	• 별도의 화면 개발 시 화면설계 등에 대한 산출물 • 데이터 분석모델 유지보수 위한 산출물 • 데이터 분석모델 교육을 위한 산출물 • 기타 필요 산출물 정의

(3) 프로젝트 평가위원회 구성

프로젝트 평가위원회는 프로젝트 유관부서의 리더들과 프로젝트 참여 인원으로 구성하며, 필요에 따라 외부 자문인원이 참여할 수 있도록 한다. 평가위원회는 프로젝트 기간 내 의사소통(일정충돌, 이슈 등)방식을 확정하고 필수 산출물에 대한 평가를 담당하도록 한다.

수행 내용

재료 · 자료

- 빅데이터 가이드라인 관련 자료
- 개인정보 비식별화 가이드라인

기기(장비 · 공구)

- 컴퓨터, 문서작성 프로그램, 프린터, 주변기기

안전 · 유의사항

- 빅데이터 관련 장비의 안전 및 유의사항을 숙지한다.
- 외부데이터일 경우 데이터 수집 및 경로 등을 빠짐없이 기록한다.
- 내 · 외부데이터 구분 후 개인정보보호법 등 관계 법령에 위배 여부를 확인한다.

수행 순서

01 빅데이터의 분석을 통하여 개선하고자 하는 방향 설정과정에 대하여 분석하라.

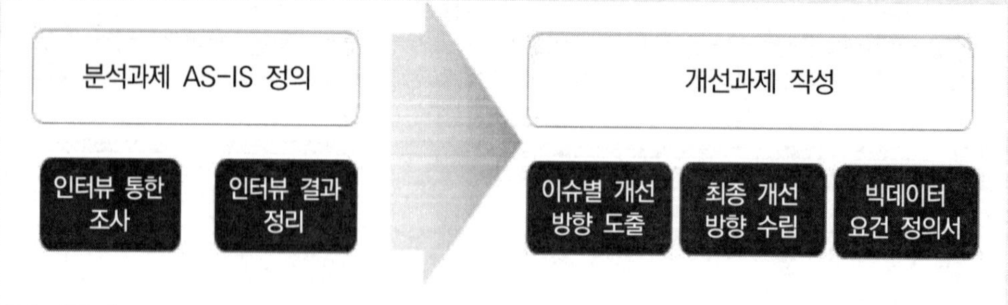

[그림 2-5] 빅데이터 분석을 위한 개선방향 설정과정

1. 빅데이터 분석과제 도출을 위한 기본적인 업무를 이해하고 이슈 도출

업무별 분석과제 요건 수립을 위해 기존 업무를 분석하여 이슈를 도출할 수 있도록 인터뷰를 시행하여 정리한다.

1) 분석요건의 문제점을 정의

업무 분야별 분석요건 도출을 위해 인터뷰를 시행하여 이슈를 수집 후 분석관점에서 개선할 수 있는 업무 분야를 선별한다.

(1) 인터뷰를 통한 조사

인터뷰를 위한 방식으로 Top Down, Bottom Up 방식 중 선택하여 인터뷰를 실행하여 조사한다.

① 인터뷰 질의서 항목 구성한다 : 인터뷰 질의서 구성 시 필수항목으로 대상업무 파악 항목, 분석주제 이해를 위한 항목, 대상업무 질의서에 대한 원인파악 항목, 추가조사 및 관련 조사 질의 항목을 구성한다.

② 인터뷰 내용분석 : 인터뷰 일정에 따른 인터뷰 수행 후 특정 주제별로 정리하면 문제파악, 개선방향 도출 등을 정리한다.

- 대상 분야 업무 질의서를 구분한다 : 인터뷰 진행 후 대상업무 분야별로 질의서를 구분하고 원인을 정리한다.
- 이슈(Issue)별 대상 시스템 및 데이터를 확인한다 : 이슈별 대상 시스템 및 데이터별 종류, 특성 등을 목록으로 정리한다.
- 현행 분석방식을 확인한다 : 현재 분석방식 및 주기를 확인하고 이슈로 구분된 내용과 현재의 분석환경과의 제약점 여부를 추출한다.
- 추가 인터뷰를 통한 개선방향을 정리한다 : 1차 인터뷰 결과정리 후 개선 가능한 분석 접근 방안을 제시하고 현업들로부터 개선 의견을 청취하여 정리한다.

아래 내용은 인터뷰 진행 시 질문할 내용에 관한 예시 항목이다.

① 귀하께서 맡고 계시는 업무와 업무 내의 역할은 어떤 것입니까?
② 귀하의 팀에서 운영 또는 관리하는 시스템의 종류는 어떤 것이 있습니까?
③ 관련 현업조직(고객사)의 조직구성은 어떻게 되어 있습니까?
④ 현업조직의 업무에 내해 간략하게 설명하여 주십시오.
⑤ 현업조직의 업무가 현재 XXX 시스템을 통해 관리되고 있습니까? 관리되고 있다면 관련된 프로세스는 몇 개나 있습니까?
⑥ 귀하께서 맡고 계시는 기능업무 중 업무적 이슈가 있다면 어떤 것이 있는지 구체적으로 말씀해 주십시오.

⑦ 귀하께서 언급하신 이슈에 관한 내용이 어떠한 원인에 의해 발생하고 있다고 생각되는지 말씀해 주십시오.
⑧ 귀하께서 언급하신 이슈에 관한 내용이 업무상황의 개선으로 해결될 문제인지 신규 시스템 도입 또는 기존 시스템의 개선으로 해결 가능한 것인지 구분하여 주십시오.
⑨ 현업조직의 업무 중 선/후행 연결된 업무나 관련된 업무가 있다면 어떤 것이 있는지 말씀해 주십시오.
⑩ 선/후행 업무처리 중 이슈가 있다면 어떤 것이 있는지 말씀해 주십시오.
⑪ 추후 업무와 관련하여 시스템 개발 또는 개선계획을 하고 있다면 구체적으로 말씀해 주십시오.
⑫ 현행업무 중 현업에 제공하시는 분석 리포트(또는 일련의 정보)의 종류가 어떤 것이 있는지 말씀해 주십시오.
⑬ 제공되는 분석 리포트를 생성하기 위해 소요되는 시간과 보고주기는 어떻게 되는지 말씀해 주십시오.
⑭ 제공되는 분석 리포트의 주요 내용은 어떤 것입니까?
⑮ 분석 리포트를 통해서 현업에서 얻으려는 가장 큰 목적은 무엇이라 생각하십니까?
⑯ 제공되는 분석 리포트의 시기가 현재보다 앞당겨질 수 있다면 현재보다 효과적일 수 있습니까?
⑰ 관련 업무에서의 특별한 사고/사건이 있었습니까? (현업중심에서) 있었다면 업무나 회사에 미치는 영향은 무엇이었습니까?
⑱ 사고/사건이 있었다면 주요 원인은 무엇이었습니까?
⑲ 사고/사건에 대해 미리 관련 정보를 받았으면 방지할 수 있었다고 보십니까?
⑳ 현재 현업 또는 시스템 담당자로서 어떤 데이터 분석이 필요하다고 생각하십니까?
㉑ 사고/사건과 별도로 현업에서 자주 요구하거나 개선하고자 하는 업무 이슈가 있습니까?
㉒ 현업에서 개선하고자 하는 부분에 대해 구체적으로 실행하고자 하는 계획을 세우고 있습니까?
㉓ 자신이 맡은 업무 외에 연관된 업무와 연관된 이슈가 있으면 말씀해 주십시오(㉾ 이 부분의 일이 늦어지거나 정보가 자주 오류가 발생하여 업무에 방해를 많이 받거나 질책을 받고 있다고 생각되는 부분)

2) 인터뷰 결과 정리

인터뷰 항목별 내용을 현재의 이슈, 원인, 관련 시스템, 개선 기대사항 등으로 구분되게 정리 후 필요에 따른 추가적인 조사자료 요청과 인터뷰를 진행하여 최종적으로는 문서로 결과를 정리한다.

〈표 2-8〉과 같이 정리된 대상 업무 이슈들에 대해 분석관점에서 어떤 해결방안이 있을 수 있는지 고민 후, 해당 해결방안이 유효한지를 판단하는 것이 개선과제 작성에서 중요하다. 인터뷰 결과서의 경우 1차, 2차로 구분하여 작성하고 문서화해야 한다.

〈표 2-8〉 인터뷰 결과 정리 예시

	이슈 목록	이슈 유형	대상 시스템	원 인
서비스 품질 업무영역	모니터링 주기	시스템 성능	A 시스템	
	분석신뢰도 저하	분석모델 성능	B 시스템	
	문제원인 파악 어려움	분석모델 부재	C 시스템	

2. 이슈별 개선과제를 작성

대상 업무별로 정리된 이슈들에 대해 분석관점에서의 개선과제 목표를 수립해야 한다. 이때 현업들과의 충분한 토의를 거쳐 현업의 기대 개선사항과의 차이를 줄이도록 해야 한다.

1) 이슈별 개선과제를 도출한다

이슈별 개선방향을 도출하기 위해서는 분석 개선 관점, IT 시스템 개선 관점, 외부/공공 데이터 활용 가능성 관점에서 검토해야 한다.

(1) 개선방향 작성 위한 자료 조사를 수행한다

개선방향 시나리오 작성을 위해 내부 컨설팅 자료, 전문서적, 전문논문, IT 벤더 사례 연구 자료 등을 대상으로 하며, 필요하면 자문 전문가의 도움을 받아 진행한다.

① 개선 점검유형 개발 : 개선 점검항목은 IT 기술, 분석기법, 신규 데이터 추가, 분석 접근 방안 등에 의해 유형화될 수 있으며 정량적, 정성적 중요도, 우선순위 등을 고려해서 개발해야 한다. 다음은 품질 불량 개선을 위해 고려하는 개선 점검유형의 예시이다.

- 실시간 상태 점검 : 모니터링 주기를 실시간 관점으로 개선
- 불량 원인 추적 : 원인 인자를 이벤트(Event)별로 사전 선정
- 품질분석 데이터 확대 : 샘플링 기법이 아닌 제조 공정 데이터 전수 대상으로 상세 분석
- 품질 한계 불량 신규지표 개발 : 서비스와 관련된 콜센터 접수 민원 데이터 분석 결과를 기존 제품별 불량 분석결과와 합쳐서 볼 수 있는 지표 개발(생산에서의 문제 부품 이슈가 고객 민원으로 이어지는 현상 관찰)

② 위에서 언급된 예시를 통해 개선 점검은 실시간 분석 필요성, 조기 원인 파악을 위한 주요 원인 유발 인자 목록화, 분석대상 데이터의 확대, 신규 분석지표 개발 등 다양한 관점으로 작성한다.

(2) 분야별 자료를 조사한다

대상 이슈별로 자료를 수집할 경우 사전에 기획된 개선 점검유형에 따라 유형별로 자료가 구분될 수 있도록 목록을 개발한다. 목록 개발 시 분석 접근방안, 시스템 개선, 프로세스 개선, 데이터의 확대, 신기술 적용 등 5가지 관점으로 요약 정리한다.

(3) 개선방향 시나리오 개발 및 토의를 진행한다

대상별 이슈에 대한 개선방향 작성 시나리오(이슈 1개당 N개의 개선관점 제시) 작성 시 수집된 자료의 출처를 명확히 하고 AS-IS 대비 개선 시 향상될 수 있는 효과를 제시한다.

작성된 시나리오에 대해 현업과의 토의를 진행하여 우선순위를 기술한다.

(4) 개선목표를 도출한다

대상 이슈별 개선 방향 시나리오를 토대로 현업들과 검토된 결과를 개선목표로 수립하며, 이슈와 개선목표 사이의 차이가 큰 경우 비즈니스 중요도의 우선순위로 결정해야 한다.

2) 최종 개선방향 수립

현업들과 토의를 통해 정해진 대상 이슈별 개선목표에 대해 빅데이터 분석기법, 기술 등을 최종적으로 검토하여 확정한다.

(1) 개선목표별 빅데이터 분석기법/기술 적합도를 검토한다

개선목표별 요건에 대해 빅데이터 분석기법, 빅데이터 기술의 적합도를 산출하여 적용 여부를 결정할 수 있도록 한다. 빅데이터 분석기법과 기술은 현존하는 방식에서 사례 유무, 관련 인력 수급현황, 상용/오픈 SW 기술 성숙도 등으로 검토한다.

(2) 최종 개선목표를 수립한다

대상 개선목표가 빅데이터 분석, 빅데이터 기술 관점에서 적합도 검토를 통해 실현 가능성이 있다고 판단되면 최종적으로 결정한다.

3) 빅데이터 요건 정의서 작성

최종 결정된 이슈별 개선과제, 최종 합의 내용을 중심으로 빅데이터 요건 정의서 산출물을 작성한다.

Tip

- 분석과제 AS-IS 파악을 위해서 기존의 문제점 정의를 정확히 하고, 개선방향에 대한 현업의 의견과 현존하는 기술로 해결 가능한지를 판단하여 현실적으로 의사결정할 수 있도록 한다.

02 빅데이터의 분석목표에 따른 정의서 확정 과정에 대하여 분석하라.

빅데이터의 분석 수행조건을 파악 후 분석목표 정의서를 수립한다.

빅데이터의 분석목표 수립을 위해 필요한 데이터 원천, 데이터 입수 난이도, 분석방법 및 개별 분석 난이도, 분석 수행주기, 분석결과에 대한 성과평가 기준을 정의한다.

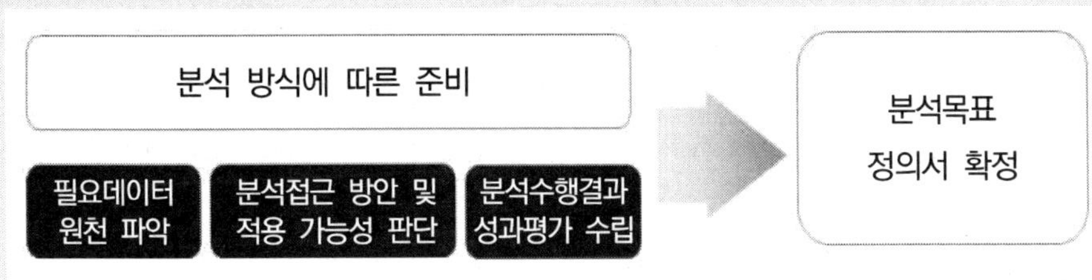

[그림 2-6] 분석목표 수립하기 프로세스

1. 분석방식에 따른 조사를 순서대로 진행한다

1) 필요데이터 원천을 파악한다

도메인 이슈 정하기에서 선별한 가능성 있는 분석주제와 대상 시스템을 대상으로 개별 테이블 정보 및 메타정보를 조사한다.

(1) 대상 시스템별 정보를 조사한다

분석관점에서 필요한 테이블 정보와 데이터의 축적 기간, 데이터 획득 주기를 조사 후 문서화 한다.

① 데이터 정보조사 시 필수 고려요소

- 대상 시스템의 데이터 획득주기, 데이터의 축적 기간
- 시스템별 테이블 정보(칼럼별 정보 포함)
- 데이터별 메타정보(수집주체, 사용자, 정보요약)
- 현재 해당 데이터에 의한 지표 존재 여부 기록

〈표 2-9〉 데이터 조사목록

No	구분	테이블명	데이터 획득주기	데이터 축적기간	USER 명	테이블 설명
01	시장품실	mcrq qmm				시상품질영역 한계불량률
02	생산품질	aqisq_svv				생산품질영역 서비스유형별 분석
03		aqisq_svc_type_rate				
04		aqisq_part11				
05		aqusq_nc11				생산품질영역 부품 불량 리포트
06		aqusq_part11				생산 품질영역 부품테스트 결과
07	판매	sale				판매

② 데이터 입수 난이도를 조사한다 : 분석관점에서 필요한 데이터 원천별로 수집과 정제의 용이성을 파악해야 하며 외부데이터, 상용데이터, 제휴데이터 등에 대한 제한적 요소 여부를 조사하고 기록해야 한다. 데이터 입수 난이도가 높을 경우 데이터 활용계획을 재고해야 한다.

(2) 분석 접근방안 및 적용 가능성을 판단한다

분석목표에 부합되는 분석 접근방안을 목록화한다. 현재의 분석환경, 데이터 환경과 앞으로 구축하고자 하는 분석환경을 고려하여 적용 가능성에 대한 의견을 기술한다. 기술적인 이슈로 적용 가능성이 낮을 경우는 분석목표를 고려한 대안을 고민하고 제시해야 한다.

(3) 분석 수행결과에 대한 성과평가 기준을 마련한다

분석 수행결과에 대한 성과평가 기준은 정성적인 측면과 정량적인 측면으로 구분해야 한다. 현 단계에서는 분석수행 이전이므로 성과평가 기준 수립 후 데이터 가설/검증단계, 데이터 분석모형 검증단계, 실제 운영단계 등으로 구분하여 측정하도록 한다.

① 정성적 성과평가 기준을 마련한다.

- 신규 분석기법 및 기술 활용성
- 신규 데이터 및 외부데이터 등의 활용성
- 조직/부서 또는 프로젝트에서 생각하는 기타 정성적 평가 기준

② 정량적 성과평가 기준을 마련한다.

- 기존 분석 대비 타켓팅 효과 N% 증/감
- 신규 분석일 경우 합리적인 수준 타켓팅 효과 N% 증/감
- 데이터 분석 가설/검증단계에서 유효한 가설 N개 확정
- 데이터 분석 모형 검증단계에서 목표대비 N% 수준 증명
- 데이터 모형 정확도 측정
- 운영단계에서의 월별 또는 분기별 데이터 모형 정확도 제시

데이터 분석수행 이전이므로 정확한 성과평가 기준을 갖기 어려울 수 있다. 성과평가 기준이 매우 중요하게 합의되어야 하는 경우라면 정성적인 기준안을 대상으로 프로젝트 시작 전 합의하고 데이터 탐색 정도 단계의 분석단계에서 정량적인 성과평가 기준을 마련해도 좋다. 실제 데이터 분석결과에 대해 성과를 측정하기 어려운 경우가 많이 있다.

예를 들어 분석모형의 개발이 끝나는 시점에 시뮬레이션 결과물은 나올 수 있으나, 분석을 통한 신규 서비스가 오픈되는 경우라면 특정 기간이 지나야 성과측정이 가능한 경우가 많이 있다. 이럴 경우는 사전 평가단 구성 등을 통해 성과를 측정하는 방식을 도입할 수도 있다.

2. 빅데이터의 분석목표 정의서를 확정한다

분석방식에 따른 준비과정을 통해 정리된 내용을 바탕으로 정의서를 작성한다. 작성된 정의서에 대하여 실무자들과의 워크숍을 통하여 확정한다. 피드백 내용이 있을 경우는 별도로 수정 후 확정하도록 한다.

〈표 2-10〉 분석목표 정의서 예시

<table>
<tr><td rowspan="4">분석 기본 정보</td><td>분석 명칭</td><td>• 시장품질 및 생산품질 한계불량률 사전 예측</td><td>분석목표 확정일</td><td>2022년 9/10일</td></tr>
<tr><td>분석 목적</td><td>• 사전 예측 통한 제품 불량률 감소</td><td>분석목표 워크숍</td><td>2022년 9/8일</td></tr>
<tr><td>분석 우선순위</td><td>• 상</td><td>Owner 조직명</td><td>시장 품질팀</td></tr>
<tr><td>분석 접근 방안</td><td colspan="3">• 시장품질 불량이슈는 생산품질단계에서 사전 발생하므로 부품별 이슈파악 후 예측분석을 통해 부품별 불량률을 예측하여 사전조치가 가능하게 하는 것으로 목표임
• 부품 불량 예측 시 민원 콜유형 내용과 부품 TEST 내용, 날씨정보 활용</td></tr>
<tr><td rowspan="2">성과 측정</td><td>정성적 기준</td><td colspan="2">• 신규기법/기술 : 다양한 예측기법 및 기계학습 활용
• 외부데이터 : 기상청 날씨 데이터 활용
• 신규 데이터 : 품질 VOC 데이터 활용
• 기타 : 국내 품질학회 경진대회 참여</td><td>시장 품질팀 합의</td></tr>
<tr><td>정량적 기준</td><td colspan="2">• 기존품질 분석대비 3% 이상 불량률 개선
• 기존민원대비 10% 이상 감소 목표
• 분석가설 : 20개 수립
• 데이터 모형 검증 : 80% 정확도 입증</td><td>시장 품질팀 합의</td></tr>
<tr><td rowspan="2">데이터 정보</td><td>내부 데이터</td><td>• 시장품질 모니터링 정보(대상테이XX외 7개)
• 생산품질 측정정보(대상테이블XX외 5개)
• 콜센터 민원정보(대상테이블XX외 8개)</td><td>데이터 입수 난이도</td><td>중</td></tr>
<tr><td>외부 데이터</td><td>• 기상청 날씨 정보(2020~2022년 8월분)</td><td>데이터 입수 난이도</td><td>하</td></tr>
<tr><td colspan="2">데이터 분석 적용성 판단</td><td colspan="3">• 실시간 분석은 분석 인프라 문제로 이번에는 제외 함
• 민원콜 분석을 위한 텍스트 분석은 중요도를 감안하여 도입 후 진행하기로 함</td></tr>
</table>

Tip

분석목표 수립 시 기획의도를 명확히 하고, 성과측정 방안에 대해 관련 조직간 이견이 없도록 하는 것이 중요하다.

03 빅데이터의 분석목표에 따른 정의서 확정 과정에 대하여 분석하라.

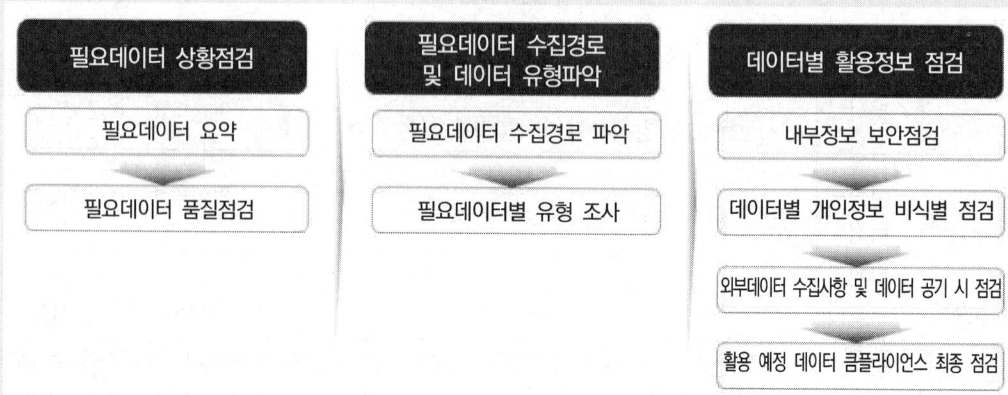

[그림 2-7] 보유 데이터 자산 확인하기 프로세스

1. 필요데이터의 품질을 점검한다

사전 단계에서 정의된 분석목표와 프로젝트 계획에 따라 데이터 분석시작 전 현재 보유하고 있는 빅데이터에 대한 품질 수준을 점검한다. 보유 데이터 중 어떤 시스템의 데이터, 보관 데이터 중 어느 주제영역의 데이터 등을 활용할 수 있을지 사전에 파악할 수 있으므로 빅데이터 분석기획과 데이터 탐색시간을 절약할 수 있다.

1) 필요 빅데이터 상황을 점검한다

빅데이터 분석목표 정의서를 통해 정의된 필요데이터에 대한 상세조사를 통해 최종적으로 활용 가능한 데이터를 선별한다.

(1) 필요 빅데이터 요약

데이터 분석목표 정의서 확정단계에서 조사된 데이터 조사목록을 바탕으로 해당 데이터를 어떠한 목적의 관점으로 사용 가능한지에 대해 요약정보를 구성한다. 사전에 필요한 데이터에 대한 정보를 요약하면 데이터 분석단계에서 데이터 탐색시간을 많이 줄일 수 있으며, 분석마트 구성 시에도 효율적으로 데이터를 선별하여 저장할 수 있다.

(2) 필요 빅데이터의 품질 점검

데이터 탐색단계 전에 대상 데이터들에 대한 분량과 품질 수준을 점검 후 정리하면 데이터 분석 전문가들이 가설을 수립할 때 많은 도움을 줄 수 있다.

① 데이터 분량 확인 : 칼럼별 축적 기간 따른 분량 확인

② 데이터의 완전성 확인 : 데이터의 누락 여부 및 결측값의 비율 확인

③ 데이터의 일관성 확인 : 데이터 유형 확인 및 데이터 상위/하위 간 관계에서의 값의 일치성 확인

④ 데이터 정확성 확인 : 데이터의 편향성과 분산 확인

위 점검항목들을 확인 후 데이터별로 상황을 기록 후 필요데이터에 대한 요약 통계정보를 제공한다. 이렇게 제공하게 되면 전체적인 관점에서의 데이터 선택과 활용 여부를 결정할 때 도움이 된다. 또 필요로 하는 외부데이터의 경우에 대해서도 최대한 확인 가능한 수준까지 요약 통계 형식의 품질확인 내용을 기록하여 제공할 수 있도록 한다.

2) 필요 빅데이터 수집경로 및 데이터 유형을 파악한다

데이터 분석 정의서 정보를 바탕으로 데이터의 수집경로를 파악해야 한다. 대상 데이터가 어떤 시점에 어떤 경로를 통해 최종적으로 획득되는지 파악되면 시간적 의미의 해석이 가능하다. 즉 시간당 집계되는 정보와 1년에 한 번 집계되는 정보의 차이를 생각해볼 수 있다. 데이터 수집경로가 파악된 이후 해당 데이터들에 대한 유형을 정형, 반정형, 비정형 등의 유형 또는 연속형/범주형 등으로 구분하여 기록해야 한다. 기록된 데이터 유형 정보를 토대로 데이터의 변환 여부 등을 추후 가늠해볼 수 있다.

(1) 필요 빅데이터 수집경로를 파악한다

[그림 2-8] 데이터별 제공 포맷 형태

출처 : 국가통계포털(KOSIS), www.kosis.or.kr, 2022년 07월 08일 스크린샷

내 · 외부데이터의 구분 후 각 제공 데이터에 대한 요약정보, 기관 또는 부서명칭, 제공되는 데이터의 현재 기준의 최신 일자, 데이터 입수를 위해 제공 가능한 업데이트 주기, 데이터의 제공형태(CSV, XLS, XML, Open API 등의 형태), 데이터의 수집 경로의 경우는 내부일 경우 해당 시스템의 인터페이스 방식과 방법을 표기하고 외부데이터의 경우는 해당 URL 등을 표기한다.

[그림 2-8]에서 보면 해당 데이터에 대한 제공형태 등을 확인할 수 있으며, 원하는 형식을 선택 후 다운로드가 가능하게 구성되어 있다. 데이터에 대한 조사목적, 요약내용, 데이터 갱신 주기, 제공 기간 및 기관 등에 대한 상세내용 파악이 가능하다.

[그림 2-9] 데이터 제공정보, 수집기간, 수집기관 등의 내용

출처 : 국가통계포털(KOSIS), www.kosis.or.kr, 2022년 7월 08일 스크린샷

위 내용과 같이 조사한 내용을 기록하여 제공할 수 있도록 한다.

(2) 필요데이터별 유형을 조사한다

필요데이터로 수집경로가 파악된 데이터들을 대상으로 정형, 반정형, 비정형 등의 형태를 기록하고 변수의 형태까지 조사한다. 조사 후 기록 시 변수의 형태는 수치형 변수(연속형 변수, 이산형 변수)와 범주형 변수(순위형, 명목형 변수)로 구분하고 해당 데이터가 어떠한 유형의 변수인지 파악 가능한 정보를 제공할 수 있도록 한다.

2. 데이터별 컴플라이언스(Compliance) 준수사항을 검토한다

활용이 확정된 빅데이터들에 대해서 조직 내부의 정보보안 방침과 국가의 개인정보보호법, 정보통신망법, 위치정보보호법, 개인정보 비식별화 조치 가이드 등 해당 사항이 위배되지 않도록 하는 점검을 받아야 한다. 이외에도 데이터를 외부에 공개하는 부분이 있어도 여러 컴플라이언스에 정한 규칙을 모두 준수하는지 확인을 받은 후 공개하도록 해야 한다. 이외에도 법률적 해석이 필요한 상황일 경우 전문기관의 도움과 확인과정을 거쳐야 한다.

1) 데이터별 정보활용을 점검한다

조직 및 기관이 정한 정보보안 점검, 데이터 활용방식에 따른 다양한 법률적 규칙 준수 여부를 점검한다.

(1) 내부 정보보안 규칙에 맞게 검토한다

정보보안의 목적은 조직 및 기관 내 내부 인원들이 활용하는 데이터에 대한 무분별한 사용을 방지하고 외부에 유출할 수 있는 사고를 미연에 방지함에 있다. 업무 영역별 종사자가 활용할 수 있는 책임과 권한을 명시한 내용에 맞추어 데이터 활용에 제약을 줄 수 있도록 만들어진 점검 리스트에 위배되지 않도록 관리 감독해야 한다. 예를 들어 마케팅 부서 인원이 아닌 사람이 고객의 개인정보가 포함된 목록 등을 조회 후 출력 또는 파일의 형태로 본인의 컴퓨터 등에 저장 관리하는 경우 정보보안 관련 소프트웨어가 이를 식별하여 경고할 수 있도록 해야 한다. 데이터 활용에 따른 이력이 시스템을 통해 기록(예 마케팅 부서 분석 인원이 개인정보가 포함된 데이터 세트를 조회하거나 분석 시 활용한 기록 등)될 수 있도록 해야 하며, 내부 기준을 가지고 최소 월 1회 정기점검을 시행 후 미비한 상황이 발생하면 조치하도록 한다.

(2) 데이터별 개인정보 비식별 점검을 수행한다

데이터 내 포함된 개인정보에 대한 활용 및 비식별화 조치 후 활용 가능 여부에 대한 부분이 최근 관계부서(행정안전부, 방송통신위원회, 과학기술정보통신부, 금융위원회, 보건복지부, 국무조정실) 합동으로 '개인정보 비식별화 가이드라인'이 마련되어 있다.

해당 가이드라인을 참고하여 점검 목록을 만들고 점검한 내용을 반드시 기록하다. 비식별화 조치는 사전검토, 비식별 조치, 적정성 평가, 사후관리 등 4단계 내용을 확인 후 진행할 수 있도록 검토한다.

적정성 평가에서의 K-익명성 방식은 필수로 적용하는 것이며, 이외에도 위험성이 존재할 경우는 I-다양성, T-근접성 방식 등을 활용하여 보완하도록 한다. 그리고 적정성 평가 시 외부 감사단(외부인이 과반수 이상) 평가를 받아서 기록해야 한다. 자세한 내용은 개인정보 비식별화에 관한 법령 해설서를 참고하여 수행한다.

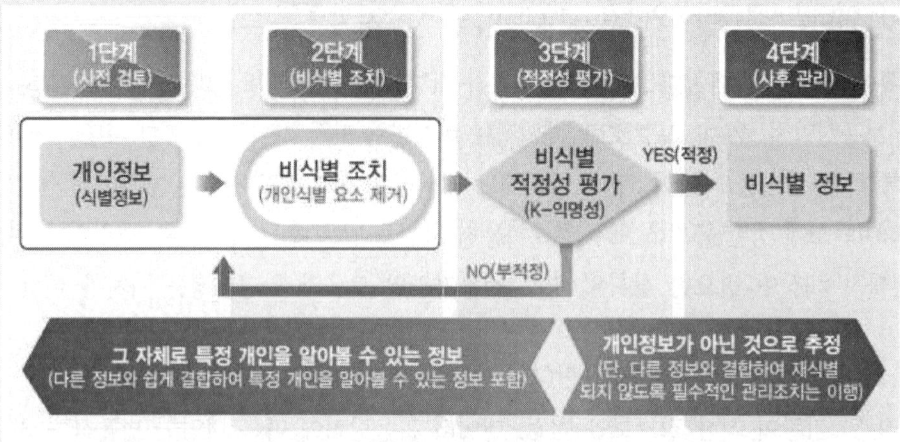

[그림 2-10] 비식별화 조치 프로세스

출처 : 개인정보 비식별화 가이드라인, 행정자치부 관계부처 합동 보도문(2016.7.1)

(3) 외부데이터 수집사항 및 데이터 공개 시 점검을 수행한다

데이터 분석에 필요한 외부데이터의 경우 수집경로 및 필요한 제약사항을 표기해야 한다. 위에서 언급한 바와 같이 개인정보가 포함되었을 경우 개인정보를 제거 또는 대체하여 수집한 방안을 조직 내부의 법률부서로부터 확인받은 후 사용하고 점검받아야 한다. 데이터 유통, 거래에 관한 부분은 명확한 법령 또는 가이드라인이 없으므로 각별한 주의를 필요로 한다.

(4) 활용예정 빅데이터에 대한 컴플라이언스 최종 점검을 수행한다

데이터 활용 방식별로 전체 내용에 대해 컴플라이언스 최종 점검을 받고 점검양식에 확인 내용을 기재 후 실제 데이터 분석에 활용하도록 한다.

Tip

국내 빅데이터 관련 법률 위배 여부를 판단할 수 있는 별도의 사례가 없을 경우는 각 법률이 제공하는 질의응답 내용을 활용하도록 한다.

04 빅데이터 프로젝트 계획하기의 과정에 대하여 분석하라.

1. 프로젝트 계획 수립

빅데이터 분석 프로젝트를 위한 계획 수립을 진행하고 해당하는 소요비용을 고려하여 알

맞은 자원을 배분한 최종적인 프로젝트 계획을 수립한다.

일정 수립 시 현재의 IT 환경(데이터 분석 솔루션, 플랫폼, 데이터 현황)을 반드시 고려하여 현실적인 프로젝트 계획이 되도록 해야 하며, 기존에 수립한 분석목표 정의서 내용이 모두 포함되도록 한다.

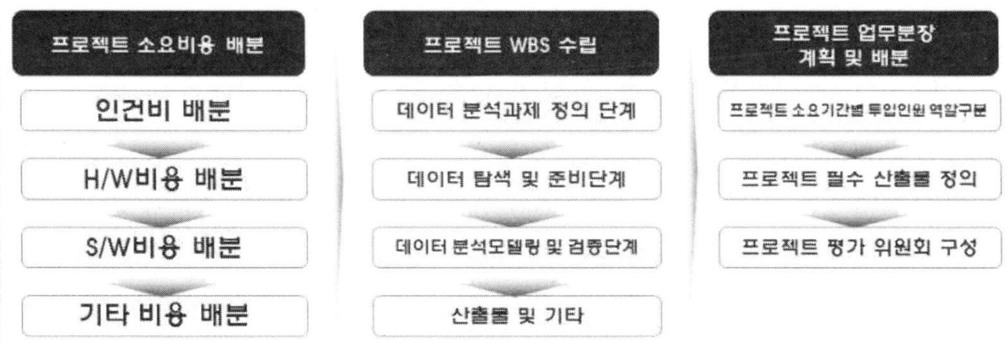

[그림 2-11] 빅데이터 프로젝트 계획 과정

1) 프로젝트 소요비용을 배분한다

빅데이터 분석 프로젝트를 위해 책정된 예산 금액을 기준으로 인건비, H/W, S/W 기타 비용을 구분하고 세분화한다(데이터 분석내용에 관한 결과를 별도의 애플리케이션 등으로 개발하는 내용은 여기에 포함하지 않는다. 또 빅데이터 시스템 구축에 관한 부분 또한 포함하지 않는다).

(1) 인건비 배분을 수행한다

인건비 배분으로 책정된 금액을 기준으로 프로젝트 매니저(PM), 데이터 분석가, 데이터 처리를 위한 엔지니어를 기본으로 하며, 프로젝트 진행상 필요한 별도의 인원이 있으면 경우 기타 인원으로 구분한다. 구분이 완료되면 역할에 표시된 인원의 단가, 투입 기간을 명시 후 계산한다.

㉮ 데이터 분석가 1명, 단가 1천2백만 원, 투입 기간이 6개월일 경우 해당 인원이 투입되는 기간의 소요비용은 1명*1200만 원*6=7천 2백만 원이 된다. 이런 식으로 역할별로 투입되는 인원을 모두 계산하여 총액을 표시하도록 한다. 여기서 주의할 점은 부가세 등의 포함 여부를 상세히 기록하도록 해야 한다.

(2) H/W 비용 배분 후 계산한다

데이터 분석을 위해 필요한 분석서버 및 데이터 처리를 위한 서버를 위해 기존 H/W를 활용하지 않고 신규 H/W가 필요한 경우 해당 H/W 규격을 산정한 후 H/W 공급업체로부터 견적을 받아서 참고한 가격으로 비용을 책정한다. 신규 H/W 등이 필요한 경우는 조직 내부의 IT 조직으로부터 협조를 받아서 진행한다. 이럴 경우는 네트워크 공사 등 추가적인 비용 등이 발생할 수 있으므로 비용산정 시 모두 포함될 수 있도록 한다. 필요에 따라서는 향후 유지보수 비용까지 포함하여 계산한다.

㉠ 신규 H/W 구매 시에는 해당 제조사 및 판매처를 명시하고 H/W의 수량, 사양을 명기해야 해야 한다. 또 설치 시 필요한 S/W의 비용 포함 여부와 H/W의 운반, 설치 비용, 내부 시험평가를 위한 인건비 포함 여부를 모두 점검해야 한다.

(3) S/W 비용 배분 후 계산한다

빅데이터 분석을 위해 기존 S/W를 활용하지 않거나 추가 라이센스 획득이 필요한 경우 해당 S/W 규격을 산정하여 해당 공급업체로부터 견적금액을 받아서 참고한 가격을 중심으로 책정한다. 신규로 라이센스를 획득할 경우는 H/W와 마찬가지로 조직 내부의 IT 조직의 협조를 받아서 최종 금액을 계산한다. 필요에 따라서는 향후 유지보수 비용까지 포함하여 계산한다.

㉠ 신규 S/W 구매 시에는 해당 제조사 및 판매처를 명시하고 S/W의 구성항목별 비용을 세분화하여 하며, 해당 S/W가 구동하기 위해 별도로 필요할 수 있는 S/W가 있으면 포함되어 있는지 확인해야 한다. 또 S/W 설치 시험평가 인원에 대한 인건비와 유/무상 지원 기간, S/W 교육비용 포함 여부 등을 반드시 확인해야 한다.

(4) 기타 비용 배분 후 계산한다

인건비, H/W, S/W 외 데이터 분석 프로젝트를 위해 필요한 비용을 고려하여 계산한다. 기타 비용 산정의 경우는 여러 가지 항목이 있을 수 있으며, 추가 인건비 외에는 전체 비용의 3% 이내로 여유를 두고 전체 비용을 산정한다. 전체 비용의 3%에 해당하는 여유 비용은 프로젝트 기간 내 예상치 못한 상황이 발생하면 프로젝트 PM의 판단으로 활용할 수 있도록 한다.

㉠ 데이터 분석 프로젝트 내용 점검을 위해서는 자문 교수의 지급비용, 데이터 분석결과 제3자 시험/평가를 위해서는 외부 평가단의 구성 지급비용(마케팅 성과측정 같은 경우)이 필요하며, 프로젝트 기간 내 이슈 발생 시 추가 인원 등의 투입 등이 될 수 있다. 전체 항목별 계산이 이루어진 내용에 대해서는 프로젝트 소요 비용에 대하여 〈표 2-11〉과 같은 서식을 만들어서 정리한다.

〈표 2-11〉 프로젝트 총괄 소요비용 작성 예시

구 분	항 목	Spec	갯 수	단 가	금 액
인건비	프로젝트 관리	특급	5		
	마트구축	고급(자사)	3		
		고급(외주)	3		
	시나리오 설계	특급	2		
	신규패턴 구현 및 솔루션	고급	3		
		중급	3		
	TA(0.5)/SWA(1)/DBA(1.5)	고급	3		
SW					
HW					

2) 프로젝트 WBS(Work Breakdown Structure)를 수립한다

프로젝트 일정계획 수립을 위해서는 분석목표 정의서, 프로젝트 소요비용 배분계획을 중심으로 데이터 분석 흐름에 알맞게 수립한다. 데이터 분석흐름은 데이터 분석과제 정의, 데이터 준비 및 탐색단계, 데이터 분석 모델링 및 검증, 산출물 정리 및 기타 등으로 크게 4단계로 구성한다. 또 이외 필요내용이 있으면 자유롭게 반영하여 구성 후 최종적으로 WBS를 수립한다.

(1) 데이터 분석과제 정의단계 일정을 계획한다

분석목표 정의서를 기준으로 프로젝트 전체일정에 맞게 사전 준비를 하는 단계이다. 인원, H/W, S/W의 전개가 전체 일정을 기준으로 이루어질 수 있도록 하며, 단계별 필요 산출물, 주요 보고 시기 등으로 구분하여 세부 단위별 일정과 전체 일정이 가늠될 수 있도록 일정을 수립한다.

(2) 데이터 준비 및 탐색단계 일정을 계획한다

해당 단계는 데이터 처리 엔지니어와 데이터 분석가의 역할을 구분하여 세부일정이 만들어져야 한다. 분석목표 정의서에 기재된 내용을 중심으로 데이터 처리 엔지니어가 필요데이터를 수집하고 일정을 정리한다. 데이터 분석가가 이를 토대로 분석에 필요한 데이터들로부터 변수 후보를 탐색하고 최종적으로 도출하는 과정이 포함되도록 일정을 계획하고 수립한다. 데이터 분석가 및 처리 엔지니어가 N명이 되면 각 역할을 일정별로 구분되도록 한다.

(3) 데이터 분석 모델링 및 검증단계 일정을 계획한다

데이터 분석 모델링 과정에 대해서는 실험방법 및 절차를 구분 기획하고 검증하는 내용에 대해 자세한 일정을 계획한다. 전체 계획과 분석목표에 맞추어 데이터 분석 모델링의 경우 1개 이상의 기법으로 분석을 시행하고 비교평가 하도록 권고하지만 전체 프로젝트 일정 및 분석 인프라의 가용성에 맞추어 진행해야 하므로 상황에 맞게 일정이 수립되도록 한다.

(4) 산출물 및 기타 일정을 계획한다

프로젝트 단계별 산출물을 구분 후 필수 산출물을 정의한다. 필수 산출물이 일정 단계별로 어떤 시점에 마무리되어 제공될 수 있는지 반드시 기재해야 하며, 최종 산출물로 제출되어야 할 내용은 프로젝트 후반부 문서화가 가능한 일정을 확보 후 작성될 수 있도록 한다. 즉 단계별 산출물 작성기간 및 최종 산출물 작성기간이 포함되어야 한다.

2. 프로젝트 자원을 분배한다

1) 프로젝트 업무분장을 계획 및 배분한다

프로젝트 소요비용 배분 단계에서 고려된 인건비 배분 기준을 중심으로 프로젝트 WBS의 단계별 인원투입을 계획하고 역할별로 작성해야 할 필수 산출물을 연계 후 최종 분배를 완료한다.

(1) 프로젝트 소요기간별 투입 인원 역할 검토 후 구분한다

인건비 배분 기준 인원 외 상주하지 않지만 프로젝트의 역할을 담당하는 비상주 인원까지 고려하여 역할을 구분한다.

(2) 프로젝트 필수 산출물의 정의를 지정한다

프로젝트 일정 단계별로 필수 산출물을 명시하여 프로젝트 단계별 평가와 종료 평가 시 활용할 수 있도록 지정한다.

(3) 프로젝트 평가위원회를 구성한다

프로젝트 평가위원회는 프로젝트 유관부서의 리더들과 프로젝트 참여 인원으로 구성하며, 필요에 따라 외부 자문인원이 참여할 수 있도록 구성한다. 프로젝트 최종 완료 및 검수는 평가위원회의 의견을 첨부하여 완성한다.

Tip

인건비 산정 기준의 경우 SW 노임단가를 참고하여 작성을 진행할 수 있으며, 구체적인 WBS 수립 진행 시 IT 기획 관련 책자를 참고하도록 한다.

학습활동.2 교수 · 학습 방법

교수 방법

• 빅데이터의 분석기획에 대한 관련 용어, 구성, 방식 이해 정도를 파악한 후 수업을 진행한다.
• 교수자의 주도로 빅데이터의 분석기획 등의 내용을 PPT 자료로 제시한 후 설명한다.
• 가능하면 사전에 개인별 학습 자료를 준비하여 모든 학생이 참여할 수 있는 문제 해결식 수업, 협력 수업이 가능하도록 한다.
• 빅데이터의 분석기획 전 과정을 작업의 순서에 따라 단계적으로 실습이 이루어질 수 있도록 지도한다.
• 교재를 통해 수업을 준비하는데 있어서 필요한 모든 정보나 팁, 힌트 등 도움이 될 만한 내용들을 확인할 수 있다.
• 학생들이 만들게 될 각 모델들은 수업시간에 중점적으로 다뤄질 부분과 어휘, 질문, 답을 포함하고 있으며 또한 탐구할만한 추가적인 아이디어들도 포함하고 있다.

학습 방법

• 빅데이터의 분석기획에 대한 관련 용어를 숙지하고, 빅데이터의 분석기획에 대해 이해한다.
• 빅데이터의 분석기획의 각 단계별 중점 사항을 체계적으로 학습한다.
• 빅데이터의 분석기획의 수행순서의 전 과정을 실습한다.
• 빅데이터의 분석기획의 내용을 이해한다.
• 빅데이터의 분석기획을 숙지하고 숙달이 될 때까지 학습한다.

학습활동.2 평가 및 피드백

평가 준거

• 평가자는 피평가자가 수행 준거 및 평가 내용에 제시되어 있는 내용을 성공적으로 수행할 수 있는 지를 평가해야 한다.

학습내용	평가항복	성취수준		
		상	중	하
빅데이터의 분석기획	빅데이터의 분석기획을 이해할 수 있다.			

평가 방법

• 작업 포트폴리오

학습내용	평가항목	성취수준		
		상	중	하
빅데이터의 분석기획	빅데이터의 분석기획을 이해할 수 있다.			

• 필기시험

학습내용	평가항목	성취수준		
		상	중	하
빅데이터의 분석기획	빅데이터의 분석기획을 이해할 수 있다.			

• 체크리스트를 통한 관찰

학습내용	평가항목	성취수준		
		상	중	하
빅데이터의 분석기획	빅데이터의 분석기획을 이해할 수 있다.			

• 피드백

1. 작업 포트폴리오
   - 제출한 보고서를 평가한 후 주요 사항에 대하여 표시하여 돌려준다.
2. 필기시험
   - 평가 결과 성적이 저조한 학생은 보고서 제출 기회를 부여한다.
3. 체크리스트를 통한 관찰
   - 실습 과정에서 평가한 후 개선해야 할 사항 등을 정리하여 돌려둔다.

참 | 고 | 문 | 헌

- 개인정보보호법(시행 2016년 4월 7일, 법률 제13723호)
- 공공 데이터의 제공 및 이용활성화에 관한 법률(시행 2016년 7월 25일, 법률 제13423호)
- 공공데이터포털, https://www.data.go.kr, 2016.8.10.
- 교육부 · 전종훈 외, "빅데이터 분석, NCS 학습모듈"
- 국가법령 정보센터, http://www.law.go.kr
- 국가통계포털, http://kosis.kr, 2016.8.11.
- 김선남 · 이환수, 『빅데이터 개인정보 가이드라인(안)의 개선방향 연구』, 『정보화 정책 제21권, 제4호』, 25쪽, 2014.
- 김시환 · 천석진 · 이현주, 『Big data 이용현황과 시사점』, 『지급결제와 정보기술 제52호』, 금융결제원 금융결제 연구소, 2013.
- 김진영, 『헬로 데이터 과학』, 한빛 미디어, 2016.
- 빅데이터 기술분류 및 현황, 한국지능정보사회진흥원, 2013.12.
- 소프트웨어공학센터, http://www.sw-eng.kr
- 위키백과, https://ko.wikipedia.org/wiki
- 이상한 · 정영훈, 『빅데이터 시스템 구축 가이드』, 프리렉, 2015.
- 이재운 기자, "통계학적 방식으로 취약점 방어...빅데이터 활성화 기대", 디지털타임즈, 3면, 2016. 7.1.
- 포스터 프로보스트, 톰 포셋, 『비즈니스를 위한 데이터 과학』, 한빛 미디어, 2014.
- 한국 데이터베이스 진흥원, 『데이터 분석 전문가 가이드 2014 Edition』, 2014.
- 한국 데이터베이스 진흥원, 『데이터 분석 전문가 가이드 개정판』, 한국 데이터베이스 진흥원, 2016.
- 행정자치부 관계부처 합동 보도문, 『개인정보 비식별화 가이드라인』, 행정자치부 관계부처 합동 보도문, 2016.
- https://ikkison.tistory.com/66, 빅데이터/쉽게 읽는 데이터, 2019.5.23.

학습 1	빅데이터의 이해
학습 2	빅데이터의 분석기획
학습 3	**빅데이터의 수집**
학습 4	빅데이터의 저장
학습 5	빅데이터의 처리
학습 6	빅데이터의 분석용 데이터 탐색
학습 7	통계기반 빅데이터 분석
학습 8	머신러닝 기반의 빅데이터 분석
학습 9	텍스트마이닝 기반의 빅데이터 분석
학습 10	빅데이터의 시각화
학습 11	빅데이터의 비즈니스 모델과 활용전략
학습 12	빅데이터의 플랫폼과 관리
학습 13	빅데이터의 보안분석
학습 14	빅데이터의 융합

학습 목표	1. 빅데이터의 수집을 이해할 수 있다.

3-1 빅데이터의 수집계획 수립

1. 기초데이터 수집

빅데이터 수집을 위해서 데이터 수집자는 데이터 분석목표를 이해하고, 비즈니스 도메인에 대한 이해를 바탕으로 원천데이터를 탐색해야 한다.

1) 비즈니스 도메인 정보 이해

비즈니스 도메인 정보를 습득하기 위해서는 비즈니스 모델 · 비즈니스 용어집 · 비즈니스 프로세스로부터 관련 정보를 습득하고, 도메인 전문가 인터뷰를 통해 데이터의 종류 · 유형 · 특징 · 정보를 습득한다.

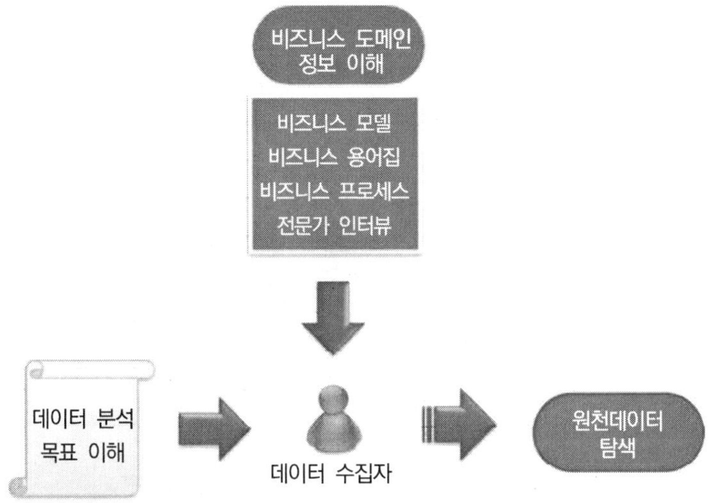

[그림 3-1] 비즈니스 도메인의 이해를 통한 원천데이터 탐색

(1) 비즈니스 모델

비즈니스 모델은 비즈니스 전개를 위해 필요한 구성요소 간의 상호관계를 모델화 시켜놓은 것이다.

(2) 비즈니스 용어집

특정 비즈니스 영역에서 사용되는 신뢰할 수 있는 용어 및 관계 사전이다.

(3) 비즈니스 프로세스

다양한 시스템과 비즈니스 unit들에 넓게 분산되어 있고, 커스터마이즈되어 있는 복잡하고 역동적인 실체로서 고객에게 가치를 전달하는 데 필요한 모든 순차적이거나 병렬적인 활동들의 집합이다.

(4) 도메인 전문가 인터뷰

도메인 전문가는 도메인 분야에 경험과 깊이 있는 지식을 가진 사람이다. 인터뷰를 통해 도메인에 사용되는 전문용어 및 다른 의미로 통용되는 일상용어를 익히고, 해당 분야에서 다루어지는 데이터의 종류 · 유형 · 특징 정보를 습득한다.

2) 원천데이터 정보

데이터 분석에 필요한 대상 원천데이터의 수집 가능성 · 데이터의 보안 · 정확성을 탐색하고, 데이터 수집의 난이도 · 수집 비용 등의 기초자료를 수집할 수 있다.

(1) 데이터의 수집 가능성

원천데이터 수집의 용이성과 데이터 발생 빈도를 탐색하고, 데이터 활용에 있어서 전처리 및 후처리 비용을 대략 산정할 수 있다.

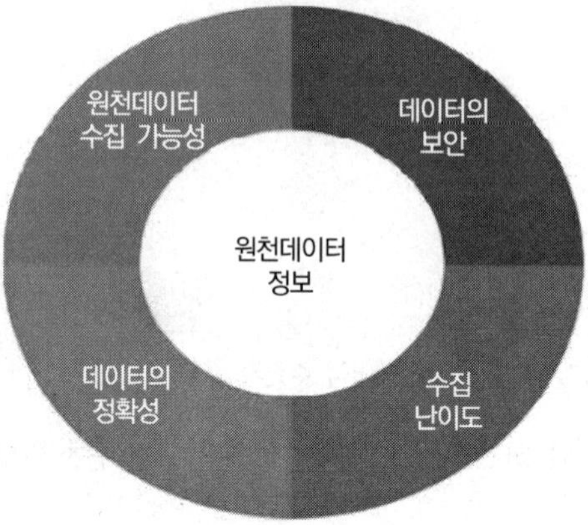

[그림 3-2] 원천데이터 정보

(2) 데이터의 보안

수집 대상 데이터의 개인정보 포함 여부, 지적 재산권 존재 여부를 판단하여 데이터 분석 시 발생할 수 있는 문제를 예방한다.

(3) 데이터 정확성

데이터 분석목적에 맞는 적절한 데이터 항목이 존재하고, 적절한 데이터 품질이 확보될 수 있는지 탐색해야 한다.

(4) 수집 난이도

원천데이터의 존재 위치, 데이터의 유형, 데이터 수집 용량, 구축비용, 정제 과정의 복잡성을 고려하여 데이터를 탐색한다.

(5) 수집비용

데이터를 수집하기 위해 발생할 수 있는 데이터 획득비용을 산정할 수 있다.

2. 서비스 프로세스

서비스 프로세스는 서비스 주관자에서부터 서비스 소비자까지의 서비스 전달 절차나 활동의 흐름을 의미한다. 비즈니스 도메인의 서비스 활용범위를 식별하여 해당 서비스 활용영역에서 발생하는 기초데이터를 수집할 수 있다.

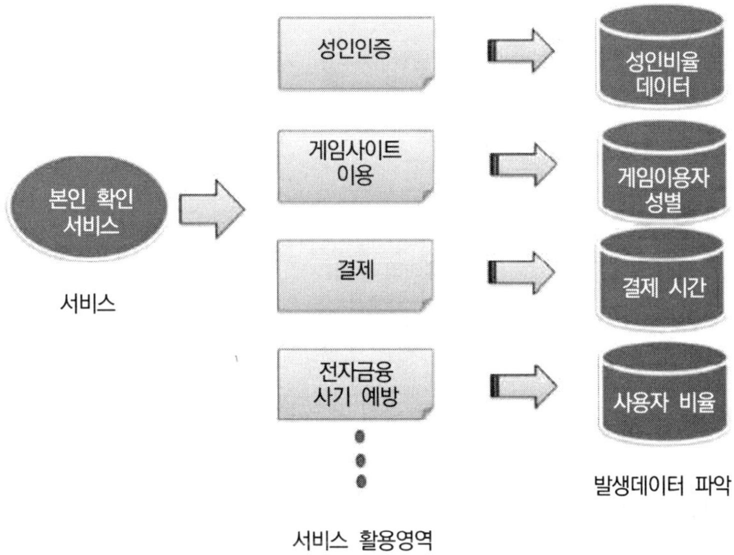

[그림 3-3] 서비스 활용범위 식별을 통한 발생데이터 파악

1) 서비스 활용범위

해당 서비스를 이용하여 특정 서비스 또는 메커니즘에 적용할 수 있는 활용의 범주를 말한다(예 본인확인 서비스의 경우 주민등록번호를 대체한 회원가입 및 정보수정, 성인인증, 게임사이트 이용, 전자금융사기 예방서비스 등에 활용).

2) 서비스 활용영역의 발생데이터

서비스 제공 시 발생하는 다양한 기초데이터를 수집할 수 있다[예 일간 API 트래픽 건수, 시간별 API 트래픽 건수, 트래픽 통계, 증감률, 에러율, VOC(Voice Of Complain) 처리 현황, 시스템 리소스 현황, 장애내역 등의 데이터].

3-2 빅데이터의 세부계획 작성

1. 데이터 수집 세부계획 반영 활동

데이터 수집 세부계획 수립은 데이터 선정 이후, 데이터의 유형, 위치, 데이터의 저장방식, 데이터 수집기술, 데이터의 보안사항 등을 구체적으로 작성하는 활동이다.

[그림 3-4] 데이터 수집 세부계획 반영 활동

2. 데이터의 유형

데이터의 유형은 크게 정형 데이터, 반정형 데이터, 비정형 데이터로 나눈다.

1) 정형 데이터

정형화된 스키마 구조를 갖고 DBMS에 내용이 저장될 수 있는 데이터이다.

2) 반정형 데이터

데이터 내부에 데이터 구조에 대한 메타정보를 가진 데이터이다.

3) 비정형 데이터

수집데이터 하나하나가 데이터의 객체로 구분될 수 있는 데이터이다.

〈표 3-1〉 데이터의 유형

유 형	특 징	종 류
정형 데이터	정형화된 스키마를 가진 데이터	RDB, File
반정형 데이터	메타구조를 가지는 데이터	HTML, XML, JSON, RSS, 웹로그, 센서 데이터
비정형 데이터	이미지나 동영상으로 존재하는 데이터	이진파일, 동영상, 이미지, 텍스트

3. 데이터의 위치

수집데이터의 원천에 따라 내부데이터와 외부데이터로 구분할 수 있다. 내부데이터는 데이터의 소스가 내부시스템에 존재하는 데이터이다. 외부데이터는 데이터의 소스가 외부시스템에 존재하거나 데이터의 세트로써 받을 수 있는 데이터이다.

〈표 3-2〉 데이터의 위치

위 치	특 징	분석 가치
내부데이터	• 대부분 정형 데이터 존재 • 데이터 담당자와 협의 원활 • 수집 난이도가 낮음	보통
외부데이터	• 대부분 반정형, 비정형 데이터로 존재 • 외부 소스 담당자와 의사소통 어려움 • 대부분 추가적인 데이터 가공작업 필요 • 수집 난이도가 높음	높음

4. 데이터의 저장방식

수집데이터는 파일시스템으로 저장, DBMS에 저장, 분산처리 DBMS에 저장할 수 있다.

1) 파일시스템

데이터를 읽고, 쓰고, 찾기 위해 일정한 규칙으로 파일에 이름을 명명하고 파일의 위치를 지정하는 체계이다.

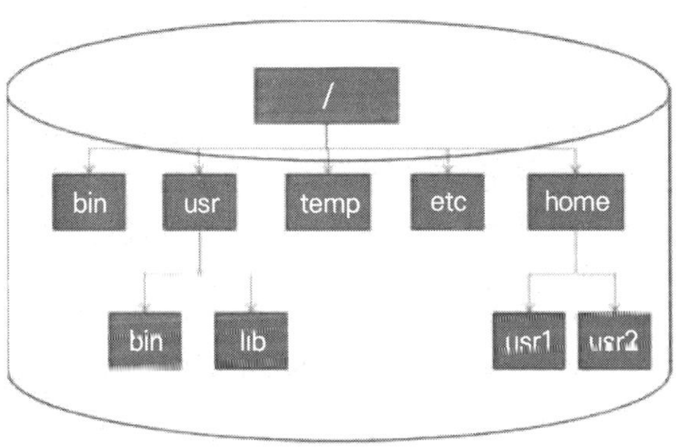

[그림 3-5] 파일시스템

2) 관계형 DB

데이터의 종류나 성격에 따라 여러 개의 칼럼을 포함하는 정형화된 테이블로 구성된 데이터 항목들의 집합체이다.

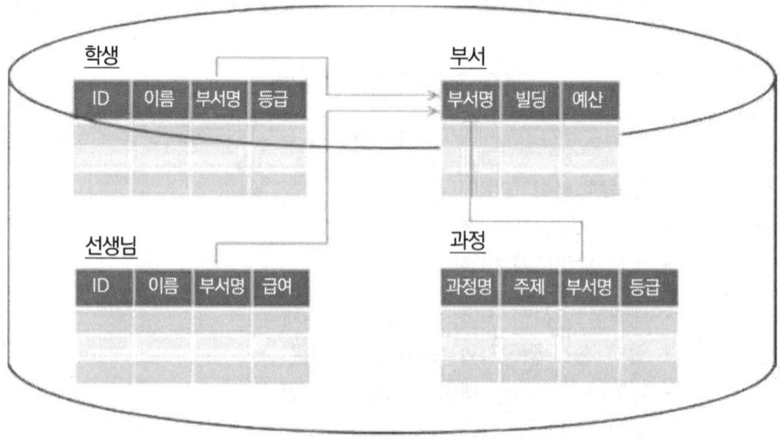

[그림 3-6] 관계형 DB

3) 분산처리 DB

데이터의 집합이 여러 물리적 위치에 분산 배치되어 저장되는 데이터베이스이다.

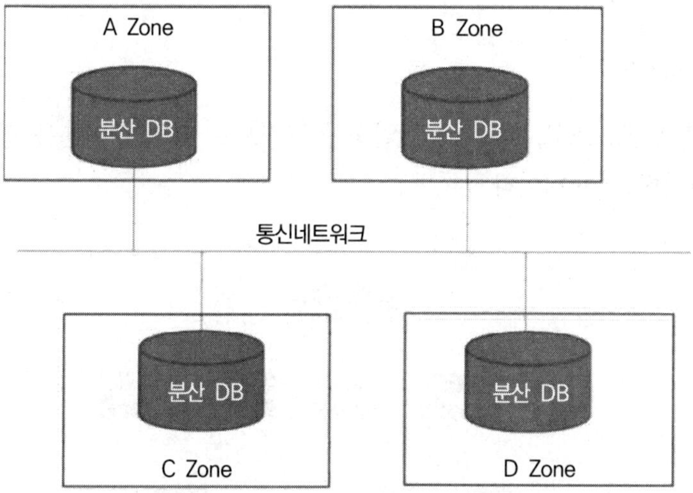

[그림 3-7] 분산처리 DB

5. 데이터의 수집기술

데이터의 수집은 수집대상에 따라 로그데이터 수집, 정형 데이터 수집, 웹크롤링 및 소셜데이터 수집으로 분리할 수 있다.

〈표 3-3〉 데이터의 수집기술

수집기술	대 상	수집 프로그램
정형 데이터 수집기술	관계형 데이터와 분산환경 데이터 간의 전송 데이터	sqoop(Sql to hadoop)
로그데이터 수집기술	시스템 로그, IoT 센서 로그, 전산장비 로그데이터	flume, Scribe, chukwa, Ftp
웹크롤링 및 소셜데이터 수집기술	웹상에 존재하는 콘텐츠 데이터	crawler, Scrap, Nutch

6. 데이터의 확보비용 산정

데이터 확보비용 산정 시 데이터의 크기, 수집주기, 수집기술, 수집방식, 대상 데이터의 가치를 고려한다.

〈표 3-4〉 데이터의 확보비용

비용 요소	설 명
데이터의 종류	RDB, 파일, HTML
데이터의 크기 및 보관주기	데이터 수집, 저장 Size 및 수집데이터의 저장주기
데이터의 수집주기	실시간, 매시, 매일, 매주, 매달
데이터의 수집방식	자동수집, 수동수집
데이터의 수집기술	ETL, FTP, 크롤러, DBtoDB
데이터의 가치성	분석수행을 위한 목적성 있는 대상 데이터

7. 데이터의 이관절차

수집 대상 데이터 조사, 데이터 소유자와 이관협의, 데이터 이관수행, 데이터 검증을 거쳐 데이터를 이관한다.

데이터 조사	→	데이터 이관협의	→	데이터 이관수행	→	데이터 가공
데이터의 유형, 종류, 특성 등		이관 주체, 방법, 시기, 조건, 제약사항 협의		데이터 이관준비 데이터 이관수행		데이터 변환 데이터 수정

[그림 3-8] 데이터 이관절차

3-3 빅데이터의 세부계획 적절성 검토

1. 데이터의 적절성 검증

수집 대상 데이터가 제대로 수집되었는지는 데이터의 누락 여부, 소스데이터와의 비교, 데이터의 정확성, 보안사항, 저작권 사항, 대량 트래픽 발생여부를 검증한다.

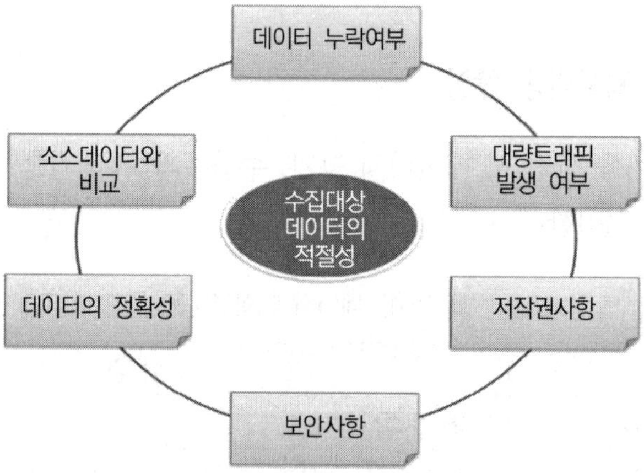

[그림 3-9] 데이터 적절성 검증

1) 데이터 누락

수집데이터 세트의 누락, 결측여부를 판단하여 누락발생 시 재수집한다.

2) 소스데이터와 비교

수집데이터와 소스데이터의 사이즈 및 개수를 비교 · 검증한다.

3) 데이터의 정확성

분석을 위해 데이터의 가공이 필요한지 판단한다.

4) 보안사항 점검

수집데이터의 개인정보 유무 등 보안사항의 점검이 필요하다.

5) 저작권 점검

데이터의 저작권 등 법률적 검토를 수행한다.

6) 대량 트래픽 발생여부 점검

네트워크 및 시스템에 트래픽을 발생시키는 데이터 여부를 검증한다.

2. 빅데이터 수집계획의 적절성 검토

1) 정보보안 관련 법령 및 지침

데이터를 다루는 데 있어서 정보보안 관련 법령 및 지침을 익혀 데이터 수집계획의 적절성을 검토한다.

(1) 정보보호 관계 법령

① 정보통신망 이용촉진 및 정보보호 등에 관한 법률 : 정보통신망의 이용촉진 및 이용자의 개인정보의 보호와 함께 건전하고 안전한 정보통신망 환경을 조성하는 것을 목적으로 하는 법률(일부개정 2008.06.13., 법률 제9119호)

② 정보통신기반 보호법 : 전자적 침해행위로부터 주요정보통신기반시설의 보호에 관한 대책을 수립 · 시행하기 위하여 제정한 법률(2001.1.26., 법률 제6383호).

③ 국가정보화 기본법 : 국가정보화의 기본 방향과 관련 정책의 수립 · 추진에 필요한 사항을 규정함으로써 지속가능한 지식정보사회의 실현에 이바지하고 국민의 삶의 질을 높이는 것을 목적으로 하는 법(2009.5.22., 법률 제9705호).

④ 전자정부법 : 행정업무의 전자적 처리를 위한 기본원칙 등을 규정함으로써 전자정부의 구현을 위한 사업을 촉진시키고, 행정기관의 생산성 · 투명성 및 민주성을 높여 지식정보화 시대의 국민의 삶의 질을 향상시키기 위해 제정한 법(2001.3.28., 법률 제6439호).

〈표 3-5〉 정보보호 관계 법령

법령	시행령	시행규칙
정보통신망 이용촉진 및 정보보호 등에 관한 법률	정보통신망 이용촉진 및 정보보호 등에 관한 법률 시행령	정보통신망 이용촉진 및 정보보호 등에 관한 법률 시행규칙
정보통신기반 보호법	정보통신기반 보호법 시행령	정보통신기반 보호법 시행규칙
국가정보화 기본법	국가정보화 기본법 시행령	국가정보화 기본법 시행규칙
전자정부법	전자정부법 시행령	-

출처 : 한국인터넷진흥원(KISA), http://www.kisa.or.kr(자료실〉 관련법령 · 기술안내서〉 법령현황)

(2) 개인정보보호 관계 법령

① 개인정보보호법 : 개인정보 보호를 위한 법체계를 일원화하고 개인의 권익 보호를 강화하기 위한 법(2011.3.29. 제정)

② 정보통신망 이용촉진 및 정보보호 등에 관한 법률 : 정보통신망의 이용촉진 및 이용자의 개인정보의 보호와 함께 건전하고 안전한 정보통신망 환경을 조성하는 것을 목적으로 하는 법률(일부 개정 2008.06.13., 법률 제9119호)

③ 위치정보의 보호 및 이용 등에 관한 법률 : 정보통신망의 이용촉진 및 이용자의 개인정보 보호와 함께 건전하고 안전한 정보통신망 환경을 조성하는 것을 목적으로 하는 법률로, 줄여서 '위치정보법'이라 함.

〈표 3-6〉 개인정보보호 관계 법령

법령	시행령	시행규칙
개인정보보호법	개인정보보호법 시행령	개인정보보호법 시행규칙
정보통신망 이용촉진 및 정보보호 등에 관한 법률	정보통신망 이용촉진 및 정보보호 등에 관한 법률 시행령	정보통신망 이용촉진 및 정보보호 등에 관한 법률 시행규칙
위치정보의 보호 및 이용 등에 관한 법률	위치정보의 보호 및 이용 등에 관한 법률 시행령	-

출처 : 한국인터넷진흥원(KISA), http://www.kisa.or.kr(자료실〉 관련 법령 · 기술안내서〉 법령현황)

2) 데이터 수집 관련 내규

(1) 정보보호 정책내규

기업에서 운영하는 데이터 수집 관련 정보보호 정책내규를 지칭한다.

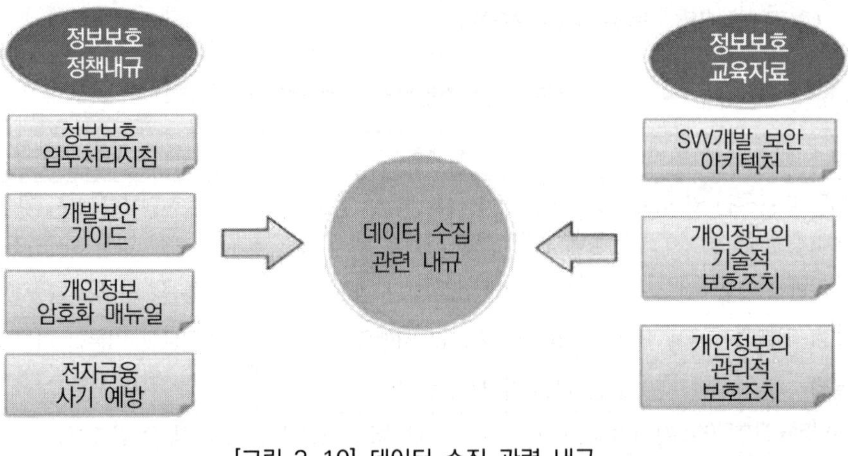

[그림 3-10] 데이터 수집 관련 내규

① 정보보호 업무처리 지침 : 정보보호 조직, 개인정보 수집, 개인저보 처리 안전성 확보, 정보보호 시스템 운영 등 각종 행정사항을 기록한 지침서

② 개발보안 가이드 : 소프트웨어 개발 시 보안 약점을 사전에 제거해 보안성을 높이는 개발기법 가이드

③ 개인정보 암호화 매뉴얼 : 개인정보는 꼭 필요한 최소한의 사용자만 접근하도록 하고, 개인정보의 취급 시 개인정보 파일은 암호화하여 저장 · 사용할 수 있도록 가이드한 매뉴얼

학습 3

(2) 정보보호 교육자료

SW 개발보안 및 개인정보의 기술적, 관리적 보호조치 관련 교육자료를 정독한다.

① SW 개발보안 아키텍처 : 정보보안 통제들(Security Controls)이 어떻게 존재하고 있으며, 전반적 정보기술 아키텍처와(Information Technology Architecture) 어떻게 관련이 있는지 명시한 설계도

② 개인정보의 기술적, 관리적 보호조치 관련 : 개인정보의 분실 · 도난 · 누출 · 변조. 또는 훼손을 방지하기 위하여 대통령령으로 정하는 기준에 따라 기술적 · 관리적 조치를 기록한 교육자료

3-4 빅데이터 수집시스템 구성 및 운영

1. 빅데이터 수집시스템 구축

1) 데이터 유형별 데이터 수집기술

〈표 3-7〉 수집데이터 유형에 따른 수집기술

데이터 유형	데이터 수집기술	수집방법
정형데이터	sqoop, vendor 제공 Driver, API	수집프로그램 이용, Socket 프로그램 이용
로그/센서데이터	flume, Scribe, chukwa, Ftp, tcp, 블루투스, RFID	수집프로그램 이용, FTP 수집, 스트리밍 수집
텍스트, 이미지, 동영상 데이터	HTTP, FTP, API, Parsing 기술	FTP, API 이용하여 수집
웹 및 소셜데이터	Pure 프로그래밍(C, java), library, scrapy, nutch, crawler4j	크롤러를 이용한 수집

수집시스템 사양 설계를 위해 수집데이터 유형을 파악하여 그에 맞는 수집기술을 선정할 수 있다.

(1) 정형데이터 수집기술

정형데이터는 데이터베이스의 테이블과 같이 고정된 칼럼에 데이터를 저장하는 구조이거나, 행과 열에 의해 데이터의 속성이 구별된 데이터를 말한다. 이러한 정형데이터를 수집하는 기술에는 주로 아파치 스쿱(Apache Sqoop)을 많이 사용한다. 그 이유는 단순히 데이터를 수집하는 것이 아닌, 하둡 플랫폼에 연계하여 관계형 데이터베이스의 데이터와 하둡에 저장된 데이터를 통합해서 분석이 이루어지기 때문이다.

아파치 스쿱은 아파치 하둡(Apache Hadoop)과 관계형 데이터베이스와 같은 관계형 데이터스토어 간에 대량 데이터를 효과적으로 전송하기 위해 구현된 툴이다. 즉 Mysql, Oracle 환경의 데이터를 Hbase, Hive 또는 HDFS로 데이터를 import 할 수 있다. 스쿱(Sqoop)의 명령어는 인터프리터에 의해 한 번에 하나씩 실행된다.

스쿱은 모든 적재과정을 자동화하고 병렬처리 방식으로 작업한다.

〈표 3-8〉 스쿱의 특징

특 징	설 명
bulk import 지원	전체 데이터베이스 또는 테이블을 HDFS로 전송 가능
데이터 전송 병렬화	시스템 사용률과 성능을 고려한 병렬데이터 전송
direct input 제공	RDB에 mapping 해서 Hbase와 Hive에 직접적 import 제공
프로그래밍 방식의 데이터 인터랙션	자바 클래스 생성을 통한 데이터 상호작용

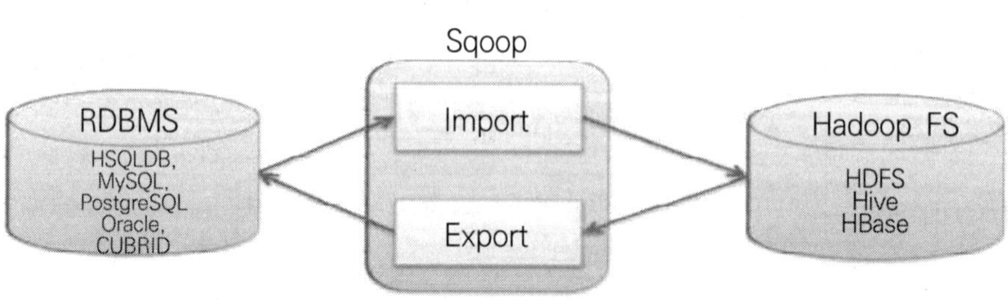

[그림 3-11] 스쿱 아키텍처 : 관계형 데이터 베이스와 HDFS 간의 데이터 이동

[그림 3-12]처럼 스쿱 처리절차는 다음과 같다.

① DBMS connector를 사용해서 target DBMS의 "A" table metadata를 가져온다. 메타데이터는 특정 테이블의 데이터 타입을 자바 언어 데이터타입으로 매핑하기 위해서 사용된다.

② java class를 생성 : java class를 생성하고, 컴파일하기 위해 해당 metadata를 사용한다. java class는 'A' table로부터 실재 rows를 import 하기 위해 하나 이상의 map task에 의해서 사용된다. sqoop은 java class를 임시 공간에 저장하며, 데이터 레코드의 후속 processing을 위해 java class를 활용한다.

③ java class를 이용해서 데이터를 import 하기 위해 Map task를 실행한다. sqoop은 'A' table의 데이터 레코드를 map task 별로 분할하고, table data를 HDFS, Hive 또는 Hbase로 import 한다.

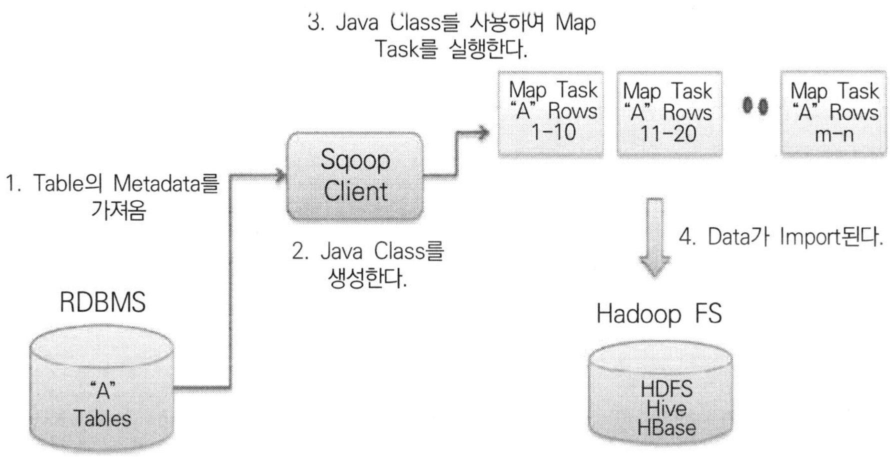

[그림 3-12] 스쿱 처리절차

(2) 로그/센서데이터 수집기술

빅데이터 분석에 있어서 대표적인 데이터 유형인 로그/센서데이터는 주로 아파치 플룸(Apache Flume), facebook Scribe, apache chukwa를 사용하여 수집한다. 분석목적에 따라 다양한 오픈소스를 검토해야 하지만, 여기서는 가장 많이 사용되는 플룸(Flume)에 대해 설명하도록 한다.

아파치 플룸은 대용량의 로그데이터를 효과적으로 수집 · 집계 · 이동시키는 안정적이고 신뢰성 있는 분산서비스를 제공하는 솔루션이다. 아파치 플룸은 스트리밍 데이터 흐름에 기반을 둔 간단하고 유연한 구조를 가진다.

플룸은 로그데이터 수집에만 사용되지 않는다. 네트워크 트래픽 데이터, 소셜미디어 데이터, 이메일 메시지 데이터 등 대량의 이벤트 데이터 전송을 위해 사용된다.

〈표 3-9〉 플룸의 특징

특 징	설 명
신뢰성(Reliability)	장애 시 로그데이터의 유실 없이 전송 보장
확장성(Scalability)	수평 확장이 가능하여 분산수집 가능한 구조
효율성(Efficiency)	커스터마이징 가능하면서 고성능 구현

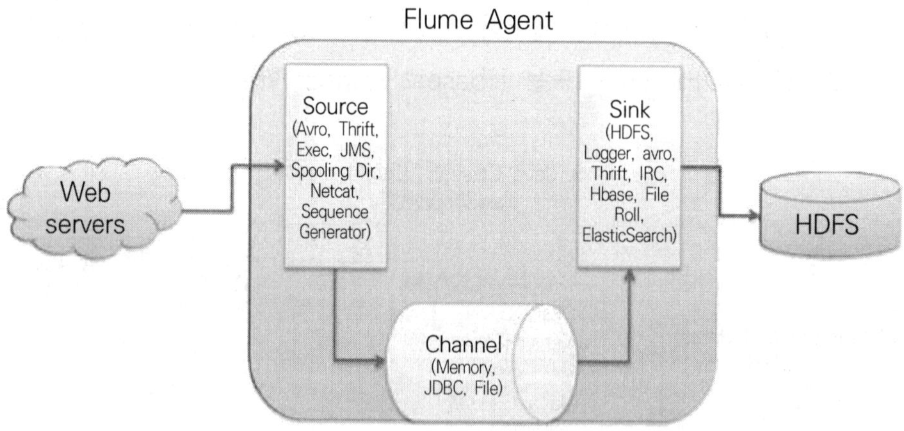

[그림 3-13] 플룸 아키텍처

아파치 플룸(Apache Flume) 처리절차는 다음과 같다. 컨피그, 소스, 채널, 싱크의 네 가지 모듈로 순차적으로 동작한다. 전체적으로 workflow를 생성하여 소스, 채널, 싱크의 세 가지 요소를 하나의 동작으로 관리한다.

① 플룸의 작업파일을 읽어서 소스, 채널, 싱크를 설정한다.

② 컨피그가 로드되면 소스 Runner를 수행해 데이터를 채널로 전달한다.

③ 소스에서 보낸 이벤트를 Event Queue에 저장한다.

④ 채널에 있는 Queue에서 메시지를 꺼내서 전달한다.

(3) 텍스트, 이미지, 동영상, 웹, 소셜 데이터 수집기술

비정형, 또는 반정형 데이터의 수집은 주로 FTP, API, Library를 이용한 개발, Crawler를 이용하여 수집한다. 여기서는 crawler에 대해 설명한다.

Scrapy는 웹사이트를 크롤링하고 구조화된 데이터를 수집하는 애플리케이션 프레임워크이다. Scrapy는 데이터마이닝, 정보처리, 이력 기록 같은 다양한 애플리케이션에 유용하게 사용될 수 있다.

Scrapy는 파이썬 기반의 프레임워크로 스크랩 과정이 단순하다. 특히 한 번에 여러 페이지를 불러오기 수월하고 Scrapyd, Scrapinghub 등 부가적인 요소들이 많다.

〈표 3-10〉 Scrapy의 특징

특 징	설 명
파이썬 기반	파이썬 코드에 친숙하다면 쉬운 설정 가능
단순한 스크랩 과정	크롤링 후, 바로 데이터 처리가 가능
다양한 부가요소	Scrapyd, Scrapinghub 등 부가요소, 쉬운 수집, 로깅 지원

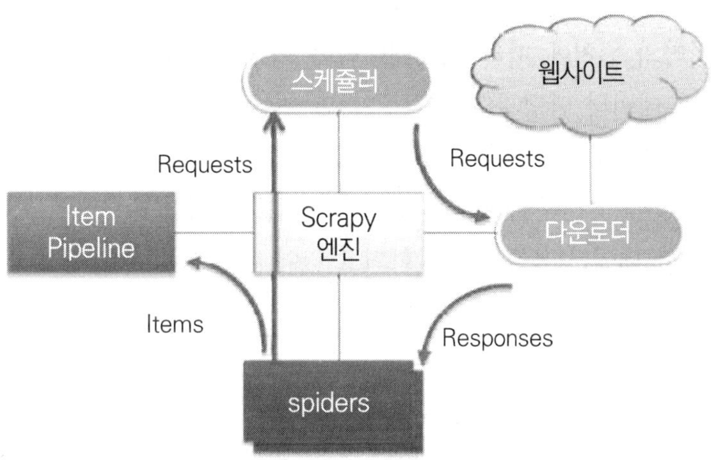

[그림 3-14] 5개의 모듈로 구성된 Scrapy 아키텍처

Data Flow를 제어하는 Scrapy Engine, 수집 주기 설정 Scheduler, Web Page Fetch하는 DownLoader, Custom Class인 Spider, Items Processing 역할의 Item Pipeline의 5개 모듈로 구성되어 있다.

Scrapy 처리절차는 다음과 같다. Data Flow는 실행엔진에 의해 제어된다.

① 엔진은 스파이더로부터 크롤링할 URL을 가져와서 스케쥴러로 스케쥴링한다.
② 엔진은 스케쥴러에게 크롤링할 다음 URL을 스케쥴러에게 요청한다
③ 스케쥴러는 클롤링한 다음 URL을 리턴하고, 엔진은 다운로더에게 URL을 보낸다.
④ 페이지가 다운로딩을 끝내면 다운로더는 응답을 생성하고, 엔진에게 응답을 보낸다.
⑤ 엔진은 응답을 받고, 응답을 Spider에게 전달한다.

⑥ Spider는 응답을 프로세싱하고, 스크랩된 항목들과 새로운 Request를 엔진에게 반환한다.

⑦ 엔진은 스크랩트된 항목들을 Item Pipelines에 전달하고, 스케줄러에게 프로세싱된 Request를 전달한다.

⑧ 스케줄러로부터 더는 Request가 없을 때까지 반복한다.

3-5 내 · 외부데이터 수집

1. 내 · 외부데이터의 수집

수집데이터의 원천에 따라 내부데이터와 외부데이터로 구분하고, 내부데이터는 조직 내부의 데이터 담당자와 수집주기 및 방법을 협의하여 데이터를 수집 할 수 있다. 외부데이터는 특정 기관의 담당자와 협의를 통해 데이터를 수집할 수도 있고, 데이터를 제공하는 전문업체를 통해서 데이터를 수집할 수 있다. 최근에는 데이터 거래소를 통한 데이터 유통이 활성화되고 있어 이를 통해서도 필요데이터를 습득할 수 있다.

1) 데이터의 위치

데이터의 위치는 조직 내부데이터와 조직 외부데이터로 나눈다. 내 · 외부데이터의 특징을 정리하면 아래 표와 같다.

〈표 3-11〉 내 · 외부데이터의 특징 비교

위 치	특 징
내부데이터	• 내부조직간 협의를 통해 데이터 수집 • 주로 수집이 용이한 정형 데이터 • 비용 및 난이도는 외부데이터 수집보다 유리 • 서비스의 수명주기 관리 용이
외부데이터	• 외부조직과 협약, 데이터 구매, 웹상의 오픈데이터를 통해 수집 • 주로 수집이 어려운 비정형 데이터 • 비용 및 난이도는 높음 • 외부환경에 대한 통제가 어려움에 따른 서비스 관리정책 수립 필요

2) 내 · 외부데이터의 종류

내부데이터는 조직 내부의 서비스 시스템, 네트워크 및 서버 장비, 마케팅 관련 시스템 등으로부터 생성되는 데이터를 말한다. 외부데이터는 다양한 소셜 데이터, 특정 기관 데이터, M2M 데이터, LOD 등으로 나눌 수 있다.

〈표 3-12〉 내 · 외부데이터의 사례

위 치	원천시스템	종 류
내부데이터	서비스 시스템	ERP, CRM, KMS, 포탈, 원장정보시스템, 인증/과금 시스템, 거래시스템 등
	네트워크 및 서버장비	백본, 방화벽, 스위치, IPS, IDS 서버장비 로그 등
	마케팅 데이터	VOC 접수 데이터, 고객 포털시스템 등
외부데이터	소셜데이터	제품 리뷰 커뮤니티, 게시판, 페이스북
	특정 기관 데이터	정책 데이터, 토론 사이트
	M2M 데이터	센서 데이터, 장비발생 로그
	LOD(Linked Open data)	정부공개 경제, 의료, 지역정보 데이터 공공정책, 과학, 교육, 기술데이터 산업, 역사, 환경, 경제, 과학, 통계 등 공공데이터

3) 내 · 외부데이터의 수집주기

내부데이터는 조직 내부에서 습득할 수 있는 데이터, 즉 네트워크 로그데이터, 시스템 로그데이터, DBMS의 저장데이터를 말한다. 일반적으로 내부데이터는 실시간으로 수집하여 분석할 수 있도록 한다. 하지만 외부데이터는 일괄 수집으로 끝날지, 일정 주기로 데이터를 수집지를 결정하여 수집데이터 관리정책을 정해야 한다.

4) 내 · 외부데이터의 수집방법

내부데이터는 일반적으로 기업이나 조직 내의 정보시스템에 존재하는 정형화된 데이터를 말한다. 이러한 내부데이터를 수집하기 위해서는 조직간 협의를 통해 수집할 수 있고, 내부데이터의 형식에서도 분석에 적합한 정형화된 형식으로 수집되기 때문에 가공에 많은 노력을 기울이지 않아도 된다. 하지만 외부데이터는 분석목표에 맞는 데이터를 탐색 · 수집하고, 분석목표에 맞게 수집데이터를 변환하는 노력이 필요하다. 이러한 내 · 외부데이터 수집방법은 앞에서 언급한대로 〈표 3-13〉와 같다.

〈표 3-13〉 내 · 외부데이터 수집방법

구 분	내부데이터	외부데이터
업무협의	조직내부의 협의에 따른 데이터 수집	외부조직의 데이터 필요 시 상호협약에 의한 수집
수집경로	인터페이스 생성	인터넷을 통한 연결
수집대상	파일시스템, DBMS, 센서 등	협약에 의한 DBMS 데이터, 웹페이지, 소셜 데이터, 문서 등

3-6 데이터 변환

1. 저장 데이터베이스 형태

수집데이터를 변환저장하기 위해서는 비정형 데이터를 정형 데이터 형태로 저장하는 방식, 수집데이터를 분산파일시스템으로 저장하는 방식, 주제별/시계열적으로 저장하는 방식, 키-값 형태로 저장하는 방식을 선택하여 수집데이터를 저장하여야 한다. 여기서 가장 많이 사용하는 정형 데이터 저장형태인 RDBMS에 관해 설명하도록 한다.

1) RDBMS의 개요

데이터를 2차원의 테이블 형태로 표현하여 데이터를 생성 · 수정 · 관리할 수 있도록 하는 소프트웨어이다.

(1) Mysql 개요.

① Mysql의 정의 : 관계형 데이터베이스를 표방하는 DB의 한 종류이다. 제작사는 MySQL AB이고, 현재 실질적인 소유주는 오라클이다.

〈표 3-14〉 RDBMS의 종류

수집데이터 저장 형태	저장 솔루션	라이선스
RDBMS(관계형 데이터베이스 관리시스템)	MySQL, Oracle, DB2, PostgreSQL 등	상용, 오픈소스
분산데이터 저장	HDFS(hadoop Distributed File System)	오픈소스
DW	네티자, 테라데이타, 그린플럼의 DW 솔루션	상용 라이선스
NoSQL	Hbase, Cassandra, MongoDB	오픈소스

② Mysql의 특징

〈표 3-15〉 Mysql의 특징

특 징	설 명
호환성	운영체제가 리눅스이진 윈도우든 상관없이 사용
이중 라이선스	일반 사용자가 무료로 사용 가능(GPL), 상업적인 목적은 별도 구매
처리속도	DBMS 중 처리속도가 상당히 빠른 편임
대용량 데이터 처리	데이터 용량이 커도 손쉽게 처리

(2) Mysql 아키텍처

MySQL 엔진, 스토리지 엔진, 핸들러 API로 구성되어 있다. MySQL 엔진은 SQL 인터페이스, 파서, 옵티마이저, 캐시&버퍼로 구성되고, 스토리지 엔진은 SQL 수행결과를 디스크 스토리지로 저장, Read 역할을 한다. 핸들러 API는 MySQL 엔진과 스토리지 엔진 간의 상호연동 인터페이스를 말한다.

〈표 3-16〉 MySQL의 구조

구 성	상세구성	설 명
MySQL 엔진	SQL 인터페이스	Client 접속을 위한 인터페이스 제공
	SQL 파서	클라이언트가 전달한 쿼리 구문 파싱
	SQL 옵티마이저	파싱된 SQL쿼리의 최적화 실행 판단
스토리지 엔진		MySQL 엔진에 의해 처리된 SQL 수행결과에 대해 디스크 스토리지에 저장 또는 Read
핸들러 API		MySQL 엔진과 스토리지 엔진 간 상호연동에 필요한 이터페이스 제공

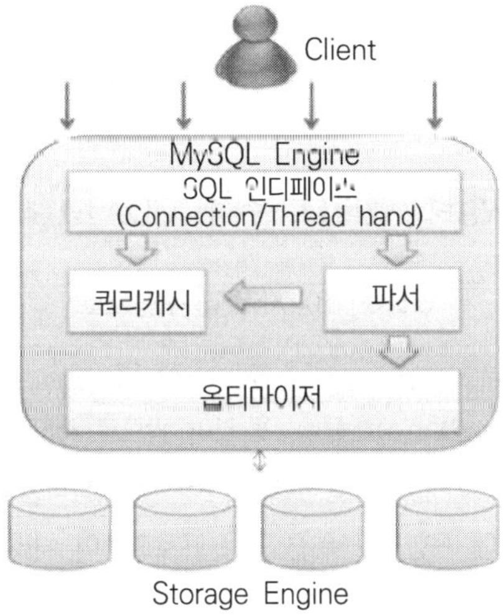

[그림 3-15] Mysql 아키텍처

2. 수집소스의 형태

웹상에서 HTML, XML, JSON 형태로 존재하는 데이터를 수집하여 파싱하고 저장한다.

1) HTML의 개요

(1) HTML의 정의

하이퍼텍스트 마크업 언어(Hypertext Markup Language)의 약자로, 웹페이지를 만들 때 사용되는 문서형식을 말한다.

(2) HTML의 구성요소

텍스트, 태그, 스크립트로 구성된다.

〈표 3-17〉 HTML의 구성요소

구 성	설 명
텍스트	실재 표현하고자 하는 내용으로 웹문서의 본문
태그	텍스트에 속성, 기능을 부여하기 위해 문서 중간에 붙여주는 꼬리표
스크립트	동적인 웹문서 작성을 지원하는 명령어들의 집합(javascript 등)

2) XML의 개요

(1) XML의 정의

eXtensible Markup Language의 약자로 확장 가능한 마크업 언어를 말한다. 데이터를 표현하기 위해서 태그(Tag)를 사용하는 언어이다.

(2) XML의 구성요소

엘리먼트, 속성, 처리명령, 엔티티, 주석, CDATA 섹션으로 구성된다.

〈표 3-18〉 XML의 구성요소

구 성	설 명
엘리먼트	〈head〉...〈/head〉, 〈a〉...〈/a〉 와 같이 쌍으로 존재하는 태그
속성	〈img src='abc.gif/〉 와 같이 태그안에 특정 의미를 상세화한 표현
처리명령	〈? 와 ?〉사이에 표현되고 특정 응용 프로그램이 처리할 정보나 명령을 지정 ㉥ 〈?xml:stylesheet type="text/xsl" href="abc.xsl"〉

구 성	설 명
엔티티	〈!ENTITY xml "eXtensible Markup Language"〉를 정의하고, XML문서 내에서는 &xml;과 같이 사용하는 것처럼 〈 〉 &를 사용해서 문자열을 특정 문자열로 대체하는 것
주석	〈!-- 와 --〉 사이에 Comment를 정의하는 것
CDATA 섹션	〈![CDTA[〈greeting〉Hello〈/greeting〉]]〉 으로 정의하여, 〈greeting〉Hello〈/greeting〉를 모두 문자열로 인식하게 함

3) JSON의 개요

(1) JSON의 정의

javaScript Object Notation의 약자로 자바스크립트를 위해 객체형식으로 자료를 표현하는 문서형식이며, 경량의 Data 교환방식이다.

(2) JSON의 자료형과 문법

〈표 3-19〉 JSON의 자료형과 문법

기본 자료형	설 명
수(Number)	정수, 실수(고정 소수점), 실수(부동 소수점)를 지원하고 8진수, 16진수를 표현하는 방법은 지원하지 않는다.
문자열	큰따옴표로 묶어서 사용한다. ㉬ "abcd", "\"JSON\""
배열	대괄호로 나타낸다. ㉬ [10, {"a" : 30 }, [40, "서른"]]
객체	이름/값 쌍의 집합 {"name":10, "name2":"값", "name3":false}

3. 수집 프로그램

웹페이지로부터 데이터를 그래핑하기 위해서는 기본적으로 python, rubby와 같은 스크립트 언어의 특징을 알고 있어야 한다.

1) python 개요

(1) python의 정의

C, java와 같이 추상화 정도가 높은 고급언어로써 객체라는 개념을 사용하고 스크립트를 작성하는 데 사용하기 좋은 플랫폼 독립적인 인터프리터 언어이다.

(2) python의 특징

〈표 3-20〉 python의 특징

특 징	설 명
가독성	간결한 문법, 코드 블록을 들여쓰기로 구분
동적 타이핑	실행시간에 자료형 검사
높은 확장성	glue language라고 일컬어 짐. 다른 언어나 라이브러리에 쉽게 접근
확장 및 내장가능	C등 다른 언어에서 python을 호출할 수 있고, 그 반대도 가능

2) rubby의 개요

(1) rubby의 정의

동적 객체지향 스크립트 프로그래밍 언어이다.

(2) rubby의 특징

〈표 3-21〉 rubby의 특징

특 징	설 명
간결성	puts "Hello world"라고 코드를 작성하여 가독성 및 간결성 지원
객체지향 언어	모든 객체는 자신만의 속성과 액션을 가짐. 속성을 인스턴스 변수라하고, 액션을 메소드라고 함.
유연함	어떤 부분이든 자유롭게 바꿀 수 있음. 코어부분도 제거하고 재정의 가능
블록기능	어떤 메소드에든 클로저를 추가함으로써 메소드의 동작기술

3-7 수집데이터의 검증

1. 빅데이터 품질관리의 개요

1) 빅데이터 품질관리의 정의

비즈니스 목표에 부합한 데이터 분석을 위해 가치성 · 정확성 · 유용성 있는 데이터를 확보하고, 신뢰성 있는 데이터를 유지하는 데 필요한 관리활동이다.

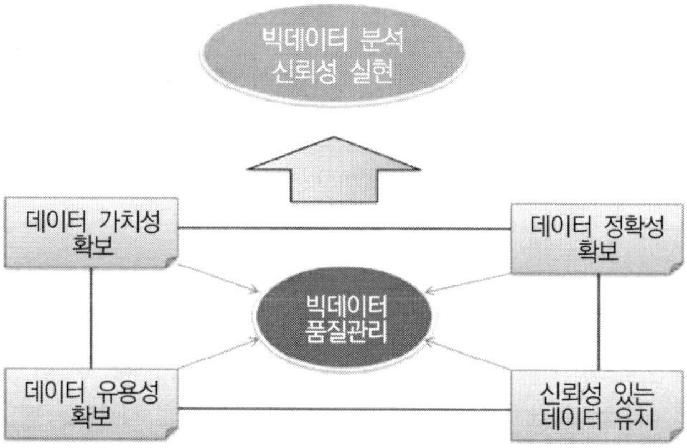

[그림 3-16] 빅데이터 품질관리의 개요

2) 빅데이터 품질관리의 중요성

분석결과의 신뢰성은 분석데이터의 신뢰성과 직접 연계된다. 빅데이터의 특성을 반영한 데이터 품질관리 체계를 구축하여 효과적인 분석결과를 도출하여야 한다.

〈표 3-22〉 빅데이터 품질관리의 중요성

중요성	설 명
분석결과의 신뢰성 확보	분석품질을 좌우하는 것은 데이터의 품질에 기인함
일원화된 프로세스	업무처리, 데이터 관리의 효율화 도모
데이터 활용도 향상	고품질의 데이터 확보로 데이터 이용률 향상
양질의 데이터 확보	불필요한 데이터 제거를 통한 고품질 데이터 준비도 향상

2. 빅데이터 품질요소

빅데이터의 특성인 Volume, Variety, Velocity, Complexity를 고려하여 다양한 접근 방법의 품질관리가 필요하다.

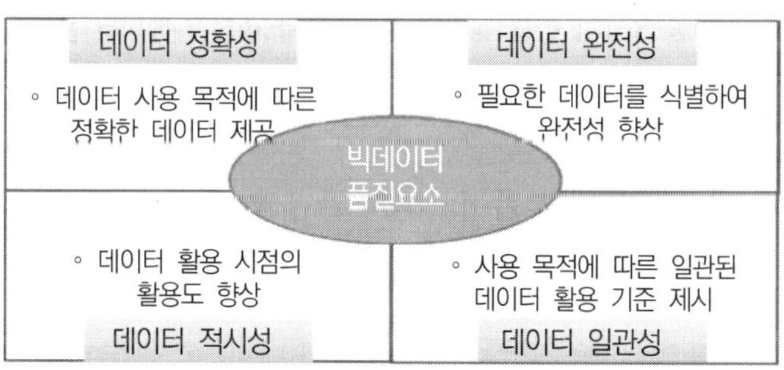

[그림 3-17] 빅데이터 품질요소

〈표 3-23〉 빅데이터 품질요소 및 품질전략

데이터 품질요소	데이터 품질 전략
정확성 (Accuracy)	데이터 사용목적에 따라 데이터 정확성의 기준을 다르게 적용 예 사용자가 접속한 사이트와 이동 지점을 분석하는 클릭스트링 분석과 부정이나 사기를 탐지하는 경우 데이터의 품질수준은 다름
완전성 (Completeness)	필요한 데이터의 완전한 확보보다는 필요한 데이터를 식별하는 수준으로 적용 가능
적시성 (Timeliness)	소멸성이 강한 데이터에 대해 어느 정도의 품질기준을 적용할 것인지 결정 예 웹로그 데이터, 트윗 데이터, 위치 데이터 등은 하루, 몇 시간, 몇 분 동안만 타당성을 가짐
일관성 (Consistency)	같은 데이터라 할지라도 사용목적에 따라 달라지는 데이터 수집기준 때문에 데이터 의미가 달라질 수 있음

출처 : 빅데이터 시대의 데이터 자원 확보와 품질관리 방안, NIA, p.18.

3. 빅데이터 품질기준

빅데이터의 품질기준은 정형 데이터의 품질기준과 비정형 데이터의 품질기준으로 나누어서 정의할 수 있다.

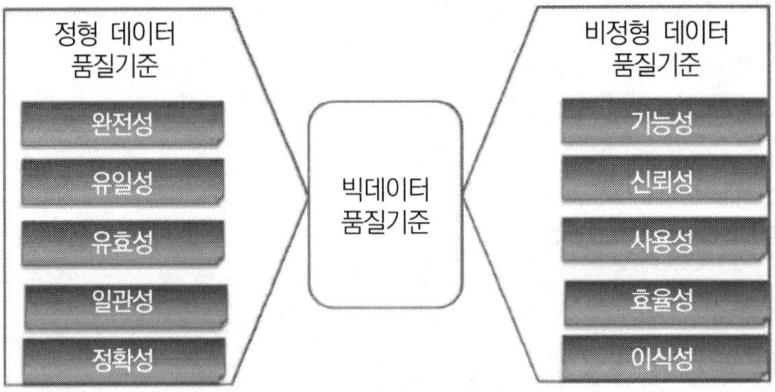

[그림 3-18] 정형 데이터 품질기준과 비정형 데이터 품질기준

1) 정형 데이터 품질기준

정형 텍스트 데이터에 대한 품질기준은 완전성, 유일성, 유형성, 일관성, 정확성 5개의 품질기준으로 나눌 수 있다.

〈표 3-24〉 정형 데이터 품질기준

품질기준	세부 품질기준	정 의
완전성 (Completeness)	개별 완전성, 조건 완전성	필수항목에 누락이 없어야 한다.
유일성 (Uniqueness)	단독, 조건 유일성	데이터 항목은 유일해야 하며 중복되어서는 안 된다.
유효성 (Validity)	범위, 날짜, 형식 유효성	데이터 항목은 정해진 데이터 유효범위 및 도메인을 충족해야 한다.
일관성 (Consistency)	기준코드 일관성, 참조 무결성, 데이터 흐름 일관성, 칼럼 일관성	데이터가 지켜야 할 구조, 값, 표현되는 형태가 일관되게 정의되고 서로 일치해야 한다.
정확성 (Accuracy)	선후관계 정확성, 계산/집계 정확성, 최신성, 업무규칙 정확성	실세계에 존재하는 객체의 표현 값이 정확히 반영되어야 한다는 것을 의미한다.

출처 : 데이터 품질 진단 절차 및 기법(ver 1.0), KDB, p.18.

2) 비정형 데이터 품질기준

비정형 콘텐츠 자체에 대한 품질기준은 콘텐츠 유형에 따라 다소 다를 수 있다. 비정형 데이터 품질기준은 아래와 같이 제시할 수 있다.

〈표 3-25〉 비정형 데이터 품질기준 사례

품질기준	세부 품질기준	정 의
기능성 (Functionality)	적절성, 정확성, 상호 운용성, 기능 순응성	해당 콘텐츠가 특정 조건에서 사용될 때, 명시된 요구와 내재된 요구를 만족하는 기능을 제공하는 정도
신뢰성 (Reliability)	성숙성, 신뢰 순응성	해당 콘텐츠가 규정된 조건에서 사용될 때 규정된 신뢰 수준을 유지하거나 사용자로 하여금 오류를 방지할 수 있도록 하는 정도
사용성 (Usability)	이해성, 친밀성, 사용 순응성	해당 콘텐츠가 규정된 조건에서 사용될 때, 사용자에 의해 이해되고, 선호될 수 있게 하는 정도
효율성 (Efficiency)	시간 효율성, 자원 효율성, 효율 순응성	해당 콘텐츠가 규정된 조건에서 사용되는 자원의 양에 따라 요구된 성능을 제공하는 정도
이식성 (Portability)	적응성, 공존성, 이식 순응성	해당 콘텐츠가 다양한 환경과 상황에서 실행될 가능성

출처 : 데이터 품질 진단 절차 및 기법(ver 1.0), KDB, p.21.

4. 빅데이터 품질진단 기법

빅데이터의 품질측정은 정형 데이터일 경우 데이터 프로파일링 기법을 통해 진단하고, 비정형 데이터일 경우 품질측정에 사용할 측정기준을 설정하여 항목별 체크리스트를 작성하여 진단한다.

1) 정형 데이터 품질진단

정형 텍스트 데이터의 품질은 데이터 프로파일링 기법을 통해 진단할 수 있다.

〈표 3-26〉 정형 데이터의 데이터 프로파일링

기 법	설 명
메타데이터 수집 및 분석	테이블 정의서, 칼럼 정의서, 도메인 정의서, 데이터 사전, ERD, 관계 정의서를 수집하여 테이블명 누락, 불일치, 칼럼 누락, 칼럼명 불일치, 자료형 불일치 내역을 추출한다.
칼럼 속성분석	대상 칼럼의 총 건수, 유일 값 수, NULL 값 수, 공백값 수, 최대값, 최소값, 최대 빈도, 최소 빈도 등을 추출하여 유효범위 내의 존재 여부를 판단한다.
누락 값 분석	반드시 입력되어야 하는 값의 누락이 발생한 칼럼을 발견하는 절차이다.
값의 허용 범위분석	속성값이 가져야 할 범위 내에 속성값이 있는지 파악한다.
허용 값 목록분석	해당 칼럼의 허용값 목록이나 집합에 포함되지 않는 값을 발견한다.
문자열 패턴분석	칼럼 속성값의 특성을 문자열로 도식화하여 패턴 오류를 검출한다.
날짜 유형분석	날짜 유형 적용의 일관성 여부를 분석한다.
기타 특수 도메인 (특정 번호 유형) 분석	사업자등록번호, 주민등록번호의 유효성을 분석한다.
유일 값 분석	유일해야 하는 칼럼에 중복이 발생했는가의 여부를 분석한다.
구조분석	관계분석, 참조 무결성 분석, 구조 무결성을 분석한다.

출처 : 데이터 품질 진단 절차 및 기법(ver 1.0), KDB, p.67.

2) 비정형 데이터 품질진단

비정형 데이터의 품질진단은 품질 세부기준을 정하여 항목별 체크리스트를 작성하여 진단한다.

〈표 3-27〉 비정형 데이터의 체크리스트 사례

유형	품질 기준	세부기준	측정항목	체크리스트
동영상	기능성	정확성	부가요소 정확성 등	1. 자막은 맞춤법 표기에 따라 작성되었는가? 2. 내레이션 시나리오와 사운드 내용은 일치하는가?
		적절성	운용 적절성 등	3. 비디오 압출 코덱은 표준을 준수하고 있는가?
		상호 운용성	사운드/자막 동기화 등	4. 사운드와 자막은 일치하는가?
		기능 순응성	규격화 여부 등	5. 기능성 관련 항목에 대한 표준지침이 있는가?
	신뢰성	성숙성	결함발생 정도 등	6. 결함발생 횟수는 얼마인가?
		신뢰 순응성	규격준수 정도 등	7. 신뢰성 관련 항목에 대한 표준지침이 있는가?
	사용성	이해성	영상인식 만족도 등	8. 영상과 자막은 선명한가?
		친밀성	포맷 친숙성 등	9. 영상 포맷에 대한 표준을 준수하는가?
		사용 순응성	규격화 여부	10. 사용성 항목에 대한 표준지침이 있는가?
	효율성	시간 효율성	응답속도	11. 선택한 동영상이 기준 시간 내에 로딩되는가?
		효율 순응성	규격화 여부	12. 효율성 항목에 대한 표준지침이 있는가?
	이식성	적응성	운영환경 호환성	13. 운영환경 및 플레이어 호환성이 있는가?
		공존성	타SW 영향 여부	14. Running 타 소프트웨어 성능에 영향을 미치는가?
		이식 순응성	규격화 여부	15. 이식성 관련 항목에 대한 표준지침이 있는가?

출처 : 데이터 품질 진단 절차 및 기법(ver 1.0), KDB, p.169.

수행 내용

재료 · 자료

- 빅데이터 가이드라인 관련 자료
- 개인정보 비식별화 가이드라인

기기(장비 · 공구)

- 컴퓨터, 문서작성 프로그램, 프린터, 주변기기

안전 · 유의사항

- 빅데이터 관련 장비의 안전 및 유의사항을 숙지한다.
- 외부데이터일 경우 데이터 수집 및 경로 등을 빠짐없이 기록한다.
- 내 · 외부데이터 구분 후 개인정보보호법 등 관계 법령에 위배 여부를 확인한다.

수행 순서

01 빅데이터의 기초데이터 수집과정에 대하여 분석하라.

1. 분석목표에 따른 기초데이터 수집을 위해 비즈니스 도메인 정보를 수집한다

1) 비즈니스 도메인 전문가와 인터뷰를 통해 정보를 수집한다

빅데이터 분석을 위해서는 관련 비즈니스 지식을 가진 도메인 전문가를 만나 비즈니스에 대한 정보를 습득하고, 비즈니스 도메인에 대해 기초자료를 수집한다.

① 비즈니스 도메인 전문가를 선정한다. 비즈니스 영역지식과 경험이 풍부한 현업 전문가를 선정한다.

② 비즈니스 도메인 전문가로부터 습득할 수 있는 요구사항 목록을 정리한다. 비즈니스를 이해하기 위한 요구사항 목록을 구체화하여 단편적인 이해에만 그치지 않도록 한다.

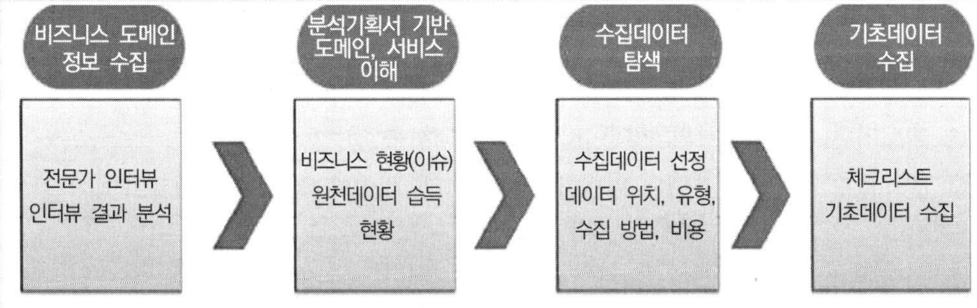

[그림 3-19] 기초데이터 수집절차

〈표 3-28〉 요구사항 목록

요구사항	내 용
비즈니스 수행 목적	고객에게 제공하는 서비스, 서비스 제공의 가치를 담은 내용
비즈니스 모델	어떤 제품이나 서비스를 소비자에게 제공하는 방식, 마케팅 방법, 수입 창출을 위한 계획 또는 사업아이디어
비즈니스 대상고객	누가 무엇을 소비하는가에 대한 정보
비즈니스 연계정보	비즈니스 수행에 필요한 내/외부 연계서비스
비즈니스 수행시스템	비즈니스 수행에 필요한 기반 정보시스템
비즈니스 흐름	비즈니스 End-to-End 비즈니스 플로우

③ 비즈니스 도메인 전문가와 인터뷰를 수행한다.

- 인터뷰 일정 및 안건을 정리하여 인터뷰 날짜 및 시간을 협의한다. 도메인 전문가가 다수일 경우 적당히 인터뷰 날짜 및 시간을 조정한다.
- 협의가 이뤄진 날짜에 도메인 전문가와 인터뷰를 수행한다.
- 인터뷰 내용을 기록하며, 대화 형태로 인터뷰를 수행한다. 도메인 전문가가 설명한 내용을 자신이 이해할 수 있는 언어로 재확인하며 대화하도록 한다.
- 도메인 전문가와의 인터뷰 내용을 정해진 형식 없이 정리한다. 인터뷰 결과를 임의적인 의미로 바꾸지 말고, 가능한 도메인 전문가의 언어로 정리하도록 한다.

2) 비즈니스 도메인 전문가와의 인터뷰 결과를 분석하고, 비즈니스 도메인에 대해 이해한다

① 도메인 전문가와의 인터뷰 결과를 분석한다.

② 비즈니스 도메인에 대해 명확하게 이해한다.

2. 빅데이터 분석기획서를 바탕으로, 비즈니스 도메인 및 서비스 정보를 이해한다

① 빅데이터 분석기획서의 비즈니스 현황 및 이슈사항을 정독한다.

② 빅데이터 분석기획서의 빅데이터 요건 정의서를 정독한다.

③ 분석목표 정의서에 표현된 필요한 소스데이터, 데이터 수집 난이도 등의 내용을 정독한다.

④ 원천데이터 습득을 위한 현황, 리스크, 이슈 등을 이해한다.

3. 분석목표 달성을 위한 원천데이터 선정, 위치, 크기, 유형, 수집주기를 탐색한다

1) 수집데이터를 선정한다

수집데이터의 선정은 습득된 도메인 정보, 이슈사항, 개선사항, 분석목표에 따라 결정되고, 수집대상의 선정에 따라 분석의 품질이 좌우되므로 신중하게 선정하도록 한다.

2) 수집데이터의 위치를 탐색한다

수집데이터의 위치는 내부에서 가지고 있는 데이터인가, 외부에서 습득하여야 하는 데이터인가에 따라 내부데이터와 외부데이터로 구분된다. 원천데이터가 존재하는 데이터의 위치를 탐색하고, 위치에 따른 데이터의 수집방법을 검토한다.

〈표 3-29〉 수집데이터의 위치에 따른 특징 및 수집방법 비교

구 분	내부데이터	외부데이터
특징	원천데이터가 내부시스템에 존재	원천데이터가 외부 시스템 존재
	수집기술적 제약이 적음	수집기술적 제약이 많음
	의사소통을 원활히 하여 데이터 수집 가능	데이터 수집을 위한 의사소통이 어려움
데이터 수집	상호협의에 따른 데이터 수집	상호협약에 의한 수집 공공데이터 수집 데이터 수집 시 비용 발생

3) 수집데이터의 유형을 탐색한다

수집할 대상 데이터의 유형을 파악하고, 수집방법을 검토한다.

4) 수집데이터의 수집방법 탐색한다

수집할 대상 데이터의 유형에 따라 DBtoDB, ETL, 크롤링, OpenAPI, FTP, HTTP 등의 수집방법을 결정한다. 데이터 유형에 따른 수집방법은 다음과 같다.

〈표 3-30〉 데이터의 유형에 따른 수집방법

유형	수집방법
정형 데이터	DBtoDB, EAI, ETL 등
반정형 데이터	crawler, API, FTP, Http
비정형 데이터	crawler, FTP, HTTP 프로토콜로 수집 후 Parsing

4. 수집데이터의 확보비용을 탐색하고, 수집할 대상 데이터의 유형에 따라 분석용 데이터 확보비용을 탐색할 수 있다

① ETL 또는 이와 유사한 솔루션 구매 필요 여부를 결정한다.

② 공공데이터의 경우 데이터 자체에 대한 비용은 발생하지 않으나 자동수집과 수동수집으로 나누어 비용을 산정한다. 수동수집의 경우는 매번 발생하는 수집노력에 대한 대가를 고려해야 한다. 공공데이터의 제공 및 이용 활성화에 관한 법률에 따르면 '공공데이터'란 공공기관이 생성 또는 취득하여 관리하는 광(光) 또는 전자적 방식으로 처리되어 부호 · 문자 · 도형 · 색채 · 음성 · 음향 · 이미지 및 영상 등(이들의 복합체 포함)으로 표현된 모든 종류의 자료 또는 정보를 말한다. 참조) 공공데이터의 제공 및 이용 활성화에 관한 법률 제2조(정의)

5. 원천데이터 선정, 위치, 크기, 유형, 수집주기를 탐색한 후 원천에서 획득할 수 있는 기초데이터를 수집한다

① 수집데이터의 기초자료를 정리하고 목록화하다. 수집할 대상 데이터의 기초자료를 체크리스트로 목록화한다.

〈표 3-31〉 수집 기초자료 체그리스트

순서	항목	상세 항목
1	비즈니스 도메인의 이해	비즈니스 모델, 용어집, 서비스 흐름도, 업무 매뉴얼, 데이터 명세서
2	수집대상	정형, 반정형, 비정형 데이터
3	데이터의 위치	내부데이터, 외부데이터
4	데이터의 유형	RDB, File, HTML, XML, JSON, RSS, 웹로그, 센서데이터, 이미지, 동영상
5	데이터의 수집방법	HTTP 데이터 수집, 로그/센서데이터 수집, DBMS 수집, FTP 수집
6	데이터의 확보비용	수집 대상, 주기, 가치성 등

2) 체크리스트에 따라 기초데이터를 수집한다

Tip

- 수집 세부계획에 앞서 비즈니스의 이해 및 원천데이터 탐색은 빅데이터 분석의 품질을 좌우한다.
- 비즈니스 전문가, 분석가와 가능한 많은 협의와 토론을 거쳐 수집데이터 탐색의 정확도를 높이도록 한다.

02 빅데이터 수집시스템을 구축하는 과정에 대하여 분석하라.

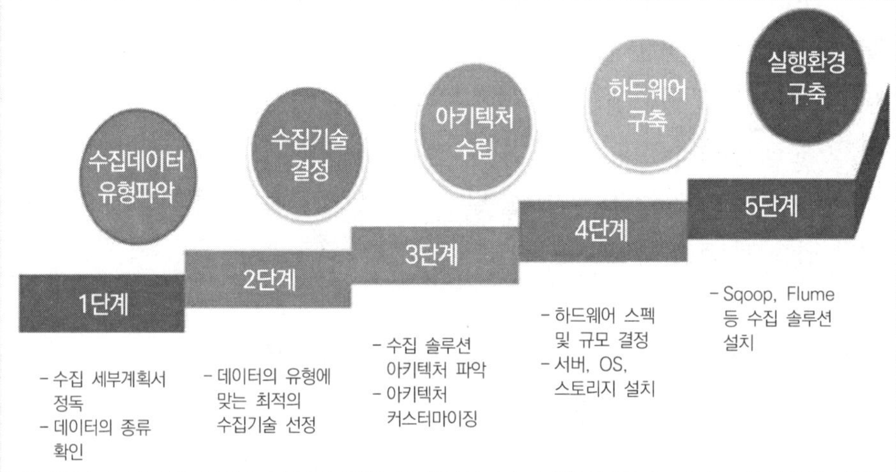

[그림 3-20] 수집시스템 구축절차

1. 수집데이터 유형을 파악한다

데이터 수집계획에 언급된 수집데이터 유형을 파악하여 그에 맞는 수집기술을 선택할 수 있다.

1) 데이터 수집 세부계획서를 정독한다

수집계획서에 명시된 수집데이터의 종류, 크기, 보관방식, 수집주기를 파악한다.

2) 수집할 데이터의 유형에 따른 데이터의 종류를 확인한다

데이터의 종류는 RDB 데이터, HTML, JSON, 이미지, 로그데이터 등을 지칭한다.

2. 수집데이터의 유형 및 종류에 따라 수집기술을 결정한다

데이터의 유형에 맞는 최적의 수집기술을 선택할 수 있다.

① 데이터의 유형이 정형 데이터이면 sqoop, vendor 제공 Driver, API 등을 선택한다.
② 데이터의 유형이 로그/센터 데이터이면 flume, scribe, chukwa 등을 선택한다.
③ 텍스트, 이미지, 동영상, 웹, 소셜데이터의 경우는 FTP, crawler, 자체 프로그래밍 개발 등을 선택한다.

학습 3

3. 수집 솔루션의 아키텍처를 파악하고 적합한 아키텍처를 수립한다

대용량 데이터의 지속적, 주기적 수집을 위해서는 수집 솔루션의 아키텍처를 이해하고, 이를 환경에 맞게 재구성할 수 있어야 한다.

1) 수집 솔루션의 아키텍처를 파악한다

수집데이터의 유형에 따라 수집 솔루션이 결정되면 해당 솔루션의 구성 아키텍처를 설계하여야 한다.

(1) 수집 솔루션의 기본 아키텍처를 파악한다

수집 솔루션의 구성요소, 데이터 처리 방식, work flow 작성방법, 지원 언어 등을 파악한다.

(2) 기본 아키텍처 적용 시의 문제점, 이슈 등을 검토한다

기본 아키텍처를 그대로 적용했을 때의 개발 이슈, 하드웨어 이슈 등을 도출하고 검토한다.

2) 솔루션 아키텍처를 커스터마이징하여 수집환경에 적합한 아키텍처를 수립한다

기본 아키텍처를 그대로 적용하기 어려운 경우, 아키텍처를 수정하여 커스터마이징된 아키텍처를 제시하고, 수정 솔루션 아키텍처를 수립한다.

① 커스터마이징된 아키텍처를 제시한다. 기본 아키텍처의 확장, 불필요 환경 제거 등을 통하여 아키텍처를 커스터마이징한다.
② 아키텍처를 구체화하고 최적의 아키텍처를 수립한다.

4. 하드웨어 스펙 및 규모를 결정하고 하드웨어를 구축한다

데이터 수집을 수행하기 위해서는 하드웨어 스펙 및 규모를 결정하고 서버, 스토리지, 네트워크 장비를 구축한다.

1) 하드웨어 스펙 및 규모를 결정한다

수집데이터의 수집주기, 보관기간, 규모를 고려하여 서버 및 스토리지 스펙을 결정한다.

(1) 서버 대수 및 스펙을 결정한다

수집 아키텍처에 따라 서버의 대수, 서비스 CPU, memory 용량을 산정하여 대용량 데이터를 수집하는데 고성능을 낼 수 있도록 한다.

(2) 스토리지 용량을 결정한다

데이터 종류, 유형, 데이터 수집주기, 보관주기, 데이터 변환용량을 고려하여 수집데이터를 저장할 용량을 결정한다.

2) 규모 산정 결과에 따른 하드웨어를 구축한다

서버, 스토리지, 네트워크 장비를 설치한다.

(1) 수집 솔루션 서버를 설치한다

서버가 입고되면 box를 해체하고, 서버의 각종 부품을 조립한다. 조립된 서버를 rack mount 하여 설치하고 power 연결, bios 설정, 네트워크 장비에 NIC 케이블을 연결한다. 장비설치 매뉴얼을 참조하여 서버조립을 진행한다.

(2) 수집 솔루션 지원 운영체제를 설치한다

수집 솔루션이 지원하는 OS를 설치한다. OS 설치방법은 CD-ROM 설치, 네트워크 설치, kick-start 설치 등 다양하다. CD-ROM 설치 매뉴얼을 참조하거나, 오픈소스 OS 설치 가이드를 참고하여 운영체제를 설치한다.

(3) 수집데이터 저장을 위해 스토리지를 설치한다

수집데이터 저장을 위해서는 데이터를 저장할 스토리지가 필요하다. 스토리지의 종류는 iscsi, NAS, SAN 등이 있다. 대용량 스토리지를 사용하는 경우가 많은데, iscsi 등 SAN 구성이든 스토리지 전문엔지니어와 협의하여 설치를 진행한다.

5. 수집 솔루션을 설치하고 실행환경을 구성한다

1) sqoop 솔루션 설치 및 구성

수집 솔루션 sqoop은 Linux 환경에 설치하고, 연동 DBMS 는 mysql이고 이미 설치되어 있다고 가정한다.

① sqoop 1.4.6 버전을 다운로드 한다.

```
$wgethttp://apache.tt.co.kr/sqoop/1.4.6/sqoop-1.4.6.bin__hadoop-2.0.4-alpha.tar.gz
$ tar xvfz sqoop-1.4.6.bin__hadoop-2.0.4-alpha.tar.gz sqoop-1.4.6
$ ln -s sqoop-1.4.6 sqoop
```

학습 3

② sqoop 환경변수 설정을 한다.

```
SQOOP_HOME 디렉터리 설정
$ vi ~/.bash_profile
export SQOOP_HOME=경로/sqoop
PATH=$PATH:경로/sqoop
export PATH
```

③ mysql 과의 연동을 위해 JDBC 드라이버를 다운로드 한다.

```
$wget http://dev.mysql.com/downloads/connector/j/mysql-connector-java-5.1.39.t
      ar.gz
$ tar xvfz mysql-connector-java-5.1.39.tar.gz
$ cp mysql-connector-java-5.1.39-bin.jar $SQOOP_HOME/lib/
```

2) flume 솔루션 설치 및 구성

수집 솔루션 flume은 Linux 환경에 설치

① flume 1.6.0 버전을 다운로드 한다.

```
$ wget http://www-us.apache.org/dist/flume/1.6.0/apache-flume-1.6.0-bin.tar.gz
$ tar -zxvf apache-flume-1.6.0-bin.tar.gz
$ ln -s apache-flume-1.6.0-bin flume
```

② flume 환경변수 설정을 한다. FLUME_HOME이라는 환경변수를 설정한다.

```
$ vi ~/.bash_profile
export FLUME_HOME=경로/flume
export FLUME_CONF_DIR=경로/flume/conf
PATH=$PATH:경로/flume
export PATH
```

3) scrapy 솔루션 설치 및 구성

수집 솔루션 scrapy는 Ubuntu 14.04 버전에 설치한다고 가정한다. scrapy는 python, 개발 libraries 그리고 pip 소프트웨어에 의존적이다. python 최신 버전은 Ubuntu에 미리 설치되어 있으므로 pip, python developer 라이브러리를 먼저 설치한다.

① pip를 설치한다. $ sudo apt-get install python-pip
② python 개발 library를 설치한다. $ sudo apt-get install python-dev
③ scrapy 를 설치한다. $ sudo pip install scrapy
..... successfully installed scrapy 메시지를 확인하여 설치결과를 확인한다.

Tip

- 다양한 수집 솔루션의 설치 및 구성을 통해 수집 솔루션의 아키텍처를 이해할 수 있도록 한다.
- 제시된 수집 솔루션 외에 다양한 오픈소스 수집 솔루션이 있다. 다양한 수집 솔루션을 설치해보고, 가능한 코드 Level까지 솔루션을 분석할 수 있도록 한다.

03 데이터 구조 변환과정에 대하여 분석하라.

1. 수집데이터를 저장하기 위한 데이터베이스 구조를 설계한다

수집데이터를 바로 하둡 파일시스템에 저장하여 데이터를 분석할 수도 있고, 수집데이터는 rubby, python 등으로 데이터 변환과정을 거쳐 데이터베이스에 저장하기도 한다. 여기서는 RDB 데이터베이스 구조를 설계하여 수집데이터를 변환하여 바로 저장하는 것을 다룬다.

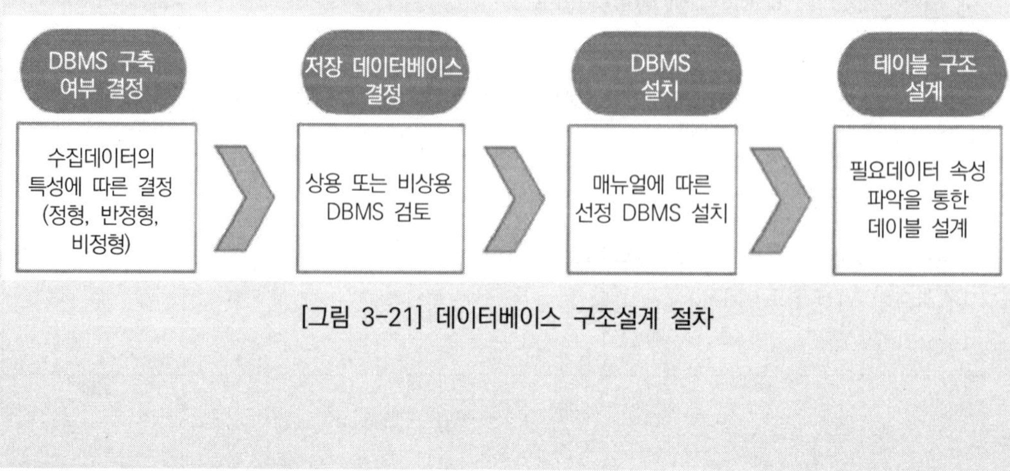

[그림 3-21] 데이터베이스 구조설계 절차

1) 수집대상을 확인하고, 필요데이터의 속성을 파악하여 DBMS 구축여부를 결정한다

수집데이터의 특성에 따라 저장 데이터베이스 생성여부 결정한다. 수집데이터가 정형 데이터일 경우는 수집 솔루션을 거쳐 바로 HDFS로 저장하지만, 그렇지 않을 때는 저장 데이터베이스를 선정하고 table을 생성할 수 있다. 저장 데이터베이스는 분석이 쉬운 RDB를 보편적으로 사용한다.

① 수집데이터가 정형 데이터일 경우 수집데이터베이스를 설계하지 않는다.

② 수집데이터가 HTML, XML 등의 반정형 데이터일 경우 수집데이터 처리방식을 결정한다. 수집데이터 처리방식은 파일저장방식과 DB저장방식으로 나눌 수 있는데, 반정형 데이터일 경우 두 가지 방식을 모두 채택할 수 있다.

③ 수집데이터가 이미지, 동영상 등의 비정형 데이터일 경우 수집데이터 저장을 결정한다. 비정형 데이터일 경우 수집데이터를 파일형태로 저장하도록 한다.

학습 3

2) 데이터베이스를 구축하는 것으로 판단하면 수집데이터를 저장할 데이터베이스를 결정한다

① 다양한 상용, 비상용 DBMS 검토한다. oracle, mysql, mssql, db2, altibase, cassandra 등을 검토한다.

② 비상용이면서 쉽게 사용할 수 있는 오픈소스 DBMS를 선택한다. 다양한 오픈소스 데이터베이스들이 많지만 여기서는 개인적인 용도로 사용할 경우 무료 이용이 가능한 mysql을 사용하도록 한다.

3) 선택한 DBMS를 설치한다

여기서는 mysql 설치를 다룬다.

① yum으로 mysql을 설치한다.

```
$ yum install mysql-server --> mysql 패키지 설치
```

② 서비스를 시작한다.

```
$ service mysqld start --> mysql 서비스 시작
```

③ 정상적인 설치여부를 확인한다.

```
$ mysql --> mysql 동작 여부를 확인
```

4) 필요데이터의 속성에 따라 테이블 구조를 설계한다.

① 필요데이터의 속성을 구체적으로 파악한다. 예를 들어 stackOverflow의 top vote 리스트를 가져올 때, 필요데이터의 속성이 title, votes, body, tags, link라고 한다면 해당 구조에 맞게 table을 생성하도록 한다.

② 테이블 구조를 설계하여 테이블을 생성한다.

```
$ CREATE TABLE `StackOverflow` (
`title` varchar(500) DEFAULT NULL,
`votes` varchar(50) DEFAULT NULL,
`body` varchar(500) DEFAULT NULL,
`tags` varchar(500) DEFAULT NULL
 `links` varchar(500) DEFAULT NULL
) ENGINE=InnoDB DEFAULT CHARSET=utf8;
```

2. 비정형/반정형 데이터를 구조화된 형태로 변환하여 저장한다

수집된 비정형 데이터를 변환하여 저장할 수 있다. 여기서 설명하는 저장은 데이터 전처리(필터링, 유형변환, 정제 등) 또는 후처리(평활화, 집계, 일반화, 정규화, 속성생성, 중복데이터 검출, 표현단위 일치, 불필요한 데이터 축소 등)가 수행되기 전에 비정형 데이터를 구조적 형태로 전환하여 저장하는 것을 말한다.

1) 수집데이터의 속성구조를 파악한다

title, votes, body, tags, link의 속성 데이터를 수집한다고 가정한다. 수집데이터는 웹 크롤링 도구 scrapy를 사용해서 수집한다고 가정한다.

① scrapy 프로젝트를 생성한다.

```
$ scrapy startproject StackOverflow
```

② 수집할 데이터 구조를 정의하고 적절한 변수명으로 구분한다. 소스코드는 items.py로 생성하고, items.py의 내용은 아래와 같이 입력하고 저장한다.

```
$ vi items.py
-*- coding: utf-8 -*-
```

```
import scrapy
class StackOverflowItem(scrapy.Item):
title = scrapy.Field()
votes = scrapy.Field()
body = scrapy.Field()
tags = scrapy.Field()
link = scrapy.Field()
```

학습 3

2) 데이터 수집절차에 대한 수행코드를 정의한다

① 추출하고자 하는 정보들의 위치와 정보구조를 파악한다. 웹페이지의 경우 추출하고자 하는 정보가 태그에 둘러싸여 있음을 확인하고, 추출 대상 데이터의 정보구조도 파악한다.

② 필요데이터를 추출한다. 필요데이터만 추출할 수 있는 프로그램을 작성한다. StackOverflow에서 Top으로 되어 있는 질문을 추출하는 spider 프로그램을 작성한다.

```
# -*- coding: utf-8 -*-
import scrapy
class StackOverflowSpider(scrapy.Spider):
    name = 'stackoverflow'
    start_urls = ['http://stackoverflow.com/questions?sort=votes']
    def parse(self, response):
        for href in response.css('.question-summary h3 a::attr(href)'): full_url =
        response.urljoin(href.extract())
            yield scrapy.request(full_url, callback=self.parse_question)
    def parse_question(self, response):
        yield {
            'title': response.css('h1 a::text').extract_first(),
            'votes':
      response.css('.question .vote count post::text').extract_first(),
            'body': response.css('.question .post-text').extract_first(),
            'tags': response.css('.question .post-tag::text').extract(),
            'link': response.url,
     }
```

3) 생성된 데이터베이스 테이블에 수집데이터를 저장하는 프로그램을 작성한다

pipeline 파일을 다음과 같이 작성한다.

```
# -*- coding: utf-8 -*-
from __future__ import unicode_literals
# Define your item pipelines here
# Don't forget to add your pipeline to the ITEM_PIPELINES setting
# See: http://doc.scrapy.org/en/latest/topics/item-pipeline.html
from twisted.enterprise import adbapi
import datetime
import logging
import MySQLdb.cursors
from scrapy.exceptions import DropItem
from StackOverflow.items import StackOverflowItem
class StackOverflowPipeline(object):
    def __init__(self):
        try:
            self.conn = MySQLdb.connect(user='root', passwd='비밀번호',
db='StackOverflow', host='localhost', charset="utf8", use_unicode=True) #print("1")
            self.cursor = self.conn.cursor()
            #print("2")
        except MySQLdb.Error, e:
            print "Error %d: %s" % (e.args[0], e.args[1])
            sys.exit(1)
    #log data to json file
  def process_item(self, item, spider):
    # create record if doesn't exist.
    self.cursor.execute("select * from StackOverflow where title =
%s and votes = %s and body = %s and tags = %s and link = %s",
    (item['title'][0].encode('utf-8'), item['votes'][0].encode('utf-8'),
    item['body'][0].encode('utf-8'), item['tags'][0].encode('utf-8'),
item['link'][0].encode('utf-8')))
        result = self.cursor.fetchone()
        if result:
            print("data already exist")
        else:
            try:
                self.cursor.execute("insert into StackOverflow(title, votes,
                body, tags, link ) values (%s, %s, %s, %s, %s)",
```

```
                (item['title'][0].encode('utf-8'), item['votes'][0].encode('utf-8'),
                item['body'][0].encode('utf-8'), item['tags'][0].encode('utf-8'),
                item['link'][0].encode('utf-8')))
            self.conn.commit()
        except MySQLdb.Error, e:
            print "Error %d: %s" % (e.args[0], e.args[1])
            return item
```

학습 3

4) 실행하여 데이터베이스에 저장한다

한글처리를 위해 utf-8 character set을 사용한다.

```
$ scrapy crawl StackOverflow
```

〈표 3-32〉 사례 : 저장된 DB table

Title	Votes	Body	Tags	Link
Does a std::string always require heap memory?	4	I have a simple question. I want to know whether std::string allocates memory every time in C++. In my code, it seams that the constructor will use more memory for construct tst_first_string than for tst_second_string:	c++ memory stdstring	Meaning of acronym SSO in the context of std::string 10
~	~	~	~	~

3. 데이터의 유형 및 데이터의 의미를 파악하여 활용목적별 융합 DB를 설계한다

구조화된 형태로 수집 · 저장된 데이터의 의미를 파악하여 해당 데이터를 활용할 수 있는 융합 DB로 재구성할 수 있다. 이를 위해서는 활용 업무데이터 요구사항을 분석하고, 데이터 표준화 활동 및 모델링 과정을 수행하여야 한다. 여기서 설명하는 내용은 데이터베이스 설계에서 다루는 전반적인 내용이 아닌 수집된 데이터 테이블을 업무 요구사항에 맞게 조합 및 융합하여 최적의 DB를 설계하는 작업에 국한한다.

1) 활용 업무데이터 요구사항을 분석한다

융합 DB 설계를 위한 활용 업무영역을 파악하고, 어떤 데이터 항목이 필요한지 식별한다.

(1) 활용 업무영역을 파악한다.

업무활용 목적과 방향을 파악하여 어떤 데이터의 속성들이 필요한지 파악한다.

(2) 데이터 항목 식별

필요한 데이터 항목을 식별한다. 예를 들어 활용업무 영역이 국가 IT 정책수립, 대국민 IT 교육 지원을 위한 업무라고 가정한다면, 프로그래머들의 관심사항이 포함된 stackoverflow Site의 Top Ranking 질문 데이터가 필요할 수 있다. 이 밖에 IT 투자현황, 해외 IT 정책자료, 국내 IT 교육현황 자료, 소프트웨어 개발자 등록정보 등도 필요한 데이터 항목으로 식별될 수 있다.

(3) 개인정보 또는 민감정보 포함 여부 식별

식별된 데이터들은 개인정보 또는 민감정보를 포함하고 있는지 파악하여 암호화, 비식별화 조치가 필요함을 파악할 수 있다.

[그림 3-22] 사례 : 융합DB 구성 데이터 항목 식별

2) 데이터 표준화 활동 및 모델링 과정을 수행한다

다양한 데이터 소스로부터 수집한 데이터는 표준화 및 모델링 과정을 수행한다. 구체적인 사항은 데이터베이스 설계 및 모델링 과정에서 다루어지는데 여기서는 데이터 표준화 활동에 대한 수행사항, 모델링 과정을 위한 수행사항만을 언급한다.

(1) 데이터 표준화 활동을 수행한다.

표준 코드, 표준 용어, 데이터 도메인(데이터값이 공통으로 갖는 형식과 값의 영역) 등을 정의한다.

(2) 모델링 과정 수행

수집데이터로부터 엔티티와 애트리뷰트를 추출하여 엔티티 간의 관계를 정의하는 개념적 설계와 관계형 스키마를 작성하는 논리적 설계 과정을 수행한다.

① 개념적 설계를 수행한다 : 저장된 데이터를 엔티티와 애트리뷰트로 추출하여, 엔티티 간의 관계를 정의하고 ER 다이어그램을 그린다.

〈표 3-33〉 사례 : 엔티티와 애트리뷰트

엔티티	애트리뷰트
IT기술	IT기술번호, 이름, 분야, 보급률
정책기관	정책기관번호, 이름, 전화번호, 주소
조사	정책기관번호, IT기술번호, 조사명, 조사일자, 조사내용

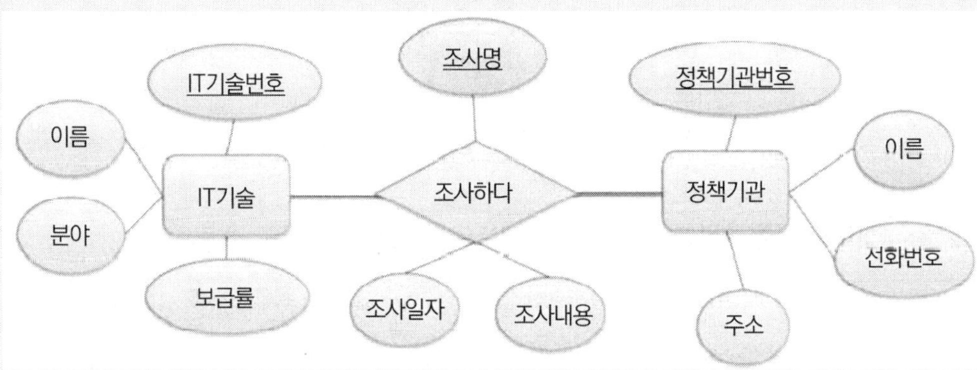

[그림 3-23] 사례 : ER 다이어그램

② 논리적 설계를 수행한다. 작성된 ER 다이어그램을 기반으로 매핑하여 관계형 스키마를 만들어 낸다.

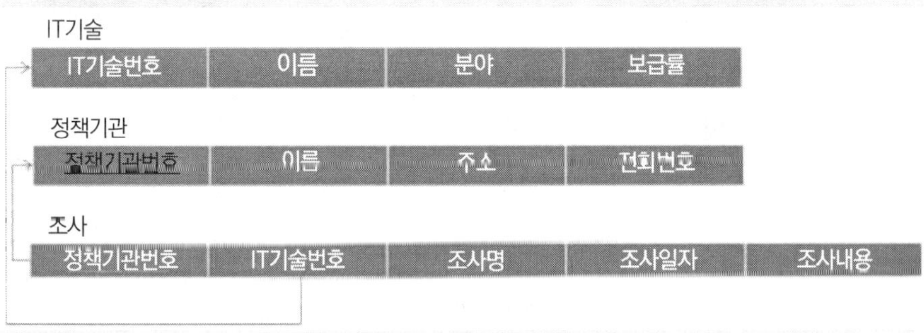

[그림 3-24] 사례 : 관계형스키마

Tip

- 비정형, 반정형 데이터를 데이터 분석의 용이성을 위해 정형화된 데이터베이스로 변환함에 집중한다.
- 수집데이터의 속성 구조를 정확히 파악하여야 툴을 이용한 데이터를 쉽게 저장할 수 있다.
- 융합 DB 구성은 활용업무 목적을 정확히 판단하는 것이 중요하고, 융합 DB는 쉽게 자동화 구축될 수 있도록 설계하여야 한다.

04 수집데이터 품질검증 수행과정에 대하여 분석하라.

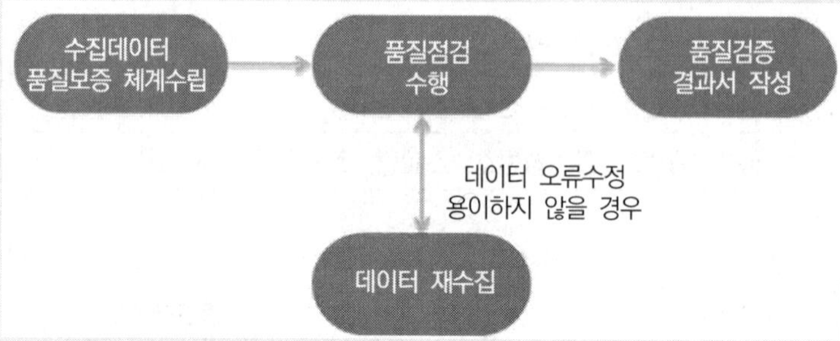

[그림 3-25] 수집데이터 품질검증 수행절차

1. 수집데이터 품질관리를 위한 수집데이터 품질보증 체계를 수립한다

데이터 품질보증은 데이터 품질검증 계획을 수립하고, 품질검증 지표를 선정하여 품질검증 활동을 함으로써 분석목적에 적합한 품질의 데이터를 이용하여 최상의 분석결과를 얻도록 하는 데 목적이 있다. 여기서는 데이터를 수집하고 수집데이터를 변환하고 저장하는 과정에서 수집데이터 품질보증 체계에 따라 품질검증 활동을 수행하는 것에 초점을 맞춘다.

[그림 3-26] 수집데이터 품질보증 체계 수립

1) 수집데이터 품질검증 계획을 수립한다

수집데이터의 품질검증 계획에는 품질검증 개요, 목적, 조직, 절차, 기법, 상세계획이 수립될 수 있도록 한다.

① 품질검증의 배경, 목적, 목표, 검증범위 등을 정의하는 수집데이터 품질검증 계획서를 작성한다. 수집데이터 품질검증 계획서에는 항목별로 중요 내용을 고려하여 작성한다.

〈표 3-34〉 수집데이터 품질검증 계획서 중요 항목

항 목	중요 내용
품질검증 목적	데이터 분석을 위한 기본적인 품질 요구사항을 준수하고 분석목표, 분석계획을 고려하여 수집데이터 검증목적을 수립한다.
품질검증 목표	데이터 검증을 통한 품질향상 항목, 분석정확도 향상 등을 목표로 수립한다.
품질검증 범위	수집기술의 적정성, 데이터의 충분성, 적시성, 적합성, 완전성, 정확성 등을 품질검증범위로 설정한다.

② 수집데이터 품질검증 수행절차를 정의한다. 품질진단 사례, 방법론, 프레임워크를 참조하여 품질진단 절차를 확정한다.

③ 수집데이터 품질검증 상세계획을 확정한다. 품질검증 수행일정, 세부추진 절차, 품질수행 조직, 수행자원, 도메인 전문가 참여계획을 상세히 정의하여 확정한다.

2) 데이터 품질지표를 선정한다

수집데이터 검증을 위한 품질지표를 선정한다. 데이터 수집기술의 적절성, 분석목적에 맞는 수집데이터의 적합성, 불필요데이터 제거방법의 준비성을 품질지표로 선정한다.

① 수집데이터 품질기준을 정의한다.

〈표 3-35〉 수집데이터 품질기준 사례

품질기준	설 명
수집기술의 적절성	정형, 비정형 데이터의 유형, 특성에 따라 적절한 수집기술을 선택했는가?
데이터의 충분성	빅데이터 분석목표에 따라 충분한 데이터가 공급되었는가?
수집데이터의 적시성	최신의 데이터를 수집하여 적시에 제공하고 있는가?
수집데이터의 적합성	수집데이터가 분석목표에 적합하고 도움이 되고 있는가?
데이터의 완전성	데이터가 누락, 중복없이 제공되고 있는가?
데이터의 정확성	불필요한 값, Null 값, 부정확한 값이 포함되어 있지 않은가?

② 품질기준에 따른 상세 품질지표를 설정한다. 수립된 품질기준에 따라 품질측정 지표를 설정한다.

학습 3

〈표 3-36〉 수집데이터 품질측정 지표 사례

품질기준	품질측정 지표	설 명
수집기술의 적절성	수집도구 선택	적절한 수집도구의 선택 지표
	수집도구 성능	수집도구의 성능 지표
	수집도구 활용성	수집도구의 기능 활용 지표
데이터의 충분성	수집주기	적절한 수집주기로 충분한 데이터 준비
	수집용량	대량의 충분한 데이터 준비
수집데이터의 적시성	업데이트 주기	최신의 데이터를 수집하기 위한 주기
	데이터 최근성	현재성을 반영한 데이터
수집데이터의 적합성	규칙성	분석에 용이한 패턴을 가진 데이터
	분석용이성	난해하지 않은 데이터 특성
데이터의 완전성	데이터 누락	빠짐없는 데이터 수집
	데이터 중복	반복적인 데이터 중복
데이터의 정확성	속성명 부정확	속성값의 부정확성
	단어명 누락	누락된 데이터
	금칙어 사용	사회적으로 수용하기 힘든 데이터 사용

2. 수집데이터의 품질지표별 테스트케이스를 작성하고 품질을 점검한다

데이터 품질측정 지표를 선정하고, 품질지표에 따라 테스트 케이스를 작성한다.

1) 수집데이터의 품질지표별 테스트 케이스를 작성한다

수집데이터 품질지표에 따라 다양한 테스트 케이스를 도출하고 테스트 케이스에 따라 측정기준을 설정한다.

① 품질지표별 테스트 케이스를 도출한다.

② 테스트 케이스별 측정기준을 설정한다.

2) 수집데이터의 품질검증을 수행한다

① 각 테스트 케이스별로 테스트를 수행하여 측정기준에 따른 검증결과를 표시한다.

② 검증결과가 부적합 시 부적합 요소를 바로잡고, 재검증을 수행한다. 검증결과 오류발생 유형, 오류발생 시점, 오류발생 주기 등을 파악하여, 이를 참고하여 부적합 요소를 바로잡고 재검증을 반복한다.

③ 부적합 요소 수정 및 오류수정이 어려운 경우 관련 데이터 재수집을 요청한다.

〈표 3-37〉 수집데이터 품질검증 테스트 케이스 사례

대분류	중분류	테스트 케이스 예시	측정기준	결과
수집 기술의 적절성	수집도구 선택	로그 센서데이터 수집도구로 flume을 선택한다.	적합한 도구 여부	적합
	수집도구 성능	수신된 로그데이터가 메모리에 저장되는 것을 모니터링을 통해 확인한다.	메모리 저장 여부	적합
	수집도구 활용성	실시간 명령어를 사용하여 로그파일을 로드하는 기능을 확인한다.	로그 파일 로드	부적합
데이터의 충분성	수집주기	데이터를 5초마다 수집한다.	〈 5초	적합
	수집용량	초당 수집용량을 100MB로 한다.	〉100MB	적합
수집 데이터의 적시성	업데이트 주기	최신의 데이터를 탐지 시 즉시 업데이트를 수행한다.	〈 5초	적합
	데이터 최근성	10일 이내의 데이터를 수집한다.	〈 10일	적합
수집 데이터의 적합성	규칙성	시간의 변화에 따라 이동패턴이 일정하다.	적합 여부	부적합
	분석용이성	데이터 구조가 데이터 처리에 쉽다.	용이성 정도	용이
데이터의 완전성	데이터 누락	데이터의 누락이 있다.	누락 수	2%
	데이터 중복	특정 데이터가 반복된다.	중복 수	1%
데이터의 정확성	속성명 부정확	정확한 속성명 표기	속성명 정확성	부정확
	단어명 누락	단어명의 누락이 있다.	누락단어 수	3%
	금칙어 사용	금칙어가 사용된다.	금칙어 개수	1%

3. 자체 오류수정이 쉽지 않을 시 필요데이터를 재수집하여 품질검증을 재수행한다

데이터의 오류를 보정 및 수정하기 어려울 때는 필요데이터를 재탐색하고 재수집할 수 있다.

1) 데이터의 원천을 재탐색한다

외부데이터의 경우 외부 담당자와 재협의하여 데이터를 재수집할 수 있도록 한다. 이때 데이터의 품질오류 부분을 설명하고, 오류가 수정된 데이터를 요청할 수 있다. 원천적으로 오류수정이 불가한 외부데이터인 경우는 데이터 재탐색을 수행한다. 내부데이터의 경우 내부데이터 담당자와 만나 데이터 품질에 대해 협의하고 오류가 수정된 데이터를 수집할 수 있도록 한다.

2) 데이터를 재수집한다

데이터 수집도구를 이용하여 데이터를 재수집한다.

3) 데이터 품질점검을 반복 수행한다

데이터를 품질점검을 반복 수행하여 고품질의 데이터를 기반으로 분석이 이루어질 수 있도록 한다.

4. 품질검증 결과서를 작성한다

수집데이터를 검증한 결과에 대하여 품질기준과 그에 따른 테스트 결과를 포함하고, 오류데이터에 대해서는 품질향상 방안에 대해서 검증 결과서에 작성한다.

① 품질기준에 따른 테스트 케이스 결과를 수집한다.
② 테스트케이스 결과에 따라 수집데이터에 오류가 존재한다면 오류원인을 명기한다.
③ 오류원인이 분명한 테스트 케이스에 대해서는 오류 수정방안을 기재한다.
④ 오류가 존재하는 항목에 대해서는 수집대상 데이터의 변경, 보완 등 품질개선 방안이 도출될 수 있도록 조치한다.

〈표 3-38〉 수집데이터 품질검증 결과서 내용 사례

대분류	중분류	테스트 케이스 예시	측정기준	결과	오류 원인
수집 기술의 적절성	수집도구 선택	로그 센서데이터 수집도구로 Flume을 선택한다.	적합한 도구 여부	적합	없음
	수집도구 성능	수신된 로그데이터가 메모리에 저장되는 것을 모니터링을 통해 확인한다.	메모리 저장 여부	적합	없음
	수집도구 활용성	실시간 명령어를 사용하여 로그파일을 로드하는 기능을 확인한다.	로그파일 로드	부적합	기능 부재
데이터의 충분성	수집주기	데이터를 5초마다 수집한다.	〈 5초	적합	없음
	수집용량	초당 수집 용량을 100MB로 한다.	〉100MB	적합	없음
수집 데이터의 적시성	업데이트 주기	최신의 데이터를 탐지 시 즉시 업데이트를 수행한다.	〈 5초	적합	없음
	데이터 최근성	10일 이내의 데이터를 수집한다.	〈 10일	적합	없음

대분류	중분류	테스트 케이스 예시	측정기준	결과	오류 원인
수집 데이터의 적합성	규칙성	시간의 변화에 따라 이동패턴이 일정하다.	적합 여부	부적합	데이터 오류
	분석용이성	데이터 구조가 데이터 처리에 쉽다.	용이성 정도	용이	없음
데이터의 완전성	데이터 누락	데이터의 누락이 있다.	누락 수	2%	네트워크 오류
	데이터 중복	특정 데이터가 반복된다.	중복 수	1%	중첩수집
데이터의 정확성	속성명 부정확	정확한 속성명을 표기한다.	속성명 정확성	부정확	표준 부재
	단어명 누락	단어명의 누락이 있다.	누락단어 수	3%	데이터 비존재
	금칙어 사용	금칙어가 사용된다.	금칙어 개수	1%	표준 부재

Tip

데이터 품질보증은 광범위한 개념이다. 수집데이터의 품질을 향상하는 측면에서 품질검증을 수행하고 고품질의 분석결과를 도출하기 위한 기반을 마련하여야 한다.

학습활동.3 교수 · 학습 방법

교수 방법

- 빅데이터의 수집에 대한 관련 용어, 구성, 방식 이해 정도를 파악한 후 수업을 진행한다.
- 교수자의 주도로 빅데이터의 수집 등의 내용을 PPT 자료로 제시한 후 설명한다.
- 가능하면 사전에 개인별 학습 자료를 준비하여 모든 학생이 참여할 수 있는 문제 해결식 수업, 협력 수업이 가능하도록 한다.
- 빅데이터의 수집 전 과정을 작업의 순서에 따라 단계적으로 실습이 이루어질 수 있도록 지도한다.
- 교재를 통해 수업을 준비하는데 있어서 필요한 모든 정보나 텁, 힌트 등 도움이 될 만한 내용들을 확인할 수 있다.
- 학생들이 만들게 될 각 모델들은 수업시간에 중점적으로 다뤄질 부분과 어휘, 질문, 답을 포함하고 있으며 또한 탐구할만한 추가적인 아이디어들도 포함하고 있다.

학습 방법

- 빅데이터의 수집에 대한 관련 용어를 숙지하고, 빅데이터의 수집에 대해 이해한다.
- 빅데이터의 수집의 각 단계별 중점 사항을 체계적으로 학습한다.
- 빅데이터의 수집의 수행순서의 전 과정을 실습한다.
- 빅데이터의 수집의 내용을 이해한다.
- 빅데이터의 수집을 숙지하고 숙달이 될 때까지 학습한다.

학습활동.3 평가 및 피드백

평가 준거

- 평가자는 피평가자가 수행 준거 및 평가 내용에 제시되어 있는 내용을 성공적으로 수행할 수 있는 지를 평가해야 한다.

학습내용	평가항목	성취수준		
		상	중	하
빅데이터의 수집	빅데이터의 수집을 이해할 수있다.			

평가 방법

• 작업 포트폴리오

학습내용	평가항목	성취수준		
		상	중	하
빅데이터의 수집	빅데이터의 수집을 이해할 수 있다.			

• 필기시험

학습내용	평가항목	성취수준		
		상	중	하
빅데이터의 수집	빅데이터의 수집을 이해할 수 있다.			

• 체크리스트를 통한 관찰

학습내용	평가항목	성취수준		
		상	중	하
빅데이터의 수집	빅데이터의 수집을 이해할 수 있다.			

• 피드백

1. 작업 포트폴리오
   - 제출한 보고서를 평가한 후 주요 사항에 대하여 표시하여 돌려준다.
2. 필기시험
   - 평가 결과 성적이 저조한 학생은 보고서 제출 기회를 부여한다.
3. 체크리스트를 통한 관찰
   - 실습 과정에서 평가한 후 개선해야 할 사항 등을 정리하여 돌려준다.

참 | 고 | 문 | 헌

- apache Software Foundation, http://sqoop.apache.org/ 〉 sqoop Documentation
- apache Software Foundation, https://flume.apache.org/ 〉 apache flume Documentation
- https://ikkison.tistory.com/66, 빅데이터/쉽게 읽는 데이터, 2019.5.23.
- Scrapinghub. https://scrapy.org/ 〉 scrapy Documentation
- 개인정보보호법(시행 2016년 4월 7일, 법률 제13723호)
- 공공 데이터의 제공 및 이용활성화에 관한 법률(시행 2016년 7월 25일, 법률 제13423호)
- 공공데이터포털, https://www.data.go.kr, 2016.8.10.
- 교육부 · 전종훈 외, "빅데이터 분석, NCS 학습모듈"
- 국가법령 정보센터, http://www.law.go.kr
- 국가통계포털, http://kosis.kr, 2016.8.11.
- 김선남 · 이환수, 『빅데이터 개인정보 가이드라인(안)의 개선방향 연구』, 『정보화 정책 제21권, 제4호』, 25쪽, 2014.
- 김시환 · 천석진 · 이현주, 『Big data 이용현황과 시사점』, 『지급결제와 정보기술 제52호』, 금융결제원 금융결제 연구소, 2013.
- 김용현, 허의남, 『IoT 기반 오픈 데이터 품질 측정을 위한 오픈 데이터 처리 모델, 한국통신학회 2016년도 동계종합학술발표회, 2016.
- 김진영, 『헬로 데이터 과학』, 한빛 미디어, 2016.
- 빅데이터 기술분류 및 현황, 한국지능정보사회진흥원, 2013.12.
- 소프트웨어공학센터, http://www.sw-eng.kr
- 소프트웨어공학센터, 웹진자료, http://www.sw-eng.kr/member/customer/Webzine/BoardList.do 〉 〈웹진 171호 : 공학 트렌드〉 빅데이터 - 필요한 ICT기술 편
- 스티브 호프만, 『아파치 flume 따라잡기, 이두식(역), 에이콘 출판 주식회사, 2015.
- 위키백과, https://ko.wikipedia.org/wiki
- 이상한 · 정영훈, 『빅데이터 시스템 구축 가이드』, 프리렉, 2015.
- 이재운 기자, "통계학적 방식으로 취약점 방어...빅데이터 활성화 기대", 디지털타임즈, 3면, 2016.7.1.
- 이지영, 『빅데이터의 국가통계 활용을 위한 기초연구, 통계청, 2015.
- 포스터 프로보스트 · 톰 포셋, 『비즈니스를 위한 데이터 과학』, 한빛 미디어, 2014.
- 한국 데이터베이스 진흥원, 『데이터 분석 전문가 가이드 2014 Edition』, 한국 데이터베이스 진흥원, 2014.
- 한국 데이터베이스 진흥원, 『데이터 분석 전문가 가이드 개정판』, 한국 데이터베이스 진흥원, 2016.
- 한국데이터베이스 진흥원, 『데이터 품질 진단 절차 및 기법』, 한국데이터베이스진흥원, 2009.10.
- 한국데이터베이스 진흥원, 『빅데이터 실무 기술 가이드』, 한국데이터베이스진흥원, 2015.
- 한국인터넷진흥원, 법령환형 자료, http://www.kisa.or.kr/public/laws/laws1.jsp〉자료실〉관련법령 · 기술안내서〉법령현황
- 한국정보화 진흥, 『알기쉬운 빅데이터 분석 · 활용 가이드 v1.2』, 한국 정보화 진흥원, 2014.3.
- 한국정보화 진흥원, 『빅데이터_활용을_위한_개인정보_비식별화_사례집』, 한국 정보화 진흥원, 2014.5.
- 한국정보화 진흥원, 『실무자를 위한 빅데이터 업무절차 및 기술활용 매뉴얼』, 한국 정보화 진흥원, 2014.12.
- 한국정보화진흥원, 『공공정보 품질관리 매뉴얼』, 한국정보화진흥원, 2013.03.
- 한국정보화진흥원, 『정보시스템 구성 및 변경관리지침』, 한국정보화진흥원, 2005.12.
- 행정자치부 관계부처 합동 보도문, 『개인정보 비식별화 가이드라인』, 행정자치부 관계부처 합동 보도문, 2016.

학습 1	빅데이터의 이해
학습 2	빅데이터의 분석기획
학습 3	빅데이터의 수집
학습 4	**빅데이터의 저장**
학습 5	빅데이터의 처리
학습 6	빅데이터의 분석용 데이터 탐색
학습 7	통계기반 빅데이터 분석
학습 8	머신러닝 기반의 빅데이터 분석
학습 9	텍스트마이닝 기반의 빅데이터 분석
학습 10	빅데이터의 시각화
학습 11	빅데이터의 비즈니스 모델과 활용전략
학습 12	빅데이터의 플랫폼과 관리
학습 13	빅데이터의 보안분석
학습 14	빅데이터의 융합

학습 목표	1. 빅데이터의 저장을 이해할 수 있다.

4-1 저장방식 선정 및 저장계획 수립

1. 빅데이터 저장시스템 개요

빅데이터 저장시스템이란 대용량 데이터 집합을 저장하고 관리하는 시스템으로 사용자에게 데이터 제공 신뢰성과 가용성을 보장하는 시스템을 말한다. 빅데이터 저장시스템을 구성하기 위해서는 하드웨어인 (분산)저장시스템과 데이터베이스 기술에 기반을 둔 다양한 형태의 빅데이터 저장 소프트웨어를 선택하여 구성한다.

1) 빅데이터 저장방식

빅데이터 저장방식은 크게 파일시스템 방식과 관계형 데이터베이스 시스템이나 NoSQL 시스템을 이용하는 데이터베이스 방식의 두 가지로 분류하여 정의할 수 있다.

(1) 파일시스템 방식

빅데이터를 확장 가능한 분산파일의 형태로 저장하는 방식의 대표적인 예로 아파치(Apache) HDFS(Hadoop Distributed File System), 구글의 GFS(Google File System) 등을 들 수 있다. 빅데이터 파일시스템 저장방식은 저사양 서버들을 활용하여 대용량, 분산, 데이터 집중형의 애플리케이션을 지원하며 사용자들에게 고성능 Fault-tolerance 환경을 제공하도록 구현되어 있다.

(2) 데이터베이스 방식

빅데이터를 저장하는 방식에는 전통적인 관계형 데이터베이스 시스템을 이용하거나 NoSQL 데이터베이스 시스템을 이용하는 방식이 있다. 최근에는 전통적인 관계형 데이터베이스보다 NoSQL 데이터베이스를 활용하는 방식이 선호되고 있다. NoSQL 데이터베이스는 대용량 데이터베이스 저장 측면에서 봤을 때, 전통적인 관계형 데이터베이스보다 상대적으로 제한이 덜한 데이터 모델을 기반으로 수평적 확장성, 데이터 복제, 간편한 API 제공, 일관성 보장 등의 장점이 있다.

NoSQL 데이터베이스는 데이터 모델에 따라 Key-value 데이터베이스, Column-oriented 데이터베이스, Document-oriented 데이터베이스로 분류할 수 있다.

① Key-value 데이터베이스 : 데이터를 키와 그에 해당하는 값의 쌍으로 저장하는 데이터 모델에 기반을 둔 데이터베이스들을 말한다. Key-value 데이터베이스들은 단순한 데이터 모델에 기반을 두기 때문에 관계형 데이터베이스보다 확장성이 뛰어나고 질의 응답시간도 빠른 장점이 있다. Key-value 데이터베이스는 아마존의 Dynamo 데이터베이스가 효시이며, Redis와 같은 in-memory 방식의 오픈소스 데이터베이스가 존재한다.

② Column-oriented 데이터베이스 : Column-oriented 데이터베이스는 데이터를 로우(Row)가 아닌 칼럼기반으로 저장하고 처리하는 데이터베이스를 말한다. 칼럼과 로우는 확장성을 보장하기 위하여 여러 개의 노드로 분할되어 저장·관리된다. 구글의 빅테이블이 Column-oriented 데이터베이스의 효시이며, 이로부터 파생된 Cassandra, HBase, HyperTable 등이 있다.

③ Document 데이터베이스 : Document 데이터베이스는 문서형식(혹은 준정형 데이터)의 정보를 저장, 검색, 관리하기 위한 데이터베이스이다. 따라서 Document 데이터베이스는 Key-value 데이터베이스보다 문서의 내부 구조에 기반을 둔 복잡한 형태의 데이터 저장을 지원하고, 이에 따른 최적화가 가

능하다는 장점이 있다. 대표적인 Document 데이터베이스로는 MongoDB, SimpleDB, CouchDB가 있다.

〈표 4-1〉 빅데이터 데이터베이스 저장방식 분류

구 분	특 징	예 시
Key-value 데이터베이스	키와 값의 쌍으로 데이터 저장	Dynamo, Redis
Column-oriented 데이터베이스	칼럼 기반으로 데이터 저장	Cassandra, HBase, HyperTable
Document 데이터베이스	문서형식의 데이터 저장	MongoDB, SimpleDB, CouchDB

학습 4

2. 빅데이터 저장시스템 선정을 위한 분석

빅데이터 저장시스템을 선정하기 위해서는 각 시스템이나 저장기술의 기능성, 분석 방식 및 유형, 분석대상 데이터의 유형, 기존 시스템과의 연계성을 고려해야 한다.

1) 기능성 비교분석

빅데이터 저장시스템의 기능성 비교를 위한 주요 항목으로는 데이터 모델, 확장성, 트랜잭션 일관성, 지원하는 질의유형, 접근성이 있다.

(1) 데이터 모델

데이터를 테이블로 정리하고 사용하는 데 무리가 없다면 RDBMS가 필요하고 NoSQL을 사용할 필요가 없다. MongoDB는 RDBMS보다 한층 유연한 스키마를 활용하는 것이 가능하므로 RDBMS에서 문서중심의 데이터 모델로 전환하는 데 도움이 된다. Apache CouchDB는 데이터 저장소에 대한 인터페이스로 RESTful HTTP를 지원하므로 상대적으로 웹기반 시스템을 구축하는 데 장점이 있는 Document 데이터베이스 시스템이다. 단순 Key-value 쌍을 저장하여 대규모 사용사와 부하 분산을 위한 안정적인 분산저장소가 필요할 경우, Dynamo나 Redis를 선택하면 된다. Cassandra, HyperTable, HBase는 Column Family 중심이 데이터베이스 시스템으로 극단적인 확장성을 보장할 수 있다는 장점이 있다.

(2) 확장성

확장성에서는 HBase, Cassandra, HyperTable과 같은 Column-oriented 데이터베이스가 가장 뛰어난 것으로 알려져 있고, Redis와 같은 인메모리 방식의 데이터베이스와 MongoDB, CouchDB와 같은 Document 데이터베이스가 약간 뒤처지는 것으로 알려져 있다.

(3) 트랜잭션 일관성

트랜잭션의 일관성은 데이터 수정, 삭제 등의 작업이 빈번하게 일어나는 환경에서는 중요도가 높지만, 배치중심의 하둡 기반 분석환경에서는 중요도가 그리 높지 않다. 트랜잭션의 일관성이 중요한 분야에서는 RDBMS를 선택해야 하며, 그렇지 않은 때에만 NoSQL을 선택하여야 한다.

(4) 질의지원

MongoDB는 SQL과 유사한 문법에 기반을 두어 쉽게 학습할 수 있는 우수한 질의 인터페이스를 지원한다. CouchDB도 MongoDB에 비해 뒤처지지 않으며, 뷰 개념을 이해하고 활용하면 간편하다. Key-value 데이터베이스의 대표 격인 Redis도 풍부한 질의기능을 제공한다. HBase나 HyperTable은 자체 질의지원 기능은 제공하지 않으나 Hive를 통해 SQL과 유사한 형태의 질의기능을 사용할 수 있다는 장점이 있다.

(5) 접근성

MongoDB를 접근하기 위한 드라이버는 아주 다양하며, 현존하는 주류 라이브러리용 드라이버를 대부분 지원하고 있다. CouchDB는 웹통신을 지원하는 프로그래밍 언어라면 다 사용이 가능하다. 기타 Redis, HBase, HyperTable, Cassandra는 대부분의 프로그래밍 언어에서 연결이 가능하도록 언어 바인딩을 지원하다.

2) 분석방식 및 환경

빅데이터 저장시스템을 사용하여 데이터를 저장하는 목적이 무엇인지에 따라 저장시스템의 저장방식과 환경을 선택할 수 있다. 빅데이터 저장시스템을 구축하고자 하는 조직이 필요로 하는 분석 및 검색결과가 상시로 온라인 형식으로 필요한지, 빅데이터 분석가를 통해 별도의 프로세스를 거쳐 제공받기 위함인지를 구분하여 저장시스템의 저장방식과 환경을 선택한다. 빅데이터 저장방식은 빅데이터를 파일시스템 형식으로 저장하는 방식, NoSQL 저장시스템을 사용하는 방식이나, RDBMS에 기반을 둔 데이터웨어하우스 방식이 있다.

3) 분석대상 데이터 유형

분석대상이 되는 데이터 유형이 기업 내·외부에서 발생하는 기업 데이터인가, IoT 환경에서 발생하는 데이터인가 혹은 기타 다양한 과학 분야나 바이오, 의학 분야에서 취급되는 데이터이냐에 따라 데이터의 Volume, Velocity, Variety, veracity 등을 고려하여 빅데이터 저장시스템을 선택해야 한다. 다양한 형태로 존재하는 얼마만큼의 데이터양을 어떤 속도로 저장하고 처리할 수 있으며, 조직의 목적에 부합하는 정보를 저장하는 시스템을 선택해야 한다.

4) 기존 시스템과의 연계

빅데이터 저장시스템을 선정할 때는 기존 시스템과의 연계성을 반드시 고려하여야 한다. 저장대상 데이터의 유형이 대부분 테이블로 정의될 수 있는 형태이고 기존에 RDBMS 기반의 데이터 웨어하우스가 도입된 형태라면 기존 시스템을 그대로 활용하여 빅데이터를 저장한다. 이후 별도의 프로세스를 거쳐 빅데이터 분석가에게 분석용 데이터를 정제하여 제공하는 환경을 구축하는 것이 바람직하다. 기존에 HDFS만을 활용하여 빅데이터 저장시스템이 구축되어 있으나, SQL-like 분석환경을 구축하고자 한다면 HBase를 추가로 도입하는 것을 권장한다. 빅데이터 분석 애플리케이션이 키-값 쌍 처리 위주로 시스템이 구현되어 있다면 당연히 Redis 등을 도입하는 것이 좋다. IoT 데이터처럼 다양한 데이터가 대량 지속해서 실시간 발생하는 것을 수집하는 시스템이 구축된 환경이라면 Key-value 데이터베이스나 확장성이 중요한 요소라면 Cassandra와 같이 확장성이 보장된 칼럼 기반 데이터베이스를 선정하는 것이 좋다.

3. 빅데이터 발생 유형 및 특성

대상 데이터의 용량, 실시간 여부, 정형, 비정형 등 유형 및 요건을 파악하여 빅데이터 저장계획 수립에 반영하여야 한다. 저장대상 데이터의 특성이 대용량이면서 실시간으로 발생하고 이를 실시간으로 서비스해야 하는지와 같은 데이터 발생 유형 및 특성파악이 중요하다.

대용량 데이터를 실시간으로 처리하지 않을 때는 Hadoop 기반의 대용량 데이터 처리시스템 등을 선택할 수 있다. 그러나 실시간으로 서비스해야 하는 경우, 이를 반영하여 빅데이터 저장방식과 계획을 작성하는 것이 필요하다. 일반적으로 실시간으로 처리해야 하는 데이터를 스트리밍(Streaming) 데이터로 통칭하는데 대

학습 4

용량, 실시간의 특성을 가질 뿐만 아니라 무중단 서비스를 보장하는 저장체계를 구축해야 한다는 특성이 있다. 실시간 데이터 처리를 위해 사용되는 시스템으로는 대표적으로 스파크(Spark), 스톰(Storm) 등이 있으며 배치기반의 대용량 데이터 처리에 특화된 Hadoop 시스템보다 실시간 대용량 데이터 처리에 특화되어 있다.

1) 대용량 실시간 서비스 데이터 특성

스트리밍 데이터는 빠르고 연속적이며, 대용량으로 발생하며, 다양한 장소에서 발생한다는 특성이 있다. IoT(Internet of Things)에서 발생하는 센서 데이터, 네트워크 모니터링 데이터, 에너지 관리분야 데이터, 통신 데이터, 웹로그, 주식 데이터나 생산현장에서 발생하는 데이터 등이 이에 해당한다.

2) 대용량 실시간 서비스 데이터 저장

스트리밍 데이터를 저장하기 위해서는 스트리밍 데이터의 수집과 처리에 특화된 시스템과의 연계가 필수적이다. 예를 들어 실시간 빅데이터 처리를 위해 스톰(Storm)을 사용한다고 가정하면, 스톰은 저장소가 없으므로 외부 저장시스템과의 연동이 필수적이다. 실시간 서비스를 웹페이지로 제공하는 것이 필요한 환경에서는 Redis와 같은 메인메모리 저장시스템을 저장소로 사용하기도 한다.

다양한 소스의 로그로부터 데이터가 발생하는 환경에서는 스톰을 통하여 데이터를 전처리한 후 HDFS나 MongoDB, Cassandra, Hbase와 같은 NoSQL을 저장소로 사용하거나, 데이터를 정규화하여 일반 RDBMS를 저장소로 사용하는 때도 있다. 또 다른 대표적인 실시간 데이터 처리시스템인 스파크(Spark) 역시 내장된 저장소를 제공하지 않기 때문에 외부 빅데이터 저장시스템과의 연계가 필수적이다. 스톰과 마찬가지로 일반적인 HDFS나 Cassandra, SAP의 메인메모리 데이터베이스인 Hana를 연계하여 사용할 수 있다.

(1) NoSQL DBMS

NoSQL은 전통적인 관계형 데이터베이스 모델과는 다른 데이터베이스 설계를 해보자는 의미의 용어이다. 빅데이터와 클라우드 컴퓨팅의 등장과 함께 전통적인 관계형 데이터베이스 시스템과 정형적인 스키마 기반의 데이터 설계는 너무 제한적이었으므로, 이와는 다른 접근을 해보려는 움직임에서 발생하였으며, Not Only SQL의 줄임말이다. NoSQL은 분산구조와 Fault-tolerant 구조를 지원하고, 고정된 데이터 스키마가 아니며, 비싼 비용의 조인(Join) 연산이 없다. 모든 NoSQL 데이터베이스 저장시스템은 전통적인 관계형 데이터베이스 저장시스템이 지원하던 ACID 특성 중에 하나 이상의 특성을 완화하여 지원한다. NoSQL 데이터베이스 저장시스템은 CAP(Consistency, Availability, Partition) Theorem의 성질을 만족하는데, 이는 CAP 3가지 특성 중에 어떤 데이터 공유시스템에 대해서도 많아야 2가지만을 지원한다는 성질이다. 일반적으로 분산환경에서 일관성(Consistency)보다는 가용성(Availability)을 선택한다. NoSQL을 이용하면 저비용으로 쉽게 분산 환경의 대량 데이터 저장시스템을 구축할 수 있다. 데이터들은 여러 데이터노드(서버)에 복제 저장되고 단편화되어 저장된다. 대량의 빅데이터를 분산저장 관리할 때는, 데이터 유형과 특성에 따라 다르겠지만, 대부분은 Consistency 제약 조건을 일부 완화하여 시스템을 구축한다.

(2) MongoDB

MongoDB는 문서(Document) 기반 데이터베이스의 쉬운 개발과 확장성 확보를 위해 설계된 오픈소스 DBMS이다. MongoDB는 NoSQL DBMS 중에서 가장 많이 사용되고 있다.

4. 안정성과 신뢰성 확보 및 접근성 제어계획 수립

1) 빅데이터 저장시스템 안정성 및 신뢰성 확보

빅데이터 저장시스템의 안정성 및 신뢰성을 확보하고 보장하기 위해 저장계획 수립단계에서 용량산정이 필요하다. 조직의 빅데이터 활용목적에 부합하는 현재와 향후 증가 추세를 추정 반영하여 빅데이터 저장용량을 산정하여 계획하고 전체 저장시스템 구축계획에 반영하는 것은 필수적이다.

① 저장대상이 되는 데이터의 유형, 크기, 저장방식 및 기간 등을 파악한다.
② 데이터, 아카이브 및 여유율 등을 고려하여 적정 디스크 용량계획을 산정한다.
③ Private 클라우드 대 Public 클라우드 등 안정성 및 신뢰성을 고려한 시스템 구축방안을 계획한다.

2) 접근성 제어계획 수립

저장시스템의 사용자와 관리자 유형, 역할 및 기능을 정의하고 각각에 해당하는 제어계획을 수립한다.

4-2 빅데이터 저장모델 설계

1. 요구사항 분석절차

빅데이터 저장모델 설계를 위한 요구사항 분석절차는 정보시스템을 신규로 개발하거나 기존 시스템을 개선하는 데 필요한 데이터 요구사항을 수집하여 분석하는 일반적인 절차에서 크게 벗어나지 않는다. 기본적으로 요구사항을 수집하고, 이를 분석하여 명세하고 검증을 통해 확정하는 4단계로 이루어진다.

요구사항 분석단계에서 이전 단계에서 수집된 요구사항을 분석하되, 미비한 부분이 있으면 추가로 수집한다. 요구사항 명세단계에서도 요구사항 분석결과를 상세화하고 이를 바탕으로 명세서를 작성하나, 이전 단계에서 수집이 추가로 필요하거나 구체적인 분석이 미비한 경우 추가로 요구사항 수집과 분석을 수행할 수 있다. 요구사항 검증단계에서도 검증상 미비한 점이 발생하면 마찬가지로 이전 단계로 복귀하여 추가로 작업을 수행해야 한다.

[그림 4-1] 요구사항 분석절차

2. 요구사항 수집

요구사항을 수집하는 방식은 문서나 인터뷰를 통하는 방식과 기존 시스템 분석을 통해 요구사항을 수집하는 방식이 있다. 문서의 경우 일반적으로 제안요청서(RFP : Request For Proposal)를 통하여 요구사항을 추출하거나 기존 시스템이 존재하는 경우 시스템 매뉴얼이나 사용자 매뉴얼을 통해 시스템 현황을 파악하고 추가적인 사용자 인터뷰를 통해 요구사항을 추출하여 수집한다.

기존 시스템이나 문서로 정리된 내용이 없을 때는 포커스 그룹 인터뷰(FGI : Focus Group Interview), 설문, 워크숍 등 다양한 요구사항 수집 기법을 활용하여 요구사항을 수집한다.

3. 요구사항 분석

요구사항 분석단계에서는 빅데이터 저장시스템을 상정해 놓고 기능적 요구사항을 만족하기 위한 데이터 요구사항을 분석하여 이를 명확하게 명세하기 직전 단계까지 준비한다. 빅데이터 저장시스템은 요구사항에 따른 수집 및 저장이 필요한 데이터의 유형에 따라 달라질 수 있다. 요구사항 수집단계에서 수집된 요구사항을 기능, 비기능, 데이터 요구사항으로 분류하여 정리하고 연관된 주제별로 통합하거나 재정리하는 단계이다.

1) 데이터 요구사항 분석

빅데이터 저장모델 설계에서는 기존 관계형 데이터베이스 시스템에서처럼 설계만을 위한 별도의 모델이 존재하거나 통용되지 않고 있다. 따라서 데이터 요구사항 분석단계의 핵심은 실제로 주어진 데이터의 유형과 특성이 사용하고자 하는 빅데이터 저장시스템에 부합하는지를 결정하는 것이다. 이 단계에서는 저장하고자 하는 데이터의 유형이 정형(Structured), 준정형(Semi-structured), 비정형, 혹은 이들이 복합적으로 섞여 있는지를 따져 봐야 하는 것은 물론, 데이터 업데이트 주기가 실시간 주기로 발생하는 것인지, 시간 단위나 일 단위로 발생하는 것인지를 따져봐야 한다. 이와 같은 분석결과는 요구사항 명세서의 비고란에 정리하도록 한다.

〈표 4-2〉 요구사항 명세서 사례

요구사항 ID	요구사항명	유 형	관련 요구사항	요구사항 설명	우선순위	수용여부	비 고
DR-01-001	실내환경 모니터링	데이터	SFR-02-003	온습도 센서값 저장	상	가	정형 10초

2) 기타 요구사항 분석

수집단계에서 파악된 요구사항 중 데이터 요구사항을 제외한 나머지 기타 요구사항을 분류하고 정리한다. 검색, 추천, 집계 등 기능적인 요구사항과 인터페이스, 성능 등에 대한 비기능적인 요구사항을 분리하여 정리한다. 빅데이터 분석에서 활용할 수 있는 검증된 기술들은 연관규칙 마이닝(Association Rule Mining), 분류분석(Classification Analysis), 머신러닝(Machine Learning), 감정분석(Sentiment

Analysis), 회귀분석(Regression Analysis), 소셜네트워크 분석(Social Network Analysis), 유전 알고리즘(Genetic Algorithm) 등의 유형이 있으며, 기능 요구사항의 대부분은 이들로서 해결될 수 있으나, 그렇지 않으면 기능 요구사항을 재수집하여 확인하거나 요구사항 작성자와 면담을 통해 요구사항을 조정할 필요가 있다. 기타 인터페이스, 성능 등을 포함하는 비기능적인 요구사항은 여기에서는 다루지 않는다.

〈표 4-3〉 빅데이터 분석기술 유형에 따른 기능 요구사항 예시

빅데이터 기술 유형	기능 요구사항 예시
연관규칙 마이닝	A 상품을 구매하는 고객이 B 상품을 같이 구매하는지 확인할 수 있어야 한다.
분류 분석	특정 고객이 어떤 특성을 갖는 고객집단에 속하는지 확인할 수 있어야 한다.
머신러닝	기존 영화구매 패턴을 분석하여 고객에서 특정 영화를 추천할 수 있어야 한다.
감정분석	신규상품에 대한 고객의 반응을 분석할 수 있어야 한다.
회귀분석	구매자의 연령대와 구매상품의 종류와 특성에 어떤 영향을 미치는지 분석할 수 있어야 한다.
소셜 네트워크 분석	고객사의 소셜 네트워크상에서의 레퓨테이션은 어떠한지 상시로 모니터링할 수 있어야 한다.
유전 알고리즘	응급실에서 응급처치 프로세스를 어떻게 배치하는 것이 가장 효율적인지 추천할 수 있어야 한다.

4. 요구사항 명세

이전단계에서 수집하고 분석된 요구사항을 문서화하여 정리하는 과정이다. 요구사항을 명세하는 문서의 양식은 빅데이터 분석 프로젝트에 참여하는 다양한 현업부서 및 종사자들이 공유해야 하므로 일관성을 위하여 하나의 내부 표준양식을 정하여 사용하는 것이 바람직하다. 요구사항 명세서는 크게 문서의 양식번호, 버전 등을 포함하는 메타정보, 변경 이력을 기술하는 부분, 요구사항 목록의 세 부분으로 이루어지는 것이 일반적이다. 다음은 요구사항 명세서 문서양식의 사례이다.

〈표 4-4〉 요구사항 명세서 문서양식 사례

요구사항 ID	요구사항 명	유 형	관련 요구사항	요구사항 설명	우선 순위	수용 여부	비 고
DR-01-001	구매내역 저장	데이터	SFR-02-003	고객이 상품을 구매한 내역을 시간순으로 저장해야 한다	상	가	

5. 요구사항 검증

요구사항 검증 책임자는 프로젝트 이해관계자들에게 요구사항 명세서를 배포하고, 검토 회의를 소집하여 요구사항을 검증한다.

6. 데이터 유형별 데이터 종류 및 저장시스템

빅데이터 요구사항 분석단계에서 요구사항에 따른 수집 및 저장이 필요한 데이터를 유형별로 분류하고, 수집주기 등의 특성을 분석하여야 한다. 빅데이터 저장계획 수립하기 단계에서 선정된 저장시스템을 이용하여 데이터 요구사항을 처리할 수 있는지 확인도 필요하다. 〈표 5-5〉는 요구사항에 따라 수집 및 저장관리가 필요한 데이터 종류를 데이터 유형별로 분류하고, 해당 데이터를 저장관리하기에 적합한 저장시스템을 제시하고 있다. 정형 데이터는 주로 RDB 저장시스템(Oracle, MSSQL, MySQL, Sybase 등)에 저장하고, 반정형 데이터는 RDB에 저장하거나 NoSQL 저장시스템(MongoDB, Cassandra, HBase, Redis 등)에 저장한다. 비정형 데이터는 NoSQL 이나 분산파일시스템(HDFS)에 저장하거나 어느 정도 구조적인 데이터 형태로 변형하여 RDB나 NoSQL에 저장한다. 따라서 데이터 요구사항들은 데이터 유형이 무엇인지에 따라 분류되고 저장시스템별로 요구사항이 분류된다.

〈표 4-5〉 빅데이터 데이터 유형 및 저장시스템 예시

데이터 유형	요구 데이터 종류	저장시스템 예시
정형(Structured)	RDB, 스프레드시트	RDB
반정형(Semi-sturctured)	HTML, XML, JSON, 웹문서, 웹로그, 센서 데이터	RDB, NoSQL
비정형(Unstructured)	소셜 데이터, 문서(워드, 한글), 이미지, 오디오, 비디오, IoT	NoSQL, 분산파일시스템

4-3 빅데이터 모델 설계 및 타당성 검증

1. NoSQL DBMS

NoSQL 데이터베이스 관리시스템(DBMS)은 전통적인 관계형 데이터베이스 관리시스템보다 상대적으로 제한이 덜한 데이터 모델을 기반으로 수평적 확장성, 데

이터 복제, 간편한 API 제공, 일관성 보장 등의 장점이 있어서 대용량 데이터베이스 저장 및 분산데이터 처리관리를 지원하기에 용이하다. 빅데이터 저장모델 설계에서는 기존 관계형 데이터베이스 시스템에서처럼 설계만을 위한 별도의 모델이 존재하거나 통용되지 않고 있다. 따라서 이 단계에서는 저장하고자 하는 데이터의 유형이 정형(Structured), 반정형(Semi-structured), 비정형, 혹은 이들이 복합적으로 섞여 있는지를 따져 봐야 하는 것은 물론, 데이터 특성에 따라 선정된 데이터 저장시스템에 맞게 데이터 모델을 설계해야 한다.

2. 관계형 데이터 모델 설계

정형 데이터 유형의 데이터를 저장하거나 반정형 데이터로부터 구조적 데이터를 추출하여 관계형 데이터베이스에 저장할 수 있다. 관계형 DBMS(Oracle, MS SQL Server, MySQL, Sybase 등)를 빅데이터 저장시스템으로 사용할 때는 관계형 데이터 모델을 설계하고, 데이터를 저장관리한다. 관계형 데이터베이스의 데이터 모델 설계는 개념데이터 모델링, 논리 데이터베이스 설계, 물리 데이터베이스 설계 단계를 거쳐서 설계를 진행한다.

3. NoSQL DBMS 데이터 모델 설계

빅데이터 저장모델 설계에서는 기존 관계형 데이터베이스 시스템에서처럼 설계만을 위한 별도의 모델이 존재하거나 통용되지 않고 있다. NoSQL DBMS에는 Key-value, Column-oriented, Document-oriented, Graph-oriented 데이터 모델 등의 종류가 있고, 데이터 모델 설계가 기존 관계형 데이터 모델과는 다르다. 여기에서 설명은 Document-oriented 데이터 모델의 데이터 모델링에 대해서 주로 다루도록 하고, 관계형 데이터 모델링 내용은 생략한다.

1) NoSQL 데이터 모델링과 RDBMS 데이터 모델링의 차이

(1) 데이터 모델링 순서

RDBMS 데이터 모델링은 개념적 데이터 모델링을 통해 데이터 도메인을 먼저 이해하여 개체와 관계를 식별해 내고, 논리적 데이터 모델링을 통해 테이블(릴레이션)을 설계하고, 해당 테이블을 이용하여 데이터 질의어를 작성하여 데이터 결과를 얻는 접근방식이다. 반면에 NoSQL DBMS는 개념적 데이터 모델링을 하고, 도메인 데이터 모델에서 질의 결과로 사용할 데이터가 무엇인지 정의하여 해당 질의 결과를 얻기 위한 데이터 저장모델을 역순으로 설계하는 것이 바람직하다. NoSQL DBMS의 데이터 모델을 역순으로 설계하는 이유는 RDBMS와 같은 정규화된 테이블에 대해 최적화된 기능으로 자유롭게 데이터를 조회하는 것이 안 되기 때문이다. 즉 RDBMS 기반에서 질의 결과로 두 개 테이블에 대한 조인 결과를 얻어야 한다면, NoSQL에서는 조인 연산이 없으므로 조인된 결과를 하나의 테이블로 설계하여 저장하는 접근법이다.

학습 4

(2) 레코드 식별자

RDBMS 데이터는 테이블의 레코드를 식별하기 위해 기본키(Primary Key)를 사용하지만, NoSQL DBMS는 id라는 별도의 개체 식별자를 사용한다. MongoDB의 경우에도 DBMS가 자동으로 생성하는 id_ 식별자를 이용하여 Document를 식별한다.

(3) 조인 연산

RDBMS는 두 개 릴레이션(테이블)의 레코드 간의 관계를 표현하고 데이터를 연결할 때 조인 연산을 사용하고, 데이터베이스 시스템에서도 조인 연산에 대해 성능 최적화 기능을 제공하고 있다. 반면에 NoSQL DBMS는 조인 연산을 사용하지 않는다. 두 개 개체(테이블)의 관계 표현 또는 조인 연산을 위해 NOSQL DBMS는 Linking, Embedding 기법을 사용한다. MongoDB의 경우, Link는 한 문서(Document)가 다른 문서와 연결된 개체임을 나타낼 때 다른 문서의 id_ 값을 가지고 표현하는 것이다. Embedding은 한 문서 A가 다른 문서 B와 연결된 개체임을 나타낼 때, A 내부에 B를 내포(Embed)하여 표현하는 것이다.

Linking이나 Embedding 기법을 사용하면 두 개체가 이미 연결된 형태이므로 별도의 조인 연산을 수행할 필요가 없어진다.

2) NoSQL 데이터 모델링 절차

(1) 개념 데이터 모델 설계

NoSQL DBMS가 관계형 데이터베이스와 모델이 다르기는 하지만, 기본적으로 데이터 도메인을 이해해야 한다. 개념적으로 어떤 개체가 있고 어떤 관계를 맺는지 이해해야 한다. NoSQL DBMS를 사용할 때, 개념적 설계를 안 하고 바로 테이블 설계를 하는 경우가 많은데 데이터 처리 및 분석을 위해서 바람직하지 않다. 그러한 경우는 단순 로그성 데이터이고 하나의 테이블 형태로 저장하는 경우 등에는 개념적 설계가 없어도 별 문제가 없겠지만, 데이터 도메인을 잘 이해하고 데이터를 저장하는 것은 언제나 중요하다고 볼 수 있다. 따라서 관계형 데이터 모델링에서 사용하던 ER 모델을 이용해서 개념적 모델을 하고 NoSQL DBMS 모델에 맞게 적용해야 한다.

(2) 논리 데이터 모델 설계

개념적 도메인 데이터 모델에서 두 개 개체의 관계에 따라 NoSQL DBMS의 논리 데이터 모델링은 달라질 수 있다.

① 두 개체의 관계가 1:1인 경우 : 관계형 논리 데이터 모델링의 경우와 유사하게 어느 한쪽의 속성에 Link로 저장하거나 하나의 테이블로 통합한다.

② 두 개체의 관계가 1:n인 경우

- Linking 기법 : 관계형 논리 데이터 모델링의 경우와 유사하게 어느 한쪽의 속성에 link로 저장하는 방법이다.
- Embedding 기법 : 관계형 논리 데이터 모델링과는 전혀 다르게 어느 한 레코드의 내부에 다른 레코드를 내포하는 기법이다. MongoDB의 경우, 블로그 글에 해당하는 Post 컬렉션이 Comment 문서를 내포할 수 있다. [그림 5-2]는 블로그 글을 저장하고 관리하는 데이터 모델링에서 RDBMS의 경우와 NoSQL의 경우를 비교하여 제시한 사례이다. (a)는 RDBMS의 경우에 POST, Comment, Tag 테이블과 그 관계를 표현하는 사례이고, (b)는 MongoDB의 경우에 POST 문서에 Comment 문서를 Embedding 하여 그 관계를 표현하는 사례이다. Embedding을 할 때 주의할 점은 Embedding 되는 컬렉션이 대량 데이터이거나, Embedding을 해도 성능상 이점이 없는 경우에는 Link를 사용하지 말아야 한다는 것이다.

③ 두 개체의 관계가 n:m인 경우 : 개념적 도메인 데이터 모델에서 두 개 개체의 관계가 m:n인 경우는 NoSQL DBMS의 양쪽 테이블에 Link로 표현 가능하다. Embedding으로 n:m으로 표현할 수도 있는 데, Embedding하는 경우에는 데이터의 중복이 필연적으로 발생하므로 데이터 중복에 따른 데이터 불일치 문제가 생기지 않도록 하거나, 문제가 생겨도 상관없는 경우에만 사용해야 한다.

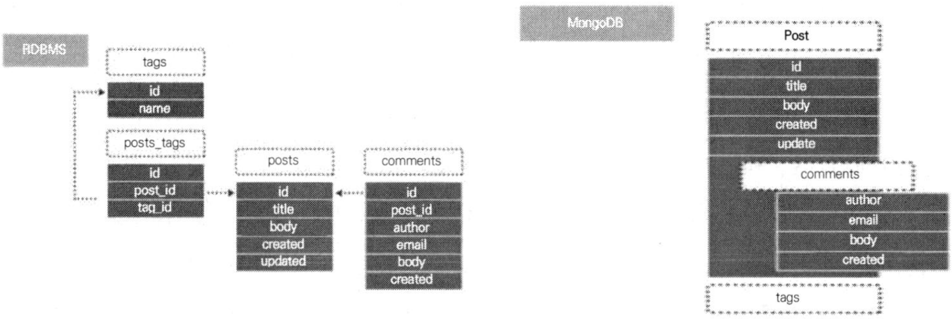

(a) RDBMS의 데이터 모델 예 (b) MongoDB의 데이터 모델 예

[그림 4-2] 블로그 데이터의 데이터 모델링 사례

학습 4

4-4 빅데이터 저장관리시스템 구성

1. 빅데이터 저장관리시스템

빅데이터 저장관리시스템이란 대용량 데이터 집합을 저장하고 관리하는 시스템이다. 빅데이터 저장방식은 크게 분산파일시스템 방식과 데이터베이스 방식이 있고, 데이터베이스 방식은 크게 RDBMS 방식과 NoSQL 방식으로 나눌 수 있다. 분산파일시스템 방식은 빅데이터를 확장 가능한 분산파일 형태로 저장하는 방식으로 대표적인 예는 HDFS, 구글의 GFS 등이 있다. 분산파일시스템 저장방식은 저사양 서버들을 활용하여 대용량, 분산, 데이터 집중형의 애플리케이션을 지원하며 사용자들에게 고성능 Fault-tolerance 환경을 제공한다. 데이터베이스 방식 중에 RDBMS 방식은 기존에 많이 사용하던 관계형 데이터베이스 시스템을 이용하는 방식으로 정형 데이터이고, 기존에 운영중이던 레거시 시스템으로부터 수집 · 추출한 데이터를 대량으로 저장할 때 사용할 수 있는 방식이다. 데이터베이스 방식 중에 NoSQL 방식은 대용량 데이터베이스를 저장하기 위하여 전통적인 관계형 데이터베이스 시스템보다 상대적으로 제한이 덜한 데이터 모델을 기반으로 하며, 수평적 확장성(또는 Scale-out), 데이터 복제, 간편한 APi 제공, 일관성 보장 등의 장점이 있다. NoSQL 데이터베이스 시스템에는 여러 가지 저장시스템들이 사용되고 있는데, 데이터 모델에 따라 Document-oriented 데이터베이스, Key-value 데이터베이스, Column-oriented 데이터베이스로 분류할 수 있다.

Document 데이터베이스 저장시스템은 문서형식의 정보를 저장관리하기 위한 데이터베이스 저장시스템이다. Document 데이터베이스는 Key-value 데이터베이스보다 문서의 내부구조에 기반을 둔 복잡한 형태의 데이터 저장을 지원하고, 그에 따른 최적화가 가능하다. MongoDB, CouchDB 등이 이에 속한다. Key-value 데이터베이스는 데이터를 키와 그에 해당하는 값의 쌍으로 데이터를 저장하는 모델을 사용한다. 아마존의 Dynamo가 효시이며, Redis와 같은 In-memory 방식의 오픈소스 데이터베이스가 존재한다. Column-oriented 데이터베이스 저장시스템은 데이터를 행(Row)이 아닌 열(Column) 기반으로 저장하고 처리하는 데이터베이스 저장시스템을 말한다. 열과 행은 확장성을 보장하기 위하여 여러 개의 노드로 분할되어 저장되고 관리된다. 구글의 BigTable이 Column-oriented 데이터베이스 저장시스템의 시작이며, Cassandra, Hbase, HyperTable 등이 이에 속한다.

2. NoSQL DBMS

NoSQL은 전통적인 관계형 데이터베이스 모델과는 다른 데이터베이스 설계를 해보자는 의미의 용어이다. 빅데이터와 클라우드 컴퓨팅의 등장과 함께 전통적인 관계형 데이터베이스 시스템과 정형적인 스키마 기반의 데이터 설계는 너무 제한적이었으므로 이와는 다른 접근을 해보려는 움직임에서 발생하였으며, Not Only SQL의 줄임말이다. NoSQL은 분산구조와 Fault-tolerant 구조를 지원하고, 고정된 데이터 스키마가 아니며, 비싼 비용의 조인(Join) 연산이 없다. 모든 NoSQL 데이터베이스 저장시스템은 전통적인 관계형 데이터베이스 저장시스템이 지원하던 ACID 특성 중에 하나 이상의 특성을 완화하여 지원한다. NoSQL 데이터베이스 저장시스템은 CAP(Consistency, Availability, Partition) Theorem의 성질을 만족하는데, 이는 CAP 3가지 특성 중에 어떤 데이터 공유시스템에 대해서도 많아야 2가지만을 지원한다는 성질이다. 일반적으로 분산 환경에서 일관성(Consistency)보다는 가용성(Availability)을 선택한다. NoSQL을 이용하면 저비용으로 쉽게 분산 환경의 대량 데이터 저장시스템을 구축할 수 있다. 데이터들은 여러 데이터노드(서버)에 복제 · 저장되고 단편화되어 저장된다. 대량의 빅데이터를 분산저장관리할 때는 데이터 유형과 특성에 따라 다르겠지만, 대부분은 Consistency 제약 조건을 일부 완화하여 시스템을 구축한다.

3. MongoDB

MongoDB는 문서(Document) 기반 데이터베이스의 쉬운 개발과 확장성 확보를 위해 설계된 오픈소스 DBMS이다. 아래 〈표 5-6〉에서 볼 수 있듯이 MongoDB는 NoSQL DBMS 중에서 가장 많이 사용되고 있다. 따라서 이 절에서는 NoSQL 데이터베이스 저장을 위한 시스템 중에서 MongoDB를 저장시스템으로 선정한 것으로 가정하고 이후 내용을 진행한다.

〈표 4-6〉 DBMS 인기 순위

순 위			DBMS	데이터베이스 모델
2022	2021	2020		
1	1	1	Oracle	관계형 데이터베이스
2	2	2	MySQL	관계형 데이터베이스
3	3	3	Microsoft SQL Server	관계형 데이터베이스
4	4	4	MongoDB Document	데이터베이스
5	5	5	PostgresSQL	관계형 데이터베이스
6	6	6	DB2	관계형 데이터베이스
7	7	7	Cassandra	Column-oriented 데이터베이스
8	8	8	Microsoft Access	관계형 데이터베이스
9	9	9	SQLite	관계형 데이터베이스
10	10	10	Redis Key-value	데이터베이스

MongoDB가 가지는 주요 특징은 다음과 같다.

1) 높은 성능

① 데이터 입출력 시간을 줄이기 위해 조인이 필요 없는 Embedded Data Model을 지원한다.

② 빠른 질의 처리를 위해 인덱스를 지원하고, Embedded 문서와 배열에 있는 키 값들을 인덱싱할 수 있다.

2) 높은 가용성

① 분산 시스템 환경에서 자동 Failover을 지원한다.

② 분산 시스템 환경에서 데이터 중복을 지원한다.

3) 자동 확장성(Auto Scaling)

① 자동 샤딩(Sharding)을 지원한다.

② 중복 데이터 집합(Replica Sets)에 대한 결과적 일관성(Eventual Consistency) 읽기를 지원한다.

4. 빅데이터 저장관리시스템의 분산저장 환경 구성

1) 샤 딩

(1) 샤딩의 개요

데이터베이스 샤딩(Sharding)이란 대용량 데이터베이스에서 데이터를 수형 분할(Horizontal Partition)하는 기법을 의미하며 샤딩은 대용량 데이터베이스 저장 관리에서 높은 성능과 가용성을 얻기 위해 데이터를 분산저장하는 기법이다. 각각의 분할을 샤드라고 부르고 각 샤드는 분리된 데이터베이스 서버에 저장된다(Wikipedia. 2016; mongoDB Inc. 2016).

NoSQL 데이터베이스 저장시스템에서 주로 사용하는 샤딩이라는 개념은 기존의 관계형 데이터베이스 시스템에서의 파티셔닝(Partitioning) 개념에 해당한다.

(2) MongoDB의 샤딩 구조

① 데이터 분할저장 : NoSQL은 데이터 분산저장을 위한 샤딩기법을 지원한다. [그림 4-3]은 MongoDB에서 데이터 샤딩을 하는 사례를 그림으로 보여주고 있다. 1TB 크기의 컬렉션 데이터를 4개의 샤드 서버에 256GB씩 분할 저장하고 있는 예이다.

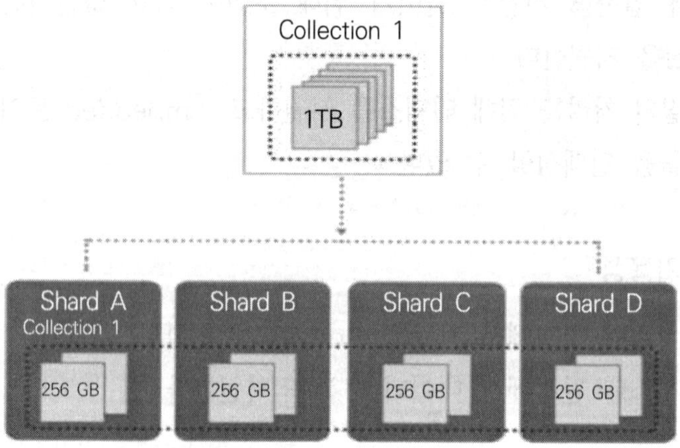

[그림 4-3] 데이터 샤드의 예

② MongoDB 샤드 클러스터 구조 : MongoDB의 샤드 클러스터 구조는 [그림 4-4]와 같고 샤딩의 구성요소는 Router(Mongos), Config 서버, Shard 서버이다.

- 샤드 : 샤드는 데이터를 저장하고 있는 Mongod 인스턴스의 집합으로서 컬렉션을 구성하는 문서의 분할된 단편을 저장한다. 하나의 샤드가 개별 서버가 될 수도 있으나 Production 환경에서의 높은 가용성과 데이터 일관성을 위해서는 샤드의 프라이머리 및 세컨더리 복제 세트를 고려해야 한다.
- Config 서버 : 샤드 클러스터의 메타데이터를 저장시키는 서버로서, 샤드 클러스터를 구성할 때 3대의 Config 서버를 가지고 있어야 한다. 메타데이터는 클러스터의 데이터 세트와 샤드의 매핑정보를 포함한다.
- Router(Mongos) : 질의 라우터 Mongos는 애플리케이션과 상호작용할 수 있는 인터페이스를 제공해서 샤드가 적용된 사실을 알아채지 못 하게 한다. 애플리케이션 레이어(Web, WAS)로부터 쿼리 프로세스들을 Shard로 구성하기 위해 경로 설정하는 서비스이다. 절대로 Mongos의 Binary Name을 수정해서는 안 된다.

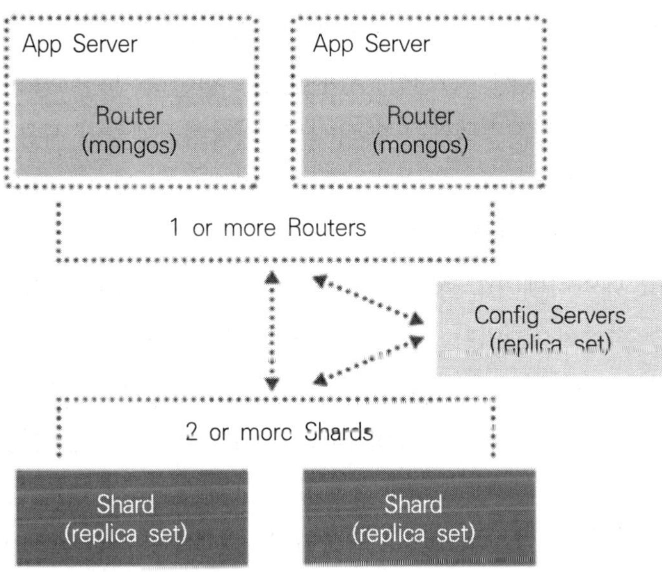

[그림 4-4] MongoDB 서버 클러스터 구조

4-5 빅데이터 적재

1. 빅데이터 저장관리시스템

빅데이터 저장관리시스템이란 대용량 데이터 집합을 저장하고 관리하는 시스템으로서 빅데이터 저장방식은 크게 분산파일시스템 방식과 데이터베이스 방식이 있다. 데이터베이스 방식은 크게 RDBMS 방식과 NoSQL 방식으로 나눌 수 있다.

분산파일시스템 방식은 빅데이터를 확장 가능한 분산파일 형태로 저장하는 방식으로 대표적인 예는 HDFS, 구글의 GFS 등이 있다. 분산파일시스템 저장방식은 저사양 서버들을 활용하여 대용량, 분산, 데이터 집중형의 애플리케이션을 지원하며 사용자들에게 고성능 Fault-tolerance 환경을 제공한다. 데이터베이스 방식 중에 RDBMS 방식은 기존에 많이 사용하던 관계형 데이터베이스 시스템을 이용하는 방식으로 정형 데이터이고, 기존에 운영중이던 레거시 시스템으로부터 수집 · 추출한 데이터를 대량으로 저장할 때 사용하는 방식이다. 데이터베이스 방식중에 NoSQL 방식은 대용량 데이터베이스를 저장하기 위하여 전통적인 관계형 데이터베이스 시스템보다 상대적으로 제한이 덜한 데이터 모델을 기반에 두며, 수평적 확장성(또는 Scale-out), 데이터 복제, 간편한 API 제공, 일관성 보장 등의 장점이 있다. NoSQL 데이터베이스 시스템에는 여러 가지 저장시스템들이 사용되고 있는데, 데이터 모델에 따라 Document-oriented 데이터베이스, Key-value 데이터베이스, Column-oriented 데이터베이스로 분류할 수 있다.

Document 데이터베이스 저장시스템은 문서형식의 정보를 저장관리하기 위한 데이터베이스 저장시스템이다. Document 데이터베이스는 Key-value 데이터베이스보다 문서의 내부구조에 기반을 둔 복잡한 형태의 데이터 저장을 지원하고, 그에 따른 최적화가 가능하다. MongoDB, CouchDB 등이 이에 속한다. Key-value 데이터베이스는 데이터를 키와 그에 해당하는 값의 쌍으로 데이터를 저장하는 모델을 사용한다. 아마존의 Dynamo가 효시이며, Redis와 같은 In-memory 방식의 오픈소스 데이터베이스가 존재한다. Column-oriented 데이터베이스 저장시스템은 데이터를 행(Row)이 아닌 열(Column) 기반으로 저장하고 처리하는 데이터베이스 저장시스템을 말한다. 열과 행은 확장성을 보장하기 위하여 여러 개의 노드로 분할되어 저장 · 관리된다. 구글의 BigTable이 Column-oriented 데이터베이스 저장시스템의 시작이며, Cassandra, Hbase, HyperTable 등이 이에 속한다.

2. 빅데이터 수집 및 적재 연계

빅데이터 분석에 필요한 데이터를 수집한 후에는 수집한 데이터를 빅데이터 시스템에 적재해야 한다. 적재할 빅데이터의 유형과 실시간 처리 여부에 따라 RDBMS, HDFS, NoSQL 저장시스템에 데이터를 적재할 수 있다. 수집된 데이터를 저장시스템에 적재하는 방법은 수집된 데이터 파일로부터 NoSQL DBMS가 제공하는 적재 도구(MongoDB의 경우 mongoimport)를 이용하여 직접 적재하거나 Fluentd, Flume, Scribe, Logstash 등의 데이터 수집 도구를 이용하여 적재하는 방법들이 있다.

여러 데이터 소스에서 데이터를 수집해 오기 위해 여러 데이터 소스를 처리하고, 분산된 여러 서버에서 데이터를 수집하는 데이터 수집 플랫폼과 저장방법의 중요성이 점점 더 커지고 있다.

학습 4

1) 데이터 수집도구를 이용한 데이터 적재

로그 수집도구 중에 Fluentd의 사례에서 로그 수집 아키텍처는 다음과 같다. 로그 수집을 해야 하는 각 서버에 Fluentd를 설치하면, 서버에서 로그를 수집해서 중앙 로그 저장소(Log Store)로 전송하는 방식이다. 그림으로 보인 Fluentd의 로그 수집구조는 가장 간단한 구조로 Fluentd가 로그 수집 에이전트 역할만 수행하는 구조이지만, 이에 더해서 각 서버에서 Fluentd에서 수집한 로그를 다른 Fluentd로 보내서 이 Fluentd가 최적으로 로그 저장소에 저장하도록 설정할 수 있다. 중간에 Fluentd를 두는 이유는 이 Fluentd가 먼저 들어오는 로그들을 수집해서 로그 저장소에 넣기 전에 로그 트래픽을 속도 조절해서 로그 저장소의 용량에 맞게 트래픽을 조정할 수 있다. 또 로그를 여러 저장소에 복제해서 저장하거나 로그의 종류에 따라서 다른 로그 저장소로 라우팅할 수 있다.

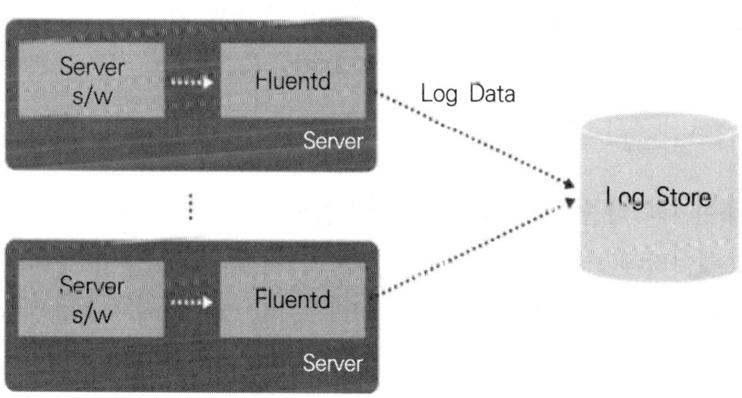

[그림 4-5] Fluentd의 로그 수집구조

Fluentd 로그 수집기는 로그화시킬 소스데이터에 대한 환경설정, 추출한 데이터를 어디로 전달할 것인지에 대한 설정, 실행주기 설정 등을 통하여 다양한 데이터 수집이 가능하다. 환경설정 작업은 "/etc/td-agent/td-agent.conf" 파일에 로그를 수집할 원천데이터와 목적지 빅데이터 저장시스템 정보를 설정하여 데이터 적재 작업을 프로그램화할 수 있다.

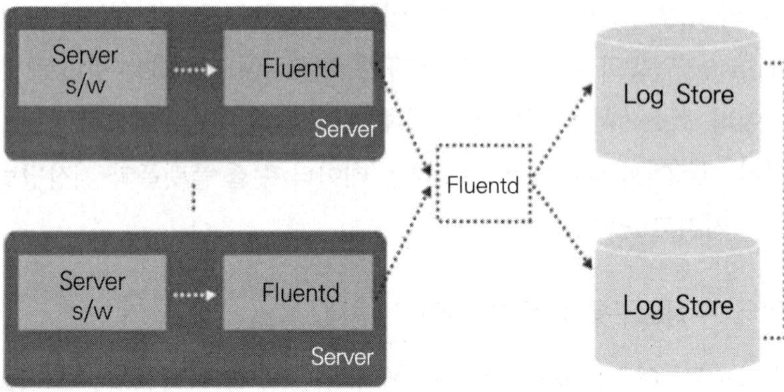

[그림 4-6] Fluentd의 로그 수집 라우팅 구조

(1) 로그 원천데이터 환경설정

원본 소스데이터에 대한 환경설정은 "/etc/td-agent/td-agent.conf" 파일 안에 다음과 같은 내용을 입력하여서 할 수 있다. 데이터 추출 명령, 추출 대상이 되는 원천 로그데이터 파일 등을 명시한다.

```
〈source〉
  type tail                          // tail로 '데이터를 뽑아오겠다'라는 뜻
   format apache                     // apache라는 내장 함수로 파싱
   path /var/log/httpd-access.log    // tail 할 파일 위치
   tag td.apache.access              // match로 보낼 tag 명
〈/source〉
```

(2) 추출한 데이터를 적재할 목적지 환경설정

목적지 데이터에 대한 환경설정은 "/etc/td-agent/td-agent.conf" 파일 안에 다음과 같은 내용을 입력하여서 할 수 있다. 원천 시스템에서 추출한 데이터를 저장할 목적지 시스템에 대한 설정에는 목적지 대상 저장시스템, 대상 서버의 IP, 대상 서버의 포트번호, 대상 데이터베이스 및 컬렉션, 목적지 시스템의 사용자 인증

정보, 데이터 수집 추출의 주기 등을 명시한다.

```
<match mongo.*.*>              // source에서 설정한 tag 명
  type mongo                   // mongo라는 내장 output plugin 사용
  host 127.0.0.1               // mongo host IP
  port 27017                   // mongo host IP에 대한 허용 port database database
                               // 로그 적재 될 DB명
  collection collection        // 로그 적재 될 collection명
  # authentication
  user user                    // mongo 접속 ID
  password password            // mongo 접속 password
  # flush
  flush_interval 10s           // fluentd 실행 주기
</match>
```

학습 4

2) NoSQL DBMS가 제공하는 도구를 이용한 데이터 적재

로그 수집기를 이용한 방법처럼 많은 기능을 사용할 수는 없지만, 수집한 데이터가 csv 등의 텍스트 데이터라면 Mongoimport와 같은 적재 도구를 사용하여 데이터 적재를 수행할 수 있다. 하지만 로그 수집도구를 쓰는 방식처럼 데이터 수집 주기 등을 환경설정하여 사용할 수는 없다.

3) 관계형 DBMS의 데이터를 NoSQL DBMS에서 적재

기존에 운영중이던 관계형 데이터베이스로부터 데이터를 추출하여 NoSQL 데이터베이스로 적재할 수도 있다. 데이터 변형이 많이 필요하다면 데이터 적재를 위한 프로그램(Java, C++, PHP 등)을 작성하여 적재할 수도 있고, 큰 변화 없이 적재한다면 SQLtoNoSQLimporter, Mongify(대상 저장소가 MongoDB 인 경우) 등의 도구를 사용하여 적재할 수도 있다.

3. 데이터 적재 완료 테스트

데이터 적재 계획서와 체크리스트에 따라 데이터 변환 프로그램이나 데이터 적재 프로그램들을 실행한 후에는 적재 계획서와 체크리스트에 따라 데이터 적재가 정상 동작하고 있는지 검증할 수 있다.

1) 데이터 적재 내용에 따라 체크리스트를 작성

적재하는 데이터의 유형과 특성에 따라 체크리스트를 작성한다. 예를 들어 정형데이터인 경우에는 테이블의 개수와 속성의 개수 및 데이터 타입의 일치 여부, 레코드 수 일치 여부가 체크리스트가 될 수 있다. 반정형이나 비정형인 경우에는 원천데이터의 테이블이 목적지 저장시스템에 맞게 생성되었는지, 레코드 수가 일치하는지 등이 체크리스트에 포함될 수 있다. 또 원천데이터에서 테이블 간의 관계가 목적 저장시스템에서 적절히 표현되었는지(Document 데이터 모델이면 Linking이나 Embedding 여부)를 체크리스트에 포함할 수 있다.

2) 데이터 테스트 케이스를 개발

적재가 정상적으로 완료되었는지 확인하는 테스트 케이스를 만들어서 시험해 볼 수 있다. 적재된 레코드 수를 확인하는 간단한 테스트 케이스 외에도 원천데이터 중에 특정 데이터에 대해 샘플링을 해서 목적지 저장시스템에서 조회하는 테스트 케이스를 개발할 수 있다. 적재한 대량 데이터의 데이터 타입을 검사하는 테스트 케이스를 만들어야 하는 데, 특별히 한글 문자 등의 ASCII 코드가 아닌 문자들이 정상적으로 적재되는지 확인이 꼭 필요하다. 문자열이 숫자로 이루어지면 문자열로 적재되었는지 또는 숫자인데 문자열로 적재되지는 않았는지 확인해야 한다.

3) 체크리스트 검증 및 데이터 테스트 케이스 실행

이전 단계에서 작성된 체크리스트와 테스트 케이스에 대해 검증을 실행한다. 검증결과를 분석하여 데이터 적재 결과보고서를 작성한다.

4. 빅데이터 적재 검증

1) 빅데이터 수집 및 적재 연계

빅데이터 분석에 필요한 데이터 수집과 적재는 수집 및 적재할 빅데이터의 유형과 실시간 처리여부에 따라 원천데이터베이스, 파일, 문서로부터 목적 데이터베이스의 모델에 적합하게 변환하여 목적 데이터베이스(RDBMS, 하둡의 HDFS, NoSQL 저장시스템)에 적재하는 작업이다. 수집된 데이터를 저장시스템에 적재하는 방법은 수집된 데이터 파일로부터 NoSQL DBMS가 제공하는 적재 도구를 이용하여 직접 적재하거나 Fluentd, Flume, Scribe, Logstash 등의 로그데이터 수집

도구를 이용하여 적재할 수 있다. 여러 서버에서 데이터를 잘 수집하기 위해서 분산된 서버에서 데이터를 수집하는 데이터 수집 플랫폼과 저장 방법의 중요성이 점점 더 커지고 있다.

2) 데이터 적재 완료 테스트

데이터 적재 계획서와 체크리스트에 따라 데이터 변환 프로그램이나 데이터 적재 프로그램들을 실행한 후에는 적재 계획서와 체크리스트에 따라 데이터 적재가 정상 동작하고 있는지 검증할 수 있다.

(1) 데이터 적재 내용에 따라 체크리스트를 작성

적재하는 데이터의 유형과 특성에 따라 체크리스트를 작성한다. 예를 들어 정형 데이터인 경우에는 테이블의 개수와 속성의 개수 및 데이터 타입의 일치 여부, 레코드 수 일치 여부가 체크리스트가 될 수 있다. 반정형이나 비정형인 경우에는 원천데이터의 테이블이 목적지 저장시스템에 맞게 생성되었는지, 레코드 수가 일치하는지 등이 체크리스트에 포함될 수 있다. 또 원천데이터에서 테이블 간의 관계가 목적 저장시스템에서 적절히 표현되었는지(Document 데이터 모델이면 Linking이나 Embedding 여부)를 체크리스트에 포함할 수 있다.

(2) 데이터 테스트 케이스를 개발

적재가 정상적으로 완료되었는지 확인하는 테스트 케이스를 만들어서 시험해 볼 수 있다. 적재된 레코드 수를 확인하는 간단한 테스트 케이스 외에도 원천데이터 중에 특정 데이터에 대해 샘플링을 해서 목적지 저장시스템에서 조회하는 테스트 케이스를 개발할 수 있다. 적재한 대량 데이터의 데이터 타입을 검사하는 테스트 케이스를 만들어야 하는 데, 특별히 한글문서 등의 ASCII 코드가 아닌 문자들이 정상적으로 적재되는지 확인이 꼭 필요하다. 문자열이 숫자로 이루어지면 문자열로 적재되었는지 또는 숫자인데 문자열로 적재되지는 않았는지 확인해야 한다.

(3) 체크리스트 검증 및 데이터 테스트 케이스 실행

이전 단계에서 작성된 체크리스트와 테스트 케이스에 대해 검증을 실행한다. 검증 결과를 분석하여 데이터 적재 결과보고서를 작성한다.

학습 4

4-6 빅데이터의 운영

1. 운영조직체계 수립

1) 빅데이터 저장관리시스템 운영계획

빅데이터 분석관리체계는 구축 후 지속해서 분석을 고도화하고 분석과제 등을 추가로 발굴하는 등 분석업무를 기업의 문화로서 정착시키고, 안정적으로 분석시스템을 운용하는 데 필요하다. 분석관리체계를 효율적으로 지원하고, 전사적인 데이터 및 수집데이터 현황에 따라 고품질의 데이터 관리 및 분석을 수행하기 위한 빅데이터 저장관리 운영조직체계를 수립해야 한다.

(1) 빅데이터 저장관리시스템 설치 및 인력 운영계획

빅데이터 분석업무의 중요도와 데이터 수집 및 저장관리 데이터 현황에 따라 저장관리시스템을 외부 기관(IDC 등)에 설치 운영할지, 기관이나 조직 내의 정보시스템 관리 운영부서에서 자체적으로 설치 · 운영할지를 결정한다. 또 해당 저장시스템의 운영인력이나 팀을 어떻게 운영할지, 몇 명의 인력이 필요한지 등의 운영방안을 수립한다.

(2) 데이터베이스 용량계획

최초 빅데이터 저장시스템 구축 시에 필요한 저장 용량의 크기를 예측하여 데이터베이스를 구축한다. 데이터 증가량에 따라 데이터베이스의 저장용량에 문제가 발생하지 않도록 저장소 사용량을 모니터링해야 하고, 연말(또는 연초)에는 연간 저장소 사용예측에 따라 저장소 구입/증설계획을 세워야 한다. 또 각종 법적 요건을 고려하여 데이터를 안전하게 저장 · 보관할 수 있는 방안을 수립해야 한다.

(3) 빅데이터 저장분석 관련 SW 운영계획

기관이나 조직의 환경을 고려하여 가장 적합한 빅데이터 저장 · 분석 SW 제품을 선정해야 한다. 데이터 및 분석 요구사항에 따른 데이터 유형별로 적합한 빅데이터 저장시스템 SW 제품을 선정하여야 하고, 관련하여 빅데이터 수집 SW, 빅데이터 분석 SW, 빅데이터 저장관리 시스템 모니터링 SW, 빅데이터 시각화 SW 제품을 선정하여야 한다. 빅데이터 저장 및 분석과 관련하여 도입된 데이터베이스 시스템에 따라 최소 비용으로 빅데이터 시스템을 운영할 수 있도록 관련 SW 라이선스를 이해하고, SW 및 라이선스 도입방안을 수립해야 한다.

2) 빅데이터 저장관리시스템 운영조직 구조 및 체계

(1) 빅데이터 저장관리시스템 운영조직 구조

안정적인 빅데이터 저장시스템을 운영하기 위해서는 빅데이터 시스템들을 운영관리하기 위한 시스템 엔지니어와 데이터베이스 엔지니어, 빅데이터 SW 엔지니어가 긴밀하게 협업할 수 있는 조직구조가 필요하다. 또 빅데이터 분석결과를 사용하는 사용자 팀(현업 팀), 빅데이터를 분석하는 팀, 빅데이터 시스템 운영팀이 요구사항 도출로부터 분석결과 사용까지의 각 단계에서 긴밀하게 협업할 수 있는 조직구조가 필요하다.

학습 4

(2) 빅네이터 저장관리시스템 운영체계

빅데이터 저장 및 분석과 관련하여 도입된 데이터 저장시스템의 효율석이고 안정석인 운영을 위한 운영체계가 필요하다. 빅데이터 저장관리시스템의 상시 모니터링 체계와 시스템의 장애 발생 시 사용자의 업무 중단을 최소화할 수 있도록 장애대응 시나리오를 작성하여 대비하여야 한다. 또 데이터의 훼손 시에 데이터를 이상 없이 복구할 수 있도록 데이터 백업방법을 선정하여 백업을 주기적으로 수행하고 복구 테스트를 수행한다. 정보보호 규정을 고려하여 사용자 생산성 저하를 최소화시킬 수 있도록 사용자별로 권한을 권리하고 운영한다.

2. 저장시스템의 운영

1) 빅데이터 저장관리시스템이 데이터 활용

빅데이터 저장관리시스템은 데이터 유형과 특성에 따라 RDBMS, NoSQL, 분산파일시스템(HDFS)이 될 수 있다. RDBMS를 저장관리시스템으로 사용하는 경우에는 SQL을 사용하여 분석 요구사항에 부합하는 데이터를 활용하고 제공할 수 있어야 한다. NoSQL DBMS를 사용하는 경우에는 해당 제품의 클라이언트 도구(MongoDB인 경우 Mongo 쉘 스크립트)에 따른 데이터 질의를 수행할 수 있어야 한다. Hadoop의 HDFS를 사용할 때는 HDFS 명령을 통해 데이터 질의를 수행할 수 있어야 한다. 또 사용자의 요구에 따라 빅데이터 저장시스템의 데이터 설계를 변경할 수 있다.

2) 빅데이터 저장관리시스템 운영

전사적인 빅데이터 현황에 따라 고품질의 데이터 관리 및 분석을 수행하기 위한 효율적이고 안정적인 빅데이터 저장관리시스템 운영을 수행해야 한다. 빅데이터 저장관리시스템의 상시 모니터링 체계와 시스템의 장애 발생 시 사용자의 업무 중단을 최소화할 수 있도록 장애대응 시나리오를 작성하여 대비하여야 한다. 또 데이터의 훼손 시에 데이터를 이상 없이 복구할 수 있도록 데이터 백업방법을 선정하여 백업을 주기적으로 수행하고 복구 테스트를 수행한다.

(1) 데이터베이스 용량관리

데이터 증가량에 따라 데이터베이스의 저장용량에 문제가 발생하지 않도록 저장소 사용량을 매일 모니터링하고, 연 1회 또는 2회에 걸쳐 저장소 사용예측에 따라 저장소 구입 증설을 해야 한다. 또 데이터 보존 연한에 따라 보존 기간이 경과한 데이터를 월 1회 등의 계획에 따라 제거 작업을 수행한다.

(2) 장애 대응관리

빅데이터 저장시스템 장애 발생 시 사용자의 업무 중단 시간을 최소화할 수 있도록 장애 허용 시간 내에 장래를 처리할 수 있도록 준비한다. 장애처리를 위한 빅데이터 저장시스템 설정 변경 등의 작업 시에는 다른 서비스에 영향이 없도록 사전 파악하여 작업을 수행한다. 또 장애대응을 체계적이고 효율적으로 수행할 수 있도록 장애대응 모의 훈련 계획을 수립하고 연 1회, 2회 등의 계획에 따라 장애대응 모의훈련을 수행한다.

(3) 사용자 권한관리

정보보호 규정을 고려하여 사용자 생산성 저하를 최소화시킬 수 있도록 사용자별로 권한을 권리하고 운영한다.

(4) 빅데이터 시스템 및 데이터베이스 백업/복구

빅데이터 시스템의 고장이나 데이터 손상에 대비하여 시스템 백업계획에 따라 주기적으로 시스템 및 데이터베이스 백업을 수행한다. 시스템 고장이나 데이터 손상 시에는 업무 중단을 최소화하도록 복구계획을 수립하고 시스템 복구 또는 데이터베이스 복구작업을 수행한다.

수행 내용

재료 · 자료

- 빅데이터 가이드라인 관련 자료
- 개인정보 비식별화 가이드라인

기기(장비 · 공구)

- 컴퓨터, 문서작성 프로그램, 프린터, 주변기기

안전 · 유의사항

- 빅데이터 관련 장비의 인진 및 유의사항을 숙지한나.
- 외부데이터일 경우 데이터 수집 및 경로 등을 빠짐없이 기록한다.
- 내 · 외부데이디 구분 후 개인징보보호빕 등 관계 법령에 위배 여부를 확인한다.

수행 순서

01 빅데이터의 저장방식 선정과정에 대하여 분석하라.

1. 조직의 빅데이터 저장목적을 파악한다

조직에서 빅데이터를 저장하여 어떻게 활용하고자 하는지에 대한 목적을 명확히 파악하여 정의한다.

2. 빅데이터 저장방식의 대안을 비교 분석한다

수집된 빅데이터 저장관리에 적합한 방식에 대한 대안을 비교 분석한다. 빅데이터 저장시스템 분류별로 기능요건, 분석목표 및 방식, 데이터 유형과 환경, 기존 시스템 아키텍처 등의 주어진 요구사항에 부합하는지 여부를 판별하여 문서화 한다.

3. 기존 시스템과의 연계 가능성을 고려한다

앞 단계에서 후보군으로 선정된 빅데이터 저장방식에 대하여 기존 시스템과의 연계 가능성 및 복잡도를 검토하고 이에 따른 수정안을 작성한다.

4. 빅데이터 저장방식을 선정하고 검증한다

사용자 관점에서의 빅데이터 저장시스템 활용 시나리오에 따라 선정된 빅데이터 저장시스템을 검증하고, 최종 선정결과와 선정사유를 문서화 한다.

5. 빅데이터 저장방식 선정에서 도출된 산출물은 다음과 같다

1) 빅데이터 저장방식 선정결과서

〈표 4-7〉 빅데이터 저장방식 선정결과서 예시

고려요소	세부 고려사항	선정 검토 내역
저장기술의 기능성	• 데이터 모델 • 확장성 • 트랜잭션 일관성 • 질의지원 • 접근성	• 테이블 형태 아닌 로그성 데이터 수집 저장 : NoSQL - 확장성이 너무 좋지 않아도 됨 • 데이터 일관성이 반드시 보장 안돼도 됨 • SQL이나 그에 준하는 질의 방법 필요 • Java 등 다양한 웹 시스템에서 접근 필요
분석방식 및 환경	• 온라인 상시 또는 배치 기반	• 배치기반의 분석도 있지만, 온라인으로 실시간 분석이 필요한 때도 있음
데이터 유형	• 기업 내·외부데이터 • 데이터 발생량/속도	• 기업 내부의 시스템 운영에 따른 다양한 로그성 데이터 • 1일 1만 건 이상의 데이터가 지속해서 발생
기존 시스템과 연계	• 운영시스템과 연계	• 기존 운영시스템의 로그데이터를 활용하는 것이므로 연계는 그리 중요하지 않음
선정 검토 결과		• 다양한 로그성 데이터를 저장·분석하여 여러 웹 시스템과 연계할 필요가 있으므로, NoSQL 저장시스템이면서 확장성과 접근성이 좋은 MongoDB나 유사한 NoSQL로 구축 권장

Tip

• 빅데이터 저장방식의 선정은 수집단계에서 사용되는 시스템과 처리단계에서 사용되는 시스템과의 연계가 필수적이므로 이의 연계성을 파악하기 위하여 빅데이터 환경 구축 전문가를 활용하는 것이 필요하다.

02 빅데이터 저장계획을 수립하는 과정에 대하여 분석하라.

1. 안정성과 신뢰성 확보 및 접근성 제어계획을 수립한다

1) 빅데이터 저장시스템 안정성 및 신뢰성 확보

빅데이터 저장시스템의 안정성 및 신뢰성을 확보하고 보장하기 위해 저장계획 수립단계에서 용량산정이 필요하다. 조직의 빅데이터 활용목적에 부합하는 현재와 향후 증가 추세를 추정 반영하여 빅데이터 저장용량을 산정하여 계획하고 전체 저장시스템 구축계획에 반영하는 것은 필수적이다.

① 저장대상이 되는 데이터의 유형, 크기, 저장방식 및 기간 등을 파악한다.

② 데이터, 아카이브 및 여유율 등을 고려하여 적정 디스크 용량계획을 산정한다.

③ Private 클라우드 대 Public 클라우드 등 안정성 및 신뢰성을 고려한 시스템 구축방안을 계획한다.

2) 접근성 제어계획 수립

저장시스템의 사용자와 관리자 유형, 역할 및 기능을 정의하고 각각에 해당하는 제어계획을 수립한다.

2. 빅데이터 저장시스템의 관리자 및 관련 사용자들을 정의한다

빅데이터 저장시스템이 구축되는 경우, 어떤 사용자들이 어떤 용도로 시스템을 사용할지를 정의하고 이를 관리하는 관리자 기능과 요구사항을 분석하여 정리한다.

3. 저장 대상 데이터의 특성을 파악하여 정리 · 분석한다

대상 데이터의 용량, 실시간 여부, 정형, 비정형 등 유형 및 요건을 파악하여 정리하고 특성에 부합하는 저장시스템 단계에서 후보군으로 선정된 빅데이터 저장방식에 대하여 기존 시스템과의 연계 가능성 및 복잡도를 검토하고 이에 따른 수정안을 작성한다.

4. 빅데이터 저장시스템 구축을 위한 세부계획을 수립한다

1) 빅데이터 저장시스템 도입 및 설정

선정된 빅데이터 저장시스템 도입 및 설정에 필요한 준비 및 일정에 대한 세부계획을 수립한다. 시스템 설치에 필요한 하드웨어 등의 제반 환경을 점검하고 이에 대한 체크리스트를 작성하여 준비상황을 점검한다.

2) 빅데이터 저장시스템 구축일정 및 역할

도입 및 설정이 완료된 시스템에 대하여 빅데이터 모델 설계, 타당성 검증, 시스템 설치 및 설정, 설치 테스트, 샘플 데이터 적재 및 테스트, 실데이터 적재, 검증, 가동(Go-live) 일정 및 역할을 정의한다.

3) 빅데이터 수집 및 처리시스템과 연계방안 수립

이미 도입된 빅데이터 수집 및 처리시스템과의 연계방안을 수립한다. 누가 언제 어떻게 연계할지를 계획과 일정에 명확하게 반영하되 수집부문, 처리부문 전문가 및 데이터 유형별(㉾ 비정형 대 정형, 배치 대 실시간 스트리밍) 전문가를 배치하여 전문성을 확보하는 방안을 마련한다.

4) 빅데이터 저장시스템 검증 및 운영방안 수립

구축이 완료된 저장시스템의 최종 검증계획을 작성하고 운영 조직체계를 포함하는 운영방안을 수립한다.

5. 빅데이터 저장계획 수립에서 도출된 산출물은 다음과 같다

〈표 4-8〉은 빅데이터 저장시스템 준비상황을 점검하기 위한 체크리스트의 예시이다.

Tip

빅데이터 저장계획을 수립하는 데는 저장시스템을 구축하는 주체가 되는 조직 구성원의 참여와 피드백이 필수적이다.

〈표 4-8〉 빅데이터 저장시스템 준비상황 체크리스트 예시

구축단계 고려요소	체크항목	준비상황
1. 빅데이터 저장시스템 도입 및 환경설정	• 시스템 설치를 위한 하드웨어 환경 - 설치장소, 전력량, 항온항습장치 - 네트워크 연결 - 서버사양 및 필요 대수	
	• 소프트웨어 환경 - 설치 서버의 필요 SW : OS 등 확보 - 분산환경 설치여부 - 시스템 모니터링 환경 설치여부	
2. 시스템 구축일정 및 역할	• 빅데이터 모델 설계일정 및 타당성	
	• 저장시스템 설치/설정 및 테스트 일정	
	• 샘플 데이터 적재 및 테스트 일정	
	• 실데이터 적재 및 검증 일정	
	• 가동일정 및 역할	
3. 빅데이터 수집 및 처리시스템과 연계방안	• 수집시스템과 연계방안 수립(일정, 역할)	
	• 처리분석시스템과 연계방안 수립(일정, 역할)	
4. 빅데이터 저장시스템 검증 및 운영방안	• 저장시스템 최종점검 계획/운영조직체계 수립	

03 요구사항을 분석하는 과정에 대하여 분석하라.

1. 빅데이터 요구사항을 수집한다

RFP(제안요청서)와 조직의 업무 관련 문서의 조사분석과 사용자 인터뷰를 통해 빅데이터 요구사항을 추출한다. 인터뷰는 새로운 빅데이터 적재 관리를 통해 데이터 처리, 분석업무를 수행할 사용자를 대상으로 인터뷰를 진행하여 요구사항을 수집한다.

2. 빅데이터 요구사항을 분석한다

빅데이터 저장시스템이 구축되는 경우, 요구사항이나 저장관리가 필요한 데이터의 유형에 따라 저장시스템이 다를 수 있다. 따라서 데이터 요구사항을 데이터 유형별로 분류하고, 데이

터 특성에 따른 업데이트 주기에 따라 분석 · 정리하여 사용할 저장시스템에 잘 부합하는지 확인한다.

1) 데이터 유형별 요구사항 분류

요구사항에서 요구되는 데이터 종류가 무엇인지 확인하고 어떤 데이터 유형인지에 따라 분류한다.

2) 데이터 업데이트 주기에 따른 요구사항 분류

요구사항의 데이터 업데이트 주기가 실시간 주기로 발생하는 것인지, 시간 단위나 일 단위 주기로 발생하는 것인지를 따져봐야 한다. 데이터 업데이트 주기는 데이터 종류와 크기, 발생 빈도, 분석주기, 시스템 및 네트워크 부하 수준, 적용 가능한 수집기술 등을 고려하여 선택해야 한다.

3. 빅데이터 요구사항을 명세한다

수집 · 분석된 요구사항들에 대해 기능, 비기능, 데이터 요구사항으로 명세한다. 대상 데이터의 용량, 실시간 여부, 정형, 비정형 등 유형 및 요건을 파악하여 정리하고 특성에 부합하는 (저장방식 선정단계에서 후보군으로 선정된) 빅데이터 저장방식에 대하여 기존 시스템과의 연계 가능성 및 복잡도를 검토하고 이에 따른 수정안을 작성한다.

4. 빅데이터 요구사항을 검증한다

1) 정의된 요구사항 정확성 확인

정의된 데이터 요구사항의 의미가 정확한지, 빠진 내용이 없는지, 내용의 최초 발생에서 시스템 구현까지 추적 가능한지를 확인한다.

2) 제외된 요구사항 확인

요구사항 수집단계에서 수집되었지만, 분석/명세 단계에서 제외된 요구사항들을 도출하고 확인한다.

3) 중복 요구사항 확인

명세된 요구사항에서 명세된 형태는 다르지만 사실상 그 의미가 겹치는 요구사항들을 찾아서 확인한다.

5. 요구사항 분석에서 도출된 산출물

1) 요구사항 명세서

빅데이터 요구사항 명세는 〈표 4-3〉(p.150)에 제시된 예시를 참조하기 바란다.

Tip

- 요구사항 분석은 사업수행을 요청한 사용자의 문서조사분석과 사용자와의 인터뷰를 통한 분석이 중요하므로, 업무 초기단계부터 사용자와 긴밀한 관계 유지가 중요하다.
- 사업 수행조직에 업무문서지원과 인터뷰를 지원할 사용자를 포함하는 것이 효과적이다.

04 NoSQL 데이터 모델 설계 및 검증하는 과정에 대하여 분석하라.

1. 요구시항 명세로부터 개념적 모델을 설계한다

빅데이터 저장 · 분석이 필요한 도메인에 대한 이해를 위해 개체와 관계를 정의하고 ER 다이어그램을 그린다.

1) 핵심 개체 정의하기

빅데이터 저장관리와 분석에서 주제 영역을 대표하는 독립적인 핵심 개체를 정의한다.

2) 핵심 관계 정의하기

주제 영역 내의 핵심 개체 간의 관계 기수성(Cardinality)과 선택성(Optionality)을 정의한다.

3) ER 다이어그램 그리기

비즈니스 도메인에서 공통으로 사용하는 ER 표기법에 따라 핵심 개체와 관계를 도식화한다.

2. 개념적 설계도로부터 문서 데이터 모델로 변환한다

앞 단계에서 설계된 개념적 데이터 모델로부터 문서 데이터 모델(MongoDB 사용)에 맞게 컬렉션(Collection)을 설계한다.

학습 지식의 NoSQL 데이터 모델 설계기법에 따라 이전 단계에서 설계된 개념 데이터 모델을 문서 데이터 모델로 변환한다.

1) 1:1 관계인 경우

관계의 선택성이 필수인 문서의 칼럼으로 다른 문서를 Link하거나 Embed 한다.

2) 1:n 관계인 경우

관계의 기수성이 n에 해당하는 문서에 칼럼을 추가하여 1쪽에 해당하는 문서의 Link를 갖거나 문서 자체를 Embed 한다.

3) n:m 관계인 경우

문서 양쪽에 칼럼을 추가하여 Link 값을 갖는다. 또 데이터 중복이 문제가 되지 않는다면 성능 향상을 위해 문서 양쪽에 서로 Embed 하여 문서를 중복해서 가지도록 설계할 수도 있다.

3. 데이터 제약조건을 명세한다

빅데이터 저장관리시스템으로 관계형 DBMS를 사용하는 경우에는 데이터 제약조건으로 기본키 제약조건, 외래키 제약조건, 도메인 제약조건, 엔티티 무결성 제약조건 등이 있지만 NoSQL DBMS의 경우에는 데이터 제약조건이 없다. NoSQL DBMS중의 하나인 MongoDB의 경우는 기본키는 시스템이 자동으로 생성하는 id_로 표현되고, 외래키는 Embedding이나 Link로 표현된다. MongoDB의 Embedding을 통한 관계 표현 시에는 참조 관계의 정확성을 애플리케이션이 책임져야 한다.

4. 개념 데이터 모델의 개체, 속성, 관계에 대하여 체크리스트를 작성한다

개념적 데이터 설계의 결과인 ER 다이어그램에서 개체, 속성, 관계를 확인하고 NoSQL 논리 데이터 모델에서 확인해야 할 체크리스트를 작성한다. 핵심 개체들과 속성들의 존재 여부와 관계들의 특성에 따른 논리 데이터 예상 설계결과를 체크리스트로 작성한다.

5. 개체, 속성, 관계에 대한 체크리스트에 대하여 문서 데이터 모델의 품질을 확인한다

① ER 다이어그램 설계결과의 핵심 개체가 문서데이터 모델에서 어떤 컬렉션으로 존재하는지 확인

② 관계가 어떻게 설계되었는지 확인(Embedding 또는 Link)

③ 데이터 도메인 적합 여부 확인

6. 데이터 모델 설계에서 도출된 산출물은 다음과 같다

① ER 다이어그램

② 관계데이터 모델 설계서(+SQL 스크립트)

③ 문서데이터 모델 설계서(+mongo 쉘 스크립트)

위의 산출물에서 ER 다이어그램과 관계 데이터 모델 설계서 관련 내용은 DB엔지니어링 직무능력에 자세히 기술되어 있으니 여기에서는 설명을 생략한다. MongoDB는 관계형 데이터베이스 시스템과 달리 스키마가 유연하므로, 컬렉션 생성 시에는 칼럼을 명시할 필요가 없고, 문서를 Insert 할 때의 값에 따라 칼럼들이 자동 생성된다.

학습 4

학습활동.4 교수 · 학습 방법

교수 방법

- 빅데이터의 저장에 대한 관련 용어, 구성, 방식 이해 정도를 파악한 후 수업을 진행한다.
- 교수자의 주도로 빅데이터의 저장 등의 내용을 PPT 자료로 제시한 후 설명한다.
- 가능하면 사전에 개인별 학습 자료를 준비하여 모든 학생이 참여할 수 있는 문제 해결식 수업, 협력 수업이 가능하도록 한다.
- 빅데이터의 저장 전 과정을 작업의 순서에 따라 단계적으로 실습이 이루어질 수 있도록 지도한다.
- 교재를 통해 수업을 준비하는데 있어서 필요한 모든 정보나 팁, 힌트 등 도움이 될 만한 내용들을 확인할 수 있다.
- 학생들이 만들게 될 각 모델들은 수업시간에 중점적으로 다뤄질 부분과 어휘, 질문, 답을 포함하고 있으며 또한 탐구할만한 추가적인 아이디어들도 포함하고 있다.

학습 방법

- 빅데이터의 저장에 대한 관련 용어를 숙지하고, 빅데이터의 저장에 대해 이해한다.
- 빅데이터의 저장의 각 단계별 중점 사항을 체계적으로 학습한다.
- 빅데이터의 저장의 수행순서의 전 과정을 실습한다.
- 빅데이터의 저장의 내용을 이해한다.
- 빅데이터의 저장을 숙지하고 숙달이 될 때까지 학습한다.

학습활동.4 평가 및 피드백

평가 준거

- 평가자는 피평가자가 수행 준거 및 평가 내용에 제시되어 있는 내용을 성공적으로 수행할 수 있는 지를 평가해야 한다.

학습내용	평가항목	성취수준		
		상	중	하
빅데이터의 저장	빅데이터의 저장을 이해할 수 있다.			

평가 방법

- 작업 포트폴리오

학습내용	평가항목	성취수준		
		상	중	하
빅데이터의 저장	빅데이터의 저장을 이해할 수 있다.			

- 필기시험

학습내용	평가항목	성취수준		
		상	중	하
빅데이터의 저장	빅데이터의 저장을 이해할 수 있다.			

- 체크리스트를 통한 관찰

학습내용	평가항목	성취수준		
		상	중	하
빅데이터의 저장	빅데이터의 저장을 이해할 수 있다.			

- 피드백

1. 작업 포트폴리오
   - 제출한 보고서를 평가한 후 주요 사항에 대하여 표시하여 돌려준다.
2. 필기시험
   - 평가 결과 성적이 저조한 학생은 보고서 제출 기회를 부여한다.
3. 체크리스트를 통한 관찰
   - 실습 과정에서 평가한 후 개선해야 할 사항 등을 정리하여 돌려준다.

참 | 고 | 문 | 헌

- 개인정보보호법(시행 2016년 4월 7일, 법률 제13723호)
- 공공 데이터의 제공 및 이용활성화에 관한 법률(시행 2016년 7월 25일, 법률 제13423호)
- 공공데이터포털, https://www.data.go.kr, 2016.8.10.
- 교육부 · 전종훈 외, "빅데이터 분석, NCS 학습모듈"
- 국가법령 정보센터, http://www.law.go.kr
- 국가통계포털, http://kosis.kr, 2016.8.11.
- 김선남 · 이환수, 『빅데이터 개인정보 가이드라인(안)의 개선방향 연구』, 『정보화 정책 제21권, 제4호』, 25쪽, 2014.
- 김시환 · 천석진 · 이현주, 『Big data 이용현황과 시사점』, 『지급결제와 정보기술 제52호』, 금융결제원 금융결제 연구소, 2013.
- 김진영, 『헬로 데이터 과학』, 한빛 미디어, 2016.
- 김형훈 · 김선화, 『클라우드와 빅데이터의 강력한 파트너 MongoDB 핵심가이드』, 프리렉, 2014.
- 빅데이터 기술분류 및 현황, 한국지능정보사회진흥원, 2013.12.
- 소프트웨어공학센터, http://www.sw-eng.kr.
- 위키백과, https://ko.wikipedia.org/wiki
- 이상한 · 정영훈, 『빅데이터 시스템 구축 가이드』, 프리렉, 2015.
- 이재운 기자, "통계학적 방식으로 취약점 방어...빅데이터 활성화 기대", 디지털타임즈, 3면, 2016.7.1.
- 조대협, NoSQL 데이터 모델링, http://bcho.tistory.com/665에서 2016.08.01., 2012.
- 조대협, 분산 로그 & 데이터 수집기, Fluentd, http://bcho.tistory.com/1115, 2016.08.01.
- 주종면, 『NoSQL & mongoDB』, 도서출판databook, 2014.
- 포스터 프로보스트 · 톰 포셋, 『비즈니스를 위한 데이터 과학』, 한빛 미디어, 2014.
- 한국 데이터베이스 진흥원, 『데이터 분석 전문가 가이드 2014 Edition』, 한국 데이터베이스 진흥원, 2014.
- 한국 데이터베이스 진흥원, 『데이터 분석 전문가 가이드 개정판』, 한국 데이터베이스 진흥원, 2016.
- 한국정보화진흥원, 빅데이터 활용 단계별 업무절차 및 기술 활용 매뉴얼(Version 1.0), 2014.
- 행정자치부 관계부처 합동 보도문, 『개인정보 비식별화 가이드라인』, 행정자치부 관계부처 합동 보도문, 2016.
- boardConfigUid=9 &boardIdx=39&boardStep=1, 2016.7.28.
- Cattell R., Scalable sql and nosql data stores, ACM SIGMOD, Athens, Greece, 2011.
- DBGuide.net, 데이터 요건분석
- http://www.dbguide.net/db.db?cmd=view&boardUid=13839&
- https://ikkison.tistory.com/66, 빅데이터/쉽게 읽는 데이터, 2019.5.23.
- mongoDB Inc., MongoDB 3.2 Manual, Retrieved from https://docs.mongodb.com/manual/, 2016.08.
- mongoDB Inc., Sharding, Retrieved from https://docs.mongodb.com/manual/sharding/, 2016.08.
- Shard_(database_architecture)
- Solid IT. Inc., DB-Engines Ranking, Retrieved from http://db-engines.com/en/ranking, 2016.8.
- Wikipedia, Shard(database architecture), Retrieved from https://en.wikipedia.org/wiki/, 2016.08.

학습 1	빅데이터의 이해
학습 2	빅데이터의 분석기획
학습 3	빅데이터의 수집
학습 4	빅데이터의 저장
학습 5	**빅데이터의 처리**
학습 6	빅데이터의 분석용 데이터 탐색
학습 7	통계기반 빅데이터 분석
학습 8	머신러닝 기반의 빅데이터 분석
학습 9	텍스트마이닝 기반의 빅데이터 분석
학습 10	빅데이터의 시각화
학습 11	빅데이터의 비즈니스 모델과 활용전략
학습 12	빅데이터의 플랫폼과 관리
학습 13	빅데이터의 보안분석
학습 14	빅데이터의 융합

학습 목표

1. 빅데이터의 처리를 이해할 수 있다.

5-1 빅데이터의 처리계획 수립

1. 빅데이터 처리시스템의 개요

빅데이터 처리시스템이란 대용량 데이터를 분산 병렬처리하고 관리하는 시스템으로 사용자에게 데이터의 유형에 따라서 실시간 처리나 배치(Batch) 처리를 할 수 있도록 하는 프레임워크를 제공한다. 빅데이터 처리시스템은 대규모 양의 데이터의 수집 · 관리 · 유통 · 분석을 처리하는 일련의 분산 병렬처리 프레임워크를 말한다. 빅데이터 처리를 통해서 유용한 정보 및 데이터 내면에 있는 지식을 찾아낼 수 있다. 이런 정보를 찾기 위한 데이터 가공 및 분석과정 전반을 지원하는 것이 빅데이터의 처리기술이다. 현재의 대규모 데이터 처리를 위한 확장성, 데이터 생성 및 처리속도를 지원하기 위한 실시간 처리, 비정형 데이터 처리에 대한 지원 등이 빅데이터 처리시스템의 필수 요소이다.

1) 빅데이터 처리기술의 필요성

빅데이터 처리기술은 과거와는 달리 현재는 모바일 기기 및 다양한 IT 기기를 이용하여 누구나 데이터를 생성하고 활용할 수 있으며, 기존 전통적인 데이터 처리기술은 현재의 폭발적인 데이터와 다양한 형태를 처리하기에는 적합하지 않다. 빅데이터 처리기술은 생성되는 데이터에 대한 크기, 발생속도, 다양성에 따라서 정의할 수 있으며 이는 기존의 전통적인 데이터 처리기술로는 폭발적으로 증가하는 데이터 및 다양한 형태의 포맷과 실시간 처리속도에 대한 요구사항을 충족시키기에는 한계가 있다.

(1) 데이터 볼륨 증가

미국 IDC에 따르면 지난 10년간 생성된 데이터보다 최근 2년간 생성된 데이터 양이 훨씬 많다는 결과가 나타나고, 보통 수백 테라바이트에서 수 페타바이트 이상의 대용량을 처리해야 한다.

(2) 데이터 발생 속도 증가

오늘날 데이터양의 85% 이상은 모바일 및 SNS, 스캐너, 센서, RFID 태그 장치, 피드 및 기업 외부의 다른 소스로부터 만들어지는 새로운 데이터 타입에서 생성이 된다. 또 자동화 툴 및 기기를 통해서 과거와 비교할 수 없는 속도로 데이터들이 생산되고 있다. 이들 데이터의 생성은 과거 기업 내부로부터 수집 · 발생하는 데이터 속도와는 비교가 되지 못할 만큼 엄청난 속도로 발생하고 있다.

(3) 데이터 포맷 다양성 증가

기존의 데이터 웨어하우스(Data Warehouse)는 관계형 데이터 구조를 가진 데이터베이스를 통해서 관리되기에 적합한 정형화된 데이터를 주로 처리하였다. 그러나 최근 데이터의 성격은 다변화하여 반정형 및 비정형 데이터로 변환되고 있다. 이것은 기존의 텍스트 위주의 데이터에서 그림, 동영상, 음성, 로그, 센서데이터 스트림 등 비정형 데이터 위주로 급속히 증가하고 있어 기존의 관계형 데이터베이스로 처리하기에는 어려움이 있다.

(4) 새로운 처리기술의 필요성

빅데이터의 3V 특성에 맞는 새로운 데이터 처리 프레임워크가 요구된다. 이는 실시간 데이터를 처리하면서 통합 분석하는 데이터 처리기술이 필요하다. 또 이벤트를 관리하면서 데이터 질의 및 분석을 통합 처리하고, 실시간 데이터에 대한 스트리밍 데이터를 효율적으로 처리할 수 있어야 한다. 실시간 대용량 데이터를 서비스하기 위한 새로운 구조의 분산처리시스템이 요구되며, 이는 기존의 대용량 데이터 처리방식으로는 처리가 어렵고, 특히 엄청난 양의 비정형 데이터를 효율적으로 처리하기 위한 프레임워크가 필요하다.

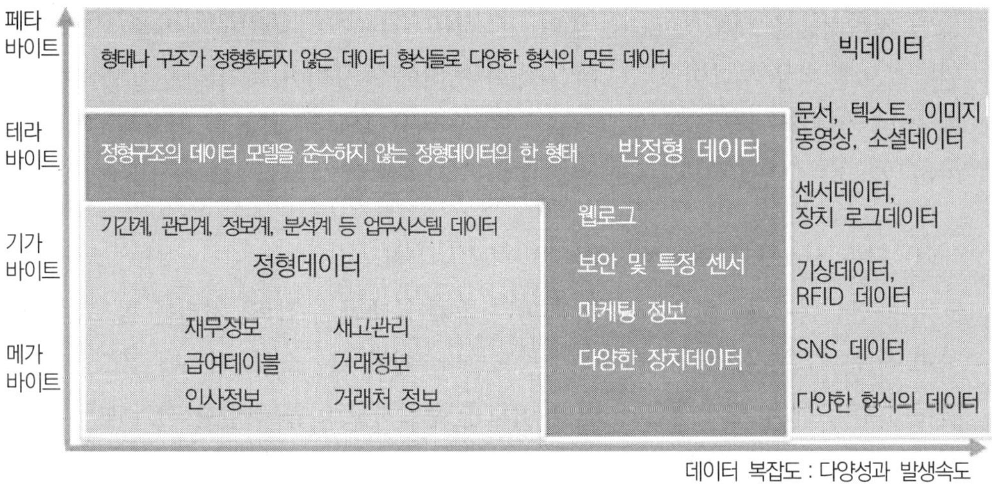

[그림 5-1] 빅데이터의 특성 및 종류

2) 빅데이터 처리시스템 목표

최근 발생하는 데이터의 크기, 발생속도, 다양한 데이터 타입에 따른 빅데이터 처리시스템을 위해서는 다음과 같은 목표를 고려하여 설계하여야 한다.

(1) 결함 허용시스템(Fault Tolerance)

모든 시스템은 장애가 항상 발생할 수 있다. 이는 애플리케이션 문제 또는 하드웨어 리소스 문제로 인해 발생할 수 있다. 결함 허용시스템은 이러한 장애가 발생하여도 시스템이 대체 시스템이나 고장 대응체계를 통해서 시스템 운영을 계속하는 것을 의미한다. 빅데이터를 처리하기 위해서는 기본적으로 분산처리시스템이 요구되며, 이를 위해서는 장애가 발생하여도 버티고 수행하는 능력(결함 허용시스템)을 갖추어야 한다. 결함 허용시스템은 여러 시스템에서 다양한 의미로 활용될 수 있으나, 하둡에서는 클러스터 내에 있는 노드가 수행 중에 죽거나, 실행이 실패하는 경우에 클러스터 내에 있는 다른 노드에 작업(Job)을 재할당하거나, 노드를 재수행(Restart)을 자동으로 수행하여 전체 수행에 문제가 없도록 하는 것이다.

(2) 저비용시스템(Cost Effective System)

빅데이터라고 해서 항상 큰 비용이 드는 것은 아니다. 이는 작업에 적합한 도구를 적절하게 선택하여 데이터 처리에 드는 비용을 줄일 수 있다. 이는 처리할 데이터 구조(Data Structure), 답변시간(Latency), 처리량(Throughput)에 따라서 적절한 비용에 따라 툴을 선택하면 된다. 하둡에서는 다양한 유틸리티를 제공해서 시스템 처리비용을 대폭 낮출 수 있다. 또 하둡은 비교적 저렴한 서버를 사용하므로 일반적으로 비용 부담이 낮고, 여러 대의 서버에 분산되어 처리됨으로 장애가 있을 때 전면 장애의 가능성이 작다. 하둡 클러스터는 부하에 따라서 지속해서 수평 확장이 가능한 구조이기 때문에 저비용으로 시스템을 구축할 수 있다.

(3) 기존 시스템과 연계성

빅데이터 처리시스템은 다양한 데이터 종류에 대한 수집 및 처리를 할 수 있어야 하며, 이는 기존 시스템과 연계성이 중요하다. 데이터는 소셜, 시스템 로그, 텍스트, 멀티미디어, 센서 로그 등 다양한 데이터를 수집하고 이를 적절한 시스템에 저장하여 처리하게 된다. 데이터는 크게 수집, 저장관리, 분석, 서비스 단계로 나누어 운영된다. 데이터 분석단계에서는 데이터 처리를 위한 계획 및 시스템 구축, 처리시스템 운영이 필요하다.

2. 빅데이터 처리시스템 구축 전략

빅데이터 처리시스템 구축을 위해서 각 시스템이나 처리기술의 기능성, 분석방식 및 유형, 분석대상 데이터 특성, 기존 시스템 연계성을 고려해야 한다.

1) 빅데이터 처리방식 및 환경

빅데이터를 처리하기 위해서는 클러스터를 구축해야 한다. 하둡은 동작방식에 따라서 3가지 모드로 구분된다.

(1) 독립 모드(Standalone Mode)

데몬 프로세스가 없이 모든 프로그램이 하나의 JVM(Java Virtual Machine)에서 동작하는 모드로 맵리듀스 프로그램을 동작시키고, 개발 테스트하는 동안에 사용하는 모드이다. 실제 빅데이터를 처리하는 환경으로는 적합하지 않다.

(2) 의사분산 모드(Pseudo-distributed Mode)

하둡 데몬 프로세스가 하나의 로컬컴퓨터에 여러 개 동작하는 모드로 작은 규모의 클러스터를 시뮬레이션하는 경우에 사용될 수 있다.

(3) 완전분산 모드(Fully Distributed Mode)

하둡 데몬 프로세스가 클러스터로 구성된 여러 개의 컴퓨터에 나누어 동작하고, 마스터 노드(Master Node)와 슬레이브 노드(Slave Node)가 구분되어 동작하는 실제 분산처리시스템으로 동작하는 환경이다. 데이터들은 실제 데이터노드(Data Node)에 분산 저장되며, 복제본을 여러 노드에 나누어 저장하여 관리한다. 이들에 대한 메타정보는 마스터 노드에서 관리하여 운영하는 모드이다.

2) 처리시스템 기능성 비교

빅데이터 처리시스템의 기능성 비교를 위한 주요 항목으로는 다양한 데이터 처리기술, 확상성, 결함 허용시스템, 사용자에세 다양한 도구제공 등이 있다.

(1) 다양한 데이터 처리

빅데이터는 여러 데이터 소스로부터 데이터를 배치 · 처리하는 것도 중요하지만 현재 발생하는 상황파악 및 발생원인의 실시간 분석에 대한 중요성이 커짐에 따라 대규모 스트림 처리도 고려해야 한다. 이러한 실시간 처리기술은 더 큰 메모리에 대한 요구 및 인-메모리 처리와 데이터를 추출하기 기술들이 필요하다.

(2) 확장성

빅데이터 처리시스템 구축에 있어 확장성은 매우 중요한 기능요소이다. 이는 현재 폭발적으로 증가하고 있는 대량의 데이터를 처리하기 위해서 시스템 확장은 필수이다. 이것은 일반사양의 하드웨어를 기반으로 분산병렬 플랫폼 구성이 가능한 스케일아웃(Scale Out) 방식으로 증가한 데이터를 처리할 수 있다

(3) 결함 허용시스템

빅데이터 처리시스템은 기본적으로 파일을 저장할 때 분산저장하여 활용성 증가 및 하드웨어 고장을 가정한 결함 허용플랫폼이 지원되어야 한다. 이는 일부 하드웨어가 고장 났을 때도 전체 시스템에 영향을 주지 않고, 데이터를 중단 없이 처리하는 것이 중요한 요소이다. 이전 결함 허용시스템들이 하드웨어적인 투자를 통해서 구축되었지만, 빅데이터 처리시스템에서는 소프트웨어적으로 구현하는 방식을 지

원해야 한다.

(4) 다양한 도구 지원

빅데이터 시스템은 기본적인 데이터저장 및 처리에 대한 시스템으로 구축할 수 있지만 데이터 수집 및 처리, 시각화 도구 등 다양한 도구를 사용할 수 있게 되어야 한다. 이를 위해 기존 시스템과의 호환성 지원 여부를 검토해야 한다.

3) 분석데이터 유형

빅데이터 처리시스템에는 데이터 유형에 따라서 적합한 처리시스템을 구축해야 한다. 이는 데이터의 볼륨, 발생속도뿐만 아니라 관리해야 할 데이터 형식도 중요한 요소이다. 빅데이터에서 관리해야 하는 데이터의 종류는 문서, 그래프, 키-값, 칼럼 형식 등을 비롯한 다양한 데이터 모델을 사용한다. 이들 데이터는 NoSQL 데이터베이스를 사용하여 처리할 수 있다.

3. 빅데이터 처리인프라 및 S/W 구성

빅데이터에 대한 처리는 데이터로부터 유용한 정보를 발견하고, 숨어있는 지식을 찾아내어 의사결정을 지원하기 위한 목적으로 데이터를 점검, 정제, 변환, 모델링하는 전반적인 프로세스를 말한다. 빅데이터 분석기술은 크게 통계분석과 데이터마이닝으로 구분할 수 있다. 빅데이터 처리시스템은 다양한 저장시스템과 연계하여 다양한 형태의 데이터를 실시간, 배치(Batch), 인-메모리(In-memory) 처리방식에 처리 소프트웨어(플랫폼)를 구성하여야 하고, 처리시스템을 구축하기 위한 하드웨어 군(클러스터)을 설치하는데 개별적인 시스템 구축방식과 클라우드 컴퓨팅을 사용한 방식으로 구성할 수 있다. 또 빅데이터는 단순한 자료의 나열이 아닌 그 데이터에 대한 통찰력(Insight)이 중요하기 때문에 어떻게 처리된 데이터를 표현하느냐에 따라서 다양한 분석결과를 만들 수 있다. 그래서 데이터 분석결과에 대한 시각화 기술 또한 중요한 요소이다.

1) 빅데이터 분석도구

빅데이터 분석은 대량의 데이터로부터 알려지지 않은 정보를 찾아 이를 의사결정에 활용하는 것으로 데이터마이닝과 예측 분석에 활용될 수 있다. 이러한 분석도구에는 NoSQL, 데이터베이스, 하둡 등이 포함된다.

(1) 하둡(Hadoop)

오픈소스인 아파치 하둡은 하둡 분산 파일시스템(HDFS)과 맵리듀스를 구현한 빅데이터 처리 프레임 워크이다. 하둡은 적은 비용으로 큰 데이터의 처리가 가능하고 다양한 에코시스템으로 구성되어 있다. 하둡의 파일시스템은 파일을 블록단위로 나누어 저장하고, 결함 허용을 위해서 각 블록의 복사본을 유지한다. 하둡에서는 데이터가 있는 곳에서 처리하고, 일반적인 하드웨어 사양을 사용하기 때문에 하드웨어적인 고장을 고려하여 설계해야 한다. 그래서 파일을 저장 시에 기본적으로 블록으로 나누어 저장할 때 각 블록을 여러 개로 중복 저장할 수 있다. 이때 중복하는 블록 수를 하둡에 설정하여 관리할 수 있고, 기본값은 세 개의 중복된 블록을 가지는 것이다. 복사본의 수는 특정 파일에 대해서 다른 복사본 수를 가질 수 있다. 설정에 의하여 블록이 저장될 랙을 지정할 수 있다.

학습 5

(2) 알(R)

알은 통계계산 및 시각화를 위한 개발환경을 제공하며 이를 통해서 기본적인 통계 및 모델링과 데이터마이닝 등이 구현할 수 있다. 통계적 언어로 다양한 통계분석과 예측분석이 가능하다.

(3) 프레스트(Presto)

빅데이터 분석도구인 프레스트는 페이스북에서 개발된 하둡을 위한 SQL 처리 엔진으로 SQL 언어로 데이터를 빠르게 분석할 수 있다. 클라우데아 임팔라와 아파치 타조 등과 유사하다.

(4) 빅쿼리(BigQuery)

빅쿼리는 구글에서 개발한 대용량 데이터를 처리하는 엔진으로 이를 사용하기 위해서는 먼저 분석할 데이터를 구글시스템에 업로드하고, 빅쿼리 API를 사용하여 질의를 전송하는 방식이다. 구글 클라우드 스토리지와 함께 이용하며 최대 2TB까지 데이터를 업로드하여 무료로 분석할 수 있다.

(5) 맵리듀스(MapReduce)

맵 함수와 리듀스 함수 기반으로 구성되는 키, 값 리스트를 기반으로 데이터를 병렬처리하는 방식이다.

(6) 서밍버드(Summingbird)

스톰과 하둡을 결합한 스트리밍 맵리듀스 시스템으로 배치작업과 스트리밍 작업을 모두 요구하는 애플리케이션을 수행하는 데 유용한 서비스이다.

(7) 에스퍼(Esper)

실시간 처리를 위한 인-메모리 기술로 여러 이벤트 소스로부터 발생한 이벤트를 대상으로 의미 있는 데이터를 추출하여 그것에 대응하는 작업을 수행하는 서비스이다.

4. 빅데이터 처리방식 및 솔루션

빅데이터에 대한 처리방식은 대화형 처리, 배치 처리, 실시간 처리방식으로 구분할 수 있고, 처리 솔루션은 여러 회사를 통해서 제공된다.

1) 대화형 처리(Interactive Processing)

대용량의 데이터를 가지고 원하는 질의에 대해서 수 초 내에 답을 얻는 형태로 주로 서비스 BI 대시보드 형태로 많이 사용하고 있고 하이브 쉘, 임팔라, 피그의 대화형 모드로 처리할 수 있다. 대표적인 툴은 레드시프트(Redshift), 프레스트(Presto), 임팔라(Impala), 스파크(Spark), 하이브(Hive), 피그(Pig) 등이 있다.

2) 배치 처리(Batch Processing)

일일, 주간, 월간 보고서 작성 등 주기적으로 작업을 수행하는 형식으로 답변을 얻기까지 일정 시간이 소요되는 처리방식이다. 대표적인 툴은 맵리듀스(Mapreduce), 하이브(Hive), 피그(Pig), 스파크(Spark) 등이 있다.

3) 실시간 처리(real-time Processing)

실시간 데이터 처리방식은 주로 이벤트성 응답이나 데이터 스트림의 준 실시간 처리를 위해서 사용이 되며, 결제나 비정상 카드 사용 등에 대한 데이터 분석에 사용된다. 스트림 처리 툴에 있어서는 스톰(Storm), KCL, 스파크 스트리밍(Spark Streaming) 등이 있다.

4) 빅데이터 처리 솔루션

빅데이터를 처리하는 데 필요한 여러 요소와 관련 솔루션을 서비스하는 여러 회사의 S/W를 활용해서 자체 시스템을 구축하거나 외부 클라우드 컴퓨팅을 활용할 수 있다.

(1) 아파치 소프트웨어 파운데이션

1999년 만들어진 비영리 재단으로 빅데이터 관련 오픈소스 프로젝트를 수행하고 그 결과를 무료로 공유하고 있다. 하둡(Hadoop) 및 관련 에코시스템이 개발되고 있다.

(2) 클라우데라(Cloudera)

빅데이터 분석을 위한 오픈소스 소프트웨어 하둡 전문기업 중의 하나인 클라우데라는 2008년 설립된 하둡 기반 빅데이터 처리 기업으로 더그커팅이 합류하여 현재 하둡 배포판을 제공하는 업체 중 시장 점유율 1위 기업이다. CDH 하둡 배포판을 무료로 제공하고 있다.

학습 5

(3) 호튼웍스(Hortonworks)

2011년 야후(Yahoo) Hadoop 개발 및 운영팀 엔지니어 24명이 설립한 Hortonworks는 하둡(Hadoop) 플랫폼 핵심을 설계 · 구축 및 테스트하는 데 적극적으로 참여 및 리드해왔다. 하둡 개발 및 컨설팅을 하고 있으며, 클라우데라와 함께 HDP 하둡 배포판을 무료로 제공하고 있다.

(4) 맵알(MapR Technologies)

맵알 테크놀로지스는 하둡(Hadoop) 진영에서 가장 먼저 개발을 시작했고, SQL 온 하둡 기술 중 하나인 '아파치 드릴(Drill)'을 중심으로 표준 SQL 준수를 강점으로 배포판을 제공하고 있다. 구글의 클라우드 플랫폼 파트너이며 제공하는 기능이나 파일 포맷의 종류에 있어 하이브(Hive), 임팔라(Impala)와 동등한 기능을 제공한다.

(5) 마이크로소프트 애저(Azure)

애저(Azure)는 분석, 컴퓨팅, 데이터베이스, 모바일, 저장소와 웹이 통합된 클라우드 서비스 플랫폼이다. 클라우드 서비스인 애저(Azure)에서 하둡(Hadoop) 클러스터 서비스인 HDInsight를 통해서 빅데이터 처리가 가능하다. 호튼웍스 및 클라우데라의 배포판과 호환되는 가상머신 서비스를 활용해서도 빅데이터를 처리할 수 있다.

(6) 아마존 AWS(Amazon Web Service)

아마존 웹서비스는 아마존닷컴이 제공하는 각종 원격 컴퓨팅 서비스이다. 아마존 웹서비스는 다른 웹사이트나 클라이언트 측 응용 프로그램에 대해 온라인 서비스를 제공하고 있다. 아마존 웹서비스의 각종 서비스는 REST 프로토콜 및 SOAP 프로토콜을 통해 접근, 이용과 관리를 할 수 있다. 빅데이터 처리를 위한 하둡 맵리듀스 프레임워크를 클라우드 서비스 형태로 제공하고 있고 스토리지 서비스는 S3(Simple, Storage, Service)로 제공한다.

5-2 빅데이터 처리시스템 구성

1. 빅데이터 처리시스템 구축

빅데이터 처리시스템 구축은 크게 H/W 구성과 S/W 구성으로 나누어진다. H/W는 빅데이터 수용 용량 및 분석작업에 대한 부하를 고려하여 H/W 인프라 구축을 한다. 구성할 H/W는 크게 마스터 노드와 슬레이브 노드로 구분하여 구축하는데 통상적으로 마스터 노드는 메모리상에서 처리해야 할 작업이 많아서 고용량 메모리 크기를 요구한다. 통상적으로 128GB 이상을 장착하며 사용하는 애플리케이션이나 서비스에 따라 추가 증설한다. 반면 슬레이브 노드는 실제 파일블록을 저장하고, 작업을 수행해야 하므로 많은 디스크를 장착하여 실제 블록이 있는 노드에서 작업을 수행하며 노드 간 블록 이동은 최소화하도록 구성한다.

1) H/W 구성

빅데이터 처리시스템의 H/W를 구성하는 클러스터의 노드(H/W 시스템)는 마스터 노드나 슬레이브 노드(또는 작업노드)로 나누어진다. 작업노드에는 데이터노드(Data Node), 노드 매니저(Node Manager)와 임팔라 서버 데몬(Impala Server Daemons)등이 수행되고, 마스터 노드는 네임노드(Name Node), 스탠바이 네임노드 또는 세컨더리 네임노드(Standby Name Node 또는 Secondary Name Node), 리소스 관리자(Resource Manager) 데몬 들이 수행된다. 작은 클러스터(노드 10~20개 이하)에서는 네임노드와 리소스 관리자가 동일한 기계에서 수행있다. 때로는 하나의 서버에 다른 데몬도 함께 수행하기도 한다. 중요한 것은 네임노드의 경우에 메타데이터를 잃어버리면 전체 클러스터를 사용할 수 없으므로 이 정보에 대해서는 최소한 한 개의 복사본은 다른 곳에 저장해야 한다. 네임노드와 리소스 관리자의 경우에는 큰 클러스터에서는 별도로 수행해야 한다. 실제 클라우드 환경에서 클러스터를 구축하는 경우에 데몬에 대한 운영관리가 제한될 수도 있다.

(1) 마스터 노드 구성

마스터 노드는 기본적으로 안정된 H/W를 사용해야 한다. 20개 노드 이하의 클러스터의 경우에는 여러 개의 데몬 서비스를 중복하여 마스터 노드에 실행을 시킬 수 있지만, 그 이상의 중대형 클러스터에서는 별도로 네임노드와 리소스 관리자를 운영해야 한다. 이들 서버는 안정성을 위해서 캐리어급(Carrier-class Hardware) 이중 파워 공급장치, 이중 이더넷 카드, 레이드 된 하드 디스크, 64GB에서 128GB의 램을 장착해야 한다.

학습 5

(2) 작업노드 구성

작업노드를 구성하는 H/W는 수집데이터 저장서버, 데이터 처리서버, 기타 보안 서비스 등에 따라서 구축될 수 있다. 기본적인 사용은 1GB 이더넷, 16 * 3TB(48 테라바이트 SATA II 디스크), 256GB 램, 2x6-core 2.9GHz CPU를 사용한다. 단 디스크는 별도의 레이드(RAID) 구성을 하지 않아야 한다. 이것은 HDFS에서 블록을 중복 저장하기 때문에 별도의 H/W 구성이 필요하지 않다. 처리할 작업이 많은 경우에 추가 메모리 증설이나 빠른 10GB 이더넷 네트워크 카드를 사용하면 더 좋은 성능을 얻을 수 있다.

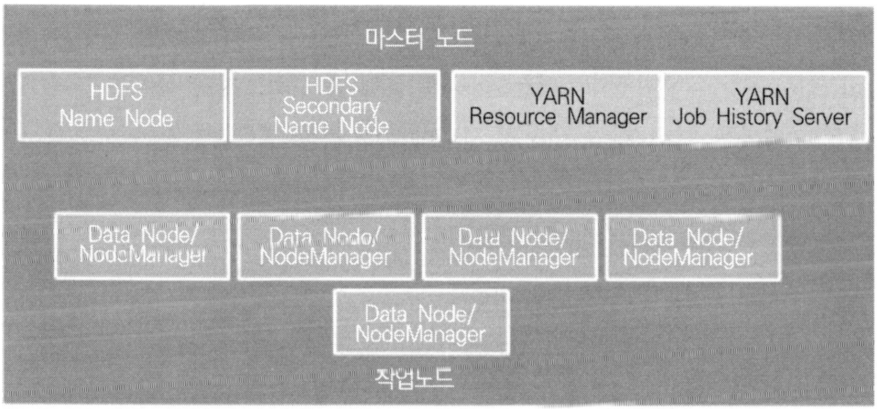

[그림 5-2] 마스터 노드(Master Node)와 작업노드(Worker Node, Slave Node)

2) S/W 구성

빅데이터 처리에 필요한 수집, 관리, 분석, 이용자 환경 등을 고려한 S/W 구성이 필요하다.

〈표 5-1〉 S/W 구축에 필요한 기능들

기 능	구성 요소	기 능
빅데이터 수집	Flume, Sqoop, 클롤러, Open API	외부데이터 수집 및 변환, 적재
빅데이터 관리	하둡 분산 파일시스템(HDFS)	파일을 블록으로 나누어 분산저장
빅데이터 분석	MapReduce, Pig, Hive, Mahout, Spark, Impala	대용량 데이터 분석처리 프레임 워크, SQL 기반 데이터 분석, 머신러닝 라이브러리, 인-메모리 분산처리 프레임워크 등

출처 : 빅데이터 활용 단계별 업무절차 및 기술 활용 매뉴얼, 과학기술정보통신부(2014), p.66

2. 하둡 코어 구성

하둡(Hadoop)이란 빅데이터를 처리할 수 있는 컴퓨터 클러스터에서 분산처리 애플리케이션을 지원하는 오픈 소프트웨어 프레임워크이다. 하둡은 기본적으로 2개의 핵심 요소를 갖고 있다. 하둡 분산 파일시스템(Hadoop Distributed File System, HDFS)과 맵 리듀스(MapReduce)/얀(YARN)이다. 하둡 분산파일시스템은 파일저장을 관리하고 맵 리듀스는 실행(계산)을 분산처리하는 것이다. 이것은 여러 대의 컴퓨터를 네트워크로 묶어서 하나의 슈퍼컴퓨터처럼 저장공간과 실행능력을 증가시키는 것이다. 하둡의 구글 파일시스템(GFS)을 벤치마킹하여 HDFS와 MapReduce를 구현하였다. 이는 하나의 파일을 여러 개의 블록으로 분산저장하고, 이 각 블록을 여러 개의 분리된 서버에서 처리한 뒤에 그 결과를 통합하여 최종

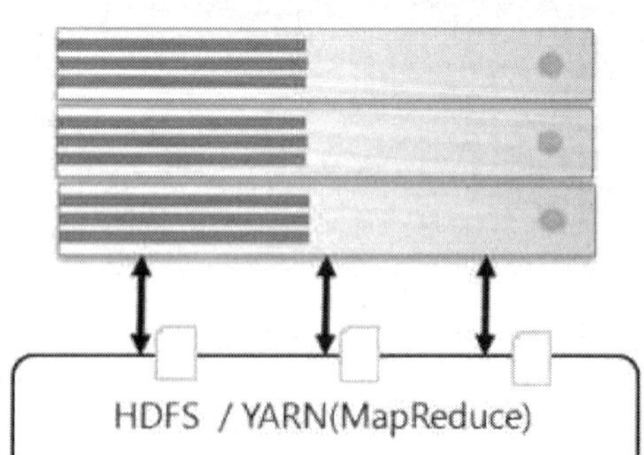

[그림 5-3] 하둡의 구조

결과를 완성하는 프레임워크이다. 기존의 처리시스템 및 RDBMS 방식으로 처리하기 어려운 데이터를 일정한 크기의 분할, 여러 컴퓨터에서 병렬 처리하여 그 결과를 통합하여 사용자에게 제공하는 기술이다.

1) 맵리듀스/얀(YARN : Yet Another Resource Negotiator)

맵리듀스(MapReduce)는 원래 구글에서 개발한 분산 컴퓨팅을 위한 프레임 워크이다. 이는 페타바이트 이상의 대용량 데이터를 처리하기 위한 클러스터 환경을 구축하기 위해서 개발됐다. 분산처리를 위해 이에 맞추어 프로그램을 개발하여 실행하면 자동으로 분산처리를 해주는 것이다. 이것은 맵(Map)과 리듀스(Reduce)라는 함수를 기반으로 구성된다.

최근 하둡 2.0의 리소스 매니저 얀은 기존의 맵리듀스 뿐만 아니라 HDFS를 활용하는 여러 병렬처리 엔진을 하나로 운영하여 자원을 효율적으로 사용할 수 있도록 한다. 이 병렬처리 엔진 중에 하나가 최근 관심이 높은 스파크(Spark)이다. 이것은 맵리듀스 프로그램뿐만 아니라 하이브, 임팔라 등 다양한 분산 병렬처리 서비스들과 함께 자원을 공유하면서 얀 환경에서 실행될 수 있다.

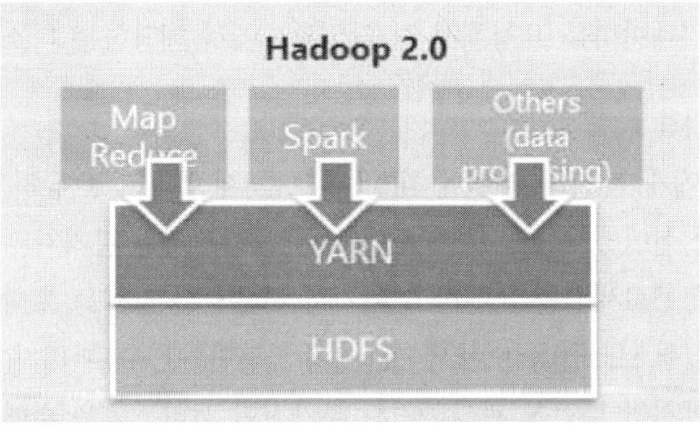

[그림 5-4] 맵리듀스2와 YARN 구조

얀은 하둡 클러스터에 있는 자원들을 관리하는 플랫폼 서비스이다. 여러 개의 프레임워크를 수행하는 동안에 동적으로 메모리와 CPU 자원을 공유할 수 있도록 한다. 이것은 맵리듀스나 임팔라의 경우에는 대규모 테이블 데이터를 검색하여 많은 디스크 관련 I/O를 사용하는 반면에 적은 메모리를 이용한다. 대신 스파크 작업은 반복적인 머신러닝 알고리즘을 사용해서 복잡한 계산으로 많은 메모리와 CPU를 사용한다. 이들 작업을 함께 수행하면서 클러스터의 자원 사용을 증가시킨다.

얀의 대표적인 프로그래밍 프레임 워크는 맵리듀스와 스파크이다. 맵리듀스는 하둡 애플리케이션을 개발하는 기본적인 프로그래밍 프레임워크이다. 이것은 오랜 기간 검증되어 사용되고 있다. 또 스쿱(Sqoop), 하이브(Hive), 피그(Pig)에서 HDFS를 사용하기 위해서 맵리듀스 애플리케이션으로 전환 되어 수행된다. 스파크는 새로운 하둡 애플리케이션을 위한 새로운 프로그래밍 프레임워크이다. 인-메모리 처리방식으로 맵리듀스 보다 빠른 처리속도를 가지고 스트리밍 데이터 처리, 머신러닝 등을 사용할 수 있다.

(1) 자원관리자

자원관리자(Resource Manager)는 클러스터에 1개가 존재하고 각 애플리케이션 시작을 초기화한다. 작업노드에 있는 자원들을 어떻게 할당을 할 것인지를 결정한다. 클러스터에 있는 작업노드인 노드관리자로부터 주기적으로 정보를 받는다. 각 작업에 대한 애플리케이션 관리자(Application Master)에 대한 컨테이너를 생성하고 애플리케이션 관리자의 상태를 주기적으로 관찰한다. 컨테이너는 작업노드에 있는 메모리와 CPU의 쌍으로 이루어져 있고, 각 작업의 타스크들이 이 컨테이너를 할당받아서 작업을 수행하게 된다. 얀 애플리케이션은 한 개 이상의 컨테이너에서 수행된다. 애플리케이션 관리자는 하나의 얀 애플리케이션마다 생성되고 자원관리자에게 필요한 컨테이너를 요청해서 각 작업노드에서 해당하는 타스크들을 수행한다.

(2) 노드관리자

자원관리자에게 자신의 자원에 대한 정보를 제공하고, 보유하고 있는 컨테이너 정보와 노드가 살아있다는 정보를 보낸다. 애플리케이션 관리자로부터 요청받은 컨테이너에 해당 프로세스를 론칭하고 여기서 사용되는 자원을 모니터한다. 애플리케이션에 대한 실행 로그들을 모아서 HDFS에 저장한다. 노드관리자(Node Manager)는 노드 레벨에서의 보안을 관리하면서 부가적인 서비스들을 수행한다. 노드관리자는 필요시에 다수의 작업노드를 설치하여 확장할 수 있다.

3. 하둡 에코시스템(Ecosystem)

하둡은 특정 모듈 보다는 데이터처리 플랫폼 전체를 뜻한다. 에코시스템은 하둡 핵심 기능을 보완하는 서브 오픈소스 소프트웨어들이다.

하둡이란 플랫폼상에 다양한 에코시스템(Eco-system)인 피그(Pig), 주키퍼(Zookeeper), 하이브(Hive), 플럼(Flume), 스쿱(Sqoop), 스파크(Spark) 등 수 많은 오픈소스 기술이 하둡 플랫폼과 함께 사용된다.

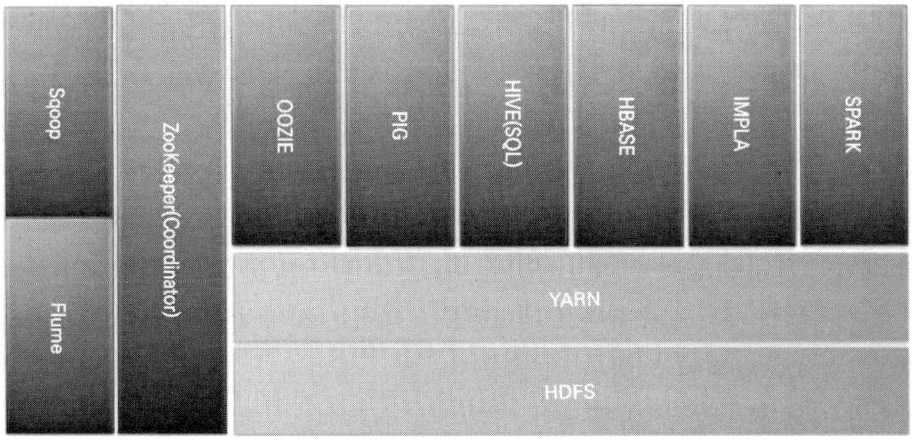

[그림 5-5] Hadoop 에코시스템

1) 주키퍼(ZooKeeper)

분산환경에서 노드 간에 조정자(코디네이터) 역할을 수행하는 서비스이다. 노드 간 정보공유, 잠금, 이벤트 등의 기능을 수행한다. 주키퍼는 하나의 서버만 서비스를 수행하지 않고 분산해 각각의 클라이언트들이 동시에 작업을 할 수 있도록 하는 부하 분산기능과 하나의 서버에서 처리된 결과가 다른 서버들과 동기화하는 과정의 락 처리기능 등을 수행한다. 또 현재 실행중인 활성 서버에 장애가 발생할 때 대기 서버가 기존 활성 서버를 대신해서 처리하는 장애상황 판단 및 복구기능 등을 수행하는 것으로 전체적인 분산처리환경을 유지 할 수 있는 서비스를 수행한다.

2) 피그(Pig)

분산처리환경에서 맵 리듀스 상위에 있는 하이레벨 데이터 플로워 인터페이스 서비스이다. 피그는 스크립트 언어인 피그 라틴(Pig Latin) 언어를 사용해서 맵리듀스 기능을 수행하는 서비스를 제공한다. 이는 프로그래밍에 익숙하지 않은 사용자들이 쉽게 분산처리와 대규모 데이터 세트에 대한 분석을 지원하기 위해서 야후에서 개발된 서비스이다.

3) 에이치베이스(Hbase)

HDFS를 지원하기 위한 칼럼 기반 데이터베이스인 에이치베이스는 대량의 데이터를 처리할 수 있는 NoSQL 데이터베이스 서비스이다. NoSQL은 Not-only SQL 또는 No SQL의 약자이고, 기존 관계형 데이터베이스와 다르게 설계된 비 관계형 데이터베이스이다.

대표적인 NoSQL 데이터베이스에는 Hbase 이외에도 카산드라(Cassandra), 몽고디비(MongoDB) 등 데이터 방식에 따라 다양한 서비스들이 존재한다.

4) 하이브(Hive)

피그와 유사한 대규모 데이터 세트에 대한 분석을 위해 페이스북(Facebook)에서 개발된 데이터 분석용 서비스이다. 하이브는 하이브 큐엘(Hive QL)이라는 명령어를 사용해서 질의를 수행하고 데이터를 분석하는 서비스이다. 하이브도 맵리듀스 프로그램으로 전환이 되어서 데이터 처리를 진행하지만, 기존 RDBMS의 SQL에 익숙한 사용자들에게 거의 동일한 명령어를 제공하므로 맵 리듀스 프로그램에 익숙하지 않은 사용자에게 원하는 정보를 쉽게 이용할 수 있도록 한다.

5) 스파크(Spark)

스파크(Spark)는 2009년 UC버클리대학교 AMP 랩에서 만들어진 인-메모리 기반 오픈소스 데이터 처리 엔진으로 하둡에 비하여 빠른 데이터 처리속도를 갖는다. 스파크는 하둡에 의지하지 않고 독자적으로 발전한 기술이다. 머신러닝이나 스트리밍 프로세싱, 그래프 컴퓨팅, SQL 같은 영역에서 활용되기 쉽도록 설계됐다. 스파크는 데이터처리 영역인 맵리듀스를 대신해 HDFS의 데이터를 연산한다. 이는 처리할 데이터를 메모리에 상주시켜 읽고 쓰는 속도를 높인 것이다. 일부 하둡에서도 인-메모리 처리를 지원하고 있으나 구조적으로 인-메모리상에서 처리하는 스파크와는 차이가 있다. 현재 스파크는 동시성과 보안성 측면에서 보완이 필요하지만, 빠른 처리속도 때문에 영역이 확장되고 있다.

6) 플럼(Flume)과 스쿱(Sqoop)

플럼은 외부데이터 소스들로부터 데이터를 통합할 수 있는 툴로써 데이터를 받아오는 에이전트가 설치되는 소스(Source)와 데이터를 어디에 보낼 노드에 설치되는 에이전트 싱크(Sink), 이들 간에 데이터를 받는 통로인 채널(Channel)로 구성되어 있다. 데이터 수집이 필요한 곳에 소스 에이전트를 통해서 데이터를 받아서 HDFS에 통합관리 할 수 있다. 스쿱은 RDBMS와 HDFS 사이에 데이터를 주고받을 수 있는 데이터 통합 툴이다. 하이브 테이블, Avro 파일 등 하둡의 다양한 파일 형태를 HDFS로 가져오거나 내보낼 수 있다. RDBMS를 연결할 때는 JDBC(Java Database Connectivity)나 해당 데이터베이스의 커넥터를 사용할 수 있다. 수쿱은 하나의 테이블 또는 데이터베이스에 있는 전체 테이블들을 가져올 수 있고, SQL과 같이 WHERE 절을 통해서 원하는 행의 값들만 가져올 수 있다.

[그림 5-6] 플룸(Flume) 구조

학습 5

7) 우지(Oozie)

빅데이터 처리를 위해서는 하나의 맵리듀스 처리단계로는 대부분 문제를 해결할 수가 없다. 그래서 여러 개의 처리단계를 거쳐서 결과에 만들 수 있다. 우지는 여러 처리단계에 대한 워크플로우를 정의하고 수행한다. 여러 처리단계(작업, Jobs) 사이에 의존 관계를 표시하고 수행순서를 결정할 수 있다. 우지가 관리하는 워크플로우에는 맵리듀스뿐만 아니라 하이브, 피그, 스쿱 등이 사용될 수 있다.

5-3 분산병렬 수행

1. 맵리듀스 구성

1) 맵리듀스 프레임워크

맵리듀스 프레임워크는 '맵(Map)'과 '리듀스(Reduce)'란 함수를 합친 말이고, 분산된 데이터를 키와 값의 리스트로 모으는 맵 단계와, 이들 리스트에서 원하는 데이터를 찾아서 처리하는 리듀스 단계를 실행한다. 실제 수행에서는 중간에 셔플(Shuffle and Sort)단계를 거치지만 이는 시스템에서 관장하는 부분이다. 맵리듀스 프레임워크는 맵에서 생성한 결과를 그 맵이 수행하고 있는 로컬 디스크에 저장하고, 최종 리듀스의 결과는 HDFS에 블록 형태로 저장한다. 맵리듀스는 레코드 단위로 데이터 처리를 수행하고 여러 노드에 걸쳐 작업을 분배하여 병렬수행할 수 있도록 한다. 가능한 경우에 각 노드의 데이터를 처리하고, 그 노드에 저장하도록 하여 분산처리시스템에서의 데이터 이동을 최소화하도록 한다.

(1) 빅데이터 분산처리

맵리듀스는 분산 병렬처리방식으로 여러 개의 작업노드에 분산하여 수행할 수 있는 프레임워크를 제공해서 개발자는 실제 맵과 리듀스 기능코드만 작성하고 분산 병렬처리에 대해 자동으로 처리해준다. 보통 맵리듀스 프로그램은 자바로 작성하지만 다양한 언어를 지원하고 있다. 하나의 맵퍼(Mapper) 프로그램은 HDFS로부터 하나의 입력 스플릿(Input Split)를 처리한다. 보통 싱글 HDFS의 블록과 동일하다.

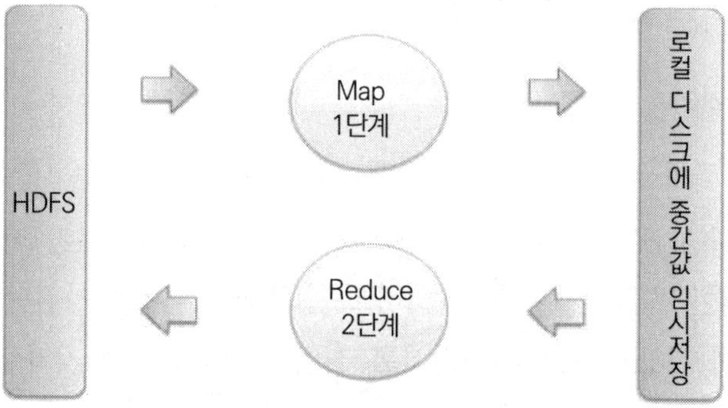

[그림 5-7] 맵-리듀스 수행단계

하둡은 매번 하나의 레코드를 맵퍼 프로그램에 전달하고 이 레코드는 키와 값의 쌍을 갖는다. 맵퍼의 중간 결과값은 현재 맵퍼가 수행하고 있는 노드의 로컬 디스크에 저장되고 이 중간 결과는 셔플단계에서 해당하는 리듀서 프로그램에 전달이 된다. 개발자는 병렬수행할 리듀서의 숫자를 정의할 수 있으며 기본값은 시스템 구성값도 설정할 수 있다. MapReduce v2는 하둡 2.0에서 사용되는 YARN을 명시하는 것이고, 맵리듀스 프로그램은 YARN에서 수행되는 데이터처리 프레임워크이다.

(2) 맵리듀스 프로그래밍 방식

① 자바언어 : 가장 많이 사용하는 언어로써 로우 레벨 프로그래밍이 가능하며 모든 기능 사용이 가능하지만 많은 개발 경험과 코드량도 가장 많다.

② 파이썬, 펄(Perl), 루비(Ruby) : 스트리밍 방식 언어로 스크립트로 구성되어 있어 자바보다 사용하기에는 용이하지만, 자바에 비하여 수행속도가 차이가 발생할 수 있다.

③ 하이브, 피그 등 하이레벨 언어 : 맵리듀스에 대한 개념이나 이해 없이 데이터

조작이 가능하도록 개발된 SQL과 유사한 명령어 및 스크립트 언어이다. 각 문장은 컴파일러를 통해서 실제 맵리듀스 작업으로 변환하여 HDFS에 대해서 수행하고 그 결과를 보여준다. 코드 작성이 기타 언어에 비해서 간단하고 프로그램에 대한 사전지식 없이 개발할 수 있는 것이 장점이다. 자바언어를 사용하는 것에 비해서는 기능에는 제한적이다.

2) 빅데이터 분산저장구조

(1) 하둡 분산 파일시스템(HDFS)

하둡 분산 파일시스템은 여러 대의 서버로 구성된 클러스터에서 대용량 데이터 처리를 위해서 개발된 분산 파일시스템이다. 이 시스템은 파일을 기본적으로 64MB 또는 128MB 블록 단위로 나누어 여러 개의 데이터노드에 분산저장한다. 이때 데이터 유실이나 하드웨어의 고장을 고려하여 복제본(Replication)을 만들어서 여러 노드에 중복 저장한다. 이 복제본의 수는 시스템 설정 때문에 결정될 수 있으면 보통 기본값은 3이다. 이 복제된 블록들은 분산병렬수행을 지원하고, 데이터가 있는 곳에서 계산(Computing)이 수행되게 하여 수행 시의 데이터 이동을 최소화한다. 블록들은 마스터 노드(Master Node)인 네임노드(Name Node)와 슬레이브(Slave Node)인 데이터노드(Data Node)에 의해서 관리 · 저장된다. 분산서버 구조로 마스터인 네임노드가 파일의 메타(Meta) 정보를 관리하고 실제 데이터는 여러 대의 데이터노드에 분산해서 저장하는 방식이다.

① 네임노드(Name Node) : 일반적인 클러스터에 2개의 네임노드를 구축하여 활성 대기(Active-standby) 형태로 운영하여 시스템이 중단되는 경우가 발

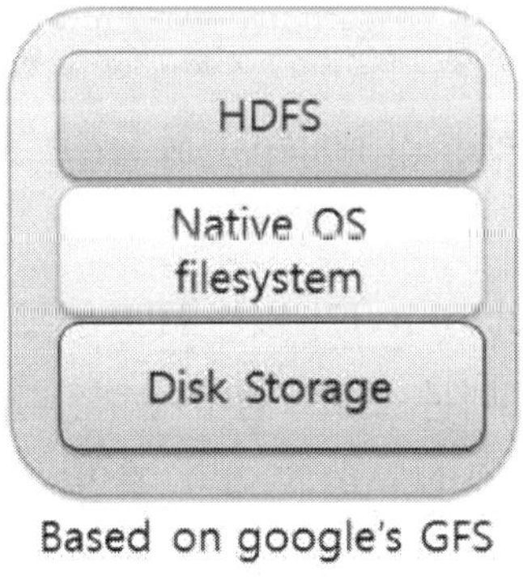

[그림 5-8] 하둡 분산 파일시스템 구조

학습 5

생하지 않도록 한다. 기본적으로 네임서버는 실제 파일내용을 보관하지 않고, 이 파일들의 메타정보를 보관하는 역할을 수행한다. 클라이언트로부터 특정 파일에 대한 요구가 발생하며, 이 파일을 보관하고 있는 블록들에 대한 정보를 통해서 실제 데이터가 보관된 데이터노드에 대한 위치를 알려주고, 실제 데이터 접근은 데이터노드를 통해서 이루어진다.

② 데이터노드(Data Node) : 파일이 HDFS에 저장될 때에는 블록으로 나누어서 데이터노드에 저장된다. HDFS의 블록은 기존 파일시스템과 비슷한 개념이지만, 더 큰 블록 사이즈를 가지고 있다. 기본적인 사이즈는 128MB이고, 이것은 설정값에 따라서 정의될 수 있다. 블록들은 HDFS 복제(Replication)를 통해서 여러 개의 데이터노드에 저장된다. 이 복제 블록들은 하나의 복제본이 손실되어도 아무런 결함없이 사용될 수 있는 신뢰성(Reliability)과 실행을 위해서 데이터 이동없이 블록이 저장된 곳에서 수행하는 데이터 지역성(Locality)을 높여 전제 성능향상을 가져올 수 있다. 클러스터에 있는 데이터노드에 복사되는 블록의 수는 복사본 설정 값(Replication Factor)에 따라서 결정이 되며 기본값은 3을 갖는다.

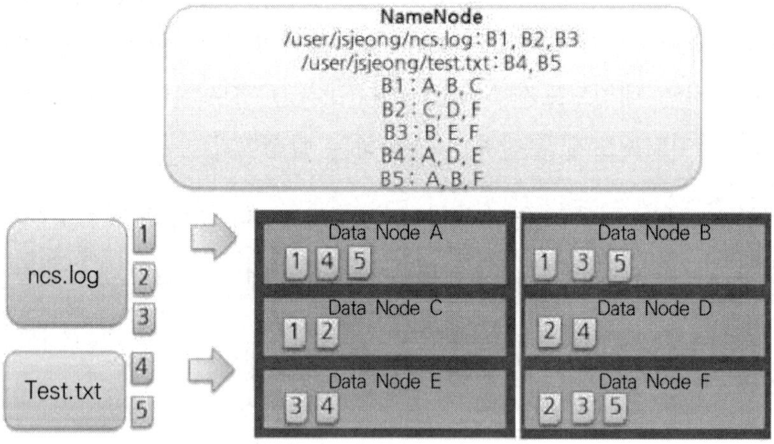

[그림 5-9] 데이터노드에 블록을 저장

③ 고 가용성(High Availability)이 없는 HDFS : 고 가용성 없이 사용하는 HDFS는 기본적으로 3개의 데몬 프로그램이 수행된다. 네임노드(Name Node)와 보조 네임노드(Secondary Name Node), 작업노드인 데이터노드(Data Node)이다. 네임노드는 기본적으로 HDFS에 있는 파일위치 및 사용자와 권한에 대한

정보를 가지고 있다. 또 각 블록의 이름과 위치 정보를 가지고 있어 클라이언트가 요청하는 파일에 대한 서비스를 처리할 수 있는 메타정보(Metadata)를 가지고 있다. 메타정보는 Fsimage와 변경 로그(Edits)이다. Fsimage는 현재 데이터 노드에 저장된 블록들에 대한 정보이고, Edits 파일은 블록정보에 대한 변경사항을 저장한다.

보조 네임노드는 네임노드가 고장이 발생했을 때 장애를 극복하는 역할을 수행하지 않는다. 보조 네임노드의 역할은 네임노드에게 최신의 메타정보를 유지할 수 있도록 주기적으로 체크포인트(Checkpoint)를 만들어서 최신의 Fsimage를 생성하는 역할을 한다. 현재 네임노드의 Fsimage N과 Edit N 로그 파일을 가져다가 최신의 Fsimage N+1을 만들어서 네임노드가 가지고 있는 Fsimage N과 대체하고, 변경로그를 초기화하는 것이다.

학습 5

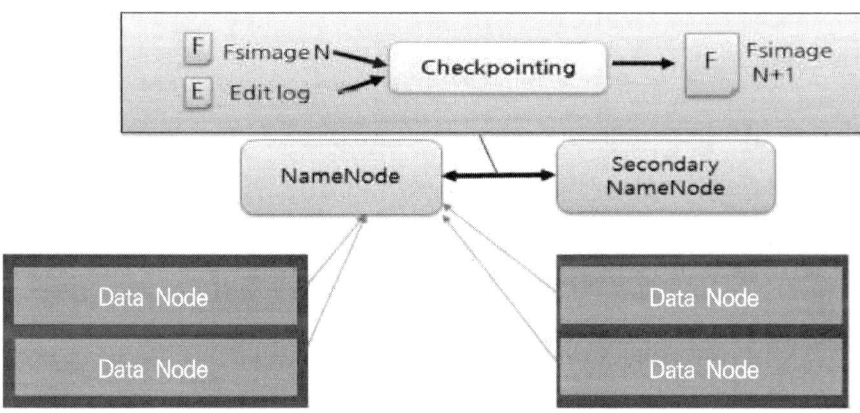

[그림 5-10] 고 가용성이 없는 네임노드 HDFS

④ 고 가용성(High Availability) HDFS : 고 가용성이 없는 HDFS의 경우에는 네임노드는 SPOF(Single Point Of Failure)이다. 보조 네임노드는 장애가 발생 시에 네임노드를 대체할 수 없다. 네임노드의 SPOF를 없애기 위해서 고 가용성 HDFS 구조를 사용한다. 여기에는 두 개의 네임노드 활성(Active) 네임노드와 대기(Stand-by) 네임노드가 존재하다. 이 구조에서는 별도의 보조 네임노드가 필요 없고, 체크포인팅은 대기 네임노드가 수행한다. 대기 네임노드는 활성 네임노드와 항상 동일한 정보상태를 유지하고 데이터노드로부터도 같이 정보를 받아서 활성 네임노드가 장애가 발생할 때에 자동으로 활성 네임노드로 변경되고, 기존의 활성 네임노드는 대기 네임노드로 변경되어 계속 작업을 수행할 수 있도록 한다.

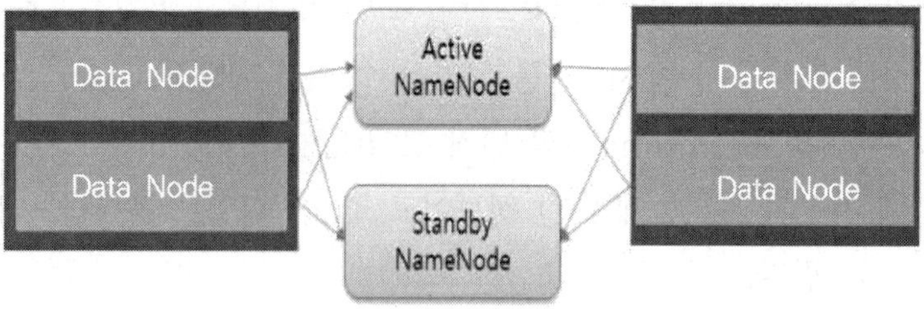

[그림 5-11] 고 가용성 HDFS 구조(활성 네임노드와 대기 네임노드)

2. 맵리듀스 프로그래밍

1) 맵리듀스

맵리듀스(MapReduce)는 맵(Map)과 리듀스(Reduce)란 함수를 합친 말이고, 분산된 데이터를 키와 값의 리스트로 모으는 맵 단계와, 이들 리스트에서 해당 키에 대한 값들의 리스트를 받아서 결과를 처리하는 리듀스 단계로 구성된다.

(1) 주요 맵리듀스 단계

맵리듀스 프로그램은 3개의 단계로 구성되어 있다. 맵퍼(Mapper), 셔플과 정렬(Shuffle and Sort), 그리고 리듀서(Reducer) 이다. 맵퍼와 리듀서는 프로그래머에 의해 작성된 코드로 처리된다. 셔플과 정렬단계는 맵리듀스 프레임워크에서 자동으로 제공된다.

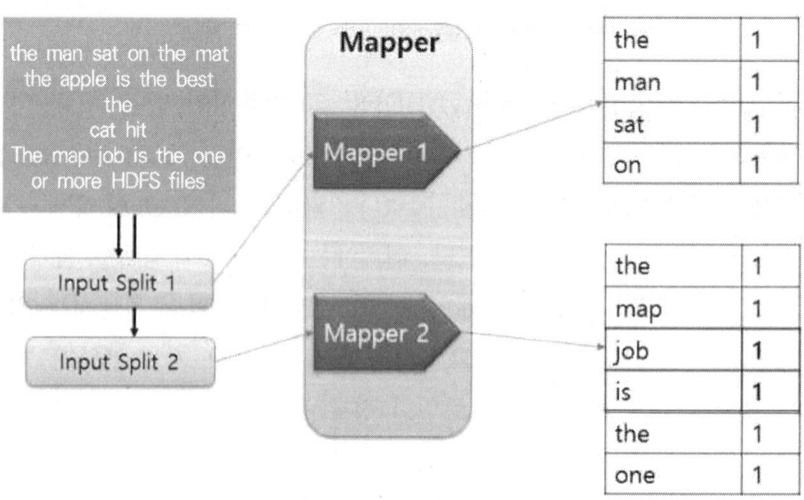

[그림 5-12] 맵퍼 실행단계

① 맵퍼단계 : 하나의 맵 타스크는 보통 하나의 HDFS 블록에서 수행한다. 맵 타스크는 보통 블록이 저장된 노드에서 수행한다. 맵 타스크가 수행한 중간 결과는 자신의 로컬디스크에 저장한다.

- 입력 : 키/값 쌍
- 출력 : 하나 이상의 키와 값의 쌍들의 리스트
- map (in_key, in_value) → (inter_key, inter_value) list

② 셔플과 정렬단계 : 모든 맵퍼로 부터 중간 데이터를 정렬하고 모아서 리듀서에 전달하는 단계이다. 이 단계는 맵퍼와 리듀서 중간에 이루어지며 모든 맵 타스크가 수행되고 리듀스 타스크가 시작되기 전에 수행한다. 동일한 키값을 갖는 값들은 모두 같은 리듀서로 보내진다. 중간 키/값의 리스트는 정렬된 순서로 리듀서에 전달되어 처리된다.

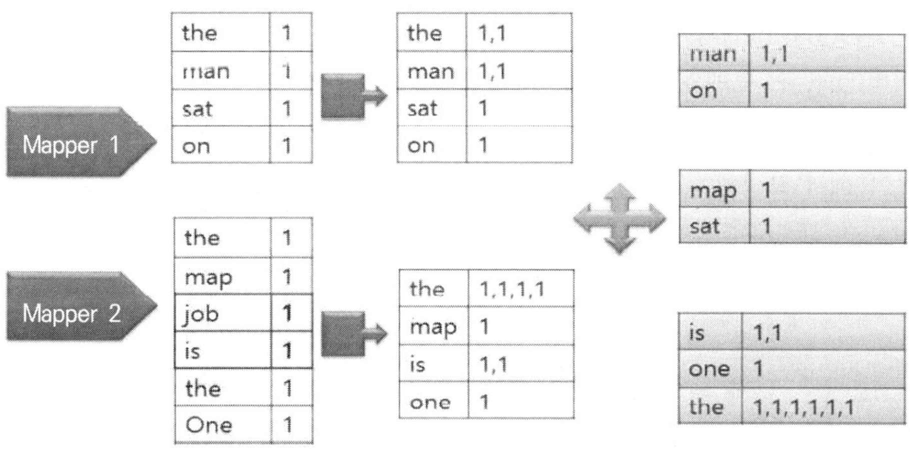

[그림 5-13] 셔플과 정렬 실행단계

③ 리듀서 단계 : 리듀서는 최종 결과를 받는는 단계이다. 셔플과 정렬된 중간 결과를 받아서 처리한다. 수행되는 리듀서의 개수는 프로그램 때문에 정의하거나 시스템 설정값에 의해서 정해진다. 리듀서가 수행한 최종 결과는 HDFS에 저장된다.

- reduce (inter_key, [v1, v2, ...]) -> (result_key, result_value)

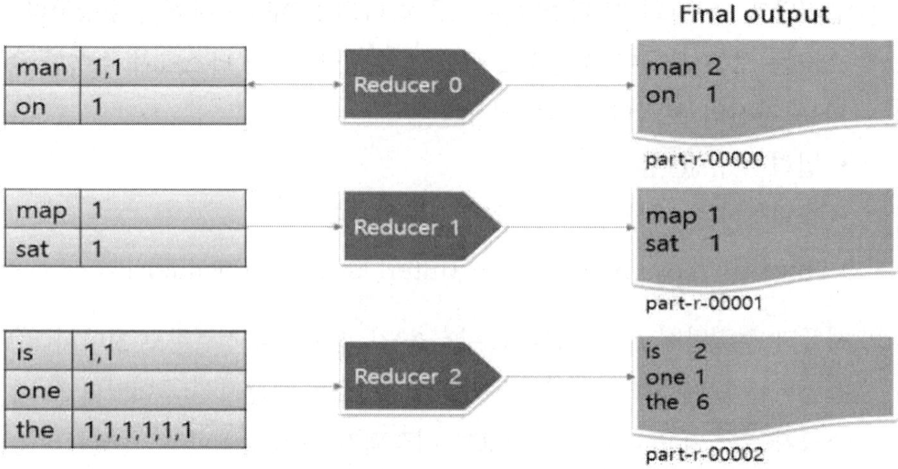

[그림 5-14] 3개 리듀스 수행 및 결과파일

2) 맵리듀스 작업생성 및 실행

맵퍼(Mapper)와 리듀서(Reducer) 클래스를 각각 자바 언어로 작성한다. 드라이버(Driver) 클래스는 작업에 대한 설정정보를 작성하고 클러스터에 제출한다. 맵리듀스의 가장 기본적인 프로그램인 텍스트에 있는 단어의 수를 계산하는 프로그램을 통해서 작성해야 하는 세 개의 클래스를 생성하고, 컴파일해서 하둡 애플리케이션으로 실행하도록 한다.

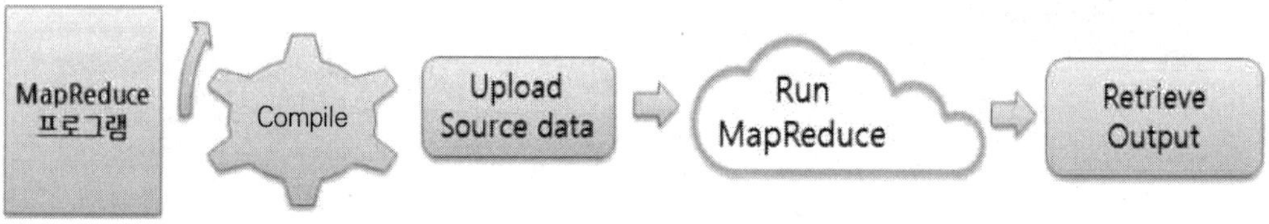

[그림 5-15] 전체 맵리듀스 수행단계

① 메인 함수를 가지는 드라이버 코드 - wc.java : 드라이버 코드는 클라이언트에서 수행하고, 작업에 수행에 대한 변수들을 구성하고 실제 클러스터에 작업을 제출하는 역할을 수행한다.

② Map 매서드를 가지는 맵퍼 코드 - wcmapper.java : 맵퍼 프로그램은 워드카운트 프로그램의 입력을 받아서 각 단어(키)와 1(값)을 key, value 쌍을 만들어 주는 역할을 수행한다.

③ Reduce 매서드를 가지는 리듀서 코드 - wcreducer.java : 리듀서 프로그램은 맵퍼 프로그램에서 만들어진 각 단어와 키값들의 리스트를 받아서 해당하는 단어에 있는 값들의 합계를 구해서 해당 단어가 나타난 빈도를 구해서 최

종 결과를 HDFS에 저장하는 역할을 수행한다.

④ 컴파일과 실행단계 : 작성된 프로그램은 컴파일하고 이들 자바 파일들은 JAR 파일로 만든다. 이 JAR 파일을 사용해서 하둡에 맵리듀스 프로그램을 제출하고 입력파일에 있는 각 단어의 빈도를 카운트해서 출력 디렉터리에 결과를 저장한다.

```
Compile
$ Javac *.java
$ jar -cvf wordcount.jar *.class
Submit and run the application
$ hadoop jar wordcount.jar WordCount input-file output
```

[그림 5-16] 워드 카운트 수행단계

학습 5

5-4 실시간 수행

1. Hadoop Ecosystem을 활용한 스크립트와 SQL interface

1) 스쿱(Sqoop)을 활용한 데이터 관리

스쿱은 RDBMS, EDW 또는 NoSQL 데이터베이스에 있는 테이블을 HDFS로 가져오거나 HDFS에 있는 데이터를 입력할 수 있는 데이터 통합 툴이다. 데이터는 텍스트, Avro 등 다양한 파일형태를 가져올 수 있다. 스쿱은 RDBMS를 연결할 때는 JDBC(Java Database Connectivity)나 커넥터를 사용할 수 있다.

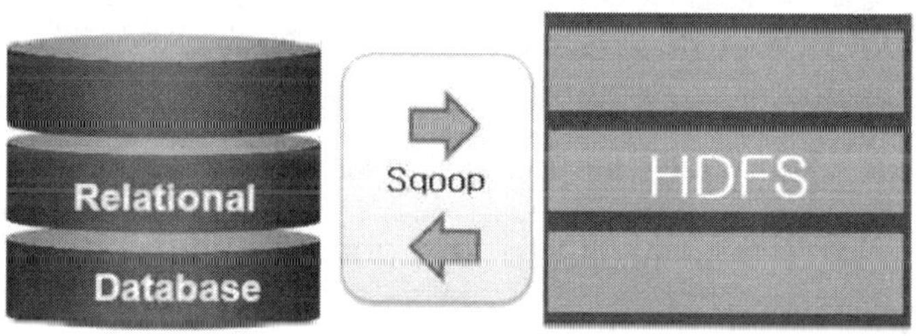

[그림 5-17] 스쿱을 활용한 RDBMS와 HDFS 이용

스쿱은 하나의 테이블 또는 데이터베이스에 있는 전체 테이블들을 가져올 수 있고, SQL과 같이 WHERE 절을 통해서 원하는 일부 데이터만을 가져올 수 있다.

스쿱은 맵리듀스를 사용해서 데이터를 가져오는 클라이언트 측 애플리케이션이다. 스쿱은 맵만 수행하는 타스크이고 기본적으로 4개의 맵 프로그램으로 수행된다. 스쿱은 여러 기능을 가진 명령어 툴이다. 대표적인 기능은 Import, Export, List-tables 등이 있다. 사용 가능한 명령도구를 확인하기 위해서는 help 명령어를 사용하면 된다.

```
[tbl@sandbox ~]$ sqoop help
Warning: /usr/hdp/2.4.0.0-169/accumulo does not exist! Accumulo imports will fai
l.
Please set $ACCUMULO_HOME to the root of your Accumulo installation.
16/11/13 02:33:45 INFO sqoop.Sqoop: Running Sqoop version: 1.4.6.2.4.0.0-169
usage: sqoop COMMAND [ARGS]

Available commands:
  codegen            Generate code to interact with database records
  create-hive-table  Import a table definition into Hive
  eval               Evaluate a SQL statement and display the results
  export             Export an HDFS directory to a database table
  help               List available commands
  import             Import a table from a database to HDFS
  import-all-tables  Import tables from a database to HDFS
  import-mainframe   Import datasets from a mainframe server to HDFS
  job                Work with saved jobs
  list-databases     List available databases on a server
  list-tables        List available tables in a database
  merge              Merge results of incremental imports
  metastore          Run a standalone Sqoop metastore
  version            Display version information

See 'sqoop help COMMAND' for information on a specific command.
```

[그림 5-18] 스쿱 명령어 리스트

(1) 데이터 임포트(Imports)와 익스포트(Exports)

① 전체 테이블 리스트 확인 : MySQL에 있는 dbname 데이터베이스에 있는 모든 테이블 리스트를 보여준다.

```
[jsjeong@sandbox ~]$ sqoop list-tables \
> --connect jdbc:mysql://host/dbname \
> --username dbuser \
> --password dbpassword
```

[그림 5-19] 스쿱 List-tables 수행

② 전체 테이블 임포트 : MySQL에 있는 dbname 데이터베이스에 있는 모든 테이블 리스트를 보여준다.

```
[jsjeong@sandbox ~]$ sqoop import-all-tables \
> --connect jdbc:mysql://dbhost/db \
> --username dbuser \
> --password dbpassword
```

[그림 5-20] 스쿱 Import-all-tables 수행

③ 하나의 테이블 임포트 : MySQL에 있는 Dbname 데이터베이스에 있는 Sales 테이블 데이터를 가져오고 필드 분류는 탭을 사용한다.

```
[jsjeong@sandbox ~]$ sqoop import --table sales \
> --connect jdbc:mysql://dbhost/dbname \
> --username dbuser --password dbpassword \
> --fields-terminated-by "\t"
```

[그림 5-21] 스쿱 Import Table 수행

④ 증가분(Incremental) 임포트 : 스쿱은 Incremental Lastmodified 모드를 사용해서 업데이트된 레코드만을 가져올 수 있다. 이것은 특정 칼럼에 타임스탬프(Timestamp)를 기본으로 한다. 데이터베이스에 레코드가 변경되거나 추가되었을 때에는 이 값은 변경이 되어야 한다.

```
[tbl@sandbox ~]$ sqoop import --table newtbl \
> --connect jdbc:mysql://dbhost/dbname \
> --username dbuser --password dbpassword \
> --incremental lastmodified \
> --check-column modified-field \
> --last-value '2016-11-11 12:00:00'
```

[그림 5-22] 스쿱 Incremental Mode 수행

⑤ 부분적인 테이블 임포트 : 스쿱은 테이블로부터 특정 칼럼만 가져오거나 조건에 맞는 레코드(Row)만 가져올 수 있다. 이것은 Columns, Where 옵션을 사용한다.

```
[tbl@sandbox ~]$ sqoop import --table newtbl \
> --connect jdbc:mysql://dbhost/dbname \
> --username dbuser --password dbpassword \
> --columns "fname, lname, state"
Warning: /usr/hdp/2.4.0.0-169/accumulo does not exist! Accumulo imports will fai
l.
Please set $ACCUMULO_HOME to the root of your Accumulo installation.
^C
[tbl@sandbox ~]$  sqoop import --table newtbl \
>  --connect jdbc:mysql://dbhost/dbname \
> --username dbuser --password dbpassword \
> --where "state='seoul'"
```

[그림 5-23] 스쿱 조건문에 의한 수행

⑥ HDFS에서 RDBMS로 데이터 보내기 : 스쿱은 다른 시스템에서 사용할 수 있도록 데이터베이스에 HDFS에 있는 데이터를 저장한다.

```
[tbl@sandbox ~]$ sqoop export \
> --conncet jdbc:mysql://dbhost/dbname \
> --username dbuser --password dbpassword \
> --table sales_export
```

[그림 5-24] 스쿱 Export 수행문

2) 피그(Pig)를 이용한 데이터 처리

피그는 대규모 데이터 세트의 샘플용 데이터 추출하거나 ETL(Extract, Transform, and Load)작업을 수행하고, 데이터를 탐색하는 데이터 흐름 언어의 실행환경이다. 하이브에 대비하여 프로그래밍 기능을 제공하고 있으면 피그 라틴(Pig Latin)이라는 데이터 세트 플로우 제어언어를 사용한다. 내부 인터프리터에 의해 맵리듀스 작업으로 변환하여 수행한다.

(1) 피그 라틴(Pig Latin)

피그는 사용자가 입력한 각각의 피그 라틴 문장을 해석하고 출력을 요청할 때까지 수행결과를 보여 주지 않는 피그 라틴 명령어를 사용하다. 피그 라틴은 각 문장의 순서대로 수행하는 데이터 흐름 언어이다. 사용자는 DUMP나 STORE 명령어를 사용해서 결과를 화면에 출력하거나 파일로 저장할 수 있다.

```
grunt> new_sales = LOAD 'sales' AS (product, price);
grunt> big_sales = FILTER new_sales BY price > 10000;
```

[그림 5-25] 피그 라틴을 사용하는 피그 화면

피그 라틴에서 식별자(Identifier)는 필드와 다른 데이터 구조에 대한 이름이다. 이것은 대소문자를 구분하여 사용한다. [그림 5-25]에서 new_sales, product, price, big_sales 등이 식별자이다. 식별자는 꼭 문자로 시작해야 하고, 그 뒤에 문자나 숫자, 밑줄 등을 붙여서 만들 수 있다. 설명문(Comment)을 작성하는 방법은 2가지가 있다. 하나의 라인 설명문은 "--"로 시작한다. 여러 라인을 설명문으로 만드는 것은 /*로 시작해서 */로 끝나면 된다. /*와 */사이의 명령들은 모두 설명문으로 해석된다.

① 데이터 타입 : 피그는 대부분 데이터베이스와 프로그래밍 언어에서 지원하는 것과 유사한 타입을 지원한다.

〈표 5-2〉 피그 데이터 타입

데이터 타입	설 명
int	정수형 4바이트
long	정수형 8바이트
float	부동소수점 4바이트
double	부동소수점 8바이트
boolean	논리형
datetime	날짜와 시간
chararray	unicode문자 스트링
bytearray	Blob 또는 바이트배열

② 데이터 정의 : 피그에서 사용하는 각 요소에 대한 정의는 3가지가 있다. 필드(Field)는 하나의 데이터 요소를 정의한다. 튜플(Tuple)은 필드의 묶음을 정의한다. 백(Bag)은 튜플의 묶음을 정의하고 백 안에 있는 튜플들은 기본적으로 정렬되지 않는다. 릴레이션(Relation)은 지정된 값을 갖는 간단한 백이나. 보통 하나의 피그 라틴 문장은 하나의 새로운 릴레이션을 만든다.

③ 주요 기능

• DESCRIBE : DESCRIBE 명령어는 데이터 구조에 대한 정보를 보여준다. 데이터 구조에는 변수명과 타입이 포함되어 있다.

```
grunt> new_sales = LOAD 'sales' AS (name:chararray, price:int);
grunt> DESCRIBE new_sales;
new_sales: {name: chararray,price: int}
```

[그림 5-26] DESCRIBE 수행결과

• FILTER : FILTER는 특정 기준에 대해서 일치하는 튜플을 찾아 준다. 예제에서는 price 〉 10000인 조건을 만족하는 튜플을 찾는다. [그림 5-27]의 필터기능은 SQL 문의 where 절과 유사한 기능을 한다. AND와 OR 연산자를 통해서 복수의 조건으로 필터기능을 수행할 수 있다.

```
(tom,2000,adata)
(jane,5000,bdata)
(henry,11000,cdata)
(jason,10000,ddata)
(jwook,9000,edata)
(bob,7000,fdata)
(jason,12000,gdata)
grunt> filter_sales = FILTER new_sales BY price > 10000;
```

[그림 5-27] FILTER 수행전의 new_sales의 값

FILTER 명령어를 수행한 다음에 릴레이션 filter_sales에는 가격이 10000보다 큰 튜플만을 가지게 되고, 그 결과는 DUMP 명령어에 의해서 화면에 나타난다. 이때 다른 이름의 파일로 저장하고 싶다면 STORE 명령어를 사용하면 된다.

```
(henry,11000,cdata)
(jason,12000,gdata)
grunt> dump filter_sales;
```

[그림 5-28] filter_sales 값과 DUMP 명령 수행화면

- FOREACH와 GENERATE : 필터 기능은 기본적으로 해당하는 행(Rows)을 검색하지만 필요한 칼럼들만으로 결과를 만들 수 있다.

```
(tom,adata)
(jane,bdata)
(henry,cdata)
(jason,ddata)
(jwook,edata)
(bob,fdata)
(jason,gdata)
grunt> two_field = FOREACH new_sales GENERATE name, product;
```

[그림 5-29] new_sales에서 두 개 필드값만 가진 two_field를 DUMP한 화면

- DISTINCT : DISTINCT는 백(Bag) 안에 있는 중복된 레코드들을 삭제하는 기능을 한다. 중복된 레코드의 필드 값들은 모두 같아야 한다.
- ORDER : ORDER는 백에 있는 레코드들을 오름차순으로 정렬하는 명령어이다. DESC 옵션을 사용해서 내림차순으로 정렬할 수 있다.

```
(bob,7000,fdata)
(henry,11000,cdata)
(jane,5000,bdata)
(jason,12000,gdata)
(jason,10000,ddata)
(jwook,9000,edata)
(tom,2000,adata)
grunt> sort_name = ORDER new_sales BY name;
```

[그림 5-30] new_sales에서 name 필드로 정렬된 sort_name를 DUMP한 화면

- LIMIT : LIMIT는 출력되는 레코드에 대한 숫자를 제한할 때 유용하다. 실제 화면으로 출력하거나 파일로 결과를 저장할 때 상위값만을 기록하려고 할 때 유용한 명령어이다.

```
(bob,7000,fdata)
(henry,11000,cdata)
(jane,5000,bdata)
(jason,10000,ddata)
(jason,12000,gdata)
grunt> top_five = LIMIT sort_name 5;
```

[그림 5-31] sort_name에서 name 필드로 정렬된 상위 5개 결과만 DUMP한 화면

- 빌트인(Built-in) 함수

〈표 5-3〉 주요 빌트인 함수들

함수명	기 능	입력값	출력값
TRIM(string)	문자 string 앞뒤에 있는 공백을 제거	" word "	word
UPPER(string)	문자를 대문자로 변환	korea	KOREA
RANDOM()	임의의 값을 산출	-	0.1345879852
ROUND(int)	int 값을 반올림	38.25	38

- GROUP : GROUP은 주어진 필드로 각 레코드를 그룹화해야 할 때 사용한다. 새로운 릴레이션은 명시한 필드에 있는 유일한 값에 대해서 하나의 레코드를 갖는다.

```
grunt> group_sales = GROUP new_sales BY name;
grunt> DESCRIBE group_sales;
group_sales: {group: bytearray,new_sales: {(name: bytearray,price: bytearray,pro
duct: bytearray)}}
grunt> DESCRIBE new_sales;
new_sales: {name: bytearray,price: bytearray,product: bytearray}
```

[그림 5-32] GROUP를 이용해서 새로운 group_sales 릴레이션 생성

새로 생성되는 group_sales에 레코드를 검사해 보면 앞에는 새롭게 생성한 그룹 필드(여기에서는 네임 필드)와 대괄호로 묶인 기존 new_sales의 값들이 하나의 필드로 표시된다. 예제에서는 6명의 레코드가 나타나고, jason 이름을 갖는 레코드들이 묶여서 나타난다.

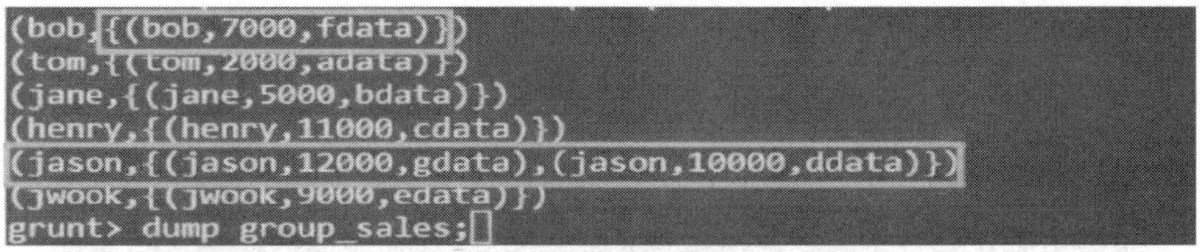

[그림 5-33] group_sales 릴레이션를 DUMP 한 결과_1

- ALL : ALL은 모든 데이터를 하나의 레코드로 만드는 명령어이다.

[그림 5-34] group_sales 릴레이션를 DUMP 한 결과_2

- FLATTEN : FLATTEN 명령어는 중첩된 레코드에 있는 값들을 제거하는 기능이다. 각 입력 레코드에 대응되는 여러 개의 레코드를 분리하여 만든다.

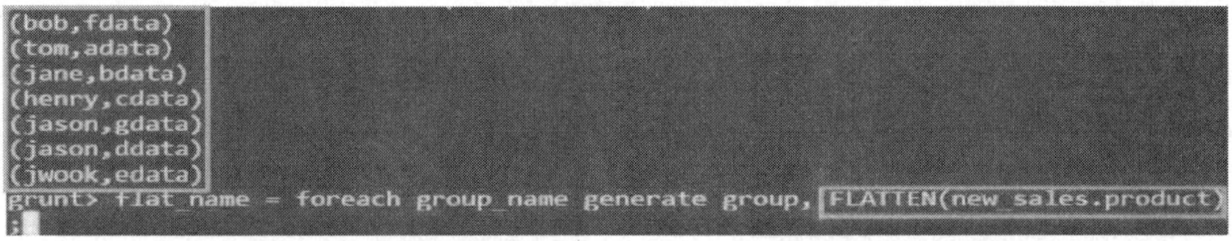

[그림 5-35] FLATTEN를 수행한 flat_name을 DUMP 한 결과

(2) 피그 인터프리터와 실행 엔진

피그 라틴을 파싱하고 전 처리를 수행한다. 이 단계에서는 각 데이터 형식에 대한 체크와 실행에 최적화 작업과 실행계획을 세운다. 맵리듀스 작업을 생성해서 하둡에 제출한다.

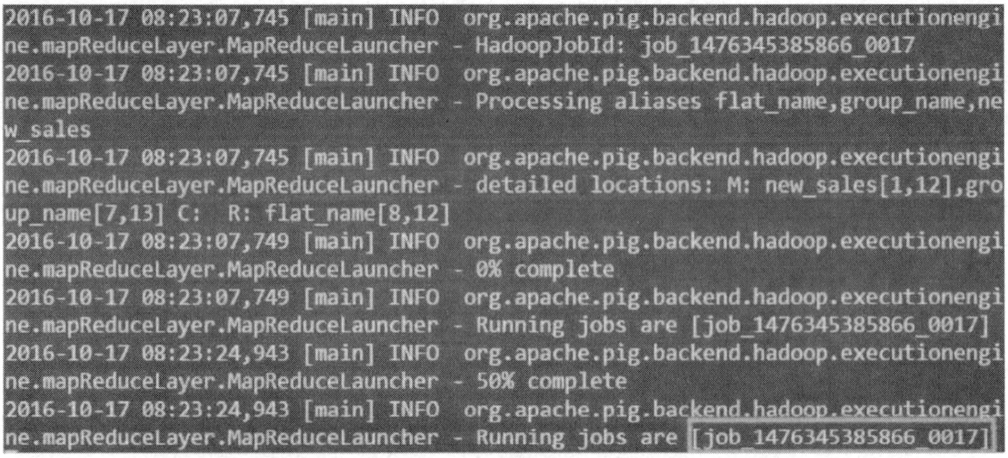

[그림 5-36] 피그 작업을 실행하면 맵리듀스 프로그램으로 실행(job_id)

5-5 이벤트 처리 수행

1. 데이터 분석(Data Analysis) 수행

1) 스트림 데이터 분석을 위한 분산시스템 처리

하둡은 분산처리환경에서 서버장애의 내구성, 컴퓨팅 신뢰성과 확장성을 가지면서 수 페타 바이트의 데이터를 처리할 수 있도록 분산처리 플랫폼으로 개발되었다. 최근 실시간처리 데이터 및 비동기적으로 발생하는 데이터 처리작업에는 비효율적이다. 하둡은 맵리듀스를 사용하면서 중간에 데이터를 저장하고 전송하는 단계에서 많은 디스크 입출력과 네트워크 트래픽이 발생한다. 맵리듀스는 1단계가 아닌 여러 단계로 데이터를 처리하기 때문에 반복 작업이 많으면 비효율적이다. 하둡에서는 빠른 일괄처리 작업에 유용하지만 많은 반복적인 연산이나 비동기적 처리방식에는 스파크(Spark)나 스톰(Storm)을 사용하는 것이 효율적이다.

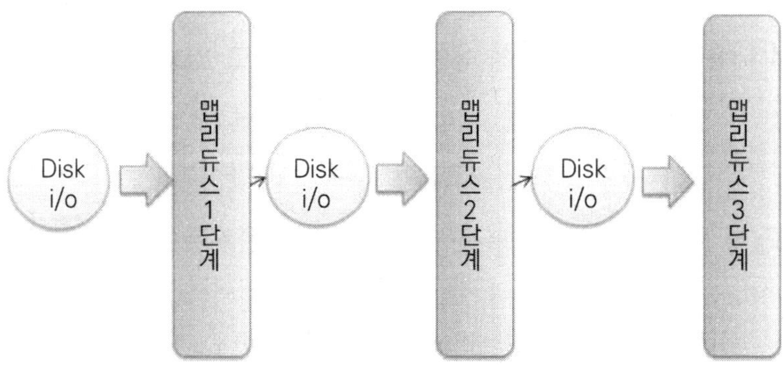

[그림 5-37] 여러 번의 맵리듀스 수행에 따른 디스크 I/O

스파크의 경우에 디스크 대신에 메모리를 사용한 처리방식으로 디스크 I/O는 최초 데이터 로드와 최종 결과에만 사용되고, 중간 결과는 메모리에 분산저장하고 병렬로 처리해서 기존 맵리듀스에 비하여 평균 10~100배 정도의 속도가 빠르다. 컴퓨터 하드웨어가 개선되면서 디스크가 매우 저렴해 지고 용량은 크게 늘었지만, I/O 속도는 빨라지지 않았다. 스파크는 반복적인 작업에 인-메모리(In-memory) 형태로 대량의 데이터를 처리하여 반복 작업이 많을 대 수행효율이 크게 개선된다.

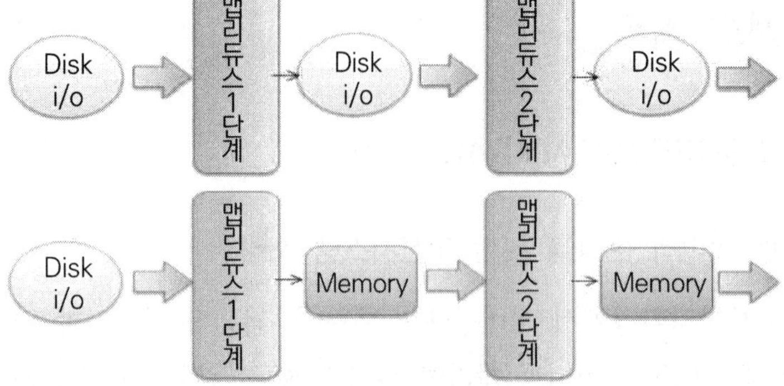

[그림 5-38] 디스크 I/O 대신에 인-메모리(In-memory)로 처리하는 스파크

(1) 스파크

스파크는 UC 버클리의 AMP 랩에서 개발된 인-메모리 방식의 분산처리시스템이다. 이는 기존 맵리듀스 작업에서 발생하는 디스크 I/O에 대한 지연시간을 개선하기 위해서 메모리를 사용해서 반복적인 작업이나 스트리밍 데이터를 효율적으로 처리하기 위해서 개발되었다. 2014년 정식 1.0버전이 출시되었고 최근 2.0 버전이 나왔다. 스파크는 RDD(Resilient Distribute Dataset)이라는 데이터 세트 개념을 도입해서 대용량 데이터 처리를 용이하도록 했다. 또 RDD가 메모리 부족으로 적재가 되지 않을 때는 HDFS와 연동하여 처리되도록 한다. 실제 작업처리는 하둡 자원관리를 담당하는 얀(Yarn)이나 자체 개발한 Mesos을 통해서 이루어진다.

① 구조 및 핵심 요소 : 스파크는 범용 분산처리 플랫폼이다. 하둡과 같이 맵리듀스 작업뿐만 아니라 스톰과 같이 스트리밍 처리와 SQL 기반으로 쿼리를 수행하는 기능, 머신러닝 라이브러리로 구성되어 있다. 스팍은 스칼라(Scala) 언어로 구현되어 있지만 파이썬, 자바, 스칼라 등 다양한 언어를 지원하는 SDK를 가지고 있고 하둡, 아마존 S3, 카산드라, HBase등 다양한 데이터 스토리지와 연동한다. 스파크는 복잡한 다중 단계 애플리케이션에 적합하면 반복적인 그

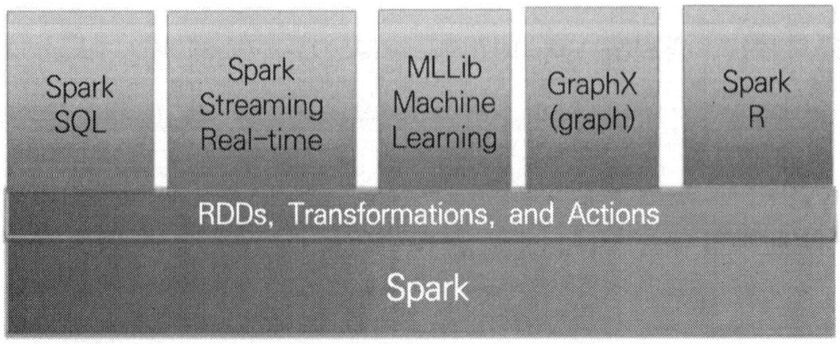

[그림 5-39] 스파크 주요 요소

래프 알고리즘이나 머신러닝 등에 유용하게 사용된다. 스파크는 스칼라 쉘(Scala Shell)을 제공하여 사용자와 대화형으로 데이터를 관리할 수 있다. 스칼라는 자바의 JVM으로 컴파일되어 클래스로 변환되고 이것은 하둡 파일시스템으로 저장해서 하둡과 연동하여 코드를 관리할 수 있게 한다.

- RDD(Resilient Distributed Dataset)와 프로그래밍 언어 : RDD는 여러 분산노드에 나누어져 다수의 파티션으로 관리되는 변경이 불가능한 데이터 세트(집합)이다. 스파크에 저장된 데이터를 RDD라 부르고 이 값은 변경되지 않는다. 변경하려면 새로운 데이터 세트를 생성해야 한다. 새로운 RDD는 외부로부터 데이터를 로딩하거나 코드에서 생성되는 데이터를 저장하면 만들 수 있다. RDD는 실제 물리적인 저장소에 저장된 데이터가 아니므로 다수의 서버 중에서 한 서버가 문제가 발생해도 RDD를 표현하는 정보로 복구할 수 있다. RDD에서는 변환(Transformation)과 액션(Action)이라는 오퍼레이션이 존재한다. 변환은 기존의 RDD 데이터를 변경하여 새로운 RDD 데이터를 생성하는 과정이다. 변환 연산자를 수행하는 동안에는 RDD에 있는 데이터는 변경되지 않는다. 대표적인 연산자는 특정 데이터만 산출하는 Filter, 데이터를 분산 배치하는 Map 등이 있다. 액션은 RDD 데이터를 이용해서 데이터 세트가 아닌 값을 생성하는 것이다. 대표적인 것이 count(), collect() 등이다.

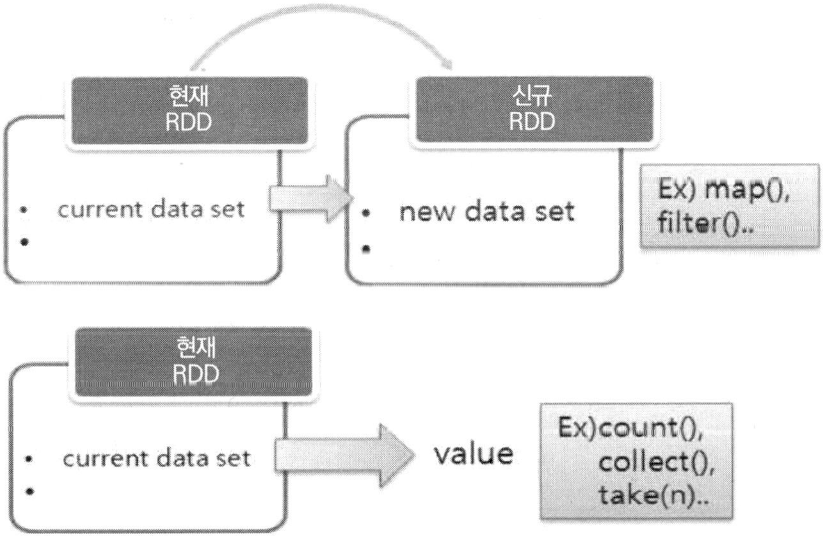

[그림 5-40] 스파크의 RDD 연산자

• 스파크 구조 : 스파크에서 데이터 처리단위인 RDD가 변환하는 과정을 그래프로 표현하고, 실행단계를 구성하여 다음과 같이 처리된다.

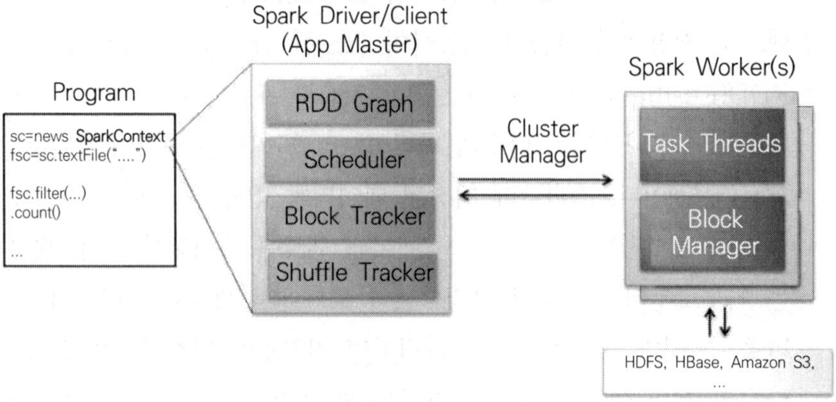

[그림 5-41] 스파크와 구성요소들

스파크 프로그램은 보통 드라이버 프로그램(Spark Driver Program)이라고 부르는 애플리케이션 마스터에 의해서 여러 개의 작업으로 나누어서 작업자노드(Worker Node)에 있는 실행 프로세스(Spark Executor)에서 실행하고, 전체 작업을 관리한다. 먼저 드라이버가 클러스터 관리자(Cluster Manager)에 접속하고, 이 클러스터 관리자는 스파크 자체 매니저나 Mesos, YARN 등이 될 수 있다. 이 클러스터 관리자를 통해서 사용 가능한 Executor를 할당받는다(YARN에서 Node Manager와 유사).

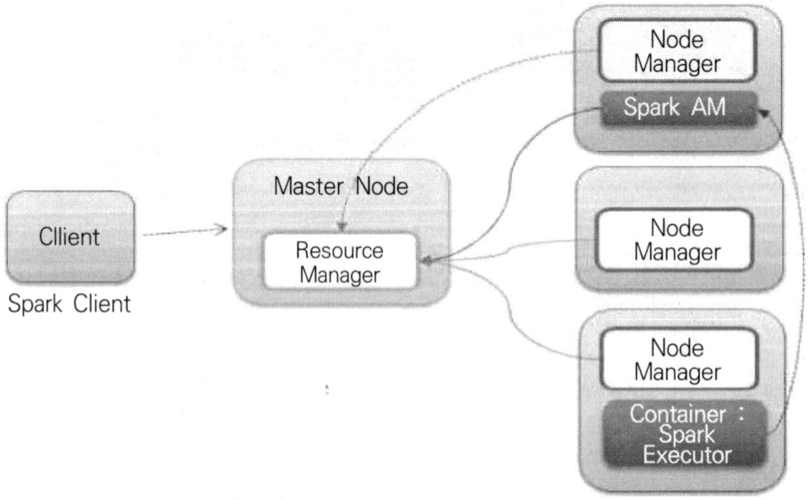

[그림 5-42] YARN에서 스파크 실행

Executor를 할당받으면 각각의 프로세스에서 수행할 코드를 보내고 각 Executor 안에서 타스크에서 각 작업이 수행된다. 수행 중에 필요한 데이터는 HDFS, Hbase, 아마존 S3과 연계할 수 있다. YARN 클러스터 관리자를 이용한 스파크 프로그램 수행은 Spark AM(애플리케이션 관리자)을 사용해서 실행된다.

2. 데이터 분석 Tool을 활용한 데이터 관리

1) 하이브를 사용한 데이터 분석

하이브(Hive)는 맵리듀스 프로그램에 익숙하지 않은 사용자를 위한 분석 툴이다. SQL과 유사한 HiveQL를 사용하여 맵리듀스 프로그램을 작성하는 것 대신에 행하는 쿼리 인터페이스 서비스이다. 하이브 실행 시에 맵리듀스 프로그램으로 전환되어 결과를 생성한다. 페이스북 주도로 개발되어 오픈 프로젝트로 지속해서 발전하고 있다. RDBMS처럼 테이블을 이용하여 쿼리를 수행하기 때문에 정형화되지 않은 입력 소스분석에는 적합하지 않다.

(1) 하이브 데이터 모델과 HDFS

하이브는 하둡 상에 구축된 정형화 데이터를 관리하고 쿼리하는 시스템이다. 하이브는 스토리지로 HDFS를 사용한다. 하둡은 기본적으로 OLTP(Online Transaction Processing)에는 적합하지 않다.

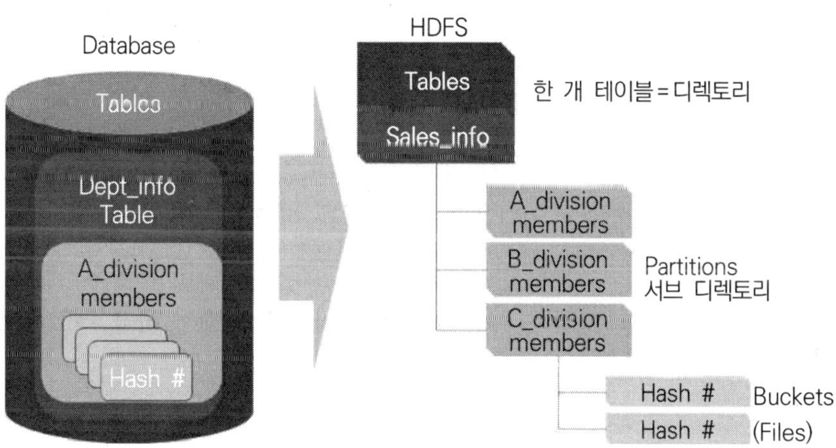

[그림 5-43] 하이브 데이터 모델과 HDFS

학습 5

각 테이블은 HDFS의 실제 디렉터리로 관리하고 파트션(Partitions)들의 서브 디렉터리이고, 실제 데이터는 파일로 관리된다. 데이터 쿼리를 위해서 SQL과 유사한 HiveQL 언어를 지원하며, HiveQL로 작성된 명령을 인터프리터로 해석해서 맵리듀스 작업으로 전환하여 실행된다. 사용자는 맵리듀스 프로그램을 하지 못해서 HiveQL를 사용해서 HDFS에 저장된 대용량 데이터 세트를 분석할 수 있다.

(2) 하이브 메타스토어(Metastore)

하이브는 테이블의 정보를 저장하기 위해서 메타스토어라는 데이터베이스를 사용한다. 하이브 테이블들은 메타스토어에 저장된 스키마로 구성되고, 데이터는 HDFS에 저장된다. 하이브는 HiveQL 명령어를 맵리듀스 작업으로 변환해서 사용자의 쿼리를 HDFS에서 쉽게 수행을 한다.

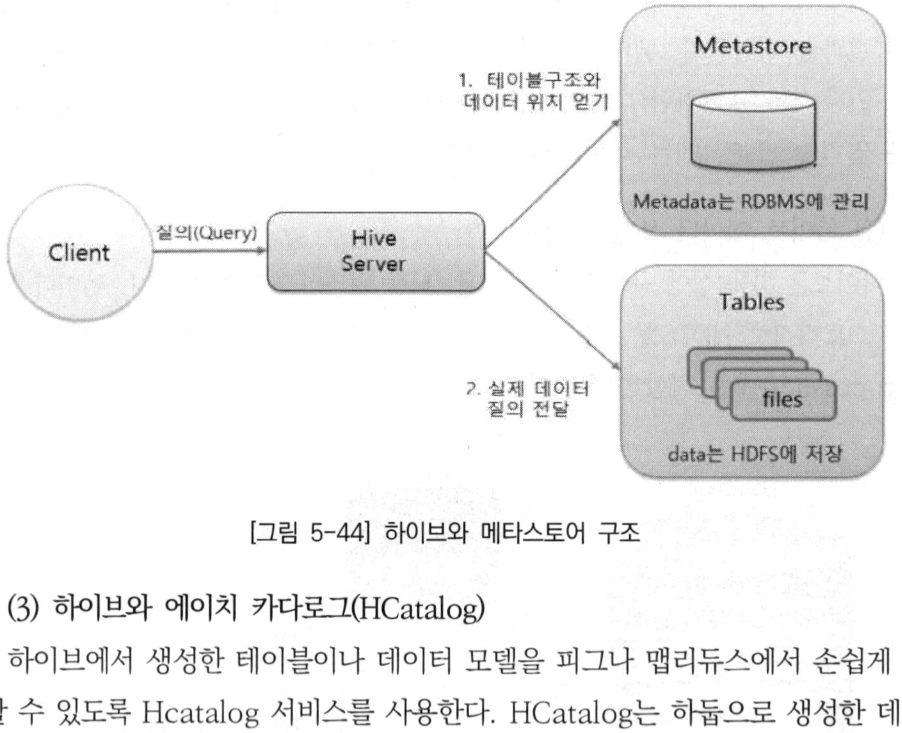

[그림 5-44] 하이브와 메타스토어 구조

(3) 하이브와 에이치 카다로그(HCatalog)

하이브에서 생성한 테이블이나 데이터 모델을 피그나 맵리듀스에서 손쉽게 이용할 수 있도록 Hcatalog 서비스를 사용한다. HCatalog는 하둡으로 생성한 데이터를 위한 테이블 및 스토리지 관리서비스이고, 이것을 통해서 하둡 에코시스템들 간의 상호 운용성을 높을 수 있다.

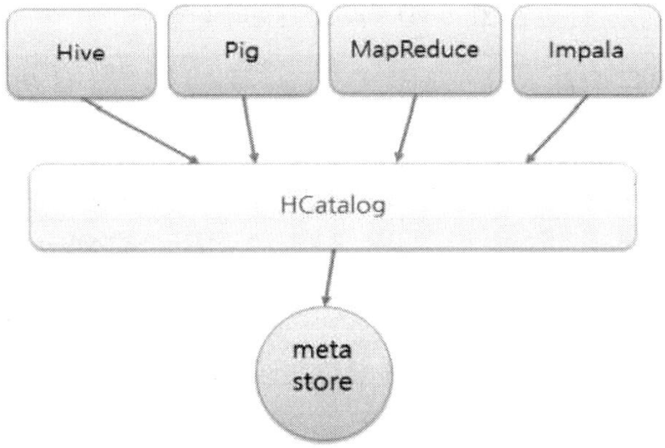

[그림 5-45] HCatalog와 하둡 에코시스템

학습 5

(4) 하이브 쿼리(Query)

① 쿼리 명령어 인터페이스 : 하이브 쿼리를 전달하는 방법은 크게 2가지가 있다. 전형적인 하이브 클라이언트(Hive CLI)를 사용해서 하이브 서버에 접속하여 쿼리를 수행한다.

```
[jsjeong@sandbox ~]$ hive
WARNING: Use "yarn jar" to launch YARN applications.

Logging initialized using configuration in file:/etc/hive/2.4.0.0-169/0/hive-log
4j.properties
hive> 
```

[그림 5-46] 하이브 실행화면

HiveServer2 서비스에 연결하는 beeline 클라이언트를 사용할 수 있다. beeline은 하이브뿐만 아니라 임팔라도 함께 사용할 수 있는 편이성을 제공한다

```
[jsjeong@sandbox ~]$ beeline
WARNING: Use "yarn jar" to launch YARN applications.
Beeline version 1.2.1000.2.4.0.0-169 by Apache Hive
beeline> 
```

[그림 5-47] beeline 실행화면

② 데이터 타입 : 하이브 테이블은 다양한 데이터 타입에 대한 지원을 한다.

〈표 5-4〉 하이브 데이터 타입

데이터 타입	설 명
TINYINT	정수형 1바이트
SMALLINT	정수형 2바이트
INT	정수형 4바이트
BIGINT	정수형 8바이트
BOOLEAN	논리형
FLOAT	부동소수형 4바이트
DOUBLE	부동소수형 8바이트
STRING	문자형

2) 스톰(Storm)

스톰은 BackType에서 개발되어 2011년 트위터로 인수, 트윗들의 실시간 분석 및 최적화 및 Anti-spam 구현 목적으로 인수되었다. 2013년부터 아파치 프로젝트로 전화되어 오픈소스로 개발되고 있다. 스톰은 하둡이 일괄처리에 유용하다면 실시간 데이터 처리방식의 분산 처리시스템이다. 스톰은 실시간 분석, 온라인 머신러닝, 연속적인 계산, 분산된 RPC, ETL 작업에 유용하다.

(1) 구 조

스톰은 마스터노드(하둡의 자원관리자와 유사)인 님버스(Nimbus), 작업노드를 관리하는 슈퍼바이저(Supervisors), 클러스터의 조정자 역할을 수행하는 주키퍼(Zookeeper), 실제 작업을 수행하는 작업노드로 구성되는 분산처리 플랫폼이다.

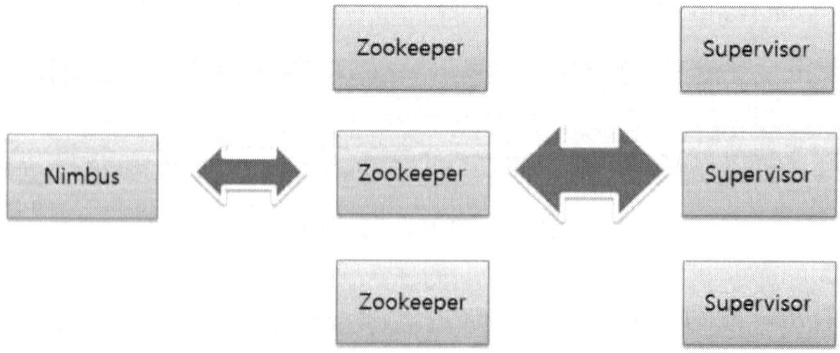

[그림 5-48] 스톰 아키텍처

님버스는 작업노드에 있는 슈퍼바이저에게 작업을 분배하고 주키퍼를 이용하여 노드 간의 통신 및 작업의 진행상태를 관리한다. 님버스는 얀의 자원관리자와 유사한 역할을 수행해서 현재 사용 가능한 슈퍼바이저의 현황을 파악·관리하여 작업노드에 문제가 발생할 때나 신규 노드 증설 시에 작업을 재분배한다.

슈퍼바이저는 작업노드의 데몬으로 님버스에서 할당 받은 작업을 수행한다. 주키퍼는 클러스터의 설정과 상태를 관리하며, 님버스와 슈퍼바이저에게 작업 진행상황 및 클러스터의 상태 등의 정보를 제공한다.

(2) 토폴로지(Topology)

스톰은 스프리밍 데이터를 처리하기 위해서 스파우트(Spout)와 볼트(Volt)로 구성된 네트워크를 토폴로지 모델로 사용한다. 스파우트는 토폴로지 상에서 데이터 소스를 처리하는 시작노드로 연속된 튜플 형태의 스트리밍 데이터를 입력받는다. 입력된 데이터는 연결된 볼트로 전달되어 사용자가 정의한 데이터 처리 로직을 수행한다. 스파우트는 다양한 데이터 소스를 입력으로 사용할 수 있다(파일이나 데이터베이스를 입력으로 사용). 입력된 데이터는 사용자가 구성한 토폴로지에 따라 볼트로 전달된다. 볼트에서 수행된 결과는 복수의 노드에 데이터를 전달하거나 여러 개의 노드에서 데이터를 받을 수 있다.

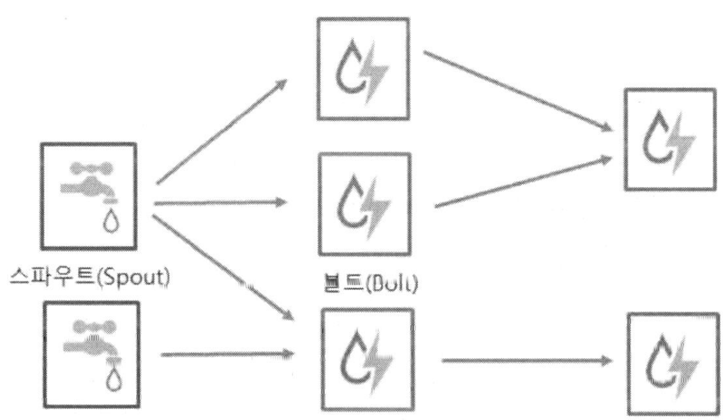

[그림 5-49] 스톰 토폴로지 구조

수행 내용

재료 · 자료

- 빅데이터 가이드라인 관련 자료
- 개인정보 비식별화 가이드라인

기기(장비 · 공구)

- 컴퓨터, 문서작성 프로그램, 프린터, 주변기기

안전 · 유의사항

- 빅데이터 관련 장비의 안전 및 유의사항을 숙지한다.
- 외부데이터일 경우 데이터 수집 및 경로 등을 빠짐없이 기록한다.
- 내 · 외부데이터 구분 후 개인정보보호법 등 관계 법령에 위배 여부를 확인한다.

수행 순서

01 빅데이터 처리를 위한 준비과정에 대하여 분석하라.

1. 빅데이터 처리를 위한 환경을 파악한다

처리해야 할 데이터 크기, 생성속도, 빈도에 따른 빅데이터를 처리하기 위해서 어떻게 클러스터를 구축할 것인지를 파악하여 목적에 맞는 처리시스템을 계획한다.

2. 빅데이터 처리시스템 구축을 위한 세부계획을 수립한다

① 빅데이터 처리시스템 도입 및 설정에 필요한 계획을 수립하고, 클러스터 구축을 위한 하드웨어와 소프트웨어 등 제반 환경을 점검하고, 이에 대한 체크리스트를 작성한다.

② 빅데이터 저장시스템과 연계한 처리방식과 수행환경에 대한 운영모드를 확인한다. 운영모드는 의사분산 모드(Pseudo-distributed Mode) 또는 완전분산 모드(Fully Distributed Mode) 중에서 선택할 수 있다.

③ 구축이 완료된 처리시스템의 검증계획을 작성하고 운영체계를 포함한 계획을 수립한다.

3. 기존 시스템과의 연계 가능성을 고려한다

빅데이터 처리방식에 대하여 기존 시스템과의 연계 가능성 및 복잡도를 검토하고 이에 따른 설계안을 작성한다. 기존 DBMS와 하둡 시스템을 연계할 수 있는 툴을 조사한다. 비정형 데이터를 처리할 수 있는 비 관계형 데이터베이스인 NoSQL 툴에 대해 조사한다.

4. 빅데이터 처리환경을 구축한다

사용자 관점에서의 빅데이터 처리시스템을 구축하기 위해서 주요 하둡 회사의 가상머신(Virtual Machine)을 다운받아서 시나리오에 따라 처리시스템을 검증하고 특장점을 문서화한다.

Tip

- 빅데이터 처리를 위한 실습을 위해서 오픈소스인 아파치 사이트에서 바닐라 하둡을 받아서 설치할 수 있지만, 클러스터를 구축하기 위한 노력이 많이 소요되므로, 각 하둡 업체의 배포판을 활용하는 것이 시간을 절약할 수 있다.

학습 5

02 빅데이터 처리계획 및 환경수립 과정에 대하여 분석하라.

1. 빅데이터 처리를 위한 분석목적을 정의하고 분석을 위한 시스템 환경 및 방법론 등 세부 분석계획서를 작성한다

① 데이터 크기, 생성속도, 빈도에 따른 시스템 구축계획을 작성한다.

② 데이터 분석을 통해서 얻고자 하는 목표를 정확히 정의하고 분석절차 및 솔루션 등 세부 시나리오를 작성한다.

2. 빅데이터 분석시스템 구축비용 및 운영방식 등을 고려하여 자체 구축시스템 및 클라우드 컴퓨팅을 활용하는 것을 비교 조사한다

① 빅데이터 분석과 활용을 위해 하둡 클러스터와 운영환경을 기관 내에 구축하는 방식으로 검토한다. 내부데이터의 관리정책과 보안문제로 외부서비스를 활용하기 어려운 경우나 서비스 요구사항이 외부 지원이 되지 않을 때 고려한다.

② 클라우드 컴퓨팅을 활용은 초기 투자비용이 적게 발생하고, 시스템에 대한 구축 오버헤드 없이 바로 클러스터를 활용할 수 있다. 향후 시스템이 확장되어야 할 때 확장성 등을 확보할 수 있다.

③ 클라우드 컴퓨팅 등 외부 시스템을 활용할 때 고려해야 할 사항은 데이터 분석결과에 대한 품질, 운영보안 등 필요한 사항에 대한 SLA를 명확하게 정의해야 하므로 서비스에 대한 수준을 정의해야 한다.

④ 자체 구축방식과 클라우드 인프라를 활용하는 경우, 이 두 가지를 복합하여 사용하는 처리시스템을 고려하여 장단점을 분석한다.

3. 빅데이터 분석서비스 운영을 고려하여 최적화된 분석플랫폼을 구축한다

빅데이터 수용 용량 및 분석작업에 대한 부하 등을 고려하여 클러스터의 노드 및 인프라 스펙을 구축한다(데이터 저장서버, 데이터 처리서버, 네트웍 인프라 등). 마스터노드의 경우에 메모리 위주의 작업을 하므로 고용량의 램을 설치해야 한다.

4. 빅데이터 처리실습을 위한 클라우드 컴퓨팅 계정을 만든다

빅데이터 처리를 위한 클러스터를 생성하기 위해서 클라우드 환경의 계정을 생성해서 앞으로의 실습과제를 위한 준비를 한다. 아마존 AWS나 마이크로소프트의 Azure의 무료계정을 생성한다.

Tip

실제 빅데이터 처리를 위한 클러스터 구축에 어려움이 있거나 교육을 목적으로 한다면 하둡 배포판 업체들의 교육용 VM를 받거나 클라우드 환경에서 무료계정을 제공하는 업체를 활용해서 클라우드 환경의 빅데이터를 사용할 수 있다.

03 빅데이터 처리시스템 구축과정에 대하여 분석하라.

1. 아마존 AWS 또는 마이크로소프트의 Azure에서 생성한 아이디를 통해서 클라우드 컴퓨팅 환경을 구축한다(본 수행과제에서는 마이크로소프트의 Azure를 기준으로 사용한다)

① 클라우드 컴퓨팅 사이트(portal.azure.com)에 접속해서 의사 분산모드(Pseudo-distributed Mode)로 빅데이터 처리용 클러스터(VM)를 생성한다.

② 클라우드 컴퓨팅을 사용하지 않을 때는 클라우데라나 호튼웍스 사이트를 방문해서 교육용으로 제공하는 가상머신 이미지를 다운 받아서 사용해도 된다.

2. 빅데이터 처리를 위한 클러스트를 생성한다(가상머신을 생성한다)

① 클러스터(가상머신) 설정을 위한 기본값을 입력한다.

② 사용할 가상머신에 대한 메모리 및 CPU 코어에 대한 크기를 결정한다.

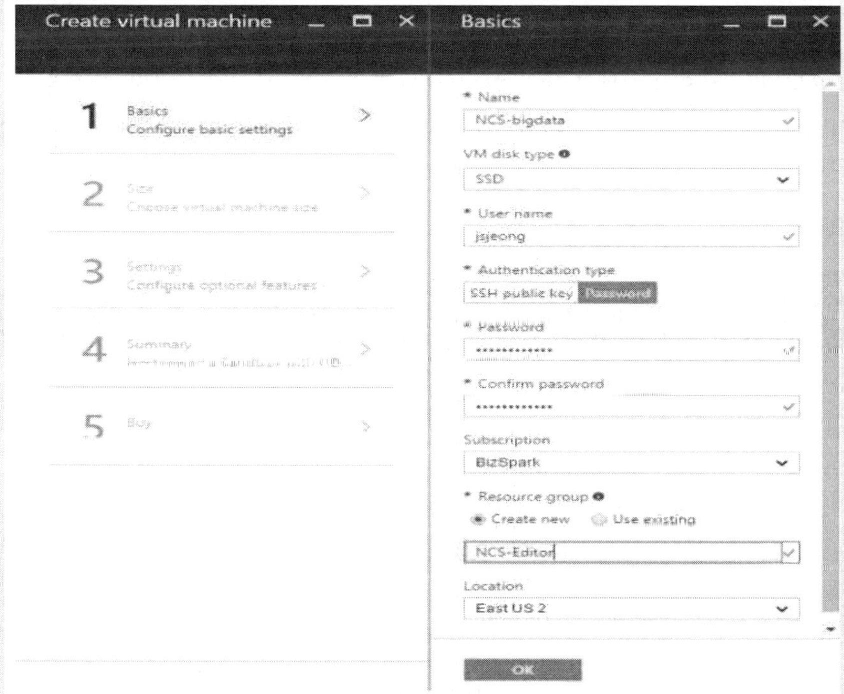

[그림 5-50] 가상머신을 위한 설정

학습 5

③ 가상머신을 결정하는 경우에 처리할 데이터의 사이즈와 애플리케이션의 특성에 따라서 메모리 사이즈와 CPU를 선택하는 것이 좋다. 대부분 고용량의 메모리나 고성능 급의 가상머신은 비용이 많이 들기 때문에 이점을 고려하여 사이즈를 선택하여야 한다.

④ 가상머신에 대한 사이즈를 선택하면 구성한 값들에 대한 정보를 표시한다. 여기에는 스토리지, 네트워크, 서브넷 등을 확인할 수 있고 필요에 따라서 설정값을 변경할 수 있다.

⑤ 최종단계에서 금액을 확인 후에 가상머신 생성을 클릭한다. 약 10~15분 후에 해당하는 가상머신이 생성된다.

[그림 5-51] 가상머신 생성화면

⑥ 가상머신이 정상적으로 수행이 되면 공인 아이피를 확인하고, putty를 실행하여 ssh 터미널 모드를 사용해서 연결한다. 클라우드 가상머신 경우에 사용하지 않을 때는 정지 버튼을 눌러서 과금이 되지 않도록 한다. 또 사용이 끝나면 삭제 버튼으로 가상머신을 없앤다.

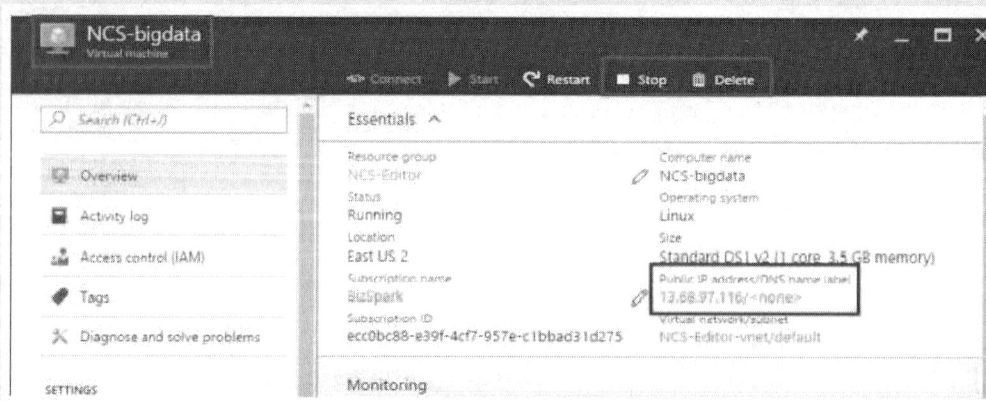

[그림 5-52] 빅데이터 가상머신 예제

3. 터미널 프로그램으로 하둡 클러스터 가상머신에 연결한다

① 빅데이터 가상머신의 공인주소를 이용해서 접속한다. 호스트 이름 또는 아이피 주소를 입력하고, 오픈버튼을 연결하면 터미널 프로그램이 실행된다.

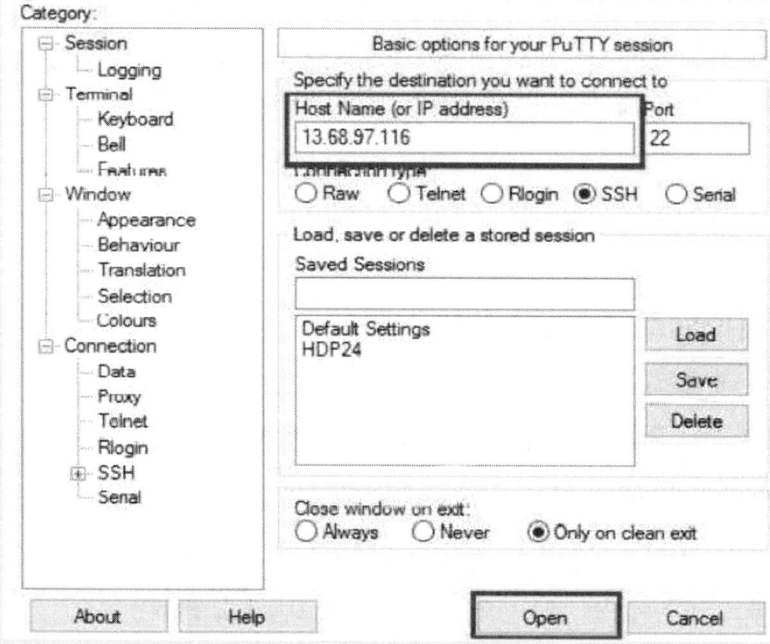

[그림 5-53] 터미널 프로그램을 통해서 가상머신 연결 중

② 화면에 로그인 프롬프트가 나타나면 가상머신 설정 시에 입력한 로그인 이름과 암호를 차례로 입력하며 정상적으로 로그인이 성공한다.

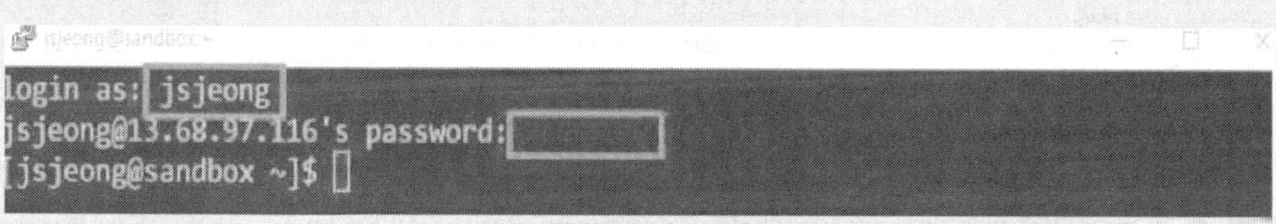

[그림 5-54] 가상머신 로그인 화면

③ 가상머신에 있는 클러스터이 HDFS 파일시스템에 대한 정보를 확인한다.

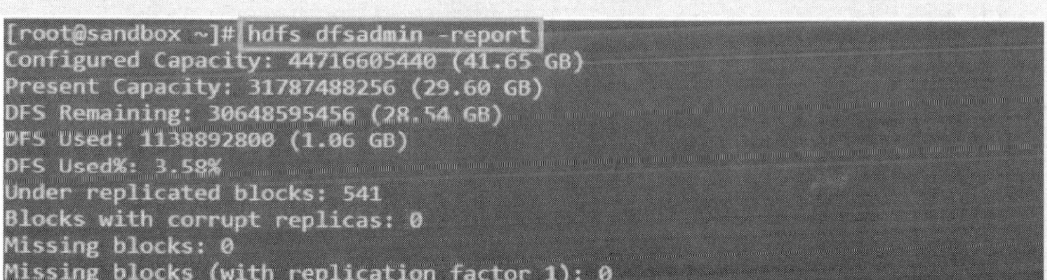

[그림 5-55] HDFS 체크를 위한 dfsadmin 실행 화면

Tip

- 클라우드 환경의 하둡 클러스터를 구축하기 위해서는 설명한 순서대로 수행해야 오류가 없다.
- 하둡 배포판을 제공하는 회사의 가상머신을 다운 받아서 동일한 환경을 구축할 수 있으나, 일부 기능에 대해서는 제한이 있을 수 있다. 가능한 클라우드 컴퓨팅 환경이나 실제 하둡 클러스터를 구축한 환경에서 작업하는 것이 편리하다.
- 실제 하둡을 사용하기 위한 환경은 풀 분산 클러스터를 구축해야 하지만, 실습을 위해서는 1개 서버를 사용해서 가상 분산 모드로 사용하는 것이 비용을 줄일 수 있다.

04 HDFS의 파일 복사과정에 대하여 분석하라.

1. 터미널 프로그램으로 하둡 클러스터 가상머신에 접속한다(빅데이터 가상머신의 공인주소로 연결)

① 빅데이터 가상머신의 공인주소를 이용해서 접속한다. 호스트 이름 또는 아이피 주소를 입력하고, 오픈버튼을 연결하면 터미널 프로그램이 실행된다.

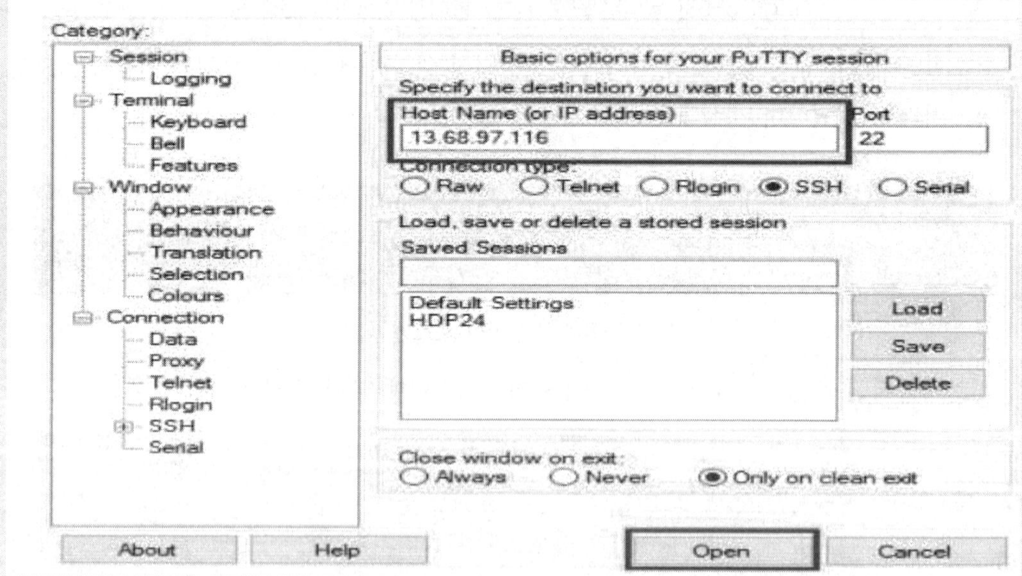

[그림 5-56] 터미널 프로그램을 통해서 가상머신 연결 중

② 화면에 로그인 프롬프트가 나타나면 가상머신 설정 시에 입력한 로그인 이름과 암호를 차례로 입력하여 정상적으로 로그인이 성공한다.

[그림 5-57] 가상머신 로그인 화면

2. 가상머신에서 HDFS 명령어를 실행하고, 컴맨드 쉘(shell)에서 HDFS 명령어 수행한다

① HDFS 파일시스템에 어떤 내용이 포함되어 있는지를 확인한다(hdfs dfs 명령어).

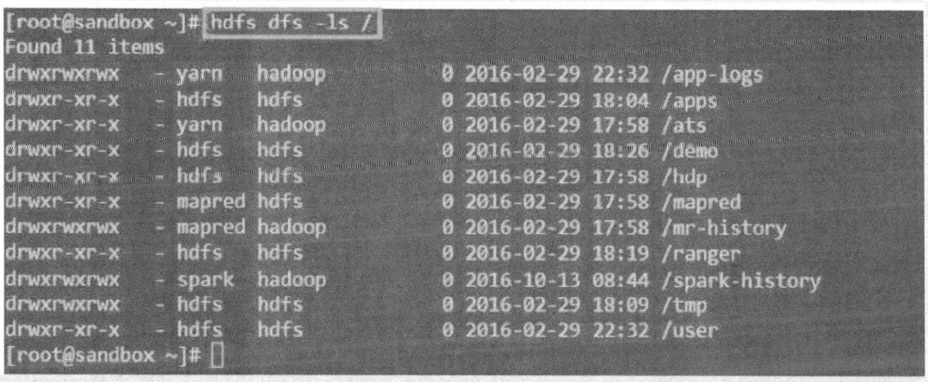

[그림 5-58] HDFS 파일시스템에 있는 파일/디렉터리 리스트

② hdfs dfs 명령어를 사용해서 HDFS에 /ncs라는 디렉터리를 생성한다. hdfs dfs -ls / 명령어를 이용해서 생성된 ncs를 확인한다. 그러고 나서 다시 동일한 hdfs dfs -mkdir /ncs 명령을 수행한다.

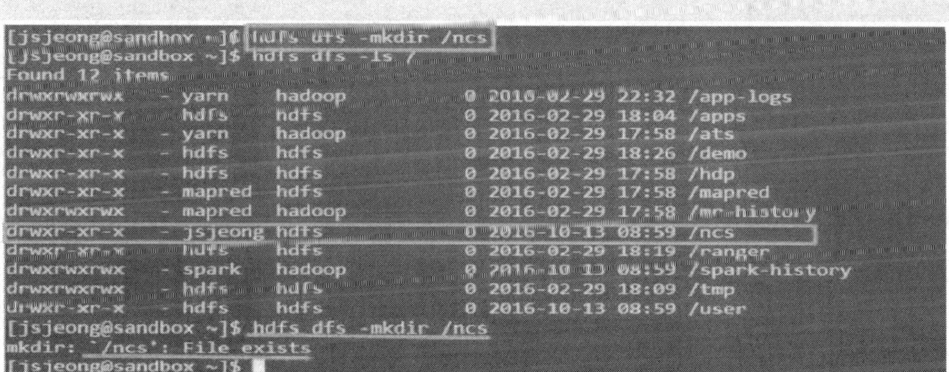

[그림 5-59] 이미 존재하는 파일이 있으면 에러 발생

③ 현재 로컬시스템에 있는 test.txt 파일을 HDFS에 ncs 디렉터리 밑에 test.txt으로 복사한다. 첫 번째 명령을 수행하면 정상적으로 HDFS 파일이 복사되고, 두 번째 명령을 수행하면 이미 파일이 존재한다는 에러가 발생한다.

```
[jsjeong@sandbox ~]$ ls -l
total 4
-rwxr-xr-x 1 jsjeong jsjeong 369 2016-10-13 08:53 test.txt
[jsjeong@sandbox ~]$ hdfs dfs -ls /ncs
[jsjeong@sandbox ~]$ hdfs dfs -put test.txt /ncs
[jsjeong@sandbox ~]$ hdfs dfs -put test.txt /ncs
put: `/ncs/test.txt': File exists
[jsjeong@sandbox ~]$ hdfs dfs -ls /ncs
Found 1 items
-rw-r--r--   3 jsjeong hdfs        369 2016-10-13 09:04 /ncs/test.txt
[jsjeong@sandbox ~]$ 
```

[그림 5-60] HDFS에 파일을 복사하는 방법

④ HDFS ncs 디렉터리에 있는 test.txt를 test_from_hdfs.txt를 로컬 파일시스템으로 복사한다.

```
[jsjeong@sandbox ~]$ ls -l
total 4
-rwxr-xr-x 1 jsjeong jsjeong 369 2016-10-13 08:53 test.txt
[jsjeong@sandbox ~]$ hdfs dfs -get /ncs/test.txt test_from_hdfs.txt
[jsjeong@sandbox ~]$ ls -l
total 8
-rw-r--r-- 1 jsjeong jsjeong 369 2016-10-13 09:16 test_from_hdfs.txt
-rwxr-xr-x 1 jsjeong jsjeong 369 2016-10-13 08:53 test.txt
[jsjeong@sandbox ~]$ 
```

[그림 5-61] HDFS에서 파일을 가져오는 방법

⑤ HDFS에 있는 test.txt 파일내용을 확인한다.

```
[jsjeong@sandbox ~]$ hdfs dfs -cat /ncs/test.txt
#!/bin/bash
NAME="startup_script"
LOG="/var/log/startup_script.log"
SCRIPTS_PATH="/usr/lib/hue/tools/start_scripts"
TUTORIALS_PATH="/usr/lib/tutorials/tutorials_app"
PATH="/sbin:/usr/sbin:/bin:/usr/bin"
export PATH

source $SCRIPTS_PATH/consts.sh
#fetch latest splash page contents
nohup su - hue -c '/bin/bash /usr/lib/tutorials/tutorials_app/run/run.sh' &>/dev
/null

[jsjeong@sandbox ~]$ 
```

[그림 5-62] HDFS에 있는 파일의 내용을 확인

⑥ HDFS에 있는 test_in_hdfs.txt 파일을 삭제한다. 그리고 /ncs 디렉터리도 삭제한다. HDFS 명령어를 수행하기 위해서는 예제와 같이 클라우드 환경의 가상머신 생성하여 사용하거나 하둡 배포판을 제공하는 회사들의 실습용 배포판을 받아서 사용할 수 있다. 이것은 환경에 따라서 적절하게 사용하면 된다.

```
[jsjeong@sandbox ~]$ hdfs dfs -ls /ncs
Found 1 items
-rw-r--r--   3 jsjeong hdfs        369 2016-10-13 09:04 /ncs/test.txt
[jsjeong@sandbox ~]$ hdfs dfs -rm /ncs/test.txt
16/10/13 09:20:59 INFO fs.TrashPolicyDefault: Namenode trash configuration: Dele
tion interval = 360 minutes, Emptier interval = 0 minutes.
Moved: 'hdfs://sandbox.hortonworks.com:8020/ncs/test.txt' to trash at: hdfs://sa
ndbox.hortonworks.com:8020/user/jsjeong/.Trash/Current
[jsjeong@sandbox ~]$ hdfs dfs -ls /ncs
[jsjeong@sandbox ~]$
[jsjeong@sandbox ~]$ hdfs dfs -ls /
Found 12 items
drwxrwxrwx   - yarn    hadoop          0 2016-02-29 22:32 /app-logs
drwxr-xr-x   - hdfs    hdfs            0 2016-02-29 18:04 /apps
drwxr-xr-x   - yarn    hadoop          0 2016-02-29 17:58 /ats
drwxr-xr-x   - hdfs    hdfs            0 2016-02-29 18:26 /demo
drwxr-xr-x   - hdfs    hdfs            0 2016-02-29 17:58 /hdp
drwxr-xr-x   - mapred  hdfs            0 2016-02-29 17:58 /mapred
drwxrwxrwx   - mapred  hadoop          0 2016-02-29 17:58 /mr-history
drwxr-xr-x   - jsjeong hdfs            0 2016-10-13 09:20 /ncs
drwxr-xr-x   - hdfs    hdfs            0 2016-02-29 18:19 /ranger
drwxrwxrwx   - spark   hadoop          0 2016-10-13 09:21 /spark-history
drwxrwxrwx   - hdfs    hdfs            0 2016-02-29 18:09 /tmp
drwxr-xr-x   - hdfs    hdfs            0 2016-10-13 08:59 /user
[jsjeong@sandbox ~]$ hdfs dfs -rm -r /ncs
16/10/13 09:23:45 INFO fs.TrashPolicyDefault: Namenode trash configuration: Dele
tion interval = 360 minutes, Emptier interval = 0 minutes.
Moved: 'hdfs://sandbox.hortonworks.com:8020/ncs' to trash at: hdfs://sandbox.hor
tonworks.com:8020/user/jsjeong/.Trash/Current
```

[그림 5-63] HDFS에 있는 파일 및 디렉터리 삭제

Tip

- 이전 HDFS 명령어는 hadoop fs를 사용했지만 최근 버전에서는 hdfs dfs 명령어를 사용한다.
- HDFS 삭제 명령의 경우에는 해당 디렉터리에서는 삭제가 되지만 파일을 사용자 이름의 .Trash 디렉터리에 일정시간(예제에서는 6시간) 자동보관 후 삭제된다.
- 다음에서 사용할 단어 수를 세는 프로그램에서 사용할 테스트용 파일을 -put 명령을 사용해서 미리 hdfs에 복사한다.

학습 5

05 MapReduce(Word count) 작업 수행과정에 대하여 분석하라.

1. 외부 연결 터미널 프로그램으로 하둡 클러스터 가상머신에 접속한다(빅데이터 가상머신의 공인주소로 연결)

빅데이터 가상머신의 공인주소를 이용해서 접속한다. 호스트 이름 또는 아이피 주소를 입력하고, 오픈버튼을 연결하면 터미널 프로그램이 실행된다.

2. 터미널 윈도우에서 작성해 놓은 워드 카운트가 있는 디렉터리로 이동하고, 워드 카운트 프로그램은 본인이 원하는 IDE를 사용해서 작성하면 된다

① 워드 카운트 자바프로그램은 모두 3개로 구성된다. 이 프로그램은 wc.java(간단한 맵리듀스 드라이버 클래스), wcmapper.java(맵 클래스), wcreducer.java(리듀스 클래스)로 나누어 개발되어 컴파일한다.

```
[training@localhost src]$ ls -l
total 12
-rw-rw-r-- 1 training training 1131 Nov 18 09:39 wc.java
-rw-rw-r-- 1 training training  442 Nov 18 09:39 wcmapper.java
-rw-rw-r-- 1 training training 1184 Nov 18 09:39 wcreducer.java
[training@localhost src]$
```

[그림 5-64] 워드 카운트 프로그램

② 컴파일 전에 hadoop calsspath를 확인하고 3개 클래스 파일을 컴파일한다.

```
[training@localhost src]$ hadoop classpath
/etc/hadoop/conf:/usr/lib/hadoop/lib/*:/usr/lib/hadoop/.//*:/usr/lib/hadoop-hdfs/./:/usr/lib/hadoop-hdfs/lib/*:/us
r/lib/hadoop-hdfs/.//*:/usr/lib/hadoop-yarn/lib/*:/usr/lib/hadoop-yarn/.//*:/usr/lib/hadoop-0.20-mapreduce/./:/usr
/lib/hadoop-0.20-mapreduce/lib/*:/usr/lib/hadoop-0.20-mapreduce/.//*
[training@localhost src]$ javac -classpath `hadoop classpath` *.java
```

[그림 5-65] 3개의 클래스 파일 컴파일 화면

③ 컴파일된 클래스 파일들을 확인한다.

```
[training@localhost src]$ ls -l
total 24
-rw-rw-r-- 1 training training  878 Nov 18 09:39 wc.class
-rw-rw-r-- 1 training training 1131 Nov 18 09:39 wc.java
-rw-rw-r-- 1 training training 1203 Nov 18 09:39 wcmapper.class
-rw-rw-r-- 1 training training  442 Nov 18 09:39 wcmapper.java
-rw-rw-r-- 1 training training 1184 Nov 18 09:39 wcreducer.java
-rw-rw-r-- 1 training training  461 Nov 18 09:39 wereducer.class
[training@localhost src]$
```

[그림 5-66] 3개 클래스 파일생성

3. 컴파일된 자바 파일을 wordcount.jar 파일로 만든다

```
[training@localhost bin]$ jar cvf wordcount.jar *.class
added manifest
adding: wcDriver.class(in = 1058) (out= 658)(deflated 37%)
adding: wcMapper.class(in = 1677) (out= 558)(deflated 66%)
adding: wcReducer.class(in = 1745) (out= 577)(deflated 66%)
[training@localhost bin]$ ls -l
total 16
-rw-rw-r-- 1 training training 1058 Nov 17 04:20 wcDriver.class
-rw-rw-r-- 1 training training 1677 Nov 17 04:20 wcMapper.class
-rw-rw-r-- 1 training training 1745 Nov 17 04:20 wcReducer.class
-rw-rw-r-- 1 training training 2500 Nov 19 06:43 wordcount.jar
[training@localhost bin]$
```

[그림 5-67] wordcount.jar 파일생성

4. 이 wordcount.jar 파일을 사용해서 하둡에 맵리듀스 작업을 제출한다(이 프로그램은 입력 파일에 있는 각 단어의 발생하는 횟수를 카운트하는 프로그램이다)

① hadoop 명령은 사용할 jar 파일(Wordcount.jar)에 메인 메소드가 호출되어야 하는 WordCount 클래스를 통해서 맵리듀스를 수행한다. 입력은 testfiles에 있는 단어와 빈도수를 계산해서 HDFS 출력 디렉터리에 저장한다.

```
[training@localhost src]$
[training@localhost src]$ hadoop jar wordcount.jar WordCount testfiles output
```

[그림 5-68] WordCount 수행명령

② 맵리듀스 작업에 의해서 생성된 결과를 확인한다.

```
[training@localhost src]$
[training@localhost src]$ hdfs dfs -ls output
```

[그림 5-69] 맵리듀스의 실행결과 확인

③ 실행 중인 맵리듀스 작업을 확인하기 위해서는 다른 터미널 윈도우 화면에서 나음 명령어를 수행해서 실행중인 작업 ID를 확인한다. 이 작업 ID를 사용해서 수행중인 작업을 kill 할 수 있다. 그리고 수행중인 원래 작업은 종료된다.

```
[training@localhost src]$ mapred job -list
0 jobs currently running
JobId   State   StartTime   UserName   Priority   SchedulingInfo
job 1479187476834 0007   RUNNING   1479557122706   jsjeong   default   NORMAL
         2          0    500M          0M          500M    http://sandbox.hortonwork
s.com:8088/proxy/application 1479187476834 0007/
[training@localhost src]$mapred job -kill job 1479187476834 0007
```

[그림 5-70] 맵리듀스의 실행 ID 확인 및 Kill 명령어

학습 5

Tip

- 빅데이터를 분석하는 맵리듀스 프로그램은 디버깅 작업이 매우 복잡하다. 그래서 모듈별로 테스팅을 할 수 있는 API 모듈을 함께 사용하여 프로그램밍하는 것이 좋다.
- 맵리듀스 프로그램을 개발하는 코드에 따라서 다양한 IDE(종합 개발 환경)을 사용하는 것이 생산성을 높일 수 있다.

06 피그를 활용한 데이터 분석과정에 대하여 분석하라.

1. 외부 연결 터미널 프로그램으로 하둡 클러스터 가상머신에 접속한다(빅데이터 가상머신의 공인주소로 연결)

① 빅데이터 가상머신의 공인주소를 이용해서 접속한다. 호스트 이름 또는 아이피 주소를 입력하고, 오픈버튼을 연결하면 터미널 프로그램이 실행된다. 가상머신에서 컨맨드 쉘에서 피그 프로그램을 수행한다.

② 그런트 쉘(Grunt shell)을 시작하기 위해서 피그 명령어를 수행한다.

2. 그런트 쉘(Grunt shell)에서 HDFS 명령어를 수행한다

① HDFS 파일시스템에 어떤 내용이 포함되어 있는지를 확인하고, training 디렉터리를 생성한다(ls 명령어, mkdir 명령어).

```
[jsjeong@sandbox ~]$ pig
WARNING: Use "yarn jar" to launch YARN applications.
16/11/05 03:49:41 INFO pig.ExecTypeProvider: Trying ExecType : LOCAL
16/11/05 03:49:41 INFO pig.ExecTypeProvider: Trying ExecType : MAPREDUCE
16/11/05 03:49:41 INFO pig.ExecTypeProvider: Picked MAPREDUCE as the ExecType
2016-11-05 03:49:41,640 [main] INFO  org.apache.pig.Main - Apache Pig version 0
15.0.2.4.0.0-169 (rexported) compiled Feb 10 2016, 07:50:04
2016-11-05 03:49:41,640 [main] INFO  org.apache.pig.Main - Logging error messag
s to: /home/jsjeong/pig_1478317781638.log
2016-11-05 03:49:41,670 [main] INFO  org.apache.pig.impl.util.Utils - Default b
otup file /home/jsjeong/.pigbootup not found
2016-11-05 03:49:42,582 [main] INFO  org.apache.pig.backend.hadoop.executioneng
ne.HExecutionEngine - Connecting to hadoop file system at: hdfs://sandbox.horto
works.com:8020
2016-11-05 03:49:43,834 [main] INFO  org.apache.pig.PigServer - Pig Script ID f
r the session: PIG-default-450e22a3-d793-4750-9590-2cef6335d663
2016-11-05 03:49:44,815 [main] INFO  org.apache.hadoop.yarn.client.api.impl.Tim
lineClientImpl - Timeline service address: http://sandbox.hortonworks.com:8188/
s/v1/timeline/
2016-11-05 03:49:45,109 [main] INFO  org.apache.pig.backend.hadoop.ATSService -
Created ATS Hook
grunt> 
```

[그림 5-71] 그런트 쉘(Grunt Shell) 수행화면

```
grunt> ls
hdfs://sandbox.hortonworks.com:8020/user/jsjeong/.Trash <dir>
hdfs://sandbox.hortonworks.com:8020/user/jsjeong/.hiveJars      <dir>
hdfs://sandbox.hortonworks.com:8020/user/jsjeong/.staging       <dir>
hdfs://sandbox.hortonworks.com:8020/user/jsjeong/sample.txt<r 3>        117
grunt> mkdir training
grunt> ls
hdfs://sandbox.hortonworks.com:8020/user/jsjeong/.Trash <dir>
hdfs://sandbox.hortonworks.com:8020/user/jsjeong/.hiveJars      <dir>
hdfs://sandbox.hortonworks.com:8020/user/jsjeong/.staging       <dir>
hdfs://sandbox.hortonworks.com:8020/user/jsjeong/sample.txt<r 3>        117
hdfs://sandbox.hortonworks.com:8020/user/jsjeong/training       <dir>
grunt>
```

[그림 5-72] 그런트 쉘에서 HDFS에 디렉터리 생성(training 신규 디렉터리)

학습 5

② sample2.txt를 로컬에 만들어서 copyFromLocal 명령어를 통해서 training 폴더로 복사한다.

```
grunt> copyFromLocal sample2.txt training
grunt> cd training
grunt> ls
hdfs://sandbox.hortonworks.com:8020/user/jsjeong/training/sample2.txt<r 3>
grunt> pwd
hdfs://sandbox.hortonworks.com:8020/user/jsjeong/training
grunt> cat sample2.txt
tom     adata
jane    bdata
henry   cdata
jason   ddata
jwook   edata
bob     fdata
jason   gdata
grunt>
```

[그림 5-73] sample2.txt를 hdfs training 디렉터리로 복사_1

3. 샘플파일을 이용해서 릴레이션을 정의한다

① 스키마를 사용해서 sample2txt 파일을 로드해서 trainTable 릴레이션(Relation)을 정의한다. describe 명령어를 사용해서 스키마 정보를 확인한다.

```
grunt> trainTable = LOAD 'sample2.txt' AS (name, dept);
grunt> describe trainTable;
trainTable: {name: bytearray,dept: bytearray}
grunt>
```

[그림 5-74] sample2.txt를 hdfs training 디렉터리로 복사_2

② trainTable 릴레이션이 있는 레코드 내용을 확인한다. DUMP 명령어는 맵리듀스 작업을 수행해서 그 결과를 보여준다.

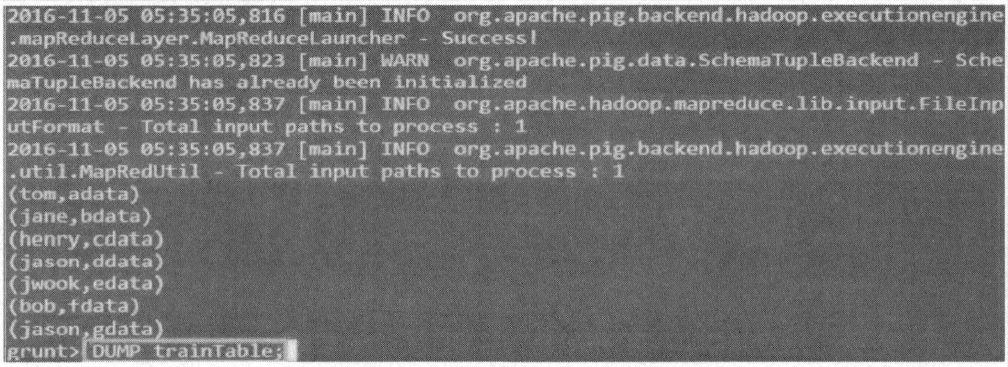

```
2016-11-05 05:35:05,816 [main] INFO  org.apache.pig.backend.hadoop.executionengine
.mapReduceLayer.MapReduceLauncher - Success!
2016-11-05 05:35:05,823 [main] WARN  org.apache.pig.data.SchemaTupleBackend - Sche
maTupleBackend has already been initialized
2016-11-05 05:35:05,837 [main] INFO  org.apache.hadoop.mapreduce.lib.input.FileInp
utFormat - Total input paths to process : 1
2016-11-05 05:35:05,837 [main] INFO  org.apache.pig.backend.hadoop.executionengine
.util.MapRedUtil - Total input paths to process : 1
(tom,adata)
(jane,bdata)
(henry,cdata)
(jason,ddata)
(jwook,edata)
(bob,fdata)
(jason,gdata)
grunt> DUMP trainTable;
```

[그림 5-75] trainTable의 내용 보기

4. 특정 필드를 사용해서 릴레이션 정보를 구분하고, STORE 명령어를 이용해서 출력을 파일로 저장한다

① FILTER 명령어를 사용해서 특정 필드조건을 이용해서 원하는 필드정보만을 구할 수 있다.

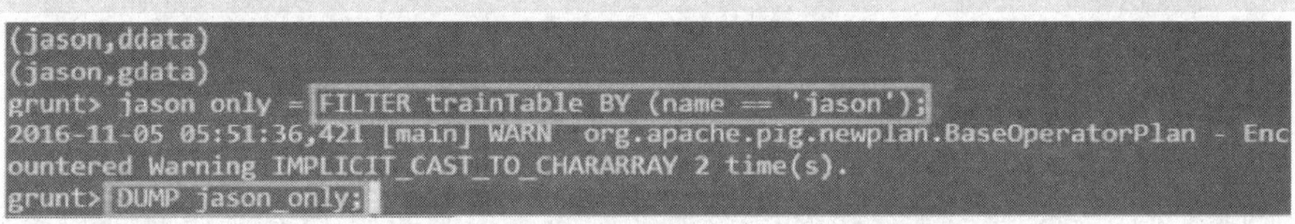

```
(jason,ddata)
(jason,gdata)
grunt> jason_only = FILTER trainTable BY (name == 'jason');
2016-11-05 05:51:36,421 [main] WARN  org.apache.pig.newplan.BaseOperatorPlan - Enc
ountered Warning IMPLICIT_CAST_TO_CHARARRAY 2 time(s).
grunt> DUMP jason_only;
```

[그림 5-76] FILTER 명령어 수행화면

② 피그를 사용한 빅데이터 실행 명령어는 DUMP와 STORE을 사용해서 맵리듀스 프로그램을 실행해서 결과를 생성할 수 있다. DUMP는 수행한 결과를 화면에 보여주고, 결과는 저장되지 않는다. 수행한 결과를 파일로 저장하기 위해서는 STORE 명령어를 사용한다.

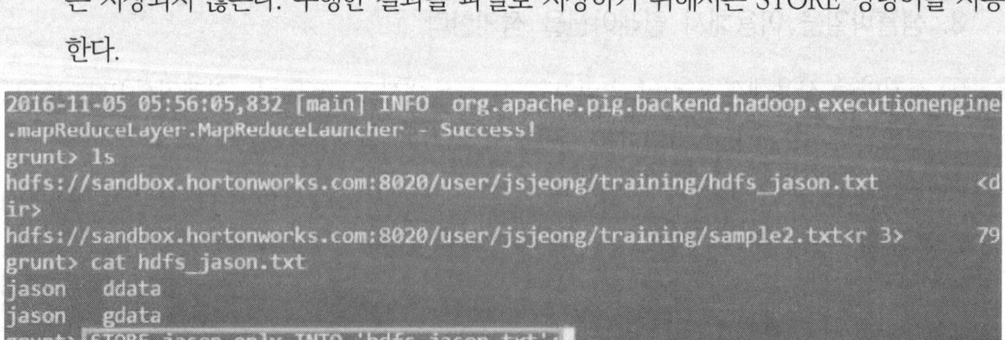

```
2016-11-05 05:56:05,832 [main] INFO  org.apache.pig.backend.hadoop.executionengine
.mapReduceLayer.MapReduceLauncher - Success!
grunt> ls
hdfs://sandbox.hortonworks.com:8020/user/jsjeong/training/hdfs_jason.txt        <d
ir>
hdfs://sandbox.hortonworks.com:8020/user/jsjeong/training/sample2.txt<r 3>      79
grunt> cat hdfs_jason.txt
jason   ddata
jason   gdata
grunt> STORE jason_only INTO 'hdfs_jason.txt';
```

[그림 5-77] STORE 명령어 수행

③ STORE 명령어로 생성된 파일이 있는지를 ls 명령어로 확인하고, 그 파일 내용을 확인한다.

```
grunt> ls
hdfs://sandbox.hortonworks.com:8020/user/jsjeong/training/hdfs_jason.txt        <d
ir>
hdfs://sandbox.hortonworks.com:8020/user/jsjeong/training/sample2.txt<r 3>      79
grunt> cat hdfs_jason.txt
jason   ddata
jason   gdata
```

[그림 5-78] STORE 명령어 수행결과

Tip

- 필드들은 데이터 타입을 갖고, 사용자가 정의할 수 있다. 사용자가 명시하지 않으면 기본 타입은 bytearray를 갖는다.
- 피그에서는 DUMP나 STORE를 수행하지 않으면 실제 결과를 화면이나 파일로 만들지 않는다. 결과를 확인하기 위해서는 두 명령어를 사용해야 한다.

학습 5

07 스칼라(Scala) Spark 사용과정에 대하여 분석하라.

1. 외부 연결 터미널 프로그램으로 하둡 클러스터 가상머신에 접속한다

① 가상머신의 공인주소를 이용해서 접속한다. 호스트 이름 또는 아이피 주소를 입력하고, 오픈버튼을 연결하면 터미널 프로그램이 실행된다.

② 터미널 윈도우에서 스칼라 스파크쉘을 시작한다.

```
[tbl@sandbox data]$ spark-shell
16/11/14 16:50:25 WARN NativeCodeLoader: Unable to load native-hadoop library fo
r your platform... using builtin-java classes where applicable
16/11/14 16:50:26 INFO SecurityManager: Changing view acls to: tbl
16/11/14 16:50:26 INFO SecurityManager: Changing modify acls to: tbl
16/11/14 16:50:26 INFO SecurityManager: SecurityManager: authentication disabled
; ui acls disabled; users with view permissions: Set(tbl); users with modify per
missions: Set(tbl)
16/11/14 16:50:26 INFO HttpServer: Starting HTTP Server
16/11/14 16:50:26 INFO Server: jetty-8.y.z-SNAPSHOT
16/11/14 16:50:26 INFO AbstractConnector: Started SocketConnector@0.0.0.0:58765
16/11/14 16:50:26 INFO Utils: Successfully started service 'HTTP class server' o
n port 58765.
Welcome to
      ____              __
     / __/__  ___ _____/ /__
    _\ \/ _ \/ _ `/ __/  '_/
   /___/ .__/\_,_/_/ /_/\_\   version 1.6.0
      /_/
```

[그림 5-79] Spark-shell 수행화면

③ 스파크는 SparkContext 오브젝트 sc를 생성한다. 스칼라는 이 sc 오브젝트에 대한 정보를 표시한다.

```
scala> sc
res0: org.apache.spark.SparkContext = org.apache.spark.SparkContext@29decd80
```

[그림 5-80] sc 오브젝트 화면

④ sc에서 사용 가능한 메서드를 확인하기 위해서 sc. 다음에 tab를 선택해서 리스트를 표시한다.

```
scala> sc.
accumulable                  accumulableCollection
accumulator                  addFile
addJar                       addSparkListener
appName                      applicationAttemptId
applicationId                asInstanceOf
binaryFiles                  binaryRecords
broadcast                    cancelAllJobs
cancelJobGroup               clearCallSite
clearFiles                   clearJars
clearJobGroup                defaultMinPartitions
defaultMinSplits             defaultParallelism
emptyRDD                     externalBlockStoreFolderName
files                        getAllPools
getCheckpointDir             getConf
getExecutorMemoryStatus      getExecutorStorageStatus
getLocalProperty             getPersistentRDDs
getPoolForName               getRDDStorageInfo
getSchedulingMode            hadoopConfiguration
hadoopFile                   hadoopRDD
initLocalProperties          isInstanceOf
isLocal                      isStopped
jars                         killExecutor
killExecutors                makeRDD
master                       metricsSystem
newAPIHadoopFile             newAPIHadoopRDD
objectFile                   parallelize
range                        requestExecutors
runApproximateJob            runJob
sequenceFile                 setCallSite
setCheckpointDir             setJobDescription
setJobGroup                  setLocalProperty
setLogLevel                  sparkUser
startTime                    statusTracker
stop                         submitJob
tachyonFolderName            textFile
toString                     union
version                      wholeTextFiles
```

[그림 5-81] SparkContext 메서드 리스트

2. sc.textFile 매서드를 사용해서 테스트 파일을 RDD로 정의한다

① HDFS 파일시스템에 있는 /user/tbl/test2.txt 파일을 testfile 변수에 할당하고, 이를 sc 스파크 컨텍스트 매서드를 통해서 RDD로 정의한다.

② 로딩한 데이터를 ncsdata에 할당하고 이것은 RDD 형태로 보관한다.

③ 스파크는 아직 파일을 읽지 않고, 실제 RDD에 연산할 때 실행된다.

```
scala> var testfile="/user/tbl/test2.txt"
testfile: String = /user/tbl/test2.txt

scala> sc
res0: org.apache.spark.SparkContext = org.apache.spark.SparkContext@9e6f48f

scala> val ncsdata = sc.textFile(testfile)
16/11/14 17:50:35 INFO MemoryStore: Block broadcast_0 stored as values in memory
 (estimated size 219.1 KB, free 219.1 KB)
16/11/14 17:50:35 INFO MemoryStore: Block broadcast_0_piece0 stored as bytes in
memory (estimated size 26.5 KB, free 245.6 KB)
16/11/14 17:50:35 INFO BlockManagerInfo: Added broadcast_0_piece0 in memory on l
ocalhost:53855 (size: 26.5 KB, free: 511.5 MB)
16/11/14 17:50:35 INFO SparkContext: Created broadcast 0 from textFile at <conso
le>:29
ncsdata: org.apache.spark.rdd.RDD[String] = MapPartitionsRDD[1] at textFile at <
console>:29
```

[그림 5-82] sc.textFile 매서드를 통한 파일 적재

3. ncsdata의 데이터 세트에 있는 라인을 카운트한다

① count() 연산자는 RDD를 사용해서 파일의 라인 수를 구한다.

```
scala> ncsdata.count()
16/11/14 18:29:52 INFO SparkContext: Starting job: count at <console>:32
16/11/14 18:29:52 INFO DAGScheduler: Got job 4 (count at <console>:32) with 2 output partitions
16/11/14 18:29:52 INFO DAGScheduler: Final stage: ResultStage 4 (count at <console>:32)
16/11/14 18:29:52 INFO DAGScheduler: Parents of final stage: List()
16/11/14 18:29:52 INFO DAGScheduler: Missing parents: List()
16/11/14 18:29:52 INFO DAGScheduler: Submitting ResultStage 4 (MapPartitionsRDD[1] at textFile at <console>:29), whic
16/11/14 18:29:52 INFO MemoryStore: Block broadcast_5 stored as values in memory (estimated size 2.9 KB, free 267.0 K
16/11/14 18:29:52 INFO MemoryStore: Block broadcast_5_piece0 stored as bytes in memory (estimated size 1759.0 B, free
16/11/14 18:29:52 INFO BlockManagerInfo: Added broadcast_5_piece0 in memory on localhost:53855 (size: 1759.0 B, free:
16/11/14 18:29:52 INFO SparkContext: Created broadcast 5 from broadcast at DAGScheduler.scala:1006
16/11/14 18:29:52 INFO DAGScheduler: Submitting 2 missing tasks from ResultStage 4 (MapPartitionsRDD[1] at textFile a
16/11/14 18:29:52 INFO TaskSchedulerImpl: Adding task set 4.0 with 2 tasks
16/11/14 18:29:52 INFO TaskSetManager: Starting task 0.0 in stage 4.0 (TID 8, localhost, partition 0,ANY, 2156 bytes)
16/11/14 18:29:52 INFO TaskSetManager: Starting task 1.0 in stage 4.0 (TID 9, localhost, partition 1,ANY, 2156 bytes)
16/11/14 18:29:52 INFO Executor: Running task 0.0 in stage 4.0 (TID 8)
16/11/14 18:29:52 INFO Executor: Running task 1.0 in stage 4.0 (TID 9)
16/11/14 18:29:52 INFO HadoopRDD: Input split: hdfs://sandbox.hortonworks.com:8020/user/tbl/test2.txt:1462+1463
16/11/14 18:29:52 INFO HadoopRDD: Input split: hdfs://sandbox.hortonworks.com:8020/user/tbl/test2.txt:0+1462
16/11/14 18:29:53 INFO Executor: Finished task 0.0 in stage 4.0 (TID 8). 2137 bytes result sent to driver
16/11/14 18:29:53 INFO Executor: Finished task 1.0 in stage 4.0 (TID 9). 2137 bytes result sent to driver
16/11/14 18:29:53 INFO TaskSetManager: Finished task 0.0 in stage 4.0 (TID 8) in 32 ms on localhost (1/2)
16/11/14 18:29:53 INFO TaskSetManager: Finished task 1.0 in stage 4.0 (TID 9) in 32 ms on localhost (2/2)
16/11/14 18:29:53 INFO DAGScheduler: ResultStage 4 (count at <console>:32) finished in 0.035 s
16/11/14 18:29:53 INFO TaskSchedulerImpl: Removed TaskSet 4.0, whose tasks have all completed, from pool
16/11/14 18:29:53 INFO DAGScheduler: Job 4 finished: count at <console>:32, took 0.048856 s
res6: Long = 30

scala>
```

[그림 5-83] count 연산자 수행화면

학습 5

4. collect 연산자를 이용해서 RDD에 있는 내용을 출력한다

```
scala> ncsdata.collect()
16/11/14 18:49:04 INFO SparkContext: Starting job: collect at <console>:32
16/11/14 18:49:04 INFO DAGScheduler: Got job 5 (collect at <console>:32) with 2 output partitions
16/11/14 18:49:04 INFO DAGScheduler: Final stage: ResultStage 5 (collect at <console>:32)
16/11/14 18:49:04 INFO DAGScheduler: Parents of final stage: List()
16/11/14 18:49:04 INFO DAGScheduler: Missing parents: List()
16/11/14 18:49:04 INFO DAGScheduler: Submitting ResultStage 5 (MapPartitionsRDD[1] at textFile at <console>:29), which has no missing parents
16/11/14 18:49:04 INFO MemoryStore: Block broadcast_6 stored as values in memory (estimated size 3.1 KB, free 248.7 KB)
16/11/14 18:49:04 INFO MemoryStore: Block broadcast_6_piece0 stored as bytes in memory (estimated size 1791.0 B, free 250.4 KB)
16/11/14 18:49:04 INFO BlockManagerInfo: Added broadcast_6_piece0 in memory on localhost:53855 (size: 1791.0 B, free: 511.5 MB)
16/11/14 18:49:04 INFO SparkContext: Created broadcast 6 from broadcast at DAGScheduler.scala:1006
16/11/14 18:49:04 INFO DAGScheduler: Submitting 2 missing tasks from ResultStage 5 (MapPartitionsRDD[1] at textFile at <console>:29)
16/11/14 18:49:04 INFO TaskSchedulerImpl: Adding task set 5.0 with 2 tasks
16/11/14 18:49:04 INFO TaskSetManager: Starting task 0.0 in stage 5.0 (TID 10, localhost, partition 0,ANY, 2156 bytes)
16/11/14 18:49:04 INFO TaskSetManager: Starting task 1.0 in stage 5.0 (TID 11, localhost, partition 1,ANY, 2156 bytes)
16/11/14 18:49:04 INFO Executor: Running task 0.0 in stage 5.0 (TID 10)
16/11/14 18:49:04 INFO Executor: Running task 1.0 in stage 5.0 (TID 11)
16/11/14 18:49:04 INFO HadoopRDD: Input split: hdfs://sandbox.hortonworks.com:8020/user/tbl/test2.txt:1462+1463
16/11/14 18:49:04 INFO HadoopRDD: Input split: hdfs://sandbox.hortonworks.com:8020/user/tbl/test2.txt:0+1462
16/11/14 18:49:04 INFO Executor: Finished task 1.0 in stage 5.0 (TID 11). 3534 bytes result sent to driver
16/11/14 18:49:04 INFO Executor: Finished task 0.0 in stage 5.0 (TID 10). 3635 bytes result sent to driver
16/11/14 18:49:04 INFO TaskSetManager: Finished task 1.0 in stage 5.0 (TID 11) in 49 ms on localhost (1/2)
16/11/14 18:49:04 INFO TaskSetManager: Finished task 0.0 in stage 5.0 (TID 10) in 60 ms on localhost (2/2)
16/11/14 18:49:04 INFO DAGScheduler: ResultStage 5 (collect at <console>:32) finished in 0.059 s
16/11/14 18:49:04 INFO TaskSchedulerImpl: Removed TaskSet 5.0, whose tasks have all completed, from pool
16/11/14 18:49:04 INFO DAGScheduler: Job 5 finished: collect at <console>:32, took 0.074684 s
res8: Array[String] = Array(<testing data ---- the number of line is 30>, 16/11/14 17:36:16 INFO SparkContext: Starting job: collect at <console>:
14 17:36:16 INFO DAGScheduler: Got job 1 (collect at <console>:32) with 2 output partitions, 16/11/14 17:36:16 INFO DAGScheduler: Final stage: Resu
 (collect at <console>:32), 16/11/14 17:36:16 INFO DAGScheduler: Parents of final stage: List(), 16/11/14 17:36:16 INFO DAGScheduler: Missing paren
), 16/11/14 17:36:16 INFO DAGScheduler: Submitting ResultStage 1 (MapPartitionsRDD[1] at textFile at <console>:29), which has no missing parents,
7:36:16 INFO MemoryStore: Block broadcast_2 stored as values in memory (estimated size 3.1 KB, free 253.3 KB), 16/11/14 17:36:16 INFO MemoryStore:
adcast_2_piece0 s...
scala>
```

[그림 5-84] collect 명령어 수행결과

Tip

- 스파크를 수행하는 방법은 pyspark와 스칼라(Scala)를 사용해서 할 수 있고, 두 개 컨맨드는 형식에 따라 차이가 있다. 본 예제는 스칼라 형식으로 설명한다.
- collect() 연산자는 작은 RDD에 내용을 확인할 때에는 편리하지만 큰 데이터 세트 경우에는 주의해서 사용해야 한다.

08 데이터 분석 툴 사용과정에 대하여 분석하라.

1. 외부 연결 터미널 프로그램으로 하둡 클러스터 가상머신에 접속한다(빅데이터 가상머신의 공인주소로 연결)

빅데이터 가상머신의 공인주소를 이용해서 접속한다. 호스트 이름 또는 아이피 주소를

입력하고, 오픈 버튼을 연결하면 터미널 프로그램이 실행된다. 2. mysql에 그림과 같은 데이터를 입력한다. ncs_table을 생성해서 성별, 나이, 매출액 필드를 생성하다. 여기에 데이터를 입력하여 나중에 스쿱을 통해서 데이터를 HDFS에 저장하도록 한다.

2. 스쿱 명령어를 사용해서 mysql에 있는 ncs_table 내용을 임포트한다

HDFS 파일시스템에 있는 /user/maria_dev에 ncs_table의 데이터를 저장한다.

```
mysql> show tables;
+-----------------+
| Tables_in_test  |
+-----------------+
| ncs_table       |
+-----------------+
1 row in set (0.00 sec)

mysql> select * from ncs_table;
+--------+------+--------+
| gender | age  | sales  |
+--------+------+--------+
| F      |   56 | 100000 |
| M      |   30 |  60000 |
| F      |   55 |  95000 |
| F      |   65 |  60000 |
| M      |   45 |  14000 |
| M      |   34 |   5000 |
| M      |   22 |  12000 |
| M      |   37 |  99000 |
| F      |   33 |  11000 |
| F      |   47 |  65000 |
+--------+------+--------+
10 rows in set (0.00 sec)

mysql> 
```

[그림 5-85] mysql 수행화면

```
[root@sandbox ~]# sqoop import \
> --connect jdbc:mysql://localhost/test \
> --table ncs_table \
> --warehouse-dir /user/maria_dev
```

[그림 5-86] sqool를 사용한 import 화면

3. 테스트용 데이터베이스를 생성 및 사제한다

① 테스트 데이터를 로드할 ncs_db 데이터베이스를 정의한다. 생성한 데이터베이스를 hdfs 디렉터리에서 정보를 확인한다.

```
hive> create database ncs_db;
OK
Time taken: 10.781 seconds
hive> 
```

[그림 5-87] ncs_db를 생성하는 화면

② hive 명령에 따라서 생성된 데이터베이스가 있는 HDFS의 /apps/hive/warehouse/ncs_db.db 디렉터리가 생성된 것을 확인한다.

③ Web UI(Ambari)를 통한 HDFS의 디렉터리 정보를 확인한다. 암바리(Ambari)를 사용하기 위해서는 본인이 생성한 가상머신의 공인 IP를 브라우저를 통해서 포트 8080으로 접속한다. 이때 사용자 인증 정보는 maria_dev 사용자 이름과 암호를 사용한다(http://공인ip주소:8080 주소로 접속한다). 암바리의 HDFS files 메뉴를 활용해서 2번에서 확인한 디렉터리 내용을 확인한다. 웹 화면 오른쪽에 있는 사각형 모형을 선택하면 메뉴리스트가 표시된다.

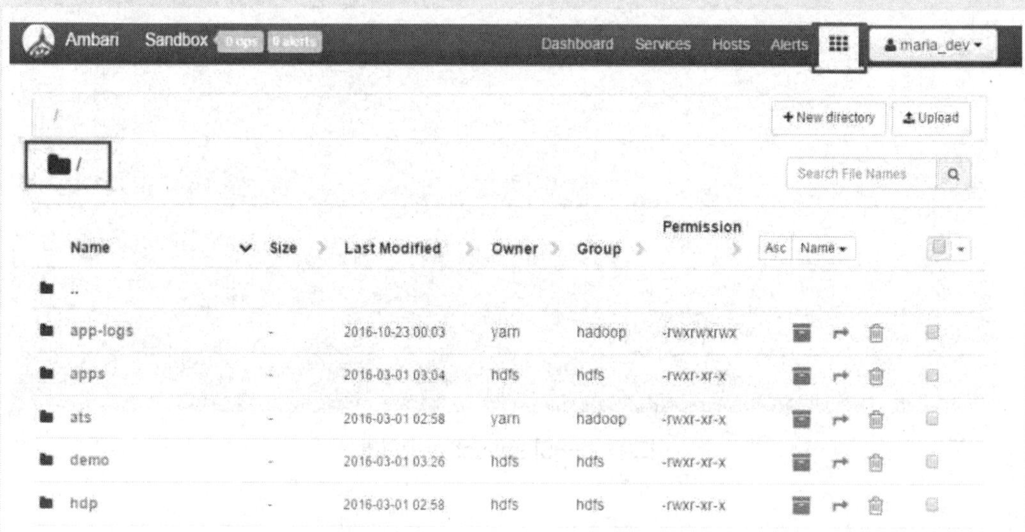

[그림 5-88] 암바리에서 /apps/hive/warehouse 디렉터리 체크

④ DROP 명령어를 이용해서 생성했던 ncs_db를 삭제하고, HDFS 디렉터리에 삭제된 것을 확인한다.

[그림 5-89] DROP 명령어 수행화면

4. 암바리 환경에서 질의어 편집기(Query Editor)를 이용해서 trucks에 있는 레코드를 확인할 수 있고, 명령어를 입력한 다음에 실행버튼을 누르면 하단에 실행결과가 나타난다

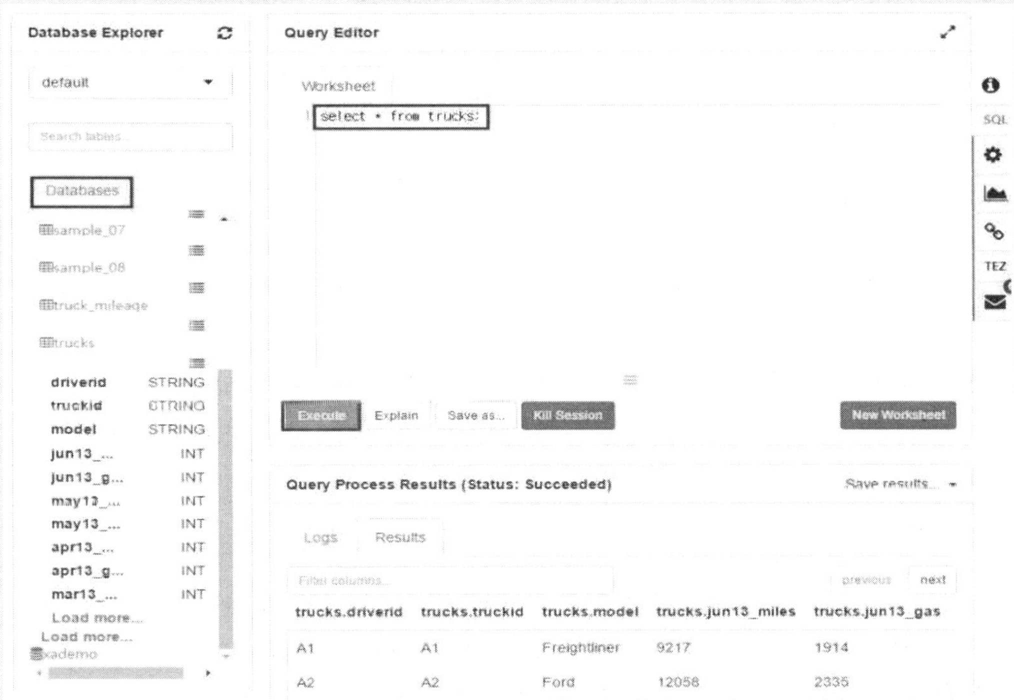

[그림 5-90] 암바리에서 Select 명령어 수행

Tip

- 하이브 명령은 일반적인 명령줄 인터페이스인 CLI(Command line interface)를 사용할 수 있지만 WebUI를 사용한 Hue나 암바리 등 하둡 배포업체의 프로그램을 사용할 수 있다. 이들 프로그램은 별도 설치 없이 웹브라우저 상에서 사용할 수 있다.
- 상기 예제에서 사용하는 포트들은 사내보안 등으로 접속이 안 되는 경우도 있으니 이때는 네트워크 관리자에게 문의하여 해당 포트에 대한 외부연속이 해제되어야 한다.

학습활동.5 교수 · 학습 방법

교수 방법

- 빅데이터의 처리에 대한 관련 용어, 구성, 방식 이해 정도를 파악한 후 수업을 진행한다.
- 교수자의 주도로 빅데이터의 처리 등의 내용을 PPT 자료로 제시한 후 설명한다.
- 가능하면 사전에 개인별 학습 자료를 준비하여 모든 학생이 참여할 수 있는 문제 해결식 수업, 협력 수업이 가능하도록 한다.
- 빅데이터의 처리 전 과정을 작업의 순서에 따라 단계적으로 실습이 이루어질 수 있도록 지도한다.
- 교재를 통해 수업을 준비하는데 있어서 필요한 모든 정보나 팁, 힌트 등 도움이 될 만한 내용들을 확인할 수 있다.
- 학생들이 만들게 될 각 모델들은 수업시간에 중점적으로 다뤄질 부분과 어휘, 질문, 답을 포함하고 있으며 또한 탐구할만한 추가적인 아이디어들도 포함하고 있다.

학습 방법

- 빅데이터의 처리에 대한 관련 용어를 숙지하고, 빅데이터의 처리에 대해 이해한다.
- 빅데이터의 처리의 각 단계별 중점 사항을 체계적으로 학습한다.
- 빅데이터의 처리의 수행순서의 전 과정을 실습한다.
- 빅데이터의 처리의 내용을 이해한다.
- 빅데이터의 처리를 숙지하고 숙달이 될 때까지 학습한다.

학습활동.5 평가 및 피드백

평가 준거

- 평가자는 피평가자가 수행 준거 및 평가 내용에 제시되어 있는 내용을 성공적으로 수행할 수 있는 지를 평가해야 한다.

학습내용	평가항목	성취수준		
		상	중	하
빅데이터의 처리	빅데이터의 처리를 이해할 수 있다.			

평가 방법

• 작업 포트폴리오

학습내용	평가항목	성취수준		
		상	중	하
빅데이터의 처리	빅데이터의 처리를 이해할 수 있다.			

• 필기시험

학습내용	평가항목	성취수준		
		상	중	하
빅데이터의 처리	빅데이터의 처리를 이해할 수 있다.			

• 체크리스트를 통한 관찰

학습내용	평가항목	성취수준		
		상	중	하
빅데이터의 처리	빅데이터의 처리를 이해할 수 있다.			

• 피드백

1. 작업 포트폴리오
   - 제출한 보고서를 평가한 후 주요 사항에 대하여 표시하여 돌려준다.
2. 필기시험
   - 평가 결과 성적이 저조한 학생은 보고서 제출 기회를 부여한다.
3. 체크리스트를 통한 관찰
   - 실습 과정에서 평가한 후 개선해야 할 사항 등을 정리하여 돌려준다.

참 | 고 | 문 | 헌

- 개인정보보호법(시행 2016년 4월 7일, 법률 제13723호)
- 공공 데이터의 제공 및 이용활성화에 관한 법률(시행 2016년 7월 25일, 법률 제13423호)
- 공공데이터포털, https://www.data.go.kr, 2016.8.10.
- 과학기술정보통신부, 한국정보화진흥원, K-ICT 빅데이터센터, 2015년 BIGDATA 시장현황 조사, 2016.
- 과학기술정보통신부, 한국정보화진흥원, 빅데이터 기술불류 및 현황, 2014.
- 과학기술정보통신부, 한국정보화진흥원, 빅데이터 활용 단계별 업무절차 및 기술 활용 매뉴얼(Version 1.0). 2014.
- 교육부 · 전종훈 외, "빅데이터 분석, NCS 학습모듈"
- 국가법령 정보센터, http://www.law.go.kr
- 국가통계포털, http://kosis.kr, 2016.8.11.
- 김선남 · 이환수, 『빅데이터 개인정보 가이드라인(안)의 개선방향 연구』, 『정보화 정책 제21권, 제4호』, 25쪽, 2014.
- 김시환 · 천석진 · 이현주, 『Big data 이용현황과 시사점』, 『지급결제와 정보기술 제52호』, 금융결제원 금융결제 연구소, 2013.
- 김진영, 『헬로 데이터 과학』, 한빛 미디어, 2016.
- 김형훈 · 김선화, 『클라우드와 빅데이터의 강력한 파트너 MongoDB 핵심가이드』, 프리렉. 2014,
- 빅데이터 기술분류 및 현황, 한국지능정보사회진흥원, 2013.12.
- 소프트웨어공학센터, http://www.sw-eng.kr
- 위키백과, https://ko.wikipedia.org/wiki
- 이상한 · 정영훈, 『빅데이터 시스템 구축 가이드』, 프리렉, 2015.
- 이재운 기자, "통계학적 방식으로 취약점 방어...빅데이터 활성화 기대", 디지털타임즈, 3면, 2016.7.1.
- 정보통신기술진흥센터, 『차세대 실시간 빅데이터 분산 시스템 동향』, 2014.
- 조대협, NoSQL 데이터 모델링, http://bcho.tistory.com/665에서 2016.08.01, 검색2012.
- 조대협, 분산 로그 & 데이터 수집기, Fluentd, http://bcho.tistory.com/1115, 2016.8.1.
- 주종면, 『NoSQL & mongoDB』, 도서출판databook, 2014.
- 톰 화이트, 한빛미디어, 『하둡 완벽 가이드(개정3판)』, 심탁길, 김우현(역), 2013.
- 포스터 프로보스트 · 톰 포셋, 『비즈니스를 위한 데이터 과학』, 한빛 미디어, 2014.
- 한국 데이터베이스 진흥원, 『데이터 분석 전문가 가이드 2014 Edition』, 2014.
- 한국 데이터베이스 진흥원, 『데이터 분석 전문가 가이드 개정판』, 2016.
- 한국정보화진흥원, 빅데이터 활용 단계별 업무절차 및 기술 활용 매뉴얼(Version 1.0). 2014.
- 행정자치부 관계부처 합동 보도문, 『개인정보 비식별화 가이드라인』, 행정자치부 관계부처 합동 보도문, 2016.
- AWS EC2, Retrieved from https://aws.amazon.com/ko/ec2/?hp=tile&so-exp=below
- Azure, http://portal.azure.com, https://docs.microsoft.com/ko-kr/azure/
- boardConfigUid=9 &boardIdx=39&boardStep=1, 2016.7.28.
- Cattell R., Scalable sql and nosql data stores. ACM SIGMOD, Athens, Greece,
- Cloudera, http://www.cloudrea.com, http://www.cloudera.com/downloads.html
- DBGuide.net, 데이터 요건분석.
- Hadoop, http://hadoop.apache.org

- Hortonworks, http://www.hortonworks.com, http://ko.hortonworks.com/downloads/#sandbox · Scala, https://www.scala-lang.org
- http://www.dbguide.net/db.db?cmd=view&boardUid=13839&
- https://ikkison.tistory.com/66, 빅데이터/쉽게 읽는 데이터, 2019.5.23.
- mongoDB Inc., MongoDB 3.2 Manual, Retrieved from https://docs.mongodb.com/manual/, 2016.8.
- mongoDB Inc., Sharding, Retrieved from https://docs.mongodb.com/manual/sharding/, 2016.8.
- Shard_(database_architecture)
- Solid IT. Inc., DB-Engines Ranking, Retrieved from http://db-engines.com/en/ranking, 2016.8.
- Spark, http://spark.apache.org
- Storm, http://storm.apache.org
- Tom White, O'Reilly, The definitive guide, 4th edition, 2015
- Wikipedia, MapReduce, Retrieved from https://en.wikipedia.org/wiki/MapReduce, 2016.10.
- Wikipedia, Shard(database architecture), Retrieved from https://en.wikipedia.org/wiki/, 2016.8.

학습 목표

1. 빅데이터의 분석용 데이터 탐색을 이해할 수 있다.

6-1 빅데이터 분석의 개념과 분석기술

1. 빅데이터 분석의 개념

빅데이터 분석은 추세, 패턴, 고객행동 및 시장 선호도를 파악하여 더 나은 비즈니스 의사결정을 제공하기 위해 크고 복잡한 데이터 소스를 분석하는 프로세스이다.

빅데이터 분석의 복잡성으로 인해 예측 분석, 머신러닝, 스트리밍 분석, 데이터베이스 내 및 클러스터 내 분석과 같은 기술을 비롯한 다양한 방법이 필요하다.

빅데이터 분석은 데이터 입력량이 너무 방대해지고 거대해져 여러 소스에서 들어오는 모든 데이터를 처리하기 위해 더 큰 컴퓨팅 기능이 필요한 경우 사용한다.

단순한 데이터의 양을 넘어서 수집되는 데이터의 복잡성은 데이터 아키텍처 배열, 데이터 관리, 통합 및 분석에 문제를 제기한다. 그러나 소셜미디어 콘텐츠, 비디오 또는 운영로그와 같은 비정형 데이터 소스를 트랜잭션과 같은 기존의 정형 데이터와 결합하는 조직은 컨텍스트를 추가하고, 종종 더 새롭고 풍부한 인사이트를 생성하여 더 나은 비즈니스 결과를 얻을 수 있다.

또한 빅데이터의 또 다른 구성요소는 센서, 모바일 장치, 웹 클릭 스트림 및 트랜잭션과 같은 급증하는 소스에서 들어오는 데이터가 생성되는 속도가 빨라지는 것이며, 이로부터 실시간 분석이 필요하게 된다. 현재 일어나고 있는 상황을 활용하여 장비의 고장을 방지하고, 구매항목을 추천하고, 신용카드 사기를 식별할 수 있는 조직은 미래의 산업에서 운영 우수성의 새로운 표준이 되고 있다.

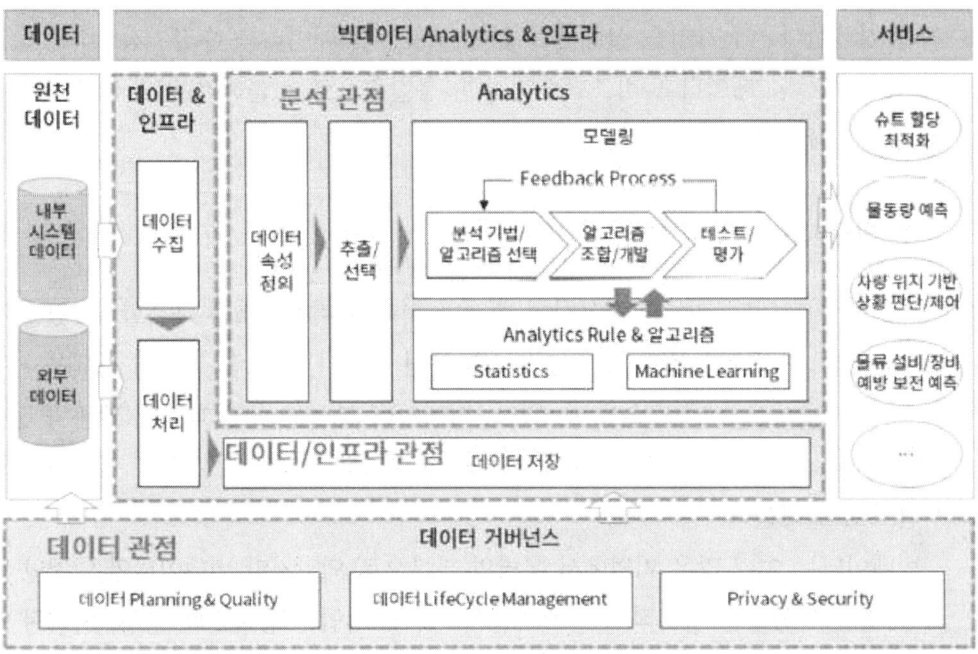

[그림 6-1] 빅데이터 분석과정

빅데이터는 데이터 정확성, 정밀도 및 신뢰성의 정도를 나타낸다. 비정형 데이터 소스를 분석하면 새로운 통찰력을 얻을 수 있으므로 모든 데이터가 고도로 선별되고 정리되어야 한다는 것은 아니다. 그러나 데이터 담당자와 의사결정권자 모두 인사이트 생성 및 의사결정에 사용되는 데이터의 품질, 정확성 및 신뢰성을 알고 있어야 한다.

2. 빅데이터 분석의 진화

빅데이터로 알려진 정형 및 비정형 데이터의 부상은 데이터를 행동으로 전환하고 비즈니스에 가치를 추가함으로써 비즈니스 인텔리전스(BI)의 기능을 근본적으로 변화시켰다.

빅데이터 분석은 비즈니스 전반에서 가치 있는 통찰력을 발견할 수 있는 기회를 증가시켰지만 정보수집, 저장 및 액세스에 있어 새로운 과제도 제시했다.

빅데이터 분석 시대에 데이터 양의 기하급수적 증가와 데이터 다양성, 데이터 축적 및 변경속도로 인해 BI 문제가 증가했다. 이러한 변화로 인해 데이터 스토리지 및 분석 소프트웨어에 대한 새로운 요구가 크게 증가하여 비즈니스의 새로운 과제가 되었다. 그러나 또한 경쟁우위를 위해 빅데이터 분석을 구현할 수 있는 좋은 기회를 창출한다. 이 가치를 실현하기 위해 조직은 빅데이터를 수집・저장하는 능력을 높이고 해당 데이터를 비즈니스를 위한 통찰력으로 전환하기 위해 빅데이터 분석에 투자해야 한다.

3. 빅데이터 분석의 가치

조직은 빅데이터 분석을 사용하여 현재와 미래의 비즈니스를 구축할 수 있는 흥미로운 새로운 기회를 찾을 수 있다. 이를 통해 데이터 수집 및 데이터 검색을 완전히 새로운 수준으로 끌어 올릴 수 있다. 빅데이터 분석은 유휴 데이터(기존의 정형 데이터)와 유동하는 데이터(현재의 비정형 데이터)를 결합하여 기회를 식별하고 실시간으로 활용한다.

빅데이터는 이미 많은 기업에서 운영의 부분으로 되었지만 빅데이터의 엄청난 양과 엄청난 복잡성은 압도적으로 느껴질 수 있다. 기업은 갑작스레 정형, 비정형 및 다중 정형 데이터에서 유휴 데이터와 유동하는 데이터 모두를 이해하고 기회를 창출하는 데 고심해야 한다. 빅데이터 분석만이 기업이 이러한 엄청난 빅데이터를 처리하고 이러한 방대하고 복잡한 데이터 소스에 숨겨진 가치를 활용할 수 있도록 지원할 수 있다.

빅데이터 분석을 활용하면 잠재적으로 수익성있는 기회를 확대할 수 있다. 그리고 장래의 1년, 3년, 5년 후에 어떻게 사용될지는 정확히 알 수 없지만, 빅데이터를 경쟁우위로 전환해야 한다는 긴박감은 그 누구도 사물이 어떻게 구체화되는지 기다릴 여유가 없다는 것을 의미한다. 행동할 기회의 창은 점점 짧아지고 있으며, 긴박감이 강해졌다. 빅데이터 분석을 지원하기 위해 기업은 분석 및 데이터 시각화 소프트웨어와 함께 통합 데이터 아키텍처를 구현하여 빅데이터 시대의 잠재력을 실현하고 위험을 최소화해야 한다.

빅데이터 투자에서 가치를 얻으려면 데이터를 효과적으로 관리할 수 있어야 한다. 조직에 ROI(Return On Investment, 투자수익률)를 제공하는 정보를 검색하는 것은 건초 더미에서 바늘을 찾는 것과 같을 수 있으며, 이로 인해 많은 기업에서 빅데이터 투자에 대한 ROI가 낮은 것으로 보고된다.

4. 빅데이터 분석의 이점

빅데이터 분석을 구현하면 비즈니스에 풍부한 기회를 얻을 수 있다. 다음은 빅데이터 분석을 통해 찾아볼 수 있는 가치의 몇 가지 예이다.

1) 비즈니스의 전체성

빅데이터 분석은 조직이 데이터가 풍부하고 일관적이며 포괄적인 비즈니스 관점을 얻을 수 있도록 도와준다. 사용자 친화적인 분석 대시보드와 비즈니스 애플리케이션은 데이터 중심의 의사결정을 높이고 기술이 없는 사용자가 직감으로가 아니라 정확하고 시기적절한 정보를 기반으로 운영할 수 있도록 한다.

학습 6

2) 실행시간 단축

조직은 조직의 모든 개인이 상황과 기회를 예측하고, 관련성 있고 시기 적절한 질문을 하여 결정적인 조치를 취하는 데 필요한 답변을 얻을 수 있도록 하는 빅데이터 분석을 필요로 한다. 이러한 조치는 빠른 응답을 보장하기 위해 자동화될 수도 있다.

3) 미지에 대한 가시성

기업이 크든 작든 간에 복잡한 데이터 세트에서 보이지 않거나 숨겨진 추세의 패턴을 발견하려면 빅데이터 분석을 사용해야 한다. 이를 통해 조직을 위한 전략적 기회 또는 위험을 더 빨리 식별할 수 있다.

4) 셀프서비스 데이터 디스커버리

빅데이터 분석을 통해 사용자는 전문적이고 심층적인 데이터 모델링이 없이도 데이터를 탐색하고 답변을 얻을 수 있다. 이는 IT에 대한 의존도를 줄이고 의사결정 프로세스를 가속화한다.

5. 필수 빅데이터 분석기능

빅데이터 분석은 크고 복잡한 데이터 소스를 다루기 때문에 조직은 다음 기능을 지원하는 솔루션을 채택해야 한다.

1) 데이터 자산관리

데이터 관리는 마스터 데이터 관리, 데이터 시각화, 데이터 카탈로그, 셀프서비스 데이터 준비 및 랭글링 등 도구를 사용하여 데이터의 일관된 액세스, 전달, 거버넌스, 보안을 지원함으로써 조직의 요구사항을 충족한다.

2) 고급 통계 및 러닝머신 계산

데이터 사이언스 검색도구 및 통계 컴퓨팅을 사용하여 많은 양의 과거 데이터를 가져와서 새로운 지식을 도출하고 패턴을 찾는다. 러닝머신은 비즈니스 프로세스를 개선하고 비즈니스 가치를 추가할 수 있는 강력한 알고리즘을 만들고 훈련하는 데 도움이 된다.

3) 스트리밍 분석

라이브 데이터에 분석과 예측모델을 적용하여 조치를 실시간으로 자동화한다. 시각적 개발환경을 사용하여 스트리밍 애플리케이션을 신속히 구축·배포함으로써 운영시스템이 빠른 속도로 데이터를 평가하고, 알림을 보내고, 즉시 조치를 취하여 시기적절하고 상황에 맞는 의사결정이 이루어지도록 한다.

4) 데이터 시각화

빅데이터를 시각화하려면 데이터를 직관적인 대시보드로 빠르게 가져오는 데 도움이 되는 간단한 통계와 창의적인 기본 데이터 커넥터가 있어야 한다. 이를 통해 비즈니스 사용자에게 빅데이터 소스를 분석하고, 올바른 데이터 기반 의사결정을 내리고, 비즈니스 요구사항을 설명하는 대시보드를 지속적으로 활용할 수 있는 기능을 제공할 수 있다.

5) 셀프서비스 데이터 디스커버리

빅데이터 분석 솔루션을 통해 조직 전체의 사용자는 전문적이고 심층적인 데이터 모델링이 없이도 데이터를 탐색하고 답변을 얻을 수 있다. 이를 통해 IT 및 전용 비즈니스 인텔리전스(BI) 리소스에 대한 의존도가 줄어들고 의사결정 프로세스가 크게 가속화된다.

6-2 빅데이터의 분석기술

빅데이터 분석은 3가지 분야로 구분된다. 통계기반 빅데이터 분석, 인공지능(머신러닝 및 딥러닝 등)기반 빅데이터 분석, 텍스트마이닝 기반 빅데이터 분석으로 구분한다.

빅데이터의 분석기법에서 대표적인 방법은 마이닝이다. 광산에서 광물을 캐낸다는 의미를 가진 마이닝(Mining) 기법은 다량의 데이터에 숨겨진 패턴과 관계 등을 파악해 미래를 전망할 수 있는 정보를 추출해 낸다.

현재 기업의 의사결정, 마케팅, 고객관리에 적용될 뿐만 아니라 금융이나 교육 등 다양한 영역으로 활용되는 중이다.

최근엔 그림이나 영상, 문서처럼 형태와 구조가 복잡해 정형화되지 않은 데이터인 '비정형 데이터' 증가로 인해 다양한 분석기법이 주목받고 있다.

1. 텍스트마이닝

텍스트마이닝(Text Mining)이란 대규모의 문서(Text)에서 의미있는 정보를 추출하는 것을 말한다. 분석대상이 비구조적인 문서정보라는 점에서 데이터마이닝과 차이가 있다. 텍스트마이닝은 텍스트 분석(Text Analytics), 텍스트 데이터베이스로부터 지식 발견, 문서마이닝(Document Mining) 등으로 불리기도 한다.

텍스트마이닝은 정보검색, 데이터마이닝, 기계학습(Machine Learning), 통계학, 컴퓨터 언어학 등이 결합된 학제적 분야다. 분석대상이 형태가 일정하지 않고 다루기 힘든 비정형 데이터이므로 인간의 언어를 컴퓨터가 인식해 처리하는 자연어

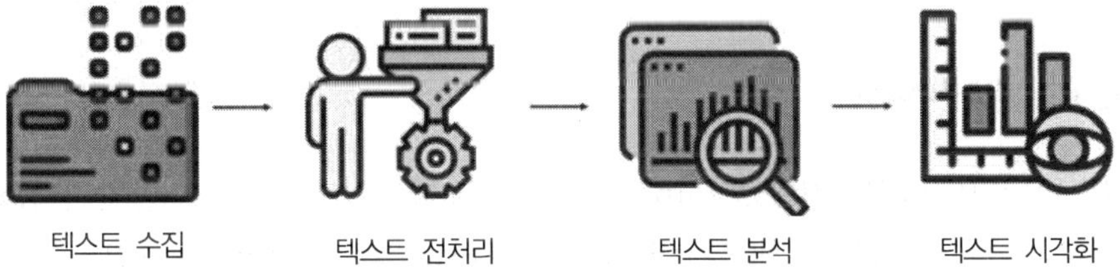

[그림 6-2] 텍스트마이닝 프로세스

처리(NLP)방법과 관련이 깊다.

대용량의 텍스트 데이터에서 의미 있는 정보를 추출하고, 해당 정보와 연계된 정보를 파악하는 등 텍스트가 가진 단순한 정보 이상의 의미 있는 결과를 얻어 낼 수 있다는 장점을 가지고 있다.

2. 오피니언마이닝

오피니언마이닝(Opinion Mining)이란 웹사이트와 소셜미디어에서 특정 주제에 대한 여론이나 정보글을 수집하고 분석해 결과를 도출하는 빅데이터 처리기술이다.

인물, 이슈 등에 대한 대중들의 의견이나 평가, 감정 등을 분석하는 기법을 뜻한다. 이를 통해 신상품 시장규모를 예측하거나 소비자 반응에 대해 사전파악이 가능하다. 소셜미디어에 게재된 정형·비정형 텍스트가 전달하려는 의도가 긍정적인지 부정적인지 판별할 수 있기 때문이다. 사실과 의견을 구분해 의견을 추출, 긍정과 부정으로 나누고 그 강도까지 측정한다.

주로 블로그, 쇼핑몰과 같은 대규모 웹문서이기 때문에 자동화된 분석방법을 사용한다. 분석대상이 텍스트이므로 텍스트마이닝에서 활용하는 자연어 처리(NLP)방법, 컴퓨터 언어학 등을 활용한다. 소셜미디어 시대의 중요한 기술로 자리매김하고 있다.

3. 웹마이닝

웹마이닝(Web Mining)은 인터넷을 이용하는 과정에서 생성되는 웹로그(Web Log) 정보나 검색어로부터 유용한 정보를 추출하는 웹 대상의 데이터마이닝이다.

웹마이닝에선 웹데이터의 속성이 반정형 혹은 비정형이고, 링크 구조를 형성하고 있기 때문에 별도의 분석기법이 필요하다.

웹마이닝은 분석대상에 따라 웹구조 마이닝(Web Structure Mining)과 웹유시지 마이닝(Web Usage Mining), 그리고 웹콘텐츠 마이닝(Web Contents Mining)으로 구분된다. 이 중 웹콘텐츠 마이닝은 웹페이지에 저장된 콘텐츠로부터 웹사용자가 원하는 정보를 빠르게 찾는 기법으로 검색엔진에서 많이 사용된다.

4. 리얼리티마이닝

리얼리티마이닝(Reality Mining)은 휴대폰, 모바일 디바이스, 단말기 등의 기기를 사용하여 인간관계와 행동상태 등을 추론한다. 즉 통화량, 통화위치, 통화상태, 대상, 내용 등을 분석하여 사용자의 인간관계, 행동 등의 정보를 찾아낸다.

5. 소셜네트워크 분석

소셜네트워크 분석(Social Network Analysis)은 수학의 그래프 이론(Graph Theory)을 바탕으로 소셜네트워크에서 소셜네트워크 연결구조와 연결 강도를 분석하여 사용자의 명성과 영향력을 측정하는 기법이다.

6. 분 류

분류(Classification)는 미리 알려진 클래스들로 구분되는 훈련데이터군을 학습시켜 새로 추가되는 데이터가 속할 만한 데이터군을 찾는 지도학습방법이다.

가장 대표적인 방법으로 KNN(K-Nearest Neighbor)과 인공신경망을 적용하는 방법이 있다.

7. 군집화

군집화(Clustering)는 특성이 비슷한 데이터를 합쳐 군으로 군류하는 학습방법이다. 분류방업과는 다르게 훈련데이터군을 이용하지 않는 비지도 학습방법을 사용한다. 트위터 등의 SNS에서 주로 사진/카메라를 사용하는 사용자군과 게임에 관심이 있는 사용자군 등의 예시처럼 관심사나 취미에 따라 군집으로 분류할 수 있다.

8. 기계학습

기계학습(Machine Learning)은 인공지능 분야에서 인간의 학습을 모델링한 알고리즘으로 흔히 딥러닝 기법도 포함한다. 컴퓨터가 학습할 수 있도록 알고리즘과 기술을 개발하여 수신한 이메일의 스팸 여부와 같은 추상적이거나 특징(Feature)를 추출하기 어려운 경우 신경망으로 판단을 알 수 있도록 학습(훈련)을 한다. 결정 트리(Decision Tree)등 기호적 학습, 신경망이나 유전자 알고리즘 등의 비기호적 학습, 베이지안(Bayesian)이나 은닉마코프(Hidden Markov)등 확률적인 학습 등 다양한 기법들이 있다.

9. 감정분석

감정분석(Sentiment Analysis)은 문장의 의미를 파악하여 글의 내용에 긍정/부정, 좋음/나쁨의 이진 분류를 하거나 만족/중간/불만족처럼 강도 지수화, 기럼 다음 지수를 이용하여 고객의 감성 트랜드를 시계열적으로 분석하고 고객감성변화에 기업의 신속한 대응과 부정적인 의견의 확산을 방지하는 비즈니스 요구사항에 활용할 수 있다.

6-3 기본통계 확인

1. 데이터 표본 추출 및 자료측정

1) 통계분석의 개념 및 대상과 목적

통계분석이란 관심 있는 분석대상인 모집단의 특성을 표현하기 위해서 활용되며, [그림 6-3]은 이에 대한 개념을 나타낸다. 통계분석의 개념 및 대상과 목적은 다음과 같다.

(1) 통계분석의 개념

① 모집단 : 모집단(Population)이란 분석을 하기 위해 관심이 있는 대상 전체를 말한다. 예를 들면 대한민국에 거주하는 30대 남자, 또는 모 대학에 재학 중인 여학생 등 특정 조건을 만족하는 전체 구성원을 나타낸다.

② 표본추출 : 모집단의 부분집합을 추출하는 것을 표본추출(Sampling)이라고 하며, 이때 추출된 표본(Sample)은 모집단과 같은 대표성을 가졌다고 가정된다.

③ 통계분석 : 표본이 가지고 있는 모집단 성질의 일부만을 가지고 모집단의 특성을 합리적으로 추론하는 것을 통계분석이라고 한다.

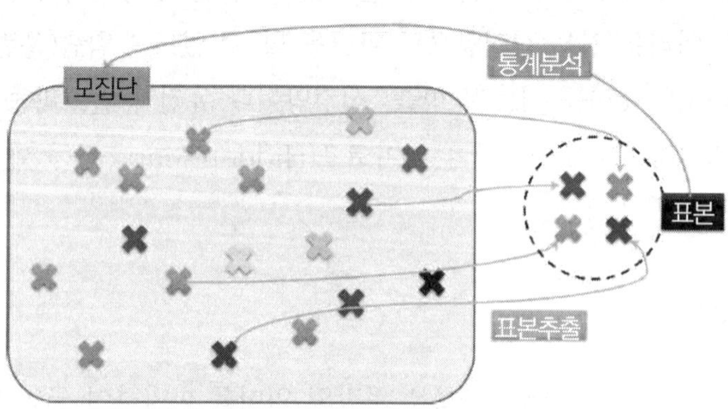

[그림 6-3] 통계분석의 개념

(2) 모집단의 종류와 모수

① 모집단의 종류 : 모집단의 종류로는 추출 단위가 유한한 유한 모집단(Finite Population)과 추출 단위가 무한한 무한 모집단(Infinite Population)이 있다. 예를 들어 일일 자동차 생산량이 1,000대인 공장에서의 표본은 최대 1,000개로 한정되어 있으므로 유한 모집단이 되고, 전세계에서 올라오는 SNS(Social Network Service) 상의 포스트는 거의 무한하므로 무한 모집단으로 간주한다.

② 모수(Parameter) : 모집단의 통계적 속성을 나타내는 수치를 모수라고 하며, 여기에는 모집단을 구성하는 데이터의 위치 정보를 나타내는 평균(Mean), 중앙값(Median)과 데이터 분포에 대한 지표인 분산(Variance) 및 표준편차(Standard Deviation) 등이 있다. 일반적으로 모집단이 가지는 모수의 정확한 값은 알기 어렵고 표본들의 통계적 속성인 통계량(Statistics)을 통해 추정된다.

(3) 표본추출의 필요성

표본이란 모집단에서 선택된 개체를 의미하는데, 표본을 추출하는 이유는 모집단 전체에 대한 분석이 사실상 불가능하다는 제약 때문이다. 또 가능하다고 해도 그것은 매우 비효율적이거나, 데이터 분석의 의미가 없어지게 되기 때문이다. 예를 들어 LED 제품의 수명을 조사하는 이유는 생산품의 신뢰도를 높여 판매량을 늘리기 위해서인데, 만약 생산된 모든 제품에 대한 전수조사를 하면 오히려 막대한 비용이 들게 된다. 따라서 표본조사를 통해 효율적인 품질관리를 할 수 있다.

(4) 통계분석의 대상 및 목적

① 분석대상 : 통계분석은 제조업에서 경제학, 농업에 이르기까지 거의 모든 분야에 적용될 수 있고, 속성을 이용해 행렬로 표현될 수 있는 거의 모든 형태의 정형 데이터를 다룰 수 있다.

② 분석목적 : 본 학습의 주제가 되는 탐색적 데이터 분석(Exploratory Data Analysis)이란 데이터 집합이 실제로 어떤 정보를 포함하고 있는지를 파악하는 것에 중점을 두고, 통계기법, 시각화 등을 통해 데이터 집합의 주요 특징을 얻어내는 방식을 말한다. 따라서 탐색적 데이터 분석에서 통계분석이 사용되는 이유는 통계기법을 통해 데이터 집합의 주요 특징을 파악하기 위해서이다.

2) 통계분석방법

통계분석의 과정은 [그림 6-4]와 같이 6단계로 구성된다.

(1) 통계분석의 과정

① 데이터 분석의 목적 설정

② 분석목적에 맞는 모집단 정의

③ 모집단에 대한 표본추출을 통해 대표성을 나타내는 데이터를 합리적으로 수집

④ 추출된 표본들을 분석목적에 맞게 측정

⑤ 데이터 수집 및 저장

⑥ 통계기법을 활용하여 데이터 집합의 주요 특징 파악

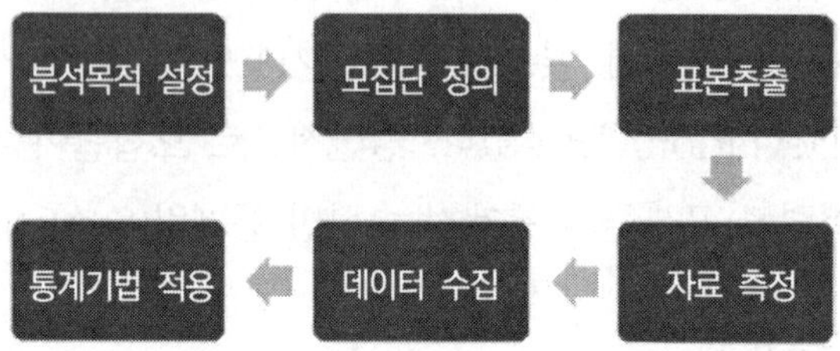

[그림 6-4] 통계분석 과정

3) 표본추출기법 및 자료측정방법

표본추출기법 및 자료측정방법은 다음과 같다.

(1) 표본추출기법

표본추출방식은 데이터 집합의 모집단에 대한 대표성을 결정한다. 따라서 데이터 분석자는 분석목적에 맞는 표본추출기법을 선정할 수 있어야 한다. 대표적인 표본추출기법들은 다음과 같다.

① 단순 무작위 추출(Simple Random Sampling) : 모집단에서 정해진 규칙 없이 표본을 추출하는 방식이다. 예를 들면 100개의 전구에서 무작위로 10개의 전구를 추출하는 경우이다.

② 계통추출(Systematic Sampling) : 모집단을 일정한 간격으로 추출하는 방식이다. 예를 들면 100명의 사람에게 번호표를 나눠주고 끝자리가 7로 끝나는 사람들을 선정하는 경우이다.

③ 층화추출(Stratified Random Sampling) : 모집단을 여러 계층으로 나누고, 계층별로 무작위 추출을 수행하는 방식으로써 계층은 내부적으로 동질적이고, 외부적으로 이질적이어야 한다. 예를 들면 지역별 여론조사를 위해 조사지역을 도 별로 나누고, 각 도에서 무작위로 100명씩 선정하는 경우이다.

④ 군집추출(Cluster Random Sampling) : 모집단을 여러 군집으로 나누고, 일부 군집의 전체를 추출하는 방식으로써 계층과는 다르게 군집의 성질은 따로 고려되지 않는다. 예를 들면 100개의 전구에 무작위로 검은색, 노란색, 파란색을 칠하고 파란색의 전구를 모두 추출하는 경우이다.

(2) 자료측정방법

① 측정(Measurement)과 척도(Scale) : 표본추출을 통해 얻은 자료들을 데이터로 만들기 위해서는 자료측정을 수행해야 한다. 여기서 측정이란 관심 있는 대상을 분석목적에 맞게 데이터화하는 것을 말한다.
수학적인 관점에서 측정하는 행위는 대상의 특정한 속성을 숫자 또는 기호로 표시하는 일이고, 이때 관계를 부여하기 위해 사용되는 규칙을 척도라고 한다. 예를 들어 종이책의 두께를 재는 일은 종이책이라는 대상의 두께라는 속성을 눈금자라는 도구를 이용해 밀리미터(mm)라는 척도로 숫자를 부여하는 작업을 일컫는다. 또 물리적인 측면에서의 측정뿐만 아니라, 종이책의 표지색을 단어로 기술하는 추상적인 행위도 측정이라고 할 수 있다. 그리고 이러한 측정을 통해 대상의 특정 속성과 연관된 값을 속성값이라고 한다.

② 척도의 종류 : 측정의 잣대가 되는 척도는 수행가능한 연산에 따라 크게 네 가지로 나누어질 수 있다. 또 어떠한 척도로 측정되었는지에 따라 속성의 유형은 질적 속성(Qualitative)과 양적 속성(Quantitative)으로 결정된다. 네 가지 척도의 종류는 다음과 같다.

- 명목척도(Nominal Scale)
  - 정의 : 단순히 집단의 분류를 목적으로 사용된 척도
  - 속성 : 질적 속성
  - 연산 : =, ≠
  - 예제 : 이메일 주소, 인터넷 계정, 옷 색깔, 성별
- 순서척도(Ordinal Scale)
  - 정의 : 측정대상 사이의 대소 관계를 나타내기 위한 척도
  - 속성 : 질적 속성
  - 연산 : 〈, 〉
  - 예제 : 직급, 영화 평점, 선호도
- 구간척도(Interval Scale)
  - 정의 : 등간척도라고도 하며 서열과 의미 있는 차이를 가지는 척도

학습 6

- 속성 : 양적 속성
- 연산 : +, -
- 예제 : 온도, 지능지수

• 비율척도(Ratio Scale)
  - 정의 : 구간 척도의 성질을 가지면서 척도 간의 비(Ratio)도 의미가 있는 척도
  - 속성 : 양적 속성
  - 연산 : ×, /
  - 예제 : 질량, 나이, 개수, 길이

여기서 구간척도와 비율척도의 개념이 혼동될 수 있는데, 속성값들을 연산했을 때 그 결과가 의미 없으면 구간척도이고, 의미가 있다면 비율척도가 된다. 예를 들어 구간척도인 온도에서 10도+10도 = 20도이지만 20도가 10도를 두 번 더한 것보다 더 뜨겁거나 따뜻한 것이 아니므로 덧셈은 실제 아무런 의미가 없다. 반면 비율 척도에서는 300g×2=800g은 실제로 질량이 2배 만큼의 질량을 나타낸다.

(3) 자료측정 시 발생하는 잡음

측정 중에는 대상이 가지고 있는 속성값을 있는 그대로의 숫자 또는 기호에서 벗어나게 하는 원하지 않는 임의의 요인들이 개입될 수 있고, 그것으로 인해 대상이 잘못 측정되어 참값에서 벗어난 정도를 잡음(Noise)라고 한다. 잡음이 포함된 데이터는 잘못된 데이터 분석결과를 일으키기 때문에 정확한 측정을 통해 고품질의 데이터를 수집하는 일은 데이터 분석의 중요한 요소가 된다.

(4) 자료측정의 예

자료측정에 대한 예로 대학생의 스마트폰 데이터 사용량 변화 추이를 분석하고자 한다면, 실험 참가자를 모집하여 참가자(대상)마다 월 데이터 사용량(속성)을 스마트폰에 탑재된 애플리케이션(도구)를 통해 메가바이트 단위(척도)로 기록하여 측정을 수행한다.

만일 통신상의 문제로 인해 애플리케이션 내에 사용량이 잘못 기록되었다면 잡음이 발생했다고 할 수 있으며, 데이터 수집자가 단순히 숫자를 잘못 기록한 것 또한 측정오류에 해당한다. 측정을 통해 수집된 데이터 집합은 통계기법을 사용하여 데이터 사용량 변화추이에 대한 탐색적 데이터 분석을 수행하고, 그것으로 모집단에 대한 특징을 올바르게 끌어내는 것이 통계분석의 결과가 된다.

2. 기초 통계기법 활용

1) 평균, 중앙값, 최빈치

데이터 집합 $x_1, x_2, ... x_n$의 분포를 알기 위한 평균, 중앙값, 최빈치 등은 다음과 같이 정의될 수 있다.

(1) 평균(Mean)

① 평균의 정의 : 데이터 집합이 어떤 값을 중심으로 분포되어 있는지를 알기 위해 많이 사용되는 평균은 다음과 같이 정의된다.

평균의 정의 : $\bar{x} = \sum_{i=1}^{n} x_i / n$

② 평균의 의미 : 평균은 데이터 집합의 중앙이 어디인지를 나타내지만, 데이터가 대칭적으로 분포되어 있는 경우에만 옳은 정보가 된다. 또 평균은 이상치(비정상적인 속성 값을 지닌 데이터)에 의해 영향을 많이 받는다는 단점이 있다.

(2) 중앙값(Median)

① 중앙값의 정의 : 평균이 가진 단점으로 인해 위치를 나타내는 또 다른 통계치인 중앙값이 사용되기도 하고 이는 다음과 같이 정의된다.

중앙값의 정의 : 중앙값 $= \begin{cases} x_{(n+1)/2} & \text{만약} n \text{이 홀수인 경우} \\ x_{n/2} & \text{만약} n \text{이 짝수인 경우} \end{cases}$

② 중앙값의 의미 : 중앙값은 데이터 집합을 크기에 따라 차례로 나열했을 때 가운데에 놓이는 값을 지칭한다. 중앙값은 이상치에 의한 영향을 덜 받으며, 데이터 분포가 비대칭이면 평균보다 더 의미 있는 지표가 된다. 평균과 중앙값은 데이터 분포의 성질에 따라 의미가 달라지므로 상황에 맞는 적합한 지표를 선택해 사용해야 한다.

(3) 최빈치(Mode)

① 최빈치의 정의 : 평균이 가진 단점으로 인해 데이터의 위치를 나타내는 또 다른 통계치인 최빈치가 사용되기도 하고 이는 다음과 같이 정의된다.

- 최빈치의 정의 : 데이터 $x_1, x_2, \cdots x_n$ 집합 에서 가장 많은 빈도를 갖는 데이터

② 최빈치의 의미 : 최빈치는 가장 많은 빈도를 갖는 데이터를 의미한다. 최빈치는 이상치에 의한 영향을 덜 받으면서 데이터 분포가 비대칭인 경우 평균보다 더 의미 있는 지표가 된다.

학습 6

2) 분산, 표준편차, 범위

평균, 중앙값, 최빈치를 이용하여 데이터 집합의 중심이 어디인지에 대한 위치 정보를 얻었다면, 데이터 집합이 중심에서 얼마나 확산하여 있는지를 나타내는 지표들은 다음과 같다.

(1) 분산(Variance)

① 분산의 정의 : 분산은 평균으로부터 각각의 데이터가 얼마나 떨어져 있는지를 종합적으로 나타내는 지표이다. 분산에 대한 정의는 다음과 같다.

- 분산의 정의 : $s^2 = \sum_{i=1}^{n}(x_1 - \bar{x})^2/(n-1)$

② 분산의 의미 : 분산의 정의에는 평균이 포함되어 있기 때문에 분산 또한 이상치에 대해 민감하다. 특히 분산은 각 데이터와 평균과의 차이를 제곱했기 때문에 이상치에 민감한 정도가 평균보다도 크게 된다. 또 이러한 제곱 연산으로 인해 분산은 본래 데이터의 속성값과는 다른 단위를 갖는다.

(2) 표준편차(Standard Deviation)

데이터 집합의 확산정도를 나타내는 분산의 단위를 본래의 척도와 맞춰주기 위해 분산을 제곱근 한 것을 표준편차라고 하며, 다음과 같이 정의된다.

- 표준편차의 정의 : $s = \sqrt{\sum_{i=1}^{n}(x_1 \_ \bar{x})^2/(n-1)}$

(3) 범위(Range)

데이터 집합 $x_1, x_2, \ldots x_n$에서 최대값($x_{\max}$)과 최소값($x_{\min}$)을 이용하여 확산 정도를 간단하게 나타낸 것을 범위라고 하며, 다음과 같이 정의된다.

- 범위의 정의 : $R = x_{\max} - x_{\min}$

3) 히스토그램

히스토그램(Histogram)이란 단일 속성에 대한 데이터 분포를 시각적으로 알기 위해 주로 사용되는 그래프 중 하나이다. 히스토그램을 그리기 위해서는 먼저 속성의 범주를 수 개의 영역으로 나누어 주고, 데이터 집합에서 각각의 영역에 속하는 속성값들의 개수에 비례하도록 막대그래프를 생성한다. [그림 6-5]는 키에 대한 히스토그램의 예이다.

범주(cm)	인원수
150-155	5
156-160	8
161-165	9
166-170	17
171-175	25
176-180	20
181-185	14
186-190	8
191-195	3
196-200	1

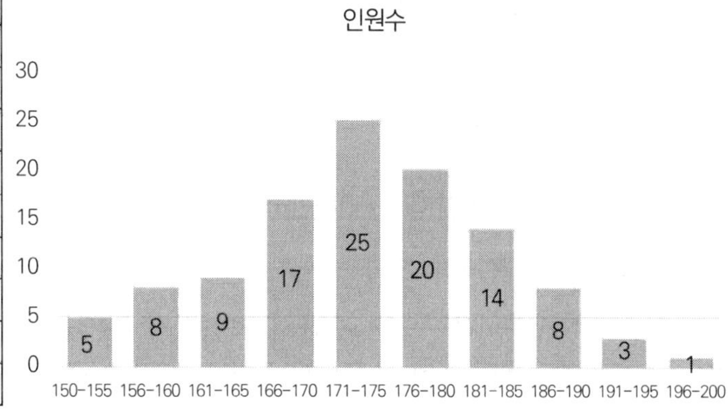

[그림 6-5] 히스토그램의 예

4) 상자그림(Box Plot)

상자그림이란 데이터 집합의 최대값, 최소값, 중앙값, 사분편차(데이터를 크기순으로 나열하여 작은 쪽에서부터 $\frac{1}{4}, \frac{3}{4}$의 위치에 있는 값을 각각 Q_1, Q_3라고 할 때, $Q = \frac{Q_2 - Q_1}{2}$를 의미)를 사용하여 데이터들이 어떤 모양으로 분포되어 있으며, 극단 값들이 어떤지를 쉽게 알 수 있도록 하는 그림이다. 상자그림을 그리기 위해서는 먼저 Q_1과 Q_3을 양 끝으로 하는 상자를 그리고, 상자 안에 중앙값을 직선으로 표시한다. 또 Q_1과 1.5×2Q 이내인 값 중에서 최소 값을 Q_1과 연결하고, Q_3와 1.5×2Q 이내인 값 중에서 최대 값을 Q_3와 직선으로 연결한다. 그 외의 값은 점이나, 원, 별표 등으로 따로 표시하며, 이를 이상치 또는 아웃라이어(outlier)라고 한다. 상자그림의 예는 [그림 6-6]과 같다.

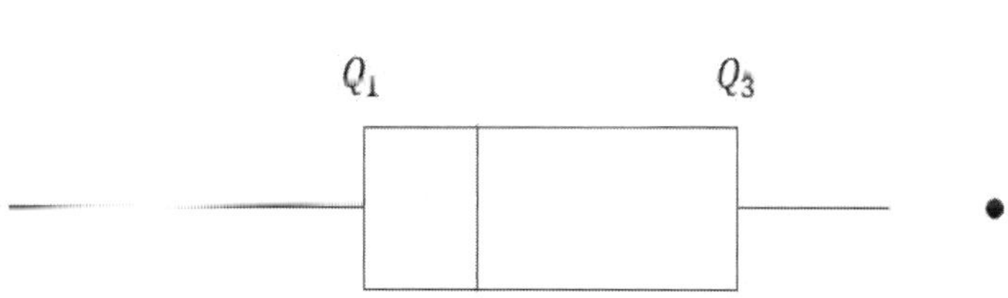

[그림 6-6] 상자그림의 예

6-4 데이터 분포 확인

1. 데이터 분석기법 선정

1) 상관분석(Correlation Analysis)

(1) 상관분석의 목적과 개념

① 목적 : 상관분석은 두 변수 간의 선형적인 관계를 정량적인 지표로 나타낸다.

② 개념 : 상관분석을 위해서는 두 변수 x_1, x_2간의 상관 정도를 나타내는 공분산(Covariance)을 이용하고 이는 다음과 같이 정의된다.

- 공분산의 정의 : $Cov(x_1, x_2) = \sum_{i=1}^{n}(x_1 - \overline{x_1})(x_1 - \overline{x}_2)$

여기서, x_{1i}와 x_{2i}는 각각 x_1과 x_2의 번째 관측치이며, $\overline{x_1}$과 $\overline{x_2}$는 각각 x_1과 x_2의 표본평균이다. 공분산은 한 변수가 상승할 때 나머지 변수가 상승하는 경향이 존재하면 양의 값($Cov > 0$)을 갖고, 하강하는 경향이 존재하면 음의 값($Cov < 0$)을 갖는다. 하지만 공분산 값의 크기는 측정 단위에 따라 달라지므로 선형관계의 정도를 나타내지는 못한다. 따라서 이를 각 변수의 표준편차의 곱으로 나누어 주어 선형관계의 정도를 표현할 수 있고 이를 상관계수(Correlation Coefficient)라고 부른다. [그림 6-7]은 표본들의 산포와 공분산과의 관계를 나타낸다.

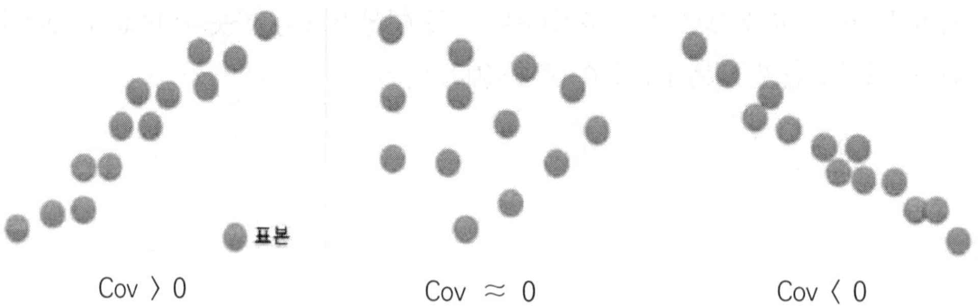

[그림 6-7] 표본들의 산포와 공분산과의 관계

2) 회귀분석(Regression Analysis)

(1) 회귀분석의 목적과 개념

① 목적 : 회귀분석은 한 변수가 다른 변수에 미치는 영향을 함수형태로 추정하기 위해 고안된 기법이다.

② 개념 : 상관분석은 두 변수 간의 1차원 관계를 방향성 없이 추정하는 것이라면, 회귀분석은 한 변수가 다른 변수에 1차원 혹은 2차원 이상의 영향을 주고 있다는 가정 아래 수행된다. 여기서 영향을 주는 변수는 독립변수(Independent Variable)라고 하며, 영향을 받는 변수는 종속변수(Dependent Variable)라고 한다.

(2) 회귀분석의 종류

회귀분석은 독립변수의 개수와 함수관계의 차원에 따라 그 종류를 다음과 같이 나눌 수 있다. [그림 6-8]은 단순회귀와 곡선회귀의 개념을 나타낸다.

학습 6

① 단순회귀분석(Simple Regression Analysis) : 독립변수가 1개이며 종속변수와의 관계가 선형적(1차 함수)

② 다중회귀분석(Multiple Regression Analysis) : 독립변수가 2개 이상이며 종속변수와의 관계가 선형적(1차 함수)

③ 곡선회귀분석(Curvilinear Regression Analysis) : 독립변수가 1개이며 종속변수와의 관계가 곡선적(2차 함수 이상)

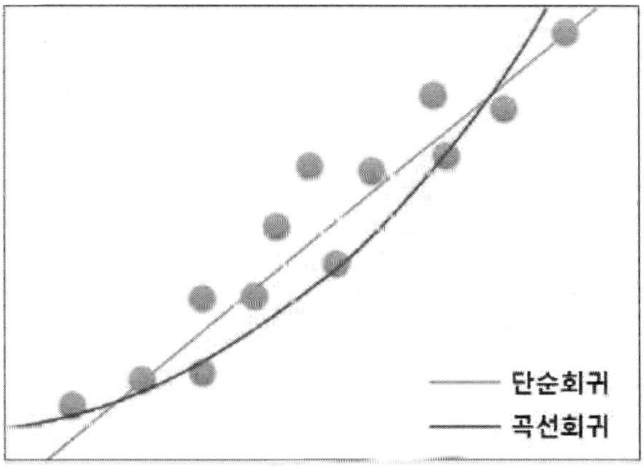

[그림 6-8] 회귀분석의 예

3) 주성분 분석(Principle Component Analysis)

(1) 주성분 분석의 목적과 개념

① 목적 : 주성분 분석은 n개의 변수들을 선형 결합하여 더 적은 개수의 변수들로 데이터를 표현하고 이를 이용하여 데이터를 분석하기 위해 사용되는 기법이다.

② 개념 : 변수들의 상관관계를 이용해 기존 변수들을 분산이 큰 변수들로 변환시키면 유의성이 높은 변수들로 데이터를 표현할 수 있다. 예를 들면 [그림 6-9]에서 제1주성분이라고 표시된 선을 새로운 좌표축으로 해서 데이터를 투영(Projection)하면 한 개의 변수를 이용해서도 전체 데이터들의 분산을 가장 잘 설명할 수 있게 된다. 이러한 개념을 이용하여 n개의 변수들의 선형결합을 통해 생성된 새로운 변수들을 분산의 크기에 따라 제1주성분, 제2주성분의 방식으로 부르며, 이러한 주성분들은 서로 직교(Orthogonal)하여 상관관계를 갖지 않는다. 주성분을 이용하면 원래의 변수보다 작은 개수로 데이터를 표현할 수 있고, 이를 차원 축소라고 부른다.

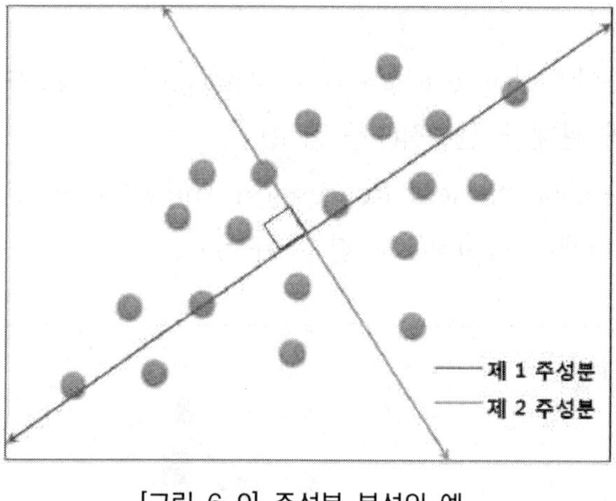

[그림 6-9] 주성분 분석의 예

2. 데이터 분석모형 설계 및 구축

1) 상관분석기법

(1) 상관계수의 정의

두 모집단을 나타내는 변수 x_1, x_2간의 선형관계를 나타내는 척도를 상관계수 ρ 라고 하며, 다음과 같이 정의된다.

- 상관계수의 정의 : $\dfrac{\rho = Cov(x_1, x_2)}{\sigma_{x_1}, \sigma_{x_2}}$

여기서 $Cov(x_1, x_2)$는 두 모집단 간의 공분산(Covariance)이며, σ_{x_1}와 σ_{x_2}는 각각 x_1, x_2의 표준편차이다.

(2) 표본 상관계수의 정의

위의 상관계수는 모집단에 관한 것이고, 실제 데이터는 모집단 일부분이기 때문에 표본상관계수를 사용한다. 이는 일반적으로 피어슨 상관계수(Pearson Correlation) γ이라고 불리며, 다음과 같이 정의된다.

- 피어슨 상관계수의 정의 : $\gamma = \dfrac{\sum_{i=1}^{n}(x_{1i} - \overline{x_1})(x_{2i} - \overline{x_2})}{\sqrt{\sum_{i=1}^{n}(x_{1i} - \overline{x_{2i}})^2}\sqrt{\sum_{i=1}^{n}(x_{2i} - \overline{x_2})^2}}$

여기서 -1≤ γ ≤ 1이고, $\gamma = 0$이면 두 변수 간에는 상관관계가 없다. γ의 절대값이 클수록 변수 간의 상관성이 있으므로 유의성이 높다고 할 수 있다.

2) 회귀분석기법

독립변수 $x_1, x_2, \ldots x_n$과 종속변수 y에 대해 다음의 회귀분석 모형들이 존재한다.

(1) 단순회귀모형

단순회귀모형은 독립변수 x_1이 종속변수 y에 선형적인 영향을 미친다는 가정 아래 다음과 같이 정의된다.

- 단순회귀모형 : $y = \beta_0 + \beta_1 x_1 + \varepsilon$

여기서 β_0(절편), β_1(기울기)는 알려지지 않은 모수이고, ε은 표준정규분포 $N(0, \sigma^2)$에 따라 발생할 수 있는 오차이다. 표본을 통해 알려지지 않은 모수를 근사화하기 위해서는 오차를 최소로 하는 선형방정식을 구하는 최소제곱법이 사용된다. 최소제곱법에 따라 추정된 모수 β_0, β_1은 다음과 같다.

- β_1 추정치 : $\hat{\beta_1} = \dfrac{\sum_{i=1}^{n}(x_1 - \overline{x_1})(x_2 - \overline{x_2})}{\sum_{i=1}^{n}(x_1 - \overline{x_1})^2}$

학습 6

• β_0 추정치 : $\widehat{\beta_0} = \overline{x_2} - \beta_1 \widehat{\overline{x_1}}$

이렇게 구한 절편과 기울기의 추정치 $\widehat{\beta_0}, \widehat{\beta_1}$을 이용하면 단순회귀모형을 다음과 같이 추정할 수 있다.

• 추정된 단순회귀 모형 : $\hat{y} = \widehat{\beta_0} + \widehat{\beta_1} x_1 + \varepsilon,\ \varepsilon \sim N(0, \sigma^2)$

(2) 다중회귀모형

다중회귀모형은 n개의 변수가 y에 선형적인 영향을 미친다는 가정 아래 다음과 같이 정의된다.

• 다중회귀모형 : $y = \beta_0 + \beta_1 x_1 + \beta_2 x_2 + \ldots + \beta_n x_n + \varepsilon$

여기서 $\beta_0, \beta_1, \ldots \beta_n$은 알려지지 않은 모수이고, ε은 오차이다.

(3) 곡선회귀모형

곡선회귀모형은 독립변수 x_1이 y에 k차원 함수형태의 영향을 미친다는 가정 아래 다음과 같이 정의된다.

• 곡선회귀모형 : $y = \beta_0 + \beta_1 x_1 + \beta_2 x_1^2 + \ldots + \beta_k x_1^k + \varepsilon$

여기서 $\beta_0, \beta_1, \ldots \beta_k$ 은 알려지지 않은 모수이고, ε은 오차이다.

(4) 변수들의 유의차 검정

데이터를 이용한 회귀분석을 수행할 때, 독립변수 $x_1, x_2, \cdots x_n$들에 대한 분산분석결과에서 p-value 〉 0.05 인 변수들은 종속변수 y에 대해 유의한 것으로 판정한다.

3) 주성분 분석기법

(1) 제1주성분 계산

데이터 집합 $x_1, x_2, \ldots x_n$을 나타내는 k_1의 제1주성분 ω_1은 다음과 같이 정의된다.

• 제1주성분 정의 : $\omega_1 = \underset{\|\omega\| = 1}{\arg max} \left\{ \frac{w^T x^T x w}{w^T w} \right\}$

여기서 ω는 임의의 고유값 벡터이고, arg max는 함수 $\left\{ \frac{w^T x^T x w}{w^T w} \right\}$를 최대로 만드는 ω를 말한다.

(2) 제k주성분 계산

k번째 주성분 ω_k 를 구하기 위해선 먼저 $k-1$ 개의 주성분을 데이터 집합에서 빼준다.

- $\hat{x}_{k-1} = x - \sum_{i=1}^{k-1} \omega_1 \omega_1^t x$

그러면 주성분 ω_k는 다음과 같이 정의된다.

제k주성분 정의 : $w_k = \underset{\| w \| = 1}{\arg max} \left\{ \frac{w^T \hat{x}_{k-1}^T \hat{x}_{k-1} w}{w^T w} \right\}$

6-5 변수 간 관계 확인

학습 6

1. 데이터 분석모형 검증

1) 일반화 오류와 훈련 오류

분석모형을 구축하는 데에는 일반화 오류(Generalization Error)와 훈련 오류(Training Error)라는 두 가지 종류의 오류가 발생할 수 있고, 구축된 분석모형은 이를 고려하여 검증되어야 한다.

(1) 일반화 오류

일반화 오류란 분석모형을 만들 때 주어진 데이터 집합의 특성을 지나치게 반영하여 발생하는 오류이다. 주어진 데이터 집합은 모집단 일부분임에도 불구하고 그것이 가지고 있는 주변적인 특성, 단순 잡음 등을 모두 묘사하기 때문에 일반화 오류가 발생한다. 이러한 모형은 특별히 과적합(Overfitting) 되었다고 부른다.

(2) 훈련 오류

일반화 오류와는 반대되는 개념으로 훈련 오류가 있다. 훈련 오류란 주어진 데이터 집합에 부차적인 특성과 잡음이 있다는 점을 고려하여 그것의 특성을 덜 반영하도록 분석모형을 만들어 생기는 오류이다. 훈련 오류가 지나치게 많이 발생하는 모형은 과적합에 반대되는 개념으로 미적합(Underfitting)되었다고 부른다.

(3) 분석모형의 검증

모집단에서 표본추출한 데이터 집합을 이용하여 모집단을 합리적으로 추론하는 타당한 분석모형을 구축하기 위해서는 두 가지 오류를 모두 고려해야 한다. 이를 위한 분석모형 검증방법으로는 대표적으로 홀드아웃 교차 검증(Holdout Cross Validation)과 다중 교차검증(K-fold Cross Validation)이 있다.

2) 분석모형 검증방법

구축된 분석모형에 대한 검증은 실험 데이터를 활용하여 분석모형에서 산출된 값과 실제값과의 차이의 제곱 평균을 예측 오차로 계산하여 수행될 수 있다.

2. 데이터 분석모형 보정

1) 시뮬레이션의 목적과 개념

(1) 목 적

분석모형이 유효한지 판단하기 위해 시뮬레이션을 통해 모형의 타당성과 적합성을 평가한다.

(2) 개 념

시뮬레이션은 현실을 부분적으로 모사하는 모형을 통해 가능한 상황들에 대한 체계적인 가상실험을 수행하여 정보추출, 문제해결, 예측 등을 수행하는 기법이다. 시뮬레이션에서 다루는 모형은 통계모형에서부터 자동차 충돌실험시설과 같은 기계적 모형에 이르기 까지 그 범위가 방대하다. 여기서는 세 가지 데이터 분석모형으로 시뮬레이션 모형의 범위를 한정한다.

2) 시뮬레이션을 통한 분석모형의 타당성 평가

(1) 타당성 평가의 의의

분석모형이 실제로 현실을 잘 묘사하고 있는지 확인하는 절차를 타당성 평가라고 한다.

(2) 타당성 평가방법

모형의 타당성 평가를 위해서는 주어진 데이터를 모형에 입력하여 얻은 결과와 실제 데이터값 간의 차이인 오차를 사용할 수 있다. 오차가 작으면 당연히 좋은 모형이라고 할 수 있다. 일반적으로 분석모형에 대한 평가는 데이터 분석자에 의해 이루어진다. 평가자는 실험결과를 판단하기 위해 평균, 분산 등의 통계적 기법을 참고하여 검정할 수 있다.

3) 시뮬레이션을 통한 분석모형의 보정

(1) 분석모형의 보정방법

시뮬레이션 결과가 실제 데이터값과 차이를 보이면 분석모형을 바로잡아야 한다. 만약 그 차이가 크면 모형 구축 전체과정에 대한 재검토가 필요하다. 회귀모형의 경우 구성될 수 있는 모형의 형태가 다양하므로 데이터 분포에 알맞은 모형을 시뮬레이션 실험을 통해 찾아야 한다.

(2) 분석모형의 보정 예시

예를 들어 두 변수 간의 관계가 선형적일 것이라는 가정 아래 단순회귀모형으로 분석모형을 구축하였지만, 타당성 평가결과 그 모형이 올바르지 않다고 판단될 수 있다. 따라서 다중회귀모형 또는 곡선회귀모형으로 분석모형을 재설계하거나, 다른 방식으로 모수 추정을 하는 방식으로 반복적인 보정을 통해 올바른 분석모형을 구축해야 한다.

학습 6

6-6 데이터 정제

1. 분석데이터 식별 및 변환

1) 데이터 분류

데이터 분류란 데이터 분석자가 설정한 기준을 만족하게 하는 데이터와 그렇지 않은 데이터로 나누는 작업을 말한다. 이번 절에서는 주어진 데이터 집합에서 분석자가 원하는 데이터를 R을 통해 추출하는 방법을 알아본다. 데이터 집합은 행렬의 형태로 이루어져 있고 행은 샘플을, 열은 변수를 나타낸다고 가정한다.

(1) which()

원하는 데이터의 유형을 추출하고 싶을 때 which() 함수를 사용한다. 만약 예시 데이터 집합에서 출시연도(1번 변수)가 2022년인 샘플만을 추출하면 [그림 6-10]

과 같이 해당 샘플들의 인덱스를 반환한다.

```
>which(s[,1]==2022)
[1] 6 7 17 18 20 22 24
```

[그림 6-10] 인덱스 반환방법

이를 이용해 [그림 6-11]과 같이 출시연도가 2022년인 샘플들만 추출한다.

```
>s[which(s[,1]==2022),]
     V1    V2    V3   V4   V5   V6   V7   V8   V9
6   2022  2022  5.5   34   175  73   89   480  160
7   2022  2022  6.0   40   169  77   60   300  170
17  2022  2022  5.5   35   184  72   90   90   70
18  2022  2022  6.0   34   176  70   50   60   130
20  2022  2022  5.5   30   182  73   50   120  50
22  2022  2022  5.5   25   175  60   60   60   300
24  2022  2022  6.0   24   177  76   120  90   700
```

[그림 6-11] 출시연도가 2022년인 샘플추출방법

(2) 부등호

설정한 경계값보다 크거나 작은 샘플들을 분류하고 싶으면 부등호를 사용한다. 예를 들어 일일 데이터 사용량(9번 변수)가 500MB 이상인 샘플들을 분류하면 [그림 6-12]와 같다.

```
> s[,9]>500
 [1] FALSE FALSE FALSE FALSE FALSE
 [6] FALSE FALSE FALSE FALSE FALSE
[11] FALSE FALSE FALSE FALSE FALSE
[16] FALSE FALSE FALSE  TRUE FALSE
[21] FALSE FALSE  TRUE  TRUE
```

[그림 6-12] 500M 이상인 샘플분류방법

샘플들이 해당 조건을 만족하는지에 따라 참 또는 거짓 값을 반환한다. 이를 이용하면 [그림 6-13]과 같이 원하는 샘플들을 추출할 수 있다.

```
>s[s[,9] >500, ]
     V1    V2     V3    V4    V5    V6    V7    V8    V9
19   2022  2022   5.5   30    182   73    50    120   50
23   2022  2022   5.5   25    175   60    60    60    300
24   2022  2022   6.0   24    177   76    120   90    700
```

[그림 6-13] 원하는 샘플추출방법

2) 데이터 변환

(1) 데이터 변환의 의의

분석목적에 따라 데이터를 변환시켜 주는 것이 효율적인 경우가 있다. 이때 의미하는 데이터 변환은 데이터의 특정 변수를 정해진 법칙에 따라 바꿔주는 것을 의미한다. 예시 데이터 집합에서 연령대를 20대, 30대, 40대로 나누는 것이 유의하다고 판단되는 경우, 변수값이 20~29를 가지면 20으로 30~39를 가지면 30으로, 40~49는 40으로 바꾸어 준다. 또 데이터 오류를 다루기 위해서도 데이터 변환이 사용된다.

(2) 데이터 변환방법

평활(Smoothing)은 데이터 집합에 존재하는 잡음으로 인해 거칠게 분포된 데이터를 매끄럽게 만드는 방법으로 구간화(Binning), 군집화(Clustering) 등이 사용된다. [그림 6-14]는 구간 너비를 작게 해서 히스토그램을 표현하는 구간화 방법을 활용한 평활의 예를 나타낸다.

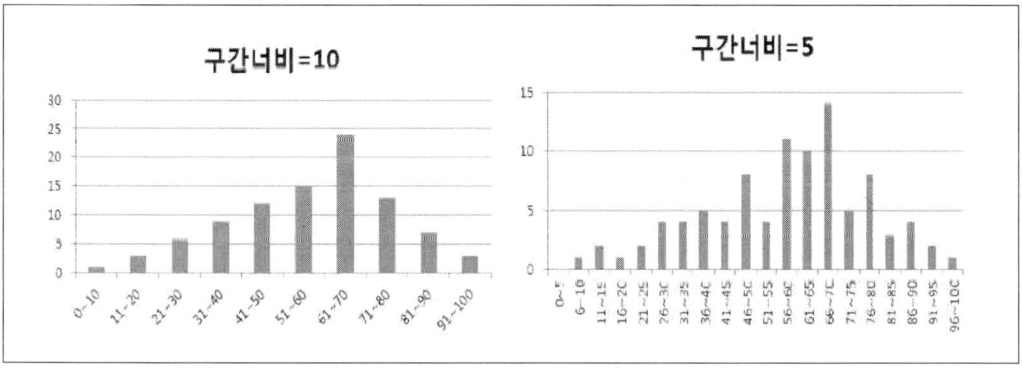

[그림 6-14] 구간화 방법을 통한 평활의 예

(3) **변수 변환**(Variable Transformation)

변수값을 x라고 할 때, $y = f(x)$의 함수를 이용해 변수값을 일괄 적용하여 새로운 변수를 생성하는 방법이다.

(4) **총계**(Aggregation)

두 개 이상의 샘플을 하나의 샘플로 합산하는 방법이다.

2. 데이터 정제절차 수행

1) 데이터 오류의 종류 및 정제방법

원시데이터는 보통 결측치(Missing Value)가 존재하고 잡음이 포함되어 있으며, 일관성이 없기가 쉽다. 이처럼 데이터를 불완전하게 만드는 요소를 데이터 오류라고 하며, 다음과 같은 것들이 포함된다.

(1) 결측치

샘플에서 누락된 변수값을 지칭한다. 결측치는 오류로 인해 발생할 수도 있지만, 단순히 조사대상이 측정을 원하지 않을 때에도 발생한다. 예를 들어 사람들은 키와 체중을 측정하는 것을 꺼릴 수 있다. 따라서 결측치는 원시데이터에서 어렵지 않게 볼 수 있는 오류로 그것을 다루는 방법은 다음과 같다.

① 샘플 제거
② 해당 변수 제거
③ 결측치 무시
④ 결측치 추정

평균, 중앙값 등의 통계량 또는 회귀분석을 사용해 빈칸을 채워 넣는다.

(2) 잡 음

잡음은 데이터를 측정하는 데 있어서 여러 가지 이유로 개입되는 임의적인 요소로써 변수 값을 본래의 참값에서 벗어나게 하는 오류이다. 잡음을 제거하는 일은 비용이 많이 들고, 완전히 제거하는 것은 사실상 불가능하다. 일반적으로 잡음을 제거하기 위해서는 다음과 같은 평활방법을 사용한다.

① 구간화 : 연속 변수를 다수의 작은 구간으로 나누고, 동일한 구간에 속하는 변

수값들을 하나의 변수값으로 변환하는 방법이다.

② 군집화 : 데이터 집합을 수 개의 군집으로 묶은 뒤 동일 군집의 데이터들을 그것의 대표 값으로 치환하는 방법이다.

③ 회귀모형 : 회귀모형을 추정하여 모형 위에 있는 변수값으로 변환하는 방법이다. 예를 들어 선형 회귀모형 $y = \beta_0 + \beta_1 x$를 추정하고 x_0에 변수값을 입력하여 산출되는 y값들을 변수값으로 하는 변수를 생성하는 방법이다. [그림 6-15]는 잡음이 있는 데이터를 직선회귀모형을 이용해 평활한 예를 나타낸다.

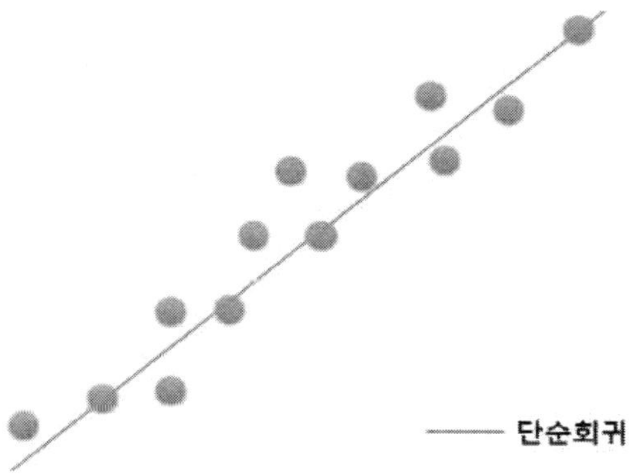

[그림 6-15] 잡음이 있는 데이터를 직선회귀모형을 이용해 평활한 예

(3) 이상치(Anomaly)

이상치는 데이터 집합에서 대부분의 다른 샘플들과 현저한 차이를 보이는 샘플 혹은 변수 값을 말한다. 그러한 차이는 단순 오류일 수도 있지만 정상적으로 측정된 특이 값일 수도 있으므로 주의가 필요하다. 오류로 판단될 경우 이상치를 제거하거나 무시한 후 분석을 수행하고, 특이값인 경우에는 관심을 두고 분석을 수행한다. [그림 6-16]은 이상치의 개념을 나타낸다.

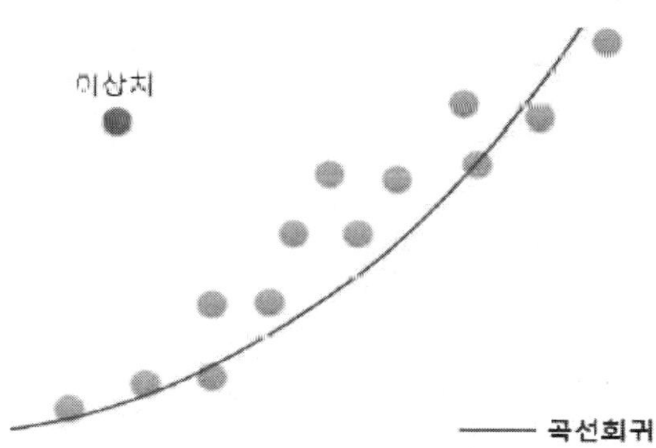

[그림 6-16] 이상치의 개념

6-7 데이터 변화 적재

1. 데이터 변환

1) 정형 · 비정형 · 반정형 데이터

정형, 비정형, 반정형 데이터는 다음과 같이 정의된다.

(1) 정형(Structured) 데이터
통계적 분석을 수행할 수 있는 테이블 형태로 정리된 데이터를 의미한다.

(2) 비정형(Unstructured) 데이터
특별한 형식을 가지지 않는 텍스트, 이미지, 오디오와 같은 원시 데이터를 의미한다.

(3) 반정형(Semi-structured) 데이터
일반적으로 규격화된 형식을 갖지 않는 웹문서, 신문 등과 같은 데이터를 의미한다.

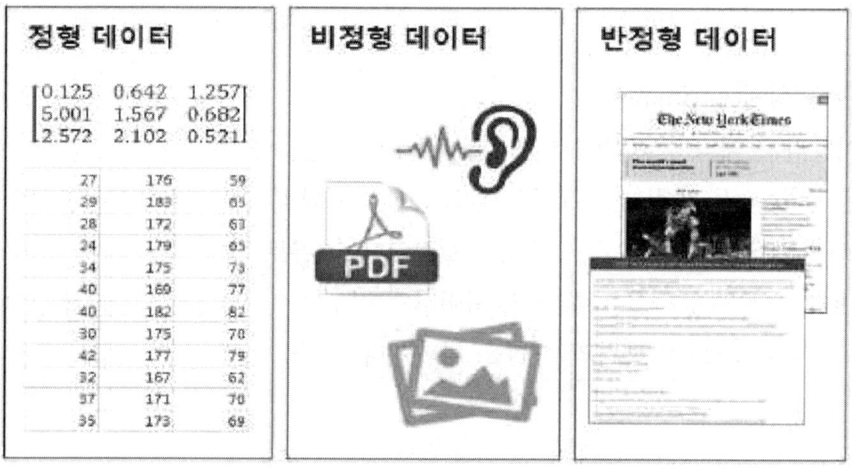

[그림 6-17] 정형 · 비정형 · 반정형 데이터

2) 비정형 데이터

(1) 특 징

① 형태와 구조가 복잡하여 기존의 데이터베이스에 저장될 수 없다.

② 비정형 데이터 분석은 대량의 텍스트, 이미지와 같은 것에서 패턴을 발견하기 위해 시작되었다.

③ 비정형 데이터는 그대로 분석될 수 없고, 정형 데이터로 변환되어 분석해야 한다.

(2) 비정형 데이터의 분석 예

① 텍스트 : 일반적으로 단어들의 빈도를 표현하는 방법을 이용해 텍스트 덩어리를 정형 데이터로 변환한 뒤 텍스트 분석을 수행한다.

② 이미지 : 이미지를 한 픽셀마다 수치로 변환하는 과정을 거쳐 이미지 분석을 수행하는데 최근에는 딥러닝 기법의 하나인 CNN(Convolutional Neural Network)이 주로 쓰인다.

3) 반정형 데이터

(1) 특 징

① 데이터 속성을 표기하는 메타데이터를 가진다.

② 주로 XML, JSON 데이터 포맷을 하고 있다.

③ 데이터 구조는 일관성이 없으므로 테이블의 형식을 하고 있어도 샘플들의 속성 순서가 모두 다를 수 있다.

학습 6

(2) 반정형 데이터의 종류

반정형 데이터는 일반적으로 다음과 같은 데이터 포맷을 가지고 있다.

① XML : 웹페이지를 만드는 HTML을 개선하여 만든 언어로 SGML(Standard Generalized Markup Language) 문서형식을 따른다.

② JSON : 웹상에서 자료를 주고받을 때 사람이 읽을 수 있는 데이터 포맷으로 자바스크립트의 구문형식을 따른다.

③ HTML : 웹페이지를 위해 고안된 언어로 링크, 인용 등을 이용해 구조적 문서를 만들 수 있는 방법이다.

2. 데이터 적재

1) R을 이용한 MySQL 데이터의 적재

MySQL 데이터베이스에 저장된 데이터를 다루기 위해 RMySQL 패키지를 활용한다.

(1) RMySQL 설치

RMySQL은 R과 MySQL간의 데이터 입출력을 다룰 수 있는 패키지로 다음과 같이 설치할 수 있다.

〉 install.packages("RMySQL")

(2) 라이브러리 불러오기

〉 library(RMySQL)

(3) MySQL과 연동하기

〉con〈-dbConnect(MySQL(),user="root",password="〈password〉",dbname="root",host="127.0.0.1")

(4) MySQL 데이터테이블 확인하기

〉 dbListTables(con)

[1] "phone“

(5) [그림 6-18]과 같이 데이터 적재하기

```
> s<-dbGetQuery(con,"select * from phone")
> s
      1    2 3  4   5  6   7   8    9
1  2015 2015 5 45 173 75  60 500   60
2  2014 2015 5 27 176 59  70  30   50
3  2015 2015 5 29 183 65 120 300  200
4  2015 2016 5 28 172 63  80  60  190
5  2015 2015 5 24 179 65  90  30  500
6  2016 2016 6 34 175 73  80 480  160
7  2016 2016 6 40 169 77  60 300  170
8  2014 2014 5 40 182 82  50  60   50
9  2014 2014 5 30 175 70 100  90  300
10 2015 2015 5 42 177 79  40 480   30
11 2014 2014 5 32 167 62 130 300  400
12 2015 2015 6 37 171 70  90 360  200
13 2015 2015 6 35 173 69  60 120  150
14 2015 2016 6 41 181 88  60 120  130
15 2015 2015 6 40 178 89  70  60  140
16 2015 2015 5 35 169 70  50  90   80
17 2016 2016 6 35 184 72  90  90   70
18 2016 2016 6 34 176 71  90  60  130
19 2015 2015 5 29 188 83 140 240  600
20 2016 2016 6 30 175 70  50 120   50
21 2015 2015 6 32 177 68  70 120  300
22 2016 2016 6 25 182 73  60  60  300
23 2015 2015 5 26 179 80 180  30 1100
24 2016 2016 6 25 177 76 120  90  700
```

[그림 6-18] 데이터 적재방법

2) R을 통한 데이터베이스 관리

MySQL에 저장된 데이터를 R로 불러와 분석을 수행한 뒤, 다시 MySQL에 저장하는 경우 데이터를 MySQL에서 생성 및 제거해야 한다.

(1) 데이터 테이블 저장하기

① dbWriteTable()을 이용한 데이터 테이블 저장

〉 dbWriteTable(con, name='mtcars', value=mtcars)

② 테이블 저장확인

〉 dbListTables(con)

mtcars 테이블이 MySQL에 저장된 것을 확인할 수 있다.

(2) 데이터 테이블 제거하기

① dbRemoveTable()을 이용한 데이터 테이블 제거

〉 dbRemoveTable(con, "mtcars")

② 테이블 제거확인

〉 dbListTables(con)

학습
6

6-8 분석용 데이터 검증

1. 데이터 품질검증

1) 데이터 품질의 개념

데이터 분석의 목적을 달성하고, 최종 사용자의 기대를 만족하게 하기 위해 데이터가 확보하고 있어야 할 성질을 말한다. 데이터 품질을 보장하기 위해 만족하여야 할 요소로는 정확성(Accuracy), 완전성(Completeness), 적시성(Timeliness), 일관성(Consistency)이 존재한다.

2) 데이터 품질검증을 위한 만족 요건

데이터 품질을 검증하기 위해서는 데이터 품질요소들이 다음과 같은 요건을 만족해야 한다. [그림 6-19]는 데이터 품질에 영향을 미치는 네 가지 요소를 나타낸다.

① 정확성 : 저장된 데이터는 대상을 올바로 나타내는 값을 가져야 한다.

② 완전성 : 데이터는 결측치, 빈값, 오류를 가지지 않아야 한다.

③ 적시성 : 시간이 지나면서 의미가 소멸하는 데이터에 대한 품질요소로 SNS 데이터, 위치 데이터, 로그데이터는 그 의미가 유효한 시간 정보를 내포해야 한다.

④ 일관성 : 데이터가 용어 정의, 규정, 속성 정의, 데이터 형식 등에서 일관된 포맷을 가져야 한다.

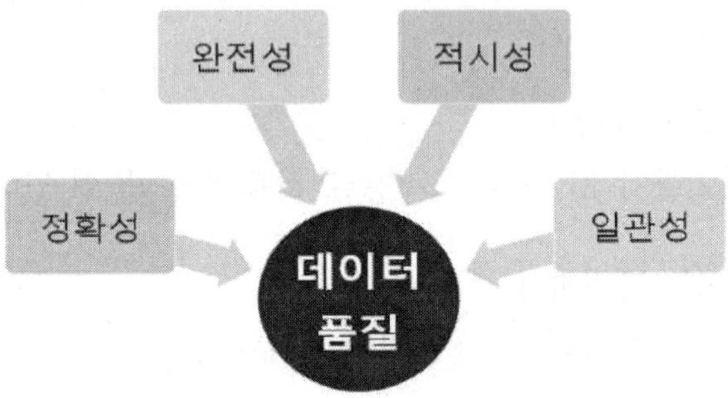

[그림 6-19] 데이터 품질에 영향을 미치는 네 가지 요소

2. 데이터 무결성 및 개인정보보호

1) 데이터 무결성의 개념

데이터 무결성(Data Integrity)이란 다수의 사용자가 데이터베이스에 접근하여 적재, 삽입, 삭제, 수정 등의 작업을 수행할 때 데이터가 불일치하지 않는 특성을 말한다. 또한 데이터 품질을 만족하는 데이터가 분석목적을 달성하기 위해 공유되어 사용될 때 지켜져야 할 성질이다.

2) 데이터 무결성 검증을 위한 만족 요건

데이터 무결성을 확보하기 위해서는 다음과 같은 필요요건을 만족해야 한다.

① 개체 무결성 : 기본 키(Primary Key)는 반드시 값을 가지며 그 값은 유일해야 한다.

② 참조 무결성 : 외래 키(Foreign Key)값은 참조하는 테이블의 기본 키값 혹은 빈값 중 하나를 가져야 한다.

③ 속성 무결성 : 속성값은 지정된 데이터 형식을 만족하는 값을 가져야 한다.

④ 키 무결성 : 하나의 테이블에 적어도 하나의 키가 존재해야 한다.

⑤ 도메인 무결성 : 속성값은 미리 정의된 도메인 범위 안의 값을 가져야 한다.
⑥ 사용자 정의 무결성 : 모든 데이터는 업무 규칙(Business Rule)을 준수해야 한다.

3) 데이터 비식별화(De-identification)의 목적과 개념

(1) 목 적

데이터 비식별화의 목적은 데이터에 포함된 개인정보를 삭제하거나 다른 정보로 대체하여 데이터 내에서 특정 개인을 식별하지 못하게 하기 위함이다.

(2) 개 념

개인정보란 이름, 주민등록번호에서 DNA에 이르기까지 그것을 이용해 특정 개인을 식별할 가능성을 내포한 데이터를 말한다. 데이터 비식별화는 개인을 식별할 수 있는 잠재성을 가진 데이터를 식별할 수 없거나 식별하기 어려운 데이터로 가공하는 일련의 과정을 일컫는다. 비식별화는 SNS와 같은 개인정보를 포함하고 있는 데이터에 대한 분석이 증가하면서 그 중요성이 대두하고 있다. 미국 연방거래위원회는 보고서에서 다음과 같은 세 가지 비식별화 조치사항을 명시하였다.

학습 6

① 소비자, 컴퓨터 또는 다른 장치와 결합할 수 있는 개인정보는 반드시 비식별화되어야 한다.
② 공개된 정보에 대해서는 재식별화를 시도하지 않아야 한다.
③ 타 기업 등에 비식별화된 데이터 제공 시 데이터를 재식별화하지 않도록 계약상 명문화하도록 한다.

4) 데이터 비식별화 기법

대표적인 비식별화 기법으로는 다음과 같은 것들이 있다. [그림 6-20]은 데이터 마스킹을 이용한 비식별화의 예를 나타낸다.

(1) 가명처리(Pseudonymisation)

식별 가능한 변수값을 다른 값으로 대체한다(예 김치국, 38세, 수원 거주 → 홍길동, 38세, 수원 거주)

(2) 총계처리(Aggregation)

개인정보보호를 위해 데이터를 총합하거나 평균을 사용한다(예 A 직원 연봉 4,500만, B 직원 연봉 5,200만, C 직원 연봉 4,600만 → 평균 연봉 4,766만).

(3) 데이터 값 제거(Data Reduction)

개인 식별에 유의한 변수값 제거한다(㉠ 김치국, 38세, 수원 거주 → 38세 남, 수원 거주).

(4) 범주화(Data Suppression)

데이터값을 범주화하여 명확한 값을 대체한다(㉠ 김치국, 38세, 수원 거주 → 김치국, 30대, 경기도 거주).

(5) 데이터 마스킹(Data Masking)

개인 식별에 유의한 변수값을 보이지 않도록 처리한다(㉠ 김치국, 38세, 수원 거주 → 김**, 38세, 수원 거주).

[그림 6-20] 데이터 마스킹을 통한 비식별화 예시

3. 분석모델 검증을 위한 데이터 준비

1) 홀드아웃 교차방법

(1) 개 념

데이터 집합을 서로 겹치지 않는 훈련집합(Training Set)과 시험집합(Test Set)으로 무작위로 구분한 후, 훈련집합을 이용하여 분석모형을 구축하고 시험집합을 이용하여 분석모형의 성능을 평가하는 기법이다. 훈련집합과 시험집합의 비율은 50-50, 70-30 등 사용자에 의해서 결정된다.

(2) 특 징

계산량이 많지 않아 모형을 쉽게 평가할 수 있다는 장점을 갖고 있지만, 모형 평가결과가 훈련집합과 시험집합의 구성에 의존적이라는 단점을 갖는다. [그림 6-21]은 홀드아웃 교차검증의 개념을 나타낸다.

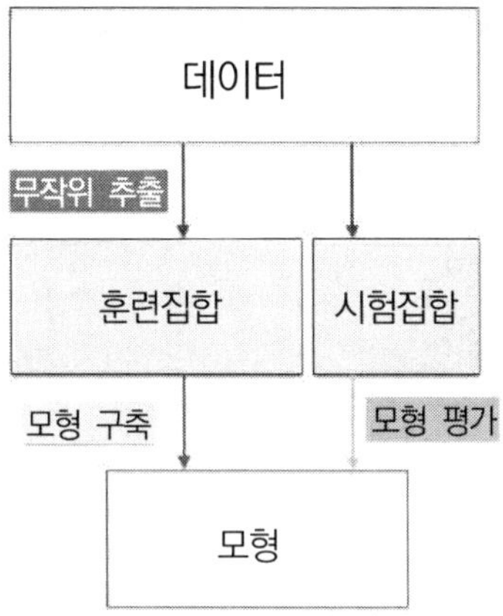

[그림 6-21] 홀드아웃 교차검증 개념

2) 다중 교차방법

(1) 개 념

데이터 집합을 무작위로 동일 크기를 갖는 k개의 부분집합으로 나누고, 그중 1개를 시험집합으로, 나머지 k-1개를 훈련집합으로 선정하여 분석모형을 평가한다. 이러한 방식으로 모든 부분집합들을 시험집합으로 정확히 1회씩 선정하여 총 k번 반복한다.

(2) 특 징

이 방법은 홀드아웃 교차검증과는 달리 모든 데이터 집합을 훈련집합 및 시험집합으로 사용하기 때문에 분석모형의 평가결과가 편향되지 않는다는 장점이 있다. [그림 6-22]는 k=6인 다중 교차검증의 개념을 나타낸다.

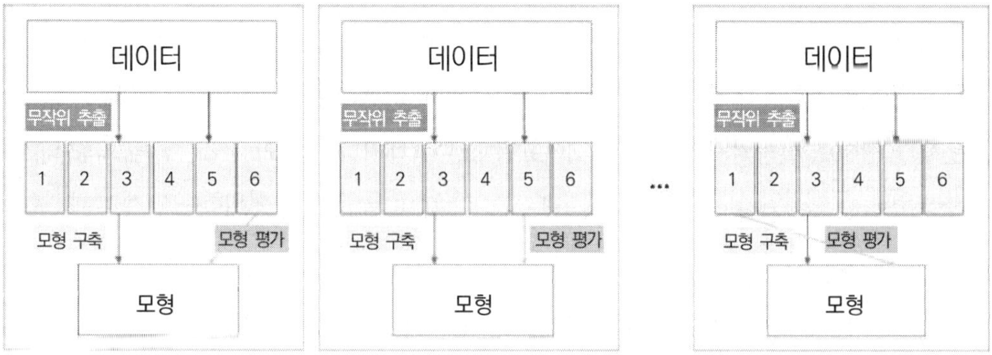

[그림 6-22] 다중 교차검증 개념(k=6)

수행 내용

재료 · 자료

- 빅데이터 가이드라인 관련 자료
- 개인정보 비식별화 가이드라인

기기(장비 · 공구)

- 컴퓨터, 문서작성 프로그램, 프린터, 주변기기

안전 · 유의사항

- 빅데이터 관련 장비의 안전 및 유의사항을 숙지한다.
- 외부데이터일 경우 데이터 수집 및 경로 등을 빠짐없이 기록한다.
- 내 · 외부데이터 구분 후 개인정보보호법 등 관계 법령에 위배 여부를 확인한다.

수행 순서

01 빅데이터의 분석의 6단계에 대하여 분석하라.

1. 문제 정의 단계

가치가 있는 문제를 찾고 분석의 목적 설정 그리고 분석대상에 대한 전문지식을 쌓아야 하는 과정이다. 가장 중요하기도 하고 가장 어려운 단계이기도 하다.

문제가 제대로 설정되지 않으면 분석목표가 불분명해지고 업무의 목적, 이유, 비즈니스에 미치는 영향, 구체적인 설계와 지표, 일정과 예상 Output 등에 대해 협의하는 단계에 해당한다.

① 많은 사람들이 공감할 만한 가치가 있는 문제를 찾아야 한다.
② 향후 정의된 문제해결을 위한 구체적인 행동이 수반되어야 한다.
③ 데이터의 제약사항(데이터 확보 가능성 등)을 극복해야 한다.
④ 분석을 위한 전문가와 분석기간을 확보하여야 한다.

비즈니스 관점에서 프로젝트의 목적과 요구사항을 이해하기 위한 단계이다. 초기 프로젝트 계획을 수립하는 단계로 업무 목적을 파악하고, 데이터마이닝의 목적과 프로젝트 계획을 수립한다.

2. 빅데이터 수집단계

분석에 필요한 빅데이터를 확보하는 과정이다. 분석을 위한 데이터를 수집하고 데이터 속성을 이해하기 위한 단계이다. 데이터 품질에 대한 문제점을 식별하고 숨겨져 있는 인사이트를 발견하는 단계로 초기 데이터를 수집하고 데이터 기술분석, 데이터 탐색이 이 단계에 포함된다.

3 빅데이터 전처리단계(Preprocessing)

빅데이터 셋 확인 → 중복 값 제거 및 결측값 보정 → 이상값 처리 → Feature Engineering 순으로 이루어진 과정이다.

학습 6

4. 데이터 모델링 단계

데이터베이스에서 이루어지는 영역에서 테이블 쪼개고 관계를 설정하는 과정이다.

다양한 모델링 기법과 알고리즘을 선택하고 모델링 과정에서 사용되는 파라미터를 최적화하는 단계이다. 모델링 과정에서 데이터 셋이 추가로 필요한 경우 데이터 준비단계를 반복 수행할 수 있다. 모델링 결과를 테스트용 데이터 셋으로 평가하여 모델의 과적합(Over-fitting)문제를 확인, 모델링 기법 선택, 모델 테스트 계획 설계, 모델링 결과분석이 단계에 포함된다.

5. 데이터 분석

필요한 분석을 사용해서 시각화하는 과정이다.

모델링 결과가 프로젝트 목적에 부합하는지 평가하는 단계로 데이터마이닝 결과를 최종적으로 수용할 것인지 판단하는 단계이다. 분석결과 평가, 모델링 과정 평가, 모델 적용성 평가가 이 단계에 포함된다.

6. 리포팅/피드백

분석결과 및 인사이트를 설득력 있게 정리/전달하는 과정이다.

모델링과 평가단계를 통하여 완성된 모델을 실무에 적용하기 위한 계획을 수립하는 단계이다. 모니터링과 모델의 유지보수 계획 마련, 입력되는 데이터의 품질 편차, 전개계획 수립, 모니터링/유지보수 계획 수립, 프로젝트 종료 보고, 프로젝트 리뷰가 이 단계에 포함된다.

02 빅데이터 분석 툴에 대하여 분석하라.

1. 빅데이터 분석프로그램 : FineReport

파인리포트(FineReport)는 대시보드 리포팅 툴로서 풍부한 시각화 기능과 간단한 조작성을 가지고 있다. Low-coding 기반으로 복잡한 보고서, 대시보드, 데이터마이닝, 출력 인쇄, 데이터 입력, 권한 관리, 모바일 단말 등을 실현할 수 있다.

FineReport는 데이터 조합과 데이터 입력기능을 통해 데이터 분산문제 및 데이터 추가 수요를 해결하고 데이터 통합, 대시보드 보고서 전시, 자료를 분석하여 시각화까지 복잡한 리포트 수요를 충족시킨다.

1) 빅데이터 분석프로그램인 FineReport의 장점

① 엑셀과 유사한 디자이너 인터페이스를 제공하고 있어, 비(非)개발자인 사용자들에게는 가장 유리한 툴이다. 간단한 드래그 앤 드랍으로 손쉽게 실시간 보고서를 개발할 수 있다. 동시에 2차 개발 필요없이 pc단에서 보고서를 작성하면 바로 pc단에 보여준다.

② 광범위한 데이터 소스, 데이터베이스를 지원한다. Excel 파일, TXT 파일, XML 파일 등도 지원한다.

③ 데이터 입력 기능은 손쉽게 온라인 폼(Form)을 생성하여 데이터베이스로 데이터를 피드백할 수 있도록 지원한다.

④ 리포트를 메일, Line, 메시지를 통해 전달할 수 있다.

⑤ 내장된 50여종 시각화 차트는 다양한 시각화 니즈를 충족시킨다.

2. 빅데이터 분석프로그램 : HADOOP

Hadoop이 없다면 빅데이터 분석은 완전하지 못할 것이라고 해도 과언이 아니다. Hadoop는 오픈소스 빅데이터 분석 툴로써 모든 종류의 데이터를 저장할 수 있는 대용량 스토리지를 제공한다. 수많은 작업을 처리할 수 있는 놀라운 처리능력과 기능을 갖춘 Hadoop은 하드웨어 장애에 대해 숙고할 수 없다. 빅데이터 분석 사이트인 Hadoop과 함께 작업하려면 Java를 알아야 할 것이다.

1) 빅데이터 분석 툴 HADOOP 장점

① Hadoop의 핵심 강점은 동일한 파일시스템에서 비디오, 이미지, JSON, XML 및 일반

텍스트와 같은 모든 유형의 데이터를 저장할 수 있는 HDFS(Hadoop 분산 파일시스템)이다.

② 데이터 분석 툴로써 연구개발에 매우 유용하다.

③ 간편한 데이터 액세스/데이터 통합을 제공한다.

④ 뛰어난 확장성

2) 빅데이터 분석사이트 HADOOP 단점

① 데이터 중복은 종종 디스크 공간문제를 발생할 수 있다.

② I/O 작업은 더 나은 성능을 위해 최적화되었을 수 있다.

3. 빅데이터 분석프로그램 : STORM

스톰(Storm)은 Apache의 크로스 플랫폼 및 오픈소스 빅데이터 분석프로그램이다. Java와 Clojure로 작성된 Backtype과 Twitter는 이 빅데이터 분석사이트의 개발자이다. 야후(Yahoo), 알리바바(Alibaba), 웹더 채널과 같은 회사는 스톰의 사용자가 되어 있다.

학습 6

1) 빅데이터 분석프로그램 Storm의 장점

① 실시간 분석, 로깅, ETL(Extract Transform Load), 연속 연산, 분산 RPC, 머신러닝 등 많은 응용 프로그램이 있다.

② 뛰어난 민첩성, 신뢰성 및 확장성을 가진다.

2) 빅데이터 분석사이트 Storm의 단점

① 사용방법이 어렵다.

② 디버깅(Debugging) 복잡성이 있다.

4. 빅네이터 분석프로그램 : R

빅데이터 분석도구인 R은 가장 포괄적인 통계 분석 패키지 중 하나이다. 오픈소스, 무료, 다중 패러다임 및 동적 소프트웨어 환경이다. C, Fortran 및 R 프로그래밍 언어로 작성되었다. 통계학자와 데이터 마이너가 널리 사용한다. 사용 사례에는 데이터 분석, 데이터 조작, 계산 및 그래픽 표시가 포함된다.

1) 빅데이터 분석프로그램 R의 장점

① R의 가장 큰 장점은 패키지 생태계의 광대함이다.

② 타의 추종을 불허하는 그래픽 및 차트의 이점이 있다.

2) 빅데이터 분석도구 R의 단점

① 단점으로는 메모리 관리, 속도 및 보안이 있다.

5. 빅데이터 분석도구 : Zoho Analytics

Zoho 빅데이터 분석은 엑셀 빅데이터 분석도구에 따라 사용 편의성(특히 핵심 속성)에 초점을 맞추는 셀프서비스 빅데이터 분석도구이다. 즉 사용자가 데이터에서 통찰력을 얻기 위해 IT 직원이나 전문 데이터 과학자의 도움이 필요하지 않다. 특히 Zoho 데이터 소프트웨어는 직관적인 드래그 앤 드롭 인터페이스와 함께 기존의 스프레드시트 스타일의 인터페이스를 갖추고 있다.

Zoho Analytics는 오늘날의 다양한 데이터 소스를 인식하여 광범위한 데이터 리포지토리에 연결할 수 있도록 지원한다. 여기에는 로컬, 클라우드 드라이브에 저장된 파일, 많은 주요 비즈니스 애플리케이션, 데이터베이스, 그리고 회사의 자체 맞춤형 애플리케이션까지 포함된다. 쿼리 후 차트, 표 보기, 표준 대시보드 및 KPI 시각화에서 결과를 볼 수 있다.

또한 빅데이터 분석 사이트로써 Zoho가 사용 편의성 확보에 중점을 둔 것과 일치한다. 데이터 레벨에 대한 액세스는 일련의 권한 수준을 통해 제어할 수 있다. 즉 C 제품군의 데이터 전문가에서 실행중인 데이터 분석 추세선이 필요한 영업사원에 이르기까지 플랫폼에 광범위하게 액세스할 수 있다. 마찬가지로 빅데이터 분석도구인 Zoho Analytics는 사용자가 앱에서 댓글 위협을 생성하여 직원과 팀 간의 협업을 촉진할 수 있도록 지원한다. Zoho는 모든 수준의 직원에게 편리하고 액세스 가능한 데이터 분석 통찰력을 제공해야 하는 기업에게 적합하다.

6. 빅데이터 분석사이트 : Sisense

빅데이터 저장소를 분석에 신속하게 사용할 수 있는 상태로 만드는 것은 Sisense가 플랫폼으로 해결하는 데 도움이 되는 중요한 과제이다.

빅데이터를 보다 쉽게 분석할 수 있도록 지원하겠다는 약속은 Sisense의 강점 영역이자 핵심 차별화 요소이며, 사용자가 데이터를 모델링하기 쉽게 만드는 것을 목표로 하는 빅데이터 준비기능을 갖추고 있다.

빅데이터 분석사이트로써 Sisense는 빠른 구현시간과 견고한 고객지원을 원하는 대규모 조직에 적합한 선택이다. 시스템 대시보드를 통한 데이터 시각화는 사용자가 사용하기 쉽고 필요한 결과를 얻기 위한 시간 절약으로 보는 경우가 많다. 대시보드에 액세스하고 데이터를 공유하는 것은 모바일 및 웹 옵션뿐 아니라 다양한 유형의 보고서를 쉽게 생성할 수 있는 기능을 갖춘 플랫폼의 또 다른 핵심 요소이다.

데이터 분석 툴로써 Sisense는 사내 플랫폼뿐만 아니라 클라우드 기반 서비스도 제공한다.

7. 빅데이터 분석 프로그램 : Python

Python은 빅데이터 분석이나 기계학습 분야에서 가장 많이 쓰이는 언어이고 matplotlib 등의 차트 라이브러리도 풍부하다.

matplotlib는 Python에서 그래프를 만들 때 사용되는 표준 라이브러리이다. 2차원의 그래프뿐만 아니라, 3차원으로도 표시할 수 있다. 간단한 애니메이션이나 인터랙티브한 그래프를 만드는 것도 가능하다.

학습 6

03 빅데이터 분석도구를 선택하는 원칙에 대하여 분석하라.

1. 분석능력

예측 마이닝, 의사결정 트리, 시계열, 신경망, 경로분석, 시장바구니 분석 및 링크 분석을 포함한 다양한 유형의 분석을 위한 다양한 유형의 분석기능이 있다.

2. 데이터 통합 관리 능력

다른 형태의 맞춤형 분석을 하기 위해서 조직이나 기업에서는 별도 통계도구와 프로그래밍 언어(예 R)가 필요하다.

3. 데이터 가져오기 및 내보내기

다양한 툴에서 데이터를 가져오거나 내보내는 것이 중요한 기능이며, 비데이터 분석 툴을 빅데이터 저장소에 연결하는 것이 얼마나 어려운(또는 쉬운)지를 이해하는 것이 핵심 고려 사항이다.

04 데이터 분석기법의 선정과정에 대하여 분석하라.

1. 데이터 분석기법들의 목적을 설명한다

1) 상관분석의 목적

상관분석은 두 변수 간의 선형적인 관계를 정량적인 지표로 나타내기 위해 사용된다.

2) 회귀분석의 목적

회귀분석은 한 변수가 다른 변수에 미치는 영향을 함수형태로 추정하기 위해 고안된 기법이다.

3) 주성분 분석의 목적

주성분 분석은 n개의 변수들을 선형 결합하여 더 적은 개수의 변수들로 데이터를 표현하고 이를 이용하여 데이터를 분석하기 위해 사용되는 기법이다.

2. 다음의 예제에 알맞은 분석기법을 선정한다

① 연령에 따른 스마트폰 데이터 사용량을 알고자 한다. 수행되어야 할 분석기법은 무엇인가 : 상관분석

② 스마트폰에 설치된 애플리케이션의 개수가 데이터 사용량에 미치는 영향을 분석하고자 한다. 수행되어야 할 분석기법은 무엇인가 : 회귀분석

③ 개인특성과 데이터 사용량의 상관관계를 분석하고자 한다. 개인특성에 포함되는 변수로는 연령, 키, 몸무게, 스마트폰 구매 시기, 디스플레이 크기, 평균 스마트폰 사용시간, 평균 컴퓨터 사용시간 등을 선정하여 데이터를 수집하였다. 이때 데이터 사용량에 영향을 주는 주요 변수를 찾기 위해 수행되어야 할 분석기법은 무엇인가 : 주성분 분석

Tip

- 다양한 데이터 분석방법의 목적과 정의를 이해하는 것이 중요하다.
- 수집된 데이터들의 어떤 특성을 분석하고자 하는지를 고려하여 분석목적에 맞는 데이터 분석방법을 적절하게 선택하는 것이 중요하다.

학습활동.6 교수 · 학습 방법

교수 방법

- 빅데이터의 분석용 데이터 탐색에 대한 관련 용어, 구성, 방식 이해 정도를 파악한 후 수업을 진행한다.
- 교수자의 주도로 빅데이터의 분석용 데이터 탐색 등의 내용을 PPT 자료로 제시한 후 설명한다.
- 가능하면 사전에 개인별 학습 자료를 준비하여 모든 학생이 참여할 수 있는 문제 해결식 수업, 협력 수업이 가능하도록 한다.
- 빅데이터의 분석용 데이터 탐색 전 과정을 작업의 순서에 따라 단계적으로 실습이 이루어질 수 있도록 지도한다.
- 교재를 통해 수업을 준비하는데 있어서 필요한 모든 정보나 팁, 힌트 등 도움이 될 만한 내용들을 확인할 수 있다.
- 학생들이 만들게 될 각 모델들은 수업시간에 중점적으로 다뤄질 부분과 어휘, 질문, 답을 포함하고 있으며 또한 탐구할만한 추가적인 아이디어들도 포함하고 있다.

학습 방법

- 빅데이터의 분석용 데이터 탐색에 대한 관련 용어를 숙지하고, 빅데이터의 분석용 데이터 탐색에 대해 이해한다.
- 빅데이터의 분석용 데이터 탐색의 각 단계별 중점 사항을 체계적으로 학습한다.
- 빅데이터의 분석용 데이터 탐색의 수행순서의 전 과정을 실습한다.
- 빅데이터의 분석용 데이터 탐색의 내용을 이해한다.
- 빅데이터의 분석용 데이터 탐색을 숙지하고 숙달이 될 때까지 학습한다.

학습활동.6 평가 및 피드백

평가 준거

- 평가자는 피평가자가 수행 준거 및 평가 내용에 제시되어 있는 내용을 성공적으로 수행할 수 있는 지를 평가해야 한다.

학습내용	평가항목	성취수준		
		상	중	하
빅데이터의 분석용 데이터 탐색	빅데이터의 분석용 데이터 탐색을 이해할 수 있다.			

학습 6

평가 방법

- 작업 포트폴리오

학습내용	평가항목	성취수준		
		상	중	하
빅데이터의 분석용 데이터 탐색	빅데이터의 분석용 데이터 탐색을 이해할 수 있다.			

- 필기시험

학습내용	평가항목	성취수준		
		상	중	하
빅데이터의 분석용 데이터 탐색	빅데이터의 분석용 데이터 탐색을 이해할 수 있다.			

- 체크리스트를 통한 관찰

학습내용	평가항목	성취수준		
		상	중	하
빅데이터의 분석용 데이터 탐색	빅데이터의 분석용 데이터 탐색을 이해할 수 있다.			

- 피드백

1. 작업 포트폴리오
   - 제출한 보고서를 평가한 후 주요 사항에 대하여 표시하여 돌려준다.
2. 필기시험
   - 평가 결과 성적이 저조한 학생은 보고서 제출 기회를 부여한다.
3. 체크리스트를 통한 관찰
   - 실습 과정에서 평가한 후 개선해야 할 사항 등을 정리하여 돌려둔다.

참 | 고 | 문 | 헌

- 개인정보보호법(시행 2016년 4월 7일, 법률 제13723호)
- 공공 데이터의 제공 및 이용활성화에 관한 법률(시행 2016년 7월 25일, 법률 제13423호)
- 공공데이터포털, https://www.data.go.kr, 2016.8.10.
- 교육부 · 전종훈 외, "빅데이터 분석, NCS 학습모듈"
- 국가법령 정보센터, http://www.law.go.kr
- 국가통계포털, http://kosis.kr, 2016.8.11.
- 김선남 · 이환수, 『빅데이터 개인정보 가이드라인(안)의 개선방향 연구』, 『정보화 정책 제21권, 제4호』, 25쪽, 2014.
- 김시환 · 천석진 · 이현주, 『Big data 이용현황과 시사점』, 『지급결제와 정보기술 제52호』, 금융결제원 금융결제 연구소, 2013.
- 김진영, 『헬로 데이터 과학』, 한빛 미디어, 2016.
- 김형훈 · 김선화, 『클라우드와 빅데이터의 강력한 파트너 MongoDB 핵심가이드』, 프리렉, 2014.
- 네이선 야우([2011] 2012), 『비주얼라이즈 디스 : 빅데이터 시대의 시각화+인포그래픽 기법(VISUALIZE THIS : The FlowingData Guide to Design, Visualization, and Statistics)』, 송용근(역), 에이콘.
- 데이터 무결성(Data Integrity), http://bongbonge.tistory.com/100
- 모리후지 다이치, 안티베이지안([2014] 2015), 『엔지니어를 위한 데이터 시각화(ENGINEER NO TAME NO DATA KASHIKA 〈JISSEN〉 NYUMON)』, 김성재(역), 한빛미디어.
- 미래창조과학부, 한국정보화진흥원, K-ICT 빅데이터센터(2016), 2015년 BIGDATA 시장현황 조사.
- 민세희, 「데이터 시각화, 인식과 행동」, 『2014년 지역정보화 동향분석』, 제9호, pp.1-14, 2014.
- 빅데이터 기술분류 및 현황, 한국지능정보사회진흥원, 2013.12.
- 서민구, 『R을 이용한 데이터 처리 & 분석 실무』, 길벗, 2014.
- 서울대학교 자연과학대학 통계학과, 『현대통계학』, 영지문화사, 2013.
- 소프트웨어공학센터, http://www.sw-eng.kr
- 양현철 · 김진철 · 신신애 · 김배현, 실무자를 위한 빅데이터 업무절차 및 기술 활용 매뉴얼(Version 1.0), 한국정보화진흥원, 2014.
- 양현철 · 신신애 · 김진철 · 정영수 · 김근은 · 김배현, 빅데이터 활용을 위한 개인정보 비식별화 사례집. 한국정보화진흥원, 2014.
- 연방거래위원회, "Protecting Consumer Privacy in an Era of Rapid Change". 연방거래위원회, 2012.
- 위키백과, https://ko.wikipedia.org/wiki
- 유충현 · 홍성학, R은 활용한 데이터 시각화, 379, 2015.
- 이상한 · 정영훈, 『빅데이터 시스템 구축 가이드』, 프리렉, 2015.
- 이재운 기자, "통계학적 방식으로 취약점 방어...빅데이터 활성화 기대", 디지털타임즈, 3면, 2016.7.1.
- 조대협, NoSQL 데이터 모델링, http://bcho.tistory.com/665에서 2016.08.01. 검색 2012.
- 소내협, 분산 로그 & 데이터 수집기 Fluentd, http://bcho.tistory.com/1115, 2016.8.1.
- 주종면, 『NoSQL & mongoDB』, 도서출판databook, 2014.
- 최상균 · 전순천, 「빅 데이터의 품질 요소 제안」, 『한국항행학회논문지』, 17(1), 13-15, 2013.
- 포스터 프로보스트, 톰 포셋, 『비즈니스를 위한 데이터 과학』, 한빛 미디어, 2014.
- 한국 데이터베이스 진흥원, 『데이터 분석 전문가 가이드 2014 Edition』, 2014.
- 한국 데이터베이스 진흥원, 『데이터 분석 전문가 가이드 개정판』, 2016.

학습 6

- 한국데이터베이스진흥원 편, 『데이터 분석 전문가 가이드』, 한국데이터베이스진흥원, 2014.
- 한국데이터베이스진흥원, 『데이터 분석 전문가 가이드 2014 Edition』, KODB, 2014.
- 한국정보화진흥원, 2015년 빅데이터산업 10대 뉴스 및 이슈, BIGDATA, 2015.
- 한국정보화진흥원, 빅데이터 시각화 기술 도입을 위한 단계"「빅데이터 기술 분류 및 현황」, 2015.
- 한국정보화진흥원, 빅데이터 활용 단계별 업무절차 및 기술 활용 매뉴얼(Version 1.0), 2014.
- 행정자치부 관계부처 합동 보도문, 『개인정보 비식별화 가이드라인』, 행정자치부 관계부처 합동 보도문, 2016.
- boardConfigUid=9 &boardIdx=39&boardStep=1, 2016.7.28.
- Cattell R., Scalable sql and nosql data stores, ACM SIGMOD, Athens, Greece, 2011.
- DBGuide.net, 데이터 요건분석.
- Gartner, 'Magic Quadrant for Business Intelligence and Analytics Platforms', 2016.1.4.
- Gloria Dawson, "Where a Suitcase Full of Cash Won't Buy You Lunch". New York Times, 2016.7.30.
- http://cartodb.com/
- http://colorbrewer2.org
- http://data.seoul.go.kr/openinf/linkview.jsp?infId=OA-13304
- http://docs.ggplot2.org
- http://gapminder.org/world
- http://ggplot2.org
- http://github.com/dkahle/ggmap
- http://groups.google.com/group/ggplot2
- http://indiemapper.com/
- http://mbostock.github.io/protovis/ex/nba.html
- http://modestmaps.com/
- http://newsmap.jp
- http://philogb.github.io/jit/
- http://processing.org
- http://python.org
- http://sgis.kostat.go.kr/view/index
- http://www.adobe.com/kr/products/illustrator.html
- http://www.dbguide.net/db.db?cmd=view&boardUid=13839&
- http://www.google.com/drive/start/apps.html
- http://www.iea.org/etp/explore/
- http://www.instantatlas.com/
- http://www.labri.fr/perso/nrougier/teaching/matplotlib/
- http://www.nytimes.com/2016/07/31/business/where-a-suitcase-full-of-cash-wont-buy-you-lunch.html?ref=technology&_r=0.
- http://www.perceptualedge.com/articles/visual_business_intelligence/sometimes_we_must_raise _our_voices.pdf
- http://www.r-project.org/
- http://www.tableau.com/
- http://www.telerik.com/kendo-ui
- http://www2.parc.com/istl/groups/uir/publications/items/UIR-1986-02-Mackinlay-TOG-Automat ing.pdf

- https://commons.wikimedia.org/wiki/File:Basic_by_Isotype.jpg
- https://commons.wikimedia.org/wiki/File:Gestalt_closure.svg
- https://cran.r-project.org/web/packages/RColorBrewer/index.html
- https://d3js.org/
- https://developers.google.com/chart/interactive/docs/gallery
- https://developers.google.com/chart/interactive/docs/reference
- https://docs.google.com/spreadsheets/u/0/
- https://en.wikipedia.org/wiki/Principles_of_grouping#/media/File:Gestalt_proximity.svg
- https://en.wikipedia.org/wiki/Principles_of_grouping#/media/File:Gestalt_similarity.svg
- https://ikkison.tistory.com/66, 빅데이터/쉽게 읽는 데이터, 2019.5.23.
- https://infogr.am
- https://inkscape.org/
- https://public.tableau.com/s/
- https://stat.ethz.ch/R-manual/R-devel/library/stats/html/heatmap.html
- https://www.arcgis.com/features/index.html
- https://www.openstreetmap.org/
- https://www.rstudio.com/
- https://www.theguardian.com/news/datablog/2010/may/17/uk-public-spending-departments-mo ney-cuts
- IDC, 'IDC FutureScape : Worldwide Big Data and Analytics 2015 Predictions', 2014.12.10.
- Jiawei Han([2006] 2007), 『데이터마이닝 : 개념과 기법(Data mining : concepts and techniques)』, 강창완 외 공역, 사이플러스.
- Jock D. Mackinlay, Automating the Design of Graphical Presentations of Relational Information, ACM Transaction on GRaphics, Vol.5, No.2, April. 1986, 1-34, 1986.
- Łukasz Halik, The analysis of visual variables for use in the cartographic design of point symbols for mobile Augmented Reality applications, GEODESY AND CARTOGRAPHY, Vol.61, No.1, 2012, 19-30, 2012.
- Mhari McNeill(2015.4.10.), Text mining in R : how to find term frequency. https://deltadna.com/blog/text-mining-in-r-for-term-frequency, 2016.8.1.
- mongoDB Inc., MongoDB 3.2 Manual, Retrieved from https://docs.mongodb.com/manual/, 2016.8.
- mongoDB Inc., Sharding, Retrieved from https://docs.mongodb.com/manual/sharding/, 2016.8.
- P. Tan, M. Steinbach, and V. Kumar, 『데이터 마이닝(Introduction to Data Mining)』, 용환승 · 나연묵 · 박종수 · 승현우 · 이민수 · 이상준 · 최린(역), 영지문화사, 2007.
- R convert unstructured csv file to a data frame, http://stackoverflow.com/questions, 2015.11.15.
- Shard_(database_architecture)
- Sharon Machlis, Chart and image gallery : 30+ free tools for data visualization and analysis, Computerworld, 2015.
- Solid IT. Inc., DB-Engines Ranking. Retrieved from http://db-engines.com/en/ranking, 2016.8.
- TTA, "빅데이터 시각화 기술", ICT 표준화포럼-빅데이터포럼, 2014.
- Wikipedia, Shard(database architecture), Retrieved from https://en.wikipedia.org/wiki/, 2016.8.

학습 1	빅데이터의 이해
학습 2	빅데이터의 분석기획
학습 3	빅데이터의 수집
학습 4	빅데이터의 저장
학습 5	빅데이터의 처리
학습 6	빅데이터의 분석용 데이터 탐색
학습 7	**통계기반 빅데이터 분석**
학습 8	머신러닝 기반의 빅데이터 분석
학습 9	텍스트마이닝 기반의 빅데이터 분석
학습 10	빅데이터의 시각화
학습 11	빅데이터의 비즈니스 모델과 활용전략
학습 12	빅데이터의 플랫폼과 관리
학습 13	빅데이터의 보안분석
학습 14	빅데이터의 융합

학습 목표

1. 통계기반 빅데이터 분석을 이해할 수 있다.

7-1 가설설정

1. 가설설정

1) 통계기반 빅데이터 분석개요

빅데이터 분석은 대량의 정형·비정형 데이터로부터 의미 있는 정보를 추출하고, 숨겨진 패턴 혹은 그간 인지하지 못했던 다양한 데이터 간의 관계를 발견해 정보를 추출·분석하는 과정이다. 이러한 분석을 통해 기업은 궁극적으로 더 나은 의사결정을 수행하는데 그 목적이 있다. 빅데이터 분석을 위해서는 데이터 수집, 처리를 위한 다양한 IT기술의 도움이 필요하지만, 데이터로부터 의미 있는 정보를 도출해 내기 위해서는 결국 통계 및 데이터마이닝 기법들이 빅데이터 분석의 기초이자 핵심이라 할 수 있다.

통계분석은 불확실한 상황에서 더 객관적인 근거에 기반을 둔 의사결정을 수행하기 위해 데이터를 수집 · 처리 · 분류 · 분석 및 해석을 하는 일련의 체계를 의미한다. 분석을 지원하기 위한 다양한 통계기법들이 존재하며, 분석목적에 부합하는 통계기법들을 선택하고 데이터를 처리 · 분석 · 해석을 지원하기 위한 다양한 통계 툴(R, SAS 등)들이 존재한다. 반면 데이터마이닝 기반 분석은 통계 및 수학적 기술들을 활용하여 빅데이터를 분석하고 이를 통해 새로운 상관관계, 추세, 예측, 분류 등을 찾아내고 수행하는 과정이다. 이러한 데이터마이닝은 기계학습, 패턴인식 등과 관련하여 빅데이터 분석에 있어서 가장 기본적인 통계기반 분석기술들의 집합이라 볼 수 있다.

이 장에서는 이러한 통계기반 빅데이터 분석기법들에 대해 살펴보고 통계기반 빅데이터 분석과 관련된 제반내용을 살펴보고자 한다. 이에 먼저 통계분석의 기본인 가설설정 및 가설검정에 관한 내용을 살펴보고 이후 통계 및 데이터마이닝 기반 빅데이터 분석모델들에 대해 알아보도록 한다.

2) 가설개요

수집된 내 · 외부데이터 및 정형 · 비정형 데이터를 활용하고 다양한 빅데이터 기반 분석을 통해서 비즈니스적으로 유의미한 지식 · 정보를 추출하게 된다. 예를 들어 수집된 과거 데이터, 즉 표본으로부터 특정 변수의 미래값을 예측 · 평가하기 위한 예측모델을 도출하기 위해 다양한 통계적인 방법론이 적용되고, 도출된 모델이 얼마나 데이터를 잘 반영하고 있는지 모델의 유의성 검증을 위해 가설을 설정하고 가설검정을 시행하게 된다. 이와 같이 가설설정 및 가설검증은 모델 유의성 검토를 포함한 다양한 상황에서 통계적 검증을 위해 시행하게 되며, 이들에 대한 올바른 이해가 필요하다. 먼저 가설이란 무엇인지에 대해 살펴본다.

(1) 가설의 정의

가설이란 모집단의 특성, 특히 모수에 대한 가정 혹은 잠정적인 결론이다. 이러한 가설을 검정하기 위해 알고 싶은 내용을 기술한 가설의 종류에는 귀무가설과 대립가설이 있다.

(2) 귀무가설과 대립가설

대립가설(Alternative Hypothesis)은 표본을 통해 확실한 근거를 가지고 입증하고자 하는 가설로서 연구가설(Research Hypothesis)이라고도 한다. 대립가설과 반대되는 가설을 귀무가설(Null Hypothesis)이라 부르며 현재까지 주장되어 온 것이거나 기존과 비교하여 변화 혹은 차이가 없음을 나타내는 가설이다. 예를 들어 한 제약회사가 기존 약 A와 비교하여 효과가 향상된 두통약 B를 개발했다고 가정해보자. 제약회사는 신약 B가 효과가 있음을 입증하고자 할 것이다. 이러한 상황에서 귀무가설은 "두통약 A와 B 간의 효과 차이가 없다"와 같이 나타낼 수 있는 반면, 대립가설은 "두통약 A와 B 간의 효과 차이가 존재한다"와 같이 나타낼 수 있다. 귀무가설은 H_0, 대립가설은 H_1와 같이 표기한다.

3) 가설검정 개요

분석하고자 하는 대상 모집단의 추출된 표본으로부터 분석목적에 적합한 과학적 추론을 위해서 가설검정을 시행하게 된다. 가설검정이란 모집단에 대한 통계적 가설을 세우고 표본을 추출한 다음, 그 표본을 통해 얻은 정보를 이용하여 통계적 가설의 진위를 판단하는 과정이다. 즉 표본을 활용하여 모집단에 대입해보았을 때 새롭게 제시된 대립가설이 옳다고 판단할 수 있는지를 평가하는 과정이다. 대부분 귀무가설이 참이라는 전제하에서 표본을 통하여 귀무가설이 옳지 않다는 것을 보임으로써 귀무가설을 기각시키고 대신 대립가설을 채택하게 되는 것이다. 따라서 귀무가설이 참이 아니라는 것을 표본을 통하여 통계적으로 증명하지 못한다면 귀무가설을 기각할 수 없게 되는 것이다. 이를 위해 귀무가설이 참이라는 전제로 아주 예외적인 표본의 통계값이 나타날 확률이 일정수준(대개, 1%, 5% 혹은 10%) 이하일 경우에만(즉 표본 조사를 통해 얻은 통계값이 매우 극단적일 경우)귀무가설을 기각하고 대립가설을 채택하게 되는 것이다. 이는 귀무가설이 옳다는 전제하에서 표본조사를 하였으므로 극단적인 통계값을 얻게 된다는 의미는 귀무가설이 참이라는 전제가 잘못되었음을 의미하고 귀무가설을 기각하게 되는 것이다. 다음은 가설검정과 관련하여 고려해야 하는 사항들에 대해 알아본다.

4) 가설검정 방법

일반적으로 가설검정 방법은 대립가설의 형태에 따라서 양측검정과 단측검정이 있다.

(1) 양측검정

모수 θ(혹은 모수들의 함수)에 대해 표본자료를 바탕으로 모수가 특정값 θ_0과 통계적으로 같은지 여부를 판단하기 위해 귀무가설을 $H_0 : \theta = \theta_0$, 대립가설을 $H_1 : \theta \neq \theta_0$와 같이 설정하는 경우를 양측검정이라 한다.

(2) 단측검정

모수 θ에 대한 귀무가설이 $H_0 : \theta = \theta_0$일 때, θ가 특정 값 θ_0보다 클 경우(혹은 작은 경우)에만 귀무가설을 기각하게 되는 경우를 단측검정이라 한다. 이 경우의 대립가설은 $H_1 : \theta > \theta_0$ 혹은 $H_1 : \theta < \theta_0$와 같다.

5) 가설검정의 오류

통계적인 방법에 근거하여 주어진 가설을 검증하는 데 있어 모집단 전체를 통해 검증하는 것이 아닌 모집단으로부터 추출된 표본을 기반으로 모집단에 대한 결론을 내리는 것이기 때문에 다음과 같은 통계적인 오류가 발생할 가능성이 항상 존재한다.

(1) 제1종 오류

귀무가설이 참인데 잘못하여 이를 기각하게 되는 오류를 제1종 오류라 한다.

① 유의수준(Level of Significance) : 제1종 오류를 범할 최대 허용확률을 의미하며, α로 표기한다.

② 신뢰수준(Level of Confidence) : 귀무가설이 참일 때 이를 참이라고 판단하는 확률(즉 1-α)을 신뢰수준이라 한다.

(2) 제2종 오류

귀무가설이 참이 아닌데 잘못하여 이를 채택하게 되는 오류를 제2종 오류라 한다.

① 검정력 : 제2종 오류를 범할 최대 허용확률을 β라 할 때, 귀무가설이 참이 아닌 경우 이를 기각할 수 있는 확률(즉 1-β)을 검정력이라 한다.

		참값(실제현상)	
		H_0	H_1
채택 (통계적 결정)	H_0	올바른 결정(1-α)	제2종 오류(β)
	H_1	제1종 오류(α)	올바른 결정(1-β)

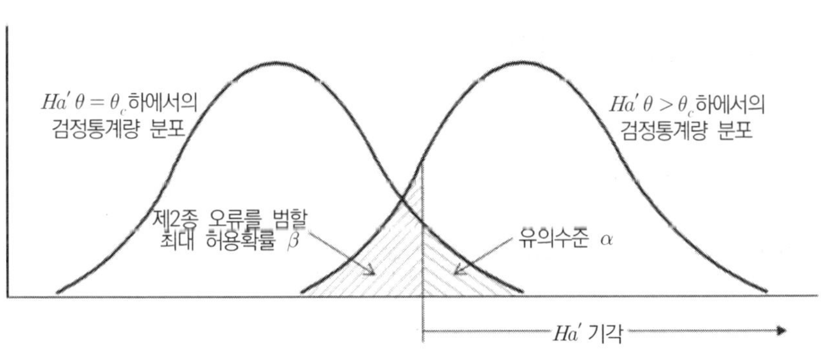

[그림 7-1] 가설검정의 오류(단측검증 예시)

2. 검정통계량과 p-값

1) 검정통계량

검정통계량은 가설검정의 대상이 되는 모수를 추론하기 위해 사용되는 표본통계량으로, 귀무가설이 참이라는 전제하에서 모집단으로부터 추출된 확률표본의 정보를 이용하여 계산된다.

2) p-값

귀무가설이 참이라는 가정에 따라 주어진 표본데이터를 희소 또는 극한값으로 얻을 확률값을 p-값이라고 한다. 이는 검정통계량 및 이의 확률분포에 근거하여 귀무가설이 참일 때 귀무가설을 기각하게 되는 제1종 오류를 범할 확률로도 볼 수 있다.

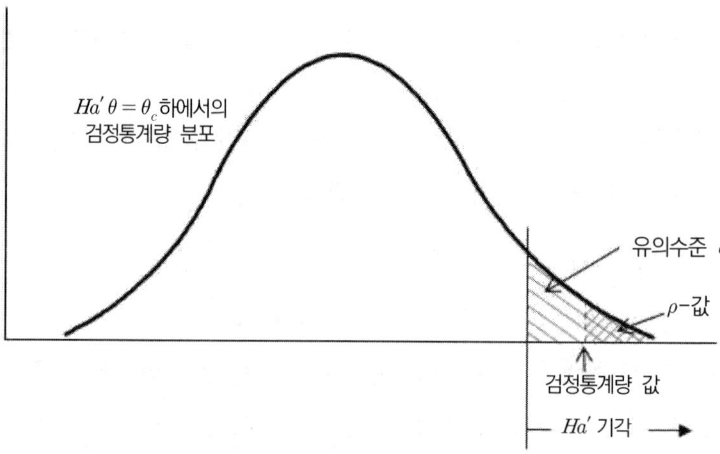

[그림 7-2] 검정통계량과 p-값과의 관계([그림 7-1] 참조)

7-2 빅데이터 모델 개발

1. 빅데이터 분석모델 설계

1) 통계적 분석기반 빅데이터 분석모델

확률 · 통계적 기법을 적용하여 어떤 현상을 추정 · 예측을 검정하는 기법들로, 가장 단순한 기술통계를 비롯하여 상관분석, 회귀분석, 분산분석, 주성분분석 등이 있다.

(1) 기술통계

데이터 분석의 목적으로 수집된 데이터를 확률 · 통계적으로 정리 · 요약하는 기초적인 통계를 말한다. 평균, 분산, 표준편차, 왜도와 첨도, 빈도 등 데이터에 대한 대략적인 통계적 수치를 계산하고 도출하거나 막대그래프, 파이 그래프 등 그래프를 활용하여 데이터에 대한 전반적인 이해를 돕는 데 목적이 있으며 더욱 심도 있는 통계적 분석을 위한 척도로 활용한다. 따라서 이러한 기술통계는 분석의 초기 단계에서 데이터 분포의 특징을 파악하려는 목적으로 주로 산출한다.

(2) 상관분석(Correlation Analysis)

상관분석은 두 개 이상의 변수 간에 존재하는 상호 연관성의 정도 — 즉 하나의 변수가 다른 변수와 어떤 밀접성을 가지고 변화 하는가 — 를 측정하여 분석하는 방법이다. 두 변수 사이의 연관정보를 알아내는 것을 단순 상관분석이라고 하며, 셋 또는 그 이상의 변수들 사이의 연관정도를 분석하는 것을 다중 상관분석이라고 한다. 데이터의 속성에 따라서 수치적, 명목적, 순서적 데이터 등을 가지는 변수 간의 상관분석이 있다.

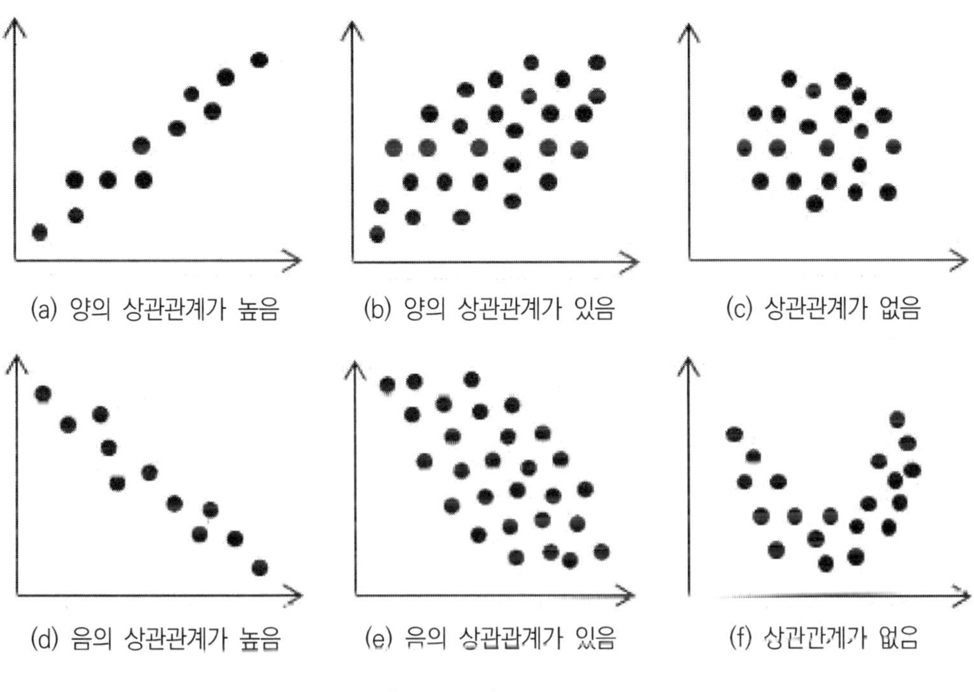

(a) 양의 상관관계가 높음 (b) 양의 상관관계가 있음 (c) 상관관계가 없음

(d) 음의 상관관계가 높음 (e) 음의 상관관계가 있음 (f) 상관관계가 없음

[그림 7-3] 상관분석

① 수치적 데이터 변수의 상관분석 : 수치적 데이터 변수로 이루어진 두 변수 간의 선형적 연관성을 계량적으로 파악하기 위한 통계적 기법으로, 일반적으로 피어슨 상관분석(Pearson Correlation Analysis)을 선형관련성 정도로 측정하는 척도로 사용한다.

변수들 사이의 연관성의 정도는 특정변수의 분산 중 다른 변수와 함께 변화하는 분산인 공분산이 어느 정도가 되는가에 따라 좌우되며, 공분산이 클수록 상관관계가 높다고 볼 수 있다. 다만 공분산은 변수의 단위에 의존적이기에 값의 크기를 통한 연관성의 정도를 파악하기 어려우므로 표준화를 통해 상관관계의 정도를 나타내는 정량화된 지표가 상관계수이다. 대표적으로 피어슨 상관계수 γ(∈[-1, 1]은 다음과 같이 정의한다.

$$r = \frac{\sum_{i=1}^{n}(x_i - \bar{x})(y_i - \bar{y})}{\sqrt{\sum_{i=1}^{n}(x_i - \bar{x})^2}\sqrt{\sum_{i=1}^{n}(y_i - \bar{y})^2}}$$

② 명목적 데이터 변수의 상관분석 : 항목들을 분류하기 위한 명목적 데이터 변수들로 이루어진 두 변수 간의 연관성을 계량적으로 파악하기 위한 통계적 기법들로, 분석기법으로는 교차분석이라고 불리는 χ^2 검정을 이용한다. 수치적 데이터 변수와 달리 분류의 의미를 지닌 명목적 데이터 변수간의 상관계수를 계산하는 것이 큰 의미가 있지 않다. 따라서 명목적 변수들로 구성된분류표 상의 발생빈도를 기반으로 명목적 데이터 변수 간의 연관성을 추론하기 위한 χ^2 검정을 사용한다.

③ 순서적 데이터 변수의 상관분석 : 순서가 중요한 의미가 있는 순서적 데이터 변수들로 이루어진 두 변수 간의 연관성 및 상관관계를 검정하기 위한 통계적 분석기법들로, 예를 들면 고객의 매장방문 빈도와 월별 구매액 간의 상관관계를 파악하고자 하는 문제가 이에 해당한다.

주로 스피어만 순위 상관계수(Rank Correlation Coefficient)를 통해서 분석을 수행한다. 스피어만 순위 상관계수는 원 데이터 대신 이들의 순위를 이용하여 상관계수를 결정한다. 예를 들어 두(수치형) 변수 χ와 y에 대해 x값들의 순위를 r_1^x, r_2^x, ... r_n^x라 할 때 스피어만 순위 상관계수 r_3는 다음과 같이 정의된다.

$$r_s = \frac{\sum_{i=1}^{n}(x_x^i - \overline{r_x})(y_y^i - \overline{r_y})}{\sqrt{\sum_{i=1}^{n}(x_x^i - \overline{r_x})^2}\sqrt{\sum_{i=1}^{n}(r_y^i - \overline{r_y})^2}} = 1 - \frac{6\sum_{i=1}^{n}(r_x^i - r_y^i)^2}{n(n^2-1)}$$

(3) 회귀분석(Regression Analysis)

연속형 변수들에 대해 종속변수와 독립변수 간의 상관관계에 따른 수학적 관계식을 도출하여 어떠한 독립변수들의 값이 주어졌을 때 이에 따른 종속변수 값을 예측하고, 이 수학적 관계식이 얼마나 관계를 잘 설명하고 있는지를 판별할 때도 활용되는 분석방법이다.

회귀분석 모델은 독립변수와 종속변수의 개수 및 형태에 따라서 다양한 세부 모델들로 분류한다. 단순회귀모형은 독립변수와 종속변수가 1개씩이며 모두 수치형 변수인 경우를 일컬으며, 2개 이상의 독립변수(수치형 혹은 범주형)와 1개의 수치형 종속변수에 대한 회귀분석 모델을 다중회귀모형이라 한다.

회귀분석 모델을 도출한 이후에는 이에 대한 적합성을 평가해야 한다. 먼저 객관적으로 도출된 회귀식이 통계적으로 유의한지를 평가하기 위해 분산분석표를 활용한다. 모델이 얼마나 잘 설명력을 가지는 지를 확인하기 위해서는 결정계수 R^2을 확인한다. 그리고 회귀분석 결과를 신뢰하고 효과적으로 활용하기 위해 다음과 같은 4가지 전제조건이 있다.

① 선형성 : 독립변수와 종속변수 간에는 선형관계가 존재한다.
② 등분산성 : 잔차(추정오차)들은 같은 분산을 갖는다.
③ 독립성 : 잔차들은 서로 독립이다.
④ 정규성 : 잔차는 평균이 0이고 분산이 σ^2인 정규분포를 따른다.

이상의 가정들의 만족 여부는 잔차들의 그래프를 통해 확인한다.

회귀모델은 종속변수와 이 변수와의 상관관계가 있는 독립변수들을 어떻게 선택하지는 중요한 사안이다. 독립변수 선택방법으로는 후진 제거법, 전진 선택법, 단계별 선택법이 있다.

다음은 각각에 대해 알아본다.

② 후진 제거법(Backward Elimination) : 모든 독립변수를 사용하여 하나의 회귀식을 수립하고 회귀식에서 중요하지 않은 독립변수값들에 대한 검정을 한

학습 7

후, 그 값이 가장 작은 변수부터 차례로 제거하고 남은 나머지 독립변수들을 바탕으로 회귀식을 다시 추정하는 방법이다.

② 전진 선택법(Forward Selection) : 종속변수에 가장 큰 영향을 줄 것으로 판단되는 하나의 독립변수를 이용하여 회귀식을 수립한 후, 단계마다 중요하다고 판단되는 독립변수를 하나씩 회귀식에 추가하여 회귀모델을 다시 추정하여 새로운 독립변수의 부분검정을 통해 중요 정도를 계산하는 방법이다.

③ 단계별 선택법(Stepwise Selection) : 이 선택법은 후진 제거법과 전진 선택법의 절충적인 형태로, 전진 선택법에 따라 종속변수에 가장 큰 상관관계가 있는 독립변수를 택함과 동시에 각 단계에서 후진 제거법과 같이 회귀식에서 중요하지 않은 독립변수를 제거하는 방법으로 단계별 선택법이 가장 많이 활용되고 있다.

(4) 분산분석(Analysis of Variance, ANOVA)

두 개 이상의 집단 간 비교를 수행하고자 할 때 집단 내의 분산, 총 평균과 각 집단의 평균 차이에 의해 생긴 집단 간 분산 비교로 얻은 F 분포를 이용하여 가설검정을 수행하는 방법이다. 이때 검정통계량인 F-검정통계량 값은 집단 내 분산 대비 집단 간 분산이 몇 배 더 큰지를 나타내는 값으로 해석된다. 따라서 분산분석은 복수의 집단을 비교할 때 분산을 계산함으로써 집단 간에 통계적인 차이가 있다고 할 수 있는지, 혹은 차이가 없다고 할 수 있는지를 판정하는 분석방법이다. 분산분석은 독립변수와 종속변수의 수에 따라서 일원분산 분석, 이원분산 분석, 다변량 분산 분석, 공분산 분석으로 나눌 수 있다.

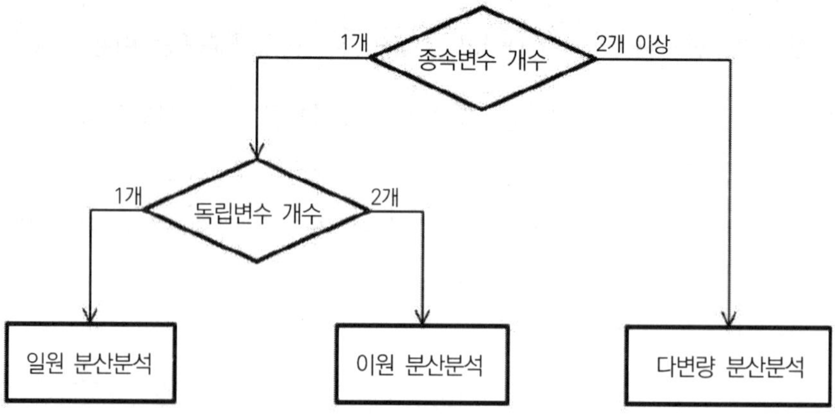

[그림 7-4] 분산분석

일원분산 분석은 집단을 나누는 요인인 독립변수가 1개이고 종속변수도 1개인 경우로 독립변수에 의한 집단 사이의 종속변수 평균 차이를 비교하기 위한 분석이며, 이원분산 분석은 독립변수가 2개이고 종속변수가 1개일 경우에서의 집단 간 종속변수의 평균 차이를 분석하는 방법이다. 다변량 분석은 종속변수가 2개 이상인 경우에서 집단 간 종속변수의 평균 차이를 비교하는 방법이고, 마지막으로 공분산 분석은 연속형 외생변수가 종속변수에 미치는 영향을 제거한 후, 순수한 집단 간 종속변수의 평균 차이를 평가하는 방법이다.

(5) 주성분 분석(Principal Component Analysis, PCA)

많은 변수의 분산방식(분산 · 공분산)의 패턴을 간결하게 표현하는 주성분 변수를 원래 변수의 선형결합으로서 추출하는 통계기법이다. 주성분 변수는 원래 변수정보를 축약한 변수이며, PCA는 일부 주성분에 의해 원래 변수의 변동이 충분히 설명되는지 알아보는 분석방법이다. 따라서 P 개의 변수가 있는 경우 이를 통해 얻은 정보를 보다 상당히 적은 K개의 변수로 요약하는 것이다. 이로써 가장 적은 수의 주성분을 사용하여 분산의 최대량을 설명한다.

학습 7

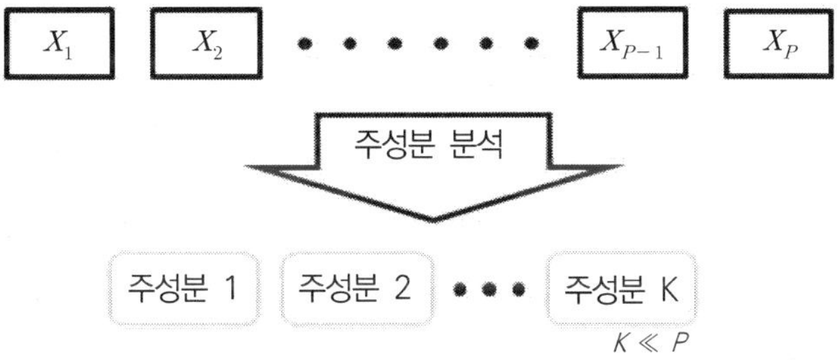

[그림 7-5] 주성분 분석

(6) 판별분석(Discriminant Analysis)

집단에 대한 정보로부터 집단을 구별할 수 있는 판별규칙 혹은 판별함수를 만들고, 다변량 기법으로 조사된 집단에 대한 정보를 활용하여 새로운 개체가 어떤 집단인지를 탐색하는 통계기법이다.

2) 데이터마이닝 빅데이터 분석모델 분류

대용량 데이터로부터 데이터 내에 존재하는 패턴, 관계 혹은 규칙 등을 탐색하고 통계적인 기법들을 활용하여 모델화하며 이를 통해 데이터 분석 및 더 나아가 유용한 정보, 지식 등을 추출하는 과정을 데이터마이닝이라 한다. 데이터마이닝은 기존 통계적 기법에서 주로 다루던 가설의 검정에 머무르는 것이 아니고, 더욱 확장하여 데이터로부터 의미 있는 새로운 가설 혹은 규칙 등을 찾아내는 통계기반 분석 기법들이라 볼 수 있다. 데이터마이닝 기법들은 예측, 분류, 군집화, 연관규칙 추출 등의 목적에 따라 구분할 수 있다.

(1) 분류(Classification) 및 분류모델

분류는 범주형 변수 혹은 이산형 변수 등의 범주를 예측하는 것이다. 즉 다수의 속성 혹은 변수를 가지는 객체들을 사전에 정해진 그룹이나 범주 중의 하나로 분류하는 것을 말한다. 이러한 분류규칙을 생성하기 위해서는 훈련데이터를 바탕으로 규칙을 생성하고 새로운 객체를 범주 중에 하나로 분류하는 데 있어 생성된 분류규칙에 따르게 된다. 효과적인 분류를 위한 분류모델은 크게 다음과 같이 구분할 수 있다.

① 통계적 방법 : 로지스틱 회귀분석, 판별분석 등과 같은 다변량 통계이론에 근거한 방법들이 있다. 먼저 로지스틱 회귀분석은 선형회귀 분석과 달리 종속변수가 서열형, 범주형 혹은 명목형 데이터면 사용되는 기법으로, 분석대상이 두 개 혹은 그 이상의 집단으로 구분되는 경우에 개별 관측치들이 어느 집단에 분류될 수 있는지를 분석하고 이를 예측하는 모델을 개발하는 데 사용되는 통계기법이다.

② 트리기반 기법 : 트리형태의 분지방법을 이용하는 기법인 의사결정트리는 의사결정규칙에 따라 관심대상이 되는 집단을 몇 개의 소집단으로 분류하는 분석 기법으로, 대표적으로 CART(Classification and Regression Trees) 알고리즘 등이 있다. CART 기법은 각 독립변수를 이분화하는 과정을 반복하여 이진트리 형태를 형성함으로써 분류를 수행하는 방법을 말한다.

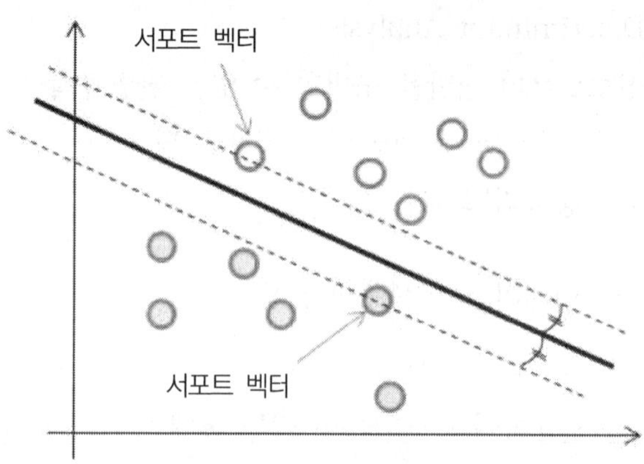

[그림 7-6] 서포트 벡터머신

- 의사결정트리 형성 : 훈련데이터를 바탕으로 트리를 형성해나가는 과정으로 변수선정, 분지기준 결정 등을 수행한다.
- 가지치기 : 트리구조가 너무 복잡해지면 분류규칙 또한 복잡한 것을 의미하므로, 형성된 트리의 일부 가지를 절단하여 단순한 트리구조를 생성한다. 이는 분류오류를 크게 할 위험이 크거나 부적절한 분류규칙을 가지고 있는 가지를 제거하는 것이다.
- 분류 : 최종적으로 완성된 트리를 바탕으로 분류규칙은 도출과 같은 3단계 과정을 통해 진행된다.

③ 최적화 기법 : 수리 최적화 기법을 통한 분류모델로는 서포트 벡터머신 기법 등이 있다.

서포트 벡터머신은 데이터를 분리하는 초평면(Hyperplane) 중에서 데이터들과 거리가 가장 먼 초평면을 선택하여 분리하는 확정적 모델 기반의 이진 선형 분류방법으로, 최대 마진 분류기라고도 한다. 여기서 초평면에 가장 가까운 곳에 위치한 데이터를 서포트 벡터라고 한다.

④ 기계학습 기법 : 블랙박스 모델로 대표적으로 인공신경망 모델을 들 수 있다. 인공신경망 모델은 분류와 예측을 할 때 사용하는 분석방법으로, 인간의 뇌가 신경망의 신호전달체계를 통해 학습하는 방식을 모사한 데이터마이닝 기법의 일종이다.

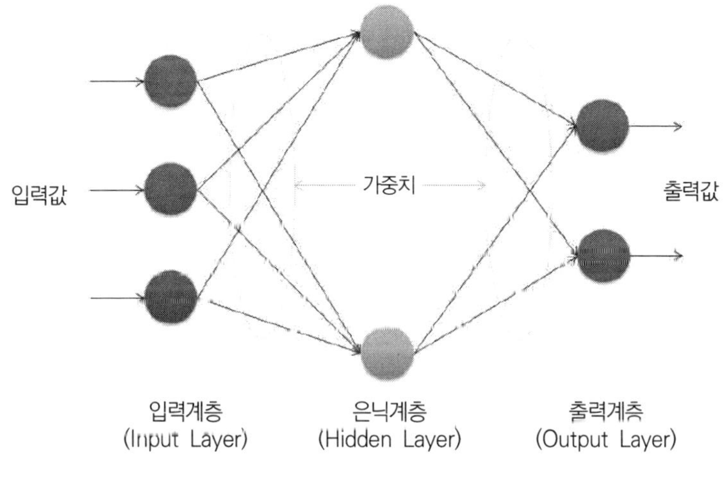

[그림 7-7] 인공신경망 모델링 구조

이 방법은 기대 출력값과 실제 출력값 간의 비교를 통해 계산된 오차를 시냅스 역할을 하는 노드에 가중치 조정으로 모델에 반영한다. 이와 같은 일련의 과정을 신경망 구조가 안정화될 때까지 반복함으로써 예측 혹은 분류 모델을 구축해간다. 이러한 오차들을 출력계층에서 입력계층으로 역방향으로 반영하는 역전파 알고리즘(Back Propagation Algorithm)을 통해 모델을 안정화하며, 학습과정을 기계적으로 단축한다.

(2) 예측(Prediction) 및 예측모델

예측은 미래의 예상되는 결과에 대해 다룬다는 것을 제외하면 앞서 살펴보았던 분류 혹은 추정과 상당히 유사하다. 측정될 변수를 알고 이에 대한 과거 데이터가 존재한다면 분류와 추정을 위한 대부분의 모델들이 예측에도 사용될 수 있다. 예측 모델로는 회귀분석, 의사결정트리, 인공신경망 모델, 시계열 분석 등을 포함한다.

시계열 분석이란 어떤 관측치 등의 데이터 변화를 시간의 움직임에 따라 이것을 계열화하였을 때, 이와 같은 데이터를 시계열이라 한다. 즉 시계열 데이터는 관측치가 시간적 순서를 가지게 된다. 이러한 데이터를 통해 미래의 값을 예측하는 기법이다.

시계열 데이터 분석기법들의 예로 다음과 같은 기법들이 있다.

① 분해법 : 시계열을 추세, 순환, 계절 및 불규칙 변동으로 분해하여 각 변동을 추정하여 해석하는 방법을 말한다.

② 평활법 : 과거와 현재 값의 (가중)평균으로 미래값을 예측하는 방법으로, 이동평균법, 지수 평활법 등이 있다.

③ ARIMA(Auto-regressive Integrated Moving Average) 모델 : 과거의 관측값과 오차를 사용해서 현재의 시계열 값을 설명하는 BOX-JENKINS 모델(ARMA)을 일반화한 것으로 시계열 데이터의 과거 치들이 설명변수인 AR과 과거의 오차항들이 설명변수인 MA 모델의 합성어이다.

(3) 군집화(Clustering) 및 군집화 모델

이질적인 집단을 몇 개의 동질적인 소집단으로 세분화하는 작업을 군집화라 한다. 즉 유사한 속성들을 갖는 집단 내 객체들을 모아서 하나의 소집단을 구성하여 전체 집단을 몇 개의 군집으로 나누는 작업을 일컫는다. 군집화가 사전에 정의된 집단과 이들의 구분을 위한 사전정보가 존재하지 않는다는 점에서 분류와 구분된다. 군집방법은 크게 계층적 방법과 비 계층적 방법으로 구분한다. 계층적 방법은 사전에 군집 수를 정하지 않고 단계적으로 단계별 군집결과를 산출하는 방법으로, 각 객체를 하나의 소집단으로 간주하고 단계적으로 유사한 소집단들을 합쳐 새로운 소집단을 구성해가는 응집분석법과 그 반대로 전체 집단으로부터 시작하여 유사성이 떨어지는 객체들을 분리해가는 분할분석법이 있다.

반면 비계층 방법은 군집을 위한 소집단의 개수를 정해놓고 각 객체 중 하나의 소집단으로 배정하는 방법이다. 군집화 모델로 인공신경망 모델, K 평균 군집화 등이 있다.

K 평균 군집화은 앞서 설명한 군집방법 중 대표적인 비 계층적 군집방법으로 K개 소집단의 중심좌표를 이용하여 각 객체와 중심좌표 간의 거리를 산출하고, 가장 근접한 소집단에 배정한 후 해당 소집단의 중심좌표를 업데이트하는 방식으로 군집화하는 방식이다.

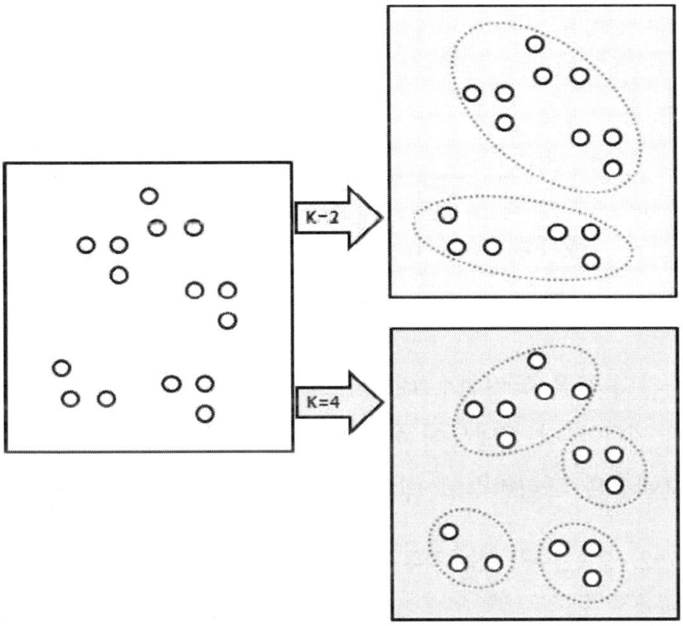

[그림 7-8] 동일 데이터에 대해 K=2일 때와 4일 때의 K 평균 군집화 결과 예시

(4) 연관규칙(Association Rule) 및 연관규칙 모델

연관규칙이란 데이터에 숨어있는 동시에 발생하는 사건 혹은 항목 간의 규칙 - 특히 '어떤 이벤트가 또 다른 어떤 이벤트를 동반하는가'를 표현 - 수치화하는 것이다. 연관규칙 분석 혹은 장바구니 분석은 주로 마케팅에 활용되는 기법으로 고객 구매데이터를 분석하여 어떠한 상품이 또 다른 어떠한 상품과 함께 판매될 확률이 높은가를 보여주는 연관규칙을 도출하는 기법이다.

학습 7

3) 독립변수와 종속변수의 데이터 유형에 따른 분석기법

독립변수와 종속변수가 주어져 있는 경우에는 이들을 이용하여 주어진 독립변수에 대한 종속변수의 값을 예측, 분류하는 분석모델을 개발하게 된다. 이때 독립변수와 종속변수의 데이터 유형(연속형, 범주형)에 따라서 앞서 살펴본 다양한 통계적 혹은 데이터마이닝 기반 분석기법들의 분류가 가능하다.

〈표 7-1〉은 독립변수와 종속변수의 데이터 유형에 따른 가능한 조합에 대해 앞서 살펴본 분석모델 중 어떠한 분석모델이 해당하는지를 분류하여 정리하였다.

〈표 7-1〉 독립변수와 종속변수의 데이터 유형에 따른 분석 기법들

<table>
<tr><th colspan="2" rowspan="2">데이터 유형별</th><th colspan="2">종속변수(Y)</th></tr>
<tr><th>연속형</th><th>범주형</th></tr>
<tr><td rowspan="2">독립변수
(X)</td><td>연속형
변수</td><td>회귀분석
인공신경망 모델
K-최근접 이웃기법</td><td>로지스틱 회귀분석
판별분석
K-최근접 이웃기법</td></tr>
<tr><td>범주형
변수</td><td>회귀분석
인공신경망 분석
회귀나무 기법</td><td>인공신경망 모델
분류나무
로지스틱 회귀분석</td></tr>
</table>

독립변수 간의 혹은 독립변수 내의 관계를 탐색적으로 분석하여 의미 있는 정보를 추출하기 위한 분석 기법들이 이 경우에 해당한다. 〈표 7-2〉는 이 경우에 해당하는 분석모델들을 독립변수의 데이터 유형에 따라 분류하였다.

〈표 7-2〉 종속변수가 없는 경우, 독립변수의 데이터 유형에 따른 분석기법들

<table>
<tr><th colspan="2">독립변수(X)</th></tr>
<tr><th>연속형 변수</th><th>범주형 변수</th></tr>
<tr><td>주성분 분석
군집분석</td><td>연관성 규칙
판별분석</td></tr>
<tr><td colspan="2">상관분석</td></tr>
</table>

2. 빅데이터 분석모델 확장 및 활용

1) 파생변수 생성 및 추가를 통한 분석모델의 확장

파생변수는 기존 변수에 특정 조건 혹은 함수 등을 사용하여 새롭게 재정의한 변

수를 의미한다. 기존 데이터 이외에 분석모델에서 필요로 하는 파생변수를 생성·추가하여 분석모델에 활용할 수 있다. 이러한 파생변수를 생성하는 방법에 대해 몇 가지 소개를 하면 다음과 같다.

(1) 단위의 변환

주어진 변수의 단위 혹은 척도를 변환하여 새로운 단위로 표현함으로써 파생변수를 생성할 수 있다.

(2) 표현형식의 변환

날짜정보를 바탕으로 요일을 도출한다든지, 남·여와 같이 성별로 표현된 데이터를 0/1과 같은 이진변수로 변환하는 등 단순한 표현방법의 변환을 통해 파생변수를 생성할 수 있다.

(3) 요약통계량을 통한 변화

고객별 누적방문 횟수를 계산하는 것과 같이 요약통계량 등을 활용하여 파생변수를 생성할 수 있다.

학습 7

(4) 여러 변수의 결합을 통한 변환

기존 데이터의 변수들을 다양한 함수 등을 이용한 수학적 결합을 통해 새로운 변수를 정의하는 방식으로 파생변수를 생성할 수 있다. 예를 들면 매출액과 방문횟수 데이터를 이용하여 1회 평균매출액을 나타내는 파생변수를 생성할 수 있다. 또 앞서 살펴본 주성분 분석은 주어진 독립변수들의 선형조합으로 새로운 변수를 생성하는 것이므로, 이 또한 여러 변수의 결합을 통해 파생변수를 생성하는 방법으로 볼 수 있다.

2) 앙상블(Ensemble) 기법을 활용한 분석모델의 확장

개별적인 분석모델을 결합하여 더 좋은 성능을 얻기 위해 나수의 분석모델을 사용하는 방법을 앙상블 기법이라 한다. 일반적으로 분석모델에 의한 오류는 편향(Bias)과 분산(Variance)으로 구분할 수 있는데, 편향은 반복적인 모델학습 시 평균적으로 얼마나 정확한 추정이 가능한지에 대한 측정지표이고, 분산은 반복적인 모델학습 시 개별추정이 얼마나 차이가 크게 나타나는지에 대한 측정지표이다. 예를 들어 로지스틱 회귀분석, K-최근접 이웃기법(K가 클 때) 등은 편향이 크고 분산이 작은 분석모델들이지만 인공신경망 모델, 서포트 벡터머신 등은 편향이 작고 분산이 큰 분석모델들이다. 이처럼 각 분석모델은 서로 다른 사고방식 체계, 특징 및 장단점 등을 가지고 있어 단일 알고리즘 보다 여러 알고리즘을 결합하면 성능이 향상되는 경우가 많다. 따라서 앙상블 기법은 다수의 분석모델을 학습하여 오류감소를 추구한다. 앙상블 기법들로는 분산의 감소에 의한 오류 감소를 위한 배깅(Bagging), 랜덤 포레스트(Random Forest), 편향의 감소에 의한 오류감소를 위한 부스팅(Boosting) 등이 있다.

3) 데이터 시각화를 활용한 분석모델의 활용

빅데이터 분석 전 과정에서 활용이 가능한 데이터 시각화는 데이터 분석결과를 더욱 쉽게 이해할 수 있도록 시각적인 수단을 통해 정보를 전달하는 과정을 의미한다. 데이터 분석 결과값들을 그래프 혹은 그림과 같은 시각적인 도구를 통해 의사결정자에게 제공함으로써 데이터 분석결과를 쉽게 이해할 수 있도록 하고 주요결과 및 아이디어를 효과적으로 전달한다.

7-3 빅데이터 모델 평가검증

1. 빅데이터 분석모델 평가

1) 훈련, 평가, 검증데이터 세트

일반적으로 통계분석을 통해 좋은 결과를 얻으려면 표본조사를 할 때 전체를 대표할 수 있는 좋은 샘플을 취하고, 그 샘플로부터 전체를 잘 설명할 수 있는 모델을 만들어야 한다. 이와 같이 빅데이터 분석모델은 분석목적에 부합하는 적절한 모델이 선택되어야 함과 동시에 정확도 높은 모델을 만들기 위한 모델의 인자 값들을 찾아내기 위한 훈련데이터의 질에 따라 학습결과가 좌우된다.

일반적으로 데이터 세트는 훈련데이터 세트, 검증데이터 세트 등의 2개 혹은 훈련데이터 세트, 평가데이터 세트, 검증데이터 세트 등의 3개의 분할데이터 세트를 사용한다.

데이터를 훈련, 평가, 검증데이터 세트로 나누는 작업은 미리 결정된 비율에 따라서 무작위로 나누는 등 다양한 방식으로 이루어진다. 각 데이터 세트의 목적에 대해 간단히 기술하면 다음과 같다.

① 훈련데이터 세트 : 일반적으로 가장 큰 데이터 세트로서 분석대상인 다양한 모델을 구축하기 위해 사용되는 데이터를 말한다. 다수의 모델을 개발하기 위해 일반적으로 동일한 훈련데이터 세트가 사용된다.
② 평가데이터 세트 : 모델을 비교하여 가장 좋은 모델을 선택하기 위해 각각의 모델의 성과를 평가하기 위해 사용되는 데이터 세트이다.
③ 검증데이터 세트 : 새로운 데이터를 가지고 선택된 모델의 성능을 평가할 용도로 사용되는 데이터 세트이다.

2) 과적합(Overfitting)

과적합이란 제한된 훈련데이터 세트(모델 훈련에 사용한 한정된 데이터)에 너무 과하게 특화되어 새로운 데이터에 대한 오차가 매우 커지는 경우를 말한다.

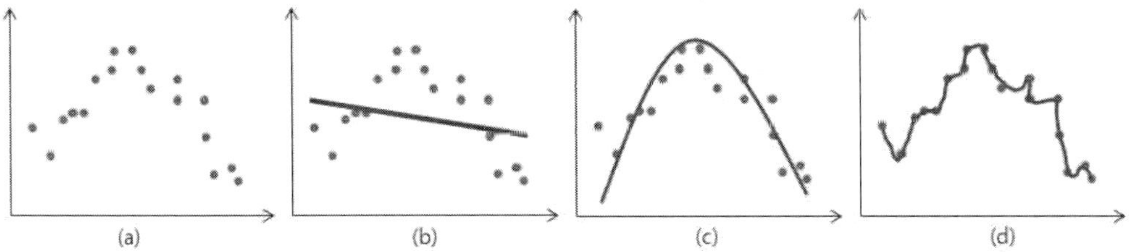

[그림 7-9] 훈련데이터 세트가 (a)와 같이 주어졌을 때의 과적합 예시

과적합의 의미를 위의 그림을 통해 살펴보자. (a)와 같은 훈련데이터가 존재한다고 가정하자. (b)와 같이 단순히 직선으로 추정하는 경우는 훈련데이터뿐만 아니라 실제 데이터에서도 오차가 클 수 있음을 알 수 있다. 반면 (d)의 경우를 살펴보면 예측모델 함수가 훈련데이터 세트 상의 모든 데이터를 오차가 없이 추정하는 경우이다. 이 같은 경우, 새로운 데이터가 주어지는 경우는 오차가 커질 확률이 높다. (c)를 (b)와 (d)의 경우와 비교해보았을 때, 비록 약간의 오차가 존재하지만 예측모델이 훈련데이터 세트 상의 데이터에 대한 특성을 잘 나타내고 있으며 새로운 데이터에 대해서도 좋은 결과가 나올 가능성이 높음을 알 수 있다. 이렇듯 빅데이터 분석모델을 구축하면서 과적합의 문제는 항시 존재한다고 볼 수 있으나 이를 해결하는 방법 또한 마땅치 않은 것이 현실이다. 이는 분석모델을 만드는 데 사용되는 훈련데이터 세트는 실제 데이터의 부분집합이며, 훈련데이터 세트만을 가지고 실제 데이터의 오차가 증가하는 지점을 정확히 예측하는 것 또한 불가능하기 때문이다.

3) 예측 빅데이터 분석모델 성능평가를 위한 검사방법

빅데이터 분석모델을 선택하고 모델을 적용한 이후 모델의 성능 및 적합성, 안정성 등을 평가하는 과정은 빅데이터 분석 프로세스의 핵심 단계 중 하나이다. 이 절에서는 빅데이터 모델 중 예측모델의 성능평가를 위한 다양한 방법들에 대해 살펴보고자 한다.

(1) 예측오차

훈련데이터 세트로부터 구축된 예측모델을 검증데이터 세트의 독립변수들로 구성된 데이터를 예측모델에 적용하여 예측한 종속변수 값 $\hat{y_1}$과 검증데이터 세트의 실제 종속변수 값 y_1과 비교하여 예측오차 $y_1 - \hat{y_1}$ 를 산출하는 척도로, 평균절대편차(Mean Absolute Deviation : MAD), 평균제곱오차(Mean Squared Error : MSE), 표준오차(Root Mean Square Error : RMS), 평균절대백분오차 비율(Mean Absolute Percentage Error : MAPE) 등이 있다. 검증데이터 세트 집합을 L, 이들의 데이터 크기를 n라 하자.

(2) 평균절대오차

MAE는 예측오차의 절대값들 평균을 나타내는 방법으로 다음과 같이 정의한다.

$$MAE = \frac{1}{n}\sum_{y_i \in L} |y_i - \hat{y_i}|$$

예측오차의 절대값을 사용함으로써 +오차와 -오차가 다양하게 발생하더라도 오차 간 상쇄효과를 예방할 수 있으며, 계산이 쉽고 이해가 용이하다.

(3) 평균제곱오차

MSE는 예측오차를 제곱하여 이를 합한 뒤 n으로 나누어 계산된 평균값으로

$$MSE = \frac{1}{n}\sum_{y_i \in L} (y_i - \hat{y_i})^2$$

와 같이 정의한다. 평균제곱오차를 사용하면 큰 오차는 더욱 크게 반영되고 작은 오차는 상대적으로 적게 반영된다.

(4) 표준오차

RMS는 평균제곱오차(MSE)의 제곱근 값으로 다음과 같이 정의한다.

$$RMS = \sqrt{\frac{1}{n}\sum_{y_i \in L} (y_i - \hat{y_i})^2}$$

MSE로 예측오차를 평가하게 될 때 그 수치가 커지는 것을 제곱근을 취함으로써 보정한 값이다.

(5) 평균절대백분오차 비율

MAPE는 실제 종속변수 값 대비 예측오차 비율의 절대값 들을 평균한 값으로 실제 데이터에서 오차가 어느 정도의 비율로 발생했는지 확인하려는 방법으로 다음과 같이 정의한다.

$$MAPE = \frac{1}{n}\sum_{y_i \in L}\left|\frac{y_i - \hat{y}_i}{y_i}\right|$$

(6) 교차유효성(Cross Validation) 검사

보유하고 있는 데이터의 크기가 작아서 검증데이터 세트를 분리해내기가 여의치 않으면 교차유효성 기법을 사용한다. K-겹 교차검증(K-fold Cross Validation)이란 전체 데이터를 K 등분한 후 그 중 K-1 데이터 세트를 훈련데이터 세트로 모델을 구축하고, 나머지 1개의 데이터 세트를 검증데이터 세트로 구축된 모델을 검증함으로써 총 K번의 모델구출과 검증을 할 수 있고 각 경우에서 예측오차를 산출한 후 이들의 평균치를 최종 사용하게 된다. 예를 들어 3-겹 교차검증의 경우, 전체 데이터를 3등분(각각을 데이터 세트 1, 2, 3이라 하자) 한 후, 데이터 세트 1과 2를 훈련데이터 세트로 예측모델을 만들고 데이터 세트 3을 검증데이터 세트로 이용하여 예측오차를 산출한다. 그리고 다시 데이터 세트1과 3을 훈련데이터 세트로 예측모델을 만든 후 데이터 세트 2를 검증데이터 세트로 하여 예측오차를 산출하고 마지막으로 데이터 세트 2와 3을 훈련데이터 세트로 예측모델 구축하고 데이터 세트 1을 검증데이터 세트로 간주하여 예측오차를 산출한다. 3번에 걸쳐 계산된 예측오차들의 평균을 최종 예측오차로 이용하는 방법이다.

4) 분류 빅데이터 분석모델 성능평가를 위한 검사방법

이 절에서는 분류규칙에 대한 성능평가 검사방법에 대해 알아보도록 한다.

(1) 분류오류율 검사

분류오류율은 분류규칙을 통해 추정된 범주와 실제 범주가 일치하지 않는 비율(잘못 분류된 데이터의 비율)을 의미한다. 훈련데이터 세트로 구축된 분류모델을 검증데이터 세트를 활용하여 분류오류율을 검사하고 성능을 평가한다. 데이터 크기가 충분하지 않으면 앞서 언급했던 교차 유효성 검사방법을 적용할 수 있으며, 예측 오차 대신 분류오류율을 산출하여 평균 분류오류율을 최종 분류오류율로 이용할 수 있다.

(2) 혼동행렬(Confusion Matrix) 검사

혼동행렬은 일종의 정오 분류표로, 참과 거짓으로 분류하는 분류규칙을 가진 모델에 대해 다음과 같은 혼동행렬을 만들 수 있다.

〈표 7-3〉 혼동행렬의 구성

		예 측	
		참	거짓
실제	참	진양성(True Positive : TP)	가음성(False Negative : FN)
	거짓	가양성(False Positive : FP)	진음성(True Negative : TN)

여기서 "진(True)"의 의미는 실제와 예측이 일치하는 경우이며, "가(False)"의 의미는 실제와 예측이 불일치함을 의미한다.

혼동행렬 〈표 7-3〉에서 진양성(TP), 가양성(FP), 가음성(FN), 진음성(TN)에 해당하는 각 셀에서는 각 경우에 해당하는 관측 수(훈련데이터 세트를 활용)를 입력하게 되며 이를 통해 분류규칙 성능과 관련한 다양한 정보를 얻을 수 있게 된다. 예를 들어 TP의 경우 참으로 예측했는데 실제 종속변수도 참인 경우의 데이터 수와 FN의 경우 거짓으로 예측했는데 실제 종속변수 값은 참인 경우의 데이터 수를 입력한다.

이러한 정보를 바탕으로 오류율, 정확도, 민감도, 특이도 등과 같은 정보를 계산할 수 있다.

① 오류율 : 오류율은 전체 데이터 수에서 잘못 분류한 데이터 수의 비율을 나타내는 것으로 식으로 표현하면 다음과 같다.

$$\text{오류율} = \frac{FP+FN}{TP+FP+FN+TN}$$

이는 앞서 살펴본 "분류오류율"과 동일하다.

② 정확도(Accuracy) : 정확도는 전체 중에서 올바르게 실제 범주를 추정한 전체 비율을 나타내는 것으로 오류율과는 상반되는 개념이다. 정확도는 다음과 같은 식에 의해 산출된다.

$$\text{정확도} = \frac{TP+TN}{TP+FP+FN+TN} = 1-\text{오류율}$$

③ 민감도(Sensitivity) : 민감도는 실제 참인 경우를 참으로 분류하여 판정하는 비율(특정 질병에 대해 실제 질병이 있는 경우를 양성으로 판정하는 비율)을 나타내는 것으로 식으로 표현하면 다음과 같다.

$$민감도 = \frac{TP}{TP+FN}$$

④ 특이도(Specificity) : 특이도는 실제 거짓인 경우를 거짓으로 분류하여 판정하는 비율(특정 질병에 대해 실제 질병이 없는 경우를 음성으로 판정하는 비율)을 나타내는 것으로 식으로 표현하면 다음과 같다.

$$특이도 = \frac{TN}{FP+TN}$$

(3) ROC(Receiver Operating Characteristic) 곡선 검사

ROC 곡선은 분류모델의 판단결과의 성능을 보여주는 그래프로, 민감도와 특이도 간의 관계를 표현한 그래프이다. 일반적으로 민감도와 특이도는 반비례적인 관계(민감도가 올라가면 특이도는 내려가는 등)에 있으므로 이 둘을 동시에 높이는 것은 어려운 일이다. 따라서 이 두 값을 어떠한 기준을 가지고 연속적으로 변경해 가면서 측정한 후, 이들 간의 관계를 한눈에 볼 수 있게 한 것이 ROC 곡선으로 민감도를 y축으로 (1-특이도)를 x축으로 하는 그래프이다.

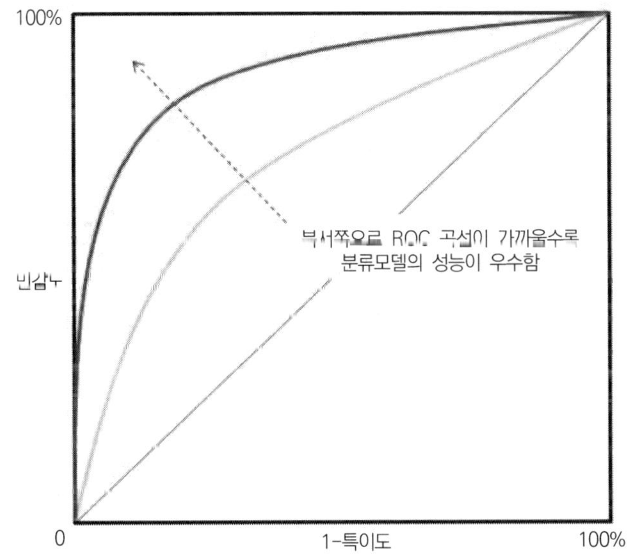

[그림 7-10] ROC 곡선

학습 7

[그림 7-10]에서 보는 바와 같이 ROC 곡선이 북서쪽 코너에 가까울수록 분류모델의 성능이 우수함을 의미하고, 45도 각도의 직선에 다가갈수록 분류성능이 나쁘다고 말할 수 있다. 이와 같은 내용을 바탕으로 ROC 곡선을 통한 정량적인 성능분석 척도를 AUC(Area Under the Curve)라 한다. AUC는 ROC 곡선의 아래 면적을 계산한 값으로써 ROC 곡선이 북서쪽에 가까워질수록 AUC 값이 1에 가까워지며 AUC 값이 1에 가까워질수록 분류성능이 우수하다고 말할 수 있다. 반면 AUC 값이 0.5에 다가갈수록 분류성능이 나빠진다고 할 수 있다. 이를 통해 문제상황별로 어떠한 지점을 기준으로 민감도와 특이도를 동시에 고려한 기준을 잡을지 합리적인 결정하는 데 도움을 줄 수 있다.

5) 군집 빅데이터 분석모델 성능평가를 위한 검사방법

이 절에서는 군집모델에 대한 성능평가 검사방법을 알아보도록 한다. 군집모델에 대한 평가는 앞서 살펴보았던 분류모델에 대한 분석과 다르게 객체들이 속한 군집에 대한 적절한 종속변수가 존재하지 않기 때문에 임의의 군집해에 대한 성능을 평가하는 것이 쉽지 않다. 독립변수들이 2개 혹은 3개인 저차원의 데이터면 그래프를 통한 도식화로 성능파악이 어느 정도 가능하지만 그 이상의 고차원 데이터에 대한 군집해의 평가는 도식화가 불가능하므로 수치상으로 표현한 정량화된 평가척도가 필요하게 된다. 이를 위해 일반적으로 군집이 얼마나 잘 되었나를 측정하는 방법으로 내부평가와 외부평가가 있다.

(1) 내부평가

내부평가는 외부정보에 대한 도움 없이 데이터 세트를 군집한 결과 그 자체로만 평가하는 척도이다. 내부평가에서는 한 군집 내에서는 유사도가 높을수록, 군집 사이에는 유사도가 낮을수록 군집모델의 성능이 높은 것으로 간주한다. 데이터 세트의 군집해만 놓고 판단을 하는 내부평가 방식은 제안된 평가점수가 높다 할지라도 실제 참값에 가깝다는 것을 보장하지는 않는다.

① 던 지수(Dunn Index) : 군집 간의 거리가 멀수록, 군집 내에 데이터 간의 거리가 가까울수록(즉 군집 내 밀도가 높고 군집이 잘 나누어질수록) 큰 값을 가지는 던 지수는 다음과 같이 정의한다.

$$DI = \frac{\min_{1 \le i < j \le n} d(i, j)}{\max_{1 \le k \le n} d'(k)}$$

군집 i와 j간의 거리, $d\acute{(k)}$는 군집 k내 데이터 간의 거(군집 k내 데이터 간의 최대거리)를 의미한다.

② CH 지수(CH Index) : Calinski와 Harabasz(1974)는 CH 지수를 제안하였으며, 이 또한 던 지수와 마찬가지로 군집 내 밀도가 높고 잘 나뉜 군집해를 좋은 군집해로 평가하는 방법이다. 예를 들어 평가하고자 하는 군집해가 K개의 군집으로 구성되어 있다고 가정하자. 이때 n을 데이터 세트의 개수, C_k를 군집 k, n_k를 군집 k의 데이터 수, C_k를 군집 k의 중심좌표, C를 전체 데이터들의 중심좌표, $d(x, y)$를 두 데이터 x와 y 간의 거리라 하자. 이때 CH지수는 다음과 같이 정의된다.

$$CH = \frac{\frac{1}{K-1}\sum_{k=1}^{K} n_k d(c_k, c)}{\frac{1}{n-K}\sum_{k=1}^{K}\sum_{x \in C_K} d(x, c_k)}$$

분모는 군집의 밀집도를, 분자는 군집 간의 분리성을 나타내어 넌 지수와 같이 CH 지수 또한 값이 클수록 군집이 잘 이루어진 해로 간주한다.

학습 7

(2) 외부평가

외부평가는 군집화에 사용되지 않는 데이터를 가지고 군집해를 평가하는 방법을 말한다. 즉 군집해를 전문가들이 구성한 군집해 또는 기존에 잘 알려진 군집해 결과물을 이용하여 군집모델을 통해 얻은 군집해와 기존에 알려진 해와의 유사성을 바탕으로 군집모델의 성능을 평가하게 된다.

① 랜드지수(Rand Index, RI) : 랜드지수는 군집모델을 통해 얻은 군집해와 기존에 알려진 군집해 사이에서 일치되는 데이터 쌍의 비율루 나타낸다. 예를 들이 n개의 데이터로 구싱된 네이터세트는 $\binom{n}{2}$개의 데이터 쌍이 존재하다. 여기서 기존에 알려진 군집해는 $C_1 = C_{21}, C_{22}, \cdots C_{2l}$과 같이 k개의 군집으로 구성되어 있다고 하고, 반면 평가하고자 하는 군집모델로부터 얻어진 군집 해는 $C_2 = C_{21}, C_{22}, \cdots C_{2l}$와 같이 l개의 군집으로 구성된 해라고 가정하자. 각 데이터 쌍에 대해서 다음과 같은 4가지 경우에 해당하는 데이터 쌍 개수를 구한다.

- $CN_{+1+2} = C_1$내 군집별 데이터 쌍에 대해 C_2의 임의의 군집에 해당 데이터

쌍이 포함되는 데이터 쌍의 개수

- $CN_{+1-2} = C_1$내 군집별 데이터 쌍에 대해 C_2의 임의의 군집에 해당 데이터 쌍이 포함되지 않는 데이터 쌍의 개수
- $CN_{-1+2} = C_2$내 군집별 데이터 쌍에 대해 C_1의 임의의 군집에 해당 데이터 쌍이 포함되지 않는 데이터 쌍의 개수
- $CN_{-1-2} = C_1$과 C_2내 임의의 군집에도 동시에 포함되지 않는 데이터 쌍의 개수 이들의 값을 바탕으로 랜드지수를 구하면 다음과 같다.

$$RI = \frac{CN_{+1+2} + CN_{-1-2}}{CN_{+1+2} + CN_{+1-2} + CN_{-1+2} + CN_{-1-2}}$$

② 자카드 지수(Jaccard Index; JI) : $\frac{CN_{+1+2}}{CN_{+1+2} + CN_{+1-2} + CN_{-1+2}}$와 같이 정의되며, 비교대상인 두 군집해에 적어도 한쪽의 군집에 포함되는 데이터 쌍의 개수 대비 두 군집해 동시에 하나의 군집에 포함되는 데이터 쌍의 개수를 나타낸 지수이다.

7-4 빅데이터 모델 운영방안 구축

1. 빅데이터 모델 운영시스템 적용방안

1) 빅데이터 모델 개발 및 운영단계

이 절에서는 빅데이터 모델 개발부터 운영에 이르기까지의 과정에 대해 단계별로 간략히 살펴보고자 한다.

(1) 분석목적의 정의

분석을 위해서는 무엇보다도 문제가 무엇인지, 어떠한 방식으로 분석하고 문제를 해결하고자 하는지에 대한 목적을 명확히 해야 한다. 또 이 단계에서 문제해결을 위한 분석기법으로써 빅데이터 모델의 적용 가능성을 판단한다.

(2) 가설검토

분석의 목적을 명확히 한 이후, 빅데이터 모델 개발을 통해 문제해결에 적합한 가설을 세우고, 어떠한 통계적으로 유의미한 결론을 도출하며, 그 결과를 어떻게 활용하여 문제를 해결할 것인지에 대한 구체적인 검토를 수행한다.

(3) 데이터 준비 및 처리

이 단계에서는 빅데이터 모델 구축 및 이를 활용한 분석을 위한 데이터를 파악하고 이들을 수집 · 저장하는 단계이다. 또 변수에 대한 정의, 단위 및 수집/측정기간에 대한 일관성 점검, 그리고 데이터 정제, 결측치 처리 등의 데이터 전처리 과정을 수행한다. 더 나아가 불필요한 변수는 제거하고 변수변환 혹은 필요하다면 새로운 파생변수를 생성하는 등의 작업을 통해 변수별로 분석모델에 포함하는 것이 타당한지 확인해야 한다. 데이터마이닝 기반 분석모델을 개발할 때는 훈련데이터 세트, 평가데이터 세트, 검증데이터 세트로 수집된 데이터를 나누는 작업도 이 단계에서 수행한다.

(4) 모델링 및 분석

앞선 1, 2단계에서 검토되었던 사안(분석목적, 가설검토 등)에 대해 구체적인 통계적 질문으로 변환하는 단계로, 분석목적에 부합하는 빅데이터 분석유형 및 적합한 모델을 선택한다. 그리고 3단계에서 준비된 데이터(특히 훈련데이터 세트를 이용)를 이용하여 분석모델을 도출한다.

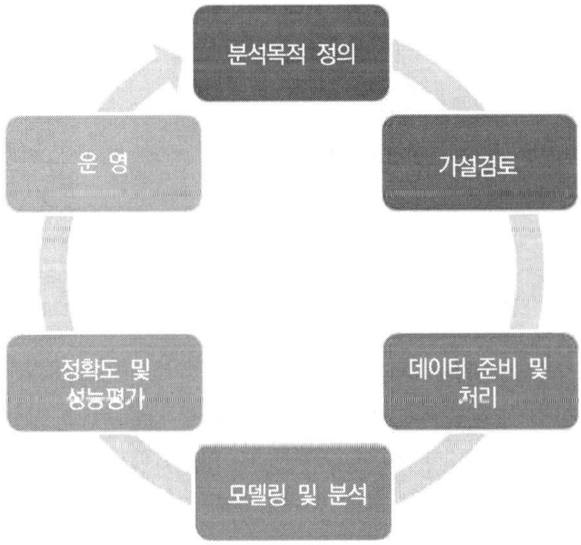

[그림 7-11] 빅데이터 모델 개발 및 운영 프로세스

학습 7

(5) 정확도 및 성능평가

4단계에서 도출된 빅데이터 분석모델에 대하여 검증데이터 세트를 이용하여 분석모델의 성능을 평가하는 단계이다.

(6) 운 영

마지막 단계에서는 분석모델을 운영시스템과 통합하여 분석목적에 맞게 도출된 빅데이터 분석모델을 활용하는 것이다.

2) 빅데이터 모델의 운영시스템 적용방안

수집된 빅데이터를 기반으로 도출된 분석모델을 의사결정에 활용하기 위해서는 운영시스템과의 통합이 요구된다. 이는 분석모델을 도출하기 위해 어떠한 통계 툴(R, SAS 등) 혹은 개발언어(파이썬, 자바 등)가 사용되었는지에 따라서 이를 운영시스템과 통합하는 작업의 난이도가 상이하게 된다. 예를 들어 운영시스템의 개발언어와 분석모델을 도출하기 위해 사용된 언어가 같을 경우에는 분석모델의 운영시스템 내 통합과정이 상대적으로 용이하다고 할 수 있다.

반면 대부분의 통계 패키지들을 통해 분석모델이 개발된 경우에는 운영시스템과 통계 패키지와 호환하기 위한 인터페이스 개발이 추가로 필요하게 된다. 운영시스템상에서 분석모델을 호출하여 예측결과 등의 의사결정을 위해 필요한 데이터를 전달받기 위해서는 앞서 언급한 인터페이스를 통해 통계 패키지 혹은 개발언어로 구현된 모듈을 구동하고 그 결과값을 인터페이스를 통해 직접 전달받거나 아니면 파일, DBMS을 통해 간접적으로 전달받아서 활용하는 방법도 가능하다.

2. 빅데이터 모델 운영 및 개선방안 수립

1) 빅데이터 모델 개선방안

빅데이터 분석모델이 운영시스템에 적용된 후 지속적인 분석모델에 대한 성능추적이 필요하다. 아무리 처음에는 성능이 좋은 분석모델이라 할지라도 시간이 지남에 따라서 제반상황이 변하게 되고, 그에 따른 성능저하가 발생할 수 있기 때문이다. 이 절에서는 예측오차를 추적하기 위한 방안에 대해 살펴보기로 한다.

(1) 예측모델에 대한 성능추적

예측모델에 대해서는 예측오차를 지속해서 추적하여 예측오차가 지속해서 증가하는지 혹은 감소하는지를 확인하게 된다. 이를 통해 예측모델의 타당성을 지속해서 확인한다. 일반적으로 예측오차의 추적은 추적신호(Tracking Signal : TS)값을 활용하여 지속해서 추적하게 되는데, 만약 예측오차 $y_1 - \check{y}_1$을 e_1로 정의한다면 추적신호 TS는 다음과 같이 정의된다.

$$TS = \frac{\sum_{t=1}^{n} e_t}{\frac{\sum_{t=1}^{n} |e_t|}{n}}$$

즉 TS는 예측오차들의 합을 평균절대편차로 나눈 값이다. TS는 0 부근에 있는 것이 정상이며, 일반적으로 -4와 4사이에 있다면 예측모델이 정상적으로 성능을 유지하고 있다고 할 수 있다.

(2) 예측모델에 대한 개선방안

예측오차의 지속적인 추적을 통해 예측모델의 점검이 필요하게 되면 일반적으로 같은 분석모델을 사용하되 새로운 데이터를 수집하여 재학습을 위해 해당 분석모델 적용을 통해 수정된 분석모델을 도출하거나, 아예 다른 분석기법을 적용하여 분석모델 자체를 변경하게 된다.

수행 내용

재료 · 자료

- 빅데이터 가이드라인 관련 자료
- 개인정보 비식별화 가이드라인

기기(장비 · 공구)

- 컴퓨터, 문서작성 프로그램, 프린터, 주변기기

안전 · 유의사항

- 빅데이터 관련 장비의 안전 및 유의사항을 숙지한다.
- 외부데이터일 경우 데이터 수집 및 경로 등을 빠짐없이 기록한다.
- 내 · 외부데이터 구분 후 개인정보보호법 등 관계 법령에 위배 여부를 확인한다.

수행 순서

01 빅데이터의 가설설정 및 검정하기 과정에 대하여 분석하라.

1. 데이터 분석목적과 비즈니스 문제에 대한 이해를 명확히 한다

어떠한 목적으로 데이터를 분석하고자 하는지에 대해 명확한 판단이 선행되어야 한다. 표본을 통해 모집단의 특성을 추론하는 통계적 접근방법이 데이터 분석의 목적에 부합하는지를 명확히 파악하는 것이 필요하다.

1) 데이터 분석목적 예시

한 제약회사는 새롭게 개발한 신 다이어트 프로그램이 체중감소에 탁월한 효과가 있다고 광고한다. 이에 체중감소 효과여부를 분석하고자 한다.

2. 데이터분석을 위한 데이터 수집/확보계획을 수립하고 필요데이터를 수집한다

1) 데이터 수집/확보계획 작성하기

데이터 분석목적을 명확히 한 후 분석에 필요한 데이터들을 어떻게 확보할 것인지에 대한 세부계획서를 작성한다. 계획서에는 데이터의 소스(조직내외 여부 등)를 파악하고 각 소스별로 데이터 수집계획을 수립해야 한다.

2) 데이터 수집/확보계획에 따라 필요한 데이터를 수집한다

필요데이터가 운영시스템에 접근 및 조회권한이 있는 사내 담당자들과의 협업을 통해 분석을 위한 필요데이터를 수집한다. 만일 외부데이터 수집이 필요한 경우, 데이터 구매 등의 다양한 절차를 통해 데이터를 별도로 수집해야 한다.

(1) 데이터 분석예시에 대한 데이터 수집방안

다이어트 프로그램의 체중감소 효과분석을 위해 다이어트 프로그램에 참여하기를 희망하는 지원자들을 모집했다. 이들에 대해 먼저 다이어트 프로그램 참석 전 체중을 측정하고 1개월간 다이어트 프로그램을 진행한 후에 다시 지원자들의 체중을 측정하였다.

학습 7

3. 분석모델에 대한 가설을 설정한다

수집된 데이터를 바탕으로 모집단의 특성을 통계적으로 검정하고자 하는 목적에 따라서 귀무가설 및 대립가설을 설정한다. 일반적으로 귀무가설은 분석가설에 포함된 오직 하나의 통계량을 찾는 형식으로 구성된다. 그리고 귀무가설은 모집단의 분포, 특히 모수를 기반으로 표현되어야 한다는 점이다. 표본의 통계량은 가설을 세우는 데 이용되나 귀무가설 및 대립가설을 설정하는 데는 직접 이용할 수 없다. 정리하면 가설검증을 하는 목적은 주어진 표본의 통계치를 이용하여 모집단의 특성을 추론하는 것이기 때문에 귀무가설은 모집단을 나타내는 모수로 표현되어야 한다. 또 대립가설은 귀무가설과 정반대로 중복되지 않도록 설정해야 한다.

1) 데이터 분석예시에 대한 가설설정

다이어트 프로그램의 체중감소 효과분석을 위해 다음과 같은 가설을 설정할 수 있다.

(1) 양측검증

① 귀무가설 H_0 : 다이어트 프로그램 참여 전의 체중과 참여 후의 체중의 차이에 대한 모평균은 0이다.

② 대립가설 H_1: 다이어트 프로그램 참여 전의 체중과 참여 후의 체중의 차이에 대한 모평균은 0이 아니다.

(2) 양측검증

① 귀무가설 H_0 : 다이어트 프로그램 참여 전의 체중과 참여 후의 체중의 차이에 대한 모평균은 0이다.

② 대립가설 H_1 : 다이어트 프로그램 참여 전의 체중과 참여 후의 체중의 차이에 대한 모평균은 0보다 크다. (즉 다이어트 프로그램은 효과가 있다.)

2) 추가적인 가설설정 예제

(1) 사례 1

K 회사는 기존에 고객만족도 점수가 평균이 8.6점이고 표준편차가 0.8점으로 알고 있었다. 그러나 최근 200명 고객을 대상으로 고객만족도 조사를 한 결과 평균 8.8점으로 나타났다. 이에 K 회사는 최근 조사를 바탕으로 기존에 알고 있던 고객만족도 평균이 8.6점이 아니라고 통계적으로 주장할 수 있는지 검증하고자 한다.

① 귀무가설 H_0 : K 회사의 고객만족도 점수의 평균은 8.6점이다.

② 대립가설 H_1 : K 회사의 고객만족도 점수의 평균은 8.6점이 아니다.

(2) 사례 2

H고등학교 남자 선생님들은 결혼 후 살이 찐다고 주장하고 있다. 이를 위해 H고등학교가 속한 도시에 있는 고등학교에 재직 중인 결혼한 남자 선생님들을 표본추출 하여 결혼 기간과 결혼 전후 몸무게 데이터를 구하여 분석하였다. 결혼 기간과 몸무게 증가가 상관관계가 있다고 할 수 있는지를 통계적으로 검증하고자 한다.

① 귀무가설 H_0 : 결혼 기간과 몸무게 증가 간의 상관관계가 없다(즉 상관계수는 0이다).

② 대립가설 H_1 : 결혼 기간과 몸무게 증가 간의 상관관계가 있다(즉 상관계수는 0이 아니다).

4. 유의수준을 결정하고 검정방법을 선택한 후 유의수준을 고려해 임계치를 산출한다

1) 유의수준을 결정한다

대립가설 채택 여부를 결정하기 위해서 유의수준을 결정해야 한다. 통계학적으로 유의수준(제1종 오류를 범할 최대허용확률)을 어떻게 결정하는지에 대한 명확한 이론은 없는 관계로 통상적으로 허용되는 수준으로 결정하게 되며 통상적으로 0.1, 0.05, 0.01 중 하나를 채택하게 된다. 이후 분석의 목적에 적절한 검정방법을 선택한다.

(1) 데이터 분석예시에 대한 유의수준 결정

본 예시에서는 유의수준 0.05(5%)에서 다이어트 프로그램의 효과 여부를 알아보기 위한 가설채택 여부를 결정한다고 가정하자.

2) 검정방법을 결정하고 검정통계량 값을 구한다

데이터의 종류, 인자 수, 데이터의 평균 혹은 분산에 대한 검정여부 등에 따라서 적절한 통계분석 도구와 검정통계량을 결정한다. 여기서 검정통계량이란 통계적 가설검정에 사용되는 통계량을 말하며 확률표본의 함수로 표현된다. 그리고 귀무가설이 참이라는 전제하에서 표본으로부터의 검정통계량의 값을 구한다. 가설검정을 확률분포를 활용하게 되는데, 확률분포에 따라서 검정통계량으로 대게 Z 통계량(정규분포), t 통계량(t분포), x^2통계량(x^2분포), F 통계량(F 분포)을 사용한다. 검정통계량에 해당하는 분포를 활용하여 p-값을 결정한다. 자세한 내용은 다음 절에서 다루기로 한다.

5. 가설채택여부를 결정한다

가설검정 시 p-값과 유의수준을 비교하여 귀무가설 혹은 대립가설을 채택하는 절차를 거치게 된다. p-값은 귀무가설이 참이라는 전제하에서 구한 검정통계량의 값이 나타날 가능성으로 해석할 수 있으며, p-값이 유의수준보다 작으면(즉 검정통계량의 값이 나타날 가능성이 작으면) 귀무가설을 기각하고 대립가설을 채택하게 되며 p-값이 유의수준보다 크면 귀무가설을 채택하게 된다.

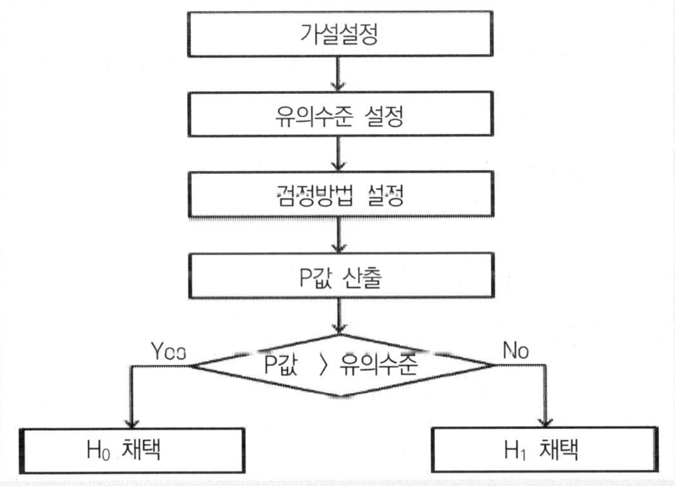

[그림 7-12] 가설검정의 단계

학습 7

Tip

- 데이터 분석의 목적에 표본데이터를 통한 모집단의 특성을 추론하는 통계기반 데이터 분석이 부합하는지를 파악하는 것이 중요하므로 적합도 판단 및 가설설정과 관련하여 전문가의 조언을 받아서 진행되어야 한다.
- 가설검정을 시행하기 전에 그래프 분석을 통해서 데이터의 전체적인 모습을 보고 이상치 확인 및 제거작업 등을 통해서 정확한 가설검정 결과를 도출할 수 있도록 해야 한다.

02 빅데이터의 가설평가를 위한 기준설정 과정에 대하여 분석하라.

1. 데이터 분석목적 및 가설을 바탕으로 가설검정을 위한 적합한 검정통계량을 결정한다

가설검정 방법은 데이터가 연속형 데이터인지 이산형 데이터인지에 따라서 또는 모집단의 평균 혹은 분산에 관한 검정인지 등에 따라서 적합한 검정방법이 존재하며, 가설에 부합하는 검정통계량 및 이에 대한 분포를 결정해야 한다.

1) 데이터 분석예시에 대한 검정방법 선택 및 검정통계량 결정

동일한 지원자를 대상으로 다이어트 프로그램 수행 전·후 체중을 기록하여 이들 간의 평균차이가 통계적으로 유의하게 차이가 존재하는지를 알아보고자 하므로 동일한 집단의 두 평균 비교에 해당된다. 따라서 검정통계량은 $T = \dfrac{\overline{D}}{\dfrac{s_{\overline{D}}}{\sqrt{n}}}$ 로 한다(이때, 다이어트 프로그램 수행 전·후 체중의 차이에 대한 표본평균 및 표본 표준편차를 각각 $\overline{D}$와 $s_{\overline{D}}$이라 함).

2. 각 검정방법에서의 모집단에 대한 가정을 확인하고 표본데이터가 검정방법의 가정에 부합하는지를 확인한다

모집단에 대한 가정에 따라 검정방법별로 적합한 검정통계량이 있게 된다. 예를 들어 평균차이 분석법에서는 기본적으로 데이터가 정규분포를 따른다는 가정을 한다. 따라서 주어진 데이터가 이러한 가정을 만족하는지를 확인해야 한다.

3. 검정방법에 적합한 검정통계량 결정과 p-값을 산출한다

주어진 데이터를 가지고 검정통계량 계산에 요구되는 표본평균 혹은 표본분산 R을 포함한 다양한 통계 패키지를 활용하여 계산하고, 검정통계량의 분포를 확인하여 p-값을 계산한다.

4. 귀무가설을 채택 혹은 기각한다

유의수준과 p-값을 활용하여 귀무가설 채택여부를 결정하게 된다.

1) 데이터 분석예시에 대한 귀무가설 채택여부 결정

양측검정, 단측검정 모두 p-값이 유의수준보다 작으므로, 유의수준 5% 기준으로 귀무가설을 기각하고 대립가설을 채택하게 된다. 즉 가설검정을 통해 다이어트 프로그램이 체중감소에 효과가 있음을 알 수 있다.

Tip

- 가설검증 방법별로 모집단에 대한 가정(예 정규성, 등분산 등)을 하는 경우가 있으며, 이럴 때 검정통계량에 해당하는 표본 통계값을 산출하기에 앞서 표본데이터를 가지고 모집단에 대한 가정을 만족하는 지를 확인해야 한다.

학습 7

03 빅데이터 분석모델의 설계과정에 대하여 분석하라.

1. 비즈니스 문제에 대한 명확한 이해를 바탕으로 데이터 분석목적을 명확히 하고, 분석을 위한 데이터를 수집한다

어떠한 목적을 가지고 주어진 빅데이터를 분석하는 것인지, 분석을 위해서 어떠한 데이터 수집이 가능한지를 알아본다. 특히 독립변수들이 무엇이며 종속변수는 존재하는지 여부 등을 확인한다.

2. 통계 및 데이터마이닝 빅데이터 분석모델을 선정한다

분석목적에 부합하고 수집된 데이터의 변수들을 고려하여 적합한 빅데이터 분석모델을 결정해야 한다.

3. 선정한 빅데이터 분석모델을 수집한 데이터에 적용하여 분석모델을 구축한다

분석목적에 부합하고 수집된 데이터의 변수들을 고려하여 적합한 빅데이터 분석모델을 결정해야 한다.

Tip

- 각 통계 및 데이터마이닝 기반 빅데이터 분석모델별 특징 및 장단점을 이해하고, 이를 바탕으로 분석목적 및 분석대상 데이터 세트에 적합한 분석기법을 선택하는 연습이 필요하다.

04 빅데이터 분석모델 확장 및 활용과정에 대하여 분석하라.

1. 파생변수를 활용하여 분석모델을 확장한다

파생변수를 생성하는 다양한 방법이 존재하며, 예제에서는 '표현방식의 변환'에서 데이터의 내용을 이진변수로 표현하는 예제가 있다. 예를 들어 고객의 연령정보가 있을 때 이를 10대, 20대, 30대, 40대와 50대 여부를 표현하는 파생변수들로 생성하고자 한다. 먼저 고객 id와 연령으로 구성된 데이터 세트를 생성한다.

기존 데이터 세트에 ifelse() 함수를 이용하여 고객 연령에 해당하는 나잇대를 이진변수로 표시하는 파생변수들을 추가하여 분석 시 이 파생변수들을 활용할 수 있게 된다.

기존 데이터 세트에 age20s, ages30s, ages40s, age50s과 같은 파생변수가 생성된 것을 확인할 수 있다.

2. 앙상블 기법들을 활용하여 분석모델을 확장한다

1) 배깅(Bagging)

배깅은 Bootstrap aggregating의 줄임말로 주어진 데이터에 대해서 여러 개의 부트스트랩 자료를 생성하고 각 부트스트랩 자료를 모델링 한 후 결합하여 최종 예측모델을 산출하는 방법이다. 여기서 부트스트랩이란 단순 복원 임의추출법을 통해 원 데이터로부터 크기가 동일한 여러 개의 표본데이터 세트를 말하는 것이다. 배깅은 예측모델의 변동성이 큰 경우

예측모델의 변동성을 감소시키기 위해 사용한다. 보통 R에서 제공하는 iris 데이터를 이용하여 배깅을 한다. 먼저 iris 데이터 적재 후 분석모델을 생성한다.

bagging_iris를 수행하면 다양한 정보가 제공되는데 tree 항목에서는 배깅에 사용된 10개의 트리 모델에 대한 정보가 출력되고, votes 항목에서는 각 모델을 통해 예측된 투표결과, prob 항목에서는 예측 확률결과를 확인할 수 있다.

2) 부스팅(Boosting)

부스팅은 잘못 분류된 개체들에 관심을 가지고 이들을 더 잘 분류하기 위해서 잘못 분류된 개체들에 집중하여 새로운 분류 규칙을 만드는 단계를 반복하는 방법이다. 부스팅의 특징은 예측변수를 차례로 생성하는 것이다. 처음 원 데이터의 객체들에서는 동일한 가중치에서 시작하지만, 모델링을 통한 예측변수에 의해 오 분류된 개체들에는 높은 가중치를 부여하고, 정 분류된 객체들에는 낮은 가중치를 부여하여 오 분류된 객체들이 더 잘 분류되도록 하는 방법이다. 다시 말하면 부스팅은 예측모델의 정확도를 향상하는 방법의 하나이다.

3) 랜덤 포레스트(Random Forest)

랜덤 포레스트는 여러 개의 의사결정트리를 임의로 학습하는 앙상블 방법이다. 다른 모델에 비해 속도가 현저히 빠르고 성능도 좋은 편이다. 분류 및 회귀문제 모두 다 양호한 성능을 나타낸다. 랜덤 포레스트는 두 가지 방법을 사용해서 다양한 의사결정트리를 만든다.

첫 번째는 의사결정트리를 만들 때 데이터를 복원추출로 샘플링하여 해당 데이터에 대한 모델을 만들어가는 방식이다. 모델을 만들어 나갈 때 모든 데이터를 사용하지 않고 일부 데이터만을 사용하는 것이 특징이다. 두 번째는 노드 내에 데이터를 분기할 때 사용되는 기준을 정할 때 전체 변수를 대상으로 분기하는 것이 아니라 일부 변수에 대해서 분기를 시도하여 여러 의사결정트리를 생성한다. 여러 개의 의사결정트리 모델이 만들어지면 이들의 결과들을 종합하여 다수결(Majority Voting) 방식 등을 이용하여 최종값을 산출한다.

Tip

- 파생변수를 생성하기 위한 다양한 방법에 대해 추가로 숙지하도록 한다.

05 빅데이터 분석모델의 평가과정에 대하여 분석하라.

1. 예측모델의 경우 예측오차, 교차 유효성 검사 등을 이용하여 모델 성능을 평가한다

훈련데이터 세트를 가지고 구축된 예측모델을 검증데이터 세트를 이용하여 예측모델의 성능을 평가한다. 평가방법은 예측오차, 교차 유효성 검사 등이 있다.

검증데이터 세트를 이용하여 예측오차 및 교차 유효성 검사를 통한 예측모델 성능평가 방법이 있다.

1) 예측오차를 통한 예측모델 성능평가

임의의 시계열 데이터가 주어졌을 때 훈련데이터 세트와 검증데이터 세트로 구분하고, 훈련데이터 세트를 활용하여 ARIMA 모델을 생성 한다. 이 후 검증데이터 세트를 이용하여 MAE, MSE, MAPE 등과 같은 예측오차를 통해 ARIMA 모델의 성능을 평가하고자 한다. 먼저 시계열 데이터가 주어졌다고 가정하자.

데이터 세트를 저장하고 있는 csv 파일을 불러온다. 다음은 데이터를 훈련데이터 세트가 검증데이터 세트로 구분한다. 다음은 각각의 데이터 세트를 시계열 형식으로 변환한다. 다음은 훈련데이터 세트를 바탕으로 ARMIA 예측모델을 생성하고 Akaike 정보척도(Akaike Information Criterion, AIC)를 이용하여 최선의 ARIMA 모델을 선택한다. 최적의 경우를 찾아서 이를 바탕으로 훈련데이터 세트를 이용하여 ARIMA 모델을 생성하고, 생성된 모델을 바탕으로 이후 25개 데이터에 대한 예측치 결과를 얻는다. 다음은 실제 데이터와 ARIMA 모델을 통해 예측된 예측치 간의 비교를 MAE, MSE, MAPE 기준으로 성능평가를 수행한다.

결과에서 ARIMA 모델이 예측한 25개 예측 치와 검증데이터 세트 간의 예측 오차를 MAE, MSE, MAPE 기준으로 에를 들어 각각 0.056, 0.0038, 0.1740과 같음을 알 수 있다.

2) 교차 유효성 검사를 통한 예측모델 성능평가

R에서 제공하는 iris 데이터를 사용하며, 데이터 내 다른 변수들을 이용하여 Sepal Length를 예측하는 랜덤 포레스트 모델을 생성한다. 이때 교차 유효성 검사방법을 통해 예측모델의 성능을 평가한다. 먼저 iris 데이터를 불러온다. 다음은 K=5인 교차 유효성 검사를 위해 1부터 5까지의 인덱스를 관측치 개수만큼 샘플링하여 K개의 데이터 세트를 훈련데이터 세트와 검증데이터 세트로 구분하여 번갈아가면서 테스트를 진행한다. 마지막으로 교차

유효성 검사를 통해 얻은 예측치를 검증데이터 세트값과 비교를 통해 성능평가를 수행하기 위해 앞서 살펴본 예측오차 MAE, MSE, MAPE 등을 기준으로 예측성능을 평가한다.

2. 분류모델의 경우 분류오류율, 혼동행렬, ROC 곡선기법 등을 이용하여 모델 성능을 평가한다

분류모델도 예측모델의 경우와 마찬가지로 검증데이터 세트를 이용하여 분류모델의 성능을 평가한다. 분류모델의 성능평가 방법으로는 앞서 살펴본 바와 같이 분류오류율, 혼동행렬, ROC 곡선기법 등이 있으며, 일단 혼동행렬과 ROC 곡선기법을 통해 모델 성능을 검증하는 방법에 대해 살펴보고자 한다.

1) 혼동행렬을 통한 분류모델 성능평가

예를 들어 주어진 분류모델을 가지고 검증데이터 세트 내 10,000개의 데이터를 활용하여 혼동행렬을 구했다고 하자.

2) ROC 곡선기법을 통한 분류모델 성능평가

R을 이용하여 ROC 곡선기법 적용 예제를 살펴보도록 하자. ROC 곡선은 ROCR 라이브러리를 이용하여 확인해볼 수 있다. 간단하게 ROCR에서 제공하는 데이터 ROCR.simple 데이터 세트를 이용하여 ROC 곡선을, 그리고 AUC 값을 확인해보자. 참고로 ROCR.simple 데이터는 실제 분류유형을 나타내는 $labels 항목(이진 값)과 이에 대한 예측값 혹은 확률을 나타내는 $predictions 항목(수치형)으로 구성되어 있다. ROCR에서 제공되는 데이터를 이용하여 예측한 모델의 AUC 값은 y.values 항목을 통해 0.843으로 확인 가능하다.

3. 군집모델의 경우 내부평가(던 지수, CH 지수 등) 혹은 외부평가(랜드 지수, 자카드 지수 등) 등을 이용하여 모델 성능을 평가한다

1) 내부평가를 이용한 군집모델 성능평가

(1) 데이터 준비 및 스케일링

R에서 기본적으로 제공하는 iris 데이터를 활용하여 군집모델 생성을 위해 군집에 적합한 데이터를 준비한다. caret 패키지의 createDataPartition 함수를 사용하여 훈련데이터 세트와 검증데이터 세트를 준비한다. 또한 scale 함수를 사용하여 iris 데이터를 표준화한다.

(2) 군집모델 생성

단계 (1)에서 iris 데이터를 훈련데이터 세트와 검증데이터 세트로 나누었는데, 그 중 훈련데이터 세트를 이용하여 3개의 군집으로 군집화하는 군집모델을 생성한다.

(3) 검증데이터 세트를 통한 모델 정확성 확인

단계 (2)에서 생성한 군집모델을 검증데이터 세트를 통해 모델의 정확성을 확인하고자 한다.

(4) 내부평가 방법을 이용한 모델성능 평가하기

단계 (3)에서 생성된 검증데이터 세트의 군집결과를 바탕으로 던 지수값을 확인한다.

Tip

- 분석목적이 예측인지, 분류인지, 군집인지 등에 따라서 분석모델을 구축하고 각 분석목적에 따라 서로 다른 분석모델의 성능평가 방식이 존재함을 인지한다. 분석목적과 구축한 분석모델에 부합하는 적절한 성능평가 방법을 선택하고 이를 통해 구축한 분석모델의 성능을 확인한다.
- 분석목적 및 분석모델별로 성능평가 방법이 다양하며 상황에 따라서 단 하나의 성능평가 방법을 적용하는 것이 아닌 하나 이상의 성능평가 방법을 적용해 보고 분석모델의 성능에 대해 적절한 평가를 하는 것이 중요하다.
- 군집모델의 경우 가능하다면 내부평가와 외부평가방법 모두를 적용하여 모델성능을 평가하는 것이 중요하다.

학습활동.7 교수 · 학습 방법

교수 방법

- 통계기반 빅데이터 분석에 대한 관련 용어, 구성, 방식 이해 정도를 파악한 후 수업을 진행한다.
- 교수자의 주도로 통계기반 빅데이터 분석 등의 내용을 PPT 자료로 제시한 후 설명한다.
- 가능하면 사전에 개인별 학습 자료를 준비하여 모든 학생이 참여할 수 있는 문제 해결식 수업, 협력 수업이 가능하도록 한다.
- 통계기반 빅데이터 분석 전 과정을 작업의 순서에 따라 단계적으로 실습이 이루어질 수 있도록 지도한다.
- 교재를 통해 수업을 준비하는데 있어서 필요한 모든 정보나 팁, 힌트 등 도움이 될 만한 내용들을 확인할 수 있다.
- 학생들이 민들게 될 각 모넬들은 수업시간에 중점적으로 다뤄질 부분과 어휘, 질문, 답을 포함하고 있으며 또한 탐구할만한 추가적인 아이디어들도 포함하고 있다.

학습 7

학습 방법

- 통계기반 빅데이터 분석에 대한 관련 용어를 숙지하고, 통계기반 빅데이터 분석에 대해 이해한다.
- 통계기반 빅데이터 분석의 각 단계별 중점 사항을 체계적으로 학습한다.
- 통계기반 빅데이터 분석의 수행순서의 전 과정을 실습한다.
- 통계기반 빅데이터 분석의 내용을 이해한다.
- 통계기반 빅데이터 분석을 숙지하고 숙달이 될 때까지 학습한다.

학습활동.7 평가 및 피드백

평가 준기

- 평가자는 피평가자가 수행 준거 및 평가 내용에 제시되어 있는 내용을 성공적으로 수행할 수 있는 지를 평가해야 한다.

학습내용	평가항목	성취수준		
		상	중	하
통계기반 빅데이터 분석	통계기반 빅데이터 분석을 이해할 수 있다.			

평가 방법

• 작업 포트폴리오

학습내용	평가항목	성취수준		
		상	중	하
통계기반 빅데이터 분석	통계기반 빅데이터 분석을 이해할 수 있다.			

• 필기시험

학습내용	평가항목	성취수준		
		상	중	하
통계기반 빅데이터 분석	통계기반 빅데이터 분석을 이해할 수 있다.			

• 체크리스트를 통한 관찰

학습내용	평가항목	성취수준		
		상	중	하
통계기반 빅데이터 분석	통계기반 빅데이터 분석을 이해할 수 있다.			

• 피드백

1. 작업 포트폴리오
   - 제출한 보고서를 평가한 후 주요 사항에 대하여 표시하여 돌려준다.
2. 필기시험
   - 평가 결과 성적이 저조한 학생은 보고서 제출 기회를 부여한다.
3. 체크리스트를 통한 관찰
   - 실습 과정에서 평가한 후 개선해야 할 사항 등을 정리하여 돌려둔다.

참 | 고 | 문 | 헌

- 개인정보보호법(시행 2016년 4월 7일, 법률 제13723호)
- 공공 데이터의 제공 및 이용활성화에 관한 법률(시행 2016년 7월 25일, 법률 제13423호)
- 공공데이터포털, https://www.data.go.kr, 2016.8.10.
- 교육부 · 전종훈 외, "빅데이터 분석, NCS 학습모듈"
- 국가법령 정보센터, http://www.law.go.kr
- 국가통계포털, http://kosis.kr, 2016.8.11.
- 김선남 · 이환수, 『빅데이터 개인정보 가이드라인(안)의 개선방향 연구』, 『정보화 정책 제21권, 제4호』, 25쪽, 2014.
- 김시환 · 천석진 · 이현주, 『Big data 이용현황과 시사점』, 『지급결제와 정보기술 제52호』, 금융결제원 금융결제 연구소, 2013.
- 김우철, 『현대통계학』, 영지문화사, 2001.
- 김진영, 『헬로 데이터 과학』, 한빛 미디어, 2016.
- 김형수 · 박대윤 · 연규필 · 이재남, 『이정도면 충분한 SAS 마케팅 통계분석』, 자유아카데미, 2016.
- 김형훈 · 김선화, 『클라우드와 빅데이터의 강력한 파트너 MongoDB 핵심가이드』, 프리렉, 2014.
- 네이션 야우([2011] 2012), 『비주얼라이즈 디스 : 빅데이터 시대의 시각화+인포그래픽 기법(VISUALIZE THIS : The FlowingData Guide to Design, Visualization, and Statistics)』, 송용근(역), 에이콘.
- 모리후지 다이치, 안티베이지안([2014] 2015), 『엔지니어를 위한 데이터 시각화(ENGINEER NO TAME NO DATA KASHIKA 〈JISSEN〉 NYUMON)』, 김성재(역), 한빛미디어.
- 미래창조과학부 · 한국정보화진흥원, K-ICT 빅데이터센터(2016), 2015년 BIGDATA 시장현황 조사.
- 민세희, 「데이터 시각화, 인식과 행동」, 『2014년 지역정보화 동향분석』, 제9호, pp.1-14, 2014.
- 빅데이터 기술분류 및 현황, 한국지능정보사회진흥원, 2013.12.
- 서진수, 『R라뷰 : R을 활용한 데이터 분석 입문편』, 더알음, 2016.
- 소프트웨어공학센터, http://www.sw-eng.kr
- 양현철 · 김진철 · 신신애 · 김배현, 『빅데이터 활용 단계별 업무절차 및 기술 활용 매뉴얼(Version 1.0)』, 미래창조과학부, 2014.
- 위키백과, https://ko.wikipedia.org/wiki
- 유충현 · 홍성학, R을 활용한 데이터 시각화, 379, 2015.
- 이상한 · 정영훈, 『빅데이터 시스템 구축 가이드』, 프리렉, 2015.
- 이재운 기사, "통계학적 방식으로 취약점 방어...빅데이터 활성화 기대", 디지털타임즈, 3면, 2016.7.1.
- 전치혁 · 정민근 · 이혜선, 『공학응용통계』, Postech Press, 1998
- 조대협, NoSQL 데이터 모델링, http://bcho.tistory.com/665, 2010.08.01. 검색 2012.
- 조대협, 분산 로그 & 데이터 수집기 Fluentd, http://bcho.tistory.com/1115, 2016.8.1.
- 주종면, 『NoSQL & mongoDB』, 도서출판databook, 2014.
- 포스터 프로보스트 · 톰 포셋, 『비즈니스를 위한 데이터 과학』, 한빛 미디어, 2014.
- 한국 데이터베이스 진흥원, 『데이터 분석 전문가 가이드 2014 Edition』, 2014.
- 한국 데이터베이스 진흥원, 『데이터 분석 전문가 가이드 개정판』, 2016.
- 한국데이터베이스진흥원 편, 『데이터 분석 전문가 가이드』, 2014.
- 한국데이터베이스진흥원, 『데이터 분석 전문가 가이드 2014 Edition』, KODB, 2014.
- 한국정보화진흥원, 2015년 빅데이터산업 10대 뉴스 및 이슈, BIGDATA, 2015.
- 한국정보화진흥원, 빅데이터 시각화 기술 도입을 위한 단계" 「빅데이터 기술 분류 및 현황」, 2015.

학습 7

- 한국정보화진흥원, 빅데이터 활용 단계별 업무절차 및 기술 활용 매뉴얼(Version 1.0), 2014.
- 행정자치부 관계부처 합동 보도문, 『개인정보 비식별화 가이드라인』, 2016.
- Alfaro.E., Gamez.M., & Garcia.N.(2013), adabag : An R Package for Classification with Boosting and Bagging, Journal of Statistical Software, 52(2), 1-35.
- boardConfigUid=9 &boardIdx=39&boardStep=1, 2016.7.28.
- Calinski.T., & Harabasz.J. (1974), A Dendrite Method for Cluster Analysis, Communications in Statistics - Theory and Methods, 3(1), 1-27.
- Cattell R., Scalable sql and nosql data stores, ACM SIGMOD, Athens, Greece, 2011.
- DBGuide.net, 데이터 요건분석.
- Gartner(2016),'Magic Quadrant for Business Intelligence and Analytics Platforms', 2016. 01.04.
- Han.J., Kamber.M., & Pei.J. ([2012] 2015). 『데이터마이닝 : 개념과 기법 (Data mining : concepts and techniques)』. 정사범 · 송용근(역), 에이콘출판.
- http://cartodb.com/
- http://colorbrewer2.org
- http://data.seoul.go.kr/openinf/linkview.jsp?infId=OA-13304
- http://docs.ggplot2.org
- http://gapminder.org/world
- http://ggplot2.org
- http://github.com/dkahle/ggmap
- http://groups.google.com/group/ggplot2
- http://happycontrol.tistory.com/entry/%EC%9D%B8%EA%B3%B5%EC%8B%A0%EA%B2%BD% EB%A7%9D1
- http://indiemapper.com/
- http://mbostock.github.io/protovis/
- http://mbostock.github.io/protovis/ex/nba.html
- http://modestmaps.com/
- http://myweb.uiowa.edu/cavaaugh/ms_lec_2_ho.pdf
- http://newsmap.jp
- http://philogb.github.io/jit/
- http://processing.org
- http://python.org
- http://sgis.kostat.go.kr/view/index
- http://www.adobe.com/kr/products/illustrator.html
- http://www.dbguide.net/db.db?cmd=view&boardUid=13839&
- http://www.google.com/drive/start/apps.html
- http://www.iea.org/etp/explore/
- http://www.instantatlas.com/
- http://www.labri.fr/perso/nrougier/teaching/matplotlib/
- http://www.perceptualedge.com/articles/visual_business_intelligence/sometimes_we_must_raise _our_voices.pdf
- http://www.r-project.org/
- http://www.tableau.com/
- http://www.telerik.com/kendo-ui

- http://www2.parc.com/istl/groups/uir/publications/items/UIR-1986-02-Mackinlay-TOG-Automat ing.pdf
- https://commons.wikimedia.org/wiki/File:Basic_by_Isotype.jpg
- https://commons.wikimedia.org/wiki/File:Gestalt_closure.svg
- https://cran.r-project.org/web/packages/RColorBrewer/index.html
- https://d3js.org/
- https://developers.google.com/chart/
- https://developers.google.com/chart/interactive/docs/gallery
- https://developers.google.com/chart/interactive/docs/reference
- https://docs.google.com/spreadsheets/u/0/
- https://en.wikipedia.org/wiki/Principles_of_grouping#/media/File:Gestalt_proximity.svg
- https://en.wikipedia.org/wiki/Principles_of_grouping#/media/File:Gestalt_similarity.svg
- https://ikkison.tistory.com/66 빅데이터/쉽게 읽는 데이터, 2019.5.23.
- https://infogr.am
- https://inkscape.org/
- https://public.tableau.com/s/
- https://rocr.bioinf.mpi-sb.mpg.de/ROCR.pdf
- https://shapeofdata.wordpress.com/2013/03/26/general-regression-and-over-fitting/
- https://stat.ethz.ch/R-manual/R-devel/library/stats/html/heatmap.html
- https://www.arcgis.com/features/index.html
- https://www.openstreetmap.org/
- https://www.rstudio.com/
- https://www.theguardian.com/news/datablog/2010/may/17/uk-public-spending-departments-mo ney-cuts
- IDC(2014), 'IDC FutureScape : Worldwide Big Data and Analytics 2015 Predictions', 2014.12.10.
- Jock D. Mackinlay(1986), Automating the Design of Graphical Presentations of Relational Information, ACM Transaction on GRaphics, Vol.5, No.2, April. 1986, 1-34.
- Łukasz Halik, (2012), The analysis of visual variables for use in the cartographic design of point symbols for mobile Augmented Reality applications, GEODESY AND CARTOGRAPHY, Vol.61, No.1, 2012, 19-30.
- mongoDB Inc., (2016.08), MongoDB 3.2 Manual, Retrieved from https://docs.mongodb.com/manual/
- mongoDB Inc., (2016.08), Sharding, Retrieved from https://docs.mongodb.com/manual/sharding/
- Shard_(database_architecture)
- Sharon Machlis(2015), Chart and image gallery : 30+ free tools for data visualization and analysis, Computerworld
- Solid IT. Inc., (2016. 08), DB-Engines Ranking, Retrieved from http://db-engines.com/en/ranking
- TTA(2014), "빅데이터 시각화 기술", ICT 표준화포럼-빅데이터포럼.
- Wikipedia, (2016.08), Shard(database architecture), Retrieved from https://en.wikipedia.org/wiki/

학습 7

학습 1	빅데이터의 이해
학습 2	빅데이터의 분석기획
학습 3	빅데이터의 수집
학습 4	빅데이터의 저장
학습 5	빅데이터의 처리
학습 6	빅데이터의 분석용 데이터 탐색
학습 7	통계기반 빅데이터 분석
학습 8	**머신러닝 기반의 빅데이터 분석**
학습 9	텍스트마이닝 기반의 빅데이터 분석
학습 10	빅데이터의 시각화
학습 11	빅데이터의 비즈니스 모델과 활용전략
학습 12	빅데이터의 플랫폼과 관리
학습 13	빅데이터의 보안분석
학습 14	빅데이터의 융합

학습 목표

1. 머신러닝 기반의 빅데이터 분석을 이해할 수 있다.

8-1 머신러닝 수행방법계획

1. 머신러닝 기반 빅데이터 분석기획

1) 머신러닝의 정의 및 현황

머신러닝 기반의 데이터 분석을 효과적으로 수행하기 위해서는 우선 머신러닝이 무엇을 의미하는지, 주로 어떤 상황에서 사용하는지를 올바르게 이해할 필요가 있다.

(1) 머신러닝의 개념

머신러닝(Machine Learning)은 컴퓨터 과학의 영역에 속하는 인공지능의 한 분야로서 컴퓨터 프로그램이 어떤 것에 대한 학습을 통해 기존의 모델이나 결과물을 개선하거나 예측하게끔 구축하는 과정을 의미한다. 즉 훈련데이터에서 여러 가지 통계적, 컴퓨터 알고리즘적, 수치적 방법 등을 통해서 규칙성이나 패턴을 찾은 뒤(이를 학습과정이라고 말한다) 훈련에 사용하지 않은 새로운 데이터를 통해서 필요한 답을 얻어내는 것을 의미한다.

(2) 머신러닝의 구성요소

머신러닝을 위해서는 수행하고자 하는 '작업'이 있어야 하며, 작업을 수행하기 위해 주어진 데이터로부터 학습한 '모델', 그리고 작업수행을 위해 모델을 학습하는 과정에서 개체를 측정한 '특성(Features)'이 필요하다.

〈표 8-1〉 머신러닝에 대한 다양한 정의와 의미

머신러닝에 대한 다양한 정의	주요 제안자 및 출처
컴퓨터에게서 배울 수 있는 능력, 즉 코드로 정의하지 않은 동작을 실행하는 능력에 관한 연구분야	Arthur Samuel (1959)
작업 T에 대한 성능을 P로 측정할 수 있고, 성능 P가 경험 E로 개선된다면 프로그램은 E,T,P 로부터 배웠다고 할 수 있다.	Tom Mitchell (1996, 1997)
정확한 '작업(Task)'을 성취할 수 있는 올바른 '모델(Model)'을 구축하기 위해 올바른 '특성(Features)'을 활용하는 것	Peter Flach (2012)
컴퓨터 프로그램이 어떤 것을 학습한 후에 최초 학습에 들인 시간과 노력보다 더 빠르고 수월하게 배운 것을 해낼 수 있게 하는 것	Jason Bell (2015)
인공지능의 한 분야로 컴퓨터가 학습할 수 있도록 하는 알고리즘과 기술을 개발하는 분야	Wekipedia

학습 8

(3) 머신러닝의 활용분야

머신러닝은 스팸메일 분류, 주식매매 등의 알고리즘 트레이딩, 맞춤광고 및 추천 시스템, 컴퓨터 비전(문자인식, 물체인식, 얼굴인식)이나, 자연어 처리, 음성인식, 정보검색 및 검색엔진, 유전자 분석, 로보틱스, 컴퓨터 게임 및 가상현실 등 실제 현실속에서 매우 다양한 분야에서 활용되고 있다. 최근 구글 등에서 추진하고 있는 무인자동차나 인공지능 알파고 같은 클라우드 기반의 인공지능 시스템도 머신러닝이 활용되고 있는 대표적인 분야라고 할 수 있다.

(4) 데이터 분석관점에서의 머신러닝

머신러닝은 어느 한 가지 분야의 기술이나 방법론에 국한되기보다는 확률론 및 통계학, 컴퓨터 과학, 데이터베이스론, 인지과학, 신경과학, 패턴인식 등 실로 다양한 분야의 학문적 배경과 성과들이 융합된 학제적 분야라고 할 수 있다.

① 통계학과 머신러닝 : 통계학은 전통적으로 데이터를 정보로 변환하기 위한 과학적이고 체계적인 방법을 제공하는 이론적 토대라고 할 수 있다. 통계학에서 특히 강조되고 있는 영역은 추론과 검증이며, 주어진 데이터가 연구자의 가설과 이론에 얼마나 부합하는가(혹은 관측치로 부터 도출된 값이 실제 모집단의 모수를 얼마나 정확하게 추정하고 있는가) 등을 설명하기 위해 다양한 방법론과 이론이 구축되어 있다.

한편 머신러닝은 명시적인 알고리즘을 설계하기 어렵거나 프로그래밍하기 어려운 작업을 해결하기 위해 주로 사용되며, 대부분의 머신러닝 알고리즘은 먼저 데이터가 생성한 잠재적인 메커니즘의 특징을 파악하여 복잡한 관계를 정량화한 후, 이 식별된 패턴을 사용하여 새로운 데이터에 대한 예측을 실시할 경우 사용된다.

얼핏 생각하면 통계학과 머신러닝의 접근 방법이 서로 정반대라고 생각될 수 있으나, 강조하는 측면이나 관점에 다소 차이가 있을 뿐 근간을 이루는 방법론은 매우 유사하다고 할 수 있다. 실제로 머신러닝의 많은 방법론들이 통계학에 기반을 둔 통계적 학습(Statistical Learning)에 근간을 두고 있다고 할 수 있다.

② 데이터마이닝과 머신러닝 : 머신러닝은 데이터로부터 유용한 규칙, 지식표현 혹은 판단기준 등을 추출한다는 점에서 데이터마이닝과도 관련이 깊다. 데이터마이닝이 주로 대규모로 저장된 데이터 안에서 체계적이고 자동적으로 의미 있는 규칙이나 패턴을 발견하고 이를 지식화하는 과정이라고 한다면, 머신

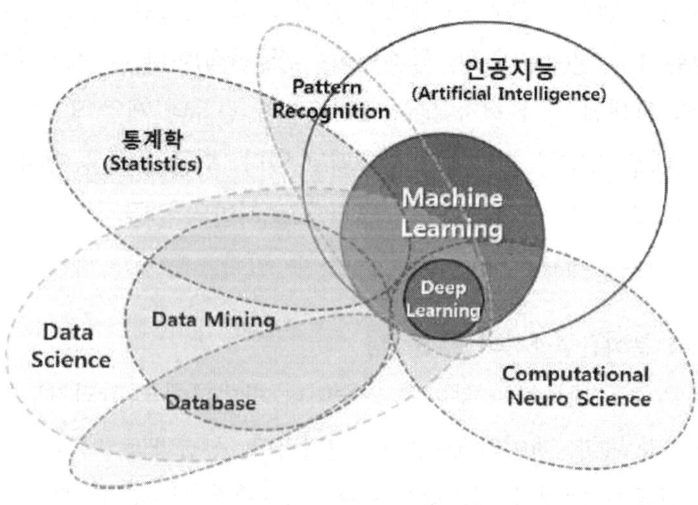

[그림 8-1] 머신러닝과 여러 학문분야와의 연계성

러닝은 주어진 입력데이터를 컴퓨터 프로그램이 학습하여 예측을 수행하고 스스로의 예측성능을 향상시키는 과정과 이를 위한 알고리즘을 연구하고 구축하는 기술이라는 점에서 다소 차이가 있다고 할 수 있다.

2) 머신러닝 기반 데이터 분석기법의 유형

머신러닝 기반의 데이터 분석기법을 분류하는 기준은 다양한 관점에서 여러 가지 기준이 있을 수 있으나, 일반적으로 목적변수(혹은 반응변수, 목표변수, 출력 목표값 등으로 표현) 존재 여부 등에 따라, 지도학습(Supervised Learning)과 자율학습 혹은 비지도학습(Unsupervised Learning)으로 분류하며, 추가적으로 강화학습(Reinforcement Learning), 준지도학습(Semi-Supervised Learning) 등으로 구분하기도 한다.

(1) 지도학습(Supervised Learning)

지도학습은 설명변수[혹은 독립변수, 특성(Feature) 등으로 표현]와 목적변수(혹은 반응변수, 종속변수, 목표변수, 출력값 등으로 표현) 간의 관계성을 표현해내거나 미래관측을 예측해 내는 것에 초점이 있다. 주로 인식, 분류, 진단, 예측 등의 문제해결에 적합하다.

① 주요 기법 및 알고리즘 : 지도학습에 속하는 대표적인 기법은 설명 혹은 예측하고자 하는 목적변수(혹은 반응변수, 종속변수)의 형태가 수치형(양적변수)인가 범주형(질적변수)인가에 따라 분류와 수치예측 방법으로 다시 나눌 수 있다.

〈표 8-2〉 지도학습기법의 여러 유형

분 류	수치예측(혹은 회귀)
K-최근접 이웃(K-Nearest Neighbors)	선형회귀(Linear Regression)
로지스틱 회귀(Logistic Regression)	확장된 회귀분석(예 다항회귀, 비선형 회귀, 벌점회 회귀 등)
인공신경망 분석(Artificial Neural Network)	인공신경망 분석(Artificial Neural Network)
의사결정트리(Decision Tree)	의사결정트리(Decision Tree)
서포트 벡터머신(Support Vector Machine)	서포트 벡터머신(회귀) [Support Vector Machine(Regression)]
나이브 베이즈(Naive Bayes)	PLS(Partial Least Squares)
앙상블 기법(랜덤 포레스트 등)	앙상블 기법(랜덤 포레스트 등)

(2) 자율학습 혹은 비지도학습(Unsupervised Learning)

자율학습 혹은 비지도학습은 목적변수(혹은 반응변수, 종속변수, 목표변수, 출력값)에 대한 정보없이 학습이 이루어지는 형태를 말하며, 예측의 문제보다는 주로 현상의 기술(Description)이나 특징 도출, 패턴 도출 등의 문제에 많이 활용된다.

일반적으로 명확하고 뚜렷한 예측 목적이 있는 지도학습기법에 비해 자율학습기법은 사전정보가 없는 상태에서 유용한 정보나 패턴을 탐색적으로 발견하고자 하는 데이터마이닝의 성격이 더 강하다고 볼 수 있다.

주요 기법 및 알고리즘은 자율학습 혹은 비지도학습에 속하는 대표적인 기법인 군집화(Clustering), 차원축소기법, 연관관계분석(장바구니분석), 자율학습 인공신경망(SOM 등)의 기법이 있으며, 최근 관심이 높아지고 있는 딥러닝(Deep Learning) 기법에서도 입력 특성들의 차원을 축소하는 단계에서 자율학습 기법이 적용된다고 볼 수 있는 등 그 활용성은 매우 다양하다고 하겠다.

3) 머신러닝 기반 데이터 분석계획 및 절차

머신러닝 기반 데이터 분석수행 시 일반적으로 다음의 절차를 따르게 된다.

(1) 비즈니스 이해 및 문제 정의

모든 분석 주제가 그렇듯, 머신러닝 기반 데이터 분석에서도 마찬가지로 해결하려는 문제를 정의하는 것이 가장 우선이다. 자신이 해결하려는 문제를 이해하고, 그 문제를 해결하기 위한 비즈니스 도메인 이해 및 문제를 파악해가는 과정을 반복해 가면서 문제를 재정의하고 해결책을 모색하는 단계를 반복적으로 거치면서 구체적인 목적과 필요한 데이터에 대한 이해가 명확해지게 된다. 또한 문제정의 과정과 필요한 데이터 형태에 대해 구상을 하는 과정에서 자연스럽게 어떤 머신러닝 기법을 적용하게 될지 1차적인 잠정적 의사결정 과정을 거치게 된다.

(2) 데이터 수집

해결하고자 하는 분석이슈가 명확해졌다면, 분석을 위해 필요한 데이터를 수집하게 된다. 물론 분석하려는 데이터가 이미 주어져 있는 상태에서 해당 데이터에 적합한 분석이슈를 고민하게 되는 경우도 있지만, 그 경우에도 분석을 위해 추가로 필요한 데이터가 발생할 수 있으므로 필요한 데이터 수집은 올바른 분석을 위해 항상 고려해야 하는 요소이다. 내부데이터 저장소(데이터 웨어하우스 혹은 데이터 마트 등)에서 SQL을 통하여 데이터를 추출하거나 하둡 기반의 빅데이터 플랫폼에서 데이터를 추출하는 경우가 일반적이라고 볼 수 있으나, 어떤 경우에는 외부데이터가 필요할 수도 있으므로 웹 사이트에서 필요한 데이터를 스크래핑 형태로 수집하거나 API 등을 통해 데이터를 수집해야 될 경우가 발생할 수도 있다.

(3) 데이터 전처리와 탐색

필요한 데이터가 수집되었다면, 머신러닝을 적용하기에 적당한 형태로 데이터를 전처리하고 변환하게 된다. 머신러닝 기반 데이터 분석결과의 질은 필요한 기법이나 알고리즘에도 좌우되지만, 데이터의 질에 따라 크게 좌우되므로 데이터 전처리와 변환 및 탐색단계가 매우 중요하다. 실제로 대부분의 분석과 마찬가지로 머신러닝 기반 데이터 분석 프로세스 중에서도 이 단계가 가장 많은 시간과 노력을 들이게 되는 단계라고 할 수 있다.

(4) 데이터에 대한 모델훈련

데이터 전처리와 탐색을 거친 후 사용하고자 하는 머신러닝 기법을 적용하여 데이터를 학습하는 단계이다. 물론 지도학습의 경우는 모델훈련을 위해 데이터를 학습용 데이터와 검증용 및 평가용 데이터로 분할하거나, 교차검증 등에 대한 설계를 거친 후 모델훈련을 하게 된다. 자율학습의 경우는 목적값을 가지지 않기 때문에 모델훈련을 한다기보다는 바로 분석을 통한 패턴도출의 과정을 수행한다고 볼 수 있다.

학습 8

8-2 데이터 세트 분할

1. 데이터 세트 준비 및 분할

1) 데이터 세트 분할의 필요성

일반적으로 머신러닝 기반 데이터 분석 진행시, 특히 지도학습 기반 모델 적용을 할 때는 전체 데이터 세트를 사용하여 한꺼번에 분석하지 않고, 학습용 데이터 세트와 평가용(테스트) 데이터 세트로 분할하여 분석을 진행하게 된다.

(1) 모델링의 과적합 및 일반화

머신러닝 기반 데이터 분석을 진행함에 있어서 머신러닝 기법이 주로 하는 역할

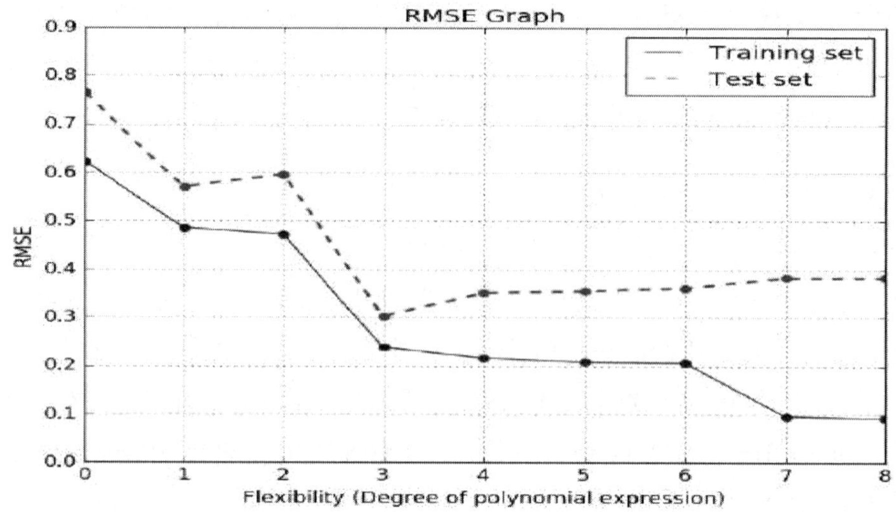

[그림 8-2] 훈련데이터와 평가데이터 간의 평균제곱근 오차추이 비교

은 주어진 데이터 세트를 학습하여 최적의 모수(파라미터)를 도출하는 것과 이를 바탕으로 특정 설명변수(혹은 특성 : Feature)가 주어졌을 때 목적변수(혹은 반응변수)의 값을 예측하는 과정이라고 할 수 있다. 그런데 주어진 훈련데이터 세트에 포함된 데이터는 엄밀히 말하면 '우연에 의해 얻어진 값'이라고 볼 수 있으므로 새로운 목적변수(혹은 반응변수) 등의 값을 예측하기 위해 얻어지는 신규데이터 세트는 원래의 훈련데이터 세트와 동일한 데이터가 아니다.

그러므로 훈련데이터에서 나타난 패턴들과 신규데이터의 패턴이 정확하게 일치할 가능성은 상당히 낮다. 따라서 머신러닝 기반 모델을 학습하는 데 있어서 훈련데이터 세트가 가지고 있는 특성을 너무 많이 반영하게 되면 훈련데이터 세트의 패턴만 잘 표현하게 되는 '과적합(Overfitting)'이 발생하게 되고, 새로운 데이터가 주어졌을 때 정확하게 예측할 수 있는 '일반화(Generalization)' 능력은 오히려 떨어지게 된다.

그래서 이러한 현상을 방지하고자 일반적으로 데이터 세트를 훈련용 데이터 세트와 평가용 데이터 세트로 분할하고 훈련용 데이터 세트로 학습한 머신러닝 모델이 평가용 데이터 세트의 목적변수(혹은 반응변수)를 얼마나 정확하게 예측하는지를 측정하여 이러한 기준치를 모델 성능의 평가기준으로 삼게 된다.

[그림 8-2]에서 나타나듯, 머신러닝 기법의 유연성이 증가함에 따라서(즉 다항식 차수가 증가할수록 주어진 데이터의 패턴과 정확하게 일치할 가능성이 늘어나므로 유연성이 증가한다고 볼 수 있음) 훈련데이터 세트의 평균제곱근 오차(RMSE :

Root Mean Squared Error)는 단조 감소하지만, 평가데이터 세트의 평균제곱근 오차는 다항식 차수증가에 따라 처음에는 감소하지만, 일정 수준 이후 오히려 증가하는 것을 볼 수 있다.

즉 위의 경우에는 4차식 이후에는 훈련데이터 세트의 패턴을 너무 민감하게 반영한 과적합 경향이 있다고 볼 수 있다. 만일 평가데이터로 계산한 평균제곱근 오차 지표가 없었다면, 차수가 증가할수록 훈련데이터의 평균제곱근 오차가 계속 낮아지므로 지나치게 과적합 되는 모델을 선택하게 될 것이다. 이런 의미에서 평가데이터가 필요한 것이다.

결국 평가데이터 세트를 사용하는 목적은 '미지의 데이터를 예측하는 능력, 즉 머신러닝 기반 분석모델의 일반화 능력을 측정하고 성능을 향상하기 위함이다.'라고 할 수 있다.

그러나 일반적으로 훈련데이터와 유사하면서 목적에 적합한 평가데이터를 별도로구하기는 쉽지 않으므로, 모델링을 위해 주어진 데이터를 학습용 데이터와 평가용 데이터로 분할해서 머신러닝 기법을 적용하게 되는 것이다.

2) 데이터 세트 분할방법 및 절차

일반적으로 머신러닝 기반 분석수행 시 훈련데이터(혹은 학습데이터)와 평가데이터를 나누어 모델링을 수행하는 과정은 [그림 8-3]과 같다.

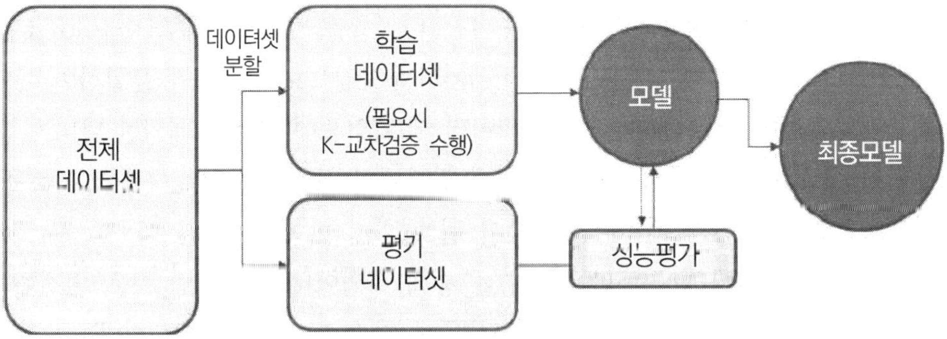

[그림 8-3] 훈련데이터와 평가데이터 분할을 통한 머신러닝 모델링 수행절차

(1) 일정 비율로 학습용과 평가용 세트로 데이터 분할

데이터의 일부를 훈련데이터, 나머지를 평가데이터로 분리한다. 특별한 경우가 아니라면 일반적으로 학습용과 평가용 데이터 각각의 분할은 전체 데이터에서 랜덤하게 특정 비율로 학습용 데이터를 추출하고, 학습용 데이터에 사용되지 않은 나머

지 데이터를 평가용 데이터로 취하는 방법을 따른다.

이때 훈련데이터와 평가데이터를 분할하는 비율은 정해진 원칙이 있는 것은 아니나, 모델을 훈련시키는 과정 자체에 더 많은 비중을 할당한다.

일반적으로 훈련데이터를 60%~80%, 평가데이터를 40%~20% 정도로 할당한다. 그러나 절대적인 기준은 아니며, 실무상황에서는 분석의 목적이나 연구수행자의 판단과 경험을 통해 분할비율을 정하게 된다. 다만 데이터 세트 분할 시 중요한 점은 실제 훈련된 모델의 성능은 학습용 데이터 세트 크기가 작아질수록 나빠지게 되므로, 너무 많은 데이터를 평가용 데이터로 분할하는 것은 최종 성능에 오히려 나쁜 영향을 끼칠 수 있다는 점이다.

(2) 학습(훈련)데이터로부터 머신러닝 모델링 수행

앞의 (1)단계에 의해 추출된 훈련데이터에 목적에 적합한 머신러닝 기법을 적용하여 머신러닝 모델링을 수행한다. 이때 여러 가지 기법을 적용하여 기법 간의 성능을 비교할 수도 있고, 동일 기법 내에서도 추정방법을 변경하거나 파라미터를 다양하게 변경하는 등의 과정을 거치게 된다. 여기서 모델링 성능에 대한 보다 정교한 검증을 위해 교차검증(Cross-Validation) 방법을 수행하는 경우도 있다.

교차검증은 훈련데이터를 통한 모델링 훈련 시 훈련데이터 내에서 별도의 검증데이터(Validation Data)를 할당하여 모델링 및 평가를 반복하는 것으로서, 앞서 1단계에서 분할한 평가데이터가 학습모델링에 사용되지 않는 반면, 교차검증 데이터는 학습모델링에 사용된다는 점이 다르다. 주로 K-교차검증(K-fold Cross Validation)을 수행하는데, 이는 훈련데이터를 K겹으로 동일하게 분할하여 분할된 데이터의 i번째(i=1,2,3,..k, i<=K) 데이터 세트(검증데이터)를 제외한 나머지 훈련데이터 세트로 모델을 생성한 뒤, i번째 검증데이터를 이용하여 모델의 성능을 평가한다. 그리고 i번째 데이터를 K값이 될 때까지 반복하는 것이다.

K-교차검증을 통해 수행한 모델링을 통해 기법이나 추정방법 등을 결정한 뒤, 결정된 기법으로 훈련데이터 전체를 사용해 최종 모델을 만들게 된다.

(3) 평가데이터를 이용한 모델 성능평가

(2)단계에서 만들어진 모델에 평가데이터를 적용해 성능을 평가한다. 만일 성능이 만족스럽지 않다면, 앞의 (2)단계로 다시 돌아가게 된다. 여기서 평가데이터는 원래의 전체 데이터 세트로부터 최초 분리해낸 뒤, 모델링 과정에서 이용되지 않다가 (2)단계 등을 통해 모델이 만들어지고 난 뒤, 해당 모델의 성능을 평가하기 위해

(3)단계에서 사용된다. 이런 점에서 모델링 과정 자체에서 검증의 목적으로 반복적으로 사용되는 검증데이터와는 그 활용목적이 다르다고 할 수 있다.

(4) 최종 모델 결과 제출

(3)단계에서 평가데이터를 이용하여 수행한 성능평가 및 예측결과가 기준치에 부합하거나, 목적에 적합하다고 판단될 경우 분석모델링 과정을 종료하고, 최종 분석결과를 제출하게 된다.

8-3 지도학습 모델 적용

1. 분류목적의 머신러닝 기법 적용

1) 데이터에 맞는 적합한 머신러닝 알고리즘 기법 선정

훈련데이터 세트로 주어진 데이터가 예측하고자 하는 목적변수(혹은 반응변수)(Y)를 가지고 있어서, 머신러닝을 통해 새로운 데이터의 목적변수(혹은 반응변수) 값을 추정하거나 분류하고자 하는 머신러닝 기법들을 지도학습(Supervised Learning) 기법이라고 하였다. 여기서 '지도(Supervised)'라고 불리게 된 이유는 해당 알고리즘에 "어떠한 것을 예측하라"고 지시(제공)하기 때문이다. 이러한 지도학습은 목적변수(혹은 반응변수)의 형태에 따라 크게 분류와 회귀문제로 구분할 수 있다. 즉 목적변수(혹은 반응변수)가 '남성/여성', '스팸 메일/햄 메일', '긍정/중립/부정', '서울/부산/경기/강원' 등의 이산형 혹은 명목형 변수라면 분류기법을 적용하게 되고, 목적변수(혹은 반응변수)가 0~10, -500~500, -3.5~3.5, -∞~∞과 같은 수치 형태라면 회귀문제를 적용하게 된다.

한편 주어진 데이터에서 분류항목 표시나 목적변수(혹은 반응변수)가 없고 목적값 예측을 시도하는 것이 아닐 경우, 자율학습 혹은 비지도학습(Unsupervised Learning) 기법을 적용하게 된다. 이러한 비지도학습에는 분석목적 및 방식에 따라 군집(Clustering), 연관성 분석(Association), 차원축소(Dimension Reduction) 등이 있다.

학습 8

2) 분류목적을 위한 머신러닝

분류기법은 설명하고자 하는 목적변수(혹은 반응변수)가 이산형이나 명목형 형태의 특정 속성 카테고리로 구분할 수 있는 경우 사용되는 기법으로서 머신러닝 기반 데이터 분석에서 가장 일반적이고 자주 접하게 되는 문제라고 할 수 있다.

(1) 분류목적 머신러닝 활용영역

분류목적의 머신러닝 알고리즘은 매우 광범위한 일상영역 및 비즈니스 문제에 활용될 수 있다. 주로 활용되는 분야에 대한 대표적인 예시는 다음과 같다.

① 스팸메일 분류
② 기업부도/정상예측
③ 고객이탈/유지예측
④ 고객신용등급 판별
⑤ 특정 질병(예 암, 심장병 등) 발생 여부 예측
⑥ 특정마케팅 이벤트에 대한 고객반응 여부 예측
⑦ 고객의 구매 여부 예측

상기 예시는 극히 일부의 예시일 뿐이며 상기 예시 외에도 분류목적의 머신러닝이 활용되는 분야는 무궁무진하며, 현재에도 지속적으로 새로운 기법들에 관한 연구 개발과 비즈니스 활용이 활발히 이루어지는 머신러닝 분야라고 할 수 있다.

(2) 분류목적 머신러닝 알고리즘 종류

분류목적의 머신러닝 알고리즘은 매우 다양하며, 실제로 일부 알고리즘들은 회귀문제에도 함께 사용될 수 있다. 주로 사용되는 분류기법들은 〈표 8-3〉과 같다.

〈표 8-3〉 분류목적 주요 머신러닝 알고리즘 기법

종 류	개 념	비 고
K-최근접 이웃 (K-Nearest Neighbor)	특정 데이터 좌표점과 다른 나머지 데이터 좌표점들간의 거리에 기반을 두어 가장 가까운 K개점들의 목적변수(혹은 반응변수) 값들의 다수결로 분류하는 기법	게으른 학습 (Lazy Learning)
나이브 베이즈 (Naive Bayes)	베이즈 정리에 근거하여, 목적변수(혹은 반응변수)가 발생할 조건부확률을 사전확률과 우도 함수의 곱으로 표현하여 어떤 분류항목에 속할지 확률이 높게 계산되는 쪽으로 분류하는 기법. 이때 모든 관측값은 서로 다른 관측값과 통계적으로 독립적으로 발생한다고 가정(별다른 확신 없이 가정하므로 Naive 모형이라고 부름)	확률모형 (베이즈 정리기반 조건부확률)

종 류	개 념	비 고
로지스틱 회귀 (Logistic Regression)	설명변수 값이 주어졌을 때, 목표변수 값이 특정 부류에 속할 확률이 로지스틱 함수 형태를 따른다고 가정하여 최대우도 추정방법으로 목표변수의 확률을 추정하는 기법	확률 모형 (최대우도 추정법)
의사결정트리 (Decision Tree)	목표변수와 가장 연관성이 높은 변수의 순서대로 불순도나 엔트로피 등이 낮아지는 방향으로 나무 형태로 가지를 분할하면서 분류규칙을 만들어 내는 기법	분할 정복 기법(Divide & Conquer)
인공신경망 분석 (Artificial Neural Network)	인간의 뇌의 뉴런 작용 형태에서 모티브를 얻은 기법으로서, 입력노드와 은닉노드, 출력노드를 구성하여 복잡한 분류나 수치예측 문제를 해결할 수 있도록 하는 분석기법	블랙박스기법
서포트 벡터머신 (Support Vector Machine)	특정 데이터 들을 분류하는 데 있어, 서로 다른 분류에 속한 데이터 간의 간격(마진)이 최대화가 되는 평면을 찾아 이를 기준으로 분류하는 기법	선형 및 비선형 (커널트릭)
렌덤 포레스드 (Random Forest)	주어진 데이터로부터 여러 개의 다양한 의사결정트리를 만들어 각 의사결정트리의 예측결과를 투표형식으로 집계하여 최종 분류결과를 결정하는 앙상블 형태의 기법	앙상블 모형

3) 분류목적 머신러닝의 주요 기법 핵심개념 및 특징

(1) K-최근접 이웃(K-Nearest Neighbor)기법

K-최근접 이웃기법은 목표변수의 범주를 알지 못하는 데이터 세트의 분류를 위해 해당 데이터 세트와 가장 유사한 주변데이터 세트의 범주로 지정하는 방식으로 분류예측을 하는 기법이다. 이러한 K-최근접 이웃기법에서는 해당 데이터 점과 주변데이터 세트 간의 '유사성'을 어떻게 측정할 것인가와 최종적으로 목표변수의 범주를 분류할 때 주변데이터 세트 몇 개를 기준으로 판단할 것인가에 대한 기준이 필요하다.

(2) 유사성 측정방법

데이터 간의 유사성을 측정하는 방식은 여러 가지가 있지만, 일반적으로 두 점간의 유클리디안 제곱 거리의 역수를 취하거나 피어슨 상관계수를 이용하여 유사성을 계산한다. 점들이 이산형 변수일 경우 자카드 계수(Jaccard Coefficient)를 사용한다.

(3) 목표변수 분류기준

K-최근접 이웃에서의 'K'는 해당 데이터 점과 주변데이터 세트 간의 유사성을 측정한 후, 해당 데이터 점의 목표변수 분류를 위해 참조할 주변데이터 점들의 개

수를 의미한다. 예를 들어 어떤 고객이 좋아하는 영화와 유사하면서 기존에 시청하지 않았던 영화에 대한 추천을 생각해볼 수 있다. 이럴 때 해당 고객이 좋아하는 영화와 가장 유사한 영화 1개만 고려한다면 '1-근접이웃'이라고 말할 수 있고, 유사한 영화 3개를 고려한다면 '3-근접이웃'이라고 말할 수 있다. 이런 식으로 해당 데이터 점과 유사한 k개의 주변데이터 점을 살펴보고, 해당 데이터 점의 분류범주를 고려하여 다수결의 원칙에 따라 새로운 범주를 결정하는 방식이 K-근접 이웃기법이다.

[그림 8-4]는 K-최근접 이웃기법에서의 K값 설정에 따른 목표변수값 변화를개념적으로 표현하고 있다. '☆'으로 표시된 점이 새롭게 분류해야 할 데이터 값이고 나머지 '□'와 '○'로 표시된 점들은 주변에 존재하는 다른 데이터 점이다. 여기서 K=1로 설정하면, '☆'와 가장 가까운 데이터 점은'○'이므로 '☆'의 목표변수는 '○'로 분류될 것이다. 반면 K=3으로 설정하면'☆'와 가장 가까운 3개의 점을 고려하게 되므로 '□'가 2개, '○'가 1개이므로 이때는 '☆'점은 '□'로 분류되게 된다.

한편 K=5로 설정한다면 '☆'주변에 '○'가 더 많으므로 다수결의 원칙에 의하여 또다시 '○'로 분류될 것이다. 여기서 우리가 알 수 있는 것은 K-최근접 이웃기법에서는 K값을 어떻게 정하느냐에 따라 목표변수의 범주 예측결과가 크게 달라질 수 있다는 점이다.

따라서 K-최근접 이웃기법에서는 적절한 K값을 정하는 것이 중요하다. 그러나 적절한 K값에 대하여 이론적이나 통계적으로 명확한 기준이 있는 것은 아니며, 대개 여러 가지 K값을 설정해보면서 반복적으로 테스트하여 최적의 분류성능을 보이는 K값을 최종적으로 정하게 된다.

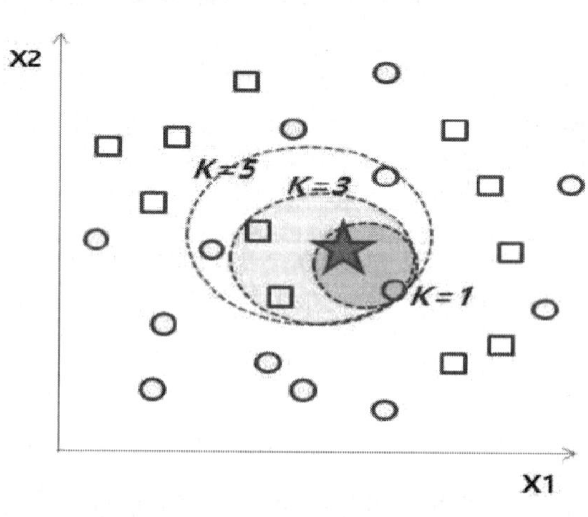

[그림 8-4] K-최근접 이웃기법에서의 K값 변화에 따른 목표변수 범주 변화

일반적으로는 K=3에서 K=9 사이의 범위 내에서 임의로 최초 K값을 정한 뒤 훈련데이터와 평가데이터를 이용하여 분류성능을 테스트해보면서 최적 K값을 정하는 방법을 사용하기도 한다.

(4) K-최근접 이웃기법의 장 · 단점

〈표 8-4〉 K-최근접 이웃기법의 장 · 단점

장 점	단 점
• 알고리즘 이해가 쉽고 직관적 • 사전모형 설정 및 모수추정이 필요없음 • 데이터 세트의 확률분포 등에 대한 가정이 필요없음 • 빠른 훈련(학습)시간	• 모형이 없으므로, 변수들간의 관계 등 가설검증이나 구조 등에 대한 분석을 통해 통찰력을 얻기 어려움(특정한 가설이나 모형 없이 주어진 데이터를 통해 범주의 분류결과만 판단) • K에 대한 명확한 기준 없으며 시행착오적 접근 필요 • 느린 분류(예측) 소요시간(새로운 데이터가 주어질 때마다 모든 데이터와의 유사성 계산해야 하므로 그만큼 시간 소요. 이런 특성으로 인해 게으른 학습(Lazy Learning)으로 불림 • 많은 메모리 소요(대용량 데이터일 때 불리함)

(5) K-최근접 이웃기법의 활용분야

K-최근접 이웃기법의 몇 가지 단점에도 불구하고, 실제 비즈니스 실무현장에서는 매우 다양한 분야에 빈번하게 활용되고 있다. 특히 최근의 온라인 및 모바일 서비스 추천시스템에서 K-최근접 이웃기법에 근거한 상품 및 서비스 추천 등이 대표적인 활용분야라고 할 수 있다.

4) 나이브 베이즈(Naive Bayes) 기법

나이브 베이즈 기법은 목표변수의 범주를 학습시키기 위해 통계학에서 사용되는 베이즈정리를 사용한다. 즉 나이브 베이즈 기법은 베이즈 확률 추정에 기반을 둔 확률모형이다. 이러한 나이브 베이즈 기법을 적용하기 위해서는 베이즈 정리와 사후확률의 개념을 이해할 필요가 있다.

(1) 베이즈 정리(Bayes' theorem)

베이즈 정리는 특정 사건이 발생할 확률을 다음과 같은 형태로 표현한 이론을 발한다.

$$P(A \setminus B) = \frac{P(A \cap B)}{P(B)} = \frac{P(B \setminus A)P(A)}{P(B)} \qquad (8.1)$$

즉 사건 B가 일어났을 때 사건 A가 일어날 확률(사후확률)은 사건 A가 일어날 확률(사전확률)과 사건 A가 일어났을 때 사건 B가 일어날 조건부 확률 P(B\A)의 곱을 사건 B가 일어날 확률 P(B)로 나누어 알아낼 수 있다는 뜻이다. 특히 분모에 있는 사건 B의 확률 P(B)는 다음과 같이 주변확률(Marginal Probability)로 나타낼 수 있다.

$$P(B) = \sum_A P(A, B) = \sum_A P(B \setminus A) P(A) \tag{8.2}$$

식 (8.1)의 분모에 식 (8.2)를 대입하면 (8.1)의 베이즈 정리는 다음과 같이 표현할 수 있다.

$$P(A \setminus B) = \frac{P(B \setminus A) P(A)}{P(B)} = \frac{P(B \setminus A) P(A)}{\sum_A P(B \setminus A) P(A)} \tag{8.3}$$

이처럼 베이즈 정리는 사전확률이 주어지고, 이에 따른 조건부 확률 및 주변확률을 통해 조건과 결과를 서로 바꿔서 사후확률을 계산하는 공식이라고 할 수 있다.

(2) 나이브 베이즈 알고리즘

위의 식 (8.1)과 (8.3)을 활용하여 나이브 베이즈 알고리즘을 다음과 같이 적용할 수 있다. 예를 들어 받은 이메일이 스팸일 확률을 구하는 문제를 고려해 보자.

실제 데이터를 관측하기 전에 경험이나 주관적 확신 등에 의거하여 '내가 오늘 받은 이메일 중 스팸메일이 포함되어 있을 가능성은 대략 10%일 것 같다.'고 가정할 수 있다.

이렇게 추가적인 증거없이 가능성을 추정하는 것을 '사전확률'이라고 할 수 있다. 이제 실제 데이터를 관측했다고 가정해보자. 오늘 도착한 이메일 중 스팸메일들에 '반짝할인'이라는 단어가 들어가 있는 조건부 확률 P(반짝할인|스팸) 및 주변확률 P(반짝할인)의 확률을 계산할 수 있다.

이 경우 조건부확률 P(반짝할인|스팸)를 0.4, 주변확률 P(반짝할인)를 0.05라고 가정하면, 본 예시에서 구하고자 하는 사후확률 P(스팸|반짝할인)는 (0.4*0.1)/0.05 = 0.8로 계산할 수 있다. 즉 받은 이메일에서 '반짝할인'이라는 단어가 들어가 있으면 해당 이메일이 '스팸'일 확률은 80%라고 할 수 있다.

이는 데이터 세트를 관측하기 전의 사전확률 10%보다 8배 높아진 것이므로, '반짝할인'이라는 단어가 들어가 있는 이메일은 스팸메일함으로 분류되어야 한다는 '강한 확신'을 줄 수 있다고 볼 수 있다.

비록 단순한 예시지만, 매우 많은 단어 출현빈도들을 동시에 고려하면 바로 현실 문제에서 활용하는 스팸메일 필터의 원리와 거의 비슷한 분류기를 구현할 수 있다. 여기서 매우 많은 단어 빈도를 동시에 고려해야 하기 때문에, 모든 단어들이 출현할 가능성이 독립적이라고 가정하게 된다.

물론 이는 현실적이지 않다. 그렇기 때문에 이 기법이 'Naive'라고 불리는 것이다. 그러나 실제로는 이렇게 독립성 가정이 유효하지 않다고 판단될 때에도 실제로 나이브 베이즈 추정결과는 여전히 결과를 잘 예측하는 것으로 알려져 있다. 그것이 가능한 이유는 나이브 베이즈에서는 해당 목표변수의 범주를 분류해내는 것이 목표인 것이지, 해당 분류에 속할 확률값의 정교함이 목적이 아니기 때문이다. 즉 스팸메일 판정규칙이 "사후 확률값이 50% 이상일 때 스팸으로 판정한다." 일 경우 해당 확률예측이 60%로 나왔든, 90%로 나왔든 모두 50% 이상이므로 결과적으로 두 경우 모두 스팸으로 분류해버리기 때문에 예측 확률값 자체가 정확하지 않아도 결과 예측에는 큰 영향을 주지 않는다.

(3) 나이브 베이즈 기법의 장·단점

〈표 8-5〉 나이브 베이즈 기법의 장·단점

장 점	단 점
• 개념과 이론이 단순하고 계산이 빠르다. • 노이즈 및 결측치가 있어도 잘 수행된다. • 고차원의 데이터 세트에 적합하다. • 알고리즘의 단순성에 비해서 복잡한 분류 알고리즘보다 예측결과가 더 효과적인 경우가 많다.	• 모든 속성이 동등하게 중요하고 독립적이라는 결함가정에 의존한다. • 독립변수들이 범주 형태가 아닌 수치 형태일 경우 정확성이 떨어진다. • 범주분류 문제에는 적합하나, 예측된 범주의 확률값을 활용해야 할 경우에는 적합하지 않다.

(4) 나이브 베이즈 기법의 활용분야

나이브 베이즈 기법은 위의 예시에서 제시한 것과 같이 실제로 스팸메일 필터에 많이 사용되고 있으며, 텍스트 데이터 등에 근거한 문서분류에 많이 사용된다. 그 외에도 빠르고 효율적인 분류가 필요한 침입자 검출 및 이상행동 검출, 컴퓨터 네트워크 진단, 질병진찰, 이탈예측, 민원예측 등의 분야에도 활용되고 있다.

5) 로지스틱 회귀분석

로지스틱 회귀분석은 일반적인 선형회귀분석이 수치예측을 위해 활용되는 것과는 달리, 예측하고자 하는 목표변수(y)의 범주를 분류하고자 할 때 사용한다. 즉 예측하고자 하는 것이 목표변수 Y 값이 아니라, 목표변수 Y가 특정 범주(i)가 될 확률 P(Y=i)이다.

(1) 로지스틱 함수(Logistic Function)

로지스틱 회귀분석을 위해서는 우선 예측하고자 하는 목표변수 Y의 범주가 0, 1 두 가지만 있다고 할 때(이항 로지스틱 회귀모델을 가정) 목표변수 Y의 범주가 1이 될 확률 p(Y=1) = P(Y)로 표기하면, 이를 회귀식으로 다음과 같이 표현하는 것에서 시작한다.

아래 식 (8.4)에서 좌변은 흔히 오즈(Odds)라고 불린다.

$$\frac{P(Y)}{1-P(Y)}=\exp(\beta_0+\beta_1 X) \tag{8.4}$$

위 식 (8.4)의 좌변은 확률들의 비율이고 우변은 지수함수의 형태이므로 (0, ∞)의 범위를 가지고 있음을 알 수 있다. 이에 좌변 및 우변 모두 (-∞,∞)값의 범위를 가지게 하기 위해 양변에 log함수를 취한다.

$$\log\left(\frac{P(Y)}{1-P(Y)}\right)=\beta_0+\beta_1 X \tag{8.5}$$

식 (8.5)를 자세히 보면 우변의 $\beta_0+\ \beta_1$X는 선형모델이므로 (-∞,∞) 범위의 값을 가지고, 좌변 역시 (-∞,∞) 범위의 값을 가짐을 알 수 있다. 좌변의 log(P(Y)/(1-P(Y)) 형태를 로짓(Logit) 함수라고도 부른다.

혹은 위 식 (8.5)의 양변에 다시 지수 exp를 취하고, P(Y)에 대하여 식을 정리하면 다음과 같이 표현할 수도 있다.

$$P(Y-1)=\frac{e^{(\beta_0+\beta_1 X)}}{1+e^{(\beta_0+\beta_1 X)}}=\frac{1}{1+e^{-(\beta_0+\beta_1 X)}} \tag{8.6}$$

즉 로지스틱 회귀분석은 주어진 훈련데이터에서 목표변수 Y가 범주 값 1을 가질 확률 P(Y=1) = P(Y)를 위의 식 (8.6)의 로지스틱 함수를 이용하여 모형을 수립하고 모수 β_0, β_1들을 추정하는 알고리즘이라고 할 수 있다.

이러한 모수 β_0, β_1 추정에는 일반적으로 최대 우도추정법(Maximum Likelihood Estimation)을 사용하고, 이는 수식을 변형하는 것 등의 해석학적 방법으로 직접 계산이 어려우므로 일정 초기값을 부여한 뒤 이를 반복적으로 계산하여 값을 조정해 가는 수치계산적 방법으로 추정하게 된다. [그림 8-5]는 이러한 로지스틱 함수의 그래프 모양을 나타낸다.

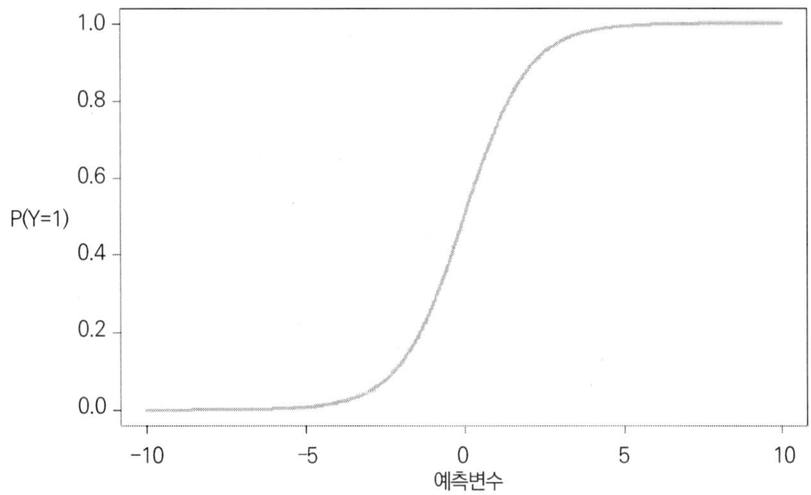

[그림 8-5] 로지스틱 회귀곡선 그래프

그래프 형태에서 알 수 있듯 X축은 -∞부터 ∞까지의 값을 가지고 있으며, Y축의 경우 목표변수 Y의 발생확률이므로 0에서 1 사이의 범위 값을 가지며, 그 결과 함수인 P(Y=1)는 X값의 증가에 따라 0에서 1로 'S자 곡선'의 형태를 보인다는 것을 알 수 있다.

(2) 로지스틱 회귀분석의 장·단점

〈표 8-6〉 로지스틱 회귀분석의 장·단점

장 점	단 점
• 선형통계모형의 이론에 기반한 정교하고 체계적인 모수추정이 가능하다. • 확률모형이므로 목표변수의 범주 확률값을 추정할 수 있다. • 추정된 모형의 계수에 대한 해석이 가능하며, 독립변수들의 유의성 및 영향력 등 결과분석 시 유용한 해석이 가능하다.	• 데이터 세트의 차원이 매우 많을 때 모형의 추정 정확도가 다른 머신러닝 기법에 비해 좋지 않다. • 추정 방법상 x값이 매우 커지거나 작아지면 확률값이 1(혹은 0)에 매우 가까워져서 수치계산 정확도가 떨어지게 되며, 반복계산 시 오버피팅이 빈번하게 발생한다. • 복잡한 비선형적 분류가 필요한 경우에는 분류 정확도가 좋지 않다.

(3) 로지스틱 회귀분석의 활용분야

로지스틱 회귀분석은 일반적으로 금융권의 신용평가모형이나 이탈예측모형 등에서 전통적으로 많이 활용되어 왔다. 그 외에도 구매예측이나 마케팅 반응예측 등 수치데이터를 활용한 분류예측 문제에 많이 활용되고 있다.

6) 의사결정트리 기법

의사결정트리는 목표변수의 분류나 예측에 영향을 미치는 독립변수(설명변수 혹은 입력변수)들의 속성 기준값에 따라 트리구조의 형태로 뿌리노드부터 잎(리프)노드까지 뻗어 나가며 모델링을 하는 기법을 말한다. 의사결정트리는 설명변수의 특징이나 기준값에 따라 각 노드가 if-then의 형태로 분기되므로, 이런 트리구조를 따라감으로써 각 데이터의 속성값이 주어졌을 때 어떠한 카테고리로 분류되는지 쉽게 파악할 수 있다. 다음의 [그림 8-6]이 의사결정트리의 전형적인 모습을 보여준다. 아래의 예시에서 '나이'라고 되어 있는 원 모형의 노드가 뿌리(루트) 노드이며, 이는 대출실행 여부를 판별하는 데 있어서 '나이'가 가장 유의한 변수라는 의미로 해석이 된다. 또한 각 가지의 제일 마지막에 있는 사각형 형태로 된 노드가 잎(리프)노드이다.

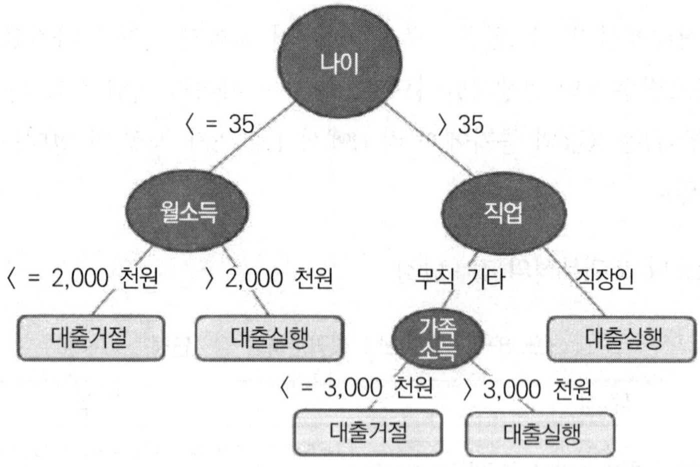

[그림 8-6] 의사결정트리 예시

(1) 의사결정트리 분리기준

의사결정트리는 각 노드마다 질문을 던지고 그 응답에 따라 가지를 쳐서 데이터를 분리한다. 데이터가 얼마나 잘 분리되었는지는 평가하기 위해서는 기준이 필요한데 일반적으로 불순도(Impurity) 기준을 사용하며, 이러한 불순도는 노드에 여러 분류가 섞여 있을수록 높고, 노드에 하나의 분류만 존재할 때 가장 낮아진다. 즉 노드 분리 후 각 노드의 불순도가 낮아질수록 트리 분류가 잘 된 것으로 볼 수 있다.

대표적으로 사용하는 불순도는 지니 불순도(Gini Impurity), 엔트로피 지수(Entropy) 등이 있다.

$$GiniCoff. = 1 - \sum_{i=1}^{K} P_i^2, EntropyCoff. = -\sum_{i=1}^{K} P_1 \log_2 P_i \tag{8.7}$$

이러한 불순도 지수는 $pi = 0$ 또는 $pi = 1$일 때 0이며, $Pi = 1/2$일 때 가장 큰 값을 가지는 포물선 형태라는 것을 알 수 있다. 즉 노드에 특정 분류 i만 있거나 특정 분류 i가 전혀 없을 때 불순도가 최소화되고, 여러 분류가 동수로 섞여 있을 때 가장 큰 값을 가진다.

(2) 의사결정트리 기법의 장·단점

〈표 8-7〉 의사결정트리 기법의 장·단점

장 점	단 점
• 분류문제 및 수치예측 모두 활용 가능하다. • 결측치가 있는 데이터를 효과적으로 처리 가능하다. • 중요한 변수만 선별할 수 있고, 이를 통해 다른 추가 분석 위한 통찰력을 얻을 수 있다. • 선형성, 정규성, 등분산성 등의 가정이 필요없는 비모수적 모형이다. • 수학적 지식이 없는 사람도 모형의 결과 이해가 쉽고, 어떤 입력변수가 목표변수를 설명하는데 영향력이 높은지를 알 수 있다. • 분류결과에 대한 Rule 기반의 해석 가능하여 분류결과 이유를 설명해야 할 경우 유용하다.	• 연속형 입력변수를 비연속적인 값으로 취급하므로, 분리의 경계점 근방에서 예측오류 가능성 있다. • 선형 또는 주효과 모형과 같은 해석이 불가능하므로 모형식을 수립해야 하는 경우 적용이 어렵다. • 훈련데이터에 대한 약간의 변경이 발생 시 트리 분류 결정 논리에 큰 변화를 가져온다(특정 데이터 변화에 분석결과 변화가 민감함). • 모델이 쉽게 과적합화 되거나 과소적합 될 수 있다. • 트리가 너무 커질 경우 패턴 이해하기가 쉽지 않다.

(3) 의사결정트리 기법의 활용분야

의사결정트리는 각종 데이터로부터 규칙을 도출하는 데에 탁월하므로 어떤 변수들이 분류에 중요한 영향을 미치고 있는지 최종 결과가 도출된 규칙 등에 대한 해석이 필요한 영역에서 많이 활용되어 왔다. 또한 의사결정트리 기법은 분류문제만이 아니라, 회귀 등의 수치예측문제에도 활용될 수 있어서 목표변수의 자료형에 관계없이 광범위하게 활용 가능하다. 이러한 장점 때문에 의사결정트리 기법은 신청자에게 거절된 이유를 잘 명시해야 하는 고객신용등급 평가, 고객만족도 분석에 따른 이탈예측, 기업의 부도예측, 주가예측, 환율예측, 경제전망 등에서 다양하게 활용되고 있다.

7) 인공신경망 분석

인공신경망 분석 모델은 생물체의 뇌가 감각 입력 자극에 어떻게 반응하는지에 대한 이해로부터 얻은 힌트를 바탕으로 생물체의 신경망을 모사하여, 입력신호와 출력신호 간의 관계를 모델화하는 기법이다.

뇌가 뉴런이라는 세포들의 방대한 연결을 통해 신호를 처리하듯, 인공신경망은 이를 모사한 인공뉴런(노드)의 네트워크를 구성하여 모델화한다. [그림 8-7]은 생물체의 신경망과 인공신경망 구조를 비교한 그림이다.

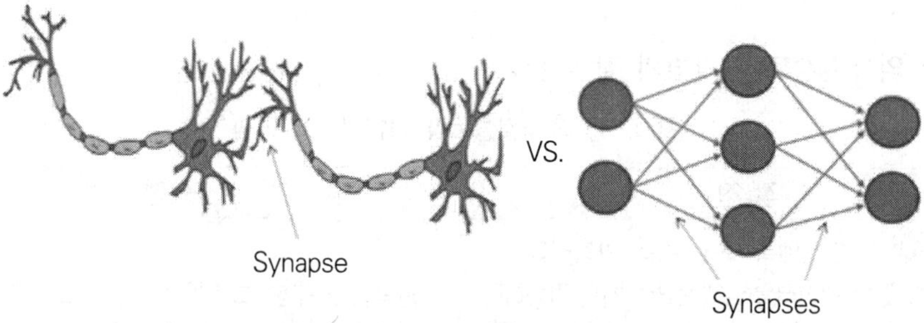

[그림 8-7] 생물체의 신경망과 인공신경망 비교

(1) 활성함수(Activation Function)

인공신경망 모델은 단순하게 표현하면 입력 신호 x1, x2,..등의 입력신호(설명변수)들을 중요도에 따라 가중치(w 값)를 부여하여 가중합을 계산하고, 계산된 값에 활성함수(f로 표기)를 적용하여 결과값 y를 출력하는 형태라고 볼 수 있다. 이를 표현한 것이 [그림 8-8]의 단층 퍼셉트론이라고 할 수 있다.

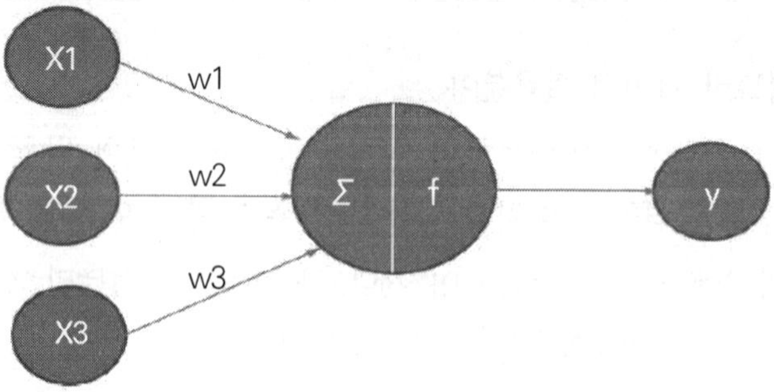

[그림 8-8] 단층 퍼셉트론(Single Layer Perceptron) 신경망

여기서 결과값은 y(x)=f(Σwixi)의 형태를 가지게 되며, 가중치 wi로 각 Xi값을 가중합하여 활성함수 f를 적용하게 된다. 여기서 활성함수 f(x)는 선형함수, 시그모이드 함수, 포화선형함수, 쌍곡선 탄젠트 함수, 가우시안 함수 등을 사용하는데, 일반적으로 주로 시그모이드 함수를 사용하게 된다. 이 시그모이드 함수는 단극성 시그모이드 함수와 양극성 시그모이드 함수가 있는데, 이중 단극성 시그모이드 함수는 앞서 로지스틱 회귀분석에서 보았던 로지스틱 함수와 동일한 f(v) = 1/(1+e-v) 형태의 곡선으로서 0~1 사이의 출력값을 내보내는 함수이다.

이 함수는 x값이 작은 영역에서는 입력에 민감하게 출력이 크게 변하고, x값이 큰 영역에서는 입력에 덜 민감하게 출력이 변하게 되는 특성을 가지고 있다. 또한 양극성 시그모이드 함수는 $f(v) = (1-e^{-v})/(1+e^{-v})$ 형태의 곡선으로서 -1~1 사이의 출력값을 가진다는 점이 다르다. 이러한 단극성/양극성 시그모이드 함수는 입력값의 범위에 비하여 출력값의 범위가 상대적으로 좁아서 극단적인 입력값을 작은 범위로 압축하는 효과가 있고, 이는 자칫 데이터의 지나친 왜곡을 가져올 수 있다. 따라서 일반적으로 머신러닝 기반 분석실무에서는 입력변수들의 값을 모두 0~1 사이 값으로 정규화하거나 표준화하게 된다.

즉 가계소득과 같은 큰 범위의 입력변수 값이 키나 연령 같은 작은 범위의 입력변수값보다 계산에 더 많은 영향을 끼치지 않도록 제한하는 것이다. 이런 접근 방법은 데이터 왜곡을 방지하기도 하지만 입력값의 실행범위에서 좀 더 빠른 모델 훈련을 하게끔 하는 장점도 있다.

(2) 망 구성 및 훈련 알고리즘

앞서 활성함수를 시그모이드 함수(로지스틱 함수)를 사용한 단층 퍼셉트론 신경망은 로지스틱 회귀모형과 실질적으로 동일한 모델링을 하고 있다고 볼 수 있다.

이러한 단층 퍼셉트론 신경망은 간단하고 이해가 쉽기는 하지만, XOR 문제 같은 비선형문제는 해결할 수가 없었다. XOR문제는 'Exclusive OR'를 뜻하는 논리 연산자로서 입력값 중 한 쪽만 1일 때만 출력값이 1이고, 둘 다 같은 값이면 출력값이 0이 되는 문제를 말한다. 이 경우 단층 퍼셉트론으로는 어떠한 활성함수를 적용한다고 해도 XOR 논리연산을 수행할 수가 없다.

그러나 단층 퍼셉트론에서 은닉층을 추가하여 [그림 8-9]처럼 다층 신경망을 만들면 XOR문제를 해결할 수 있다는 것이 증명되었다.

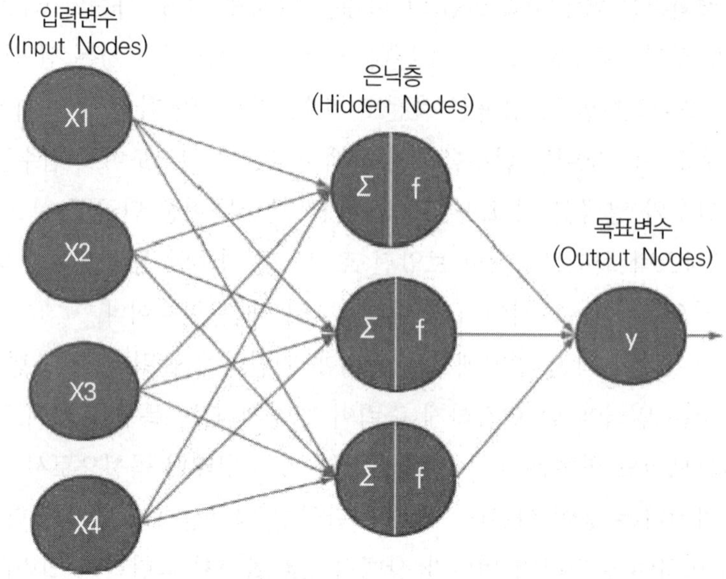

[그림 8-9] 다층 퍼셉트론(Multi Layer Perceptron) 신경망

즉 복잡한 비선형 분류나 예측문제가 주어졌을 때 은닉층을 적절히 추가하면 효과적으로 결과값을 도출하는 인공신경망 모델을 만들 수 있게 된다. 은닉층을 여러 개 설정한 인공신경망을 딥신경망이라고 하며, 최근 인공지능 분야에서 화두가 되고 있는 딥러닝 알고리즘은 매우 많은 은닉노드를 가지고 있는 신경망을 이용하여 학습하게 된다. 또한 은닉층 안에 여러 개의 뉴런노드를 배치할 수 있는데, 일반적으로 각 층마다 뉴런노드의 개수가 증가하면 문제해결능력은 좋아지지만, 컴퓨팅 계산시간이 그만큼 오래 걸리게 된다. 각 은닉층마다 몇 개의 뉴런노드가 최적인지를 판단하는 기준은 명확히 정해져 있지 않으며, 대부분 분석가의 경험과 판단에 의존하게 된다.

한편 목표변수에 해당하는 출력층의 노드수는 목표변수의 속성(클래스)분류의 수에 의존적이다. 즉 이항분류의 경우는 출력층에 단 한 개의 노드를 가지게 되며, K개의 속성 클래스가 있을 경우에는 출력층에 K개의 노드를 가지게 된다. 이러한 다층 퍼셉트론 신경망은 모델을 훈련시키기 위해 역전파(Backpropagation)로 알려진 알고리즘을 적용하여 학습하게 된다.

즉 훈련데이터를 이용한 모델 학습 시 실제값과 예측값 사이의 예측 에러들이 네트워크에 역으로 피드백되며, 이러한 예측 에러를 최소화하기 위해 노드에 연결된 각 네트워크에 가중치를 다시 부여하게 된다. 이러한 프로세스는 예측 에러가 사전에 정의된 임계치 미만으로 낮아질 때까지 반복적으로 수행된다.

(3) 인공신경망 분석기법의 장·단점

〈표 8-8〉 인공신경망 기법의 장·단점

장 점	단 점
• 선형적으로 분류할 수 없는 복잡한 비선형 문제에 탁월한 성능을 보인다. • 분류 및 수치예측 문제에 모두 적용 가능하다. • 통계적 기본 가정이 적고, 유연한 모델을 만든다. • 데이터 사이즈가 작거나, 불완전 데이터, 노이즈 데이터가 많은 경우에도 다른 모델에 비하여 예측성능이 우수한 경우가 많다.	• 모델결과 해석이 어려워서 은닉층의 노드들이 무엇을 표현하는지, 왜 그러한 결과값이 나왔는지 설명이 필요한 모델링에는 적합하지 않다(블랙박스 모형). • 나이브 베이즈나 로지스틱 회귀모형 같은 보다 단순한 분류 알고리즘에 비하여 컴퓨팅 연산에 많은 자원이 필요하다. • 과적합화나 과소적합이 발생하기 쉽다. • 전체적 관점에서의 최적해가 아닌 지역 최적해가 선택될 수 있다.

(4) 인공신경망 분석기법의 활용분야

인공신경망은 분석결과의 통찰력을 수립하거나 해석하는 분야보다는 정교한 예측이 필요한 분야에 적합하다. 분류나 수치예측 문제에 모두 사용할 수 있으며, 특히 복잡한 비선형 분류문제에서 탁월한 성능을 보이는 경우가 많은 것으로 알려져 있다. 따라서 음성 및 필기체 인식, 이미지 인식, 주식흐름예측, 기후예측 등의 분야에 많이 활용되고 있으며, 최근에는 매우 많은 은닉층을 활용한 딥러닝이 발전하면서 영상인식, 무인자동차 운전, 드론, 스마트 기기의 자동화 서비스 등 인공지능 영역에서도 그 활용성이 급부상하고 있다.

8) 서포트 벡터머신(Support Vector Machine)

서포트 벡터(혹은 지지 벡터)머신은 서로 다른 분류에 속한 데이터 간에 간격(마진)이 최대가 되는 선(또는 초평면)을 찾아서 이를 기준으로 데이터를 분류하는 모델이다

(1) 서포트 벡터머신 모델

서포트 벡터머신 모델은 [그림 8 10]에서 보는 바와 같이 두 범수 간의 데이터를 최대로 나눈 최대 마진 초평면을 찾아서 4 데이터를 분류한다.

학습 8

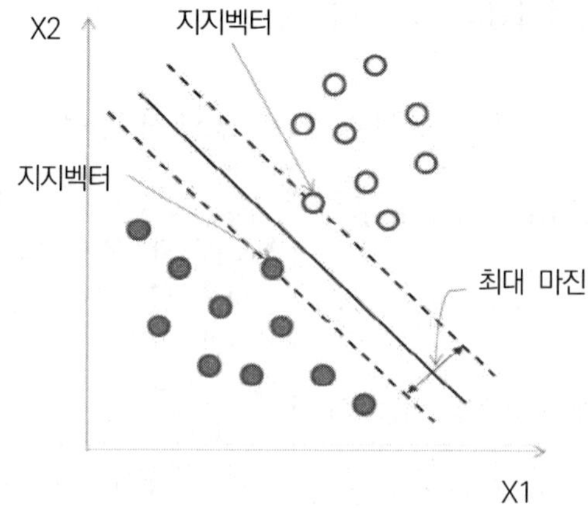

[그림 8-10] 서포트 벡터머신 개념

두 범주 간의 데이터를 나누는 직선 혹은 평면은 여러 개가 있을 수 있지만, 현재의 훈련데이터에서와는 달리 평가용 데이터나 아직 알려지지 않은 미래의 데이터에서는 경계선 주변에 있는 점들이 약간 변동됨으로써 분류경계선을 반대편으로 넘어가는 점들이 생길 수 있는 것이다. 이런 가능성을 최소로 하기 위해서 데이터 범주간의 마진이 최대인 직선(혹은 초평면)을 찾고자 하는 것이다. 즉 현재의 훈련데이터가 아닌, 미래의 데이터를 분류예측하는데 최대한 일반화하게 최대 구별을 이끌어 낼 수 있는 초평면을 찾고자 하는 것이다. 여기서 이 경계선과 가장 가까운 각 분류에 속한 점들을 서포트(혹은 지지) 벡터(Support Vector)라고 하며, 각 분류는 최소 하나 이상의 서포트(지지) 벡터를 가지고 있어야 한다.

그런데 모든 데이터를 항상 선형적으로 분류할 수 있는 것은 아니다. 때로는 곡선형태나 더 복잡한 형태의 비선형 분류 평면으로 데이터를 분류해야 할 경우도 있다. 이런 경우에는 커널트릭(Kernel Trick)이라는 방법을 써서 주어진 데이터를 적절한 고차원으로 사상한 뒤, 변환된 차원에서 데이터를 잘 분류할 수 있는 초평면을 찾게 된다.

이러한 커널트릭방법에서는 데이터를 고차원으로 변환하는 대신에 고차원에서 벡터간 내적 계산을 수행했을 때와 유사한 값을 반환하는 커널함수를 사용하여 실제로데이터를 고차원으로 옮기지 않고도 비선형적인 분류 효과를 가져오게 할 수 있다. 주로 사용되는 커널함수는 다항커널, 가우시안커널, 시그모이드커널 등이 있다.

(2) 서포트 벡터머신 기법의 장·단점

〈표 8-9〉 서포트 벡터머신 기법의 장·단점

장 점	단 점
• 범주분류나 수치예측 문제에 모두 활용 가능하다. • 노이즈 데이터에 영향을 크게 받지 않고, 과적합화가 잘 되지 않는다. • 일반적으로 분류문제에서 다른 알고리즘보다 분류 성능이 높은 것으로 알려져 있으며, 특히 분류 경계가 복잡한 비선형 문제일 경우 타 기법대비 성능이 좋은 것으로 알려져 있다.	• 최적 분류를 위해 커널함수 및 매개변수 등에 대한 반복적인 조합테스트가 필요하다. • 입력데이터의 양이나 변수가 많은 경우 훈련에 오랜 시간이 소요된다. • 배경이 되는 이론 및 알고리즘 구현 시 타 기법에 비해 상대적으로 난해한 면이 있다. • 결과해석이나 이유 설명 등이 쉽지 않다.

(3) 서포트 벡터머신 기법의 활용분야

서포트 벡터머신은 분류와 수치예측 문제에 모두 활용할 수 있으며, 분류성능이 좋으면서도 과적합화가 잘 되지 않고 일반화 능력이 높아서 정교한 분류성능이 필요한 유전자 데이터 분류나 언어식별, 보안결함, 이상치 거래 탐색 등 다양한 분야에 활용되고 있다.

9) 랜덤 포레스트(Random Forest)

랜덤 포레스트는 의사결정트리 분석의 예측 정확도를 높이기 위해 하나의 의사결정트리를 사용하는 대신에 다수의 의사결정트리 집합을 사용하여 결과를 예측하는 앙상블(Ensemble) 학습기법이다. 앙상블 학습이란 보다 정확한 예측력을 가진 모델을 만들기위해 여러 개의 모델을 학습한 다음, 예측 시 여러 모델의 예측결과를 종합해서 결과를 도출하는 머신러닝 기법을 말한다. 일반적으로 앙상블 기법은 단일모델에 의한 결과보다 일반화와 예측의 정확도가 높아지는 것으로 알려져 있다. 특히 랜덤 포레스트 기법은 훈련데이터 세트에서 임의의 샘플을 복원·추출하여, 해당 데이터에 대해서만 의사결정트리를 만들어낸 뒤 이를 수백 개의 의사결정트리 모델에서 반복하여 결과를 계산한다. 새로운 데이터에 대한 목표변수 범주 분류의 예측을 수행할 때는 여러 개의 의사결정트리 모델이 도출한 예측결과를 투표방식으로 결합한 뒤 과반수 이상인 범주로 결정하게 된다.

(분류문제가 아닌 회귀 등의 수치예측일 경우 목표변수 예측값을 평균 내고 그 평균값을 최종 결과로 리턴하게 된다.) 이렇게 도출된 결과는 단일 의사결정트리보다 예측성능과 일반화 능력이 좋은 것으로 알려져 있다.

학습 8

2. 수치예측 목적의 머신러닝 기법 적용

1) 분류목적의 머신러닝 기법과 수치예측 목적의 머신러닝 기법의 차이

앞서 '분류목적의 머신러닝 기법 적용'에서 특정 데이터 세트가 어떤 목적변수(혹은 반응변수) (Y) (혹은 라벨)를 가지고 있어서, 머신러닝을 통해 새로운 데이터의 목적변수(혹은 반응변수) 값을 추정하거나 특정 그룹으로 분류하고자 하는 머신러닝 기법들을 지도학습(Supervised Learning)기법이라고 하고, 그러한 지도학습 기법은 목적변수(혹은 반응변수)의 형태에 따라 크게 분류와 회귀(수치예측) 문제로 구분할 수 있다고 하였다. 분류기법과 회귀(수치예측기법)의 차이는 목적변수(혹은 반응변수) 값이 이산형 혹은 명목형 변수형태의 고정된 값을 가지고 있다면 분류기법을 적용하고, 목적변수(혹은 반응변수)가 연속형 변수형태여서 데이터 세트 범위 내의 어떠한 값도 가질 수 있는 경우 수치예측기법을 적용하게 된다. 즉 수치예측 기법의 결과값은 훈련데이터 세트를 통해 학습된 함수식을 통해 계산된 임의의 값을 가지게 된다. 분류목적의 머신러닝 기법에서 목적변수(혹은 반응변수)가 유한개의 결과값을 가진다면, 수치예측 목적의 머신러닝 기법에서는 목적변수(혹은 반응변수)가 가질 수 있는 범위 내의 어떠한 값도 나올 수 있다는 점이 다르다고 할 수 있다.

2) 수치예측 목적을 위한 머신러닝

수치예측 목적의 머신러닝 분류기법은 설명하고자 하는 목적변수(혹은 반응변수)가 연속형 변수형태를 가질 때 사용되는 기법으로서 데이터 분석에서 매우 자주 접하게 되는 문제라고 할 수 있다.

(1) 수치예측 목적의 머신러닝 활용영역

수치예측 목적의 머신러닝 알고리즘은 독립변수(혹은 설명변수, 예측변수)를 이용하여 관심 있는 목적변수(혹은 반응변수)의 수치값을 예측하는 형태의 문제라면 거의 대부분 적용할 수 있다. 대표적인 예시는 다음과 같다.

① 주식가격 예측

② 경제지표 예측

③ 기업의 제품 판매량 및 가격변화 예측

④ 대출 채무 불이행에 대한 손실금액 예측

⑤ 고객 LTV(Customer Lifetime Value) 예측
⑥ 상품구매 가능성 추천
⑦ 인구통계 특성에 따른 의료비 증감 예측

위의 경우 외에도 관심 있는 목적변수(혹은 반응변수) 값의 변화를 설명하기 위해 적절한 독립변수(혹은 설명변수)를 활용하여 관계식(함수식)을 설정하여 예측할 수 있는 형태라면 무궁무진한 활용 예시를 만들어 낼 수 있을 것이다.

(2) 수치예측 목적의 머신러닝 알고리즘 종류

수치예측 목적의 머신러닝 알고리즘은 통계학에서도 가장 많이 사용되는 회귀분석(Regression Analysis)이 가장 대표적인 기법이라고 할 수 있으며, 그 외에도 분류목적의 머신러닝에서도 활용되었던 의사결정트리나, 인공신경망 기법, 서포트 벡터머신, 랜덤 포레스트 등도 수치예측 문제에 활용할 수 있다.

〈표 8-10〉 수치예측 목적의 주요 머신러닝 알고리즘 기법

종 류	개 념	비 고
회귀분석 (Regresssion Analysis)	관측된 사건들을 정량화해서 독립변수와 종속변수의 관계를 함수식으로 설명하는 방법. 해당 함수식이 모수에 대해 선형일 경우 선형회귀분석이라고 하며, 독립변수가 한 개인 경우 단순선형회귀, 여러 개일 경우 다중선형회귀분석을 적용함	추론통계 기반 모형
의사결정트리 (Decision Tree)	목표변수와 가장 연관성이 높은 변수의 순서대로 나무 형태로 가지를 분할하면서 규칙을 만들어내지만, 분류목적의 의사결정 트리가 지니계수나 엔트로피를 사용하는 것과는 달리 수치예측목적일 때는 분산(혹은 표준편차)의 감소량(Variance Reduction)을 최대화하는 기준의 최적 분리에 의해 회귀나무를 형성하게 됨	분할 정복기법 (Divide & Conquer)
인공신경망 분석(Artificial Neural Network)	인간의 뇌의 뉴런 작용 형태에서 모티브를 얻은 기법으로서, 입력노드와 은닉노드, 출력노드를 구성하여 복잡한 수치예측 문제를 해결할 수 있도록 하는 분석기법	블랙박스 기법
서포트 벡터머신 (Support Vector Machine, 혹은 Support Vector Regression)	분류문제에서는 서루 다른 분류에 속한 데이터 간의 간격(마진)을 최대화하는 초평면을 찾는 것이라면 수치예측문제에서의 서포트 벡터머신은 데이터 점들의 분류가 아닌, 데이터 점들을 잘 적합할 수 있도록 가장 많은 데이터 집을 포함하는 튜브를 찾음	선형 및 비선형 (커널트릭)
랜덤 포레스트 (Random Forest)	주어진 데이터로부터 여러 개의 다양한 의사결정트리를 만들어 각 의사결정트리의 예측결과를 평균 내고, 그 평균값을 최종결과로 결정하는 앙상블 형태의 기법(분류문제에서는 각 예측 분류결과를 투표하여 과반수 이상인 분류결과를 최종결과로 도출함)	앙상블 모형

학습 8

3) 수치예측 목적의 머신러닝 주요 기법 핵심개념 및 특징

수치예측 목적의 머신러닝 기법의 경우 분류목적의 머신러닝 기법과 대부분 개념과 방법론이 유사하거나 중복되므로, 여기서는 수치예측 문제에 주로 활용되는 회귀분석 및 회귀목적의 의사결정트리와 인공신경망 중심으로 살펴본다.

(1) 회귀분석(Regression Analysis)

회귀분석은 사실 머신러닝 기법이라기보다는 통계학 영역에서 오랫동안 사용되어온 전형적인 통계분석기법이라고 할 수 있다. 사실 대부분의 고급 통계분석기법들이 회귀분석적인 접근방법의 확장 또는 응용이라고 해도 과언이 아닐 정도로 회귀분석이 통계학의 영역에서 차지하는 비중은 막대하다고 할 수 있다. 머신러닝 관점에서는 수치예측을 위해 통계학의 회귀분석기법을 사용하여 훈련데이터를 학습시킨 뒤, 평가데이터를 통해 결과값을 예측한다는 점에서 지도학습으로 회귀분석기법을 다루고 있다.

① 회귀분석의 함수식 : 회귀분석은 연속형 목적변수(혹은 반응변수)(Y)와 설명변수(X)의 다음의 함수관계를 모형화하는 기법이라고 할 수 있다.

$$Y = f(X) + \varepsilon \tag{8.8}$$

위 식 (8.8)에서 ε는 오차항으로서 기댓값이 0이고 분산이 σ^2이라고 가정한다. 회귀분석에서는 독립변수 X가 주어졌을 때 목적변수(혹은 반응변수) Y의 조건부 기댓값을 특정 형태의 함수 f(·)로 가정하고 데이터 세트로부터 해당 함수 f(·)를 추정하게 된다. 여기서 f(·)를 선형함수로 가정하면 선형회귀분석이 되고, 로지스틱 함수를 가정하면 로지스틱 회귀분석이 되며(단, 이 경우는 Y가 이산형 변수임), 비선형 함수를 가정하면 비선형 회귀분석이 된다. 일반적으로는 모형구축의 단순성 및 해석의 명료함 때문에 선형 회귀분석을 주로 사용하며, 선형 회귀분석으로 잘 적합되지 않는 경우도 데이터에 적절한 변환(로그변환, 제곱근 변환, 다항식 접근 등)을 취하면 선형 회귀모델화 할 수 있으므로 수치예측문제에서 회귀기법을 사용한다면 대부분 선형 회귀분석을 사용한다고 볼 수 있다. 이러한 기법으로도 잘 예측이 안 되는 회귀문제의 경우 비선형 회귀문제를 적용해야 하는데, 적합한 함수식 가정이 필요하고, 모수 추정등이 선형 회귀분석만큼 쉽지 않으며, 비선형 회귀분석의 경우 실질적으로 은닉층이 없는 퍼셉트론 인공신경망과 수학적으로 동일하기 때문에 비선형 회귀문제의 경우 인공신경망 기법 등의 좀 더 계산 집약적인 머신러닝 기법을 사용하게 된다.

② 선형 회귀분석 : 선형 회귀분석은 설명변수와 목적변수(혹은 반응변수) 간의 관계가 선형인 회귀분석을 말하며, 설명변수(혹은 독립변수)가 한 개인 경우 단순선형 회귀분석이라고 하며, 설명 변수가 2개 이상이면 다중회귀분석이라고 부른다.

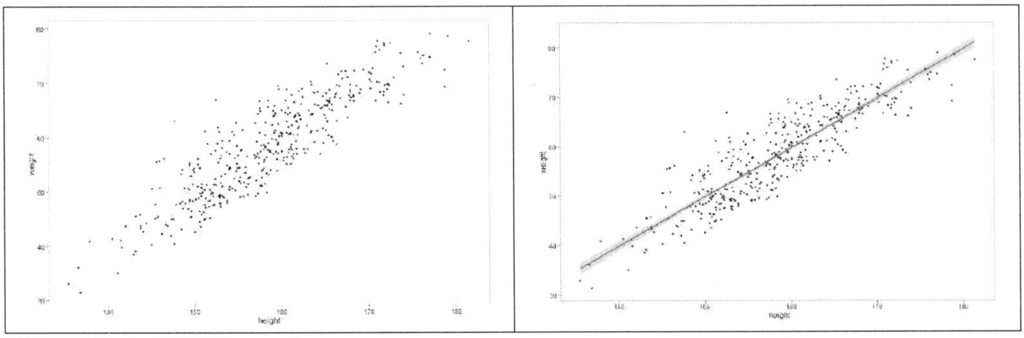

[그림 8-11] 데이터 세트에 단순 선형회귀직선을 적합한 그래프

[그림 8-11]은 키와 체중의 산점도에 단순 선형회귀 직선을 적합한 그래프이다. 키가 커질수록 몸무게도 증가하는 데이터의 형태를 비교적 잘 적합하고 있다는 것을 알 수 있다. 이렇게 독립변수가 한 개인 경우 2차원 그래프로 관계를 확인하는 것이 유용하다. 그러나 독립변수가 2개 이상이 되면, 3차원 공간상에서 2차 평면으로 회귀적합이 표현되며, 독립변수가 3개를 넘어가면 4차원 이상이 되어 시각적으로 파악하기가 어려워진다. 하지만 일반적으로 특정 현상을 설명하는 데 있어서 목표변수 Y의 변화가 하나의 독립변수로 잘 설명되는 경우는 거의 없다고 할 수 있다. 따라서 적절한 독립변수들을 선정하여 이들의 함수로서 목표변수를 설명하고자 하는 다중회귀분석을 일반적으로 시행하게 된다. 이러한 다중회귀분석의 모형은 아래와 같이 표현할 수 있다.

$$y = \beta_0 + \beta_1 x_1 + \beta_2 x_2 + \ldots + \beta_P x_P + \varepsilon \quad (8.9)$$

$$y = X\beta + \epsilon \quad (8.10)$$

여기서 β_0, β_1, β_2, ..., β_p는 데이터로부터 추정되어야 하는 P+1개의 무수(회귀계수)이나, ε은 기댓값 0과 분산 σ_2를 가지는 오차항이다. 식 (8.10)은 식 (8.9)를 벡터 및 행렬형태로 표현한 것이다. 훈련데이터 세트 (x1, y1),...(xn, yn)이 주어졌을 때 이러한 회귀계수는 다음과 같은 오차의 제곱합(Sum of Squared Error)을 최소로 하는 최소제곱법을 통해서 추정하게 된다.

$$\sum_{i=1}^{n}\epsilon_i^2 = \sum_{i=1}^{n}(y_i - \beta_0 - \beta_1 x_{i1} - \dots - \beta_P x_{iP})^2 \tag{8.11}$$

위 (8.11)식에서 yi와 xi, εi는 I번째 개체의 목표변수, 독립변수, 오차항을 나타낸다. 회귀계수 β_p의 추정치를 bp라고 할 때 최소제곱법에 의한 추정치는 다음과 같다.

$$b_P = \frac{\sum_{i=1}^{n}(x_i - \bar{x})(y_i - \bar{y})}{\sum_{i=1}^{n}(x_i - \bar{x})^2},\ b_0 = \bar{y} - b_P\bar{x} \tag{8.12}$$

$$B = \hat{\beta} = (X^T X)^{-1} X^T Y \tag{8.13}$$

위의 식 (8.13)은 식 (8.12)을 벡터 및 행렬 형태로 표현한 것이다. 위의 식 (8.12)처럼 회귀계수 추정치가 일단 구해지면, 이제 새로운 독립변수 x가 주어졌을 때 목표변수 y의 값을 $\hat{y} = b_0 + b_1 x + b_2 x + \dots b_p x$로 예측할 수 있다.

이렇게 해서 추정된 회귀계수에 대하여 유의성 검정은 회귀계수 β_p이 0이면 독립변수 x_p와 목표변수 y간에 아무런 관계가 없음을 의미하고, 이는 귀무가설 'H0 : $\beta_{p=0}$'라는 가설을 검정하는 문제가 된다. 이때 검정통계량은 $t = \frac{(b_p - \beta_p)}{s.e(b_p)}$를 사용하며 이때 $s.e(b_p)$는 b_p의 표준오차 (Standard Error)이며, t는 자유도 $(n-1)$인 t분포를 따르게 된다. 만일 $|t|$가 충분히 크다면 $\beta_{p=0}$이라는 귀무가설을 기각한다. 즉 추정된 회귀계수가 유의하다고 결론을 내릴 수 있다.

(2) 선형 회귀분석의 장 · 단점

〈표 8-11〉 다중선형 회귀분석의 장 · 단점

장 점	단 점
• 수치 예측을 위한 가장 일반적이고 보편적인 통계분석 모형이다. • 통계적 추정과 검정 등 이론적 배경이 견고 하여 유의한 추정치가 도출되면 신뢰있는 예측모델이 가능하다. • 독립변수와 목표변수 간 관계에 대한 설명과 해석이 용이하며, 각 독립변수의 영향력을 파악하기가 쉽다 • 빠른 훈련(학습) 시간을 가진다.	• 선형 회귀분석이 제대로 성립되기 위해서는 몇 가지 강한 가정이 충족되어야 한다(선형성, 등분산성, 정규성). • 결측치, 불완전자료가 있을 시 잘 작동하지 않는다. • 이상치에 민감하며, 데이터 변화에 민감하다. • 독립변수들 간 상관성이 높으면 회귀계수 분산이 매우 커지고 회귀계수 추정값 정확도가 낮아지는 다중공선성 문제가 발생하여 다중회귀모형 구축이 쉽지 않아진다. • 데이터를 단순한 모형에 적합 하는 경향이 있어 복잡한 데이터를 예측할 때는 정확도가 떨어진다.

(3) 선형 회귀분석의 단점을 보완한 회귀기법

선형 회귀분석의 단점을 보완하기 위해 많은 확장과 응용형태의 회귀분석 기법들이 존재한다. 특히 선형성 가정이 만족되지 않을 경우에는 다항회귀나 비선형 회귀를 적용하고, 오차의 등분산성이 만족되지 않을 경우에는 가중회귀(Weighted Regression)를 사용하며, 오차분포의 정규성이 만족되지 않을 때는 로버스트 회귀(Robust Regression) 적용을 고려해 볼 수 있다.

한편 앞의 단점에서도 언급되었듯 독립변수 간 상관계수가 높을 경우 회귀계수 분산이 커져서 회귀계수가 안정적이지 못하고 오차가 커져서 회귀계수를 신뢰할 수 없게 된다. 이러한 경우를 다중공선성이 존재한다고 하는데 이러한 다중공선성 문제를 해결하는 방법으로써 다중공선성이 있는 변수를 삭제하거나 변수들의 결합을 통해 새로운변수를 만들어서 회귀분석을 시행하는 방법이 있다.

또한 다중공선성의 영향을 받지 않고 회귀분석을 하는 기법으로서 능형회귀(Ridge Regression)방법을 사용하기도 한다.

능형회귀는 능형매개변수 K를 사용하여 회귀계수를 추정하며 능형매개변수 K를 0에서부터 점점 증가시키면서 회귀계수의 변화를 살펴보다가 회귀계수가 더 이상 변화하지 않고 안정된 모습을 보이게 되는 지점 K를 찾아 이때의 최소 k에 따른 회귀계수를 선택하는 기법이다. 그리고 목표변수가 정규분포가 아닌 연속형 변수인 경우(포아송분포, 음이항분포, 감마분포 등), 이산형 및 빈도형인 경우 등에 사용되는 회귀분석 모형 등을 포괄적으로 표현하는 통계기법으로서 일반화 선형모형이라는 형태로 다루고 있다.

학습 8

4) 수치예측 목적의 의사결정트리 기법

의사결정트리는 분류목적의 머신러닝 기법이지만, 수치예측의 목적으로도 사용될 수 있다. 어떤 경우에는 분류목적의 의사결정트리를 분류나무(Classification Tree)라고 부르고, 수치예측 목적의 의사결정트리를 회귀나무(Regression Tree)라고 구별해서 부르기도 한다.

분류목적의 의사결정트리가 노드 분리를 위해 카이제곱 통계량, 지니계수, 엔트로피 지수 등의 불순도(Impurity)를 측정해서 트리를 구성하는 것과는 달리, 수치예측 목적의 의사결정트리는 목표변수의 평균과 표준편차 혹은 평균과 절대편차 같은 통계치와 불순도를 이용하여 마디가 분리된다.

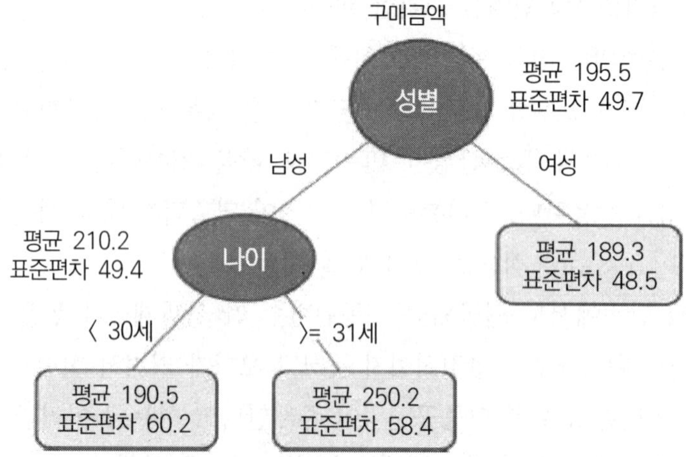

[그림 8-12] 수치예측 목적의 의사결정트리 예시

예를 들어 [그림 8-12]에서 구매금액을 목표변수로 하고 이에 영향을 미치는 설명변수들로 마디를 분리한다고 했을 때 첫 번째 분리변수로 성별이 사용된 것을 알 수 있는데, 남성의 구매금액 평균은 210만 원이고, 여성의 구매금액 평균은 189만 원이 되어 성별에 따라 구매금액의 높고 낮음이 잘 예측될 수 있기 때문이다. 이런 식으로 각 노드를 나누었을 때 목표변수의 평균차이가 가장 두드러지게 나타날 수 있는 설명변수들의 분리 점을 사용하여 가지를 계속 분기시켜 나가게 된다. 여기서 설명변수가 성별처럼 범주형이면 전체 범주를 배타적인 부분집합으로 나누어서 계산하며, 설명변수가 연속형이면 분리 점을 설정하고 최적화 방식으로 최적 분리 점을 찾아 나가게 된다.

(1) 의사결정트리 분리기준

수치예측 목적의 의사결정트리에서는 F 통계량의 p 값이나 분산(혹은 표준편차)의 감소량 등을 통해 가지를 분리하게 된다.

① F 통계량의 p 값 : p-값이 가장 작은 설명변수와 그때의 최적분리에 의해서 자식노드가 형성된다. F통계량은 다음과 같이 계산된다.

$$F = (n_0 - 1)*(SST/SSE), \qquad (8.14)$$

$$SST - n_1*(\overline{y_1} - \overline{y_0})^2 + n_2*(\overline{y_2} - \overline{y_0})^2 ,$$

$$SSE_L = (n-1)*s_1^2 , \ SSE_R = (n_2 - 1)*s_2^2$$

여기서 n_0는 부모마디 데이터 세트 표본 크기, n_1은 왼쪽마디 데이터 세트 표본크기, n_2는 오른쪽마디 데이터 세트 표본 크기이며, $\overline{y_0}$는 부모마디 목표변수 평균값, $\overline{y_1}$는 왼쪽마디의 목표변수 평균값, $\overline{y_2}$는 오른쪽 마디의 목표변수 평균값이고, s_1는 왼쪽 마디의 목표변수 표준편차, s_2는 오른쪽 마디의 목표변수 표준편차를 의미한다. 즉 특정변수로 목표변수의 평균값을 두 개의 노드로 분리시켰을 때 부모노드 목표변수 평균값과의 제곱합 감소량이 가장 커지는 F 값을 찾아서 F 값의 p 값이 가장 작은 경우로 자식 노드를 만들어 나가는 것이다.

② 표준편차 혹은 분산의 감소량 : 표준편차 감소량(SDR : Standard Deviation Reduction) 혹은 분산의 감소량(Variance Reduction)은 예측오차를 최소화하는 것과 동일한 기준으로서 목표변수를 분리하였을 때 표준편차 혹은 분산의 감소량을 최대화하는 기준의 최적분리에 의해서 자식노드가 형성된다. 표준편차 혹은 분산 감소량은 다음과 같이 측정된다.

$$VR = s_0^2 - (n_1/n_0)*s_1^2 - (n_2/n_0)*s_2^2, \tag{8.15}$$

$$SDR = s_0 - (n_1/n_0)*s_1 - (n_2/n_0)*s_2$$

$$SDR = SD(N) - \sum_i \frac{|N_i|}{|N|} * SD(N_i) \tag{8.16}$$

위 식 (8.15)에서와 같이 분산 감소량(VR)과 표준편차 감소량(SDR)은 본질적으로 동일한 식이며 식 (8.16)은 식 (8.15)을 일반화하여 표현한 것이다. 여기서 SD(N)은 부모노드의 목표변수 값의 표준편차를 의미한다. 결국 위 공식은 부모노드 목표 변수값의 표준편차를 노드 분리 후의 표준편차 값을 뺄셈하여 변화량을 측정하되, 노드가 분리된 후의 해당 노드의 데이터 표본 개수 만큼의 가중치를 적용하여 표준편차(혹은 분산)의 감소량을 측정한다. 이렇게 해서 감소량이 가장 최대화되는 기준의 최적분리에 의해서 트리 분할이 이루어지게 된다.

학습 8

(2) 수치예측 목적 관점에서의 의사결정트리 기법의 장·단점

〈표 8-12〉 수치예측 목적의 의사결정트리 기법의 장·단점

장 점	단 점
• 자동으로 특성(Feature)을 선택해주므로 많은 변수를 가진 수치예측 문제에 사용이 가능하다. • 결측치 및 이상치가 있는 데이터에도 효과적으로 처리 가능하다. • 다중공선성의 문제나 선형성 가정, 정규성 가정 등이 필요없다. • 두 개 이상의 변수가 결합한 비선형적 상호작용 효과를 해석하기가 용이하다. • 수학적 지식이 없는 사람도 모형의 결과 이해가 쉽고, 어떤 입력변수가 목표변수를 설명하는데 영향력이 높은지를 알 수 있다.	• 연속형 입력변수를 비연속적인 값으로 취급하므로 분리의 경계점 근방에서 예측오류 가능성 있다. • 선형 또는 주효과 모형과 같은 해석이 불가능하므로 모형식을 수립해야 하는 경우 적용이 어렵다. • 훈련데이터에 대한 약간의 변경이 발생시 트리분류결정 논리에 큰 변화를 가져온다(특정 데이터 변화에 분석결과 변화가 민감함). • 모델이 쉽게 과적합화되거나 과소적합될 수 있다. • 트리가 너무 커질 경우 패턴 이해하기가 쉽지 않다.

(3) 수치예측 목적의 의사결정트리 기법 활용분야

일반적으로 현업 실무환경에서 수치예측목적의 의사결정트리는 분류목적의 의사결정트리만큼 빈번하게 사용되지는 않는 경향이 있다. 그 이유는 목표변수가 연속형이면 예측력이 다소 떨어지는 경향이 있으며, 자료에 약간의 변화가 생겨도 민감하게 반응하는 경향이 있기 때문이다.

분류목적의 경우에는 목표변수의 범주 속성별로 빈도가 높은 쪽으로 결과 판정이 일어나기 때문에 예측력이 다소 떨어져도 범주 라벨 예측에는 그다지 문제가 되지 않지만, 수치예측의 경우에는 결과값 자체를 정교하게 예측할 필요가 있기 때문에 예측력이 더 중요해지는 경향이 있다. 그렇지만 의사결정트리 기법의 특성자체가 방대한 변수들이 있을 때 중요한 변수를 판별해 내거나, 규칙을 도출하는 데에 있어 해석이 직관적이기 때문에 경제 및 기업의 데이터 분석업무에서 보다 정교한 분석모형수립 이전의 사전 탐색분석단계나 규칙도출 등의 목적으로 많이 활용되고 있다.

5) 수치예측 목적의 인공신경망 분석

인공신경망 분석모델의 개념 및 특징은 '분류목적의 머신러닝 기법 적용하기'의 '인공신경망 분석' 챕터에서 다루었기 때문에 여기서는 수치예측 목적일 때 차이점만 짚어 보기로 한다. 기본적으로 인공신경망 분석은 분류나 수치예측 모두 적용

가능하며 기본적인 원리나 학습방법도 동일하다. 즉 단층 퍼셉트론, 다층 퍼셉트론 신경망, 피드포워드 및 역전파 학습 등 앞서 분류목적의 인공신경망에서 다룬 내용이 동일하게 수치예측 목적의 인공신경망에도 적용될 수 있다. 실제로 분류 문제에서 목표변수 Y의 범주 속성(클래스)수가 K 라고 할 때, 목표변수에 해당하는 출력노드는 K개만큼 존재하게 되고, 이때 특정 출력노드 K(=1,2,...K)는 데이터가 K번째 클래스에 속하는 경우 K번째 좌표는 1이고 나머지 좌표는 0으로 코딩되지만, 수치예측 문제에서는 출력노드가 K=1인 경우에 해당되므로 단일 출력노드로 모형화가 가능하다.

이런 점에서 분류목적의 인공신경망과 수치예측 목적의 인공신경망은 하나의 모형체계로 표현할 수 있다.

그러나 그 외에도 몇 가지 차이점이 존재하는데 출력함수 및 신경망학습을 위한 오차함수(목적함수) 등에서 차이가 있다.

(1) 출력 활성함수(Output Activation Function)

인공신경망에서 활성함수(Activation Function)는 설명변수 또는 은닉층의 결합을 변환하여 다음 층으로 보내는 함수를 의미하며, 앞서 분류목적의 인공신경망에서 시그모이드 함수 등이 주로 사용된다고 언급하였다.

여기서 은닉층에서 최종 목표변수(출력노드)로 결과값을 결합하여 변환하는 활성함수를 특별히 출력 활성함수(Output Activation Function)라고 하는데, 분류목적의 인공신경망에서는 활성함수나 출력 활성함수나 동일한 함수를 사용하는 것이 일반적이나, 수치예측 목적의 인공신경망에서는 출력 활성함수로서 항등함수(Identity Function)를 주로 사용한다는 점이 다르다.

항등함수는 $gk(t)=t$가 되는 함수로서, 쉽게 말해서 어떠한 변환도 하지 않고 그대로 출력층으로 전달한다는 것이다. 그 이유는 분류문제의 경우 목표변수의 출력범주가 정해져 있어서 출력값의 비선형 변환을 하지만, 수치예측 문제에서는 목표변수가 제한된 범위를 가지지 않기 때문에 항등함수를 사용하게 되는 것이다.

물론 수치예측 문제에서도 데이터 형태와 특성에 따라 다른 함수를 사용하는 경우도 있다.

(2) 목적함수(Objective Function)

은닉층과 은닉마디 수가 결정되고 나면 신경망 학습을 시작하게 되는데 이는 수학적으로는 주어진 데이터를 통해 각 가중치(계수, 혹은 연결강도)를 추정하는 것이다.

여기서 계수값을 찾아내기 위해 오차함수(Error Function) 혹은 목적함수를 최소로 하는 문제를 해결하게 된다.

수치예측 문제에서는 다음과 같은 오차제곱합(SSE)를 목적함수로 사용한다. 여기서 Yi와 Pi는 각각 i번째 데이터 세트 개체의 실제값과 예측값을 의미하며, 은닉층의 각 노드들의 가중결합을 통한 예측값과 실제값의 차이 제곱합을 최소로 하는 계수를 찾는 것이다.

$$SSE = \sum_{i=1}^{n} (Y_i - P_i)^2 \tag{8.17}$$

반면 분류문제에서는 다음과 같은 Deviance를 목적함수로 사용한다. 만일 목표변수가 이진변수(Binary Variable)라면, 베르누이 분포를 따른다는 가정하에 최대우도추정법을 적용할 수 있으며, 식 (8.19)의 목적함수를 최소화하는 계수를 찾는 문제가 될 수 있다.

$$LogLikelihood = -\sum_{i=1}^{n} (Y_i \log(P_i)) \tag{8.18}$$

$$LogLikelihood = -\sum_{i=1}^{n} [Y_i \log(P_i) + (1 - Y_i)\log(1 - P_i)] \tag{8.19}$$

(3) 수치예측 목적의 인공신경망 분석기법의 장·단점

〈표 8-13〉 수치예측 목적의 인공신경망 기법의 장·단점

장 점	단 점
• 복잡한 비선형 예측문제에 탁월한 성능을 보인다. • 이론적으로 선형회귀 및 로지스틱 회귀, 일반화 선형모형, 일반화 가법모형 등 다양한 통계분석 모형을 포함하는 통합적 모형이다. • 통계적 기본 가정이 적고, 유연한 모델을 만든다. • 데이터 사이즈가 작거나, 불완전 데이터, 노이즈 데이터가 많은 경우에도 다른 모델에 비하여 예측성능이 우수한 경우가 많다.	• 모델결과 해석이 어려워서 은닉층의 노드들이 무엇을 표현하는지, 왜 그러한 결과값이 나왔는지 설명이 필요한 모델링에는 적합하지 않다(블랙박스 모형). • 은닉층 개수 및 은닉노드 수 결정에 대한 명확한 기준이 없어서 시행착오적인 방법으로 결정해야 할 때가 많다. • 과적합화나 과소적합이 발생하기 쉽다. • 전체적 관점에서의 최적해가 아닌 지역 최적해가 선택될 수 있다.

(4) 수치예측 목적의 인공신경망 분석기법의 활용분야

인공신경망은 분류나 수치예측 문제에 모두 활용할 수 있고, 복잡한 비선형 문제 등에도 적용할 수 있다는 유연성 때문에 머신러닝 분야에서 상당히 선호되는 기법 중 하나이다.

특히 분석결과의 통찰력을 수립하거나 해석하는 분야보다는 정교한 예측 기반으로 자동화된 결과물을 시스템화하는 분야에 적합하다고 할 수 있다. 주가예측, 환율예측, 구매액 추정, 생물정보학, 인공지능 등 방대한 빅데이터를 다루는 분야에서 다양하게 활용되고 있다.

6) 랜덤 포레스트(Random Forest)

랜덤 포레스트 역시 분류목적의 머신러닝에도 사용되지만 수치예측 목적의 머신러닝에도 사용되는 기법이다. 랜덤 포레스트는 앙상블 기법으로서 의사결정트리 분석의 예측 정확도를 높이기 위해 하나의 의사결정트리를 사용하는 대신에 다수의 의사결정트리 집합을 사용하여 결과를 예측하게 된다. 일반적으로 앙상블 기법은 여러 개의 모델을 학습한 다음, 예측 시 여러 모델의 예측결과를 종합해서 결과를 도출하기 때문에 단일모델에 의한 결과보다 일반화와 예측의 성능이 좋은 것으로 알려져 있다.

특히 랜덤 포레스트 기법은 훈련데이터 세트에서 임의의 샘플을 복원 추출하여 해당 데이터에 대해서만 의사결정트리를 만들어낸 뒤 이를 수백 개의 의사결정트리 모델에서 반복하여 결과를 계산한다. 이러한 의사결정트리들을 만들어 낼 때, 트리 내에서 분할이 고려될 때마다 p개 설명변수들의 전체 집합에서 m개 설명변수들로 구성된 랜덤표본이 분할 후보로 선택되며, 분할은 이들 m개 설명변수들 중 하나만을 사용하도록 허용된다. 각 분할에서는 m개 설명변수들의 새로운 표본이 선택되며, 보통 m은 분류 트리일 때는 $\sqrt{p}$, 수치예측(회귀트리)일 때는 p/3개의 변수를 사용한다. 즉 각 분할에서 사용되는 설명변수들의 수는 총 설명변수의 개수보다 작다.

이렇게 하는 이유는 각 트리들의 상관성을 최소화하기 위해서이다. 즉 데이터 세트에 목표변수와 관계가 매우 높은 설명변수가 하나 있어서 이 변수가 나머지 설명변수들보다 압도적으로 목표변수를 설명하고 있다면, 여러 개의 랜덤 포레스트를 만들어도 대부분의 트리들에서 영향력 높은 특정 설명변수를 첫 번째 노드 분할변수로 사용하게 될 것이다.

학습 8

이렇게 되면 각 랜덤 트리들이 거의 유사하게 분류될 가능성이 커진다. 이는 각 트리들 간에 상관성이 높아짐을 의미하게 되어 실질적으로 여러 개의 랜덤 표본을 만들어내서 의사결정트리를 반복적으로 수행하는 효과를 의미 없게 만들 수 있다.

따라서 매번 분할을 수행할 때마다 설명변수들의 일부분만을 고려하게 함으로써, 이러한 문제를 해결하고자 하는 것이다. 즉 어떤 랜덤 표본에서는 목표변수와 강한 연관성이 있는 설명변수가 첫 번째 분할 변수로 사용되지만, 어떤 랜덤 표본에서는 강한 설명변수를 아예 제외하고 트리를 분할하는 경우도 있으므로, 그 외 다른 설명변수들이 트리분할에 사용될 가능성이 커지게 된다. 이러한 과정을 통해 트리들의 상관성을 제거할 수 있게 되고, 트리들의 예측값 평균은 변동성이 적어지고, 더 안정적이 된다. 따라서 랜덤 포레스트를 만들 때 작은 m값을 사용하는 것은 설명변수 간 상관성이 높을 때 유용하다. 이런 점에서 다중선형 회귀분석 같은 표준수치 예측기법보다 랜덤 포레스트가 선호되는 면이 있다. 이러한 과정을 거친 뒤, 각각의 트리분할에서 새로운 데이터에 대한 목표변수의 수치를 예측할 때는 목표변수 예측값을 평균 내고 그 평균값을 최종 결과로 도출하게 된다. 이렇게 도출된 결과는 단일 의사결정트리보다 예측성능과 일반화 능력이 좋은 것으로 알려져 있다.

8-4 자율학습 모델 적용

1. 클러스터링(군집분석)

1) 자율학습(Unsupervised Learning) 머신러닝 알고리즘 기법

자율학습 혹은 비지도학습(Unsupervised Learning) 머신러닝 기법은 데이터 세트에 목적변수(혹은 반응변수)(Y)가 없이, 일련의 변수들 X_1, X_2, X_3, ..., X_p만 주어진 경우에 시행하게 되는 머신러닝 기법들이다.

일련의 설명변수들과 연관된 목적변수(혹은 반응변수)가 없기 때문에, 무엇을 예측한다기보다는 주어진 데이터에서 특정한 패턴이나 알려지지 않은 지식을 발견하고자 하는 것이 목표라고 할 수 있다.

앞서 다룬 지도학습 머신러닝 기법들이 목적변수(혹은 반응변수)의 형태에 따라 분류 및 수치예측 수행이라는 명확한 목표가 있고, 데이터 세트 분할 통한 교차검증 등의 분석결과에 대한 명확한 평가기준을 가지고 분석을 진행할 수 있는 것에 비해 자율학습 기법은 무엇을 발견하고자 하는 것인지 명확하지 않으며, 예측 대상을 '지도'할 수 없으므로 컴퓨터 프로그램은 실제로 정답을 알 수 없다. 이로 인해 머신러닝 결과가 만족스러운 것인지 점검하기가 곤란하다는 문제가 있다.

이러한 자율학습 머신러닝 기법은 분석의 목적 및 알고리즘에 따라 유사한 개체나 사람들을 그룹 짓는 군집화(Clustering), 특정 대상들 간의 발생 관련성을 파악하는 연관성 분석(Association), 주어진 변수 세트를 효과적으로 설명 가능한 더 적은 수의 대표적인 변수들로 요약하는 차원축소(Dimension Reduction) 등의 기법이 있다.

2) 클러스터링(군집) 분석개념

군집분석 혹은 클러스터링(Clustering) 분석은 대표적인 자율학습(혹은 비지도학습)으로서 일련의 관측값들을 적절한 기준으로 서로 유사한 관측값끼리 그룹으로 묶는(군집화)기법을 말한다. 군집화는 사전에 그룹이 어떤 형태인지 모르는 상태에서 실행하게 된다. 분석가가 찾고 있는 것이 무엇인지 모르는 상태에서 실행하기 때문에 당연히 분석가가 컴퓨터 프로그램에게 무엇을 지도할 수 없다. 그런 의미에서 군집분석이 자율학습(비지도학습)으로 불리고 있는 것이다. 또한 동일한 이유로 군집분석은 무엇을 예측하기 위해 실행하기보다는 지식 발견 그 자체를 위한 목적으로 주로 활용된다. 그런 측면에서 보자면 데이터를 통해 학습하여 무엇을 예측하려는 머신러닝이라기 보다는 지식발견 그 자체 혹은 알려지지 않았던 통찰을 발견하려는 데이터마이닝에 좀 더 가깝다고 할 수 있다.

(1) 클러스터링(군집) 분석원리

군집분석은 입력된 데이터가 어떤 형태로 그룹을 형성하는지가 분석의 핵심 목적이다. 따라서 군집분석에서는 입력된 데이터를 어떤 기준으로 그룹화 하는지가 첫 번째 질문이 되는데, 일반적으로는 각 데이터 간의 유사성을 기준으로 그룹화를 짓게 된다. 즉 군집 내의 데이터는 서로 매우 유사하지만, 다른 군집과는 다르다는 원칙으로 그룹화를 진행하게 된다. 앞서 다룬 분류목적의 머신러닝에서는 목적변수(Y)의 라벨이 주어진 상태에서 해당 목적변수의 범주 속성으로 분류되는 개체를 유사성이나 다른 기준으로 판별하는 것이 목적이었다면, 군집분석은 목적변수가 없는 상태에서 유사한 특성을 가진 개체끼리 그룹화를 한다는 점이 다르다.

학습 8

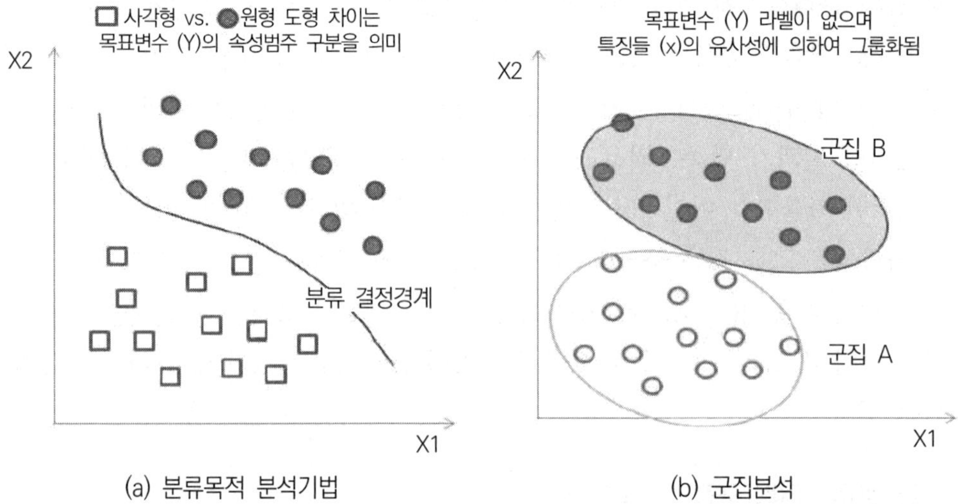

[그림 8-13] 분류목적의 머신러닝 기법과 클러스터링(군집) 분석의 개념 비교

(2) 클러스터링(군집) 분석 주요 활용분야

군집분석은 데이터들에 존재하는 유사성 혹은 비유사성에 근거해서 패턴화를 하는 특성으로 인해, 매우 다양한 영역에서 활용할 수 있다. 군집분석이 주로 활용되는 분야에 대한 대표적인 예시는 다음과 같다.

① 마케팅 등 분야에서의 고객세분화(Segmentation)
② 질병 및 환자 특성에 따른 유사그룹화
③ 개체 유사성에 근거한 문서분류
④ 디지털 이미지 인식을 통한 사물 및 안면 인식
⑤ 금융분야에서의 알려진 군집 이외의 사용패턴 식별(신용카드 사기, 보험료 과다 청구 등)
⑥ 공학분야에서의 이상치 탐지(제조과정에서의 불량제품 자동탐지, 통화음질 개선을 위한 노이즈 구별 등)
⑦ 컴퓨터 네트워크에 비인가 된 침입 등의 비정상적 행위 탐지

상기 몇 가지 예시에서 볼 수 있는 바와 같이, 주로 유사한 사람들을 그룹화 및 세분화하여 비즈니스에 활용하거나, 유사한 개체들을 묶어 필요한 정보를 압축하여 활용하거나, 유사성 기반의 그룹화를 응용하여 역으로 이상치(Outlier) 등의 특이점 혹은 비정상 패턴을 찾는 분야 등에 활용되고 있다. 이 외에도 매우 다양한 영역에서 응용 및 활용되고 있는 중요한 분석기법이라고 할 수 있다.

(3) 클러스터링(군집) 분석의 주요 종류

군집분석에도 여러 가지 하위 기법들이 존재하나, 일반적으로는 그룹화 방식에 따라 계층적 군집(Hierarchical Clustering)과 비계층적 군집(Non-Hierarchical Clustering) 혹은 분할기반의 군집(Partition-based Clustering)분석으로 구분한다.

비계층적 군집분석에는 K-평균(K-Means), K-medoids, DBSCAN, 퍼지 군집 등의 기법이 있으며 많은 기법들이 K-평균 클러스터링의 여러 가지 한계나 문제점을 극복하기 위해 개발된 면이 강하다고 할 수 있다. 또한 계층적 군집분석에는 병합적 군집화(혹은 상향식 군집화), 분할적 군집화(혹은 하향식 군집화)기법 등이 있다.

이 외에도 확률모형에 기반한 군집분석 등이 있으며 대표적으로는 가우스 혼합모형 등이 있다.

〈표 8-14〉 대표적인 클러스터링(군집) 분석 주요 기법

구 분	기 법	주요 내용
비계층 군집 (분할 기반 군집)	K-평균(K-Means) 클러스터링	주어진 군집 수 k에 대해서 군집 내 거리 제곱합의 합을 최소화하는 형태로 데이터 내의 개체들을 서로 다른 군집으로 그룹화하는 기법
	K-Medoids 클러스터링 혹은 PAM(Partitioning Around Method)	K-평균 클러스터링의 보완한 기법으로서, 모든 형태의 유사성(비유사성) 측도를 사용하며, 좌표평면상 임의의 점이 아닌 실제 데이터 세트 내의 값을 사용하여 클러스터 중심을 정하므로 노이즈나 이상치 처리에 강건한 군집화 기법
	DBSCAN(Density Based Spatial Clustering of Application with Noise)	K-평균 기법이 K개의 평균과 각 데이터 점들 간의 거리를 계산하여 그룹화를 하는 반면, DBSCAN은 밀도개념을 도입하여 일정한 밀도로 연결된 데이터집합은 동일한 그룹으로 판정하여 노이즈 및 이상치 식별에 강한 군집화 기법
	자기조직화 지도(Self Organizing Map)	자율학습 목적의 머신러닝에 속하는 인공신경망의 한 기법으로서 벡터 수량화 네트워크를 이용한 군집화 기법
	Fuzzy 군집	K-평균 기법이 하나의 데이터 개체는 하나의 군집에만 배타적으로 속하는 독점적 군집인데 반해, 퍼지군집은 하나의 데이터 개체가 여러 개의 군집에 중복해서 속할 수 있도록 하는 중복 군집화 기법
계층적 군집	병합적(Agglomerative) 혹은 상향식(Bottom-up) 군집화	모든 데이터 객체를 별개의 그룹으로 구성한 뒤, 단 하나의 그룹화가 될 때까지 각 그룹을 단계적으로 합쳐가는 계층적 군집기법
	분할식(Divisive) 혹은 하향식(Top-down) 군집화	모든 데이터 객체를 하나의 그룹으로 구성한 뒤, 각 데이터 점이 하나의 그룹으로 될 때까지 단계적으로 분할해 가는 계층적 군집기법
확률기반 군집	가우스 혼합모형	EM(Expectation Maximization) 알고리즘, 혹은 MCMC(Markov Chain Monte Carlo) 등의 알고리즘을 사용하여 모수를 추정하는 확률기반의 군집분석

학습 8

많은 군집화 기법들이 존재하나, 실제 빅데이터 환경에서는 계층적 군집분석의 경우 컴퓨팅에 상당히 많은 자원이 소요되는 경향이 있어 잘 사용되지 않는다. 또한 확률기반의 군집모형은 EM 추정이나 MCMC 추정 등 추론 통계학적 배경지식이 많이 필요하여 비즈니스 실무분석가들이 잘 사용하고 있지는 않다. 따라서 대부분 비즈니스 실무 환경에서는 주로 비계층적 군집분석이 많이 활용되며, 그중에서도 특히 K-평균 클러스터링이 가장 간단하면서도 많이 사용되고 있는 대표적 기법이라고 할 수 있다.

〈표 8-14〉와 같이 다양한 군집분석 기법들이 있지만, 실제 실무환경에서는 간편함과 계산의 편리성 및 대용량 데이터를 빠르게 처리할 수 있다는 점 등에서 K-평균(K-Means) 클러스터링이 주로 사용되는 경향이 많으므로 K-평균 클러스터링 중심으로 살펴보고자 한다.

3) K-평균 클러스터링(K-Means Clustering)

(1) K-평균 클러스터링의 개념

K-평균 클러스터링은 주어진 군집 수 k에 대하여 군집 내 거리 제곱합의 합을 최소화하는 것을 목적으로 하며, 사전에 결정된(분석가가 결정해야 함) 군집 수 K가 주어지면 데이터 개체 점들 간의 거리를 이용하여 전체 데이터 세트를 상대적으로 유사한 K개의 군집으로 나누게 된다. K-평균 클러스터링은 개념이 이해하기 쉽고, 계산량이 다른 군집분석 기법에 비해 적은 편이라 빅데이터 환경에서 실행속도가 빠르다는 이유 등으로 인해 실무에서 가장 많이 활용되는 군집분석 기법이라고 할 수 있다. 또한 다른 많은 비계층적 군집분석 기법들이 대부분 K-평균 클러스터링의 응용이나 변형이라고 해도 과언이 아닐 정도로 K-평균 클러스터링이 군집분석 기법 내에서 차지하는 비중이 크다고 할 수 있다. 그러나 노이즈나 이상치에 민감하고, 무작위로 군집중심점을 할당하는 문제로 인해 전역적 최적해가 아닌 지역적 최적해에 빠질 우려가 있으며, 연속형 변수를 이용한 거리측도에만 사용 가능하고, 데이터 관측치가 여러 군집 간 중복될 수 있는 경우를 고려할 수 없는 등의 단점을 가지고 있다.

데이터 점 간의 거리측정은 K-평균 클러스터링에서는 데이터 점 간의 비유사성 측도로 '거리'를 사용하며, 대표적으로는 다음 식 (8.20)과 같은 유클리디안 거리를 사용한다.

$$EuclideanD = d(x, y) = \left(\sum_{i=1}^{P}(x_i - y_i)^2\right)^{1/2} \tag{8.20}$$

그러나 그 외에도 다음과 같은 다양한 거리 측정방법이 있다.

$$Minkowski\,D = d(x,y) = (\sum_{i=1}^{P}(x_i - y_i)^m)^{1/m} \tag{8.21}$$

$$Manhattan\,D = d(x,y) = \sum_{i=1}^{P}|x_i - y_i| \tag{8.22}$$

$$Standardized\,D = d(x,y) = (\sum_{i=1}^{P}\frac{(x_i - y_i)^2}{s^{2}{}_i})^{1/2} \tag{8.23}$$

$$Mahalanobis\,D = d(x,y) = (X-Y)^T\sum^{-1}(X-Y) \tag{8.24}$$

$$Chebychev\,D = d(x,y) = \max_{i=1,\ldots P}|x_i - y_i| \tag{8.25}$$

위의 공식을 보면 민코브스키 거리(Minkowski Distance)는 유클리디안 거리(Euclidean Distance)의 p차원 일반화 형태라는 것을 알 수 있고, 표준화 거리(Standardized Distance)는 유클리디안 거리를 데이터의 분산을 사용하여 표준화를 하고 있다는 것을 알 수 있다. 마할라노비스 거리(Mahalanobis Distance)는 이러한 표준화 거리를 분산-공분산 행렬로 일반화한 것이다.

마할라노비스 거리 표현식 (8. 24)내의 (X-Y)T 부분의 T첨자는 행렬의 전치를 의미한다. 한편 맨해튼 거리(Manhattan Distance) 혹은 도시 블록 거리(City Block Distance)는 각 데이터점 간의 차이들의 절대값의 합을 이용하고, 체비세프 거리는 데이터점 간의 차이의 절대 값중 최대값을 이용한다는 점이 다르다. 한편 범주형 자료의 경우에는 자료가 얼마나 불일치하는지의 비율을 계산하는 자카드 거리(Jaccard Distance)를 사용한다.

(2) K-평균 클러스터링 절차

K 평균 클러스터링의 알고리즘은 다음 〈표 8-15〉와 같이 요약될 수 있다.

〈표 8-15〉 K-평균 클러스터링 알고리즘 수행절차

K 평균 클러스터링 알고리즘
① 군집개수 결정 (k=n)후 임의의 중심점 n개를 설정한다.
② 데이터 내의 각 관측치에 대해 n개의 중심점까지의 거리를 계산한 후, 가장 가까운 중심점을 각 관측치들의 군집 중심점으로 정한다.
③ '②' 단계에서 정해진 군집중심점에 따라 개별 데이터 관측치의 소속군집을 할당한 뒤, 각 군집중심점을 다시 계산한다. 여기서 각 군집중심점은 K번째 군집 내 관측치들에 대한 p개 변수 평균들의 벡터이다.

학습 8

④ '③' 단계에서 계산된 군집중심점을 이용하여 다시 '②'와 '④' 단계를 반복한다.
⑤ 각 관측치들의 군집할당이 더 이상 변하지 않을 때까지 반복한 뒤, 모든 데이터 세트내의 관측치들의 군집할당이 변경되는 경우가 발생하지 않으면 알고리즘 계산을 종료한다.

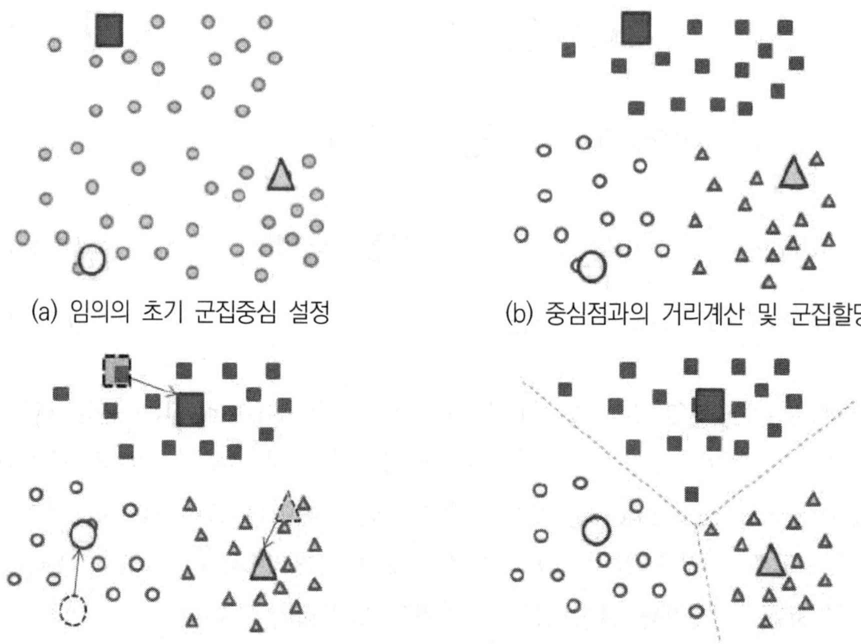

(a) 임의의 초기 군집중심 설정　(b) 중심점과의 거리계산 및 군집할당

(c) 각 군집의 새로운 중심점 계산 및 이동　(d) 각 관측치들을 새로운 군집에 재할당

[그림 8-14] K-평균 클러스터링 분석의 절차 예시

(3) K-평균 클러스터링 기법의 장·단점

〈표 8-16〉 K-평균 클러스터링 기법의 장·단점

장 점	단 점
• 개념에 대한 이해가 쉽고 직관적이다. • 사전 모형설정 및 모수추정이 필요없다. • 개체들 간의 거리측정과 군집 수 및 초기 중심점만 주어지면 바로 분석을 적용할 수 있다. • 빅데이터 상황에서 다른 군집분석 기법보다 계산시간이 빠르다. • 기법의 역사가 길어서 다양한 프로그래밍 언어에서 사용될 수 있는 많은 구현물이 있다.	• 무작위 초기점(중심점) 할당으로 인해 최적의 군집을 찾지 못할 수도 있다. • 군집 수 k에 대한 분석가의 임의적 판단이 필요하다. • 데이터 점들 간의 중복(겹침)을 허용하지 않는다. • 데이터의 성격상 계층적 구조로 되어 있는 경우에는 사용하기 어렵다. • 연속형 변수의 거리측도만 다룬다. • 노이즈나 이상치로 인해 군집분석 결과가 영향을 많이 받는다.

(4) K-평균 클러스터링 실행 시 고려사항

앞서 K-평균 클러스터링 기법에는 몇 가지 약점이 있다고 언급하였다. 그중에서

도 실제분석 실행 시 현실적으로 특히 문제가 되는 것은 K-평균 클러스터링은 K개의 군집 개수를 지정해야 계산을 시작할 수 있는데 분석가는 몇 개의 군집 수를 결정해야 할지 사전에 알기 어렵다는 점이다. 앞서 군집분석의 목적이 사전에 정보가 없는 상태에서 데이터를 통한 정보발견의 성격이 강하다고 언급하였는데, 이런 상황에서 분석가가 적당한 군집 수 K가 몇 개인지 사전에 알기는 현실적으로 쉽지 않다.

적정 군집 수 K를 정하는 한 가지 기준으로는 군집 개수 k=1부터 임의의 K까지를 지정한 뒤, 군집 내 동질성 및 이질성을 측정하고 군집 수를 늘려가면서 동질성의 증가와 이질성의 감소기울기의 절감지점인 엘보우(Elbow)값을 찾는 방법을 사용할 수 있다. 그러나 이렇게 제안된 군집 수 K개가 통계적으로는 의미 있어도 실제 분석 결과의 현실 적용에 유의미한지는 또 다른 문제이며, 해당 분야에 대한 비즈니스적 이해와 경험을 활용하여 여러 가지 군집 개수 K를 적용해보고, 가장 결과해석이 용이한 K를 선택하는 시행착오(Trial and Error) 방법을 사용하는 것이 일반적이다.

또 한 가지 K-평균 클러스터링 수행 시 직면하게 되는 이슈는 K-평균 클러스터링은 초기 중심점을 임의로 선택하게 되는데 그러한 초기 중심점 선택에 결과가 많이 영향을 받는다는 것이다. 즉 초기 군집중심점에 따라 국소 최적값을 찾게 되고, 계산된 결과는 전역 최적값을 보장하지 못한다. 이 때문에 중심점을 바꿔가며 반복적으로 K-평균 클러스터링을 실행하고, 그 결과 중 거리제곱 합이 가장 작은 결과를 선택하는 방법을 사용한다.

학습 8

2. 차원축소 기법

1) 차원축소 기법

차원축소 기법은 대량의 빅데이터를 분석하는 데 있어 분석대상이 되는 여러 변수들의 주요 정보는 최대한 유지하면서 데이터 세트의 변수의 개수를 줄이는 일련의 탐색적 분석기법을 말한다. 머신러닝 관점에서는 원래의 데이터를 최대한 잘 설명하면서 효과적으로 축약하는 과정에는 목표변수(Y)가 필요하지 않고, 특성변수(설명변수)의 값에만 의존하기 때문에 자율학습 머신러닝 기법에 속하게 된다.

(1) 차원축소 기법의 개념 및 목적

차원축소를 수행할 때, 축약되는 변수 세트는 원래의 전체 데이터의 변수들의 정보를 최대한 유지해야 한다는 점이 중요하다. 즉 변수들 간에 내재한 특성이나 관계를 분석하여 이들을 잘 표현할 수 있는 새로운 선형 혹은 비선형 결합을 만들어

내서 해당 결합변수만으로도 전체변수를 적절히 설명할 수 있어야 한다는 것이다. 이러한 차원축소 기법은 하나의 완결된 분석기법으로 사용되기보다는 다른 분석과정을 위한 전 단계나 분석수행 후 결과를 개선하기 위한 방법 혹은 효과적인 시각화 등의 목적으로 사용되는 경우가 많다. 즉 데이터 차원(변수 세트)이 많은 상황에서 데이터에 대한 효과적인 시각화를 통한 통찰을 얻고자 할 때, 저차원(일반적으로 2차원)으로 투영시키거나 다른 지도학습 및 자율학습 등을 수행하는 과정에서 매우 많은 변수가 있는 상황, 즉 차원의 저주(The curse of Dimensionality)를 해결하기 위해 서로 상관성이 높거나 유사한 변수들을 공통변수로 결합하여 분석을 수행하고자 할 때 주로 사용되는 경우가 많다. 이는 본래의 고차원 특성(Feature)으로 학습을 수행하는 대신에 변환된 저차원으로 학습을 수행할 경우 회귀나 분류, 클러스터링 등의 머신러닝 알고리즘이 더 잘 작동되고, 새로운 저차원 특성(Feature)공간에서 가시적으로 시각화하기에도 용이하기 때문이다.

(2) 차원축소 기법 주요 활용분야

차원축소 기법은 탐색적 데이터 분석부터 정보결과의 시각화까지 다양하게 활용되고 있다. 몇 가지 대표적인 예시는 아래와 같다.

① 탐색적 데이터 분석
② 변수 세트에서 주요 특징 추출 후 타 분석기법의 설명변수로 투입(주성분 회귀분석 등)
③ 텍스트 등 문서에서의 숨겨진 주제나 개념 추출
④ 이미지 및 사운드 등에서 주요한 데이터 특징 패턴 추출
⑤ 고객의 구매 및 거래 데이터의 아이템 축약 통한 추천 시스템 엔진 구현
⑥ 다차원 공간의 정보를 저차원 정보로 시각화
⑦ 공통요인을 추출하여 잠재된 데이터 구조를 발견

즉 분석하려는 데이터가 많은 차원으로 구성되어 있을 때 좀 더 쉽게 데이터를 학습하고 모델을 생성하고자 할 때 주로 활용되고 있으며, 이를 이용하여 대상에 대한 패턴인식이나 추천시스템 구현 결과의 성능 등을 개선하고자 하는 경우에도 응용 가능하다. 참고로 넷플릭스 추천 엔진성능 개선 경연대회에서 우승을 한 팀의 데이터 분석 접근 방법론은 기존의 협업 필터링과 차원축소기법인 특이값 분해, 앙상블 기법 등을 결합하여 기존 넷플릭스 추천시스템의 성능을 10% 이상 개선한 것으로 알려져 있다.

(3) 차원축소 기법의 주요 종류

차원축소기법에는 주성분 분석(Principal Component Analysis, PCA), 특이값 분해(Singular Value Decomposition, SVD), 요인분석(Factor Analysis), 독립성분 분석(Independent Component Analysis, ICA), 다차원 척도법(Multidimensional Scaling, MDS) 등의 방법이 있다.

〈표 8-17〉 주요 차원축소 기법

기 법	기법 설명
주성분 분석 (PCA)	변수들의 공분산 행렬이나 상관행렬을 이용하여 원래의 데이터 세트의 변수들을 선형 변환하여 서로 직교하도록 선택된 새로운 변수들(주성분)을 만들어낸 뒤, 이를 통해 원래 변수를 설명하고자 하는 차원축소 기법이다.
특이값 분해 (SVD)	주성분 분석이 행의 수와 열의 수가 같은 정방행렬에서만 사용될 수 있는 것에 비하여, 특이값 분해는 일반적인 m x n 차원의 행렬데이터에서 특이값을 추출하고 이를 통해 주어진 데이터 세트를 효과적으로 축약할 수 있는 기법이다.
요인분석 (Factor Analysis)	데이터 안에 관찰할 수 없는 잠재적인 변수(Latent Variable)가 존재한다고 가정하고, 모형을 세운 뒤 관찰 가능한 데이터를 이용하여 해당 잠재요인을 도출하여 데이터 안에 내재된 구조를 해석하는 기법이다. 주로 사회과학이나 설문조사 등에서 많이 활용된다.
독립성분 분석(ICA)	주성분 분석과는 달리, 변수들이 서로 독립적이라고 가정하며, 독립성분의 분포는 비정규 분포를 따르게 되는 차원축소 기법이다.
다차원 척도법 (MDS)	각 개체 간의 관계정보를 이용하여, 고차원의 데이터를 해석이 용이하도록 가시적인 저차원(주로 2차원)으로 사상한 뒤 각 좌표점으로부터 그룹관계, 순서관계, 위상관계 등을 파악하는 다변량 시각화 기법이다.

이와 같이 다양한 차원축소 기법들은 각각의 적용 목적과 접근 방법에 차이가 있지만, 빅데이터를 이용한 머신러닝 수행 시에는 주로 주성분 분석이나 특이값 분해가 많이 활용된다. 여기서는 주성분 분석 및 특이값 분해를 중심으로 살펴보고자 한다.

2) 주성분 분석(Principal Component Analysis)

(1) 주성분 분석의 개념

주성분 분석(PCA)은 원래의 변수들을 선형 변환하여 주성분이라 불리는 서로 직교하도록 선택된 새로운 변수들을 만들어낸 뒤, 원래의 데이터를 적은 수의 대표적인 축약변수로 요약하는 차원축소 기법이다. 수학적으로 말하자면 원래 변수의 분산을 기준으로 직교변환을 이용하여 원래 변수의 차원인 p보다 작은 q 차원의 서로 상관관계가 없는 저차원으로 차원축소를 하는 것이며, 이때 전체 주성분들의 분

학습 8

산의 합은 원래 변수들의 분산의 합과 동일하도록 p개의 주성분을 생성하며, 각 주성분의 분산의 크기는 제1주성분에서 p번째 주성분까지 순차적으로 감소하게 된다. 따라서 차원축소를 위해서는 적절한 주성분 개수를 선택해야 한다. 만일 3개의 주성분 (q=3)을 선택했다면, 3개의 주성분들의 누적분산이 원래의 p개 변수들의 누적분산에 대한 비율만큼 데이터의 변동을 잘 설명하는 것이 되며, 이 비율이 커질수록 적은 수의 주성분만으로 원래의 변수들을 잘 설명할 수 있다는 것이 된다.

① 주성분 분석모형 : 주성분 분석은 다음의 조건을 만족하는 주성분을 찾는 모형이다.

$$\begin{aligned} Z_1 &= \gamma_{11}X_1 + \gamma_{12}X_2 + \ldots + \gamma_{1P}X_P = \gamma_1^T X \\ Z_2 &= \gamma_{21}X_1 + \gamma_{22}X_2 + \ldots + \gamma_{2P}X_P = \gamma_2^T X \\ &\ldots. \\ Z_q &= \gamma_{q1}X_1 + \gamma_{q2}X_2 + \ldots + \gamma_{qP}X_P = \gamma_q^T X \end{aligned} \qquad (8.26)$$

$$\text{max}imize_{\gamma 11 \ldots \gamma 1p}\left\{\frac{1}{n}\sum_{i=1}^{n}\left(\sum_{j=1}^{p}\gamma_j x_{ij}\right)^2\right\} \qquad (8.27)$$

$$sbj\sum_{j=1}^{p}\gamma^{2_{1j}} = 1$$

여기서, 각 X_1, X_2, ... X_p는 평균이 0이 되게 중심화하였다고 가정하며, Z_1, Z_2 ,..... Z_q는 X_1, X_2,...., X_p의 선형결합으로 만들어진 새로운 주성분 변수이고, k번째 주성분 변수의 분산은 $Var(Z_k) = \Upsilon_k^T\Sigma_{pxp}\Upsilon_k$, k번째 주성분과 또 다른 l번째 주성분 간의 공분산은 $Cov(Z_k,Z_l) = \Upsilon_k^T\Sigma_{pxp}\Upsilon_l$이며, $\Upsilon_k^T\Upsilon_k = \Sigma p_{j=1} \Upsilon_{kj}^2=1$를 만족하는 단위벡터로 적재계수를 나타낸다.

제1주성분 $Z_1 = \Upsilon_1^TX$은 $Var(\Upsilon_1^TX)$를 최대화하는 선형조합이며, 제 2주성분 $Z_2= \Upsilon_2^TX$ 은 $Cov(\Upsilon_1^TX,\Upsilon_2^TX) = \Upsilon_1^T\Sigma_{pxp}\Upsilon_2 = 0$이면서, 동시에 $Var(\Upsilon_2^TX)$를 최대화하는 두 번째 선형조합이다.

같은 방법으로 제 k번째 주성분 $Z_k = \Upsilon_k^TX$는 $Cov(\Upsilon_k^TX,\Upsilon_l^TX) = \Upsilon_k^T\Sigma_{pxp}\Upsilon_l = 0$이면서, 동시에 $Var(\Upsilon_k^TX)$를 최대화하는 선형조합을 나타낸다.

위와 같은 (8.26) 및 (8.27)의 식을 구하는 것은 고유값 분해(Eigen Decomposition) 혹은 스펙트럴 분해(Spectral Decomposition)로 부르는 수학적 기법으로 구할 수 있다.

여기서 중요한 것은 첫 번째 주성분 변수 Z_1은 설명변수 X들의 분산(정보)을 가장 많이 담고 있는 주성분이며, 두 번째 주성분 변수 Z_2는 첫 번째 주성분 Z_1과 상관성이 없으면서(직교하게 하면서), 설명변수 X들의 분산(정보)을 두 번째로 많이 담고 있는 주성분이라는 점이다.

따라서 고유값 분해를 통해 구해진 주성분 변수를 1번째부터 k번째까지 순차적으로 정렬하면, 분석가는 정보량을 많이 담고 있는 주성분 변수들을 적절한 수준의 개수로 취할 수 있게 된다.

② 주성분 분석 해석 : 주성분들을 앞서 주성분 분석모형의 과정을 통해 계산하고 나면, 이들을 서로에 대해 그래프로 나타내어 데이터의 저차원 뷰(View)를 그릴 수 있게 된다. 즉 주성분 점수 Z_1대 Z_2, Z_1대 Z_3, Z_2대 Z_3 등을 그래프로 시각화하여 탐색할 수 있다.

[그림 8-15]는 임의의 난수자료에 대하여 주성분 변수를 시각화한 그래프이다. 설명과 해석의 편의상 변수는 2차원으로 한정하였다. 굵은 실선으로 표시된 직선이 제 1주성분에 해당하는 Z_1 그래프이며, 점선으로 표시된 직선이 제 2주성분에 해당하는 Z_2 그래프이다.

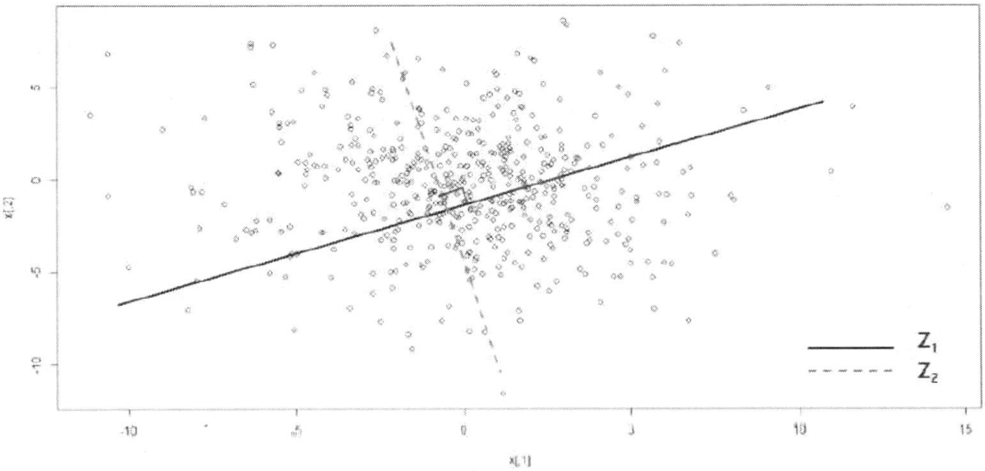

[그림 8-15] 주성분 분석의 시각화 예시

그림에서도 확인 가능한 것처럼 제1주성분 Z_1은 X_1, X_2 분포를 가장 많이 설명하는 방향으로 축이 설정되어 있으며, 제2주성분 Z_2는 제1주성분과 직교를 이루면서 제1주성분 다음으로 변수의 분포를 설명하는 방향으로 축이 형성되어 있다. 만일 원 변수가 2개보다 더 많은 경우(예를 들어 20개), 이렇게 2개의 주성분으로 원래 변수를 축약할 수 있다면 해석도 용이해지고, 후속 분석(예를 들어 다중공선성이 있는 설명변수를 가진 회귀분석에서 설명변수의 축약 등)에도 활용할 수 있다.

③ 주성분 변수 축약 개수 판단 기준 : 주성분 분석은 원래의 데이터 세트의 설명 변수들의 차원을 적절한 수로 축약하는 것이 목적이므로, 본질적으로 주성분을 몇 개를 선택하는 것이 적절한가에 대한 판단이 관건이 된다.

즉 될 수 있는 한 원래의 변수에 대한 정보를 잃지 않으면서 최대한 적은 수의 주성분들을 사용해서 표현하고자 하는 것이다. 그러나 이에 대한 명확하고 객관적인 판단 기준이 있는 것은 아니며, 주성분들로 설명되는 분산의 비중을 보면서 경험적인 판단을 하게 된다.

이를 좀 더 편리하게 하는 방법으로 분산의 비중을 스크리 플롯(Scree Plot)이라는 그래프로 그려서 확인하는 방법이 있다. 주성분 분석에서 스크리 플롯은 첫 번째 주성분부터 k번째 주성분까지 X축으로 나열하고, Y축은 k번째 주성분으로 설명되는 분산의 비율을 나타낸다. 이러한 그래프를 탐색하면서 주성분에 의해 설명되는 분산의 비율이 급감하는 엘보우(Elbow) 지점을 찾는 방법을 많이 활용한다.

[그림 8-16]에서는 처음 2개의 주성분으로 상당한 양의 분산이 설명되고 세 번째 주성분부터는 비중이 급속하게 떨어지므로, 두 번째 주성분 이후에 엘보우가 있다고 판단할 수 있다. 따라서 이와 같은 경우에는 2개의 주성분으로 차원 축소를 하는 것이 적정하다고 볼 수 있다.

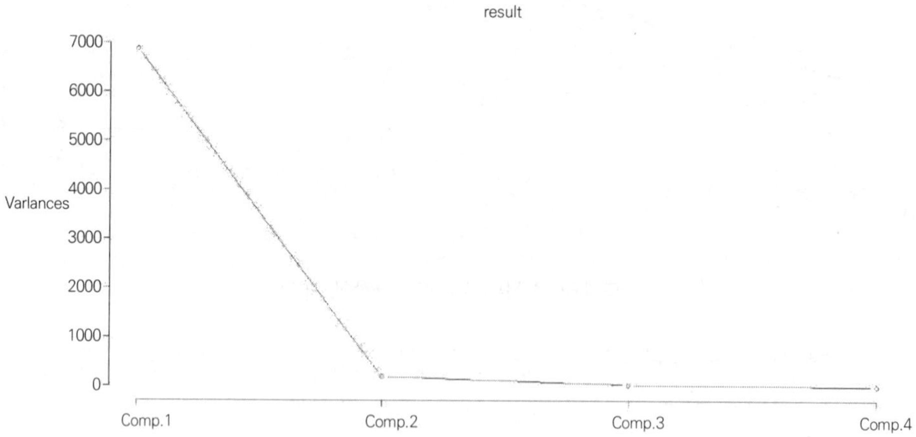

[그림 8-16] 주성분 분석의 Scree Plot

그러나 이와 같은 판단 기준은 명확한 통계적 · 객관적 기준치라기보다는 다소 임의적이고 경험적인 접근법이라고 볼 수 있으며, 이와 같은 기준으로 정의된 주성분이 반드시 적절하다고 보장할 수는 없다. 따라서 주성분들이 설명하고 있는 분산의 비율과 스크리 플롯을 통해 대략적인 주성분의 수를 결정하되 분석하고자 하는 목적과 데이터세트의 특성을 고려하여 최종적인 판단을 하여야 한다. 그리고 중요한 것은 주성분 분석은 데이터의 특성을 축약하여 패턴화하는 것에 목적이 있기 때문에 후속 분석이나 시각화 등을 구현할 때 원래의 데이터의 정보가 충분히 반영되어 있는지를 해당 비즈니스 분야의 도메인 전문가 등과 상의하여 결과의 적정성 여부를 검토해야 한다.

3) 특이값 분해(SVD : Singular Value Decomposition)

(1) 특이값 분해(SVD) 기법의 개념

특이값 분해는 m×n 차원의 데이터 X행렬을 소위 행렬 인수분해 과정을 통하여 U, Σ, V^T의 3개 행렬로 분해하는 것이다. 여기서 각 분할 행렬은 다음과 같이 표현 가능하다.

$$Data(X)_{m \times n} = U_{m \times m} \sum m \times m V_{n \times n}^T \quad (8.28)$$

여기서 $UT^U = V^T V = I$를 만족하며, Σ 행렬은 양의 원소를 가지는 대각행렬 diag(s_1, s_2, s_3 …)로서 이러한 대각원소를 특이 값(Singular Value)이라고 한다. 이 특이값은 원본 데이터 행렬(X)의 특이값과 일치하게 된다. 위에서 U, Σ, V^T 행렬을 통하여 원본 데이터 행렬(X)을 재구성하고 있는데, 이렇게 하면 원본 데이터 차원을 축소하지 않은 것이 되므로 실질적으로는 핵심적인 특이값 q개를 취하고 나머지는 생략하여 원본 데이터를 주요 차원으로 근사하게 된다.

$$Data(X)_{m \times n} \simeq U_{m \times q} \sum q \times q V_{q \times n}^T \quad (8.29)$$

결국 특이값 분해를 통해 주요한 핵심 특이값 q개를 찾게 되면, 원본 데이터 (X)의 차원 $m \times n$를 $m \times q$개의 차원, 혹은 $q \times n$개의 차원으로 축소할 수 있게 된다.

행렬분해에서 결국 핵심은 특이값 q개를 정하는 것이며, 이는 앞서 주성분 분석(PCA)에서 주성분 개수를 정하는 것과 유사하다고 할 수 있다.

학습 8

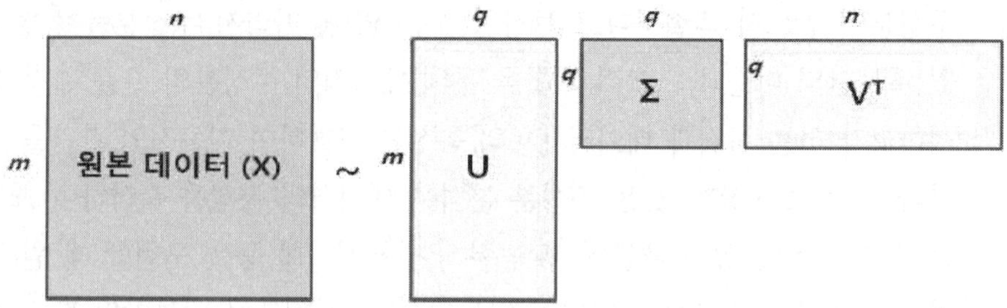

[그림 8-17] 특이값 분해(SVD)를 이용한 차원축소 개념도

(2) 특이값 분해(SVD) 기법과 주성분 분석(PCA)과의 관계

특이값 분해는 앞서 살펴본 주성분 분석과 밀접한 관계가 있다. 실제로 특이값 분해를 통해 도출되는 Σ 행렬의 대각원소인 특이값은 XX^T의 고유값의 제곱근과 일치하게 된다. $XX^T = U\Sigma V^T V\Sigma U^T = U\Sigma^2 U^T$가 되며, XX^T의 고유값은 Σ의 대각원소, 즉 특이값의 제곱값과 같아지며, U의 각 원소는 고유벡터들이 된다.

마찬가지로 $X^T X = V\Sigma^2 V^T$가 성립한다.

(3) 특이값 분해(SVD) 기법의 주요 활용분야

이러한 특이값 분해는 대용량의 빅데이터 환경에서 매우 유용하게 사용되는데, 특히 다른 머신러닝 모델 수행위한 주요 특성(Feature) 추출, 영상이미지 압축, 잠재적 의미 색인을 통한 정보검색 효율화, 추천 엔진시스템 정확도 개선 등에서 활발하게 사용되고 있다.

3. 연관성 분석(장바구니 분석)

1) 연관성 분석개념

연관성 분석기법은 방대한 데이터 세트에서 객체나 아이템 간의 연관관계를 찾아내는 분석기법이다. 연관관계는 빈발 아이템이나 연관규칙의 형태로 표현되는데 빈발 아이템은 X, Y처럼 표현하고, 연관규칙은 X → Y처럼 특정 아이템 'X'가 발생하면 'Y'가 함께 발생한다는 형태로 표현한다. 예를 들어 순대, 족발 → 보쌈처럼 순대와 족발을 구매하면 보쌈도 함께 구매한다는 규칙을 찾아내는 것이다.

여기서 순대, 족발은 해당 규칙에서의 '조건(Antecedent)'에 해당하고, 보쌈 은 '결과(Consequence)'에 해당하게 된다. 이러한 연관성 분석은 사전에 목표변수(Y)가 주어지지 않으며, 각 트랜잭션(혹은 거래 데이터)에서 객체나 아이템 간의 패턴을 찾아내는 기법이므로 자율학습(비지도학습) 기법에 속하게 된다.

(1) 연관성 분석 주요 측도

연관성 분석에서 가장 핵심적인 개념은 각 아이템 간의 연관성을 파악하는 주요 3개 측도인 지지도(Support), 신뢰도(Confidence), 향상도(Lift)이다.

① 지지도(Support) : 지지도는 전체 데이터 세트에서 해당 아이템 집합이 포함된 비율을 말하며, 아래의 S(X) 혹은 S(X, Y)와 같이 표현된다.

$$S(X) = \frac{count(X)}{N} \tag{8.30}$$

$$S(X, Y) = \frac{count(X, Y)}{N} = P(X \cap Y)$$

즉 지지도는 빈도적 관점에서 확률을 정의할 때, 전체 데이터 세트 중 아이템 집합 X, Y가 발생할 확률과 같다.

② 신뢰도(Confidence) : 신뢰도는 연관규칙 X → Y에서 '조건' X를 포함한 아이템 세트 중에서 X, Y 둘 다 포함된 아이템 세트가 발생한 비율을 말하는데, 규칙의 왼쪽에 있는 '조건 X'가 발생했다는 조건하에 규칙의 오른쪽에 있는 '결과 Y'가 발생할 확률을 의미한다. 신뢰도는 특정 연관규칙의 예측력이나 정확도에 대한 측정이다. 사실 이 신뢰도는 조건부 확률 P(Y|X) 와 동일한 의미이다.

$$Conf(X \Rightarrow Y) = \frac{S(X, Y)}{S(X)} = \frac{\frac{count(X, Y)}{N}}{\frac{count(X)}{N}} = \frac{count(X, Y)}{count(X)} \tag{8.31}$$

$$= \frac{P(X \cap Y)}{P(X)} = P(Y \uparrow X)$$

신뢰도 (X → Y)와 신뢰도 (Y → X)는 서로 같지 않다. 즉 두 신뢰도 모두 X, Y가 모두 포함된 지지도(X, Y)가 분자에 포함되어 있지만 신뢰도(X → Y)는 지지도(X)가 분모에 들어가게 되고, 신뢰도 (Y → X)는 지지도(Y)가 분모에 들어가게 되는 점이 다르다. 결국 이는 조건부 확률 P(Y|X)와 P(X|Y)가 서로 다른 결과를 가져오는 것과 동일한 의미라고 할 수 있다.

③ 향상도(Lift) : 지지도와 신뢰도는 연관규칙 생성과 탐사에 있어서 매우 중요한 핵심 개념임에는 틀림없지만, 지지도(X,Y)와 신뢰도(X → Y)가 높았다는 것만으로 유의미한 규칙이라고 결론 내리기는 어렵다. 그 이유는 만일 전체 데이터 세트에서 원래부터 아이템 세트 {Y}가 포함된 경우의 수가 많았다면, 아이

템 세트 {Y}와 함께 아이템 세트 {X}가 포함되어 있을 가능성도 그만큼 커지고, 지지도(X, Y)와 신뢰도(X → Y)는 높게 나타날 수밖에 없기 때문이다. 즉 연관규칙 {X} → {Y}가 탐색되었을 때 정말로 조건 {X}가 발생했을 때 결과 {Y}가 함께 나타나는 경우의 수가 많아서 그런 것인지, 아니면 원래부터 {Y}가 많이 포함되어 있어 연관규칙 {X} → {Y}가 탐색된 것인지에 대한 보다 명확한 측정지표가 필요하게 된다. 이럴 때 이를 측정하는 지표가 바로 향상도(Lift)이다. 향상도(Lift)는 아래와 같이 측정된다.

$$
\begin{aligned}
Lift(X \Rightarrow Y) &= \frac{Conf(X \Rightarrow Y)}{S(Y)} \qquad (8.32) \\
&= \frac{\frac{S(X,Y)}{S(X)}}{S(Y)} = \frac{S(X,Y)}{S(X)S(Y)} = \frac{\frac{count(X,Y)}{N}}{\frac{count(X)}{N}\frac{count(Y)}{N}} \\
&= \frac{P(Y \uparrow X)}{P(Y)} = \frac{\frac{P(X \cap Y)}{P(X)}}{P(Y)} = \frac{P(X \cap Y)}{P(X)P(Y)}
\end{aligned}
$$

위의 향상도(Lift)가 의미하는 바는 조건{X}가 주어지지 않았을 때의 결과 {Y}가 발생할 확률 대비, 조건{X}가 주어졌을 때의 결과 {Y}의 발생 확률의 증가 비율을 의미한다. 즉 아이템 집합 {Y}가 원래 발생된 경우의 수보다 연관규칙 {X} → {Y}가 탐색 되었을 때 조건에 해당하는 아이템 집합 {X}가 주어졌다는 "정보"가 결과 아이템 집합{Y}가 발생하게 되는 경우의 수를 예상하는 데 얼마나 유용하느냐를 나타낸다고 할 수 있다. 따라서 향상도가 1을 넘어가면 조건과 결과 아이템 집합 간에 서로 양의 상관관계가 있으며, 1보다 작으면 서로 음의 상관관계 만일 향상도가 1로 나타나면 조건과 결과 아이템 집합은 서로 독립적인 관계라고 할 수 있다.

④ 지지도(Support)와 신뢰도(Confidence), 향상도(Lift) 계산 예시 : 설명한 지지도, 신뢰도, 향상도의 개념을 명확히 하기 위하여 아래의 예시로 각 측도를 실제로 계산해 보기로 한다.

〈표 8-18〉 거래데이터(Transaction Data) 예시

거래번호	거래물품(아이템 세트)	거래번호	거래물품(아이템 세트)
1	족발, 순대, 보쌈	4	김밥, 족발, 순대
2	김밥, 족발, 순대, 떡볶이, 튀김	5	떡볶이, 순대, 튀김
3	순대, 보쌈, 막국수, 족발		

〈표 8-18〉처럼 거래 데이터가 주어졌다고 가정했을 때 '순대, 족발 → 보쌈'이라는 연관규칙, 즉 순대와 족발을 구매했을 때 보쌈도 함께 구매되는 연관규칙에서의 지지도와 신뢰도, 향상도를 계산해 보도록 한다.

먼저 지지도(순대, 족발) = 4/5 = 0.8이며, 지지도(보쌈) = 2/5 = 0.4로 나타나고 있다. 또한 지지도(순대, 족발, 보쌈) = 2/5 = 0.4로 나타난다. 이에 따라 신뢰도(순대, 족발 → 보쌈) = 지지도(순대, 족발, 보쌈)/지지도(순대, 족발) = 0.4/0.8 = 0.5로 계산된다. 또한 향상도(순대, 족발 → 보쌈)는 신뢰도(순대, 족발 → 보쌈)/지지도(보쌈) = 0.5/0.4 = 1.25로 계산된다.

즉 연관규칙 '순대, 족발 → 보쌈'의 지지도는 0.4, 신뢰도 0.5로 나타났으며, 향상도는 1.25로서 원래 보쌈을 구매하는 거래정보대비 순대, 족발을 함께 구매한다는 추가 '정보'가 주어졌을 때 보쌈을 구매한다는 결과가 발생하는 비율은 약 1.25배 높아졌음을 알 수 있으며, 향상도가 1보다 높으므로 해당 아이템 품목 구매 간에 의미 있는 연관규칙을 찾았다고 할 수 있다.

(2) 연관성 분석기법의 주요 활용분야

연관성 분석은 소매업 혹은 쇼핑몰 등의 거래데이터에서 물품 간에 연관관계를 파악하는 '장바구니 분석'에 가장 많이 사용되어 왔기 때문에 마케팅 영역에서는 연관성 분석 = 장바구니 분석으로 거의 동일한 용어로 사용되기도 한다. 그러나 연관성 분석이 비단 장바구니 분석에만 활용되는 것은 아니며, 객체(혹은 문서) 및 아이템 간의 연관관계성 혹은 빈출패턴을 파악할 필요가 있는 다양한 영역에서 활용되고 있다.

① 쇼핑/유통분야에서 구매된 물품 간의 장바구니 분석
② 금융상품이나 서비스 간의 가입 패턴의 연관성 분석
③ 인터넷/모바일 서비스 상품 추천시스템의 구매항목 간 연관성 알고리즘으로 사용
④ 웹페이지 간의 링크 관계성 분석(웹사용자의 행동추적 및 패턴예측)
⑤ 가맹점 간의 방문연관성 및 순서패턴 도출 통한 쿠폰 마케팅 등 활용
⑥ 생물정보학 분야에서의 단백질과 유전자 패턴 분석
⑦ 신용카드 사기 및 보험청구 사기 등 부정거래 패턴 발견

즉 방대한 데이터베이스나 인터넷 로그데이터 등에서 아이템, 객체들 간의 발생 연관성을 파악하거나 발생순서 간 패턴을 파악하려는 거의 모든 분야에서 활용 가능한 현실세계의 실무활용성이 높은 기법이라고 할 수 있다.

2) 연관성 분석 알고리즘

(1) 연관성 규칙생성을 위한 주요 알고리즘

연관성 분석의 대표적인 알고리즘에는 아프리오리(Apriori) 알고리즘과 이를 개선한 빈출패턴성장(FP-Growth) 알고리즘이 있다.

〈표 8-19〉 주요 연관성 분석 알고리즘

알고리즘	알고리즘 설명
아프리오리 (Apriori) 알고리즘	빈출 아이템 집합을 효과적으로 계산하기 위하여 검토해야 할 대상 집합 Pool을 효과적으로 줄여주는 기법이다. 즉 특정 집합 1,2가 빈발하지 않는다면, 이들을 포함한 0,1,2, 1,2,3, 1,2,4, 0,1,2,3,4 등도 빈발하지 않은 것이 되어, 지지도 계산 검토대상에서 제외할 수 있다. 이런 식으로 검토대상의 아이템 데이터 집합을 효과적으로 줄여서 연관규칙을 계산해내는 기법으로 데이터가 커질 경우 계산량이나 속도 면에서 비효율적이라는 단점이 있다.
빈출패턴성장 (FP-Growth)	아프리오리 알고리즘의 빈발 아이템을 찾는 방법을 개선한 알고리즘으로서 데이터베이스를 모든 중요한 정보를 가진 FP-Tree라는 구조로 압축한 뒤, 높은 빈도의 세트에 관련한 조건부 데이터 세트로 분할하여 규칙을 만들어 낸다. 전체 데이터베이스를 검색하는 작업이 아프리오리 알고리즘보다 현저하게 줄어들어서 높은 성능과 처리속도를 보이는 알고리즘이다. 반면, 아프리오리 알고리즘보다 구현이 어렵다는 단점이 있다.

① 아프리오리(Apriori) 알고리즘 : 거래 데이터가 방대할 경우 연관규칙을 만들어 낼 때 관찰된 아이템 수가 매우 크기 때문에 이러한 집합중에 지지도가 높은 아이템 집합을 찾는 것은 현실적으로 매우 어렵게 된다. 따라서 이를 좀 더 효율적으로 고려하기 위한 방법으로서 최소 지지도 임계값을 정한 뒤 이 최소 지지도 임계값보다 높은 지지도를 갖는 아이템 집합만을 대상으로 아이템 집합들의 조합을 고려하게 된다. 이런 방법을 아프리오리(Apriori) 알고리즘이라고 부르며, 기본적으로 아프리오리 알고리즘은 최소 기준선을 정하고 이 조건을 만족하는 집합만을 대상으로 그다음 결합단계를 고려하는 상향식(Bottom-up) 접근방법을 취함으로써, 연관규칙 검색공간을 줄이고자 하는 것이다. 아프리오리 알고리즘의 대략적인 절차는 아래와 같다.

〈표 8-20〉 아프리오리(Apriori) 알고리즘 수행절차

① 개별 아이템 (1-항목집합) 중에서 최소 지지도 임계치를 넘는 모든 빈발품목 집합(Frequent Item Set), 즉 1-항목 빈발 항목집합을 찾는다. ② '①' 단계에서 찾은 개별 아이템(1-항목집합)만을 이용해서 2가지 아이템으로 이루어진 2-항목집합의 빈발품목 집합 후보 세트들을 생성한다.

③ '②' 단계에서 만들어진 빈발항목 집합 후보 세트 중 최소 지지도 이하인 2-항목 집합들을 제거한다. 즉 최소지지도 임계치를 넘는 2-항목 빈발항목 집합들을 찾는다.
④ 위의 '③'단계에서 찾아진 2-항목 집합을 이용하여, 최소 지지도를 넘는 3-항목 집합의 빈발 항목 집합들을 찾는다.
⑤ 위의 과정과 같은 방법으로 k-항목 빈발항목 집합을 확정할 때까지 반복한다. 새로운 빈발항목 집합이 생성되지 않으면 집합 확장을 중단한다.
⑥ '⑤' 단계까지 완료된 후 생성된 빈발항목 집합을 대상으로 최소 신뢰도 임계치를 넘는 모든 연관규칙을 생성한다. 예를 들어 '⑤' 단계까지 진행하고 난 뒤 결과 빈발항목 집합 {A,B}를 찾았다면, 해당 빈발항목 집합에서 생성될 수 있는 모든 후보 연관규칙 {A}→{B}와 {B}→{A}를 찾은 뒤, 이 중에서 최소 신뢰도 임계치를 넘는 연관규칙만 최종 연관규칙으로 결정하게 된다.

위와 같이 검색할 아이템(항목)집합을 제한함으로써 방대한 거래 데이터에서의 가능한 모든 조합들의 경우의 수를 고려하지 않고 효율적으로 연관규칙을 만들어 낼 수 있게 된다.

② 빈출패턴 성장(FP-Growth) 알고리즘 : 앞서 살펴본 아프리오리 알고리즘은 나름대로 효율적으로 아이템 집합의 수를 제한함으로써 연관규칙 생성을 효율화하였지만, 결국 데이터 집합에 있는 각각의 아이템을 살피면서 빈발항목 집합의 조건에 포함되는지 아닌지를 판정해야 하므로 빅데이터 상황에서는 이러한 처리 프로세스 자체가 엄청난 부담이 될 수 있다.

따라서 빅데이터 상황에서는 더욱 효율적으로 빈발항목 집합을 찾아내는 알고리즘이 필요하게 된다. 빈출패턴 성장(FP-Growth) 알고리즘은 바로 이런 목적을 위해 아프리오리 알고리즘을 개선한 알고리즘이다. 기본적으로 최소 지지도 임계치 이상의 항목 집합을 찾은 뒤 최소 신뢰도를 넘는 연관규칙을 생성한다는 점에서는 아프리오리 알고리즘과 동일하나, 빈출패턴 성장(FP-Growth) 알고리즘은 빈발항목 집합을 찾을 때 아프리오리 알고리즘보다 개선된 자료구조를 사용하여 검색시간을 크게 줄인다. 즉 빈발항목 집합을 찾기 위해 FP-Tree(Frequent Pattern Tree)라는 자료구조에 데이터 집합을 생성한다.

FP-Tree는 일반적으로 트리와 유사하지만, 유사한 아이템 간에 서로 연결링크를 가지고 있다는 점에서 다르다. 데이터베이스에서 아이템의 발생횟수를 센 뒤 헤더 테이블에 저장하여 트리를 만들고, 최소 지지도 임계값을 만족시키지 못하는 아이템은 버려지고 내림차순으로 정렬된다. 이렇게 줄여진 데이터 세트를 가지고 가장 긴 트리 가지가 있는 곳에서부터 주어진 최소 지지도

학습 8

임계치 조건에 부합하는 모든 객체를 탐색하게 된다. 더 이상 최소 지지도 임계값을 만족하는 단독 아이템이 없다면, FP-Tree는 확장을 멈추게 된다. 이러한 빈출패턴 성장(FP-Growth) 알고리즘은 아프리오리 알고리즘과는 달리 FP-Tree라는 특별한 자료구조를 도입함으로써 데이터 집합을 단 2번만 검색하게 되어 훨씬 효율적인 처리와 빠른 속도를 내게 된다. 첫 번째 검색 때는 모든 아이템의 발생 빈도를 계산하여 FP-Tree에 저장한 뒤, 두 번째 검색 때는 빈발 아이템에만 접근하게 된다.

3) 연관성 분석실행 시 고려사항

연관성 분석을 실제 비즈니스 실무환경에서 실행하고 적용 시에는 다음과 같은 몇 가지를 고려해야 한다.

(1) 항목의 속성 레벨(level) 고려

연관성 분석실행 시 현실적으로 부딪히는 가장 큰 문제는 항목의 속성 레벨이다. 즉 각 비즈니스 도메인별로 구매나 거래품목의 메타정보들의 항목 레벨이 존재하는데 이때 어떤 정도의 레벨을 연관성 분석의 대상으로 삼아야 할지가 판단이 어렵게 된다. 너무 큰 대항목을 분석대상 항목으로 잡을 경우, 결과로 도출되는 규칙들이 누구나 알고 있는 당연한 규칙이 나오게 되거나 의미 있는 연관성 규칙을 찾기가 어렵게 된다.

반면 속성 항목이 너무 세분화되어 있을 경우 탐색해야 할 규칙이 너무 많아져서 계산량이 늘어나게 되고, 최소 지지도 이상인 항목 집합을 찾지 못하게 될 수도 있다. 이러한 문제에 대하여 어떤 정보 레벨의 항목이 연관성 분석에 적절한가에 대한 명확한 기준이 있는 것은 아니다.

따라서 실무적으로는 상위 속성 레벨의 항목에서 몇 가지 의미 있는 연관규칙을 만들어 낸 뒤, 해당 규칙에 대해서만 속성들을 세분화하여 세분화된 속성 레벨에서 다시 또 연관규칙을 만들어 내는 방법을 취하게 된다. 중요한 것은 이러한 과정이 한 번에 끝나는 것은 아니며, 다양한 속성 레벨에서 연관성 분석을 실행해 보면서 비즈니스적으로 의미있는 연관규칙 결과라고 판단될 때까지 반복적으로 분석을 실행해야 한다는 점이다.

(2) 연관규칙의 비즈니스적 의미 판단

연관성 분석결과 지지도, 신뢰도, 향상도 모두 유의미하게 나왔다 하더라도 해당 결과가 비즈니스적으로 해석할 때 누구나 알고 있거나, 설명하기가 곤란하다면 해당 연관규칙을 사용하기가 어렵게 된다.

예를 들어 한식을 먹고 난 뒤 후식으로 커피나 차를 마신다는 연관규칙을 찾아냈을 경우, 해당 규칙은 굳이 분석을 하지 않아도 누구나 예상할 수 있는 규칙이므로 연관성 분석결과로 제시하기가 어렵게 된다.

따라서 일단 주요 연관 규칙들이 생성되고 난 뒤에는 해당 연관규칙들이 실질적으로 의미가 있는지를 비즈니스 도메인 전문가나 기획자와 상의하여 결과의 유용성을 검토한 뒤 필요하면 추가적인 연관성 분석을 시행할 필요가 있다.

(3) 순서 패턴(Sequence Pattern) 연관규칙 적용

앞서 다룬 연관성 분석결과 도출된 연관규칙들은 시차에 따른 순서를 의미하는 게 아니라는 점을 주의할 필요가 있다.

즉 {X} → {Y}라는 연관규칙에서 조건 {X}와 결과 {Y}는 특정 기간 중 동시에 발생한 {X, Y} 집합에서의 조건과 결과를 의미하는 것이지, {X}가 먼저 발생한 뒤 {Y}가 시차적으로 나중에 발생했다는 것을 의미하는 것이 아니다.

이렇게 시차의 순서가 중요한 경우에는 앞의 연관성 분석 알고리즘이 아닌, 순서 패턴(Sequence Pattern) 연관성 분석을 고려해야 한다. 예를 들어 웹페이지 간의 웹로그 이동경로 분석이나 장기간에 걸친 가맹점들의 방문순서 분석, 고객 구매물품들 간의 구매순서 연속 패턴분석 등이 순서패턴 연관성 분석이 필요한 경우라고 할 수 있다.

8-5 모델성능평가

1. 모델성능평가

1) 머신러닝 모델의 결과평가

머신러닝 기반 데이터 분석을 수행하는 과정에서 분석결과 모델의 성능을 평가하는 것은 현재 수행중인 분석이 얼마나 타당한지, 혹은 적정한 기준에 부합하고 있는지, 분석결과의 일반화가 가능한지 등을 판단할 수 있는 근거를 제공해주기 때문에 중요하다고 할 수 있다. 앞서 "머신러닝 수행방법 계획하기" 및 "데이터 세트 분할하기"에서도 언급되었지만, 머신러닝 기반 데이터 분석은 대부분 단일과정으로 만족스러운 정확도나 예측력이 도출되는 경우는 거의 없으므로, 파라미터 튜닝과 여러 기법 적용을 통해 성능 개선작업을 수행하게 된다. 만일 모델 성능이 만족스럽지 않다면 다시 모델링 단계로 돌아가서 모델링 과정을 반복하게 된다. 이러한 측면에서 현재 과정에서 도출된 머신러닝 모델 결과의 성능을 평가하는 기준들이 필요하게 된다.

그런데 여기서 지도학습과 자율학습(혹은 비지도학습) 간에 모델성능을 평가하는 관점의 차이가 발생한다. 지도학습에서는 데이터에서 목표값이 주어져있으므로 예측력이나 정확도라는 기준을 판단할 수 있고, 자율학습에서는 목표값이 주어져 있지 않으므로 예측력이나 정확도를 판단할 수 있는 기준이 없다.

따라서 자율학습에서는 결과해석 타당성 및 통계치나 규칙들의 적용 가능성 등에 초점을 두고 모델을 평가하게 된다. 대표적인 예로서 K-평균 클러스터링 수행 시 군집 수 K가 적정한지를 판단하는데 있어서, 군집 내 제곱합과 군집 간 제곱합을 비교해보면서 적정한 군집 수 K를 판단해 가는 경우를 들 수 있다.

혹은 주성분 분석수행 시 적절한 주성분 개수를 스크리 도표의 엘보우 점이나 분산비율 수준을 보고 판단하는 경우, 연관성 분석에서 적합한 연관성 규칙 도출을 위해 최소 지지도나 신뢰도 임계치를 시행착오(Trial and Error) 방식으로 찾아나가는 경우를 들 수 있다.

즉 이러한 자율학습 상황에서는 비교할 수 있는 목표값이나 통계적 관점에서의 객관적인 기준치가 없는 경우가 대부분이므로, 모델성능평가를 도출된 결과의 해석 가능성 및 경험적 관점, 현실 적용 유용성 관점 등에서 하는 경향이 많아지게 된다.

반면 지도학습 머신러닝 적용 시에는 주어진 목표값이 있으므로 머신러닝 모델 결과가 해당 목표 값을 얼마나 잘 예측했는지 명확하게 비교하여 평가할 수가 있다.

물론 "데이터 세트 분할하기"에서 언급한 바와 같이 일반적으로 지도학습 머신러닝 분석모델 결과는 모델 훈련에 사용한 훈련데이터에 편향된 결과값을 내는 경향이 많으므로, 머신러닝 알고리즘이 데이터로부터 얼마나 잘 학습했는지를 평가하기 위해 평가데이터 세트를 이용하여 모델의 정확도를 평가하게 된다. 여기서 수치예측 목적의 지도학습 머신러닝일 경우, 평가데이터 세트에서 계산된 예측값과 실제 목표 변수값 간의 평균제곱오차(MSE) 등을 사용하여 측정하게 되며, 분류 예측 목적의 지도학습 머신러닝일 경우 목표변수의 예측된 분류와 실제 분류가 얼마나 일치하는지 분류정확도 등을 계산하여 측정하게 된다.

이 과정에서 예측분류와 실제분류의 결과 대조를 위해 혼돈행렬 등을 작성하여 분류정확도 등을 확인하는 절차를 거치게 된다. 이 과정에서 민감도(Sensitivity, 혹은 Recall, Hit Ratio 등으로도 불림)나 정밀도(Precision) 등의 평가지표를 계산하여 모델링 성능을 판단하게 된다.

자율학습의 경우 "자율학습 모델 적용하기"의 수행 예제에서 클러스터링, 차원축소, 연관성 분석 수행하기에서 모델평가에 대하여 이미 다루었으며, "수치예측 목적의 머신러닝 기법 적용" 수행하기에서 예측값과 실제값 간의 평균제곱오차(MSE)를 다루었으므로, 여기서는 분류목적의 지도학습 머신러닝에서의 모델성능평가지표를 중심으로 살펴보고자 한다.

2) 분류 머신러닝 기법에서의 모델평가방법

분류목적의 머신러닝 기법에서 분석모델 결과평가를 위해서 일반적으로 가장 많이 사용하는 것은 혼동행렬(Confusion Matrix)을 이용한 분류정확도 등의 평가지표 계산이다.

(1) 혼동행렬(Confusion Matrix)

혼동행렬은 분석모델에서 구한 분류의 예측범주와 데이터의 실제 분류범주를 교차표(Crosstable)형태로 정리한 행렬을 의미한다. 목표변수가 2-범주인 경우를 예로 들면 전형적으로 [그림 8-18]과 같은 형태로 표현된다. 물론 혼동행렬은 2×2 교차표 형태만 정의되는 것은 아니며, 3×3 이상의 교차표도 얼마든지 만들어 낼 수가 있다. 다만, 설명의 편의를 위해 여기서는 2×2 혼동행렬을 고려하기로 한다.

		예측 범주값	
		Y	N
실제 범주값	Y	O (TP : True Positive)	X (FN : False Negative)
	N	X (FP : False Positive)	O (TN : True Negative)

[그림 8-18] 2×2 혼동행렬(Confusion Matrix)

[그림 8-18] 혼동행렬에서 대각선에 있는 'O'의 칸의 경우는 예측범주 값과 실제범주 값이 일치한 경우로 분류 머신러닝이 올바르게 결과를 예측한 경우라고 할 수 있다.

반면 대각 외의 칸은 예측된 범주값과 실제 범주값이 일치하지 않는 경우로서, 머신러닝 모델이 부정확하게 예측한 경우를 의미한다. 여기서 분석가가 주로 관심 있는 범주를 긍정(Positive)범주라고 하고, 그 외의 범주는 부정(Negative)범주라고 하는데, 이러한 긍/부정범주에 대한 정확한 예측여부(True or False)에 따라 "관심범주를 정확히 분류"한 경우를 참 긍정(TP : True Positive)이라고 하며, "관심 외 범주를 정확히 분류"한 경우를 참 부정(TN : True Negative)이라고 한다. 반면 "실제로는 관심 외 범주임에도 관심범주로 잘못 분류"한 경우를 거짓긍정(FP : False Positive)이라고 하며, "실제로는 관심 범주임에도 관심 외 범주로 잘못 분류"한 경우를 거짓부정(FN : False Negative)이라고 한다. 분류목적의 머신러닝 기법의 분석결과 평가를 위해서 이와 같은 혼동행렬의 TP, TN, FP, FN을 기본으로 이들의 비율을 여러 가지 형태로 조합하여 다양한 평가지표들이 사용되고 있다.

(2) 주요 평가지표(Metric)

위의 혼동행렬로부터 계산될 수 있는 주요 평가지표(Metric)는 대표적으로 정확도(Accuracy), 오차비율(Error Rate) = 1-정확도, 민감도(Sensitivity 혹은 재현율 : Recall, Hit Ratio, TP Rate 등으로도 부름), 특이도(Specificity), 거짓긍정률(FP Rate), 정밀도(Precision) 등이 있다. 이 중에서 정확도, 민감도, 정밀도 등은 특히 많이 사용되는 지표이다. 또한 민감도와 정밀도를 조합한 F-Measure(혹은 F1-Score) 및 분석모델의 예측값과 실제값이 정확히 일치하는 정도를 계량화한 카파통계(Kappa Statistic) 등이 정의되어 있다. 이러한 다양한 평가지표에 대한 계산공식과 그 의미는 〈표 8-21〉과 같다.

〈표 8-21〉 분류목적 머신러닝 기법에서 주로 사용되는 모델평가지표

평가지표	계산식	지표의 의미
정확도 (Accuracy)	(TP+TN) / (TP+TN+FP+FN)	실제 분류범주를 정확하게 예측한 비율[전체 예측에서 참긍정(TP)과 참부정(TN)이 차지하는 비율]
오차비율 (Error Rate)	(FP+FN) / (TP+TN+FP+FN)	실제 분류범주를 잘못 분류한 비율(1-정확도 와 동일함)
민감도 (Sensitivity) = 참 긍정률 (TP Rate)	(TP) / (TP+FN)	실제로 '긍정(Positive)'인 범주중에서 '긍정'으로 올바르게 예측(True Positive)한 비율(혹은 Recall, Hit Ratio, TP Rate 로도 지칭함)
특이도 (Specificity)	(TN) / (TN+FP)	실제로 '부정(Negative)'인 범주중에서 '부정'으로 올바르게 예측(True Negative)한 비율

평가지표	계산식	지표의 의미
거짓 긍정률 (FP Rate)	(FP) / (TN+FP)	실제로 '부정(Negative)'인 범주중에서 '긍정'으로 잘못 예측(False Positive)한 비율 = 1-특이도
정밀도 (Precision)	(TP) / (TP+FP)	'긍정(Positive)'으로 예측한 비율중에서 실제로 '긍정(True Positive)'인 비율
F-Measure (F1-Score)	2*(precision)*(recall) ÷(precision+recall) = (2*TP)/(2*TP+FP+FN)	정밀도와 민감도(재현율)을 하나로 합한 성능평가지표[정밀도와 민감도(재현율)의 조화 평균]로서, 0~1사이의 범위를 가지며, 정밀도와 민감도 양쪽 다 클 때 F-Measure도 큰 값을 가지는 특성이 있음
카파 통계 (Kappa Statistic)	Pr(a) - Pr(e) ÷ (1-Pr(e))	모델의 예측값과 실제값이 우연히 일치할 확률을 제외한 뒤의 값(0~1까지의 값을 가지며 1에 가까울수록 모델의 예측값과 실제값이 정확히 일치하며, 0에 가까울수록 모델의 예측값과 실제값이 불일치하게 됨)

위의 평가지표 중 특히 민감도(Sensitivity)는 실제로 '긍정'인 범주를 얼마나 '긍정'으로 잘 예측했느냐를 나타내며 정밀도(Precision)는 '긍정'으로 예측한 범주 중에서 실제로 '긍정'인 비율이 어느 정도 인지를 나타내는 지표이므로, 분류 머신러닝 분석모델이 "목표변수의 관심 범주값을 얼마나 잘 분류해 내느냐"에 대한 직접적인 평가지표라고 할 수 있다. 이러한 이유로 인하여 실제 실무환경에서도 상기 민감도지표와 정밀도(Precision)지표가 분류 머신러닝 모델 결과의 평가지표로 가장 많이 사용되고 있으며, 그만큼 중요한 지표라고 할 수 있다.

학습 8

(3) ROC 곡선

ROC(Receiver Operating Characteristic) 곡선은 거짓 긍정비율(FP Rate)과 참 긍정비율(TP Rate) 간의 관계를 그래프로 나타낸 것이다. 목표변수 범주값 분류 시 긍정범주(Positive)와 부정범주(Negative)를 판단하는 기준치의 변화에 따라 참 긍정비율과 거짓 긍정률이 어떻게 변화하는지를 표시한다. 예를 들어 〈표 8-22〉와 같은 목표변수 Y값이 긍정(Y)인 경우가 5개, 부정(N)인 경우가 5개가 있는 총 10개의 가상의 예제데이터를 고려해 보자. 확률값은 머신러닝 모델 수행결과로 예측된 긍정(Y) 범주 확률값이라고 하였을 때, 어느 정도의 예측 확률값일 때 긍정(Y)의 범주로 분류할지 기준이 필요하게 된다.

만일 예측 확률값이 완벽하게 1이 되었을 때만 예측범주를 긍정(Y)으로 판정하게 된다고 하면, 〈표 8-22〉에서 긍정(Y)으로 판정할 수 있는 결과는 하나도 없게 된다. 따라서 이 경우에 참 긍정비율(TP Rate)은 0이 된다. 또한 모든 데이터를 부정

(N)으로 판정하고 있으므로, 거짓 긍정비율(FP Rate)도 역시 0이 된다.

〈표 8-22〉 머신러닝 분석모델로 도출된 예측 확률값(가상데이터 세트)

데이터 No.	실제 목표변수 범주값	예측 확률값
1	Y	0.98
2	Y	0.89
3	Y	0.81
4	N	0.77
5	Y	0.72
6	N	0.68
7	N	0.65
8	Y	0.54
9	N	0.48
10	N	0.37

이번에는 기준을 조금 낮춰서 예측 확률값이 0.85 이상일 때 예측범주를 긍정(Y)으로 판정한다고 하면, 예측 확률값이 0.85 이상으로 나타난 1, 2번째 데이터를 긍정(Y)으로 판정하게 된다. 아들은 실제로 긍정범주에 해당하므로 올바르게 분류했다고 할 수 있다. 이 경우에는 참 긍정비율(TP Rate)은 2/5 = 0.4가 되며, 거짓 긍정비율(FP Rate)은 여전히 0이다.

그렇다면 기준을 더 낮춰서 예측확률값이 0.7 이상인 경우에만 예측범주를 긍정(Y)으로 판정한다고 하면 어떻게 될까? 예측 확률값이 0.7 이상인 1,2,3,4,5 번째 데이터를 긍정으로 판정하게 된다. 그러나 4번째 데이터는 예측 확률값이 0.77이었지만 실제 목표변수 범주값은 부정(N)이었으므로 결국 '긍정으로 잘못 분류(False Positive)'하게 된다.

따라서 이 경우 참 긍정비율(TP Rate)은 4/5 = 0.8이며, 거짓 긍정비율(FP Rate)은 1/5=0.2가 된다. 이런 식으로 예측범주를 긍정(Y)으로 판정하는 기준치를 점차 낮춰가면서 각 경우마다 참 긍정비율(TP Rate)과 거짓 긍정비율(FP Rate)을 계산할 수 있다. 기준치를 점점 낮춰 가다 보면 최종적으로는 모든 데이터를 긍정(Y)으로 판정하게 되며, 이 때는 참 긍정비율(TP Rate)은 5/5 = 1이지만, 거짓 긍정비율 (FP Rate)도 5/5 = 1이 된다.

즉 긍정(Y)으로 판정하는 기준치를 낮춰가면서 참 긍정비율(TP Rate)이 올라가지만, 그와 동시에 거짓 긍정비율(FP Rate)도 함께 증가하게 되는 것이다.

결국 참 긍정비율(TP Rate)과 거짓 긍정비율(FP Rate) 간에 Trade-off 관계가 있으므로, 일정 수준의 거짓 긍정비율(FP Rate)을 허용하면서 해당 거짓 긍정비율(FP Rate) 상황에서 가장 참 긍정비율(TP Rate)이 높아지는 모델결과를 선택하게 된다. 바로 이와 같은 결과를 X축을 거짓 긍정비율(FP Rate)로 하고, 그때의 참 긍정비율(TP Rate)을 Y축으로 하여 해당 좌표를 시각적으로 표현한 것이 바로 [그림 8-19]의 ROC 곡선이다.

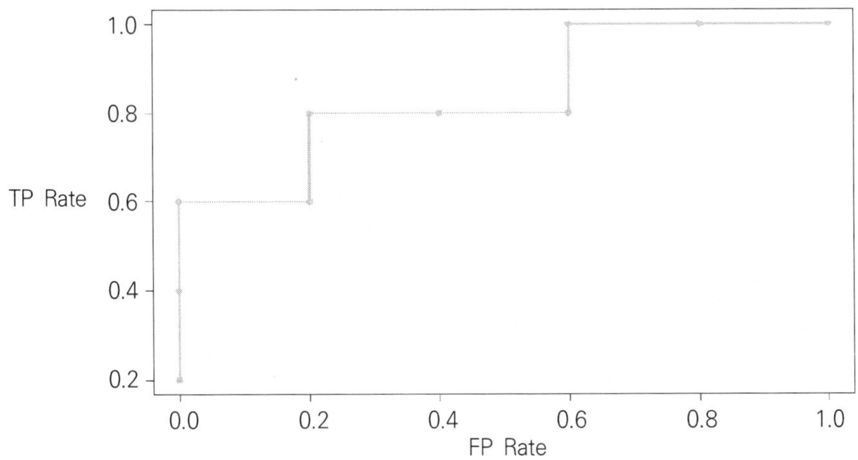

[그림 8-19] 목표변수의 긍정범주 판정기준 변화에 따른 ROC 곡선

예시로 제시한 가상데이터 세트는 데이터 개수가 10개밖에 안 되므로 계단 형태의 함수로 나타났지만, 데이터양이 많아지면 부드러운 곡선의 형태로 나타나게 된다. 여기서 X축인 거짓 긍정비율(FP Rate)은 최대한 낮으면서, Y축인 참 긍정비율(TP Rate) 값은 최대한 높은 경우가 가장 이상적인 분류모델 결과라고 할 수 있다. 그러므로 어떤 특정 분류 머신러닝 모형의 ROC 곡선이 좌상단에 위치할수록 모델 성능이 우수하다고 할 수 있으며, 분류결과의 ROC 곡선이 대각선에 가깝게 위치할수록 참긍정과 거짓긍정을 제대로 구별해내지 못함을 의미한다. 즉 [그림 8-20] ROC 커브에서 테스트 모델 2가 테스트 모델 1보다 모델 성능이 더 좋은 분류모델이라고 말할 수 있다.

이러한 ROC 곡선을 이용한 평가는 직관적이기는 하지만, 여러 모델을 비교하기 위해서는 이를 단일지표로 명시적으로 계량화하는 것이 좀 더 편리하다. 이런 측면에서 고안된 통계치가 바로 AUC(Area under the Curve)이다. 이는 ROC 곡선 아래쪽 면적에 해당하는 부분을 의미하며, 0.5부터 1까지의 값을 가지게 된다. AUC 값이 0.5 근처라면 분류능력이 거의 없는 모델이라고 볼 수 있고, 1에 가까울수록 완벽한 분류모델이라고 할 수 있다.

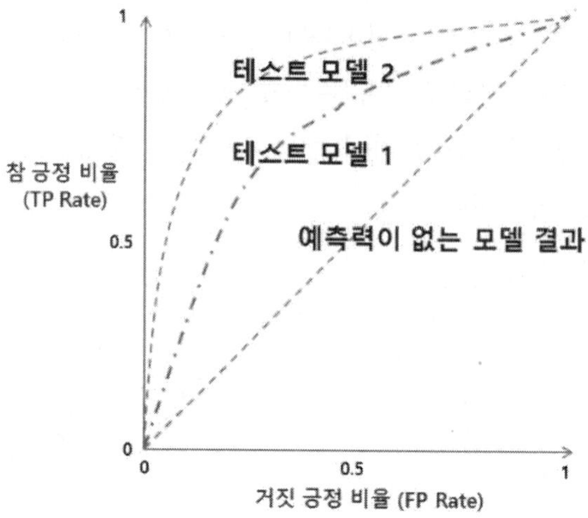

[그림 8-20] 분류 머신러닝 결과의 ROC 곡선 예시

AUC의 값이 어느 정도가 되어야 좋은 모델인 것에 대한 절대적인 기준이 있는 것은 아니지만 대체로 0.7 이상이면 양호한 모델로 보며, 0.8 이상일 경우 뛰어난 모델로 평가한다.

(4) K-교차검증(K-fold Cross-Validation)

앞서 "데이터 세트 분할하기"에서 지도학습 머신러닝 수행 시, 훈련데이터 세트 전체를 이용해 모델을 생성할 경우 해당 데이터 세트에서는 모델 수행결과가 잘 작동하지만 새로운 데이터에 적용하면 결과가 좋지 않게 나오기 때문에, 데이터 세트를 분할해서 일부 데이터 세트로 모델을 훈련하고, 나머지 데이터 세트로 예측력을 평가하는 과정을 거친다고 설명했었다. 그러나 이러한 데이터 세트 분할방법도 몇 가지 한계점을 가지고 있다.

먼저 훈련데이터 세트와 평가데이터 세트 분할비율을 어떻게 하느냐에 따라 추정 성능이 많이 좌우되며, 데이터 세트 분할 시 학습용 데이터 세트나 평가용 데이터 세트 어느 한쪽에 우연히 성능에 많이 영향을 줄 수 있는 특이데이터가 포함되어 있다면 데이터 세트 분할을 통한 모델 평가과정이 만족스러운 결과가 잘 나오지 않을 것이다. 반면 K-교차검증(K-fold Cross-Validation)은 단일한 훈련데이터와 평가데이터로 1회만 분할하는 것이 아니라, 전체 데이터를 K개로 등분한 뒤 k = 1,2...K번째 데이터 세트를 차례로 검증데이터(Validation Data)로 사용하고 나머지 데이터 세트를 모델훈련에 반복적으로 사용하면서 모델성능을 측정하는 방법이다. 결국 K-교차 검증은 데이터 세트를 훈련데이터와 검증데이터(Validation Data)로 나누어 모델링 및 성능평가를 K회 반복하게 되며, 모든 K개 중첩에 대한 성능평가 결과들에 대한 평균치를 통해 최종 모델 성능평가를 도출할 수 있다. 이러한 반복적인 중첩 평가과정을 통하여 1회 데이터 세트 분할을 통한 모델 성능평가보다 안정적인 모델 성능평가결과를 얻을 수 있다. 물론 이렇게 교차검증 형태로 수행된 결과물이 모델링의 최종 결과가 되는 것은 아니며, 교차검증 수행을 통하여 최적의 모델링 방법을 선정한 뒤에는 해당 모델링 방법을 이용하여 훈련데이터 세트를 대상으로 모델링 과정을 다시 수행하게 된다. 이때 별도의 평가데이터 세트로 결과를 평가하고 평가결과가 기준치에 부합하거나 목적에 적합하다고 판단될 경우 분석모델링 과정을 종료하고 최종 분석결과를 제출하게 된다.

8-6 학습결과 적용

1. 학습결과 적용 및 활용

1) 머신러닝 모델 결과의 활용 및 업무적용

머신러닝 기반 데이터 분석결과 활용의 방향은 분석의 목적이 어디에 있는가에 따라 의사결정자에게 시사점을 보고·발표하는 보고서 절차, 서비스 적용 및 프로세스화 등으로 크게 나눌 수 있다.

(1) 분석결과 보고서

분석의 목적이 비즈니스 이슈 해결이나 성과개선을 위해 문제의 원인에 대한 분석이나 개선방향 등에 대한 시사점을 도출하고자 하는 분석이었다면, 분석 프로세스의 마지막 단계는 머신러닝을 통한 데이터 분석이 어떠한 의미를 가지고 있는지 그 결과를 적절히 제시하는 단계이다. 이 단계가 효과적으로 진행되지 않으면 아무리 최신기법을 동원하여 유의미한 분석을 수행했다고 하더라도 결과물이 조직 내 인정을 받을 수가 없게 된다.

머신러닝 기반 데이터 분석을 통해 변수 간의 관련성이나 결과치의 개선 등 그 의미를 명료하게 정리 및 해석하여 의사결정자에게 구체적인 시사점을 제시하는 것이 특히 중요하다고 할 수 있다. 그 외 분석결과 보고서에는 분석과정의 개요, 결과 요약, 수행기법 소개, 분석 프레임워크, 모형소개, 결과 시사점 및 개선과제 등이 포함되게 되는데, 특히 결과 시사점 및 개선과제를 제시할 때는 구체적인 예시나 방법론을 제시하고, 그에 대한 유관부서/조직이나 담당자까지 사전협의를 통해 명시해주는 것이 바람직하다.

(2) 머신러닝 결과의 서비스 적용 등 업무 프로세스화

머신러닝 기반 데이터 분석을 통해 도출된 결과가 비즈니스 목표를 어느 정도 달성하는지를 평가하게 되는데, 일반적으로 분석결과를 통한 개선 포인트를 적용한 경우와 그렇지 않은 경우로 분리하여 A/B Test 등을 통하여 전체로의 적용이 가치 있는지를 검증하게 된다. 그리고 효과검증 이후 본격적인 서비스 구현에 적용하게 된다.

① 효과검증(Proof of Concept, POC) : 효과검증은 본격적인 서비스 구현 전에 일부의 데이터를 대상으로 '과연 데이터 분석결과의 적용이 실제 효과가 있는지'를 검증(POC : Proof of Concept)하는 단계로서 실제 상용서비스 적용 전에 반드시 거쳐야 하는 단계이다.

비즈니스 목표를 달성하기 위해 해당 개선사항 적용을 실험하면서 해당 분석모델 성능평가, 개선 가능성 등을 지속적으로 모니터링하면서 추가로 모델 성능 개선이 가능한지도 함께 체크해야 한다. 이 효과검증 단계가 종료되면 대부분 개선과제의 전체 서비스 구현 혹은 적용 여부를 결정하게 되지만 효과검증단계를 거치면서 데이터 분석과정이나 데이터 처리과정의 한계점이나 문제점이 발견되어 다시 처음의 분석기획 과정으로 돌아가서 데이터 분석을 다시 시행하게 될 수도 있다. 혹은 '비즈니스 목표'와 '분석설계'가 정확히 매칭되지 않았다거나, '업무 이해' 등이 부족하여 분석으로 해결하겠다고 설정한 이슈가 적절하지 않았을 수도 있다. 이렇게 효과검증 단계는 실제 서비스 구현 전에 해당 데이터 분석이 개선효과가 있는지를 검증하는 의미도 있지만, 시행한 데이터 분석이 적절했는지 해당 분석을 적용 시 발생할 수 있는 제반사항을 미리 점검하는 측면의 목적도 있다고 하겠다.

② 서비스 적용 구현 : 효과검증이 잘 수행되어 전체 서비스대상으로 적용이 가능한 것으로 판단되었을 때는 머신러닝 기반 분석모델을 실제 서비스 대상으로 배포하고 연동하는 작업을 진행한다. 여기서 고려해야 할 점은 실제 서비스의 시스템 및 인프라 환경과 아키텍처이다.

예를 들어 상품 추천 시스템처럼 웹이나 모바일로 실시간 서비스되는 기능과 합쳐져야 하는 경우 단순히 머신러닝 기반 모델의 결과를 바로 서비스에 적용할 수 없으며 웹서비스의 서버사이드 프로그램 환경과 연동 및 통합을 고려해야 한다. 일반적으로 분석가가 사용하는 언어는 R, SAS, Python 등이 있는데 R이나 SAS의 경우 데이터 분석에 특화된 프로그래밍언어여서 일반적인 웹서비스와의 연동이 어려우며, Python의 경우 범용 프로그래밍 언어이긴 하지만 아직까지 국내에서 상용서비스를 Python으로 구현한 경우는 많지 않기 때문에 분석가가 Python 라이브러리를 이용하여 만들어낸 머신러닝 분석모델 결과를 곧바로 웹서비스에 적용하기는 쉽지 않다. 따라서 일반적으로 실제 서비스와의 연동 시에는 분석가가 만들어낸 모델 코드를 곧바로 적용하기보다는 상용서비스의 개발 프로그래밍 언어 및 프레임워크 등의 환경으로 마이그레이션 하는 작업을 거치게 된다. 이러한 작업은 데이터 분석가나 데이터 사이언티스트의 역할은 아니며, 대부분 조직 내 데이터 엔지니어가 수행하거나 데이터 엔지니어가 없는 조직의 경우 웹 개발자, 시스템 개발자 등이 수행하게 된다. 데이터 분석가 혹은 데이터 사이언티스트는 데이터 엔지니어나 웹 개발자 등이 해당모델 결과를 상용서비스의 프로그래밍 언어로 마이그레이션 하는 작업을 잘 수행할 수 있도록 머신러닝에 사용한 알고리즘 및 주요 코드 등의 커뮤니케이션이나 지원 등의 역할을 수행하게 된다. 이런 측면에서 데이터 분석가가 다양한 개발환경이나 프레임워크 등에 대한 이해도가 높다면 조직 내 시스템 통합 및 서비스 연동 등의 작업이더 원활하게 되는 장점이 있다.

③ 반복적인 Feedback Cycle 주기 : 앞서 “머신러닝 수행방법 계획하기”에서도 언급되었지만, 머신러닝 기반 데이터분석은 한 번의 프로세스 수행으로 단발적으로 과제가 종료되는 경우는 거의 없다. 데이터 분석결과를 적용하여 서비스를 개선하고, 이에 대한 고객의 반응을 수집하고 모니터링하여 추가로 개선 가능한 영역을 도출하고, 이를 위해 필요한 분석을 다시 또 수행하면서 Feedback Cycle이 계속적으로 반복되는 것이다. 물론 효과검증 단계에서 데이터 분석 자체의 문제점이나 이슈 등은 사전에 점검과정을 거치지만 그럼에도 전체 서비스 대상으로 실시간 서비스에 적용하였을 때는 사전에 예상치 못했던 또 다른 다양한 문제점이 발생할 수 있다. 이에 대한 개선 포인트를 파악하는 과정도 필요하게 된다. 또한 서비스 적용 과정에서 문제점은 없더라도 고객의 반응을 살펴보니 더 좋은 아이디어가 떠오른다거나, 완전히 새로운 인사이트나 의문점이 도출될 수도 있다.

학습 8

이러한 새로운 아이디어나 인사이트, 의문점을 분석을 통해 해결하고 업무에 적용하기 위해 또 다른 머신러닝 기반 데이터 분석 프로세스가 진행된다. 이렇게 Feedback Cycle과 기회발견 과정을 반복하면서 서비스 고도화가 이루어지고 고객의 서비스 만족도가 지속적으로 향상될 수 있다.

2) 머신러닝 모델의 결과 산출물 작성 및 검수

머신러닝 데이터 분석결과 시사점을 의사결정자에게 보고하거나 상용서비스에 적용하여 프로세스화하거나 어떤 목적으로 분석을 진행하였든지 간에 분석계획 및 과정 등 전반적인 내용에 대하여 산출물들을 체계적으로 작성하고 정리해둘 필요가 있다.

(1) 주요 산출물

머신러닝 기반 데이터 분석결과를 유관부서 이해관계자와 공유하거나 유지보수 및 모델 개선 시 참고하기 위해서 핵심 결과 산출물을 계획하고 관리해야 한다. 주요 산출물은 아래와 같은 유형이 있다. 물론 해당 항목들을 모두 별도의 산출물로 만들어 보관할 필요는 없으며, 분석계획서 및 분석결과 보고서 등에 해당 내용이 대부분 포함될 수 있고, 추가로 분석 스크립트 코드 및 교육자료 등을 별도로 문서화시켜둘 필요가 있다.

① 머신러닝 기반 데이터 분석계획서
② 주요 사용데이터 및 확보 방안
③ 데이터 전처리 및 변환 수행절차
④ 머신러닝 모델링 사용 기법별 훈련 및 예측결과 비교자료
⑤ 비즈니스 성과 개선 및 기여 계량자료
⑥ 머신러닝에 사용된 분석 스크립트 코드 및 주석 등 문서화
⑦ 머신러닝 모델 유지보수 및 교육을 위한 가이드/매뉴얼

(2) 서비스 적용 구현 개발 시 추가로 필요한 산출물

데이터 분석결과의 시사점 및 조직 내 주요 업무 적용 · 개선방안 등을 의사결정자나 유관부서에 보고 및 공유함으로써 프로젝트가 종료되기도 하지만, 머신러닝 결과데이터를 별도의 서비스 애플리케이션으로 연계하거나 추가적인 유저 인터페이스 혹은 화면개발 등을 통해 연계하는 방식으로 개발업무가 진행되는 경우도 있다. 예를 들어 고객 구매패턴에 대한 머신러닝 기반의 상품/서비스 추천시스템 개

발 등의 경우는 추천 알고리즘 자체만으로 업무 개선방안 등이 도출된다기보다는 현재 운용되는 서비스의 한 기능으로 연동되고 자동화되어야 머신러닝을 수행한 의미가 있다고 할 수 있다. 이런 경우는 개발자 혹은 데이터 엔지니어, 디자이너 등과의 커뮤니케이션을 위한 추가적인 산출물이 필요하다. 주요 산출물은 아래와 같다.

① 머신러닝에 사용된 분석 스크립트 코드 및 주석 등을 문서화
② 효과검증(POC) 프로젝트 수행계획서 및 결과보고서
③ 시스템 연동 개발 시 주요 개발 요건 정의서
④ 별도 화면 개발 시 화면설계 정의서
⑤ 머신러닝 모델 유지보수를 위한 가이드 문서

학습 8

수행 내용

재료 · 자료

- 빅데이터 가이드라인 관련 자료
- 개인정보 비식별화 가이드라인

기기(장비 · 공구)

- 컴퓨터, 문서작성 프로그램, 프린터, 주변기기

안전 · 유의사항

- 빅데이터 관련 장비의 안전 및 유의사항을 숙지한다.
- 외부데이터일 경우 데이터 수집 및 경로 등을 빠짐없이 기록한다.
- 내 · 외부데이터 구분 후 개인정보보호법 등 관계 법령에 위배 여부를 확인한다.

수행 순서

01 인공지능 기술에 대하여 분석하라.

인공지능이란 인지, 추론 등을 통한 학습과 문제해결 등 인간의 사고 능력을 기계적으로 구현하고 자동화한 시스템을 의미한다.

인공지능이라는 용어에 대한 기대와 기술 한계로 그동안 많은 변화를 겪었으나 빅데이터 발전, 컴퓨팅 능력 향상으로 딥러닝 기술이 발전 함에 따라 인공지능 분야가 도약하고 있다.

인공지능과 관련해 최근 주목할 만한 흐름으로 딥러닝 분야의 진화, 자연어처리 기술의 도약, 엣지컴퓨팅의 확산 등이 있다.

1. 인공지능 개요

인공지능은 학자들 사이에서 다양하게 정의되고 있다. 다양한 정의를 종합하면 인지, 추론 등을 통한 학습과 문제해결 등 인간의 사고능력을 기계적으로 구현해 자동화한 시스템을 의미한다.

인공지능이라는 용어는 1950년대 다트머스 회의에서 처음 사용됐다. 다트머스 회의 이후 인공지능은 활발히 연구됐고 논리적인 분야에서 많은 성과를 냈다. 그러나 사람처럼 보고, 듣고, 움직이는 등의 기본적인 행동과 연관된 현실세계의 문제는 엄청나게 어려운 일이라는 것을 깨닫고 1974년에 혹독한 첫 번째 겨울을 맞는다.

1980년대에 전문가의 지식을 논리적인 규칙으로 생성해 특정 영역에 대한 사람의 질문에 답할 수 있는 인공지능으로서 전문가 시스템이 부상한다.

전염성 혈액 질환을 진단하는 마이신 등 몇 가지 성공사례가 있지만, 사람이 규칙을 일일이 생성하고 이를 조합해 논리적인 결과를 얻어내는 과정이 복잡하고 유지보수가 어려워 기대만큼의 성과를 내지 못하고 1987년에 두 번째 겨울을 맞는다.

2012년에 제프리 힌튼(Geoffrey Hinton) 캐나다 토론토대학 교수 연구실이 IMAGENET(이미지인식 경진대회)에서 딥러닝 알고리즘을 활용해 우승하면서 인공지능의 부활의 신호탄을 쐈다. 인공지능이 다시 도약할 수 있었던 것은 검색엔진을 통해 인터넷 혁명이 일어나고 이에 따른 빅데이터 발전과 GPU(Graphics Processing Unit)로 인한 컴퓨팅 능력 향상, 딥러닝 알고리즘 발전에 기인한다. 제프리 힌튼 교수가 발표한 딥러닝 연구는 앤드류 응(Andrew Ng) 미국 스탠퍼드대 교수와 얀 르쿤(Yan Lecun) 미국 뉴욕대 교수 같은 AI 구루들에 의해 발전됐다. 이후 세 명은 구글, 페이스북, 바이두 같은 글로벌 IT 기업에 영입되어 기술발전을 촉진시켰다.

인공지능과 관련해 최근 주목할 만한 흐름인 딥러닝 분야의 진화, 자연어처리 기술의 도약, 엣지컴퓨팅의 확산 등이다.

학습 8

2. 딥러닝

딥러닝(Deep Learning)은 머신러닝의 일종으로 은닉층을 깊게 쌓은 인공신경망을 사용해 기계가 학습한다. 머신러닝에서는 사람이 특징 추출을 해야 하나, 딥러닝에서는 기계가 특징 추출을 할 수 있다.

딥러닝의 연속된 은닉층에서 점진적으로 의미 있는 특성을 학습할 수 있기 때문이다. 신경망의 은닉층이 깊어질수록 기계가 데이터에서 특징을 잘 추출할 수 있으나, 매개변수가 늘어남에 따라 필요로 하는 학습데이터의 크기가 머신러닝보다 훨씬 커야 한다.

최근 딥러닝 기술의 진화는 세분화되어 다양한 분야에서 이뤄지고 있다. 딥러닝 연구를 동인으로 구분하면 데이터, 시스템, 프로세스 및 알고리즘으로 정리할 수 있다.

1) 데이터 측면

딥러닝 구축 시 품질에 영향을 주는 요소는 학습데이터의 양과 질이다. 양질의 학습데이터를 확보하는데 많은 비용과 시간이 소요되므로 인공지능을 활용하는 데 큰 장벽이 되고 있다. 딥러닝에서 학습데이터에 대한 비용을 절감할 수 있는 방향으로 알고리즘이 진화하고 있다. 기계가 스스로 레이블을 만들어 학습하는 방법인 자기지도학습과 다른 분야에서 학습한 모델을 이용해 적은 학습데이터로도 좋은 성능을 낼 수 있도록 하는 방법인 전이학습에 대한 연구가 활발히 진행되고 있다.

(1) 자기지도학습

자기지도학습은 레이블이 없는 데이터를 활용하기 위해 제안됐다. 레이블이 있는 데이터 세트를 생성하는 것은 비용이 많이 드는 반면, 레이블이 없는 데이터는 항상 생성되기 때문이다. 자기지도학습을 글자대로 유추하면 스스로 지도하는 학습이다. 스스로 레이블을 만들어서 학습한다는 의미다. 자기지도학습의 주된 아이디어는 레이블이 없는 데이터들을 이용해 사용자가 새로운 문제를 정의하며 레이블도 자동으로 생성하는 것이다. 이를 자기지도학습 방법이라고 하며, 인공신경망이 문제를 학습하게 해 데이터 자체에 대한 특징들을 이해할 수 있도록 한다. 데이터의 잠재 특징을 학습할 수 있으므로 표현학습에 널리 사용된다.

기존 AI 훈련기술은 주어지지 않은 정보까지 알아내지 못하지만, 자기지도학습으로 만든 AI는 상식선에서 생각할 수 있는 정보까지 추측해낼 수 있다.

딥러닝 분야 최고 권위자로 꼽히는 얀 르쿤 교수는 "세상이 어떻게 돌아가는지에 대한 배경지식을 쌓고, 인간과 소통할 수 있게 하는 것이 미래 AI 연구 방향이어야 할 것"이라며 인공지능의 미래를 이끌 기술로 '자기지도학습'을 꼽았다.

(2) 전이학습

전이학습은 신규데이터 세트의 크기 및 데이터 세트 간의 유사성에 따라 사전학습된 모델에서 가져온 특징 추출 네트워크의 매개변수 전체를 고정하고 모델을 학습할 것인지, 일부만 고정하고 모델을 학습할 것인지, 특징 추출 네트워크의 매개변수를 고정하지 않고 초기값으로만 사용해 모델을 학습할 것인지를 결정한다.

전이학습은 학습에 사용할 만한 양질의 데이터가 충분히 확보되지 못하거나, 학습시간을 단축시키고자 할 때, 다른 분야의 풍부한 데이터를 바탕으로 한 좋은 성능의 모델에서 일부 계층을 재활용해 모델을 구축하는 학습방식이다.

전이학습은 산업에서 머신러닝의 상업적인 성공을 이끄는 핵심동인이 될 것이다.

2) 시스템 측면

엣지컴퓨팅 기술이 급격히 발전하고 있고, 이에 따라 딥러닝 모델이 엣지에서 적용될 수 있도록 하는 움직임이 활발하다.

딥러닝은 대용량의 데이터가 모일 수 있는 환경이 클라우드 기반에서 조성돼 많은 컴퓨팅 리소스와 시간을 투입해 학습을 해왔다. 최근에는 실시간성 및 개인정보보호 요구 증가로 스마트폰 및 가정이나 현장의 종단에서 직접 수행할 필요성이 증가함에 따라 엣지컴퓨팅 환경에 맞춰 실시간으로 소량의 학습데이터를 점진적으로 학습에 적합하도록 알고리즘 구조를 변경하는 작업들이 진행되고 있다. 텐서플로우 라이트(Tensorflow Lite), 카페2(Caffe2), 파이토치(Pytorch), 엠엑스넷(MxNet) 등의 딥러닝 프레임워크가 엣지컴퓨팅을 지원하고 있다.

3) 프로세스 및 신경망 알고리즘 측면

모델 개발에 시간이 많이 걸린다는 문제점과 환경변화 시 모델 성능이 떨어져 다시 설계해야 한다는 점이 현장에서 딥러닝을 활용하는 데 걸림돌이 되고 있다. 이를 해결하는 방향으로 연구가 활발히 진행되고 있다.

(1) AutoML

딥러닝 모델 개발은 시간이 많이 걸리는 반복적인 작업이 필요하다. 딥러닝 모델의 설계요소를 변경하고 모델의 학습결과를 비교해가며 최적의 성능을 발휘하는 딥러닝 모델 구조를 찾아야 하기 때문이다.

AutoML(Automated Machine Learning)은 머신러닝으로 자동 설계하는 머신러닝을 의미하며, 아키텍처 탐색과 초매개변수 최적화 방향으로 연구가 진행되고 있다.

아키텍처 탐색(Network Architecture Search)이란 인공신경망의 아키텍처를 사람이 직접 하나하나 설계하는 대신에 아키텍처 탐색공간에서 학습을 통해 최적의 아키텍처를 찾는 방법이다. 주로 강화학습이나 유전 알고리즘 등을 이용한 연구 및 경사하강법에 기반한 차분구조탐색법(Differential Architecture Search)이 활발히 연구되고 있다.

초매개변수 최저화(Hyperparameter Optimization)란 학습을 시키기 위해 필요한 초매개변수들을 학습을 통해 추정하는 방식이다. 예를 들어 학습률(Learning Rate), 배치 크기(Batch Size) 등 학습에 큰 영향을 주는 초매개변수들을 기존에는 사람이 하나하나 값을 바꿔 모델을 학습시켜서 가장 성능이 좋았던 초매개변수를 사용하는 방식이었다면, AutoML에서는 학습을 통해 최적의 초매개변수를 추정하는 방법을 제안한다.

(2) 적응형 기계학습

전통적인 인공지능 시스템에서 프로덕션에 배포된 학습방법은 시스템 운영환경의 변경, 시

학습 8

스템의 입력 변경, 조직이 원하는 결과물이 변경될 경우 이를 해결하는 데 큰 어려움을 겪었다. 환경이 변하지 않는다고 가정하고 학습하기 때문이다. 환경에 대한 변화를 감지하고, 이에 따라 작은 데이터로 학습해 환경변화에 빠르게 적응하게 하는 학습방법이 적응형 기계학습(Adaptive Machine Learning)이다.

적응형 기계학습은 환경과 상호작용하며 학습하는 강화학습, 실시간 데이터를 연속적인 시퀀스로 처리하는 온라인 학습, 작은 샘플 크기로 새로운 학습을 하게 하는 메타학습 등을 결합하는 방식으로 연구되고 있다.

(3) 트랜스포머

트랜스포머(Transformer)는 2017년 구글이 발표한 논문인 'Attention is all you need'에서 나온 모델로 기존의 시퀀스-투-시퀀스(seq2seq)의 구조인 인코더-디코더를 따르면서도 논문의 이름처럼 어텐션(Attention)만으로 구현한 모델이다.

어텐션 메커니즘은 입력 시퀀스의 매 스텝마다 컨텍스트를 저장하고, 출력과 연관성이 높은 컨텍스트에 집중해 긴 시퀀스일지라도 앞부분의 중요 정보를 보존할 수 있도록 한 방식이다.

트랜스포머는 순환신경망 계열을 사용하지 않고, 인코더-디코더 구조를 설계했음에도 성능이 순환신경망 계열보다 우수하다. 가장 큰 장점은 순환신경망 계열과 달리 GPU 기반에서 병렬처리를 효율적으로 할 수 있는 구조로 학습시간을 단축할 수 있다는 것이다. 최근 자연어 처리 분야의 딥러닝 모델에서 널리 사용되고 있다.

(4) 적대적 생성 신경망

적대적 생성 신경망(Generative Adversarial Networks, GAN)은 이안 굿펠로우(Ian Goodfellow)가 2014년 NIPS(Neural Information Processing Systems) 학회에서 발표한 비지도학습 기반 신경망 알고리즘으로, 진짜 같은 가짜를 만들어내는 기술이다.

적대적 생성 신경망은 기본적으로 두 신경망 모델이 경쟁해 학습하면서 결과를 만들어낸다. 두 모델은 생성자와 감별자로 불리는데 각각은 서로 상반된 목적을 갖고 있다. 생성자는 실제 데이터를 학습해 거짓데이터를 만들고, 감별자는 생성자가 만든 데이터가 실제인지 거짓인지 판별하는 과정을 거치며 실제에 가까운 거짓데이터를 생성한다.

최근 적대적 생성 신경망을 이용한 이미지 변환 기술이 많이 연구되고 있다. 엣지나 세그멘테이션 맵을 이용해 이미지를 생성하는 연구, 레이아웃을 이용해 이미지를 생성하는 연구, 저해상도의 이미지를 고해상도로 복구하는 연구, 이미지의 사라진 부분을 복구하는 연구, 사람의 머리색과 나이 · 성별 · 피부색 등을 변경하는 연구 등 사용자의 의도를 반영한 이미지 생성 및 고해상도 이미지를 생성하는 방향으로 적대적 생성 신경망의 기술들이 빠르게 발전하고 있다.

3. 자연어처리

자연어처리(Natural Language Processing, NLP)란 넓은 의미로 말이나 글 같은 자연어를 소프트웨어를 이용해 자동으로 기계가 다룰 수 있게 처리하는 기술로서 정의되며, 1950년대부터 인공지능의 한 분야로서 연구되기 시작했다. 규칙기반으로 연구되기 시작해 머신러닝 도입을 통해 한차례 기술도약이 있었고, 2010년대에 딥러닝을 기반으로 자연어 이해(Natural Language Understanding : NLU) 및 자연어 생성(Natural Language Generation : NLG)에서 비약적인 발전을 하고 있다.

1) 자연어 이해와 자연어 생성

자연어 이해는 음성 또는 텍스트의 의미 이해에 초점을 맞춘 기계학습의 유형분류 기법으로 볼 수 있다. 동일한 질문을 하는 방법에는 여러 가지가 있을 수 있고, 각각 다른 단어 · 구문 및 문장 구조를 포함할 수 있다. 자연어 이해는 다양하게 표현될 수 있는 질문을 표준화된 형태로 변환하고, 질문의 바탕에 깔린 의도를 이해하는 역할을 한다. 자연어 이해 기능의 예로는 문장의 의도 분류, 서로 다른 언어 간 번역 문장 생성, 자연어 질문에 대한 답변 추출 등이 있다.

자연어 생성은 쓰여진 내용이나 말한 내용을 이해하는 데 사용되는 대신에 자연어 응답을 생성하는 데 사용된다는 점에서 자연어 이해와 반대개념을 이룬다. 자연어 생성은 자연어 이해 및 지능형 반응시스템과 결합되면 대화형 AI 또는 자연어 상호작용을 뒷받침하는 중요한 요소가 된다. 대화형 AI는 사용자의 질문을 이해한 후에는 답변하기 위해 무언가를 분석하고, 사용자에게 그 결과를 다시 보내기 위해서는 답장을 보낼 텍스트를 만들어야 하는데, 텍스트를 만드는 것이 바로 자연어 생성의 역할이다.

자연어 생성은 3단계로 나뉜다. 구조화된 데이터에서 기본 콘텐츠의 순서가 이뤄지는 텍스트 계획, 문장이 구조화된 데이터에서 결합되어 정보의 흐름을 나타내는 문장 계획, 마지막으로 텍스트를 표현하기 위해 문법적으로 정확한 문장이 생성되게 구현하는 단계로 구분된다.

자연어 생성은 통계분석 및 비즈니스 인텔리전스 결과에 대한 설명 요약뿐만 아니라 블랙박스로 간주되는 기계학습 모델에 대한 해석에도 활용된다. 데이터 과학자나 전문가가 아닌 사람에게 분석결과에 대한 설명을 쉽게 제공하는 것은 머신러닝의 활용 측면에서 매우 의미가 있다.

2) 자연어 처리기술

심층신경망이 등장하기 전에 자연어 처리는 텍스트 데이터 내의 단어 수에 의존하는 언어모델을 사용해 주제를 분류했다. 이 모델은 특정 단어가 특정 주제 아래에 나타나는 횟수를 계산하고, 특정 단어가 새 데이터의 특정 주제 아래에 나타날 베이지안 확률을 계산한다. 그러나 이러한 기술은 단어 순서를 무시하기 때문에 컨텍스 자연어처리에서 심층신경망의 한 종류인 순환신경망(Recurrent Neural Networks)을 적용하면서 단어 순서를 반영한 컨텍스트를 활용할 수 있게 됐다.

그러나 순환신경망 계열의 단점 중 하나는 시퀀스가 길어지면 컨텍스트를 표현하는 벡터의 크기가 고정됐기 때문에 시퀀스의 시작 부분에 있는 중요한 정보를 잊어버릴 수 있다는 것이다. 이 문제를 해결하기 위해 어텐션 메커니즘을 적용했다. 어텐션 메커니즘은 컨텍스트를 매 스텝마다 저장하고, 출력과 연관성이 높은 컨텍스트에 집중해 긴 시퀀스일지라도 앞부분의 중요 정보를 보존할 수 있도록 한 방식이다.

순환신경망 계열은 구조적으로 병렬연산이 어려워 처리속도에 제약이 있다. 트랜스포머는 순환신경망 계열 없이 다층구조의 어텐션 메커니즘으로 심층신경망을 구성한 모델로서, 순환신경망 계열보다 성능이 대체로 우수하고 처리속도에서도 월등한 우위를 보인다.

최근에 발표된 모델에서는 우수한 성능으로 트랜스포머와 전이학습을 이용하는 것이 하나의 트렌드이다. 전이학습은 언어모델이 어떠한 방식으로 사용될지 확실하지 않더라도 미리 양질의 방대한 양의 학습데이터로 미리 학습을 시켜두고 이렇게 학습된 모델(사전학습모델)을 간단하게 조정해 다른 목적으로 활용한다.

이러한 사전학습모델은 사람이 레이블링 작업을 할 필요가 없는 자기지도학습 방법을 이용해 학습된다. 자연어 처리분야에서 OpenAI GPT, BERT, OpenAI GPT-2, XLNet, RoBERTa, ALBERT, GPT-3 등과 같은 다양한 모델들의 강력한 성능 덕분에 전이학습은 큰 인기를 얻고 있다.

최근에는 자연어 처리에 대한 품질을 더욱 향상시키기 위해 신경망 아키텍처 최적화, 비주얼 컨텍스트 활용, 비지도 및 준지도 학습방식의 기계번역에 대한 연구, 언어모델과 이를 이용한 전이학습에 대한 연구 및 딥러닝에 언어학을 접목해 데이터 기반 접근방식에 대한 해석 가능성을 개선하는 방향으로 연구가 활발히 이뤄지고 있다.

4. 엣지 컴퓨팅

클라우드 이후 시대에 사물인터넷(IoT)의 확산과 4G, 5G의 대중화는 대중의 데이터 액세스 및 처리습관을 점진적으로 변화시키고 있다.

엣지 컴퓨팅(Edge Computing)은 응답시간을 개선하고 대역폭을 절약하기 위해 네트워크 엣지에서 데이터를 처리하는 새로운 컴퓨팅 패러다임이다. 이러한 분야에 대해 빠르게 증가하는 수요와 관심에 힘입어 엣지 컴퓨팅 시스템과 도구가 확산되고 있다.

딥러닝을 네트워크 엣지에서 지원하는 시스템을 구축하기 위해서는 컴퓨팅 성능 제한, 데이터 공유 및 공동작업, 엣지 플랫폼과 딥러닝 알고리즘 간의 불일치 등을 고려해야 한다. 이러한 노력의 일환으로 네트워크 엣지에서 딥러닝 모델로 데이터 처리를 지원하기 위해 구글, 페이스북, 마이크로소프트 등이 엣지 기반 딥러닝 프레임워크 및 도구를 출시했다.

하드웨어로는 에너지 효율성이 높아진 엣지용 필드 프로그래머블 게이트 어레이(FPGA), 그래픽처리장치(GPU) 기반 하드웨어들이 출시되고 있다. 특히 주문형반도체(ASIC)는 더 작은 크기, 더 낮은 전력 소비, 더 높은 성능, 더 높은 보안을 제공하므로 엣지 시나리오에 적합해 딥러닝 컴퓨팅 속도와 에너지 효율을 더 높일 수 있다.

엣지 TPU는 엣지 컴퓨팅을 위해 특별히 제작된 구글의 주문형 반도체로서, 개방형 소프트웨어 및 최신 딥러닝 알고리즘을 결합해 낮은 전력 소비로 고성능을 발휘한다.

아마존, 마이크로소프트, 구글 등 업계의 리더들은 네트워크 엣지에서 딥러닝을 지원하는 서비스를 진행하고 있다. 아마존은 5G 초지연 전송 애플리케이션을 지원할 수 있는 엣지컴퓨팅 서비스로 웨이브랭스(Wavelength)를 발표했는데, 이동통신사와 파트너십을 맺어 이동통신 사업자가 운영하는 데이터센터를 이용해 초저지연을 실현하는 방식이다.

마이크로소프트도 통신사와 협력해 5G와 애저(Azure)를 통합해 기업고객에게 엣지 컴퓨팅을 제공하는 NEC(Network Edge Compute) 서비스를 발표했다.

구글은 아마존이나 마이크로소프트와는 다른 방식으로 엣지 컴퓨팅에 접근하고 있다. 엣지 TPU로 엣지 컴퓨팅 능력을 향상시키고, 쿠버네티스(Kubernetes02)로 엣지와 클라우드 간 워크로드 분배를 용이하게 하는 방식을 핵심으로 추진하고 있다.

실시간 처리능력 향상과 개인정보보호에 대한 요구는 딥러닝과 엣지 컴퓨팅을 결합하는 움직임을 만들었다. 딥러닝과 결합된 엣지 컴퓨팅은 전형적인 중앙화된 사물인터넷 모델보다 실시간에 가깝게 반응할 수 있으며, 대부분 인사이트가 즉각적으로 전달되고 처리될 수 있고, 데이터를 보내고 받는 과정에서 정보노출 위험을 최소화할 수 있다.

엣지 컴퓨팅에 적합한 딥러닝 알고리즘 연구, 저전력 및 고성능의 병렬처리 하드웨어 개발, 이를 패키지화한 통신사 및 플랫폼 사이 서비스 개발이 점점 고도화될 것으로 기대된다.

학습 8

02 머신러닝 기반의 데이터 분석 수행계획 과정에 대하여 분석하라.

1. 머신러닝 기반 데이터 분석의 목적과 비즈니스 문제를 명확히 이해

1) 해결하려는 문제를 정의한다

분석이 필요한 주제가 무엇인지 명확히 기술하고, 머신러닝 기반의 데이터 분석이 필요한 영역인지 판단을 내린다. 이때 머신러닝 기반의 데이터 분석을 통해 어떤 부분에서 비즈니스 성과 개선을 가져오거나 새로운 가치를 창출할 수 있는지 명확하게 정의할 필요가 있다. 만일 머신러닝 기반의 데이터 분석이 아닌 기술 통계기반의 데이터 분석 등이 적합할 경우 통계기반 데이터 분석 계획하기 수행절차를 따른다.

2) 문제와 관련된 도메인 영역에 대한 정보 및 문제해결을 위한 아이디어를 수집한다

해결하려는 문제와 관련된 도메인 영역 지식과 정보를 수집하고, 조직 내 기존 업무를 분석하여 이슈를 체계화한다. 이 과정에서 필요하다면 현업 비즈니스 전문가와의 인터뷰를 실시하고, 다양한 내/외부 실무자와의 의견교환을 통해 최초의 문제정의에 대한 관점을 지속적으로 보완 및 점검할 필요가 있다.

3) 머신러닝 기반 데이터 분석 시나리오를 구성한다

분석주제 및 목적, 사용하고자 하는 머신러닝 기법과 방법론, 필요한 데이터 수집 및 확보방법, 분석실행 절차, 소요 예상 일정, 비용이 발생할 경우 이에 대한 예상비용 등을 체계적으로 기술한다. 또한 분석과정에서 발생할 것으로 예상되는 장애요인과 이에 대한 해결 대안 등을 기술하는 것이 바람직하다.

2. 머신러닝 기반 데이터 분석을 위한 데이터 확보계획을 수립하고 필요데이터를 수집

1) 데이터 확보계획을 작성한다

분석하고자 하는 이슈와 분석 시나리오가 명확하게 도출되고 나면 필요한 데이터를 어떻게 확보할 것인지 세부 수집계획서를 작성한다. 조직 내 전사 데이터웨어하우스 혹은 데이터 마트 등에 축적된 데이터의 레이아웃 등을 검토하여 필요데이터의 저장형태 및 활용 가능성을 판단하는 것이 일반적인 절차라고 할 수 있다.

그러나 전사 데이터 웨어하우스 등에 축적되고 있지 않은 데이터가 필요하다면, 원천 소스 영역에서 어떤 형태와 방식으로 데이터를 확보할 것인지 추가적인 검토가 필요하게 된다. 이 경우 조직 내 IT 부서 담당자 혹은 데이터 엔지니어 등과 회의를 통해 수집방안 등에 대한 세부검토가 필요하다. 만일 외부데이터가 필요하다고 판단될 경우, 추가로 발생할 수 있는 비용 등을 고려하여 특정 외부데이터에 대한 수집계획을 별도로 작성하여야 한다.

2) 데이터 확보계획에 따라 필요한 데이터를 수집한다

필요데이터가 조직 내 데이터 웨어하우스나 하둡 등 빅데이터 저장소에 축적되어 있을 경우 SQL이나 HiveQL 등을 통해 필요한 데이터를 추출하게 된다.

필요한 데이터가 분석계 저장소가 아닌 원천 운영시스템에만 존재한다면, 운영시스템 접근 및 조회 권한이 있는 데이터 엔지니어 등과의 협업을 통해 필요데이터를 추가로 연동해야 한다. 만일 외부데이터 수집이 필요한 경우 웹사이트 크롤링, 공공데이터 API 연동, 데이터 구매 등의 절차를 통해 데이터를 별도로 수집해야 한다.

3. 머신러닝 기반 데이터 분석을 위한 분석환경 구축, 데이터 이해 및 전처리를 수행

1) 머신러닝 수행을 위한 하드웨어 및 소프트웨어, 플랫폼 등을 구성한다

머신러닝 기반 데이터 분석의 지속성, 비즈니스에의 중요도 및 의사결정 영향도, 조직 내가용 예산, 자체 기술력 및 유지보수 가능성 등을 고려하여 상용시스템이나 오픈소스 솔루션 등을 구성한다.

머신러닝 기반 데이터 분석에 자주 사용되는 소프트웨어 혹은 프로그래밍 환경은 R, 파이썬(Python), SAS, JAVA, Scala 등이 있으며, 특히 현업에서는 다양한 라이브러리와 확장성 등의 이유로 R과 파이썬이 많이 사용되고 있다.

또한 빅데이터 플랫폼 환경 혹은 상용서비스 환경에서는 스파크 혹은 머하웃 라이브러리 등을 사용하여 머신러닝을 배치 혹은 실시간 형태로 수행하기도 한다.

2) 머신러닝 적용을 위한 데이터 전처리와 기초 이해를 수행한다

본격적인 머신러닝 기법을 데이터에 적용하기 전에 일반적으로 다음과 같은 데이터 전처리와 기초 탐색을 반복적으로 수행하며 데이터 준비와 이해도를 동시에 점진적으로 높여간다.

① 결측지 및 이상치 처리

② 데이터 형태 변환, 수치 가공

③ 데이터 정규화 및 표준화

④ 데이터 집계 및 요약

⑤ 탐색적 관점의 데이터 시각화

4. 필요한 머신러닝 기법에 따른 모델 훈련을 수행

데이터에 대한 전처리와 이해가 어느 정도 단계에 도달하면, 필요한 머신러닝 기법을 적용하게 된다. 지도학습 기법을 적용할 경우, 데이터 세트를 학습용 데이터와 평가용 데이터로 분할하고 모델 훈련을 진행하게 된다. 또한 자율학습(혹은 비 지도학습) 기법을 적용할 경우, 데이터 세트 분할보다는 탐색적 패턴도출 형태의 분석을 수행하게 된다. 이 과정에서 단일 머신러닝 기법 적용으로 훈련이 완료되기보다는 다양한 머신러닝 기법을 적용하며 예측정확도를 높이거나 오차를 감소시키는 과정을 거치게 된다.

5. 모델성능 평가지표를 선정하고 모델성능을 개선

모델 훈련이 완료되면 평가용 데이터를 통해 예측을 수행하게 된다. 또한 분류모형의 경우, 예측결과와 실제 값의 대조를 위해 혼돈행렬 등을 작성하여 분류정확도 등을 확인하는 절차를 거치게 된다. 이 과정에서 민감도(Sensitivity, 혹은 Recall, Hit Ratio 등으로도 불림)나 정밀도(Precision) 등의 평가지표를 계산하여 모델링 성능을 판단하게 된다. 대부분 단일과정으로 만족스러운 정확도나 예측력이 도출되는 경우는 거의 없으므로, 파라미터 튜닝과 여러 기법 적용을 통해 성능 개선작업을 반복적으로 수행하게 된다.

6. 머신러닝 결과가 도출된 산출물을 유관부서 이해관계자와 공유하기 위한 산출물 및 문서화를 계획하고 관리

주요 산출물은 아래와 같은 유형이 있다.

① 머신러닝 기반 데이터 분석계획서

② 주요 사용데이터 및 확보방안

③ 머신러닝 모델훈련 및 예측결과

④ 비즈니스 성과개선 및 기여 계량자료

Tip

머신러닝 기반 데이터 분석을 효과적으로 수행하기 위해서는 데이터 이해와 전처리 과정이 실제 모델예측 결과 품질을 좌우하는 경우가 많으므로, 데이터 전처리와 변환과정을 충분히 반복적으로 수행할 필요가 있다.

03 데이터 세트를 분할하는 과정에 대하여 분석하라.

1. 머신러닝 기반 데이터 분석 시 데이터 분할의 필요성을 이해하고 이후 과정을 준비

머신러닝 기반 데이터 분석의 정확도를 측정하기 위해 학습용 데이터만을 이용하여 결과를 측정하는 것은 바람직하지 않다. 즉 학습용 데이터를 사용해 모델을 만들었으므로 만들어진 모델은 당연히 학습용 데이터에 잘 적용이 되겠지만, 미래예측(머신러닝 알고리즘 입장에서 이전에 보지 못한 데이터)에는 좋지 않은 결과를 가져올 수 있다. 앞서 언급한 바와 같이 이런 현상은 과적합화라고 할 수 있는데 바로 이런 이유로 학습용 데이터를 기반으로 모델결과를 측정하지 않고, 학습 모델링에 사용하지 않은 별도의 데이터를 평가용 데이터로 분할하여 모델 성능을 평가하게 된다.

2. 데이터 분석을 위해 준비된 원데이터 세트에서 훈련데이터와 평가데이터를 분할

1) 전체 데이터 세트 크기를 파악하고, 훈련데이터와 평가데이터 분할비율을 결정

학습용 데이터와 평가용 데이터를 분할하는 비율에 대한 명확한 기준이 있는 것은 아니지만, 일반적으로 학습용 데이터를 이용하여 모델훈련을 시행하게 되므로 평가용 데이터 보다 많이 추출하게 된다.

통상적으로 실무에서는 분석에 사용하고자 하는 데이터의 양이 충분히 많다면 학습용 데이터와 평가용 데이터의 비율을 6:4 혹은 7:3, 8:2 정도 사이의 비율로 분할하는 것이 일반적이다.

R에서는 다음과 같은 방법으로 데이터를 분할한다. 연습은 R에 기본적으로 내장된 데이터인 IRIS 데이터를 사용하기로 한다. IRIS 데이터는 총 150개 데이터 행과 5개 변수(Sepal.Length, Sepal.Width, Petal.Length, Petal.Width, Species)로 구성된 데이터 세트이다.

IRIS 데이터의 행은 총 150개이므로 학습용 데이터의 비율을 70%로 가져가면 150*0.7=105개의 학습용 데이터를 추출하고, 나머지 45개 (150*0.3)를 평가용 데이터로 사용하게 된다.

2) 데이터를 학습용 데이터와 평가용 데이터로 분할

학습용 데이터와 평가용 데이터를 분할하는 비율을 결정하였으므로, 이제 실제로 데이터를 학습용 데이터 세트와 평가용 데이터 세트로 분할하게 된다. 이때 데이터가 만일 임의의 무작위한 순서로 섞여 있다고 확신할 수 있다면 다음과 같이 연속적인 순서대로 인덱스를 매겨서 추출할 수 있다.

학습 8

```
> iris_train<-iris[1:105, ] # 데이터의 첫 행부터 105행까지 총 70%를 학습용으로 할당
> iris_test<-iris[106:150, ] # 106행부터 마지막 행까지 총 30%를 평가용으로 할당
```

그러나 iris 데이터를 비롯한 대부분의 데이터는 무작위로 정렬되어 있지 않은 것이 일반적이다. 그러므로 위와 같이 처음부터 연속적인 순서대로 인덱스를 매겨서 추출하면 학습용 데이터와 평가용 데이터가 일관되지 못하고 편중되게 된다. 따라서 다음과 같이 무작위 샘플 추출을 통해 데이터를 분할하게 된다.

```
> idx<-sample(1:nrow(iris), size=nrow(iris)*0.7, replace=F) # 무작위 추출 인덱스 생성
> iris_train<-iris[idx, ] # 생성된 인덱스를 이용, 70%의 비율로 학습용 데이터 세트 추출
> iris_test<-iris[-idx, ] # 학습용에 사용되지 않은 데이터를 평가용 데이터 세트로 지정
```

데이터를 분할한 뒤, 아래 코드로 각 데이터 세트의 차원 수를 확인하면 예상대로 훈련데이터 70%(105행), 평가데이터 30%(45행)의 비율로 분할된 것을 확인할 수 있다.

```
> dim(iris_train)
[1] 105 5
> dim(iris_test)
[1] 45 5
```

3) 원데이터 세트와 분할된 데이터 세트 각각에서 목적변수 속성들의 빈도 일관성 여부를 확인

앞의 수행 2단계를 통해 학습용 데이터와 평가용 데이터가 목표한 7:3의 비율로 잘 분할되었지만, 다음 단계로 넘어가기 전에 한 가지 확인할 것이 있다.

즉 지도학습 머신러닝 모델링에서는 주어진 설명변수들로 목적변수(Y)를 잘 분류하거나 예측하고자 하는 것이 목적이기 때문에 좋은 모델성능결과가 나오려면 예측하고자 하는 목적변수(Y) 속성들의 분포에 대한 고려가 필요하다. 만약에 목적변수의 특정 속성이나 분류들의 빈도는 너무 많은 반면, 다른 속성이나 분류의 빈도가 너무 적을 경우 분류 및 평가가 좋은 성능을 기대하기 어렵게 된다. 이에 다음과 같이 원본데이터와 학습용 데이터, 평가용 데이터 각각에서 목적변수 (Y)의 속성의 빈도를 확인한다.

```
> table(iris$Species) #원본데이터의 목표변수(Species)의 빈도 분포
   setosa   versicolor   virginica
```

```
50       50          50

> table(iris_train$Species) #학습용 데이터의 목표변수(Species)의 빈도 분포
  setosa   versicolor   virginica
  30       38           37
> table(iris_test$Species) #평가용 데이터의 목표변수(Species)의 빈도 분포
  setosa   versicolor   virginica
  20       12           13
```

위의 결과에서 볼 수 있는 것과 같이 원본데이터는 목적변수의 속성들(setosa, versicolor, virginica)의 빈도분포가 모두 50개씩으로 균일하지만, 학습용 데이터에서는 setosa의 빈도가 상대적으로 적고, 평가용 데이터에서는 versicolor와 virginoca의 빈도가 상대적으로 적은 것을 볼 수 있다. 이런 상태로 바로 머신러닝 모델 학습을 시행한다면 좋은 성능이나 올바른 결과를 기대하기가 어려울 것이다(단, 본 수행예제에서는 원본데이터에서 샘플링시 임의로 분할한 것이므로, 실제 실습 시에는 실행할 때마다 구체적인 숫자는 변동될 수 있다). 따라서 목표변수 속성들의 분포를 고려한 표본추출이 필요하다. 이럴 경우 R에서는 caret 패키지의 createDataPartition 함수나, doBy 패키지의 sampleBy 함수를 사용하여 이 문제를 해결할 수 있다.

학습 8

(1) doBy 패키지의 sampleBy 함수를 사용하는 방법

먼저 R에서 install.packages("doBy")명령으로 doBy 패키지를 설치한 뒤, library(doBy) 명령으로 doBy 패키지를 R에 로드시킨다.

```
> library(doBy)
> iris_train<-sampleBy(~Species, frac=0.7, data=iris)
> dim(iris_train)
  [1] 105 5
> table(iris_train$Species)
  setosa   versicolor   virginica
  35       35           35
```

sampleBy를 사용하여 70%(frac 인사의 옵션에서 조정할 수 있음)의 비율로 훈련데이터를 추출한 결과, 목적변수(Y) Species의 속성빈도가 모두 35개씩으로 균일하게 추출된 것을 알 수 있다. 그리고 평가용 데이터 세트 추출을 위해서는 아래의 iris_train 각 각에서 setosa.1, setosa2...등으로 인덱스가 매겨져 있으므로 여기서 사용되지 않은 행만 추출하여 평가용 데이터 세트로 삼으면 된다.

```
> iris_train
                  Sepal.Length  Sepal.Width  Petal.Length  Petal.Width  Species
setosa.1          5.1           3.5          1.4           0.2          setosa
setosa.2          4.9           3.0          1.4           0.2          setosa
setosa.5          5.0           3.6          1.4           0.2          setosa
setosa.8          5.0           3.4          1.5           0.2          setosa
setosa.9          4.4           2.9          1.4           0.2          setosa
.................. (중략) ....................
versicolor.51 7.0               3.2          4.7           1.4          versicolor
versicolor.57 6.3               3.3          4.7           1.6          versicolor
versicolor.59 6.6               2.9          4.6           1.3          versicolor
versicolor.62 5.9               3.0          4.2           1.5          versicolor
.................. (중략) ....................
virginica.102 5.8               2.7          5.1           1.9          virginica
virginica.103 7.1               3.0          5.9           2.1          virginica
virginica.107 4.9               2.5          4.5           1.7          virginica
virginica.111 6.5               3.2          5.1           2.0          virginica
.................. (이하 생략) ....................
```

(2) caret 패키지의 createDataPartiotion 함수를 사용하는 방법

앞서 doBy 패키지의 sampleBy를 사용할 때 결과값이 바로 데이터프레임으로 도출되어서 표본추출을 할 때는 편리하지만, 데이터를 분할할 때는 먼저 일정비율로 데이터 세트를 추출한 뒤 첫 번째 데이터 세트에 포함되지 않은 나머지 데이터로 평가용 데이터 세트를 취해야 하는 2단계 절차를 거치게 되어 다소 번거로울 수 있다.

이런 점에서 목적변수(Y)의 속성빈도 비율은 유지하면서, 함수의 결과값이 데이터 세트의 위치를 지정할 수 있는 인덱스로 도출되어 보다 편리하게 학습용 데이터와 평가용 데이터를 분할할 수 있는 방법이 있다. 바로 caret 패키지의 createDataPartition 함수를 사용하는 것이다. 사용하는 방법은 먼저 install.packages("caret") 명령으로 caret 패키지를 설치한 뒤, library(caret) 명령으로 caret 패키지를 R에 로드시킨다. 그리고 caret의 함수 중 createDataPartition 함수를 사용하여 학습용 데이터로 할당할 인덱스를 추출한다. 아래 인자 중,'p'에 학습용 데이터로 할당하고 싶은 비율을 지정하면 된다.

```
> library(caret)
> train.idx<-createDataPartition(iris$Species, p=0.7, list=F)
> iris_train<-iris[train.idx, ]
> iris_test<-iris[-train.idx, ]
> dim(iris_train)
  [1]  105  5
> dim(iris_test)
  [1]  45  5
```

데이터를 분할한 뒤, 학습용 데이터 세트와 평가용 데이터 세트의 차원 수를 확인한 결과(dim 명령문 결과로 나온 2차원 값 중 앞의 값이 행의 수임) 예상대로 학습용 데이터 세트 70%(105행), 평가용 데이터 세트 30%(45행)의 비율로 잘 분할된 것을 확인할 수 있다.

그 다음은 이전에 했던 것과 마찬가지로 다음과 같이 원본데이터와 학습용 데이터, 평가용 데이터 각각에서 목적변수(Y)의 속성의 빈도를 확인한다.

```
> table(iris_train$Species)
  setosa  versicolor   virginica # 학습용 데이터의 목표변수(Species)의 빈도 분포
  35      35          35
> table(iris_test$Species)
  setosa  versicolor  virginica # 평가용 데이터의 목표변수(Species)의 빈도 분포
  15      15          15
```

목적변수인 Species의 빈도 확인 결과, 앞서 sample 함수를 통해 훈련데이터와 평가데이터를 나누었을 때와는 달리, 훈련데이터와 평가데이터의 목적변수의 속성들 (setosa, versicolor, virginica)의 빈도분포가 모두 동일하게 추출된 것을 확인할 수 있다. 따라서 이렇게 추출된 훈련데이터와 평가데이터를 활용하여 다음 단계의 모델링 수행 시 보다 정확한 결과 도출이 가능해질 수 있다.

3. 훈련데이터를 이용하여 머신러닝을 수행

앞서 수행 3단계를 통해 데이터가 효과적으로 분할되었다면, 이제 훈련데이터를 이용하여 본격적인 머신러닝 기반 분석모델링을 수행할 수 있다. 이때 여러 기법의 정확도 및 성능을 비교하기 위해 필요하면 K-교차검증 등의 과정을 수행할 수 있다. 중요한 것은 교차검증은 데이터 세트를 모델 훈련 시 일정 비율만큼 제외한 후(검증데이터), 나머지 데이터들로 모델링

학습 8

을 학습하는 것을 K-fold만큼 반복적으로 수행하므로 모든 데이터 분할세트가 최소 한 번 이상은 모델링에 활용되기 때문에 평가데이터 세트와는 그 목적이 다르다는 점이다. 즉 교차검증 수행 여부와 관계없이 평가용 데이터는 모델 훈련 전에 별도로 분리해 두고 모델 결과를 평가하는 데 활용해야 한다는 것이다. 다양한 머신러닝 기법들에 대하여는 학습모듈 3~4에서 다루도록 한다.

4. 평가데이터를 이용하여 모델성능을 평가

4단계에서 만들어진 모델에 평가데이터를 적용해 그 성능을 평가한다. 만일 성능이 만족스럽지 않다면 다시 4단계로 돌아가서 모델링 과정을 반복하게 된다. 모델성능 평가기준 및 방법 등에 대하여는 학습 "5. 모델성능 평가하기"에서 다루도록 한다.

5. 최종 모델결과 제출

모델성능평가 및 예측결과가 기준치에 부합하거나 목적에 적합하다고 판단될 경우 분석 모델링을 종료하고 최종 결과를 제출한다.

Tip

- 데이터 세트 분할을 위해서 R의 데이터 추출 함수 및 작업의 능률을 도와주는 관련 패키지들의 함수사용법을 충분히 이해하면 작업을 효과적으로 수행할 수 있다.
- 지도학습 머신러닝 분석 시 훈련데이터와 평가데이터 세트 분할은 반드시 수행해야 과정임을 기억하고 분석과정에 임해야 한다.

04 학습결과 적용과정에 대하여 분석하라.

1. 머신러닝 기반 데이터 분석목적에 따라 결과보고서를 작성하거나 모델결과를 배포

머신러닝 기반 데이터 분석결과 활용의 방향은 분석의 목적이 어디에 있는가에 따라 크게 의사결정자에게 시사점을 보고·발표하는 보고서 절차, 서비스 적용 및 프로세스화 등으로 크게 나눌 수 있으며, 해당 목적에 맞게 필요한 절차를 수행한다.

1) 의사결정자를 위한 시사점의 보고 및 공유

(1) 비즈니스 이슈 해결 혹은 성과개선을 위한 데이터 분석

분석의 목적이 처음부터 비즈니스 이슈 해결이나 성과개선을 위해 문제의 원인에 대한 분석이나 개선방향 등에 대한 시사점을 도출하고자 하는 분석이었다면, 분석모델링 결과와 시사점을 정리한 보고서를 작성해야 한다.

(2) 보고서에 기재할 주요 내용

머신러닝 기반 데이터 분석모델링 결과와 기존에 시행하던 분석결과 대비 차별화포인트를 중심으로 정리하되, 분석모델링 결과는 수치나 표형태의 전달보다는 다양한 차트 및 시각화 기법을 활용하여 직관적이고 간명하게 결과를 전달하기 위한 노력을 할 필요가 있다.

(3) 핵심포인트

조직의 경영진 등 의사결정자를 위한 보고자료를 작성하는 과정에서 특히 중요한 것은 해당 분석을 적용함으로써 비즈니스 성과 개선에 어떠한 부분들이 기여할 수 있는 지와 주요 개선과제 리스트와 개선과제 추진을 위한 주요 유관부서 등을 일목요연하게 정리하는 것이다. 특히 비즈니스 성과 개선 기여 부분은 정성적이나 추상적으로 적기보다는 추정 수치로 표현하여 최대한 정량화 혹은 계량화하는 것이 중요하다.

또한 개선과제 리스트는 일방적으로 정의하기보다는 주요 유관부서와 사전협의를 통해 실질적으로 실행 가능한 개선과제를 리스트업하고 유관부서 및 담당자의 R&R을 명확하게 규정하여 이후 Follow-up이 가능하도록 한다.

학습 8

2) 모델결과 배포 및 운영

(1) 서비스 기능 적용을 위한 데이터 분석

분석의 목적이 의사결정자에게 분석결과 발견사항 및 시사점을 보고하는 것에 있기 보다는 서비스 기능에 적용 혹은 연동하는 것에 있다면 서비스 적용성 검증을 위한 단계적 절차를 밟는 것이 중요하다.

특히 전체 서비스에 단번에 적용하기보다는 일부 기능을 대상으로 효과검증(POC)을 위한 A/B Test 등을 설계하여 고객의 반응을 수집해야 한다. 개선 포인트를 적용한 경우와 그렇지 않은 경우로 분리하여 A/B Test 등을 통하여 전체로의 적용이 가치 있는지를 검증하게 된다. 그리고 효과검증 이후 본격적인 서비스 구현에 적용하게 된다.

(2) 머신러닝 모델링에 사용한 분석 스크립트 코드의 문서화

머신러닝 모델링 결과를 서비스에 적용 혹은 시스템과 연동해야 할 경우는 머신러닝 모델

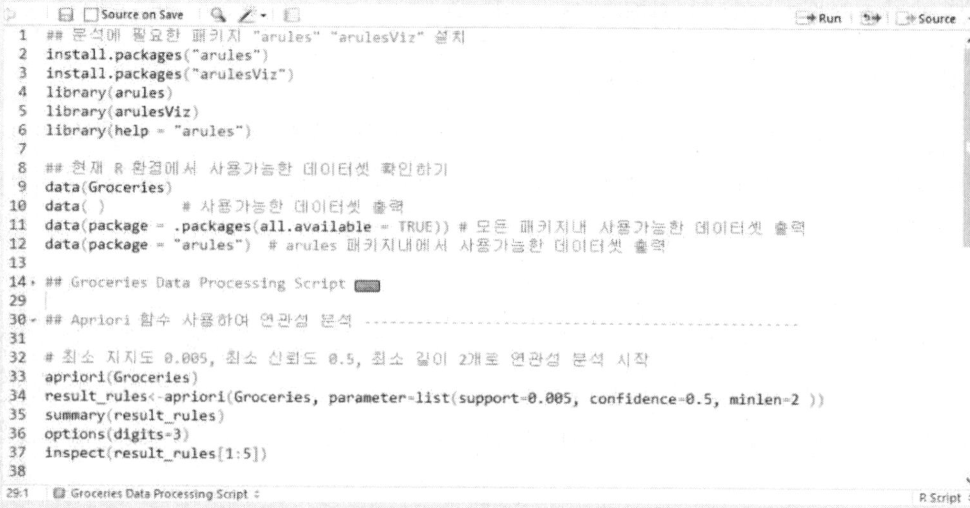

[그림 8-21] R 분석 스크립트 코드 주석 처리 예시

결과 내용이나 시사점보다는 훈련 및 예측에 사용한 분석코드 스크립트 그 자체가 중요하다. 이를 위해 데이터 분석가는 머신러닝 수행결과의 코드를 체계적으로 구조화하고, 주석처리 등을 적절히 하여 문서화할 필요가 있다. [그림 8-21]은 R에서 각 코드영역별 주석처리를 (#, 혹은 ## 으로 표시된 영역) 시행한 예시이다.

여기서 R에서 제공하는 샤이니(Shiny) 같은 웹 퍼블리싱 시각화 패키지나 니터(Knitr) 등의 데이터 연동형 문서지원 패키지 등을 이용하여 머신러닝 분석에 사용한 분석코드를 문서화하는 것도 좋은 방법이 될 수 있다.

(3) 서비스 연동 위한 고려사항

머신러닝 모델의 서비스 연동에는 해당 기업의 서비스 애플리케이션에 적용된 개발언어와 프레임워크에 따라 어떤 형태로 구현할지가 크게 달라질 수 있으므로, 조직 내 데이터 엔지니어 및 웹개발자 등과 별도의 미팅 등을 통해 시스템 현황과 이슈사항 등을 철저히 확인할 필요가 있다.

예를 들어 목표 시스템이 자바(JAVA)로 개발되어 있다면 자바 프로그램에서 해당 분석 스크립트 코드를 호출할 수 있도록 해야 하는데 해당 프로그램에서 그런 호출이 지원 안 되는 경우도 있고, 실제 상용서비스 환경에서는 속도나 성능 등의 이슈도 있어 자바로 변환하여 개발하는 방식을 택하게 되는 경우가 많다.

그러므로 데이터 엔지니어나 웹개발자 등이 분석가가 수행한 머신러닝 분석 스크립트 코드를 자바로 효과적으로 변환할 수 있도록 사용한 알고리즘의 로직 등을 충분히 설명하고 컨셉 등을 개발자가 이해할 수 있도록 커뮤니케이션하는 것이 중요하다. 만약에 해당 서비스가 파이썬(Python)으로 개발되어 있을 경우 분석가가 파이썬 분석 라이브러리를 이용해서 머신러닝 모델링을 수행하면 제3의 언어로 마이그레이션 할 필요가 없고, 머신러닝 수행결과와 파이썬 웹 개발 프레임워크(Django, Flask 등) 연동이 가능하므로 효율적이며, 그런 측면에서 최근에 데이터 기반 서비스를 제공하는 웹서비스 등에서 파이썬이 각광받고 있다.

3) 머신러닝 모델 수행 전반 절차에 걸친 산출물에 대한 문서화를 진행한다

머신러닝 데이터 분석계획 단계부터 진행과정 및 분석결과 등 전반적인 내용에 대하여 산출물들을 체계적으로 문서화하고 정리한다.

(1) 머신러닝 분석계획 단계 주요 산출물

머신러닝 분석계획 수립 시 작성했던 분석목적/적용계획, 일정수립, 업무분장, 데이터 수집 및 확보방안, 데이터 처리절차 등의 산출물을 종합적으로 문서화 정리한다.

① 머신러닝 기반 데이터 분석계획서
② 주요 사용데이터 및 확보방안
③ 데이터 전처리 및 변환 수행절차

(2) 머신러닝 분석 수행단계 주요 산출물

머신러닝 분석과정에서 만들어진 분석결과 산출물들을 문서화 한다.

① 머신러닝 모델링에 사용한 주요 기법내역서
② 머신러닝 훈련결과 및 예측결과
③ 머신러닝 모델 성능 비교자료(혼동행렬, 평가지표, ROC 곡선, AUC 지표 등)

(3) 머신러닝 분석 수행결과 적용단계 산출물

머신러닝 분석결과를 조직 내에서 커뮤니케이션하고 보고하기 위해 만들어진 문서이다.

① 머신러닝 분석결과보고서
② 비즈니스 성과개선 및 기여도 제공자료
③ 머신러닝 모델 유지보수 및 교육을 위한 가이드/매뉴얼

(4) 서비스 적용 구현 개발 시 추가로 필요한 산출물

머신러닝 수행결과를 현재 운용되는 서비스의 한 기능으로 연동하고 자동화할 경우는 개발자 혹은 데이터 엔지니어, 디자이너 등과의 커뮤니케이션 및 협업 업무추진을 위한 추가적인 산출물이 필요하다.

① 머신러닝에 사용된 분석 스크립트 코드 및 주석 등을 문서화
② 효과검증(POC) 프로젝트 수행계획서 및 결과보고서

학습 8

③ 시스템 연동 개발 시 주요 개발 요건 정의서

④ 별도 화면 개발 시 화면설계 정의서

⑤ 머신러닝 모델의 유지보수를 위한 가이드 문서

4) 지속적인 머신러닝 모델 개선과 결과의 현업 업무 적용 통한 최적화를 수행한다

머신러닝 기반 데이터 분석은 한 번의 프로세스 수행으로 단발적으로 과제가 종료되는 경우는 거의 없으므로, 현업 업무 적용 통한 고객반응 수집 및 모니터링 통한 개선점 발굴 → 머신러닝 모델 개선 → 모델결과의 업무 재적용 → 고객반응 수집의 반복적인 Feedback Cycle을 통해 지속적으로 서비스를 개선하고, 고객의 서비스 만족도가 꾸준히 향상될 수 있도록 한다.

Tip

- 머신러닝 수행결과의 효과적 전달을 위해 시사점을 명확하게 기술하고, 비즈니스 개선 기여점에 대하여 수치로 계량화를 하는 것이 중요하다.
- 머신러닝 모델의 서비스 연동 추진을 위해서는 개발자와의 커뮤니케이션이 필수적이므로 R 등에서 수행한 분석 스크립트를 잘 구조화하고 기능별 주석처리를 적절히 수행하여, 문서화를 체계적으로 하는 연습을 충분히 할 필요가 있다.

학습활동.8 교수 · 학습 방법

교수 방법

- 머신러닝 기반의 빅데이터 분석에 대한 관련 용어, 구성, 방식 이해 정도를 파악한 후 수업을 진행한다.
- 교수자의 주도로 머신러닝 기반의 빅데이터 분석 등의 내용을 PPT 자료로 제시한 후 설명한다.
- 가능하면 사전에 개인별 학습 자료를 준비하여 모든 학생이 참여할 수 있는 문제 해결식 수업, 협력 수업이 가능하도록 한다.
- 머신러닝 기반의 빅데이터 분석 전 과정을 작업의 순서에 따라 단계적으로 실습이 이루어질 수 있도록 지도한다.
- 교재를 통해 수업을 준비하는데 있어서 필요한 모든 정보나 팁, 힌트 등 도움이 될 만한 내용들을 확인할 수 있다.
- 학생들이 만들게 될 각 모델들은 수업시간에 중점적으로 다뤄질 부분과 어휘, 질문, 답을 포함하고 있으며 또한 탐구할만한 추가적인 아이디어들도 포함하고 있다.

학습 방법

- 머신러닝 기반의 빅데이터 분석에 대한 관련 용어를 숙지하고, 머신러닝 기반의 빅데이터 분석에 대해 이해한다.
- 머신러닝 기반의 빅데이터 분석의 각 단계별 중점 사항을 체계적으로 학습한다.
- 머신러닝 기반의 빅데이터 분석의 수행순서의 전 과정을 실습한다.
- 머신러닝 기반의 빅데이터 분석의 내용을 이해한다.
- 머신러닝 기반의 빅데이터 분석을 숙지하고 숙달이 될 때까지 학습한다.

학습활동.8 평가 및 피드백

평가 준거

- 평가자는 피평가자가 수행 준거 및 평가 내용에 제시되어 있는 내용을 성공적으로 수행할 수 있는 지를 평가해야 한다.

학습내용	평가항목	성취수준		
		상	중	하
머신러닝 기반의 빅데이터 분석	머신러닝 기반의 빅데이터 분석를 이해할 수 있다.			

학습 8

평가 방법

• 작업 포트폴리오

학습내용	평가항목	성취수준		
		상	중	하
머신러닝 기반의 빅데이터 분석	머신러닝 기반의 빅데이터 분석를 이해할 수 있다.			

• 필기시험

학습내용	평가항목	성취수준		
		상	중	하
머신러닝 기반의 빅데이터 분석	머신러닝 기반의 빅데이터 분석를 이해할 수 있다.			

• 체크리스트를 통한 관찰

학습내용	평가항목	성취수준		
		상	중	하
머신러닝 기반의 빅데이터 분석	머신러닝 기반의 빅데이터 분석를 이해할 수 있다.			

• 피드백

1. 작업 포트폴리오
   - 제출한 보고서를 평가한 후 주요 사항에 대하여 표시하여 돌려준다.
2. 필기시험
   - 평가 결과 성적이 저조한 학생은 보고서 제출 기회를 부여한다.
3. 체크리스트를 통한 관찰
   - 실습 과정에서 평가한 후 개선해야 할 사항 등을 정리하여 돌려둔다.

참 | 고 | 문 | 헌

- 개인정보보호법(시행 2016년 4월 7일, 법률 제13723호)
- 고석범, 『R과 Knitr를 활용한 데이터 연동형 문서 만들기』, 에이콘, 2014.
- 공공 데이터의 제공 및 이용활성화에 관한 법률(시행 2016년 7월 25일, 법률 제13423호)
- 공공데이터포털, https://www.data.go.kr, 2016.8.10.
- 곽동민 · 박세원 · 이한남, 『머신러닝에서 딥러닝까지 -이론편-』, 퍼플, 2015.
- 교육부 · 전종훈 외 "빅데이터 분석, NCS 학습모듈"
- 국가법령 정보센터, http://www.law.go.kr
- 국가통계포털, http://kosis.kr, 2016.8.11.
- 김선남 · 이환수, 『빅데이터 개인정보 가이드라인(안)의 개선방향 연구』, 『정보화 정책 제21권, 제4호』, 25쪽, 2014.
- 김시환 · 천석진 · 이현주, 『Big data 이용현황과 시사점』, 『지급결제와 정보기술 제52호』, 금융결제원 금융결제 연구소, 2013.
- 김의중, 『알고리즘으로 배우는 인공지능, 머신러닝, 딥러닝 입문』, 위키북스, 2016.
- 김진영, 『헬로 데이터 과학』, 한빛 미디어, 2016.
- 김형훈 · 김선화, 『클라우드와 빅데이터의 강력한 피드너 MongoDB 핵심가이드』, 프리렉, 2014.
- 네이션 야우([2011] 2012), 『비주얼라이즈 디스: 빅데이터 시대의 시각화+인포그래픽 기법(VISUALIZE THIS : The FlowingData Guide to Design, Visualization, and Statistics)』, 송용근(역), 에이콘.
- 모리후지 다이치, 안티베이지안([2014] 2015), 『엔지니어를 위한 데이터 시각화(ENGINEER NO TAME NO DATA KASHIKA 〈JISSEN〉 NYUMON)』, 김성재(역), 한빛미디어.
- 미래창조과학부, 한국정보화진흥원, K-ICT 빅데이터센터, 2015년 BIGDATA 시장현황 조사, 2016.
- 민세희, 「데이터 시각화, 인식과 행동」, 『2014년 지역정보화 동향분석』, 제9호, pp.1-14., 2014.
- 박창이 · 김용대 · 김진석 · 송종우 · 최호식, 『R을 이용한 데이터마이닝』, 교우사, 2011.
- 박흥선, 『통계학을 위한 선형대수』, 자유아카데미, 2010.
- 빅데이터 기술분류 및 현황, 한국지능정보사회진흥원, 2013.12.
- 서민구, 『R을 이용한 데이터 처리 & 분석 실무』, 길벗, 2014.
- 소프트웨어공학센터, http://www.sw-eng.kr
- 위키백과, https://ko.wikipedia.org/wiki
- 유충현 · 홍성학, R을 활용한 데이터 시각화, 379, 2015.
- 이상한 · 정영훈, 『빅데이터 시스템 구축 가이드』, 프리렉, 2015.
- 이재운 기자(2016년7월1일), "통계학적 방식으로 취약점 방어...빅데이터 활성화 기대", 디지털타임즈, 3면
- 이정진, 『R, SAS, MS-SQL을 활용한 데이터마이닝』, 자유아카데미, 2011.
- 정강모 · 김명근, 『R 기반 다변량 분석』, 교우사, 2007.
- 조대협, NoSQL 데이터 모델링, http://bcho.tistory.com/665에서 2016.08.01, 검색 2012.
- 조대협, 분산 로그 & 데이터 수집기 Fluentd, http://bcho.tistory.com/1115, 2016.8.1
- 주종면, 『NoSQL & mongoDB』, 도서출판databook, 2014.
- 포스터 프로보스트, 톰 포셋, 『비즈니스를 위한 데이터 과학』, 한빛 미디어, 2014.
- 한국 데이터베이스 진흥원, 『데이터 분석 전문가 가이드 2014 Edition』, 2014.
- 한국 데이터베이스 진흥원, 『데이터 분석 전문가 가이드 개정판』, 2016.

학습 8

- 한국데이터베이스진흥원(편), 『데이터 분석 전문가 가이드』, 한국데이터베이스진흥원, 2014.
- 한국데이터베이스진흥원, 『데이터 분석 전문가 가이드 2014 Edition』, KODB, 2014.
- 한국정보화진흥원, 2015년 빅데이터산업 10대 뉴스 및 이슈, BIGDATA, 2015.
- 한국정보화진흥원, 빅데이터 시각화 기술 도입을 위한 단계", 「빅데이터 기술 분류 및 현황」, 2015.
- 한국정보화진흥원, 빅데이터 활용 단계별 업무절차 및 기술 활용 매뉴얼(Version 1.0), 2014.
- 행정자치부 관계부처 합동 보도문, 『개인정보 비식별화 가이드라인』, 2016.
- boardConfigUid=9 &boardIdx=39&boardStep=1에서 검색, 2016.07.28.
- Brett, Lantz ([2013] 2014). 『R을 활용한 기계학습(Machine Learning with R)』, 전철욱(역), 에이콘.
- Cattell R., Scalable sql and nosql data stores, ACM SIGMOD, Athens, Greece, 2011.
- Cory.L., 『Mastering Machine Learning with R』, PACKT Publishing, 2015.
- DBGuide.net, 데이터 요건분석.
- Drew, Conway & John, M. W. ([2012] 2014), 『해커스타일로 배우는 기계학습 (Machine Learning for Hackers)』, 김진홍(역), 인사이트.
- Gareth.J. & Daniela.W. & Trevor.H. & Robert.T., (2013), 『An Introduction to Statistical Learning with Application in R』, Springer New York.
- Gartner(2016), 'Magic Quadrant for Business Intelligence and Analytics Platforms', 2016. 1.4.
- http://cartodb.com/
- http://colorbrewer2.org
- http://data.seoul.go.kr/openinf/linkview.jsp?infId=OA-13304
- http://docs.ggplot2.org
- http://gapminder.org/world
- http://ggplot2.org
- http://github.com/dkahle/ggmap
- http://groups.google.com/group/ggplot2
- http://indiemapper.com/
- http://mbostock.github.io/protovis/
- http://mbostock.github.io/protovis/ex/nba.html
- http://modestmaps.com/
- http://newsmap.jp
- http://philogb.github.io/jit/
- http://processing.org
- http://python.org
- http://sgis.kostat.go.kr/view/index
- http://www.adobe.com/kr/products/illustrator.html
- http://www.dbguide.net/db.db?cmd=view&boardUid=13839&
- http://www.google.com/drive/start/apps.html
- http://www.iea.org/etp/explore/
- http://www.instantatlas.com/
- http://www.labri.fr/perso/nrougier/teaching/matplotlib/
- http://www.perceptualedge.com/articles/visual_business_intelligence/sometimes_we

_must_raise _our_voices.pdf
- http://www.r-project.org/
- http://www.tableau.com/
- http://www.telerik.com/kendo-ui
- http://www2.parc.com/istl/groups/uir/publications/items/UIR-1986-02-Mackinlay-TOG-Automat ing.pdf
- https://commons.wikimedia.org/wiki/File:Basic_by_Isotype.jpg
- https://commons.wikimedia.org/wiki/File:Gestalt_closure.svg
- https://cran.r-project.org/web/packages/RColorBrewer/index.html
- https://d3js.org/
- https://developers.google.com/chart/
- https://developers.google.com/chart/interactive/docs/gallery
- https://developers.google.com/chart/interactive/docs/reference
- https://docs.google.com/spreadsheets/u/0/
- https://en.wikipedia.org/wiki/Principles_of_grouping#/media/File:Gestalt_proximity.svg
- https://en.wikipedia.org/wiki/Principles_of_grouping#/media/File:Gestalt_similarity.svg
- https://ikkison.tistory.com/66 빅데이터/쉽게 읽는 데이터, 2019.5.23.
- https://infogr.am
- https://inkscape.org/
- https://public.tableau.com/s/
- https://stat.ethz.ch/R-manual/R-devel/library/stats/html/heatmap.html
- https://www.arcgis.com/features/index.html
- https://www.openstreetmap.org/
- https://www.rstudio.com/
- https://www.theguardian.com/news/datablog/2010/may/17/uk-public-spending-departments-mo ney-cuts
- IDC(2014), 'IDC FutureScape : Worldwide Big Data and Analytics 2015 Predictions', 2014.12.10.
- Jason, Bell([2015] 2016), 『머신 러닝 워크북(Machine Learning)』, 곽승주(역), 길벗.
- Jiawei.Han & Micheline.K. & Jian, P.([2012] 2015), 『데이터마이닝 : 개념과 기법 3판 (Data mining : concepts and techniques 3rd Edition)』, 정사범 · 송용근(공역), 에이콘.
- Jock D. Mackinlay(1986), Automating the Design of Graphical Presentations of Relational Information, ACM Transaction on GRaphics, Vol.5, No.2, April, 1986, 1-34
- Kevin, P.Murphy ([2012] 2015), 『머신 러닝 (Machine Learning : A Probabilistic Perspective)』, 노영찬(역), 에이콘.
- Łukasz Halik, (2012), The analysis of visual variables for use in the cartographic design of point symbols for mobile Augmented Reality applications, GEODESY AND CARTOGRAPHY, Vol.61, No.1, 2012, 19-30.
- Michael.B ([2015] 2016), 『머신 러닝 인 파이썬 (Machine Learning in Python)』, 정동식(역), BJ Public.
- Mohammed.G. ([2016] 2016), 『스파크를 활용한 빅데이터 분석 (Big Data Analytics with Spark』, 최기선(공역), BJ Public.

학습 8

- mongoDB Inc., (2016.08), MongoDB 3.2 Manual, Retrieved from https://docs.mongodb.com/manual/
- mongoDB Inc., (2016.08), Sharding, Retrieved from https://docs.mongodb.com/manual/sharding/
- Nakai, Etsuji ([2015] 2016), 『IT엔지니어를 위한 머신 러닝 이론 입문 (IT Engineer NO TAME NO KIKAI GAKUSHU RIRON NYUMON)』, 김범준(역), 위키북스.
- Nick.P. ([2014] 2015), 『Spark와 머신러닝 (Machine Learning with Spark)』, 조효성(역), 에이콘.
- Peter.Flach ([2012] 2016), 『머신 러닝 (Machine Learning)』, 최재영(역), BJ Public.
- Peter.H. ([2012] 2013), 『머신 러닝 인 액션 (Machine Learning in Action)』, 김영진(역), 제이펍.
- Rui.M.F., 『Mastering Predictive Analytics with R』, PACKT Publishing, 2015.
- Sato.H. 外 11인([2013] 2014), 『데이터 과학자, 무엇을 배울 것인가(Data Scientist Yosei-Dokuhon)』, 정인식(역), 제이펍.
- Sebastian.R., 『Python Machine Learning』, PACKT Publishing, 2015.
- Shard_(database_architecture)
- Sharon Machlis(2015), Chart and image gallery : 30+ free tools for data visualization and analysis, Computerworld
- Simon.R & Mark.G., 『A First Course In Machine Learning : 2nd Edition』, CRC Press, 2016.
- Solid IT. Inc., (2016. 08), DB-Engines Ranking, Retrieved from http://db-engines.com/en/ranking
- Stephen.M., 『Machine Learning : An Algorithmic Perspective』, CRC Press, 2009.
- Stuart.R. & Peter.N. ([2010] 2016), 『인공지능 : 현대적 접근 방식(Artificial Intelligence : A Modern Approach 3rd Edition)』, 류광(역), 제이펍.
- Sugiyama, Masashi ([2009] 2016), 『통계적 기계학습 : 생성모델에 근거한 패턴 인식』, 노영균 · 남현하 · 김은솔(공역), 서울대학교출판문화원(SNU PRESS).
- Toby, Segaran ([2007] 2008), 『집단지성 프로그래밍(Programming Collective Intelligence)』, 윤종완(역), 한빛미디어
- TTA(2014), "빅데이터 시각화 기술", ICT 표준화포럼-빅데이터포럼.
- Wikipedia. (2016.08), Shard(database architecture), Retrieved from https://en.wikipedia.org/wiki/

학습 목표

1. 텍스트마이닝 기반의 빅데이터 분석을 이해할 수 있다.

9-1 텍스트 분석계획 수립

1. 텍스트 분석절차 기획

1) 개 요

ICT 기술의 발달에 따라 잠재적 활용가치가 높은 정보들이 정형·비정형의 데이터 형태로 급증하고 있다. 이에 따라 의사결정에 도움을 주는 데이터를 찾아 분석하는 작업의 중요성도 높아지고 있다. 최근 SNS의 활성화로 많은 기업이 텍스트 데이터 분석을 통해 기업경영과 관련된 의사결정에 활용하고자 노력하고 있다.

2) 정 의

텍스트마이닝 혹은 텍스트 분석은 비정형 텍스트 데이터로부터 유용한 정보를 추출하는 기술이다.

3) 텍스트마이닝과 데이터마이닝 구분

데이터마이닝(Data Mining)은 구조적인 데이터(정형 데이터)를 대상으로 유용하고 가치있는 패턴을 추출하는 것이다. 반면에 텍스트마이닝(Text Mining)은 자연어로 구성된 비구조적인 데이터(비정형 데이터)를 대상으로 개체명(인명, 지역명 등), 패턴 혹은 단어-문장관계 정보를 추출하는 것이다.

2. 텍스트 분석절차

텍스트 분석을 위한 전체적인 절차는 일반적으로 [그림 9-1]과 같이 6단계로 이루어지며, 업무 특성에 따라 세부항목을 변경하여 텍스트 분석절차를 기획한다.

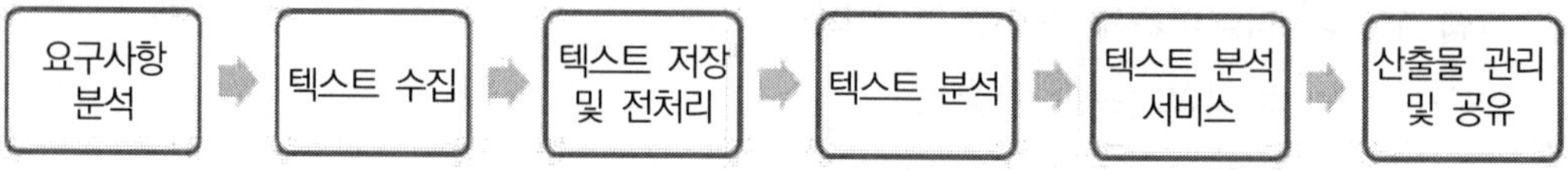

[그림 9-1] 텍스트 분석을 위한 전체적인 절차

1) 요구사항 분석

요구사항 분석은 텍스트 분석의 첫 단계로 분석대상에 대한 사용자의 요구사항을 이해하고 문서화하는 과정이다. 요구사항 분석에서는 사용자의 요구를 정확하게 분석하여 텍스트 분석목적에 적합한 다양한 해결방법을 검토한다. 요구사항 분석을 통한 결과는 텍스트 수집 및 분석과정에서 필요한 기본자료가 되므로 사용자의 요구사항을 정확하고 일관성 있게 분석하여 문서화한다.

2) 텍스트 수집

텍스트 수집은 수집대상 데이터를 선정하고 수집을 위한 세부계획을 수립한 후 업무특성 및 목적에 적합한 데이터를 수집하는 과정이다. 텍스트 수집활동은 텍스트 분석서비스 품질을 결정하는 중요한 업무로 수집 가능성, 이용목적에 맞는 데이터 항목 포함 여부, 개인정보 침해 여부, 수집주기, 비용 등 관련사항들을 사전에 검토한 후, 세부 수집계획서를 작성한다. 작성된 수집계획서에 따라 사전테스트를 진행하여 수집활동을 진행한다. 데이터의 유형 및 특성에 따라 다양한 데이터 수집 기술들이 활용되고 있으며, 주요 기술은 다음과 같다.

〈표 9-1〉 텍스트 수집을 위한 주요 기술

구 분	특 징	비 고
Crawling	• SNS, 뉴스, 웹정보 등 인터넷상에서 제공되는 웹문서 · 정보 수집 • URL 링크를 따라가며 반복적으로 수집	웹문서 수집
Scraping	• 크롤러와 달리, 하나의 웹사이트(혹은 문서)에 대하여 정보 수집	웹문서 수집
FTP	• TCP/IP 프로토콜을 활용하는 인터넷 서버로부터 각종 파일을 송수신 • 보안을 강화하기 위해 SFTP 사용 고려 • 서버 간 연동 시에는 전용 네트워크 구축 고려	FILE 수집
오픈 API	• 서비스, 정보, 데이터 등을 어디서나 쉽게 이용할 수 있도록 개방된 API로 데이터 수집방식 제공 • 다양한 애플리케이션을 개발할 수 있도록 개발자와 사용자에게 공개	실시간 데이터 수집
RSS	• RSS는 웹 기반 최신의 정보를 공유하기 위한 XML 기반 콘텐츠 배급 프로토콜	콘텐츠 수집

3) 텍스트 저장 및 전처리

텍스트 분석을 위한 데이터 처리기술 및 데이터 저장방식을 선정하고, 선정된 데이터 저장방식에 따라 데이터 저장계획서를 작성한다. 데이터 처리기술은 수집된 데이터로부터 불필요한 항목(불용어 등)을 제거하고 대상 텍스트의 품질을 향상하기 위한 과정으로 다양한 데이터 전 · 후처리 기법(데이터 필터링, 변환, 정제, 통합 등)이 활용된다. 수집된 텍스트의 특성에 맞게 저장의 유연성, 확장성 등을 고려하여 가장 접합한 DB를 선정하고 구축한다. 데이터 저장계획서는 데이터 수집주기, 저장방식, 관리방식(백업 등), 테스트 계획을 포함하도록 한다.

4) 텍스트 분석

텍스트 분석은 텍스트 분석 소프트웨어 혹은 패키지 등을 활용하여 수집 · 저장된 데이터를 분석하여 서비스를 제공하는 과정이다. 텍스트 분석은 해결하고자 하는 문제 정의, 분석을 위한 시스템 환경(소프트웨어 포함)분석, 텍스트 분석 방법론 등 세부 분석계획을 먼저 수립한다. 수립된 세부 분석계획에 따라 텍스트 분석을 수행한다. 텍스트 분석은 입력텍스트에 대한 형태소 분석, 불용어 처리를 통한 키워드 추출, 단어와 문서관계 표현 등 일련의 전처리(Pre processing) 과정을 수행한 후 진행된다.

텍스트 분석을 위한 주요 방법은 텍스트 분류, 텍스트 군집, 텍스트 요약 등이 있으며, 해결하고자 하는 업무에 따라 적합한 분석방법을 적용하여 의미 있는 정보를 추출한다. 최근 검색엔진 등에서 사용자의 입력검색어에 대한 연관검색어를 제공하여 검색의 재현율(Recall)을 향상하기 위해 연관 단어 분석 등의 다양한 텍스트 분석기법에 관한 연구가 활발히 진행되고 있으나 아직 텍스트 분류, 군집, 요약 등에 비해 적용될 수 있는 분야가 제한적이다.

5) 텍스트 분석서비스 제공

텍스트 분석서비스를 제공하는 방법으로 널리 이용되고 있는 방법은 텍스트 분석 결과 시각화이다. 즉 다양한 텍스트 분석기술을 활용해 추출된 정보를 사람들이 쉽게 활용할 수 있도록 시각화하여 제공한다. 시각화 자료는 텍스트 분석과정에서 오류부분에 대한 파악 및 수정, 보완을 용이하게 한다. 시각화 기능은 텍스트 분석서비스 목적에 따라 다르지만 일반적으로 태그 클라우드, 지도, 차트 등을 이용하여 제공되고 있으며, 사용자들이 분석결과를 쉽게 검색할 수 있도록 지원한다.

6) 산출물 관리 및 공유

텍스트 분석에서 도출된 산출물은 업무효율성 제고를 위해 현업 구성원에게 공유되어야 한다. 산출물 공유를 위해서는 각 분석단계 계획서 등을 문서화하고 버전 관리가 수행되어야 한다. 하지만 외부로의 수집데이터 및 분석결과 유출을 방지하고 안전한 활용을 위해서는 개인정보처리(비식별화, 암호화 등) 및 보안관리를 수행한다.

9-2 텍스트 모델 구축

1. 형태소 분석

1) 형태소 분석 개념

형태소는 의미가 있는 최소의 단위로서 더 이상 분리가 불가능한 가장 작은 의미요소이다. 즉 일반적으로 문법적, 관계적인 뜻을 나타내는 단어 또는 단어의 부분이다. 형태소 분석이란 주어진 단어 또는 어절을 구성하는 각 형태소를 분리한 후 분리된 형태소의 기본형 및 품사 정보를 추출하는 것이다.

형태소에 대한 학습자의 이해를 돕기 위해 [그림 9-2]에서 서로 다른 색으로 칠해진 부분이 모두 다른 형태소의 예이다.

나는 보리밥을 먹었다

[그림 9-2] 형태소 예시

주어진 문장을 어절, 단어 등과 같이 더 작은 단위로 나누어 분석하면 어떤 부분이 형태소인지 쉽게 구별할 수 있다.

(1) 어 절

한국어 문장의 경우, 띄어쓰기를 기준으로 어절을 구분한다. 예를 들어 "나는 보리밥을 먹었다"라는 문장은 "나는", "보리밥을", "먹었다"와 같이 3개의 어절로 구성되어 있다. 이를 위해 여러 가지 텍스트 처리기술 중 파싱(Parsing)이 사용된다. 파싱은 입력텍스트를 의미 있는 토큰으로 분해하고 문장구조(파싱트리, 구문트리)를 생성하는 과정을 말하며, 일반적으로 문장부호를 중심으로 문장을 분리한다.

(2) 단 어

단어는 어절을 구성하는 단위로 하나의 어절은 하나 혹은 두 개 이상의 단어로 구성된다. 특히 한국어는 '조사'와 같은 단어들이 존재하기 때문에 하나의 어절은 더 작은 단위의 단어들로 나눌 수 있다. 예를 들어 "나는"이라는 어절은 대명사인 "나"와 주격 조사인 "는"이라는 2개의 단어로 구성되어 있다.

(3) 형태소

형태소는 의미가 있는 최소의 단위이며, 일반적으로 단어는 하나 혹은 두 개 이상의 형태소로 구성된다. 예를들어 "나는"은 2개의 단어로 구성되어 있으면서 2개의 형태소로 구성되어 있다. 하지만 영어의 경우, 하나의 단어가 하나의 형태소에 해당하므로 이처럼 단어를 분리할 일이 없다. 추가로 단어 중에서 "~하다", "~했다" 등의 용언의 경우 어간과 어미 부분으로 나눌 수 있으며, 나누어진 어간과 어미 단위도 형태소로 간주한다. 어간을 분리해 내기 위해 사용되는 텍스트 처리기술은 스테밍(Stemming)이다. 스테밍은 형태소 분석의 대상이 되는 단어를 추출하기 위해 어형이 변형된 단어로부터 어간을 분리해 내는 것을 의미한다. 예를 들어 영어의 "cats", "catty" 등의 어간은 "cat"이 추출되며 한국어의 "잡히다", "잡히고"에서 어간은 "잡히"가 추출된다.

[그림 9-3]은 문장, 어절, 단어, 형태소의 계층구조를 도식화한 것이다.

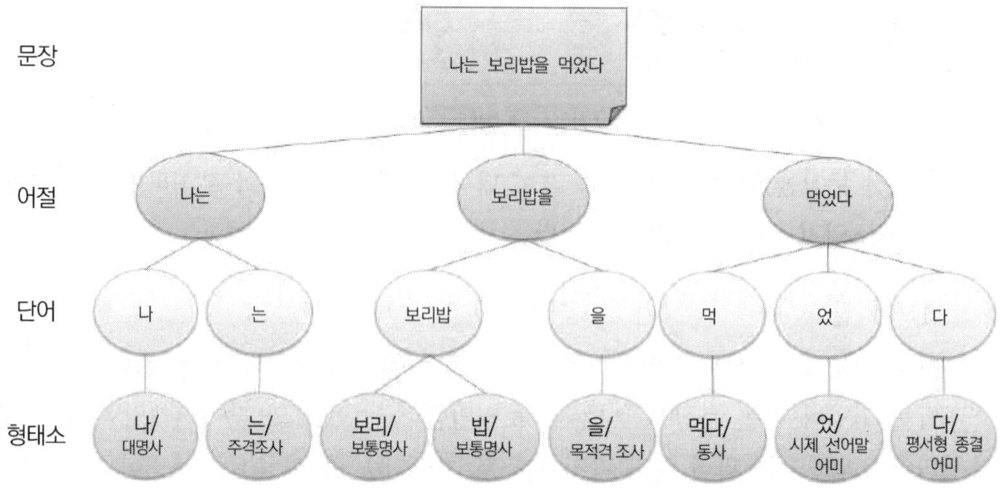

[그림 9-3] 문장, 어절, 단어, 형태소의 계층구조

2) 텍스트 전처리(Pre-processing)

텍스트 전처리 과정은 텍스트 분석을 위해 문장분리, 불필요한 문장성분을 제거하는 과정이다. 영미권의 텍스트로 구성된 경우 문장 안에 대소문자가 혼용되어 있으므로, 분석의 용이성을 높이고자 대문자는 소문자로 변환하는 작업을 수행한다. 일반적으로 텍스트 전처리단계에서 수행하는 작업은 다음과 같다. [그림 9-4]은 입력텍스트에 대하여 전처리가 완료된 예시이다.

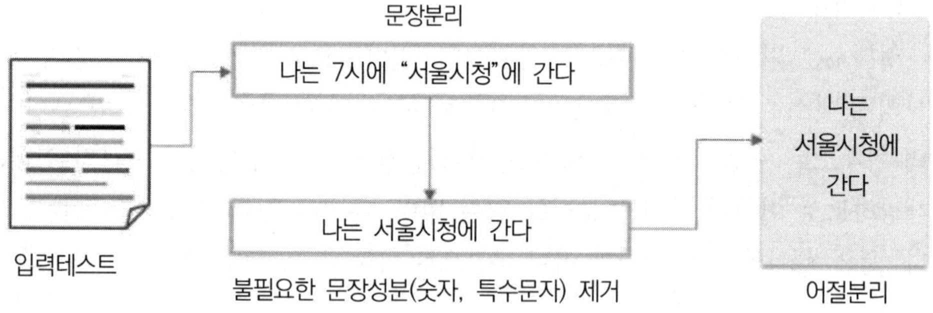

[그림 9-4] 전처리 결과

① 입력텍스트로부터 문장부호(마침표, 쉼표 등)를 기준으로 문장을 분리한다. 영미권 언어의 경우, 대문자를 소문자로 변환하는 작업을 추가로 수행한다.

② 분리된 문장에서 문장부호, 특수문자, 숫자 등 형태소 분석 이전에 불필요한 문장성분을 제거한다.

③ 분리된 문장에서 어절을 분리한다. 일반적으로 어절은 띄어쓰기를 기준으로 수행한다.

3) 품사 태깅

하나의 단어가 여러 품사를 가질 수 있으므로 품사의 모호성(혹은 중의성)을 제거하는 과정이 필요하다. 이처럼 품사의 모호성을 제거하는 과정을 품사 태깅(POS Tagging, Part-Of-Speech Tagging)이라고 한다. 일반적으로 통계적 모델인 '은닉 마르코프 모델(HMM : Hidden Marrkov Model)'을 많이 이용하며, 형태소 분석된 결과에서 각 형태소의 앞뒤 문맥에 가장 적합한 품사를 확률적 방법으로 선택한다. [그림 9-5]는 "나는 학교에 간다"라는 입력텍스트에 대하여 형태소 분석결과(분석후보)를 생성한 후, 가장 적합한 품사를 태깅하는 예시이다. "나는"과 "간다"는 의미적 모호성을 갖는 단어들인데, 회색 표시는 이들에 대하여 문장 성분의 앞뒤 문맥에 따라 가장 적합한 품사를 선택한 예시이다.

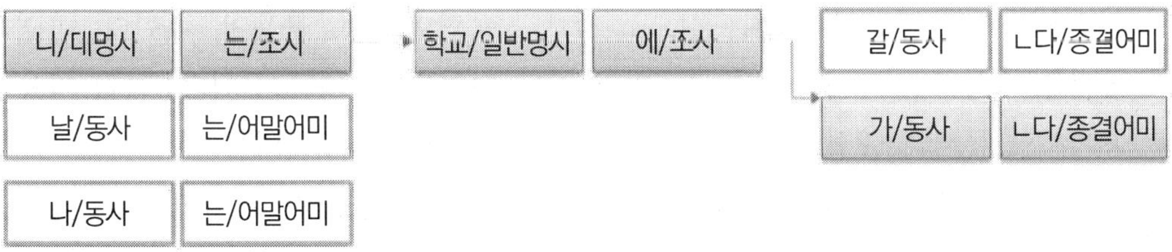

[그림 9-5] 품사 태깅 예시

일반적으로 의미적 모호성을 갖는 단어들에 대하여 품사를 결정하는 방법은 통계적 방법과 규칙기반형 방법이 있다.

학습 9

(1) 통계적 방법

품사의 모호성을 제거하기 위해 대량의 사전을 참고하여 어휘적 확률(Lexical Probabilities)과 문맥적 확률(Contextual Probabilities)을 계산하여 품사를 결정한다. 어휘적 확률은 사전에서 어떤 단어에 대하여 특정 품사가 나올 확률을 의미한다. 이를 수학적으로 표현하면 P(품사|단어)이다. 문맥적 확률은 사전에서 어떤 단어의 특정 품사가 그 단어 다음에 나오는 단어의 특정 품사와 함께 나올 확률을 의미한다. 이를 수학적으로 표현하면 P(품사|품사)이다. 어휘적 확률과 문맥적 확률의 곱을 최대로 하는 쪽으로 의미적 모호성을 갖는 단어들에 대하여 최적의 품사를 지정한다.

(2) 규칙기반형 방법

규칙기반형 방법은 통계적 방법보다 언어학적인 현상을 바탕으로 주어진 단어에 대한 품사를 결정한다. 즉 언어학적 현상을 분석하여 품사결정을 위한 규칙을 도출하고, 이를 기반으로 주어진 단어에 대한 품사를 결정한다. 이 방법은 통계적 방법에서의 필수적인 요소라 할 수 있는 사전이 없이도 직관적으로 규칙을 만들 수 있고 통계적 오류의 가능성을 최소화할 수 있다는 장점이 있다. 반면에 도메인에 대한 의존성이 높다는 단점이 있다.

2. 키워드 추출

1) 가용어, 불용어, 키워드 개념

텍스트로 이루어진 문서(혹은 문장)들은 단어나 단어의 집합인 문자열로 표현된다. 입력문서를 이루는 단어 성분중에는 문서의 정보(의미)를 표현하지 못하는 단어, 즉 문서와 관련성이 없는 것으로 간주하는 단어들을 "불용어"라 한다. 반면에 문서를 구성하는 단어중에서 불용어가 아닌 단어들이 "가용어"이다. 특히 가용어 중에서도 문서의 중심이 되는 주제어 등을 "키워드"라 부른다.

키워드 선정은 분석하고자 하는 목적 및 데이터 세트(Set)의 특성에 따르지만, 일반적으로 문서내에서 발생 빈도가 높은 단어들을 키워드로 선정한다. 한국어의 경우 대표적인 불용어로 "조사"를 들 수 있다. "나는 보리밥을 먹었다"에서 사용되고 있는 조사인 "는", "을"은 문장의 정보를 표현하지 못하며, 일반적으로 많은 문서에서 사용되고 있는 단어들이다. 영어의 경우 대표적인 불용어는 "관사", "전치사" 등이다. 예를 들어 "a", "the", "on", "with" 등은 문서(혹은 문장)의 주제와 관련성이 낮으며, 한국어의 "조사"와 마찬가지로 많은 문서에서 자주 사용되고 있다.

일반적으로 불용어들은 문서내에서 발생 빈도가 높아서 "키워드"로 오해할 수 있으나, 해당 문서의 정보를 정확히 표현하지 못하기 때문에 일반적으로 불용어로 간주한다.

2) 불용어 처리

형태소 분석결과로 입력된 단어들에 대하여 저장된 불용어 사전(불용어가 저장된 데이터 베이스)을 참조하여 불필요한 키워드를 제거한다. 즉 형태소 분석결과를 불용어 사전에서 검색하여 일치하는 내용이 나타나면 그 내용을 삭제하여 최적의 가용어만 추출한다.

이를 위해 일반적으로 한국어 불용어 사전은 조사ㆍ어미 등을 포함하고 있으며,

영어 불용어 사전은 관사 · 전치사 · be 동사 등을 포함하고 있다.

3) 키워드 추출 절차

키워드 추출은 입력문서에 대한 형태소 분석 및 불용어 처리 등 일련의 전처리 과정을 거쳐 추출하게 된다. 키워드 추출은 텍스트 분석결과의 정확도와 관련성이 높다. 예를 들어 키워드 추출이 적용되지 않은 검색엔진의 경우 조사, 관사 등이 검색어로 입력될 수 있다. 이 경우 사용자의 의도와 상관없이 해당 검색어(조사, 관사)가 포함된 많은 문서가 검색되므로 검색결과의 품질에 대한 사용자 만족도는 떨어진다.

[그림 9-6]은 가용어 추출 및 텍스트마이닝 관계를 개념적으로 도식화하였으며, 추출된 가용어 중에서 문장 내의 가중치에 따라 키워드를 선정하게 된다.

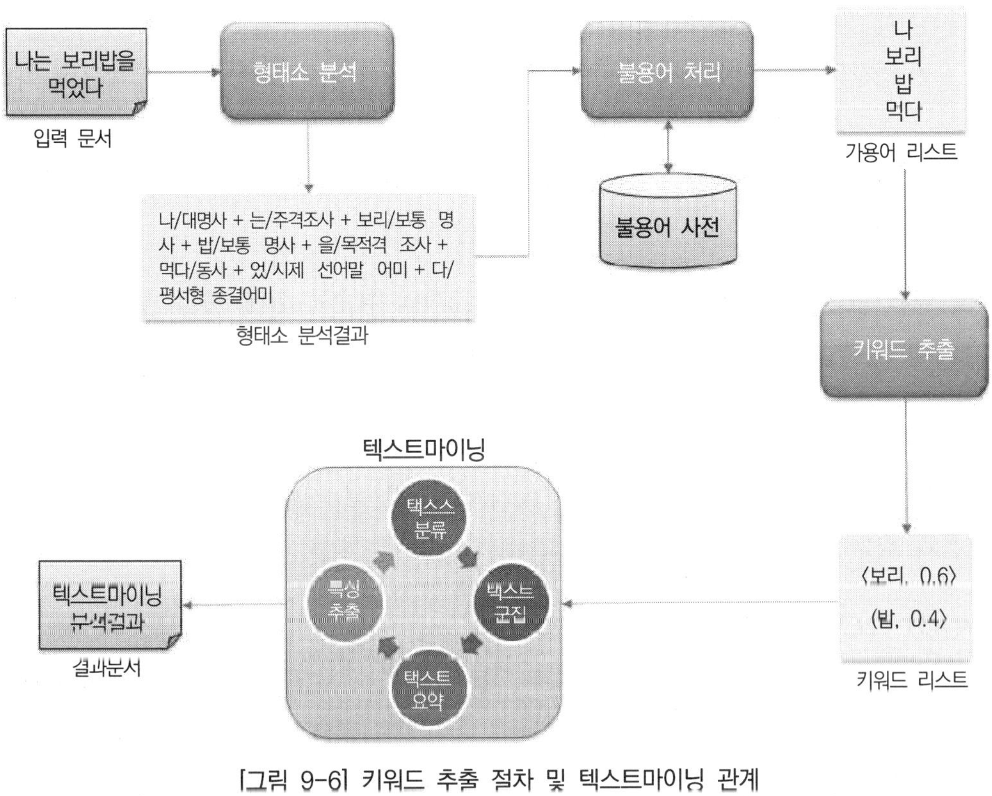

[그림 9-6] 키워드 추출 절차 및 텍스트마이닝 관계

추출된 키워드는 가중치 정보를 포함하고 있으며, 키워드 · 가중치 쌍은 입력텍스트의 특성, 즉 다른 텍스트와 구분하는 요소로 활용된다.

[그림 9-6]의 예시에서는 키워드로 보리, 밥이 선정되었으며, 각각 가중치 0.6과 0.4를 갖는 것으로 가정하였다.

3. 말뭉치 작성

1) 말뭉치 개념

말뭉치는 언어를 연구하는 각 분야에서 필요로 하는 연구재료로서 언어의 본질적인 모습을 총체적으로 드러내 보여줄 수 있는 자료의 집합(전상훈, 2003)을 뜻한다. 즉 연구목적에 따라 작게는 소설 한 편에서부터 수십억 어절 이상의 말 또는 글로 표현된 각종 자료 모음을 모두 말뭉치라 할 수 있다.

말뭉치라는 개념이 연구목적이나 성격에 따라 다양한 대상을 지시할 수 있는 포괄적인 개념이다 보니, 최근 언어연구에서는 "일정 규모 이상의 크기를 갖추고 내용상으로 다양성과 균형성이 확보된 자료의 집합체"로 정의하고 있으며, 전산학적으로는 다음과 같이 정의하고 있다.

① 대규모 언어 데이터베이스
② 인간의 음성언어(문어, 구어)를 대용량 컴퓨터에 저장하고, 이를 필요에 따라 가공하여 언어연구에 사용하는 것
③ 컴퓨터가 판독할 수 있는 형태(Machine-readable Form)로 저장된 자연어의 용례들과 이들 용례에 대한 부속정보

전산학적 말뭉치는 글로 표현된 자료에 대하여 텍스트 정체, 통합, 변환의 절차를 거쳐서 구조화된 형태의 자료를 의미한다.

2) 말뭉치 종류

말뭉치는 가공방법과 작성방법에 따라서 분류할 수 있는데, 구체적인 내용은 다음과 같다.

(1) 가공방법에 따른 종류

가공방법에 따라서 "원시 말뭉치"와 "분석 말뭉치"로 구분되는데 구체적인 내용은 다음과 같다.

① 원시 말뭉치(Raw Corpus) : 텍스트를 컴퓨터 가독형 자료로 만들어 데이터베이스화한 말뭉치
② 가공된 말뭉치(Tagged Corpus) : 수집된 텍스트 데이터베이스를 형태소 분석이나 어휘, 품사정보, 문헌, 내용 등으로 분류할 수 있도록 인공적으로 가공한 말뭉치

(2) 작성방법에 따른 종류

말뭉치는 작성방법에 따라 텍스트 내용의 변화 여부, 연구목적, 채취 샘플의 대상, 언어매체 등 다양한 기준에 따라 구분된다.

① 텍스트 내용의 변화 여부에 따라

- 샘플 말뭉치 : 텍스트를 일정량만 수집한 것으로 텍스트의 내용이 고정된 말뭉치
- 모니터 말뭉치 : 변화하는 언어의 실태를 추적하기 위한 것으로 낡은 자료를 제외하고 항상 새로운 정보를 수집하여 최신 언어정보를 데이터베이스화한 말뭉치

② 연구목적에 따라

- 범용 말뭉치 : 여러 가지 연구목적에 이용할 수 있도록 종합적 · 포괄적으로 작성된 말뭉치
- 특수목적 말뭉치 : 특정 언어 혹은 특정 집단의 인어를 연구하기 위해 작성된 말뭉치

③ 채취 샘플의 대상에 따라

- 공시 말뭉치 : 공시자료를 대상으로 작성된 말뭉치
- 통시 말뭉치 : 통시자료를 대상으로 작성된 말뭉치

④ 언어매체에 따라

- 문자언어 말뭉치 : 문자언어에서 샘플을 채록하여 작성된 말뭉치
- 음성언어 말뭉치 : 음성언어를 문자화하여 채록하여 작성된 말뭉치

⑤ 기타 : 같은 내용을 2개 국어 이상 병렬시켜 만든 말뭉치로 병렬 말뭉치가 있다. 예를 들어 영어 소설의 원본과 한국어 번역본의 데이터로 말뭉치를 만들면 한영 소설어의 병렬 말뭉치가 된다.

4. 단어와 문서관계 표현

일반적으로 여러 개의 단어가 모여 하나의 일관성 있는 의미를 내포한 문서를 구성한다. 즉 각 단어는 문서의 의미를 나타내는 가장 기본적인 단위이다. 이러한 관계를 텍스트마이닝 분야에서는 단어-문서 행렬로 표현하는데, 이를 통해 전체 문서와 전체 단어들 사이의 포함관계를 쉽게 조망할 수 있다.

단어 - 문서행렬은 하나의 문서 내에 포함된 각 단어간의 연관관계를 고려하지 않는 "단어 집합(Bag of Words)" 형태로 표현한 추상화된 텍스트 모델의 일종이다. 또 단어-문서 행렬은 데이터 구조의 단순성으로 인해 문서 간의 유사도 측정이 용

이하여 텍스트 분석기법인 분류, 군집화, 요약 등에 널리 활용되고 있다.

단어 - 문서행렬은 단어는 정제된 말뭉치에 포함된 단어와 대상문서의 관계를 행렬로 표현한다. 일반적으로 단어가 행을 구성하고 문서가 열을 구성하는 행렬을 단어 - 문서행렬이라 하며, 그 반대를 문서 - 단어행렬이라고 한다. 행렬의 값을 표현하기 위해 대상 문서내에 말뭉치 단어가 포함되어 있는지를 점검하여 0(불포함)과 1(포함)의 관계로 표현한다.

9-3 단어사전 구축

1. 분류체계 구축

1) 카테고리 키워드 개념

문서분류의 품질을 좌우하는 가장 중요한 요소는 각 카테고리의 의미를 잘 표현하는 키워드 집합을 선정하고 정의하는 것이다. 이를 위해 사용되는 방법으로는 도메인 전문가들이 카테고리 키워드를 정의하는 방법과 문헌(인터넷, 도서 등)을 참고하여 카테고리 키워드를 정의하는 방법이 있다.

도메인 전문가들이 카테고리 키워드를 정의하는 방법은 키워드 집합의 품질이 우수하다는 장점이 있지만, 일반적으로 키워드의 양이 제한적이고 구축하는데 많은 비용과 노력이 소요된다는 단점이 있다. 반면 문헌을 참조하여 카테고리 키워드를 정의하는 경우, 도메인 전문가 활용 방법보다 품질이 낮을 수 있으나 비용과 노력이 절감되는 장점이 있다. 최근에는 온라인으로 제공되는 양질의 콘텐츠가 풍부해짐에 따라 인터넷 등을 통한 자료수집이 더욱 용이해 지고 있다. 카테고리 키워드를 정의하는 과정은 머신러닝 연구 분야 중 자동 분류 엔진을 학습시키는 과정과 밀접한 연관이 있다.

일반적으로 수립된 텍스트 분석목표를 효과적으로 달성하기 위해서는 목표에 적합한 분류체계를 구축해야 하며, 구축된 분류체계의 개별 카테고리를 정확히 정의하는 것도 중요하다. 즉 텍스트 분석목표에 따라 동일한 카테고리 일지라도 다른 키워드로 정의될 수 있으며, 이에 따른 응용프로그램의 성능도 영향을 받기 때문이다. 예를 들어 "아동용"이라는 카테고리에 대하여 장난감 관련 문서분류를 위한 것인지, 의류 관련 문서분류를 위한 것인지에 따라 해당 카테고리를 구성하는 키워드가 달라진다. 또 장난감 관련 문서분류를 위해 정의된 “아동용” 카테고리를 활용하여 의류 관련 문서를 분류하고자 하는 경우, 부정확한 분류결과를 제공하게 된다.

2) 텍스트 분석기반 카테고리 구축

[그림 9-7]은 입력텍스트(훈련데이터)로부터 카테고리 분류정보를 추출하는 절차 예시를 설명한다. 이 절차는 텍스트 분석목적 및 도메인 등에 따라 변경할 수 있다. 인터넷 혹은 도서 등 문헌정보로부터 추출된 입력텍스트는 문장분리, 형태소 분석, 불용어 처리, 개체명 인식 등 일련의 자연어 처리절차를 거치게 된다.

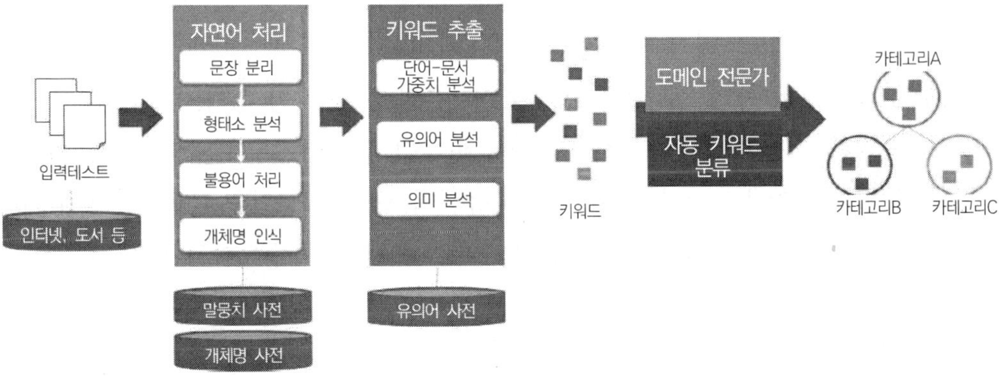

[그림 9-7] 텍스트 분석기반 카테고리 구축 예시

자연어 처리결과는 입력텍스트를 구성하는 단어와 단어의 품사정보 등을 추출하게 된다. 형태소 분석이 명사, 대명사 등을 구분하는 과정이지만, 개체명 인식은 명사 중에서 인명, 지명, 기관명 등 개체유형을 인식하는 절차이다.

즉 같은 명사라도 해당 명사가 어떤 개체유형인지는 카테고리 키워드를 구축하는 과정에서 중요하다. 자연어 처리결과에 대하여 단어-문서 가중치 분석 등을 통해 입력텍스트의 핵심 키워드를 추출한다. 추출된 키워드 의미를 확장하여 텍스트 분석결과에 대한 사용자 만족도를 높이기 위해 유의어 분석을 수행한다.

한 글자로 된 키워드, 한글은 같지만 한자가 다른 어휘 등의 경우 사용자가 의도하지 않은 유의어로 확장될 수 있으므로, 추출된 유의어들에 대한 의미분석도 같이 수행하여 정확하게 의미 확장을 수행한다. 일반적으로 입력 키워드에 대한 의미확장은 문서분류를 포함한 텍스트 분석 품질의 향상에 도움이 된다.

추출된 키워드는 머신러닝 모델 기반의 키워드 분류엔진을 적용하여 미리 정의된 카테고리로 분류된다. 각 카테고리로 분류된 키워드는 임의의 입력텍스트에 대하여 분류를 위한 카테고리 키워드로 사용된다. 도메인 전문가는 키워드 분류 엔진의 초

학습 9

기 성능향상을 위해 키워드 분류를 지원·수행할 수 있으며, 키워드 분류가 완료된 카테고리에 대하여 키워드 분류의 정확도 등을 검증할 수 있다.

2. 텍스트 분석 사전 구축

1) 유의어 사전

유의어란 서로 의미상 유사한 관계를 맺고 있으면서 동일한 문장안에서 대체가 가능한 어휘를 유의어라고 하고 있다. 유의어 사전은 주어진 어휘를 의미의 유사성에 따라 분류한 자료집을 의미한다. 구축된 유의어 사전은 텍스트 분석에서 주제어와의 유사표현 및 동의어 처리를 위해 사용된다.

대표적 유의어 사전으로 ㈜낱말의 "낱말 유의어 사전"이 있다. ㈜낱말(2016)에 따르면 "낱말 유의어 사전"은 실생활에서 활용될 수 있는 어휘를 중심으로 최대한 많은 유의어를 확보한 국내 최대 규모의 유의어 사전으로, 어휘 101,781개에 대하여 1차, 2차 유의어(1차 유의어 각각에 대한 유의어)를 수록하고 있다.

2) 감성분석 사전

최근 온라인에서 소비자들이 자발적으로 자신의 감성을 표현할 수 있는 수단이 증가하고 있다. 대표적으로 트위터와 같은 SNS, 온라인 쇼핑몰의 소비자 트윗 또는 리뷰와 같은 수단으로 자신의 감정을 자유롭게 표현하고 있다. 특정 대상에 대하여 소비자가 느끼는 감성(긍정, 부정)과 그에 대한 이유를 분석해 주는 감성분석결과는 온라인 마케터들의 관심을 사로잡고 있다. 이러한 감성분석은 사전이 얼마나 많은 양의 정제된 감성어를 포함하고 있는지에 따라 분석의 품질이 달라질 수 있다. 감성분석 사전을 구축하기 위해서는 다양한 머신러닝 기법을 통해 구축할 수 있으나, 정확성을 높이기 위해서는 사람이 직·간접적으로 참여하는 과정이 필요하다. 감성분석 사전 구축을 위한 절차는 "데이터 수집", "주관성 탐지", "극성 탐지"의 3단계로 이뤄진다.

(1) 데이터 수집

감성분석을 위한 데이터 수집은 개인 블로그, 게시판, SNS, 온라인 상품리뷰 등 사용자가 자신의 감성을 자유롭게 표현하는 데이터를 대상으로 한다.

(2) 주관성 탐지

주관성 탐지는 필요한 텍스트를 수집하고 난 후, 감성분석에 주관적인 텍스트 및 표현을 추출하고 분류하는 작업이다. 이때 "오늘 오전에 빅데이터 분석을 공부했다"와 같이 사용자의 감성이 포함되지 않고 단순 사실만을 진술하는 객관적인 문장들은 제거한다. 컴퓨터는 주어진 텍스트가 주관적 표현인지 객관적 사실인지를 판단할 수 없으므로, 이 과정에서 사람이 직접 참여해야 한다.

(3) 극성 탐지

주관성 탐지에서 추출된 텍스트 및 표현이 "긍정"인지, "부정"인지, 혹은 "중립"인지를 판단한다. 즉 텍스트 안에 있는 긍정적, 부정적인 단어를 탐지하여 이들에 대한 극성 정도(점수, 빈도수 등)를 정량화한다. 텍스트의 극성 탐지는 주로 머신러닝을 이용한다.

사용자들이 부여한 극성데이터(예 상품리뷰의 별점 등)를 기반으로 머신러닝 모델을 학습시킨다. 이때 학습이 완료된 머신러닝 모델의 훈련데이터가 감성분석 사전으로 활용된다.

최근 감성분석은 단순히 대상에 대하여 사용자들의 감성을 판단하는 수준을 넘어 어떤 속성 때문에 좋아하는지, 싫어하는지를 분석하고 있다. 예를 들어 "이 노트북은 선명한 스크린 해상도를 가지고 있어서 눈이 피로하지 않다는 장점이 있지만, 너무 무거워서 이동하기 힘들다"라는 상품리뷰가 있을 때, 이에 대한 감성분석을 한다고 가정해보자. 이 경우 사용자는 "해상도" 속성에 대하여 "긍정", "무게" 속성에 대하여 "부정"적인 감성을 느끼고 있음을 알 수 있다.

감성분석 사전 구축절차를 도식화하면 [그림 9-8]과 같다.

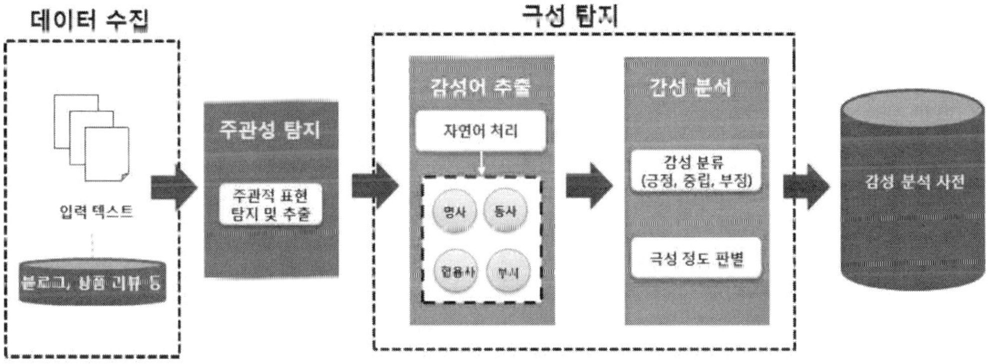

[그림 9-8] 감성분석 사전 구축절차

학습 9

일반적으로 구축된 감성분석 사전은 DB 형태로 제공되거나 오픈 API 형태로 제공되므로 활용하고자 하는 감성분석 사전에 따라 적절히 사용방법을 익혀야 한다.

9-4 텍스트 분류결과 분석

1. 텍스트 분류분석

1) 텍스트 분류

텍스트 분류는 임의의 입력텍스트에 대하여 미리 정의된 카테고리로 분류하는 것이다. 텍스트 분류는 입력텍스트에 포함된 단어들이 어떤 것들이 있는지, 해당 단어가 어떤 가중치(TF-IDF)를 갖는지 확인한 후, 가장 적합한 카테고리를 결정하는 문제이다. 즉 임의의 입력텍스트가 "과학기술" 분야인지, "문화관광" 분야인지를 단어의 가중치 기반으로 결정하는 것이다.

인터넷 기술의 발전으로 텍스트 정보들의 양이 급증함에 따라 텍스트 분류는 중요한 문제로 인식되고 있다. 텍스트 분류를 위해 활용되는 대표적인 방법으로는 K-NN, 결정 트리, SVM, 나이브 베이즈(Naive Bayes) 분류 등이 있다.

(1) K-NN(Nearest Neighbor) 분류

K-NN 알고리즘은 분류되지 않은 임의의 입력텍스트에 대하여 미리 정의된 카테고리로 분류된 K개의 텍스트 데이터들과 유사도를 측정하여 가장 비슷한 카테고리로 입력텍스트를 분류하는 방법이다. 미리 정의된 카테고리로 분류된 텍스트를 일반적으로 훈련데이터라고 한다. 일반적으로 K-NN 알고리즘은 K의 값에 따라 분류결과가 달라질 수 있으므로 적정한 K값을 선정하는 것은 매우 중요하다.

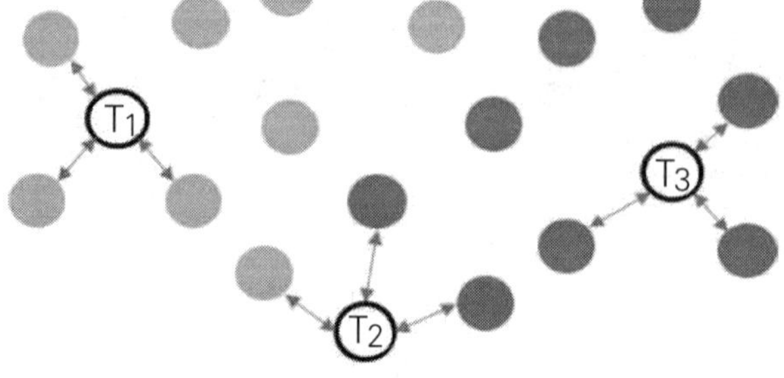

[그림 9-9] K=3일 때, K-NN 분류 예시

[그림 9-9]는 K가 3일 때, 입력텍스트 데이터 T1, T2, T3에 대하여 카테고리를 분류하는 예시이다.

입력텍스트 T1, T2, T3은 가장 인접한 텍스트 데이터들의 카테고리(회색 혹은 붉은색)에 따라 카테고리가 결정된다.

T1, T3은 가장 인접한 텍스트들의 카테고리에 따라 각각 회색과 붉은색 카테고리로 분류된다. 반면에 T2는 2개가 붉은색 카테고리이고 1개가 회색 카테고리이므로, 최종적으로 붉은색 카테고리로 분류된다. 일반적으로 K개의 인접한 텍스트를 찾기 위해 유클리디안 거리(Euclidean distance)를 활용하며, 유클리디안 거리는 두 점을 잇는 최소 거리를 측정하는 방법이다.

〈표 9-2〉 K-NN 분류 장점 및 단점

장 점	단 점
• 간단하고 효과적으로 입력값을 분류한다. • 데이터에 대한 기본적인 분포가정이 없다. • 학습과정이 빠르다.	• K개의 최인접 데이터를 찾기 위한, 비교 비용(시간, 시스템 메모리 등)이 많이 소요된다. • 분류시간이 오래 걸린다.

(2) 의사결정트리(Decision Tree) 분류

의사결정트리는 머신러닝에서 대표적인 감독 학습방법으로 주어진 데이터를 분류하는 데 목적이 있다. 즉 훈련데이터를 이용하여 의사결정트리 모델을 생성한 후, 입력데이터에 대한 값을 예측하는 것이다. 예를 들어 외부환경에 따른 외부활동 여부를 결정하는 문제가 있으며, 외부환경은 날씨(맑음, 흐림, 비), 기온(낮음, 적정, 높음), 습도(낮음, 적정, 높음)에 따라 결정된다고 가정하자. 의사결정트리 분류는 과거의 외부환경에 따른 외부활동 여부 기록(훈련데이터)을 이용하여 의사결정트리 모델을 생성한다. 임의의 입력데이터 오늘이나 내일의 외부환경정보를 이용하여 외부활동 여부를 결정(예측)하는 것이다. 의사결정트리 생성 알고리즘은 다음과 같다.

① 훈련데이터를 분석하여 데이터를 가장 잘 분류할 수 있는 속성을 의사결정트리의 노드로 선정하여 의사결정트리를 구축한다.

② 더는 분류 속성노드, 혹은 훈련데이터가 없을 때까지 각 자식노드에 대하여 과정 ①을 반복한다.

훈련데이터를 가장 잘 분류하는 속성을 선정하는 기준은 세부 알고리즘에 따른다. ID3 등의 의사결정트리 생성 알고리즘에서는 엔트로피(Entropy)를 기반으로 노드를 선정한다.

엔트로피는 데이터의 혼잡도를 의미하며 서로 다른 분류의 데이터들이 많이 섞여 있으면 엔트로피가 높고, 같은 분류의 데이터들이 많이 있으면 엔트로피는 낮다. 일반적으로 의사결정트리 분류는 엔트로피가 높은 상태에서 낮은 상태가 되도록 최적의 분류속성을 선정하여 트리모양을 구축해 가게 된다.

[그림 9-10]은 훈련데이터로부터 의사결정트리를 구축하고, 신규데이터가 입력되었을 때 외부활동 여부를 결정하는 문제에 대한 예시이다.

학습데이터

ID	날씨	기온	습도	활동 여부
1	맑음	높음	높음	×
2	맑음	낮음	적정	○
3	흐림	높음	높음	×
4	비	적정	높음	○
	비	낮음	적정	○
…	…	…	…	…

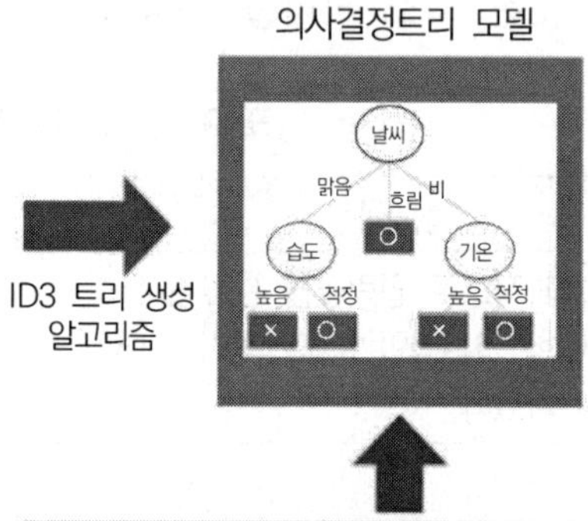

신규 입력 데이터

ID	날씨	기온	습도	활동여부
20	맑음	높음	높음	?

[그림 9-10] 의사결정트리 예시

의사결정트리 분류는 다음과 같은 장·단점을 특징으로 갖는다.

〈표 9-3〉 의사결정트리 분류 장점 및 단점

장 점	단 점
• 분류결과가 트리구조로 표현되므로 결과를 쉽게 이해할 수 있다. • 수치자료와 범주자료에 모두 적용할 수 있다. • 일부 명제가 손상되더라도 안정적으로 동작한다. • 대규모의 데이터 세트에서도 잘 동작한다. • 자료를 가공할 필요가 거의 없다(정규화 및 임의의 변수 생성, 제거 등이 불필요).	• 의사결정트리는 각 노드에서의 부분 최적값에 빠지기 쉽다. • 훈련데이터를 정확히 일반화하지 못할 경우, 의사결정트리가 복잡해질 수 있다. • 의사결정트리는 각 노드에서 한 개의 속성만을 선택하여 비교하기 때문에 일부 데이터에서 분류 정확도가 낮아질 수 있다. • 훈련데이터의 개수, 노드 선정에 따라 의사결정트리 모델이 크게 달라질 수 있다.

(3) SVM(Support Vector Machine) 분류

2차원 벡터 공간 모델에서 임의의 두 카테고리 C1과 C2가 있으면, 이들을 구분할 수 있는 선형 분류함수는 무수히 많다. SVM(Support Vector Machine)은 카테고리 분류 경계로부터 각각의 카테고리 사이의 거리(Margin)가 가장 크도록 분류 경계를 결정하는 문제이다. 즉 분류경계와 실제 텍스트 데이터 사이의 거리가 가장 크도록 선형 분류함수를 설정하는 것이다. 이처럼 카테고리 사이의 거리를 크게 설정하면, 임의의 입력텍스트에 대하여 분류정확도를 높일 수 있게 된다.

[그림 9-11]은 SVM의 예시이다.

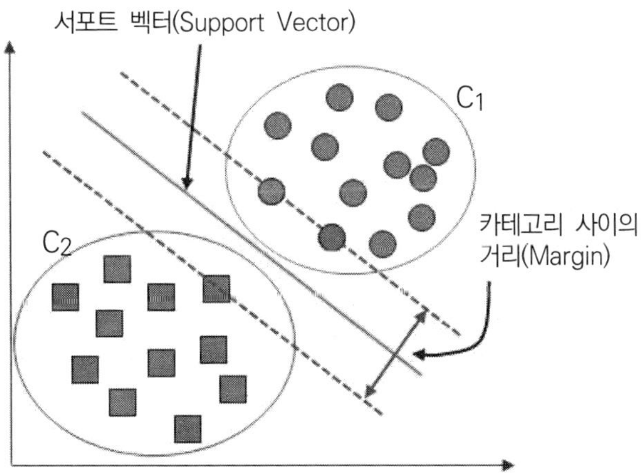

[그림 9-11] 서포트 벡터 예시

각 카테고리의 데이터 벡터들로부터 주어진 분류경계까지의 거리 중 가장 짧은 것을 Margin이라 하며, 가장 짧은 선형 분류함수 벡터를 서포트 벡터(Support Vector)라고 한다. SVM은 벡터 공간에서 훈련데이터들의 확률분포를 분석하고, 카테고리 사이의 거리를 최대로 하는 분류경계(선형 분류함수)를 찾는 문제이다. SVM 분류는 추정된 선형 분류함수를 활용하여 임의의 입력텍스트를 분류한다. SVM 분류는 다음과 같은 장·단점을 특징으로 갖는다.

〈표 9-4〉 SVM 분류 장점 및 단점

장 점	단 점
• 다차원 벡터 공간에서 효과적이다. • 훈련데이터의 수보다 차원의 수가 큰 경우에 효과적이다. • 전체 훈련데이터와 비교가 아닌, 서포트 벡터와의 거리만 비교하면 되므로 임의의 입력데이터 분류가 빠르다.	• 대용량 훈련데이터에 대하여 학습시간이 많이 소요된다.

학습 9

(4) 나이브 베이즈(Naive Bayes) 분류

나이브 베이즈 분류는 속성들 사이의 독립을 가정하는 베이즈 정리를 기반으로 하는 확률분류기의 일종이다. 속성의 독립은 하나의 문서를 분류 할 수 있게 하는 속성(벡터 공간 모델에서 각 단어) 사이에서 발생할 수 있는 연관성이 없음을 가정하고, 각 속성이 문서가 임의의 카테고리에 속할 확률에 독립적으로 기여한다는 의미이다. 일반적으로 나이브 베이즈 분류는 단어들의 집합으로 이루어진 임의의 문서를 미리 정의된 카테고리 중 하나로 분류하는 텍스트 분류부문에서 우수한 분류 정확도를 갖는 것으로 알려져 있다. 나이브 베이즈 분류는 다음과 같은 장·단점을 특징으로 갖는다.

〈표 9-5〉 나이브 베이즈 분류 장점 및 단점

장 점	단 점
• 데이터 세트가 매우 클 경우, 효율적으로 학습할 수 있다. • 훈련데이터의 양이 적다. • 속성들 사이의 독립을 가정함에도 불구하고 많은 복잡한 문제에서 높은 정확도를 갖는다.	• 입력값이 훈련데이터에 존재하지 않으면 확률값은 0으로 계산된다. • 확률값은 1보다 작으므로 입력 벡터를 구성하는 요소(단어 수)가 많으면 확률값이 너무 작아져서 비교가 어려운 Underflow 현상이 발생한다.

9-5 정형 데이터 결합분석 수행

1. 정형 데이터 추출 및 텍스트 데이터 결합

1) 정형-비정형 데이터 결합

(1) 정형-비정형 데이터 결합의 필요성

고객정보, 상품별 매출정보 등의 정형 데이터를 기업의 데이터베이스에 저장하고 분석하며 지금까지 고객관리를 효과적으로 수행한 기업으로서는 SNS 등에서 생성되는 상품에 대한 고객의 반응, 선호도, 감정데이터들이 기업의 수익에 기여할 수 있는가에 대하여 회의적인 경우가 많다. 하지만 정형 데이터에 의존하는 기업은 비정형 데이터를 적극적으로 수용하고 분석한 기업에 비해 뒤처질 수밖에 없다. 예를 들어 정형 데이터인 고객정보(성별, 나이, 거주지, 과거 구매이력 등)를 분석하여 완벽하게 고객의 요구를 파악한 두 개의 등산복 기업이 있다고 가정하자.

한 기업은 추가로 비정형 데이터인 SNS를 분석하여 고객들이 비오는 날에 등산 걱정을 하고 있음을 파악할 수 있다. 이에 따라 방수기능이 강화된 등산복에 대한 홍보를 강화한다.

이 경우 어느 기업의 제품이 경쟁력을 가질 것인가에 대한 대답이 정형 데이터-비정형 데이터를 결합하는 이유이다. 즉 정형-비정형 데이터를 결합할 경우, 가치 있는 데이터(예 기업의 전략 등)를 추출하는 것이 가능하다.

(2) 정형-비정형 데이터 결합분석 절차

정형-비정형 데이터 결합분석은 크게 4단계로 구성되며 [그림 9-12]는 분석절차를 도식화하여 설명하고 있다.

① 정형 데이터 및 비정형 데이터 수집 : 기존의 조직 내부에서 보유하고 있는 정형 데이터(회원정보 등)뿐만 아니라, 외부의 비정형 데이터(웹문서, 뉴스, SNS 등)를 포함하여 분석에 필요한 데이터를 수집한다.

② 데이터 처리 : 비정형 데이터의 경우 '학습 2 텍스트 모델 구축하기'에서 학습한 형태소 분석, 키워드 추출, 말뭉치 작성, 단어-문서 관계 표현기술을 적용하여 분석이 가능한 데이터로 변환한다. 정형-비정형 데이터 결합 등 필요한 데이터 생성 및 분석을 위해 데이터 가공을 수행한다.

③ 데이터 분석 및 인사이트 도출 : 가공된 데이터를 텍스트 분석의 목적에 맞도록 텍스트 분류, 텍스트 군집, 텍스트 요약 등을 수행한다. 이후 조직 내 업무 관련자에게 피드백을 제공하기 위한 인사이트를 추출한다. 데이터 분석을 위해서는 보통 다양한 시각화 기능을 활용하여 분석대상 데이터의 연관정보를 추출하며, R 패키지를 활용할 경우 데이터에 대한 다양한 시각화 처리가 가능하다.

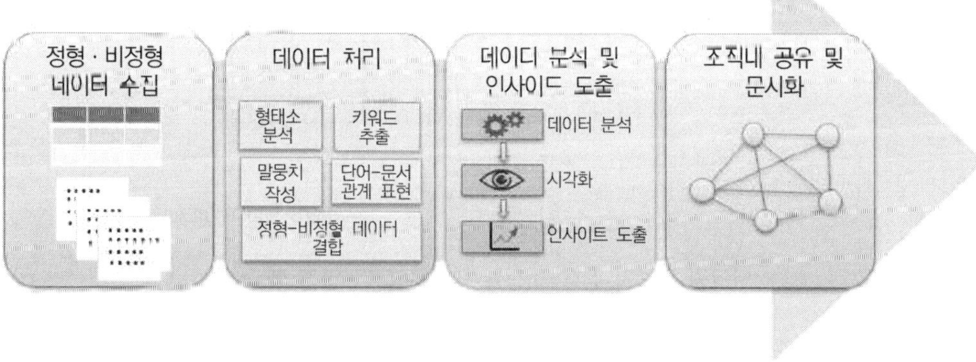

[그림 9-12] 정형-비정형 데이터 결합분석 절차

④ 조직 내 공유 및 문서화 : 추출된 인사이트는 조직 내 업무 관련자에게 공유되어 조직목표를 달성할 수 있는 자료로 활용될 수 있도록 한다. 이를 위해 정형-비정형 데이터 분석결과뿐만 아니라 데이터 처리절차, 모델 구축결과 등을 문서화하여 조직 내 여러 계층(혹은 이해 당 사자들)에게 공유한다.

(3) 정형-비정형 데이터 결합방식

① 정형-비정형 데이터 의미 연결 : 정형 데이터로 제공되는 데이터를 비정형 텍스트 데이터와 의미상으로 연결함으로써, 정형-비정형 데이터 결합을 수행하는 방식이다. 대표적인 기술분야는 시맨틱 웹서비스 등에서 활용하는 방법으로 정형화 데이터와 다양한 비정형 데이터(웹, 뉴스, SNS 등)들의 연관도 측정 및 연결을 통하여 데이터 활용성을 높인다.

[그림 9-13]은 정형 데이터로 6가지 메타데이터를 가진 "사자" 인스턴스와 메타데이터에서 추출된 키워드를 포함하고 있는 문서들 사이의 연결 예시이다. 문서들은 웹, 뉴스, SNS 등 다양한 텍스트 문서로 해당 키워드의 의미를 구체화 혹은 부연설명을 위해 활용된다. 일반적으로 학계에서는 위키피디아와 같은 온라인 백과사전을 많이 활용한다.

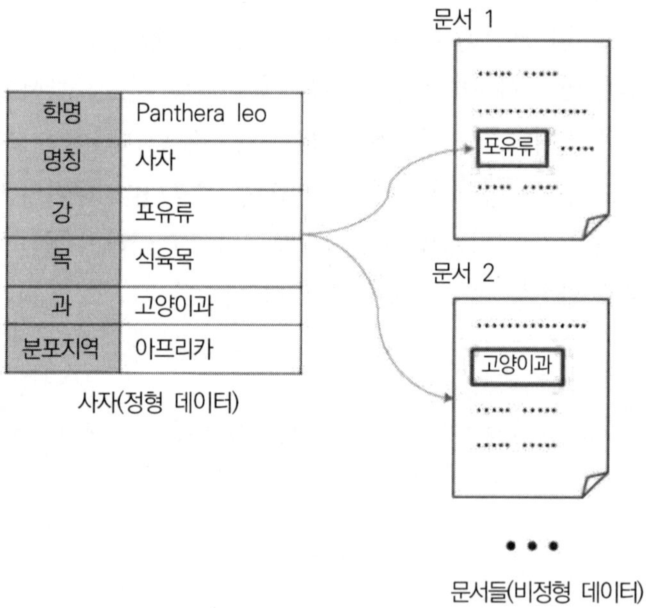

[그림 9-13] 정형-비정형 데이터 의미 연결 예시

② 비정형 데이터의 정형화 : [그림 9-14]는 비정형 데이터로 제공되는 웹문서, 뉴스, SNS 등 텍스트 데이터에 대하여 기존에 학습한 텍스트 분석기술을 통

해 다양한 의미 개체(Named Entity 등), 단어-문서 관계 추출, 감성정보 등의 정형 데이터를 추출한다.

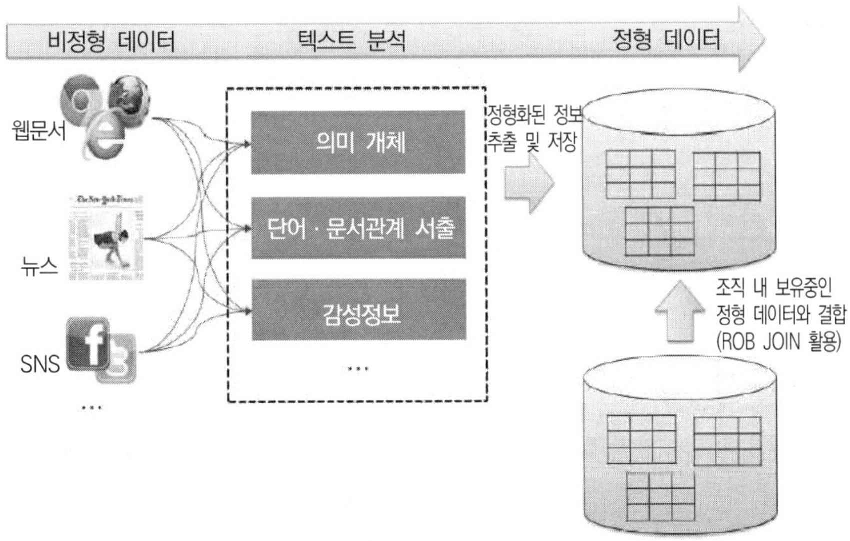

[그림 9-14] 비성형 데이터의 정형화

추출된 정보에 대하여 정형화된 정보를 조직 내에서 활용 중인 DBMS에 저장하여 비정형 데이터를 정형 데이터로 변환한다. 이후 기존에 조직에서 보유하고 있는 정형 데이터와 결합해서 의미 있는 정보를 추출한다. 비정형 데이터를 정형 데이터로 변환하는 경우, 이미 검증된 다양한 데이터마이닝 및 데이터 처리기술을 적용하여 데이터 간의 의미 관계 등을 추출하는 것이 가능하다.

학습 9

수행 내용

재료 · 자료

- 빅데이터 가이드라인 관련 자료
- 개인정보 비식별화 가이드라인

기기(장비 · 공구)

- 컴퓨터, 문서작성 프로그램, 프린터, 주변기기

안전 · 유의사항

- 빅데이터 관련 장비의 안전 및 유의사항을 숙지한다.
- 외부데이터일 경우 데이터 수집 및 경로 등을 빠짐없이 기록한다.
- 내 · 외부데이터 구분 후 개인정보보호법 등 관계 법령에 위배 여부를 확인한다.

수행 순서

01 텍스트 분석절차 기획과정에 대하여 분석하라.

1. 텍스트 분석에 대한 사용자의 요구사항을 기반으로 요구사항 분석명세서를 작성

사용자 요구사항 분석은 사용자의 면담, 설문조사 및 협조, 각종 문서검토 등을 통해 파악한다. 파악된 요구사항을 기반으로 텍스트 분석목적, 분석대상에 대한 성능, 제약조건 등을 문서화(명시)하고 사용자와 요구사항이 제대로 반영되었는지 검토한다.

2. 텍스트 수집 및 산출물 관리를 위한 수행계획서를 작성

수집 대상 텍스트를 선정하고 수집을 위한 세부 수집계획을 수립한다. 수립된 수집계획을 문서화하고 버전 관리번호를 부여함으로써 산출물 관리를 수행한다.

1) 대상 데이터의 수집 가능성, 정확성, 보안, 비용, 주기 등을 검토하여 대상 데이터를 선정

① 수집가능성 : 대상 텍스트가 사용할 수 있고, 수집기술을 활용하여 수집 가능한가?

② 정확성 : 수집데이터가 이용 목적에 필요한 세부데이터 항목들을 모두 포함하고 있는가?

③ 보안 : 데이터 수집 시, 개인정보 유출 및 침해 문제는 없는가?

④ 수집주기 : 대상 데이터의 수집주기가 이용목적에 적합한가?

⑤ 수집비용 : 대상 데이터를 수집하는데 필요한 비용(돈, 시간 등)은 얼마인가?, 비용대비 수집데이터 활용도·중요도가 높은가?

2) 텍스트 수집기술은 데이터 유형을 고려하여 이용목적에 적합한 수집기술을 선정

① Crawling : 대상 텍스트가 웹에서 수집 가능한 문서(㉠ 블로그 등) 형태인가?

② FTP : 대상 텍스트가 파일형태로 제공되고 있는가?

③ 오픈 API : 텍스트 분석 이용 목적에 실시간 데이터가 필요한가?

④ RSS : 대상 텍스트를 제공하는 사이트가 자주 업데이트되는가?

3) 수집데이터 선정을 위한 고려사항(수집가능성, 정확성, 보안, 주기, 비용)과 수집기술 선정을 위한 고려사항을 반영하여 세부 수집계획서를 작성

4) 작성된 수집계획서에 따라 사전 테스트를 진행하여야 하며, 수집 대상 텍스트에 대한 수집활동을 수행

학습 9

3. 텍스트 저장 및 산출물 관리를 위한 수행계획서를 작성

수집 텍스트의 저장 및 관리에 적합한 저장방식을 선정하고 DB 구축을 위한 세부 수집계획을 수립한다. 수립된 저장계획을 문서화하고 버전 관리번호를 부여함으로써 산출물 관리를 수행한다.

1) 텍스트의 저장 및 관리에 적합한 저장방식 선정/일반적으로 사용되는 데이터 저장 방법

① 관계형 DB 저장 : 텍스트 데이터를 관계형 DB 테이블에 저장하는 방식이다. 관계형 DB 저장방법은 수집 대상 텍스트를 사전 검토하여 DB 스키마 설계를 수행한다. 저장 테이블의 칼럼에 맞도록 텍스트 데이터를 추출하여 저장하는 방법이다. 데이터 저장을 위한 가장 보편화된 방법으로 우수한 성능 및 안정성을 보장한다.

② NoSQL DB 저장 : NoSQL DB는 제품에 따라 문서, 그래프, 키-값, 칼럼 형식 등 다양한 데이터 저장방법을 제공한다. 대표적인 NoSQL DB인 몽고 DB 등은 문서기반으로 데이터를 저장하며 이는 JSON, XML 등과 같이 반구조화된(Semi-structured) 텍스트 데이터를 저장하는 데 적합하다. 일반적으로 NoSQL은 확장성, 고가용성, 대용량 저장 등의 특징을 갖으나, 성능향상을 위해 Scale Out 기능(서버노드를 추가하여 처리 능력을 향상) 및 분산병렬 처리기술 등이 필요하다.

2) 선정된 데이터 저장방법에 대하여 보관주기, 백업방식, 저장공간 확대 방안 등을 반영하여 세부 저장계획서를 작성

선정된 수집기술이 오픈 API, RSS와 같이 자주 업데이트가 발생하는 경우 수집데이터를 저장하기 위한 최대 저장공간 크기 및 저장기간 등을 고려하여 계획서를 작성한다. 관계형 DB는 솔루션별로 가용공간이 다르므로 솔루션 업체에서 제공하는 설계가이드 등을 참고한다.

3) 작성된 데이터 저장계획서에 따라 사전테스트를 진행하며 DB 구축 및 데이터를 저장

4) 데이터 수집 및 운영 관련 DB 모니터링 계획을 수립

저장계획서에 따라 구축된 DB 관리 및 오류 대응체계를 마련해야 하며, 주기적으로 데이터의 수집 및 운영 관련 오류 모니터링을 수행한다. 수집데이터의 용량이 대용량인 경우, 필요하면 저장공간 확장을 위한 방안이 마련되어야 한다.

4. 텍스트 분석 및 산출물 관리를 위한 수행계획서를 작성

분석을 위한 시스템 환경 및 방법론 등 세부 분석계획을 수립한다. 수립된 분석계획을 문서화하고 버전 관리번호를 부여함으로써 산출물 관리를 수행한다.

1) 텍스트 분석목적, 분석절차, 분석방법론 등 세부데이터 분석 시나리오를 작성

(1) 문제를 해결하기 위해 기술적 해결 위주의 접근이 아닌 사용자 관점의 텍스트 분석 시나리오를 구성한다

① 국내외 선행사례 연구를 통해 텍스트 분석에 대한 이해도 제고 및 분석 시나리오의 실현 가능성을 검토하고 시사점을 도출한다.

② 실현 가능성과 도출된 시사점을 기반으로 분석 시나리오를 작성한다.

③ 분석목적, 분석절차, 분석방법론을 명시하여 분석 시나리오를 작성한다.

(2) 해결하고자 하는 문제를 명확히 인식한 후, 적합한 텍스트 분석기법을 선정한다.

① 텍스트 분류(Text Classification) : 텍스트 분류는 임의의 텍스트(혹은 문서)를 미리 정의된 카테고리 혹은 클래스로 분류하는 기술이다. 텍스트 자동분류를 성공적으로 수행하기 위해서는 텍스트 분류기 학습(Training)이 선행되어야 한다. 분류기 학습을 위해서 도메인 전문가가 미리 준비된 학습용 텍스트를 사용하여 미리 정의된 카테고리로 분류한다. 분류기 학습은 학습용 텍스트를 활용하여 각 카테고리에 대한 특성 정보를 미리 정의하는 과정이다. 이후 입력텍스트(문서)가 입력되면, 텍스트 분류기는 입력텍스트로부터 특성 정보(키워드, 키워드 가중치 등)를 추출하여 각 카테고리의 특성 정보와 비교한다. 이때 입력정보와 각 카테고리의 유사도를 고려하여 가장 적합한 분류를 선정한다. 텍스트 분류는 훈련데이터(학습데이터)를 기반으로 수행되기 때문에 지도학습(Supervised Learning)으로 분류되는 머신러닝의 한 기법이다.

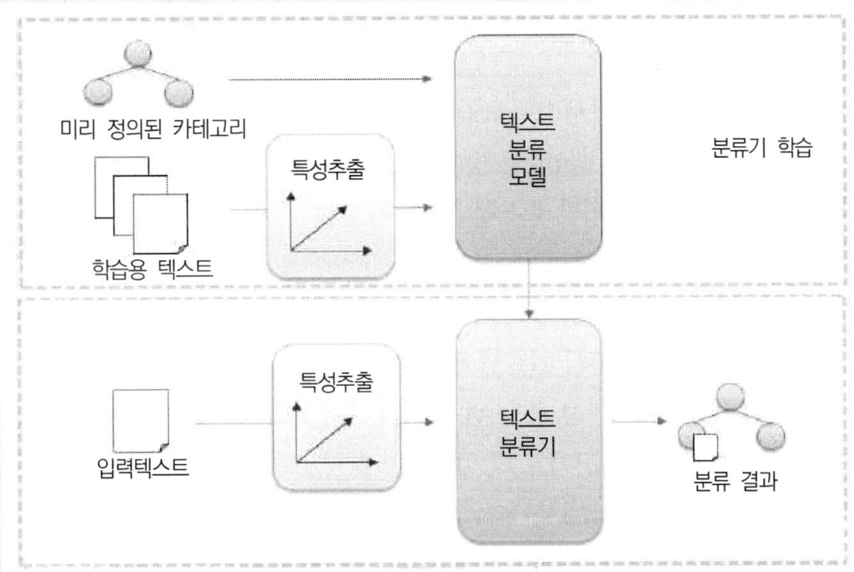

[그림 9-15] 텍스트 분류

[그림 9-15]는 텍스트 분류절차를 도식화한 예시이다. 분류기 학습과정에서는 미리 정의된 카테고리와 학습용 텍스트를 활용하여 텍스트 분류모델을 학습시킨다. 이후 텍스트 분류기가 입력텍스트에 가장 적합한 카테고리를 선정하여 분류한다.

② 텍스트 군집(Text Clustering) : 텍스트 군집은 텍스트의 특성을 분석하여 그 내용 혹은 형태가 유사한 텍스트들을 군집하는 기술이다. 텍스트 분류가 정적인(미리 정해진) 카테고리에 따라 텍스트를 분류하는 것이라면, 텍스트 군집은 텍스트에 따라 동적으로

군집이 이루어지는 것이 차이점이다. 텍스트 군집은 미리 정의된 카테고리 정보가 없으므로 비지도학습(Unsupervised Learning)에 해당한다. 즉 하나의 텍스트 집합을 데이터 간의 유사도에 근거하여 여러 개의 부분집합(Cluster)으로 분할하는 것이다. 텍스트 군집은 미리 정의된 카테고리 정보는 없으나, 몇 개로 군집이 생성되어야 하는지에 대한 정보를 기반으로 수행된다. [그림 9-16]은 텍스트 군집절차를 도식화한 예시이다.

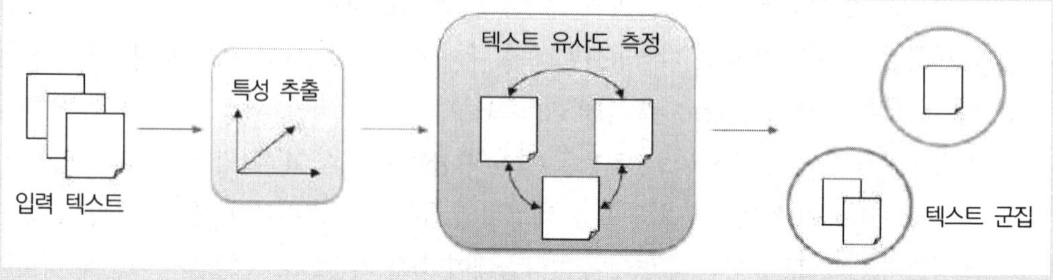

[그림 9-16] 텍스트 군집

③ 텍스트 요약(Text Summarization) : 텍스트 요약은 대상 텍스트가 가진 주요 의미를 유지하면서 텍스트 길이를 효과적으로 줄여 사용자들에게 짧고 간결하게 주요 정보를 제공하기 위한 기술이다. 텍스트 요약기술은 주요 문장을 추출하는 방식과 주요 정보를 기반으로 새로운 문장을 생성하는 방식으로 구분할 수 있다. 일반적으로 텍스트 요약은 자연어에 대한 이해를 기반으로 문장이나 문단의 중요도를 판단하는 방법과 통계적 방법(단어 빈도, 단어 위치, 문장 길이 등)을 기반으로 문장이나 문단의 중요도를 판단하는 방법 등이 널리 활용되고 있다.

- 추출 요약 : 문서에 존재하는 단어나 구, 문장 등을 추출하는 요약방법으로 키워드를 포함하고 있는 문장 등을 변경 없이 그대로 추출하는 방법이다. 텍스트 요약을 위해 가장 쉽게 접근하는 방법이지만, 요약문의 가독성은 낮다. [그림 9-17]은 추출요약을 도식화한 예시이다.
- 생성요약 : 추출요약의 단점인 가독성 보완을 위해 문서의 내용을 압축 및 재구성하여 새로운 요약문을 생성하는 방법이다. 요약문의 가독성은 높을 수 있지만, 자연어에 대한 이해 및 새로운 문장 생성기술이 필수적으로 요구된다.

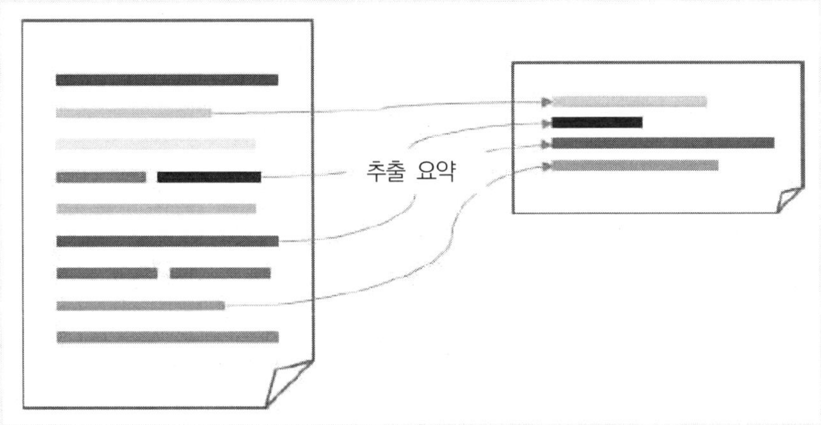

[그림 9-17] 추출요약

2) 텍스트 분석을 위한 소프트웨어 및 프로그래밍 언어 실행환경에 대한 구축계획을 수립

① 텍스트 분석을 위한 시스템 기능과 성능 요구사항을 분석한다.

② 조직 내부의 데이터 관리 정책과 부합되는지, 보안 이슈 유무를 파악한다.

3) 데이터 분석 시나리오와 데이터 분석 환경조사 결과를 반영하여 세부 분석계획을 수립·문서화하고 버전 관리번호를 부여함으로써 산출물 관리를 수행

① 텍스트 분석시스템 도입 이후, 운영관리를 위한 운영 예산계획을 포함한다.

② 텍스트 분석시스템의 운영관리를 위한 전담인력 확보계획을 포함한다.

학습 9

5. 텍스트 분석에서 도출된 산출물을 현업 구성원에게 공유하기 위한 문서화 및 버전 관리방안을 계획하고, 산출물 관리계획에 따라 산출물을 문서화 및 버전 관리한다.

02 형태소를 분석하는 과정에 대하여 분석하라.

1. 형태소 분석기를 직접 구현하여 형태소 분석을 수행하기 위한 절차는 다음과 같으며, 이를 학습자가 친숙한 프로그래밍 언어(자바 등)로 구현하도록 한다.

1) 입력텍스트에 대하여 분석을 위한 전처리(Pre-processing)를 수행하기 위한 프로그래밍을 작성하거나 텍스트 데이터 분석을 위한 R 패키지를 활용하도록 한다.

① 본 수행하기는 학습자의 편의를 위해 R 패키지(R 3.3.1 for Windows)를 활용한 전처리를 소개하도록 한다. 텍스트마이닝을 위해 필요한 "tm" 패키지를 설치 후, 불러오기를 수행한다. 각 예시에서 "#"는 주석을 의미하며, 글자는 R 패키지에 입력된 명령어를 의미하며, <u>글자</u>는 수행결과를 의미한다.

```
# 텍스트마이닝 패키지 설치하기
> install.packages("tm")

# 텍스트마이닝 패키지 불러오기
> library("tm")
```

② 형태소 분석을 위한 테스트 텍스트를 읽어서, 변수 inputText에 저장한다. inputText에 값이 저장되어 있는지 확인한다. 본 수행 내용에서 상용된 inputText는 Jarena, Lee의 일대기에 관한 내용을 발췌하였다.(https://github.com/lmullen/dh-r/blob/master/data/nlp/anb-jarena-lee.txt)

```
# 테스트 텍스트를 읽어서 inputText에 저장하기
> inputText<- readLines("C:/input.txt")
# inputText에 저장된 값을 출력하여, 내용 확인하기
> print(inputText)
```

③ testText에 저장된 값을 벡터형으로 저장한 후, corpus로 변환하여 저장한다. "tm" 패키지에서 문서의 집합은 corpus로 표현된다. 입력텍스트를 벡터형, corpus 형으로 변환하면 텍스트 처리가 용이하게 된다.

```
# 벡터형으로 저장하기
> testText <- VectorSource(inputText)
# corpus로 변환하여 저장하기
> corpus <- Corpus(testText)
```

④ 텍스트 분석을 위한 전처리를 수행한다. 본 수행하기에서는 문장부호를 제거, 특정 문자(숫자 등) 제거, 대소문자 변환 등을 수행하도록 한다.

```
# 문장 부호를 제거하기
> corpus <- tm_map(corpus, removePunctuation)
# 특정 문자를 제거하기(여기서는 숫자 0~9를 제거)
> corpus <- tm_map(corpus, removeWords, c("0", "1", "2", "3", "4", "5", "6","7", "8", "9")
# 입력텍스트가 영문인 경우, 대문자를 소문자로 변환하기
> corpus <- tm_map(corpus, tolower)
```

⑤ 전처리가 수행된 결과를 확인한다.

```
# 전처리 처리 결과 확인하기(입력텍스트가 1개이므로 첫 번째 문서를 확인)
> strwrap(corpus[[1]])
```

- 아래 수행결과는 임의의 영문 텍스트에 대하여 전처리 수행 전과 수행 후를 비교한 결과를 표시한다. 대소문자 변환 등을 표현하기 위해 영문에 대한 전처리 결과를 표현한다. 변환 전후를 비교해 보면, 쉼표 및 마침표 등의 문장부호 및 숫자("1804")가 제거된 것과 대문자가 소문자로 변환된 것을 확인할 수 있다.

```
# 변환 전
> strwrap(corpus[[1]])
> In 1804, after several months of profound spiritual anxiety, Jarena Lee moved
  from New Jersey to Philadelphia.
# 변환 후
> strwrap(corpus[[1]])
> in after several months of profound spiritual anxiety jarena lee moved from new
  jersey to philadelphia
```

출처 : Jarena Lee(2016), https://github.com/lmullen/dh-r/blob/master/ data/nlp/anb-jarena-lee.txt

학습 9

2) 전처리 과정을 통해 추출된 입력 문장에 대하여 형태소 분석을 수행

전처리 과정과 유사하게 형태소도 다양한 도구(Tool)를 활용하여 분석할 수 있다. 하지만 본 수행하기에서는 학습자의 이해를 높이기 위해 형태소 분석을 직접 수행해 보도록 한다.

단계2 에서는 오픈소스로 제공되고 있는 형태소 분석기를 활용하여 임의의 입력텍스트에 대한 형태소 분석방법을 소개하도록 한다.

① 전처리 과정에서 추출된 어절에 대하여 사전을 참고하여 단어 분리 및 품사를 부여한다. 효과적인 형태소 분석을 위해서는 다양한 사전이 필요하며, 이를 위해 말뭉치(세종 말뭉치 등)와 문법형태소 사전, 어휘형태소 사전, 전문용어 사전, 사용자 정의 사전 등이 활용된다. 단어 사전 구축에 관한 내용은 '학습 내용 3-2 텍스트 분석 사전 구축의 필요지식'에서 자세히 다루도록 한다. 본 학습에서는 별도의 사전을 확보하기 힘들 경우, 입력텍스트 분석을 위해 간단한 사용자 정의 사전을 구축하여 활용한다.

② 사전을 참고하여 발생 가능한 모든 형태소 분석후보를 생성한다. [그림 9-18]은 임의의 한글 텍스트 "나는 서울시청에 간다"에 대한 형태소 분석후보 예시이다.

나/대명사	는/조사	서울시청/일반명사	에/조사	갈/동사	ㄴ다/종결어미
날/동사	는/어말어미			가/동사	
나/동사	는/어말어미				

[그림 9-18] 형태소 분석후보

③ 형태소 분석후보 중에서 문맥에 가장 적합한 품사를 선택하여 입력문장에 대한 최종 품사를 결정한다. 의미적 모호성(혹은 중의성)을 내포하는 단어는 2가지 이상의 분석결과를 처리해야 한다. 대표적인 예로는 "나는"이 있다. "나는"은 다음과 같이 3가지의 의미적 모호성을 갖는다.

- "나(대명사, I)" + "는(주격조사)"
- "날(동사, Fly)" + "는(어말어미)"
- "나(동사, Produce)" + "는(어말어미)"

형태소 분석은 텍스트마이닝 과정에서 중요한 과정이므로, 형태소가 같은 의미적 모호성을 제거하는 것은 중요하다. 의미적 모호성을 갖는 형태소는 단독으로 그 의미를 파악하는 것이 어려우므로, 주어진 문장의 앞뒤 문맥에 따라 적합한 의미를 파악하게 된다. 품사의 모호성을 제거하기 위해 통계적 방법 및 규칙기반 방법을 사용하게 되는데, 본 수행하기에서는 프로그래밍의 용이성을 위해 [그림 9-19]와 같이 “나(대명사, I)”+“는(주격조사)”과 “가(동사)”+“ㄴ다(종결어미)”를 선택하도록 규칙기반 방법으로 구현한다.

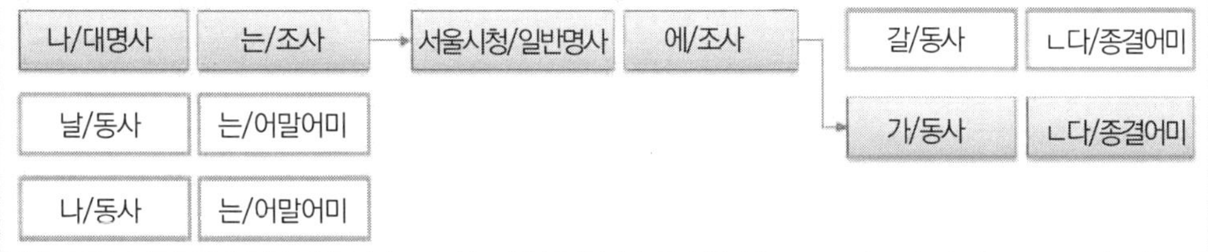

[그림 9-19] 품사 태깅

3) 형태소 분석결과에서 특이한 언어 현상처리를 위한 후처리(Post-processing)를 수행한다

① 복합명사, 사전 미등록어, 줄임말 등과 같이 특이한 언어 현상들을 처리한다. 앞의 예제에서 “서울시청”은 복합명사로 “서울”과 “시청”으로 분리할 수 있다. 이처럼 후처리에서는 복합명사를 판별하여 더 작은 형태소로 분리한다.

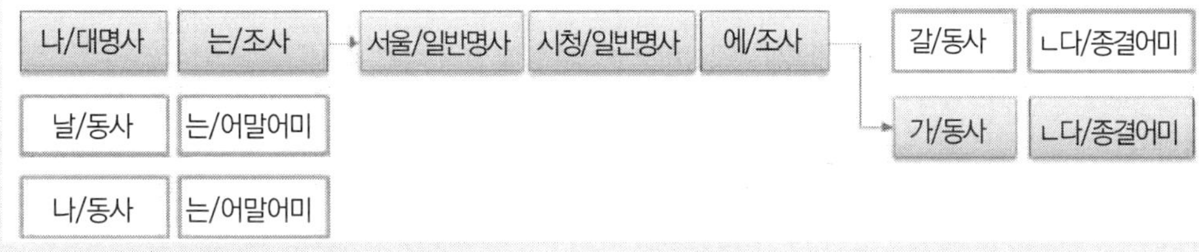

[그림 9-20] 후처리 결과

2. 일반적으로 형태소 분석기를 구현하는 것은 다양한 사전과 품사 태깅을 위한 높은 수준의 관련 지식 및 프로그래밍 기술을 필요로 한다

대부분의 텍스트마이닝에서는 형태소 분석기를 구현하지 않고, 이미 오픈소스 형태로 제공되고 있는 형태소 분석기를 사용한다. 본 학습에서는 서울대학교 지능형 데이터 시스템 연구실에서 개발한 꼬꼬마 한국어 형태소 분석기(kkma.snu.ac.kr)를 활용하여, 형태소 분석을 수행한다.

① 한국어 쓰기 학습 〉 단어 쓰임 용례에서 텍스트를 입력한 후 형태소 분석결과를 확인한다. [그림 9-21]은 “나는 서울시청에 간다”에 대한 분석결과이다.

② 꼬꼬마 한국어 형태소 분석기는 도스 창에서 바로 실행해 볼 수 있는 GUI 기반 테스트

기 및 JAVA에서 테스트해 볼 수 있는 예제코드를 제공하므로 꼬꼬마 한국어 형태소 분석기 홈페이지를 참고하여 연습한다.

[그림 9-21] 꼬꼬마 한국어 형태소 분석기 예시

Tip

R 패키지에서 제공하는 다양한 패키지를 활용하기 위해서는 관련 도서 및 인터넷 자료를 수시로 참고하도록 한다.

학습활동.9 교수 · 학습 방법

교수 방법

- 텍스트마이닝 기반의 빅데이터 분석에 대한 관련 용어, 구성, 방식 이해 정도를 파악한 후 수업을 진행한다.
- 교수자의 주도로 텍스트마이닝 기반의 빅데이터 분석 등의 내용을 PPT 자료로 제시한 후 설명한다.
- 가능하면 사전에 개인별 학습 자료를 준비하여 모든 학생이 참여할 수 있는 문제 해결식 수업, 협력 수업이 가능하도록 한다.
- 텍스트마이닝 기반의 빅데이터 분석 전 과정을 작업의 순서에 따라 단계적으로 실습이 이루어질 수 있도록 지도한다.
- 교재를 통해 수업을 준비하는데 있어서 필요한 모든 정보나 팁, 힌트 등 도움이 될 만한 내용들을 확인할 수 있다.
- 학생들이 만들게 될 각 모델들은 수업시간에 중점적으로 다뤄질 부분과 어휘, 질문, 답을 포함하고 있으며 또한 탐구할만한 추가적인 아이디어들도 포함하고 있다.

학습 방법

- 텍스트마이닝 기반의 빅데이터 분석에 대한 관련 용어를 숙지하고, 텍스트마이닝 기반의 빅데이터 분석에 대해 이해한다.
- 텍스트마이닝 기반의 빅데이터 분석의 각 단계별 중점 사항을 체계적으로 학습한다.
- 텍스트마이닝 기반의 빅데이터 분석의 수행순서의 전 과정을 실습한다.
- 텍스트마이닝 기반의 빅데이터 분석의 내용을 이해한다.
- 텍스트마이닝 기반의 빅데이터 분석을 숙지하고 숙달이 될 때까지 학습한다.

학습 9

학습활동.9 평가 및 피드백

평가 준거

- 평가자는 피평가자가 수행 준거 및 평가 내용에 제시되어 있는 내용을 성공적으로 수행할 수 있는 지를 평가해야 한다.

학습내용	평가항목	성취수준		
		상	중	하
텍스트마이닝 기반의 빅데이터 분석	텍스트마이닝 기반의 빅데이터 분석을 이해할 수 있다.			

평가 방법

• 작업 포트폴리오

학습내용	평가항목	성취수준		
		상	중	하
텍스트마이닝 기반의 빅데이터 분석	텍스트마이닝 기반의 빅데이터 분석을 이해할 수 있다.			

• 필기시험

학습내용	평가항목	성취수준		
		상	중	하
텍스트마이닝 기반의 빅데이터 분석	텍스트마이닝 기반의 빅데이터 분석을 이해할 수 있다.			

• 체크리스트를 통한 관찰

학습내용	평가항목	성취수준		
		상	중	하
텍스트마이닝 기반의 빅데이터 분석	텍스트마이닝 기반의 빅데이터 분석을 이해할 수 있다.			

• 피드백

1. 작업 포트폴리오
   - 제출한 보고서를 평가한 후 주요 사항에 대하여 표시하여 돌려준다.
2. 필기시험
   - 평가 결과 성적이 저조한 학생은 보고서 제출 기회를 부여한다.
3. 체크리스트를 통한 관찰
   - 실습 과정에서 평가한 후 개선해야 할 사항 등을 정리하여 돌려둔다.

참 | 고 | 문 | 헌

- 개인정보보호법(시행 2016년 4월 7일, 법률 제13723호)
- 공공 데이터의 제공 및 이용활성화에 관한 법률(시행 2016년 7월 25일, 법률 제13423호)
- 공공데이터포털, https://www.data.go.kr, 2016.8.10.
- 교육부 · 전종훈 외, "빅데이터 분석, NCS 학습모듈"
- 국가법령 정보센터, http://www.law.go.kr
- 국가통계포털, http://kosis.kr에서 2016년 8월 11일 검색
- 김선남 · 이환수, 『빅데이터 개인정보 가이드라인(안)의 개선방향 연구』, 『정보화 정책 제21권, 제4호』, 25쪽, 2014.
- 김시환 · 천석진 · 이현주, 『Big data 이용현황과 시사점』, 『지급결제와 정보기술 제52호』, 금융결제원 금융결제연구소, 2013.
- 김진영, 『헬로 데이터 과학』, 한빛 미디어, 2016.
- 김형훈 · 김선화, 『클라우드와 빅데이터의 강력한 파트너 MongoDB 핵심가이드』, 프리렉, 2014.
- 네이션 야우([2011] 2012), 『비주얼라이즈 디스 : 빅데이터 시대의 시각화+인포그래픽 기법(VISUALIZE THIS : The FlowingData Guide to Design, Visualization, and Statistics)』, 송용근(역), 에이콘
- 매일경제 기획팀, 서울대 빅데이터 센터, 『빅데이터 세상』, 매경출판, 2014.
- 모리후지 다이치, 인티베이지인([2014] 2015), 『엔지니어를 위한 데이터 시각화(ENGINEER NO TAME NO DATA KASHIKA 〈JISSEN〉 NYUMON)』, 김성재(역), 한빛미디어.
- 미래창조과학부, 한국정보화진흥원, K-ICT 빅데이터센터(2016), 2015년 BIGDATA 시장현황 조사.
- 민세희, 「데이터 시각화, 인식과 행동」, 『2014년 지역정보화 동향분석』, 제9호, pp.1-14. 2014.
- 빅데이터 기술분류 및 현황, 한국지능정보사회진흥원, 2013.12.
- 소프트웨어공학센터, http://ww.sw-eng.kr
- 양현철 · 김진철 · 신신애 외, 『데이터 수집. 빅데이터 활용 단계별 업무절차 및 기술 활용 매뉴얼(version 1.0)』. 미래창조과학부 · 한국정보화진흥원, 2014.
- 양현철 · 김진철 · 신신애 외, 『데이터 수집. 빅데이터 활용 단계별 업무절차 및 기술 활용 매뉴얼(version 1.0)』. 미래창조과학부 · 한국정보화진흥원, 2014.
- 위키백과, https://ko.wikipedia.org/wiki
- 유충현 · 홍성학, R을 활용한 데이터 시각화, 379, 2015.
- 이상한 정영훈, 『빅데이터 시스템 구축 가이드』, 프리렉, 2015.
- 이재운 기자, "통계학적 방식으로 취약점 방어...빅데이터 활성화 기대", 디지털타임즈, 3면, 2016.7.1.
- 전상훈, 『21세기 세종계획 말뭉치 활용 방안』, 문화관광부 연구보고서, 2003.
- 전영옥, 『구어 말뭉치의 구축과 활용』, 21세기 국어정보화아카데미, 2006.
- 조대협, NoSQL 데이터 모델링, http://bcho.tistory.com/665에서 2016.08.01., 검색 2012.
- 조대협, 분산 로그 & 데이터 수집기 Fluentd, http://bcho.tistory.com/1115, 2016.8.1.
- ㈜낱말, http://www.wordnet.co.kr/Views/Dictionary/DicSynonym.aspx?menu
- 주종면, 『NoSQL & mongoDB』, 도서출판databook, 2014.
- 포스터 프로보스트, 톰 포셋, 『비즈니스를 위한 데이터 과학』, 한빛 미디어, 2014.
- 한국 데이터베이스 진흥원, 『데이터 분석 전문가 가이드 2014 Edition』, 한국 데이터베이스 진흥원, 2014.
- 한국데이터베이스진흥원, 『데이터 분석 전문가 가이드 2014 Edition』, KODB, 2014.

학습 9

- 한국데이터베이스진흥원, 『데이터 분석 전문가 가이드 개정판』, 2016.
- 한국정보화진흥원, 2015년 빅데이터산업 10대 뉴스 및 이슈, BIGDATA, 2015.
- 한국정보화진흥원, 빅데이터 시각화 기술 도입을 위한 단계", 「빅데이터 기술 분류 및 현황」, 2015.
- 한국정보화진흥원, 빅데이터 활용 단계별 업무절차 및 기술 활용 매뉴얼(Version 1.0), 2014.
- 한유석, 『한국어 유의어사전 구축에 관한 연구』, 대한언어학회, 2014.
- 행정자치부 관계부처 합동 보도문, 『개인정보 비식별화 가이드라인』, 2016.
- Fradkin.D., Muchnik.I, Support Vector Machines for Classification, Discrete methods in epidemiology, volume 70, 13-20, 2006.
- https://ikkison.tistory.com/66 빅데이터/쉽게 읽는 데이터, 2019.5.23.
- Jarena Lee, https://github.com/lmullen/dh-r/blob/master/data/nlp/anb-jarena-lee.txt
- Text mining, https://en.wikipedia.org/wiki/Text_mining
- Cattell R., Scalable sql and nosql data stores. ACM SIGMOD, Athens, Greece, 2011.
- DBGuide.net, 데이터 요건분석
- http://www.dbguide.net/db.db?cmd=view&boardUid=13839&
- boardConfigUid=9 &boardIdx=39&boardStep=1, 2016.7.28.
- mongoDB Inc., (2016.08), MongoDB 3.2 Manual. Retrieved from https://docs.mongodb.com/manual/
- mongoDB Inc., (2016.08), Sharding. Retrieved from https://docs.mongodb.com/manual/sharding/
- Solid IT. Inc.. (2016. 08), DB-Engines Ranking. Retrieved from http://db-engines.com/en/ranking
- Wikipedia. (2016.08). Shard(database architecture). Retrieved from https://en.wikipedia.org/wiki/
- Shard_(database_architecture)
- Gartner, 'Magic Quadrant for Business Intelligence and Analytics Platforms', 2016.1.4.
- IDC, 'IDC FutureScape : Worldwide Big Data and Analytics 2015 Predictions', 2014.12.10.
- Jock D. Mackinlay(1986), Automating the Design of Graphical Presentations of Relational Information, ACM Transaction on GRaphics, Vol.5, No.2, April. 1986, 1-34
- Łukasz Halik, (2012), The analysis of visual variables for use in the cartographic design of point symbols for mobile Augmented Reality applications, GEODESY AND CARTOGRAPHY, Vol.61, No.1, 2012, 19-30.
- Sharon Machlis(2015), Chart and image gallery : 30+ free tools for data visualization and analysis, Computerworld
- TTA(2014), "빅데이터 시각화 기술", ICT 표준화포럼-빅데이터포럼.
- http://cartodb.com/
- http://colorbrewer2.org
- http://data.seoul.go.kr/openinf/linkview.jsp?infId=OA-13304
- http://docs.ggplot2.org
- http://gapminder.org/world
- http://ggplot2.org
- http://github.com/dkahle/ggmap
- http://groups.google.com/group/ggplot2

- http://indiemapper.com/
- http://mbostock.github.io/protovis/
- http://mbostock.github.io/protovis/ex/nba.html
- http://modestmaps.com/
- http://newsmap.jp
- http://philogb.github.io/jit/
- http://processing.org
- http://python.org
- http://sgis.kostat.go.kr/view/index
- http://www.adobe.com/kr/products/illustrator.html
- http://www.google.com/drive/start/apps.html
- http://www.iea.org/etp/explore/
- http://www.instantatlas.com/
- http://www.labri.fr/perso/nrougier/teaching/matplotlib/
- http://www.perceptualedge.com/articles/visual_business_intelligence/sometimes_we _must_raise _our_voices.pdf
- http://www.r-project.org/
- http://www.tableau.com/
- http://www.telerik.com/kendo-ui
- http://www2.parc.com/istl/groups/uir/publications/items/UIR-1986-02-Mackinlay-TOG-Automat ing.pdf
- https://commons.wikimedia.org/wiki/File:Basic_by_Isotype.jpg
- https://commons.wikimedia.org/wiki/File:Gestalt_closure.svg
- https://cran.r-project.org/web/packages/RColorBrewer/index.html
- https://d3js.org/
- https://developers.google.com/chart/
- https://developers.google.com/chart/interactive/docs/gallery
- https://developers.google.com/chart/interactive/docs/reference
- https://docs.google.com/spreadsheets/u/0/
- https://en.wikipedia.org/wiki/Principles_of_grouping#/media/File:Gestalt_proximity.svg
- https://infogr.am
- https://inkscape.org/
- https://public.tableau.com/s/
- https://stat.ethz.ch/R manual/R devel/library/stats/html/heatmap.html
- https://www.arcgis.com/features/index.html
- https://www.openstreetmap.org/
- https://www.rstudio.com/
- https://www.theguardian.com/news/datablog/2010/may/17/uk-public-spending-dep artments-mo ney-cuts
- Fradkin.D., Muchnik, I. (2006). Support Vector Machines for Classification, Discrete m ethods in epidemiology, volume 70, 13-20.
- Jarena Lee, https://github.com/lmullen/dh-r/blob/master/data/nlp/anb-jarena-lee.tx
- Text mining, https://en.wikipedia.org/wiki/Text_mining

학습 9

학습 1	빅데이터의 이해
학습 2	빅데이터의 분석기획
학습 3	빅데이터의 수집
학습 4	빅데이터의 저장
학습 5	빅데이터의 처리
학습 6	빅데이터의 분석용 데이터 탐색
학습 7	통계기반 빅데이터 분석
학습 8	머신러닝 기반의 빅데이터 분석
학습 9	텍스트마이닝 기반의 빅데이터 분석

학습 10 빅데이터의 시각화

학습 11	빅데이터의 비즈니스 모델과 활용전략
학습 12	빅데이터의 플랫폼과 관리
학습 13	빅데이터의 보안분석
학습 14	빅데이터의 융합

학습 목표

1. 빅데이터의 시각화를 이해할 수 있다.

10-1 빅데이터의 분석결과 스트리텔링 기획

1. 빅데이터 규칙과 패턴 도출

1) 시각화 개요

'데이터를 보다'라는 표현은 다소 추상적일 수 있다. 글은 보는 것이 아니고 읽는 것이고, 읽는 행위는 이해하고 공유하기 위한 기본적인 절차다.

그렇다면 데이터를 본다는 것은 상대를 이해시키고 공유할 수 있는 형태로 전달돼야 하는데, 이것이 바로 '시각화'다. 이런 시각화의 시도는 주로 정적인 차트 또는 인포그래픽으로 발전해왔으며, 다양한 대시보드 솔루션들이 활용돼왔다.

하지만 빅데이터와 인공지능에 이르는 광범위한 데이터의 활용은 좀 더 다른 의미의 시각화를 요구하기 시작했다

(1) 시각화 정의

빅데이터의 양이 기하급수적으로 증가하며, 데이터가 가지고 있는 잠재적인 정보의 가치가 커짐에 따라 데이터 시각화에 관한 관심이 급증하고 있다. 빅데이터 시각화(Visualization)는 인간의 시각능력을 토대로 데이터에 대한 이해와 설득에 도움을 주기 위해 그림이나 도형 등의 그래픽 요소들을 이용하여 데이터를 묘사하고 표현하는 것이다. 빅데이터 시각화는 최근에 이슈가 된 것이 아니라 아주 오래전부터 인간이 정보를 전달하기 위한 수단으로 사용해 온 의사소통 방법이다.

빅데이터 시각화는 선, 막대, 원 등의 기하나 도형과 같은 양식을 이용하여 데이터의 특징을 잘 설명할 수 있는 모양으로 만들어내는 것이며 색상, 레이블, 인터랙티브 특성을 활용하여 데이터를 표현하는 것이다.

(2) 시각화 기능

빅데이터 시각화의 기능은 설명, 탐색, 표현의 세 가지로 구분할 수 있다. 설명적 시각화는 단일 시각 경험을 제공하고, 탐색적 시각화는 다양하지만 유한한 경험을 제공한다면, 표현적 시각화는 심미적인 측면에서 감정적 반응과 데이터에 대한 다양하고도 풍부한 해석을 제공할 수 있다(출처 : 데이터시각화 설계와 활용, 엔디커크, p.57 인용).

① 설명기능 : 빅데이터의 시각화를 통해 전달하려는 메시지와 주요한 분석결과를 설명하는 기능으로서, 빅데이터로부터 유의미하거나 흥미로운 이야기와 분석을 명확하게 보여주어야 한다.

② 탐색기능 : 빅데이터에 숨겨져 있는 관계와 패턴을 찾기 위한 시각적 분석기능으로서, 빅데이터의 유의미하거나 흥미로운 요소를 이용자가 직접 탐색하는 것이다.

③ 표현기능 : 빅데이터에 대한 분석적인 통찰보다는 빅데이터를 활용한 개인 작품이나 예술적인 표현을 통해 감정적인 시선이나 이야기 전달, 공감을 불러일으키기 위한 기능이다.

(3) 시각화 목적

시각화의 목적은 시각화 결과물을 이용하는 사용자가 주제에 대해 더 잘 이해하고 느끼게 하는 것으로 '정보전달'과 '설득'으로 구분할 수 있다.

학습 10

① 정보전달 : 빅데이터의 진실을 간단하고 정확하게 전달하고 분석할 수 있는 실용적이고 과학적 측면의 목적을 말한다.

② 설득 : 빅데이터의 창의적이고 심미적 표현을 통해 데이터를 통해 전달하고자 하는 메시지에 대한 공감, 설득 등의 감정적 반응을 유도하는 추상적이고 예술적 측면의 목적을 말한다.

(4) 시각화 프로세스

빅데이터의 시각화 프로세스는 '구조화', '시각화', '시각표현'의 세 단계로 크게 구분된다.

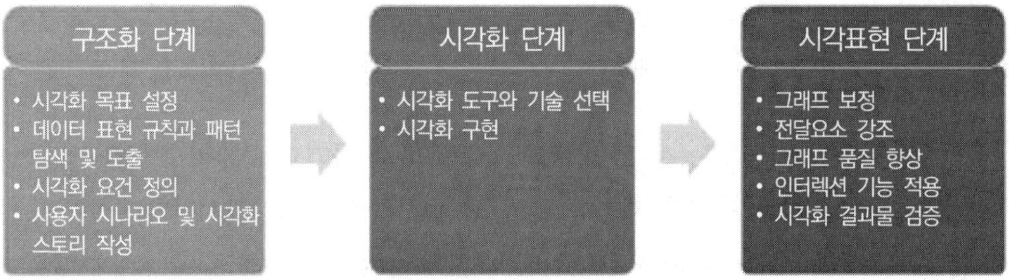

[그림 10-1] 시각화 프로세스

① 구조화 단계 : 구조화 단계는 데이터 시각화 목표를 설정하고, 데이터 및 분석결과를 토대로 데이터의 표현 규칙과 패턴을 탐색하여 시각화를 위한 요건을 정의한 후 사용자에 따른 시나리오를 작성하고 스토리를 구성하는 단계이다.

- 시각화 목표 설정
- 데이터 표현규칙과 패턴탐색 및 도출
- 시각화 요건 정의
- 사용자 시나리오 및 시각화 스토리 작성

② 시각화 단계 : 시각화 단계는 구조화 단계에서 정의된 시각화 요건과 스토리를 기반으로 적절한 시각화 도구와 기술을 선택하여 데이터 분석정보의 시각화를 구현하는 단계이다. 시각화 도구에서 제공하는 시각화 표현요소를 이용하여 분석의 핵심 내용이 반영될 수 있도록 구조적으로 시각화하는데, 단순하고 명료한 메시지 전달을 위해 시각적 형태와 모양이 갖추어지도록 시각화 과정을 반복적으로 수행하여 시각화한다.

- 시각화 도구와 기술 선택
- 시각화 구현

③ 시각표현 단계 : 시각화 단계에서 만들어진 시각화 결과물을 바로잡고, 정보표현을 위한 그래픽 요소를 반영하여 정보전달 효과를 극대화하도록 그래픽 품질을 향상한 후, 최종 디자인된 시각화 결과물이 구조화 단계에서 정한 목적과 의도에 맞게 구현되었는지를 확인하는 단계이다.

- 그래프 보정
- 전달요소 강조
- 그래프 품질 향상
- 인터랙션 기능 적용
- 시각화 결과물 검증

2) 빅데이터 표현규칙과 패턴 찾기

분석정보 및 데이터 시각화를 위해서는 우선 데이터 속에 숨겨져 있는 패턴과 규칙을 찾는 것이 중요하다. 데이터의 패턴과 규칙은 데이터가 설명하려는 정보가 되며, 전달하려는 이야기로 확장될 수 있기 때문이다.

(1) 데이터 탐색하기

기준에 따라 데이터를 정렬하는 데이터 배열은 데이터를 조직화하기 위한 데이터 탐색 방법이다.

① 위치(Location)에 따른 데이터 배열

- 위치에 따른 데이터 배열 : 데이터나 정보를 지리적인 위치를 포함해서 공간적인 위치에 배열하는 것이다. 지도나 건물의 안내도 등이 위치를 기준으로 한 데이터 배열의 가장 일반적인 시각화 결과물이다.
- 알파벳(Alphabet)에 따른 데이터 배열 : 일반적으로 가장 많이 사용되는 데이터 정렬방법으로 알파벳으로 데이터를 나열하는 것이다.
- 시간(Time)에 따른 데이터 배열 : 시간순서에 따라 데이터를 배열하는 것이다.
- 카테고리(Category)에 따른 데이터 배열 : 데이터나 정보의 속성에 따라 분류하는 것으로, 중요도나 주제가 서로 유사한 정보에 적합한 배열이다.
- 위계(Hierarchy)에 따른 데이터 배열 : 데이터 값이나 중요도 순서로 배열하는 것이다.

② 데이터 재배열하기 : 데이터 재배열은 데이터 배열로 분류된 데이터를 이용자가 인지하기 쉽게 패턴을 만드는 것으로서 시각화와 밀접한 연관이 있는 단계이다.

학습 10

(2) 데이터의 시각적 분석 수행하기

데이터의 시각적 분석을 통해 데이터가 표현하고 있는 다양한 규칙과 패턴을 관찰할 수 있다. 시각적 분석기준은 데이터 유형과 분석목적에 따라 다르다.

① 범주나 비율값 비교

- 범위 : 값의 범위를 파악한다.
- 분포 : 개별의 변수들 혹은 변수의 조합이 갖는 분포형태를 확인한다.
- 순위 : 크기를 기준으로 데이터의 순서를 확인하는 것이다. 최댓값과 최솟값, 중앙값, 사분위수 등을 확인한다.
- 측정 : 값이 갖는 중요성을 파악하기 위해 숫자 자체(몇 자리 숫자인지 등)보다 깊이 있게 조사한다.
- 맥락 : 평균, 표준편차, 목표나 예측의 맥락에서 벗어나는 값 등을 판단한다.

② 시간에 따른 추세와 패턴

- 추세방향 : 값이 증가하거나 감소하는 등 변화가 있는지 혹은 유지되는지를 확인한다.
- 추세패턴 : 선형이나 지수형으로 변하는지, 혹은 변화가 없는지를 확인한다.
- 추세속도 : 얼마나 급한지를 파악한다.
- 변동패턴 : 반복되는 패턴, 변동의 폭, 계절효과와 같이 어떤 리듬이 있는지, 혹은 무작위 패턴인지를 본다.
- 중요도 : 알아낸 패턴이 중요한 신호인지 무시해도 되는 잡음인지 파악한다.
- 교차 : 변수 사이에 교차나 중첩이 발생하는지, 관계의 변화를 나타내는 교차점이 발생하는지 확인한다.

③ 관계와 연결

- 예외 : 이상치(Outlier)와 같이 정상범위를 벗어난 변수가 있는지 파악한다.
- 상관성 : 변수 간의 관련성이 강하거나 약한 상관관계가 존재하는지 확인한다.
- 연관성 : 변수와 값의 조합 간에 의미 있는 관계가 존재하는지 파악한다.
- 클러스터 및 틈 : 데이터가 여러 그룹으로 군집화되는 것처럼 보이는지, 데이터 포인트 사이에 빈틈이 없는지 확인한다.
- 계층관계 : 데이터의 범주와 하위 범주의 구성과 분표, 관련성을 파악한다.

2. 시각화 요건 정의와 스토리보드 기획

1) 시각화 활용목적과 사용자 가치 관점

시각화 활용목적은 시각화 구축목적과 일치하는 개념으로서, 시각화 결과물의 주된 사용자가 누구인지에 따라 시각화를 통해 전달하고자 하는 정보의 수준과 내용이 다르게 결정된다. 그러므로 시각화 결과물 이용자가 누구인지 명확히 하는 것은 곧 시각화 결과물의 기능과 디자인 방향을 결정짓는데 영향을 준다.

(1) 사용자 분류

① 내부 업무자

- 의사결정권을 가진 대표, 임원(CFO, CIO 등)
- 부사장과 수석관리자
- 감독
- 관리자
- 직원

② 외부 사용자

- 고객 : 특정한 주제에 관심을 두는 대규모의 고객
- 청중 : 전세계 불특정 다수의 청중
- 개인 : 개인적 업무로 데이터 자체를 탐색 또는 교육하는 자

(2) 시각화 활용목적

시각화 활용목적은 시각화 기능으로 구분할 수 있다.

① 데이터를 설명하기 위해서

② 데이터를 시각적으로 탐색하기 위한 수단을 제공하기 위해서

③ 표현을 위한 전시목적으로 데이터를 사용하기 위해서

2) 시각화 요건 정의

시각화 요건이란 시각화 활용목적과 사용자 가치관점에서 데이터의 시각화를 위한 사업적, 기술적 요구사항과 시각화 원칙 및 품질기준 등에 대한 요구사항을 말한다. 데이터에 대한 표현규칙과 패턴에 따라 시각화 활용목적과 사용자 가치 관점에서 시각화 요건을 정의한다.

학습 10

(1) 사업적 요구사항 정의

사업적 요구사항은 빅데이터 분석기획 시 정의한 사업목표와 전략을 기준으로 시각화 결과물을 활용하는데 필요한 요건들을 기술한다. 시각화 결과물을 내부 업무의 의사결정 수단으로 이용하거나, 외부의 대중들에게 정보전달이나 설득을 위한 수단으로써 활용하는데 필요한 사항들을 기술한다.

(2) 기술적 요구사항 정의

시각화 구현을 위해 사용되는 시각화 도구인 분석 플랫폼 및 라이브러리 등에 대한 요구사항을 정의한다. 시각화 구현도구는 단순한 그래프 형태로 제공하는 것에서부터 데이터의 분석과 시각화 결과물을 보고서 형식으로 제공하는 기능, 디자인이 강화된 인포그래픽 형태로 표현해주는 솔루션까지 매우 다양하다. 이들 중 시각화 분석 업무환경에 맞는 시각화 구현도구를 선택하고 기술적 요구사항을 정의한다.

〈표 10-1〉 시각화 도구 분류

분 류	도구 리스트	특 징
시각화 플랫폼	Cognos Insight, Information Builders, PowerPivot, PowerView, Visual Insight, QlikView, SAS Enterprise Business Intelligence, Table au, Tibco Spotfire Analytices, R, WolframAl pha, Better World Flux, Dipity, Many Eyes, Excel, CartoDB, Weka, Gephi	• 설치 및 구축이 필요 • 제공되는 기능과 옵션 안에서만 차트와 그래프에 대한 디자인과 기능 수정이 가능
시각화 라이브러리	Flot, Rapha 1, Modest Maps, Leaflet, Time line, Exhibit, jQuery Visualize, jqPlot, D3.js, JavaScript InfoVis Toolkit, jpGraph, Highch arts, Google Charts, Crossfilter, Tangle, Polymaps, OpenLayers, Kartograph, Processing, NodeBox	• 라이브러리 설치 필요 • 프로그래밍 관련 경험 또는 전문지식 필요 • 차트와 그래프에 대하여 사용자가 원하는 형식으로의 디자인과 동작에 대한 제어가능
인포 그래픽스	iCharts, Visualize Free, Visual.ly	• 웹서비스 형태로 제공

출처 : 한국데이터베이스진흥원(2014). 『데이터 분석 전문가 가이드 2014 Edition』, KODB., 922쪽

(3) 시각화 원칙 및 품질요건 정의

데이터의 표현규칙과 패턴을 토대로 구현해야 할 기능적 측면과 시각화 결과물의 심미적 측면에서 요구되는 사항들을 기술한다. 좋은 시각화 결과물은 사용자가 많

은 학습시간을 들이지 않아도 데이터가 전달하려는 정보나 메시지 및 스토리를 쉽게 이해할 수 있어야 한다. 시각화의 기능성과 심미성을 모두 만족하도록 시각화 결과물을 만들기 위해, 시각화 구축 초반에는 시각화 결과물의 기능적인 측면 위주로 작업을 진행하며, 후반부에서는 사용자의 시지각적 인지효과를 높일 수 있는 디자인 표현을 강화하는 방향으로 작업한다.

3) 사용자 시나리오 작성 및 스토리보드 기획

데이터를 시각화하기 위해서는 가장 중요한 것은 스토리텔링이다. 데이터 분석결과 수집된 정보를 어떻게 보여주느냐에 관심을 두기보다는 정보를 효과적으로 보여주기 위해서는 어떤 이야기로 설명해 줄 것인지를 결정해야 한다.

① 사용자별 이용데이터 세트 및 정보를 기술한다.
② 사용자 시나리오를 작성한다.

앞 단계에서 정의한 시각화 요건을 사용자별로 분리하여 시각화 이용기능과 사용과정에 대한 사용자 시나리오를 작성한다.

① 내부 업무자 : 의사결정권자 · 업무담당자 · 관리자 등
② 외부 사용자 : 고객 · 청중 · 개인
③ 스토리보드 기획

사용자별로 시각적 분석결과 중 전달해야 하는 핵심요소와 전달효과를 높일 수 있는 시각화 방법 및 그래픽 표현 요소들을 발굴하고, 이를 사용자별로 작성된 시나리오에 적용한 스토리보드를 작성한다. 스토리보드는 컴퓨터로 작업하기 전 대충의 아이디어를 종이나 보드에 그리는 스케치 작업으로 구성한다.

① 사용자별 데이터 표시수준을 결정

〈표 10-2〉 스토리보드에서 사용자별 데이터 표시수준 예시

업무 역할	스토리보드에서 데이터 표시수준
임원급(CEO, CIO, CFO 등)	회사 전체 : 상위수준 데이터
부사장과 수석관리자	그룹별 : 상위수준 데이터
감독	부서별 : 상위수준 데이터, 드릴다운 데이터
관리자	팀별 : 드릴다운 데이터
직원(개별 참여자)	작업 : 드릴다운 데이터

② 전달하려는 핵심요소 선정 : 사용자별 이용 시나리오를 기준으로 데이터 및 분석정보에 대하여 전달할 핵심요소를 선정한다. 예를 들어 데이터 시각화 목적이 시간에 따른 추세와 비교인 경우 전달하기 위한 핵심요소로 시간에 따른 추세와 비교로 정한다.

③ 레이아웃 결정 : 다음 예시와 같이 적절한 기본 그리드 또는 변형된 그리드를 선택한다.

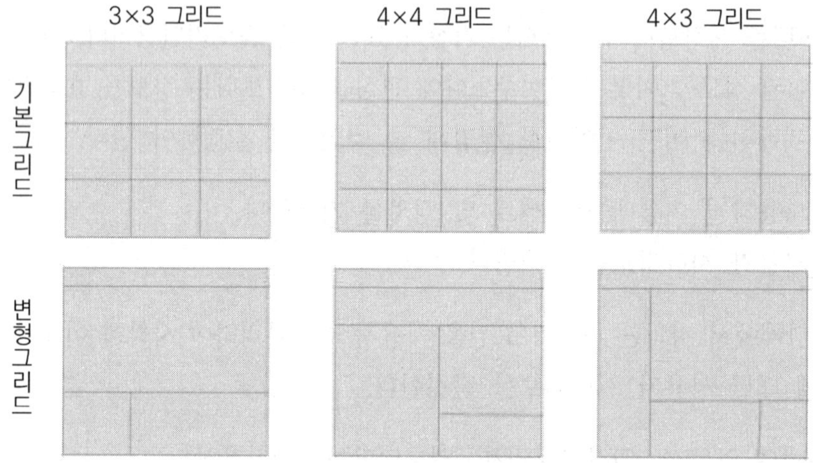

[그림 10-2] 기본 그리드와 변형 그리드 (예)

④ 전달효과를 높이는 시각화 방법 및 그래픽 표현요소 선정 : 지도, 차트, 다이어그램, 텍스트, 인포그래픽 등 데이터 시각화를 위해 효과적인 시각화 방법을 선택하고, 각 시각화 방법에 따라 전달효과를 높일 수 있는 그래픽 표현요소들을 선택하여 배치한다. 예를 들어 전달하기 위한 핵심요소가 시간에 따른 추세와 비교로 정하고 시각화 방법으로 선그래프 등을 선택한다. 또 차트나 그래프와 같은 시각화 방법뿐만 아니라 이를 설명하거나 선택하기 위한 다양한 텍스트나 버튼과 같은 요소들도 지정한다. 여기서 그래픽 표현요소는 점, 선, 면, 입체와 같은 기하요소나 색, 질감, 명도, 채도, 위치, 배치, 간격 등의 장식요소를 말한다. 시각화 도구에 따라 제공되는 그래픽 표현요소와 선택방법에 차이가 있겠지만, 일반적으로 데이터를 표현하기 위해 사용되는 막대, 선, 영역 등의 기하요소와 축, 제목, 범례, 데이터계열, 레이블, 눈금 등이 가이드 요소로 제공되며, 색, 질감, 굵기 등을 통해 기하요소와 가이드요소에 대한 전달효과를 높이기 위해 제공되고 있다. 시각화 방법 및 그래픽 표현 요소

에 대한 구체적인 필요지식은 학습2를 참고하면 된다.

⑤ 동선(Movement), 순서(Sequence), 상호작용(Interactivity), 연결(Connection), 다양한 색상, 설명 또는 레이블 중 데이터가 가지는 정보와 메시지를 효과적으로 전달할 방법을 선택하여 단계별로 그린다.

10-2 빅데이터의 분석정보 시각화

1. 시각화 도구와 기술 선택

1) 시각화 도구와 기술

분석정보 및 데이터를 시각화하려면 기획된 스토리보드에 따라 차트나 그래프를 구현하기 위한 적절한 시각화 도구와 기술을 선택해야 한다.

(1) 시각화 도구와 기술동향

시각화 도구와 기술은 빅데이터 분야의 전망과 IT 발달에 따라 압도적으로 출시되고 있으며, 쉽고 빠르게 필요한 정보에 접근하고 시각화할 수 있는 형태로 진화하고 있다. IDC의 빅데이터 산업 발전방향에 대해 전망한 보고서에 따르면, 비주얼 데이터 분석도구들은 비즈니스 인텔리전스의 다른 시장들보다 2.5배 빠른 속도로 성장하고 있다고 보고하였다. 또 가트너(Gartner)가 발표한 비즈니스 인텔리전스 및 분석 플랫폼 부문 매직 쿼드런트에 따르면, 분석 플랫폼 시장은 IT부서 지원이 최소화되는 셀프서비스(Self-service) 분석이 확대되고, 데이터 발견기능의 복잡성은 줄어들 것이라고 한다. 또 사용자의 데이터 준비를 단순화시키고 패턴탐색을 자동화하여 사용하기 쉬운 도구들이 주목받을 것이라고 하였다. 타블로(Tableau)와 클릭테크(QilkTech) 등 시각화에 강한 업체들이 빅데이터 분석 플랫폼 시장을 주도하고 있으며 버스트(Birst), 데이터미어(Datameer), 스플렁크(Splunk) 등 많은 IT업체가 시각화에 중점을 둔 비즈니스 인텔리전스 솔루션을 내놓고 있다. 그리고 빠르게 변화하는 기술환경 중 오픈소스 기반의 무료데이터 시각화 도구들도 많이 출시되고 있다. 국내 빅데이터 분석 플랫폼 시장에서는 타블로, 스플렁크, SAS, 마이크로스트레티지, 오라클, IBM. SAP 등에서 제공하는 시각화 제품들이 경쟁하고 있으며, 국산 시각화 솔루션인 위세아이텍의 와이즈 비주얼과 솔트룩스의 레인보우

학습 10

도 함께 경쟁하고 있다.

(2) 시각화 도구 분류

시각화 도구는 도구를 다루는 수준의 난이도, 용도, 기능, 분야 등 여러 기준에 따라 구분할 수 있다. 글로벌 IT 매체인 Computer world는 2020년부터 매년 무료 시각화 및 분석도구들을 분야별, 용도별, 기능별로 정리하여 발표하고 있는데, 최근 발표한 기준을 보면 무료 시각화 도구들 35가지를 제시하여 비교하고 있다. 시각화 도구는 기술 수준뿐 아니라 〈표 10-3〉과 같이 기능을 선택하고 몇 번의 조작을 통해 손쉽게 차트와 그래프를 생성하는 시각화 소프트웨어, 프로그래밍 경험

〈표 10-3〉 시각화 도구 분류

분 류	도 구	특 징
시각화 소프트웨어	마이크로소프트 엑셀 구글 스프레드시트 구글 차트 도구 구글 퓨전 데이블 infogr.am Tableau QlikView	• 몇 번의 클릭으로 손쉽게 차트 및 그래프 작성 가능 • 설치 및 구축이 필요하며, 시각화 소프트웨어가 제공하는 기능을 실행하여 시각화 수행 • 제공되는 기능과 옵션 안에서만 차트와 그래프에 대한 디자인과 기능 수정이 가능
프로그래밍 환경	KendoUI D3.js JavaScript InfoVis Toolkit 파이썬(Python) HTML5 R 프로세싱(Processing)	• 시각화를 위한 라이브러리나 프로그래밍 언어를 통해 차트나 그래프 작성 • 설치 및 구축이 필요 • 프로그래밍 관련 경험 또는 전문지식 필요 • 차트와 그래프에 대하여 사용자가 원하는 형식으로의 디자인과 동작에 대한 제어가능
지도 매핑 도구	ArcGIS 인디매퍼(Indiemapper) 인스턴트아틀라(InstantAtlas) 카르토DB(CartoDB) 모디스트맵(Modest Maps) 폴리맵스(Polymaps) 오픈스트리트(OpenStreetMap)	• 지리-공간 데이터에 대한 최적의 지도 및 시각화 기능과 공간분석
그래픽 소프트웨어	일러스트레이터(Adobe Illustrator) 인디자인(InDesign) 잉크스케이프(Inkscape) 코렐드로우(Corel Draw)	• 시각화 도구와 기술을 사용하여 작성된 그래프의 보정작업을 위한 그래픽 소프트웨어

출처 : 한국데이터베이스진흥원(2014). 『데이터 분석 전문가 가이드 2014 Edition』, KODB., p.922. 재구성

및 전문 지식을 기반으로 코딩작업을 통해 그래프를 만드는 프로그래밍 환경, 지리(GIS)-공간 데이터를 위한 매핑도구, 그래픽 소프트웨어 등으로 구분할 수 있다.

(3) 시각화 도구와 기술 선택기준

데이터 시각화를 위해 사용할 수 있는 도구들은 매우 다양하다. 그러므로 어떤 도구와 기술을 선택할지는 먼저 각 도구의 특성과 제공되는 시각화 기능들을 잘 이해하고 있어야 하며, 시각화를 통해 달성하려는 목표에 따라 적합한 도구를 선택해야 한다.

2) 정보시각화 방법

정보를 시각화하는 방법은 시각화의 목적과 의도, 데이터 유형에 따라 크게 시간시각화, 분포시각화, 관계시각화, 비교시각화, 공간시각화로 구분할 수 있다. 이 기준은 네이션 야우(Nathan Yau)가 「비주얼라이즈 디스(Visualize This)」에서 소개한 시각화 방법들을 인용한 것이며, 시각화 방법 분류기준으로 많이 활용되고 있다. 시각화 목적에 따라 데이터가 담고 있는 정보와 의미를 전달하기에 효과적인 차트와 그래프는 매우 다양하며, 비즈니스 요구에 맞는 새로운 방식의 차트와 그래프들이 발명되고 있는 현실이다.

〈표 10-4〉는 현재 가장 많이 사용되고 있는 차트와 그래프들을 시각화 방법별로 구분한 것이다. 그러나 어떤 차트는 다수의 특징을 가지고 있어 하나 이상의 분류 방법에 속할 수 있어 차트를 시각화하는 방법으로 분류하는 유일한 기준은 아니라는 것을 유념해야 한다. 예를 들어 막대그래프의 경우 시간에 따른 변화를 보여주기도 하고 범주 간의 비교도 가능하기 때문이다. 그러므로 정보시각화 방법으로 차트나 그래프를 선택할 때, 차트나 그래프의 용도와 특성을 먼저 이해하고 시각화

학습 10

〈표 10-4〉 정보시각화 방법

시간시각화	분포시각화	관계시각화	비교시각화	공간시각화
막대그래프 누적 막대그래프 산점도 선그래프 계단식 그래프 영역차트	파이차트 도우넛 차트 누적 막대그래프 트리맵 누적 영역차트	산점도 산점도 행렬 버블차트 히스토그램	막대그래프 히트맵 평행 좌표계 스타차트 체르노프 페이스	지도매핑

출처 : 네이션 야우([2011] 2012), 『비주얼라이즈 디스 : 빅데이터 시대의 시각화+인포그래픽 기법(VISUALIZE THIS : The FlowingData Guide to Design, Visualization, and Statistics)』, 송용근(역), 에이콘.

목적에 가장 적합한 것을 선택해야 한다. 특히 시각화 도구마다 다양한 차트와 그래프를 제공하고 있어 시각화 도구에 의해 정보시각화 방법을 결정하는 경우가 많은데, 차트와 그래프의 쓰임새를 먼저 잘 알고 시각화 목적에 적절한 수단인지를 결정하여 적합한 차트나 그래프를 선택하는 것이 현명하다.

(1) 시간시각화

시간에 따라 변화하는 데이터를 표현하는 방법으로서 장기간에 걸쳐 나타나는 값의 변화나 경향(Trend)을 추적하는 데 주로 사용되며, 전후 관계를 감안하여 값의 의미를 이해하는 기법이다. 값이 증가하는지 감소하는지, 계절에 따른 변화가 있는지 등의 데이터 값의 변화에 대한 패턴을 찾고 표현하는 방법이다. 시간데이터는 특정 시점이나 특정 시간의 구간값인 이산형(Discrete) 데이터와 지속해서 변화하는 값인 연속형(Continuous) 데이터로 구분된다. 막대그래프, 누적 막대그래프, 산점도 등은 이산형 데이터를 나타내기에 효과적이며, 연속형 시계열 데이터를 표현하기에 효과적인 차트와 그래프는 선그래프, 계단식 그래프, 영역차트 등이 있다.

① 막대그래프 : 막대그래프는 가장 흔한 차트 중 하나로서 값들이 눈으로 보기에 뚜렷한 차이를 보이는 경우에 사용하면 효과적이다. 막대그래프는 다양한 데이터 유형에 적용 가능한데 시간에 따라 변화하는 양을 비교하기 위해 사용할 수 있다. 데이터 값은 막대의 높이로 표시되고 값이 클수록 막대길이가 길어지며 x축(가로축)은 시간축, y축(세로축)은 값을 나타내는 축으로 0부터 시작해야 한다. 0이 아닌 다른 값으로 표현할 경우 숫자 비례를 왜곡하게 된다. 막대의 폭은 동일하며 막대들 사이의 간격 역시 동일하게 표현한다. 막대에 다양한 색상을 줄 수 있는데, 색상은 특정 상태나 범위를 나타내기 위해 사용할 경우 효과적이다. 모든 막대가 동일한 범위나 상태에 있는 경우 색상은 불필요하며, 일관성 유지를 위해 색상을 사용하지 않는 것이 시각적으로 도움이 된다.

② 누적 막대그래프 : 막대그래프와 거의 비슷하나, 한 구간에 해당하는 막대가 누적되는 것이 다르다. 한 구간이 몇 개의 세부항목으로 구분되면서 전체 합이 의미가 있을 때 사용하며, 한 구간의 세부항목별로 색상이나 질감을 다르게 구분하여 값의 크기를 표시할 수 있다.

③ 산점도 : 산점도(Scatterplot)는 막대그래프와 같이 x축(가로축)은 시간을 나타내고, y축(세로축)은 측정한 데이터 값을 나타내며, 세로방향으로 값의 크기

에 해당하는 위치에 점으로 표시한다. 각 점의 위치변화를 통해 데이터의 크기변화를 파악하게 된다. y축의 시작은 0으로 할 필요는 없으나 y축의 범위에 따라 시간에 따른 값의 변화 폭이 다르게 보일 수 있음을 주의해야 한다. 또 x축의 길이에 따라 점 사이의 간격이 좁아질수록 변화가 급격한 것으로 보일 수 있으므로 적정한 간격을 유지하는 것도 중요하다. 산점도는 특정 시점 또는 시간의 구간별로 값의 변화를 보여주기도 하지만 각 점을 선분으로 연결하면 연속된 기간의 데이터 추세를 파악할 수 있으며, 선그래프와 동일하게 된다. 산점도에서 x축을 시간이 아닌 다른 변숫값으로 표시하게 되면 두 변수의 관계를 나타내기 위한 차트로 사용된다.

④ 선그래프 : 선그래프는 시간데이터를 나타내는 산점도에서 점 사이를 직선으로 연결한 경우와 동일하며, 시간에 따른 값의 변화율 또는 추세를 볼 수 있다. 선분의 기울기가 급할수록 변화가 큼을 의미하며, 점을 제거하여 선분으로만 표시할 수도 있다. 데이터의 상대적 패턴을 보기 위한 경우 y축은 0에서 시작하지 않아도 된다.

⑤ 계단식 그래프 : 선그래프는 연속된 두 시점 사이들을 선분으로 연결하여 두 시점 사이의 변화율을 기울기로 표시한 것이다. 그러나 두 시점에 값의 변화가 전혀 없거나 급격하게 증가하거나 감소하는 경우 선그래프는 적절하지 않다. 두 지점 사이를 선분으로 연결하기보다는 변화가 생길 때까지 x축과 평행하게 일정한 선을 유지하다가 다음 값으로 변하는 지점에서 급격하게 뛰어오르는 계단형으로 그리는 것이 적절하다. 이러한 그래프가 계단식 그래프이다.

⑥ 영역차트 : 영역차트는 선그래프와 같이 시간에 값에 따라 크기변화를 보여주되 색을 채운 영역으로 보여준다는 것과 y축의 값은 0부터 시작해야 하는 것이 차이점이다.

(2) 분포시각화

분포시각화는 최대, 최소, 전체 분포를 나타내는 방법으로서 전체의 관점에서 각 부분간의 관계를 표현하는 것이다. 또 계층구조의 구성요소로서 범주형 데이터의 관계를 분석하기 위해 사용한다. 파이차트, 도넛차트, 누적 막대그래프, 트리맵, 누적 영역차트 등이 있다.

① 파이차트 : 파이차트는 원형을 각도를 기준으로 자른 조각으로 표현되며, 하나의 조각은 전체의 한 부분을 나타낸다. 각 조각에 해당하는 데이터 값은 360

도에 비례하는 각도로 표현하며, 모든 조각을 합치면 데이터 값 전체이면서 100%가 되어야 한다. 파이차트의 조각들이 너무 많아지지 않도록 해야 하며 조각별로 다른 색상을 사용할 수 있으나, 가독성을 고려하여 여러 색상보다는 한 가지 색상에 대한 채도만 변화를 주어 데이터 값의 내림차순으로 표현하는 것이 효과적이다.

② 도넛차트 : 파이차트와 같이 수치를 각도로 표시하되 중심부를 잘라내어 도넛 모양으로 보이는 것이 차이점이다. 도넛차트는 중심에 구멍이 뚫려 있으므로 조각의 각도 보다는 조각에 해당하는 호의 길이로 값의 차이를 인식하게 된다. 분류가 너무 많은 경우 파이차트나 도넛차트를 이용해 표현하는 것은 적절하지 못하다.

③ 누적 막대그래프 : 시간시각화를 위한 누적 막대그래프와 동일하게 데이터를 표현하나, x축이 시간이 아닌 항목별 분류데이터가 된다.

④ 트리맵 : 트리맵은 1990년 벤 슈나이더만(Ben Shneiderman)이 하드디스크 드라이브 내 파일들의 용량을 시각화하기 위해 고안한 데이터의 영역기반 시각화 방법이다. 트리맵의 각 사각형의 크기가 데이터 값을 나타낸다. 사각형을 포함하는 바깥 영역은 대분류를 나타내고, 내부의 사각형은 세부분류를 의미한다. 동일한 속성의 사각형은 인접하게 배열하며 색상과 색의 채도를 변화시켜 대분류와 세부분류에 해당하는 사각형의 영역을 색으로 표시하여 구분한다. 단순 분류별 분포시각화에도 사용하지만, 계층구조가 있는 범주형 데이터나 트리구조의 데이터를 표시하기 위해 사용된다. 마르코스 웨스캄피(Marcos Weskampi)가 개발한 뉴스맵(Newsmap)은 트리맵을 이용한 대표적인 사례이다(출처 : http://news.mapjp). 구글뉴스를 실시간으로 14개 지역, 7개 카테고리로 볼 수 있다. 뉴스 내용이 있는 내부 사각형을 선택하면 이미지와 텍스트로 선택한 뉴스에 대한 간략한 내용을 나타낸다.

⑤ 누적 영역차트 : 누적 영역차트는 범주별 데이터 값이 시간에 따라 변화하는 분포를 나타내기 위해 사용하며, 여러 개의 영역차트를 쌓아놓은 모양이다. 한 시점의 범주별 데이터 값을 합하면 주어진 시점에서 전체 데이터 값이 되며 영역누적의 높이로 표현된다. 범주에 따라 색상을 달리하여 영역을 구분하며, 시간에 따른 연속적인 누적 막대그래프와 같다. 공통의 기준이 없어 중간 부분의 크기는 잘못 해석될 여지가 있다.

(3) 관계시각화

관계시각화는 다변량 데이터 사이에 존재하는 변수사이의 연관성, 분포와 패턴을 찾는 시각화 방법이다. 변수사이의 연관성인 상관관계는 한 가지 요소의 변화가 다른 요소의 변화와 관련이 있는지를 표현하는 것으로 산점도(Scatterplot), 산점도 행렬(Scatterplot Matrix), 버블차트 등을 통해 파악할 수 있다. 상관관계는 한 변수에서의 수치변화를 통해 다른 변수의 수치변화를 예측할 수 있다. 평균, 중앙값, 최빈값 등 데이터가 어떤 수치를 기준으로 어떻게 분포하는지를 파악하기 위해서는 줄기-잎 그림표(Stem-and-leaf Plot), 히스토그램(Histogram), 밀도 함수(Density Function) 그래프 등이 있다. 여러 개의 분포를 비교하기 위해 한 플롯에 배치하는 히스토그램 행렬 등도 있다.

① 산점도 : 산점도는 x축(가로축)과 y축(세로축) 각각에 두 변숫값의 순서쌍을 한 점으로 표시하여 두 변수의 관계를 나타낸 그래프로서 상관관계, 군집화, 이상치 패턴을 파악하기에 유용한 그래프이다.

② 산점도 행렬 : 산점도 행렬(Scatterplot Matrix)은 다변량 변수를 갖는 데이터에서 가능한 모든 변수 쌍에 대한 산점도들을 행렬형태로 표현한 그래프이다. 데이터 탐색과정에서 유용한 그래프이기도 하다. 산점도 행렬의 대각선 위치는 동일한 변수에 대한 산점도 위치이므로 비워두거나 변수이름을 표기한 레이블을 표시한다.

③ 버블차트 : 버블차트(Bubble Chart)는 산점도에서 데이터 값을 나타내는 점 또는 마크에 여러 가지 의미를 부여하여 확장된 차트이다. 데이터 값에 대한 비율에 따라 원형 버블의 크기를 달리하여 표시하기도 하지만, 세 번째 변수로서 버블의 크기를 사용하는 버블차트를 요즘을 더 많이 사용하고 있다. 한스 로슬링이 전세계의 국가별 경제적 부와 건강의 상관관계를 강연할 때 사용한 갭마인더 웹사이트(http://gapminder.org/world)는 버블차트의 대표적인 사례이다. x축은 1인당 소득을 나타내고, y축은 기대수명, 버블의 크기는 인구수를 나타내고, 버블의 색은 6개 대륙을 표시한 것이다.

④ 히스토그램 : 히스토그램은 전통적인 통계그래프 중 하나로서 막대그래프와 유사해 보이나 x축에 정량적인 값으로 표현된 특정한 간격을 표시하고 각 구간에 대응하는 값의 빈도를 막대(Bin)의 높이로 y축에 표현하며 막대 사이에 빈 간격이 없는 것이 다르다. 막대의 너비는 x축에 해당하는 변수의 구간으로서 막대의 수가 작으면 각 구간의 범위를 넓게 준 것이고, 막대의 수가 많아지

면 구간의 간격이 좁아진 것이다. 즉 구간의 범위를 조정하거나 막대의 수를 변경함으로써 히스토그램의 모양이 달라지는데, 이는 데이터 분포를 탐색하는 주요한 방법이 된다.

(4) 비교시각화

다변량 변수를 갖는 자료의 경우 변수의 수가 많아 가장 주요한 변수 간의 관계를 살펴보기 위해 변수를 선택하거나, 모든 변수를 고려한 상황에서 개체들을 비교하기는 쉽지 않은 일이다. 이를 해결하기 위해 다변량 변수를 갖는 자료를 제한된 2차원에 효과적으로 표현하는 방법들이 있다. 막대그래프, 플로팅바 차트, 히트맵, 체르노프페이스, 스타차트, 평행좌표계 등이다.

① 막대그래프 : 막대의 길이나 높이를 통해 데이터의 크기를 전달하고, 범주 간 비교를 할 수 있다.

② 플로팅바(Floating Bar) 차트 : 간트차트(Gantt Chart)로 불리기도 하는데, 막대가 가장 낮은 수치에서부터 가장 높은 수치까지 걸쳐있는 것으로 표현된다. 축의 시작점은 0점이 아닐 수 있다. 범주 내 값의 다양성을 파악할 수 있으며, 범주 간 중복이나 이상치 파악도 가능하다.

③ 히트맵 : 히트맵(Heatmap)은 여러 가지 변수들을 비교해 볼 수 있는 시각화 방법 중 가장 많이 사용되는 유용한 그래프이다. 표(Table)와 같이 행 방향은 관측 개체를 나타내고, 열 방향은 각각의 변수를 나타낸다. 표의 각 칸은 값을 의미하는데 수치로 나타내지 않고 색상을 이용하여 값을 표현한다. 즉 색상의 채도가 높거나 낮은 것으로 데이터 값의 크기가 크고 작음을 의미하는 것이다. 한 행을 왼쪽에서 오른쪽으로 보는 경우는 하나의 관측 개체에 대하여 모든 변수를 파악하는 것이고, 한 변수에 대응하는 한 열을 위에서 아래로 보는 경우는 한 변수 관점에서 관측 대상 전체를 비교하는 것이다. 데이터가 지나치게 많은 경우 더 혼란스러울 수 있으므로 적당한 색상을 선택하고, 정렬을 통해 데이터에 대한 가독성을 높일 수 있다. 히트맵은 웹사이트 방문자 분석을 위한 웹로그 분석에서 많이 활용되고 있다. 방문자의 마우스 클릭을 열 분포 형태 이미지로 변환하여 사이트 이미지 위해 겹쳐 보이게 하며, 클릭이 많은 영역은 빨간색으로 적은 곳은 파란색으로 표시하고 있다.

④ 평행좌표계 : 평행좌표계(Parallel Coordinates)는 다변량 데이터를 2차원 평면에 표현하는데 매우 효율적인 방법으로써, 하나의 축이 하나의 변수를 나

타내며 각각의 축을 평행하게 배치하고, 한 축에서 윗부분은 변숫값의 최댓값을 아래는 최솟값을 나타내도록 한다. 한 데이터의 여러 변수마다 주어진 값을 해당 축의 위치로 대응시키고 이 지점들을 선으로 연결한다. 연결선 하나는 데이터 하나를 의미하며 데이터 수만큼 연결선이 생성된다. 연결선들이 변수에 해당하는 각 축에서 띠는 모양을 통해 데이터의 집단적인 경향성과 변수 간의 관련성을 파악할 수 있게 해준다.

⑤ 체르노프 페이스 : 체르노프 페이스(Chernoff Faces)는 데이터의 다양한 변수를 얼굴모양의 눈, 귀, 코, 눈썹, 입, 머리카락 등의 길이, 너비, 모양 등과 일대일 대응시켜 데이터 개체 하나를 얼굴 하나로 표현하는 방법이다. 100개의 데이터는 100개의 얼굴을 생성시켜 얼굴모양의 유사성 등을 관찰함으로써 데이터를 비교하는 것이다. 데이터를 얼굴로 이해함에 따라 데이터가 의미하는 바와 거리가 멀게 해석될 수 있는 단점이 있다.

⑥ 스타차트 : 스타차트(Star Chart)는 다변량 데이터 변수의 수만큼 축을 생성하고, 변수마다 축 하나씩을 대응시켜 해당 변수의 크기에 따라 축의 길이를 만들며, 각 축의 끝을 연결하여 별 모양의 다각형을 만든다. 이때 각 축의 시작과 끝은 해당 변수의 최솟값과 최댓값으로 한다. 체르노프 페이스와 같이 데이터 수만큼의 다각형을 생성하여 각 다각형의 모양을 비교하는 것이다. 스타 차트는 레이더 차트(Rader Chart), 거미 차트(Spider Chart)라 부르기도 한다.

(5) 공간시각화

공간시각화는 지도상에 해당하는 정보를 표현하는 방법으로서 지리-공간데이터를 매핑하는 방법은 매우 다양하다. 지도는 위치와 거리에 대한 정보를 내포하고 있으며, 지도를 읽는다는 것은 지도의 한 위치를 다른 위치와 비교하는 것과 같으며 앞에서 소개한 차트나 그래프에서 범주 간의 데이터 값을 비교하는 것과도 유사하다. 다만 지도는 2차원 평면의 x, y 좌표 대신에 경도와 위도를 사용한다는 것이 차이가 있을 뿐이다. 또 모든 데이터에 시간을 적용하면 지도 하나는 한 시점의 한 순간을 나타내고, 여러 장의 지도를 통해 다양한 시점의 자료의 표현할 수 있다. 애니메이션이나 인터랙션 기법을 함께 활용하면 시간에 따른 변화를 사용자가 쉽게 읽고 이해할 수 있다. 지리-공간데이터 매핑을 위한 방법에는 등치지역도, 도트플롯맵, 버블플롯맵, 등치선도, 입자흐름도, 카토그램 등이 있다.

① 등치지역도 : 등치지역도(Choropleth Map)는 지도상에서 주나 도와 같은 지리적 단위로 데이터에 대한 의미를 색상으로 구분하여 표시하는 것이다. 색상은 정량적인 값에 근거하여 채도나 밝기를 차례로 변화시켜 적용한다. 등치지역도는 지리적 단위별로 인구가 균등하게 배분되지 않으면 단점이 된다. 데이터가 나타내는 값에 의해서가 아니라 지리적으로 차지하는 면적이 큰 경우 실제 값을 왜곡시킬 수 있기 때문이다. 시간에 따라 증가하는 값을 표현할 경우는 색상을 더욱더 신중히 선택해야 한다.

② 도트플롯맵 : 도트플롯맵(Dot Plot Map)은 지도상의 위도와 경도에 해당하는 지리적 좌표점에 산점도와 같이 점을 찍어 표현하는 것이다. 시간의 경과에 따라 점진적으로 지리적 확산을 나타내는 경우 자주 사용되는 방법이다.

③ 버블플롯맵 : 버블플롯맵(Bubble Plot Map)은 지리적 좌표 위에 정량적인 데이터 값의 크기를 나타내는 서로 다른 크기의 원형을 표시하는 것이다. 도트플롯맵이 지리적 산점도라면 버블플롯맵은 지리적 버블차트에 가깝다.

④ 등치선도 : 등치선도(Isarithmic Map)는 등치지역도가 갖는 지리적 단위별로 인구밀도가 상이할 경우 데이터 왜곡을 줄 수 있는 결점을 극복하기 위해 색상의 농도를 활용하여 표현한 방법이다.

⑤ 카토그램 : 카토그램(Cartogram)은 지역의 값을 표현하기 위해 지리적 형상의 크기를 조절하여 재구성된 지도와 같이 왜곡되고 비뚤어진 화면으로 나타난다. 이는 나라의 위치나 형태, 크기를 사전에 익숙하게 알고 있는 것을 이용하여 해당 정보를 전달하는 효과를 주고 있으며, 인터랙션 디자인을 적용한 경우 가장 효과적이다.

2. 분석정보 시각화

1) 시각화 도구에서의 시각화 표현요소

다양한 시각화 도구마다 제공되는 시각화 표현요소들은 데이터 시각화를 통해 메시지를 효과적으로 전달하기 데 필요한 요소로서 선, 원, 면, 입체 등의 기하요소와 색, 크기, 모양, 질감, 채도 등의 장식요소를 말한다. 전자의 기하요소는 시각기호(Visual Symbol)라고 하며, 후자의 장식요소는 시각기호를 표현하는 시각적 특징으로서 시각변수(Visual Variable)라고 한다. 시각기호와 시각변수에 대한 최초의 정리는 프랑스 지도 제작자인 자크 베르텡(Jacques Bertin)이 1960년대에 정리한 것으로서, 게슈탈트 이론에 근거해 데이터 시각화 방법론을 제시하였다. 현재 사용되는 시각화 도구들은 이 시각기호와 시각변수 개념을 기반으로 구현되고 있으며, SYSTAT 개발자인 르랜드 윌킨슨(Leland Wilkinson)의 『The Grammer of Graphics』 저서에서 제시한 데이터를 그래픽 생성을 위한 단계와 방법론들을 적용하고 있다. R의 ggplot2 패키지도 이 개념을 적용하여 개발한 것이다.

(1) 시각기호

데이터 및 정보를 표현하기 위한 시각기호는 점, 선, 영역, 입체 등 크게 네 가지로 구분된다. 점은 시각변수값이 0으로서 크기가 없는 시각기호임을 나타내고, 선과 원의 시각변수값은 1로서 선은 '길이'라는 크기를 갖고 원은 '반지름'이라는 크기를 갖는다.

(2) 시각변수

시각기호를 표현하는 시각변수로는 시각기호의 크기, 모양, 밝기(명도), 색, 방향, 질감 · 위치 · 색조, 재노, 배치, 해상도, 간격 등을 말한다.

정보시각화 방법 중 선그래프를 예를 들어 시각기호와 시각변수 사용하는 과정을 살펴보면, 직교좌표계에 시각기호인 점을 찍고 이 점들을 선으로 연결하여 일련의 계열을 표현하여 그리게 된다. 점은 X, Y로 위치를 나타내며, 선은 계열별로 색, 밝기 등으로 표현하고 이중선, 점선, 굵은 선 등의 질감으로도 표현할 수 있다. 선그래프는 x축, y축 모두 일차원의 데이터 값을 연속적으로 표현하며 위치의 시각변수로서 서열(순서)척도 이상의 척도를 갖는 데이터 변수를 표현할 수 있다. 즉 두 개의 서열척도 이상의 데이터 변수를 가진 데이터를 위치로 표현함으로써 두 점 사이의 연결선에 대한 기울기가 의미를 가지게 되어 추세를 나타내게 된다. 또 x축, y축 양방향에 두 개이 구간(간격) 척도 이상의 데이터 변수를 할당하여 표현할 경우 데이터 간의 차이가 정확한 의미를 가지게 된다. 색과 질감을 이용하여 같은 그래프 내에 계열들을 표현하면 추세(트렌드)를 쉽게 비교할 수 있다.

2) 시각적 형태와 모양 갖추기

선택한 시각화 도구에서 생성한 그래프가 시각화 목적에 맞게 단순하고 명료한 메시지를 전달하고 있는지 지속해서 확인해야 하며, 단순하지만 명료한 메시지를 전달할 수 있는 시각적 형태와 모양이 되도록 시각화 과정을 반복해야 한다.

학습 10

(1) 시각화 구현 프로세스

시각화 구현은 데이터를 시각기호로 변형하는 과정이라 할 수 있다. 르랜드 윌킨슨(Leland Wilkinson)은 데이터를 그래픽으로 변환하는 시각화 과정을 사양(Specification), 조립(Assembly), 표시(Display)의 세 단계로 소개하고 있다.

① 1단계 사양 : 데이터 중 시각화할 변수를 선택하고 어떤 표현으로 시각화할지 결정

② 2단계 조립 : 축, 레이블, 범례를 종합하여 시각화 표현을 어떻게 조립할지 결정

③ 3단계 표시 : 종이, 웹, 프로젝트, 동영상 등 어떤 장치나 미디어로 보여줄지 결정

(2) 그래프의 단순화 원리

그래프를 그릴 때 최소의 것으로 표현하고 최대의 메시지를 전달할 수 있다면 매우 효과적인 시각화를 수행한 것이라 할 수 있다. 그러나 시각화 도구를 이용하여 생성된 그래프 및 차트는 기본적으로 제공되는 기하적 요소 및 장식요소를 모두 포함하여 표현하고 있어 메시지 전달을 방해할 수 있는 요소를 가지기도 한다. 그러므로 메시지 전달을 방해하는 요소를 제거하거나 변경하여 단순하지만 명료한 메시지 전달을 위한 시각적 형태와 모양이 갖추어지도록 그래프를 지속해서 수정해야 한다. 이때 애드워드 튜페(Edward Tufte)가 자신의 저서 『The Visual Display of Quantitative Information』(1983)에서 제안한 그래프 단순화 원리를 고려하여 수정할 경우 단순하지만 명료한 메시지 전달을 하는 그래프를 생성하는 데 매우 효과적이다. 다음은 튜페가 제시한 그래프 단순화 원리들이다.

① 배경을 지운다 : 그래프의 배경에 질감이나 색상이 들어 있는 경우 그래프 전체가 눈에 띄지만, 시각적으로 데이터를 강조하는 데 방해가 될 수 있으므로 질감이나 색상을 이용한 배경을 주지 않아야 한다.

② 범례를 지운다 : 그래프 자체에 범례를 의미하는 요소가 포함되어 있다면 범례를 추가할 필요가 없다.

③ 테두리를 지운다 : 그래프의 배경이 흰색인 경우는 테두리를 주지 않는 것이 효과적이다.

④ 색을 지운다 : 그래프의 시각기호를 표현하기 위한 다양한 색은 오히려 핵심요소를 파악하기 어렵게 만든다. 예를 들어 5개 지역별 매출액을 비교하기 위해 막대그래프를 사용한다고 하자. 이때 지역별 매출액을 표시하기 위해 5개

의 막대를 그리고 막대마다 다른 색상을 주어 표현했다고 하자. 막대그래프에서 막대의 높이를 가지고 매출액의 대소를 비교하기보다는 주목성이 높은 색으로 표시된 막대에 시선이 먼저 집중되므로 대소 비교가 먼저 이루어지는 것을 방해하게 된다. 이런 경우 모든막대의 색을 동일한 색으로 주어 막대의 높이로만 비교할 수 있도록 해주어야 한다.

⑤ 특수효과를 지운다 : 그래프의 기학적 요소인 막대, 선, 영역 등을 표시할 때 그림자 효과나 블록효과와 같은 특수효과를 주는 경우 전체적인 디자인의 통일성을 맞추기 어렵게 만들며, 데이터의 핵심 전달요소를 방해하게 한다. 너무나 지나친 특수효과를 사용하지 않아야 한다.

⑥ 굵은 서체는 지운다 : 그래프의 효과적인 정보전달을 위해 텍스트로 표시되는 레이블, 축제목, 제목, 눈금의 값 등을 사용한다. 텍스트로 표시되는 요소 중 굵은 서체를 적용한 경우는 일반 서체보다 강조됨으로 인해 주목성을 갖게 되어 오히려 정보전달의 핵심에 집중하지 못하고 시선을 분산시킬 수 있으므로 주의하여 사용해야 한다.

⑦ 레이블을 흐리게 처리한다 : 레이블을 흐리게 하면 데이터 핵심에 집중하는 데 효과적이다.

⑧ 보조선을 흐리게 처리하든지 아예 지운다 : 진하게 그려진 보조선은 데이터를 표현하는 부분(막대, 선 등)과 겹치기 때문에 흐릿하게 표현하거나 그리지 않는 것이 효과적이다.

⑨ 레이블을 직접 표시한다 : 보조선을 그리지 않는 경우는 데이터를 표현하는 부분(막대, 점, 선 등)에 직접 데이터값이나 비율 등의 레이블을 표시하면 즉각적으로 그래프를 해석할 수 있다.

10-3 빅데이터 분석정보 시각표현

1. 그래프 품질 향상

1) 정보표현을 위한 그래픽 요소

시각화 도구를 이용하여 생성된 그래프나 차트는 인간의 눈을 통해 모양, 크기, 색, 위치 등의 패턴을 보게 되고 이를 뇌에서 해석한 뒤 학습하게 된다. 이는 인간의 눈과 뇌가 구성요소들의 배치와 물리적 속성(색, 크기 등)에 근거하여 전체 패턴을 파악하는 시지각 원리를 근거로 이루어진다. 이 시지각 이론은 1900년대 초 독일의 심리학파인 게슈탈트(Gestalt) 학파에 의해 활발하게 연구되었으며, 시지각의 게슈탈트 원리(The Gestalt Principles of Visual Perception)로 정립되었다. 프랑스 지도제작자인 자크 베르탱(Jacques Bertin)은 정보디자인의 시각화 방법론의 선구자로서, 게슈탈트 이론에 근거해 정보표현을 위한 그래픽 요소들의 시각화 방법론을 정립하였다. 베르탱의 저서인 『도표기호학(Semilogoc Graphique, 1967)』은 모양, 색, 패턴을 통해 데이터를 표현하고 해석하여 인지하는 이론적 근거를 제시하였고, 데이터 시각화 분야의 근간이 되고 있다. 베르탱 외에도 존 튜키(John W Tukey), 윌리엄 클리블랜드(William Cleveland), 조크 맥킨레이(Jock McKinlay) 등의 영향력 있는 연구자들이 수년에 걸쳐 효과적인 정보시각화 방법과 이론들을 정립해나가고 있다.

2) 그래프 품질향상을 위한 그래픽 디자인 원리

시각화 도구로 생성된 그래프의 품질을 향상하기 위해서는 그래픽 디자인의 기본원리를 이해하고, 이 원리를 바탕으로 그래프를 보정 및 수정하여 완성하는 것이 중요하다. 특히 타이포그래피, 그리드, 색상, 아이소타이프는 시각화 결과물의 질적인 부분에 많은 영향을 주는 요소이므로 이 요소들에 대한 그래픽 디자인적 관점에서의 기본 원리를 이해하고 사용해야 한다.

(1) 타이포그래피(Typography)

차트나 그래프 등 시각화 결과물에 표시된 축, 제목, 레이블 등 텍스트로 표현되어 있으며, 텍스트가 가지는 서체, 색상, 크기에 따라 그래프를 통한 정보전달의 효과에 차이가 달라진다. 서로 다른 3가지 서체보다는 1가지 서체를 다양한 크기와 스타일로 변화를 주어 표현하는 것이 효과적이다.

(2) 색상(Color)

색을 통해 정보를 이해할 때 인간의 지각과 인지과정이 일어난다. 지각된 색채정보가 서로 충돌됨 없이 인지될 때 정보의 해석을 빠르게 수행하고 최적의 정보전달 효과를 줄 수 있다. 그러므로 색상을 효과적으로 사용하려면 색의 채도, 명도, 색의 보색과 대비 등 색채에 대한 기본 원리를 이해하고 있어야 한다.

(3) 그리드(Grid)

그리드는 여러 가지 요소를 복합적으로 배치할 때 반드시 필요한 개념이다. 단순히 정보를 담는 이미지나 차트, 텍스트 등의 그래픽 요소들을 늘어놓는 것이 아니라 가독성 및 주목성을 높일 수 있도록 정돈하여 배치하는 가이드가 그리드이다. 이는 정보를 읽는 인간의 눈의 움직임과 방향과도 연관성이 깊으며, 정보의 중요도와도 관련성이 깊다. 인간의 눈은 습관적으로 왼쪽 상단에서부터 오른쪽 하단 방향으로 훑어가면 대상 화면의 정보를 읽어 내려가므로, 디자인 요소들을 중요도에 따라 배치를 다르게 할 수 있다. 그리고 정보 중 중요하고 핵심적인 정보는 위쪽으로 배치하고 덜 중요한 정보는 아래쪽으로 배치하는 것이 좋다. 망그리드는 수평선과 수직선의 연속으로서 개체를 배치하는 지침으로 일관되고 정확한 위치에 배치할 수 있게 한다. 일반적으로 이미지 구도와 레이아웃의 지침으로 가장 많이 사용하는 기본 그리드가 3×3 그리드이다. 3등분 법칙에 따라 요소를 배치할 경우 미학적으로 균형 잡힌 배치를 줄 수 있기 때문이다.

(4) 아이소타이프(ISOTYPE)

아이소타이프(International System Of Typographic Picture Education)는 1930년대 오스트리아 사회학자인 오토 노이라트(Otto Neurath)가 교육목적으로 특정 단어나 문장을 간략화한 다이어그램으로 제작하여 국제적으로 통용할 수 있는 소통수단으로 사용하기 위해 만든 국제적인 그림언어체계이다. 많은 양의 데이터를 쉽게 지각할 수 있도록 도와주는 시각표현이며, 개념 · 자료 · 정보 · 의미 등을 나타내기 위해 숫자와 문자 대신에 상징적인 도형이나 정한 기호를 조합해 시각적으로 표현한 방식이다. 아이소타이프는 픽토그램은 아니며, 하나의 기호가 일정 수량을 대표한다. 아이소타입은 그림 원소들과 원소들의 배열 및 관계에 관한 규칙들로 구성된다. 예를 들어 그림 원소가 이름에 대응한다면 그림 원소들의 조합은 진술에 대응한다. 1960년대부터 미국 디자이너 리처드 솔 워먼(Richard Saul Wurman)에 의해 이 그림 인어체계를 이용한 이미지의 정보전달 방식의 다양한 사례들을 활발하게 선보였다.

3) 애드워드 튜페의 시각정보 디자인 7원칙

데이터 시각화의 대가인 애드워드 튜페(Edward Tufte)는 "훌륭한 시각디자인은 시각적으로 표현된 명쾌한 생각이다."라고 했다. 이는 시각적 인지과정과 디자인 원칙을 깊이 이해해야 좋은 시각화를 구현할 수 있는 것을 의미한다.

① 시각적인 비교를 강화한다 : 정보는 비교를 통해 사용자에게 더욱더 의미 있게 된다. 관련된 변수와 추세를 비교할 수 있는 도구를 제시해야 한다.
② 인과관계를 제시한다 : 원인과 결과를 명확하게 제시해야 한다.
③ 다차원 변수를 표시한다 : 관련 있는 여러 개의 변수를 이용하여 정보를 표현한다.
④ 데이터, 텍스트, 그래픽을 한 화면에 효과적인 정보전달을 위해 어울리도록 배치한다 : 범례와 레이블이 포함된 경우 정보전달이 더 효과적이다.
⑤ 콘텐츠의 질과 연관성, 진실성을 명확하게 한다 : 시각화하려는 정보가 사용자의 목적을 달성하는 데 유익한 것인지 고민해야 한다.
⑥ 시간적인 순서가 아니라 공간적인 순서로 배치한다 : 시간보다는 공간에 따라 배치할 때 사용자의 이해가 쉬워진다.
⑦ 정량적 자료에 대한 양적 성질을 제거하지 말아야 한다 : 추세를 나타내는 정량적 자료는 그래프나 차트로 표현할 수 있으며, 한눈에 양적인 정보를 파악할 수 있다.

2. 인터렉션 기능 적용

1) 인터랙션(Interaction)

최근 정보통신기술의 발달로 인해 강력한 인터랙티브 시각화 디자인을 만들고 이용할 수 있는 환경이 마련되었다. 예전엔 한 장의 종이나 화면에 국한되어 있던 시각화가 정보의 접근과 빠른 응답을 제공하는 분석 플랫폼과 라이브러리들이 늘어나면서 풍부한 상호작용에 기반을 둔 시각화가 가능해진 것이다.

인터랙티브 디자인을 개발하기 위해서는 기술적인 능력이 필요하며, 동적인 시각화를 위한 플랫폼의 호환성이나 데이터 로딩 속도, 서버의 용량 등 다른 제약들도 고려해야 한다. 이러한 상황은 시각화를 위한 목적과 요건을 정의하는 기획단계에서 이미 고려되어 있어야 한다. 또 인터랙티브한 동적인 데이터 시각화가 사용자의 경험과 참여를 향상할 수 있는지, 정적인 디자인을 배제함으로 인해 시각적 의사소통의 본질을 방해하지는 않는지도 고려해야 한다. 그러나 작업중인 데이터 구조의 복잡성과 다양성으로 인해 정적 디자인으로 표현하기 어려운 경우라면 인터랙티브 디자인 구현이 필수적이 상황이 된다.

(1) 인터랙션 기능을 적용한 시각화의 특징

인터랙티브 디자인으로 표현된 정보구조는 비선형 구조로서 정보를 제공하는 순서가 고정된 것이 아니어서 정보접근과 탐색을 임의로 선택하여 진행할 수 있다. 정보전달과정에서 있어 시간적 제약이 없으며 사용자의 능동적이 참여를 유도할 수 있다. 정보전달 메시지는 다양하게 조직화할 수 있으며, 정보의 폭과 깊이를 사용자가 통제할 수 있다. 정보제시단계도 정보의 개요를 먼저 제시하고 확대 선별하여 사용자별로 필요한 부분을 이용하게 함으로써 사용자들이 스스로 정보를 캐고 탐구하여 정보의 구조와 내용을 파악하고 이해하도록 유도할 수 있다. 또 인터랙션을 통해 사용자와 정보의 관계를 확장하며, 정보에 대한 관여도를 높이게 한다.

2) 인터랙션 구현방식

인터랙션 구현기술은 사용자의 참여를 유도하여 정보관여도를 높이는 기술로서 다음의 방식에 따라 구현할 수 있다.

① 강조하고 디테일을 보여주는 방식 : 마우스 움직임에 따라 반응하며 강조되도록 구현하는 방식이다.
② 사용자가 콘텐츠를 선택하는 방식 : 데이터 변환 컨트롤을 이용하여 사용자가 필요한 데이터를 선택하여 시각화할 수 있게 하는 방식이다.
③ 사용자에 의한 시각맵핑 변화 방식 : 사용자가 시각화 유형을 지정할 수 있도록 시각데이터 재맵핑을 지원하여 시각화 크기를 극대화하는 방식이다.
④ 사용자 관점과 의견이 반영되는 방식 : 사용자의 주관적인 관점과 데이터 표현을 혼합하여 시각화하는 방식으로 사용자 반응 프로세스가 가장 중요한 부분이다.

3) 인터랙션 구현 시 고려할 기능과 특성

(1) 변수선택

데이터 세트가 복잡할수록 단일화면에 다양한 분석내용을 보여주거나 탐색적 시각화 분석을 위해 적정한 변수들을 선택하는 것은 필수이다. 이러면 인터랙션 기능을 이용하여 변수들을 선택하고 제외해 가면서 주어진 데이터 변수들의 관점에서 다양한 시각화 결과물을 생성하면 새로운 인사이트를 끌어내는 데 도움이 된다. 동적 그래픽스 방법 중 선택(Selection), 브러싱(Brushing)은 마우스의 드래그와 클릭을 통해 일부 변수나 데이터 관측값들을 선택하여 원하는 영역의 데이터를 시각

학습 10

화하는 유용한 기능이다.

(2) 뷰 조정

뷰 조정은 변수를 제어하는 것과 대조적으로 계층적으로 구성된 데이터의 시각적 탐색을 가능하게 하는 방법이다. 어떤 항목을 자세히 관찰하는 드릴 다운(Drill Down)과 반대로 전체를 조감하여 비교하는 드릴 업(Drill Up) 기능으로서, 지도 매핑을 통한 공간시각화의 경우 유용하게 사용되는 기능이다. 시간이나 범위를 축소하거나 확대하면서 다른 측면을 보게 하는 포커싱(Focusing) 기능도 있다.

(3) 주석 표시

데이터의 값이나 카테고리 등 추가적인 정보를 제시하기 위해 데이터를 나타내는 부분에 마우스를 호버링하거나 클릭하는 경우 해당 정보를 보여주는 레이블링(Labeling) 기능도 매우 필요하다.

(4) 애니메이션

시계열 기반의 데이터시각화의 경우 시간적인 변화를 각 장면으로 구성하여 애니메이션으로 구현할 경우 흥미로운 스토리를 전달하는 데 효과적인 방법이 된다.

3. 시각화 결과물 검증

1) 사용자 테스트를 위한 조사설계

(1) 사용자 그룹별 테스트를 위한 대상 선정

시각화 결과물을 이용하는 사용자 그룹 중 테스트 대상자를 선정한다.

(2) 사용자 테스트 항목 구성

최종 디자인된 시각화 결과물이 원래 의도와 목적에 맞게 구현되었는지 검토하기 위한 항목을 구성한다.

① 사용자가 이용한 후 반응
- 긍정적인지 부정적인지?
- 사용에 있어 혼란스러워하는지?
- 흥미를 자극하지 못하는가?

② 시각화 결과물을 읽거나 도구를 사용하는 방법의 이해

③ 시각적 계층구조와 구조적 배열의 측면에서 설명의 명쾌성
④ 디자인의 직관성
⑤ 시각화 결과물로부터 인사이트 도출여부
⑥ 정보의 효과적인 전달여부 측정
⑦ 기능적 측면에서 정상적인 동작여부 점검
⑧ 시각화 결과물의 명확성, 정확성, 성능을 저해하는 오류검토
⑨ 프로그램상의 에러
⑩ 디자인의 결함 점검

(3) 사용자 테스트 방법 결정

심층인터뷰 또는 사용자 테스트 과정을 기록하는 관찰조사 등의 방법을 적용한다.

2) 사용자 테스트 진행

설계한 사용자 테스트 방법에 따라 이용자별로 테스트를 진행한다.

3) 사용자 테스트 결과분석

테스트 결과내용분석을 통해 최종 디자인된 시각화 결과물이 원래 의도와 목적에 맞게 구현되었는지 검토한다.

(1) 데이터와 통계의 정확성 검토

① 잘못된 숫자나 이상치(Outlier)가 있는지 확인하기 위해 시각화 대상 데이터 중 적절한 크기의 샘플에 대해 검사를 수행한다.
② 통계숫자와 계산결과의 정확도를 확인한다.

(2) 시각화 정확성 검토

① 데이터 묘사방식이 기능적으로 효과적인지 확인한다.
② 사용자나 청중에게 오해를 일으키지 않는지 확인한다.
③ 설명을 위한 선택 요소들이 데이터가 가지는 가치를 정확하게 보여주는지 확인한다.

(3) 기능적 정확성 검토

시각화의 기능과 요소가 의도한 대로 작동하는지 확인한다. 특히 인터랙티브 시각화의 경우 꼭 확인한다.

(4) 시각적 추론 확인

① 위치나 색의 선택 때문에 중요한 무엇인가가 보이는지 확인한다.

② 장식적인 요소이거나 필요하지 않으면 삭제한다.

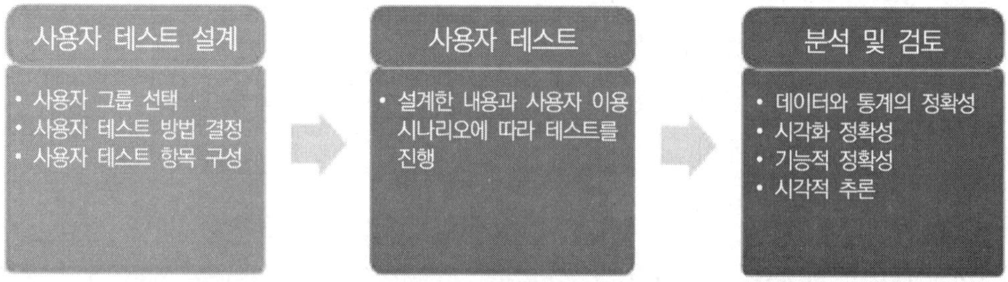

[그림 10-3] 시각화 결과물 검증을 위한 사용자 테스트 단계

10-4 빅데이터 시각화 최신 기술동향

1. 데이터 분석을 위한 연관분석기법

대화형, 비정형 탐색 및 분석을 위해 최근에는 연관분석기법이 활용되고 있다. 다수의 데이터 소스를 완전히 결합하고 인덱싱해 가능한 연관을 조사하며, 어떤 데이터도 제외되지 않는다.

연관분석 엔진은 강력하고 신속한 계산 및 집계를 통해 분석을 즉시 업데이트하고, 각각을 클릭 후 관련된 값과 관련되지 않은 값을 모두 노출시키며, 데이터 내의 연관성을 모두 강조해서 보여준다.

이제 전문가에게 문의하고 기다릴 필요 없이, 보는 것을 바탕으로 자유롭고 제한 없이 검색·탐색·피벗을 할 수 있다. 이것이 쿼리기반 도구에서는 볼 수 없었던 예상치 못한 통찰을 연관분석 사용자가 지속적으로 발견해 엄청난 가치를 창출하는 이유다.

연관데이터 모델링 기술을 강력하게 만들어주는 주요 특성은 다음의 세 가지와 같다.

① 다양한 소스에서 데이터를 가져오는 능력이다. 사용되지 않는 데이터가 없고, 잘못 처리되는 데이터도 없다.

② 사용자는 단순한 검색 및 선택을 통해 경계 없이 탐색하고, 모든 질문과 후속 질문을 할 수 있다.

③ 사용자는 전문가에게 문의하고 새로운 질문을 기다릴 필요 없이 생각의 속도로 작업할 수 있다. 이러한 주요 속성을 결합해 모든 기술수준의 사용자에게 비교할 수 없는 경험을 제공한다.

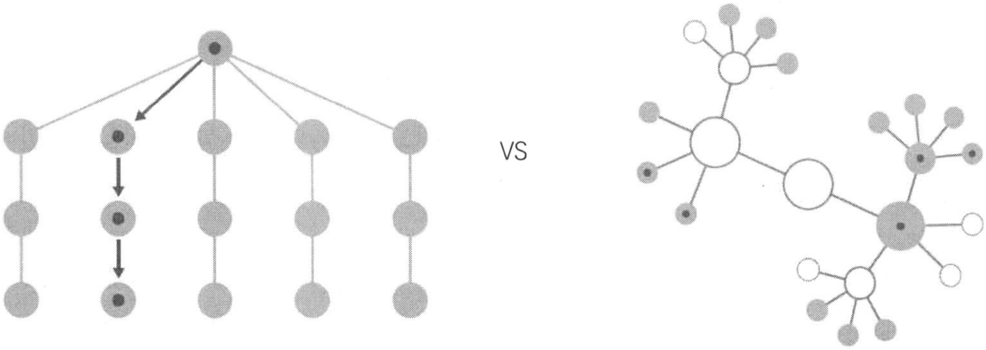

[그림 10-4] 쿼리기반 시각화와 연관분석 시각화 비교

2. 쿼리기반 도구 – 한계와 사각지대

쿼리에 의존해 정보를 분석하는 시각화 도구에서는 사각지대가 생겨 결국 정보를 완전히 이해할 수 없다. 이러한 도구는 구조적인 선형접근방식을 사용해 데이터의 부분집합만을 시각화하지만, 연관엔진은 모든 데이터에 대해 자유형 탐색 및 검색 기능을 제공한다.

쿼리기반 도구가 연관분석의 탐색경험을 모방하려 해도 유연성과 성능면에서 금세 한계에 봉착한다. 쿼리기반 도구에서 예상치 못한 질문에 대답하려면 복잡한 SQL 쿼리를 다시 작성해야 한다. 그런데 일반 비즈니스 사용자는 쿼리를 작성하지 못하므로 대개 숙련된 데이터 전문가가 필요하다.

쿼리기반 도구는 기본 소스에 직접 연결하거나, 데이터 정적 영역의 일부 영역을 이용한다. SQL 조인을 사용해 소스를 결합하는 경우, 특히 여러 개의 소스를 결합하는 경우에는 데이터 손실이 일어나거나 부정확성이 발생한다. 데이터 웨어하우스와 정적 영역은 상당한 시간을 투자해 사전 모델링을 해야 한다. 또한 사용자의 상호작용을 지원하려면 클릭 · 질문마다 쿼리를 작성해 유연성을 제한하고, 사용자를 데이터 부분집합으로 제한한다.

시각화 및 쿼리는 일반적으로 고급 사용자에 의해 구축되며, 다른 사람들은 개발자가 생각한 사전 형성된 질문으로 제한된다. 간단한 필터링 외에 비즈니스 사용자

학습 10

가 객체 내에서 새로운 질문을 검색 및 탐색할 수 있는 방법은 없다. 유일한 선택은 데이터 전문가가 새로운 쿼리 또는 시각화를 구축하기를 기다리는 것이다.

3. 경계없는 탐색

연관엔진을 이용하면 제한있는 경계에 구애받지 않고 어떠한 방향에서든 전체 데이터 소스를 자유롭게 탐색할 수 있는 연관사용자 경험을 제공한다. 사용자는 시각화, 차트, 그래프, 필터 창, 전역 선택 인터페이스 등 어디서나 상호작용할 수 있다. 연관엔진은 클릭이 발생할 때마다 즉시 분석을 재계산하고 데이터 내 연관을 강조한다.

또한 엔진이 레코드 수준 데이터 세트에 기반해 동적으로 계산하므로 사용자는 사전 정의된 질문이나 계층에 제한을 받지 않고 어떤 세부 수준에서든 원하는 항목을 선택해 새로운 아이디어나 데이터로 피벗할 수 있다.

이 과정을 계속 진행하면서 사용자가 더 많은 질문을 던지고 컨텍스트를 추가하고, 각 단계에서 정보를 얻을 수 있다.

4. 생각의 속도

시각화하는 데에는 쿼리기반 도구로 충분할지 모른다. 그러나 이러한 작업을 할 수 있는 경험을 갖추고, 작업을 담당할 의사가 있는 사용자는 소수에 지나지 않는다. 더구나 이러한 시각화를 지원하는 쿼리를 생성할 수 있는 사람의 수는 훨씬 더 적다. 그렇다면 대부분의 비즈니스 사용자는 어떨까?

결국 데이터의 부분집합에 대한 제한적인 선형 분석만을 제공하는, 느린 정적 시각화와 보고서를 이용하게 돼 있다. 사전에 질문을 정확히 예측해 적절한 쿼리를 구축할 수 없으면 데이터 전문가에게 도움을 요청할 수밖에 없다. 이를 두고 '요청, 대기, 응답 사이클'이라고 한다.

연관엔진은 분석을 동적으로 계산하고, 사용자가 질문을 떠올리는 것과 같은 속도로 연관성을 강조해 보여준다. 이렇게 즉시 응답을 받으면 시스템이나 전문가의 도움을 기다릴 필요없이 필요한 응답을 바로 받을 수 있다.

이는 가치를 신속하게 창출하고 매일 수백 개의 의사결정을 정보에 기반해 처리할 수 있음을 의미한다. 연관엔진은 쿼리기반 도구에서는 불가능한 타의 추종을 불허하는 속도와 유연성의 결합이 가능하다.

수행 내용

재료 · 자료

- 빅데이터 가이드라인 관련 자료
- 개인정보 비식별화 가이드라인

기기(장비 · 공구)

- 컴퓨터, 문서작성 프로그램, 프린터, 주변기기

안전 · 유의사항

- 빅데이터 관련 장비의 안전 및 유의사항을 숙지한다.
- 외부데이터일 경우 데이터 수집 및 경로 등을 빠짐없이 기록한다.
- 내 · 외부데이터 구분 후 개인정보보호법 등 관계 법령에 위배 여부를 확인한다.

수행 순서

01 빅데이터의 표현규칙과 패턴을 도출하는 과정에 대하여 분석하라.

1. 시각화하기 위한 분석결과 데이터를 파악

1) 시각화하려는 분석결과 데이터를 검수한다

분석결과 데이터가 시각화를 위한 데이터로서 적절한지를 점검한다. 점검항목은 다음의 데이터 검수결과서 예시항목과 같다.

〈표 10-5〉 데이터 검수결과서 예시

연번	점검항목	점검결과	비고
1	필요한 데이터가 모두 있는가?		
2	추가 데이터가 필요한가?		
3	크기와 형태는 만족스러운가?		
4	필드에 Null값 또는 결측치는 없는가?		
5	데이터가 중복되어 있는가?		
6	일반적이지 않는 값이나 이상치가 있는가?		
⋮	⋮		

학습 10

2) 데이터 명세서를 작성한다

검수가 완료된 데이터에 대하여 변수별 데이터 유형과 데이터 값 범위 등 데이터에 대한 상세내역을 정리한 시각데이터 명세서를 작성한다.

〈표 10-6〉 데이터 명세서 예시

데이터 명세서 (시각화 대상)	양식번호		버 전	
	작성일자		담 당 자	
	단 계	분 석	활 동	요구사항 명세

구분	변수명	데이터형	데이터유형	설명
제품 주문 데이터	주문일	날짜형 YYYY-MM-DD	등간척도	제품 주문일자
	제품코드	문자열	명목척도	120개 제품에 대한 코드 중 하나
	주문코드	문자열	명목척도	주문상품에 대한 고유코드
	주문수량	숫자형	비율척도	주문한 상품 수량
제품정보	제품코드	ABC_12345_01	명목척도	제품 고유코드
	제품단가		비율척도	제품단가
	재고수량		비율철도	재고수량
⋮				

2. 시각화를 위해 데이터 변환이 필요한 경우 다음의 변환 중 해당하는 변환을 수행

1) 데이터 변수 파싱하기

YYYY-MM-DD와 같은 날짜형식 데이터 변수에서 연도만 추출하는 것과 같이 변수의 값을 쪼개어 일부의 값만 가지도록 변환한다.

2) 데이터 변수 병합하기

데이터 세트에서 관련 있는 변수들을 하나의 변수로 합쳐 새로운 변수로 생성한다.

3) 정량데이터와 텍스트 데이터를 정해진 코드나 키워드로 변환하기

제품명과 같은 텍스트 데이터를 해당하는 제품코드로 변경하는 것과 같다.

4) 기존 데이터에서 새로운 값을 만들어내기

제품단가와 제품 주문수량 두 변수를 이용하여 주문액을 계산하여 새로운 변수를 추가하는 경우와 같다.

5) 분석에서 사용하기 위한 값을 계산하기

총계를 나타내는 변숫값을 백분율로 변경하는 경우와 같이 기존 변숫값을 다른 단위의 값으로 변환하는 것이다.

6) 사용할 계획이 없는 데이터 삭제하기

데이터 분석과 시각화 대상으로 사용할 계획이 없는 데이터의 경우 분석을 위한 데이터 세트에서 제외한다. 데이터 삭제의 경우 추후 다른 분석에서 사용 가능성이 있을 수 있으므로 데이터의 영구 삭제보다는 다른 저장소에 보관해두는 것이 좋다.

7) 데이터 세트 병합하기

두 개의 데이터 세트가 데이터 분석과 시각화를 위해 관련성이 있는 경우 하나의 데이터 세트로 병합한다.

3. 스프레드시트 프로그램 또는 R과 같은 도구를 활용하여 데이터 유형과 배열기준에 따라 데이터를 정렬하고, 데이터의 모양과 특징을 탐색

1) 데이터 유형과 배열기준에 따라 데이터 정렬하기

① 위치에 따른 데이터 배열하기 : 분석기준이 되는 변수가 공간적, 지리적 위치를 나타내는 변수의 경우 위치별로 데이터를 분류하여 나열한다.

② 알파벳에 따른 데이터 배열하기 : 알파벳이나 숫자의 오름차순 또는 내림차순의 기준으로 데이터를 정렬한다.

③ 시간에 따른 데이터 배열하기 : 시간순서에 따라 데이터를 정렬한다.

④ 카테고리에 따른 데이터 배열하기 : 범주형 변수의 경우 변수가 갖는 데이터 값들 순으로 데이터를 정렬한다.

⑤ 위계에 따른 데이터 배열하기 : 데이터 값 중 분석자가 중요하다고 정한 기준에 따라 데이터를 정렬한다.

- 예제 데이터 : 2011년 서울시 자치구별 교통사고 현황
  - 이 데이터는 2011년 1월에서 12월까지의 자치구별 교통사고 발생 건수, 사망자 수, 부상자 수를 집계한 자료이다.
  - 데이터 정렬 : 공간적 변수인 자치구별로 데이터를 정렬하거나 1월에서 12월까지 기간에 따라 데이터를 정렬할 수 있다.

학습 10

2) 정렬된 데이터의 모양과 특징 탐색하기

기준에 따라 정렬된 데이터의 모양과 특징을 탐색한다.

4. 데이터 유형과 분석목적에 따라 데이터를 시각적으로 분석하여 데이터의 표현규칙과 패턴을 찾는다

1) 범주나 비율을 비교하는 경우

(1) 데이터 유형

범주형 자료(명목척도, 서열 척도)

(2) 분석내용

① 범위 : 값의 범위 파악
② 분포형태
③ 순위 : 크기순으로 데이터 정렬하여 최댓값, 최솟값, 중앙값 등 확인
④ 측정 : 숫자 값들에 대한 면밀한 탐색
⑤ 맥락 : 목표나 예측의 맥락에서 벗어나는 값을 판단

(3) 분석결과 : 데이터 표현규칙 및 패턴정리

2) 시간에 따른 추세와 패턴

(1) 데이터 유형 : 명목척도, 서열척도, 구간척도, 비율척도

(2) 분석내용

① 추세방향 : 값이 증가하는지, 감소하는지, 변화가 있는지, 유지되고 있는지를 확인
② 추세패턴 : 선형이나 지수형으로 변하는지, 혹은 변화가 없는지를 확인
③ 추세속도 : 추세 변화가 얼마나 급한지를 파악
④ 변동패턴 : 반복되는 패턴이 있는지, 계절효과와 같은 리듬인지, 무작위 패턴인지를 파악하고, 변동의 폭도 기술
⑤ 중요도 : 알아낸 패턴이 중요한 신호인지 무시해도 되는 잡음인지 파악
⑥ 교차 : 변수 사이에 교차나 중첩이 발생하는지, 관계의 변화를 나타내는 교차점이 발생하는지 확인

(3) 분석결과 : 데이터 표현규칙 및 패턴정리

3) 관계와 연결을 비교하는 경우

(1) 데이터 유형 : 명목척도, 서열척도, 구간척도, 비율척도

(2) 분석내용

① 예외 : 이상치와 같은 정상범위를 벗어나 변수가 있는지 파악

② 상관성 : 변수 간의 관련성이 강하거나 약한 상관관계가 존재하는지 확인

③ 연관성 : 변수와 값의 조합 간에 의미있는 관계가 존재하는지 파악

④ 클러스터 : 데이터가 여러 그룹으로 군집화되는 것처럼 보이는지, 데이터 포인트 사이에 빈틈이 없는지 확인

⑤ 계층관계 : 데이터의 범주와 하위 범주의 구성과 분표, 관련성을 결정

(3) 분석결과 : 데이터 표현규칙 및 패턴정리

5. 앞의 2 ~4 단계를 통해 찾은 데이터 표현규칙 및 패턴에 대하여 예시와 같이 정의서로 작성하여 시각화 다음 단계에서 이용하도록 한다

데이터 표현규칙 및 패턴 정의서	양식번호		버 전	
	작성일자		담 당 자	
	단 계	분 석	활 동	요구사항 명세

1. 시각화 제목 : 분기별 S 제품 판매실적
2. 분석방법 : 시간에 따른 추세와 패턴
3. 사용데이터 세트 정보
   - 데이터 세트명 : 제품 주문데이터, 상품정보
   - 사용데이터 변수 : 제품 주문데이터의 주문일, 주문상품코드 상품정보 주문 수량, 상품코드
4. 데이터 변환
   - 새로운 데이터 세트 구성 : 제품 주문데이터와 상품정보 데이터 세트의 상품코드를 기준으로 하나의 데이터 세트로 병합
   - 변수생성 : 주문 날짜에서 연도와 월만 추출하여 새로운 변수 생성

   ……
5. 분석내용
   - 추세방향 : 분기별
   - 추세패턴 : ~~~
   - 추세속도 :
   - 변동패턴 :
   - 중요도 :
   - 교차

학습 10

02 빅데이터 시각화 요건 정의 및 사용자 시나리오를 작성하는 과정에 대하여 분석하라.

1. 시각화 결과물을 이용하는 사용자를 분류하고, 이용자별 시각화 이용목적과 내용을 기술한다

〈표 10-7〉 사용자별 시각화 이용내용(예시)

구 분	사용자	이용목적 및 내용
내부	임원급(CEO, CIO, CFO 등)	매출 의사결정
	부사장과 수석관리자	매출 의사결정
	감독	매출 의사결정
	관리자	
	직원 (개별 참여자)	
외부	고객	제품별 매출현황 파악
	청중	주요 제품홍보
	개인	주요 제품홍보

2. 데이터의 시각화 요건을 정의한다

1) 사업적 요구사항을 정의한다

① 빅데이터 분석기획서를 검토한다.

② 분석기획서에 기술된 사업목표와 전략을 기초로 시각화에 대한 사업적 요구사항을 정의한다.

2) 기술적 요구사항을 정의한다

① 데이터 및 분석결과에 대한 시각화를 구현하기 위해 이미 구축되어 있는 빅데이터 분석 플랫폼 환경을 분석한다.

② 이미 구축된 분석환경에 맞는 시각화 구현도구를 선택하고 기술적 요구사항을 기술한다. 시각화 구현도구는 전문가 수준에서 일반적이 수준까지 매우 다양하므로 분석환경과 사용자 관점에서 고려한 기술적 요구사항을 정의한다.

3) 시각화 원칙 및 품질요건을 정의한다

① 시각화의 기능적 측면에서의 시각화 원칙을 정의한다.

② 시각화의 심미적 측면에서의 시각화 원칙을 정의한다.

③ 시각화 품질요건을 정의한다.

〈표 10-8〉 시각화 원칙 및 품질요건 정의(예시)

- 시각화 원칙 및 품질요건 정의
  - 시각화의 질적 효과를 떨어뜨리지 않도록 목적에서 벗어난 시각화인지 점검한다.
  - 시각화 결과물은 데이터 해석의 효율성과 정확성을 최대로 끌어올리는 수단 정확성과 효율성을 보존해야 한다.
  - 심미적 관점과 기술적 창의성이 적절히 조화를 이루어야 한다,
  - 데이터가 갖는 스토리를 통해 긍정적인 감정 반응을 얻어내는 수단이므로 왜곡되게 표현하지 말아야 한다.

3. 사용자별 시각화 이용에 대한 사용자 시나리오를 작성한다

① 사용자별로 이용 데이터 세트 및 정보를 기술한다.

② 사용자별 시각화 이용기능과 사용과정에 대한 시나리오를 작성한다.

〈표 10-9〉 사용자별 시각화 이용 시나리오(예시)

구분	사용자	이용 데이터 및 정보	이용 시나리오
내부	1. 임원 : CEO, CIO, CFO 등	- 판매 실적 데이터	- 임원은 OOO 에 대한 연도별 ~~
	2. 그룹별 관리자		
	∫		
외부	7. 고객		
	∫		

4. 스토리보드를 작성한다

① 사용자별 데이터 표시 수준을 결정한다.

② 전달하려는 핵심요소를 선정한다. 사용자별 이용 시나리오를 기준으로 데이터 및 분석 정보에 대하여 전달할 핵심요소를 선정한다. 예를 들어 데이터 시각화 목적이 시간에 따른 추세와 비교인 경우 전달하기 위한 핵심요소로 시간에 따른 추세와 비교로 정한다.

〈표 10-10〉 사용자별 시각화 이용 시나리오에 데이터 표시 수준 항목 추가(예시)

구분	사용자	이용데이터 및 정보	스토리보드에서 데이터 표시 수준	이용 시나리오
내부	1. 임원	판매실적 데이터	회사 전체 : 상위 수준 데이터	임원은 OOO 에 대한 연도별 ~~
	2. 그룹별 관리자			
	∫			
외부	7. 고객			
	∫			

③ 레이아웃을 결정한다. 적절한 그리드를 선택한다. 다음 예는 4×4 기본 그리드를 변형한 그리드를 선택한 경우이다.

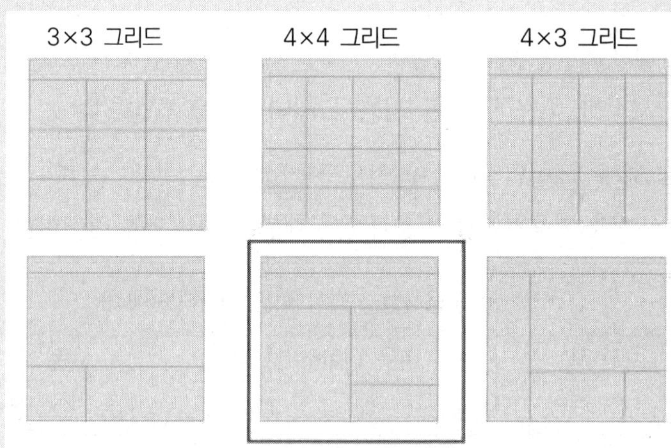

[그림 10-5] 그리드의 선택 예

④ 전달효과를 높이는 시각화 방법 및 그래픽 표현요소 선정 : 지도, 차트, 다이어그램, 인포그래픽 등 효율적인 시각화 방법을 선정하고, 이를 효과적으로 전달하는데 필요한 그래픽 표현요소들을 선택하여 배치한다. 예를 들어 연도별 매출 추이를 보여주는 것이 핵심요소라고 한다면, 시간에 따른 추세를 위해 선그래프를 시각화 방법으로 선정한다. 또 효과적인 정보전달을 위해 선그래프의 제목, 축, 범례 등의 그래픽 표현 요소를 추가하며, 선그래프의 선과 점의 색상을 변경한다.

⑤ 동선(Movement), 순서(Sequence), 상호작용(Interactivity), 연결(Connection), 다양한 색상, 설명 또는 레이블 중 데이터가 가지는 정보와 메시지를 효과적으로 전달할 방법을 선택하여 단계별로 그린다.

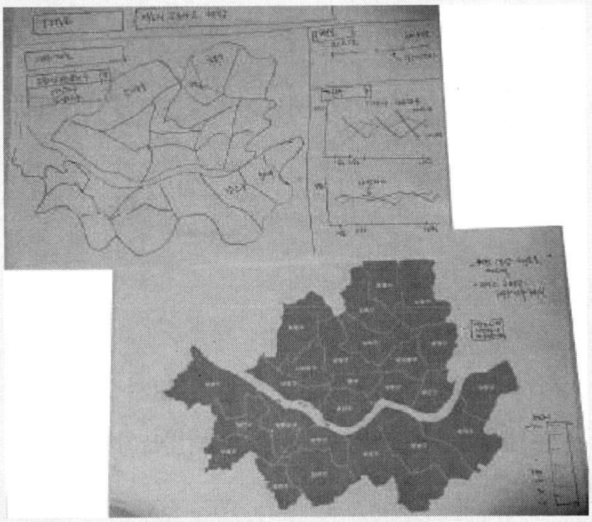

[그림 10-6] 스토리보드 예시 화면

03 시각화 도구와 기술을 선택하는 과정에 대하여 분석하라.

1. 현재 다양한 분야에서 활용되고 있는 시각화 도구와 기술들의 특징과 제공되는 시각화 관련 기능들을 비교 분석한다

2. 주어진 분석 플랫폼을 함께 고려하면서 데이터 시각화를 위한 스토리보드 기획서의 내용대로 시각화를 잘 구현할 수 있는 도구와 기술을 선택한다

학습 10

1) 시각화 도구와 기술선택을 위한 다음의 기준들을 검토한다

① 시각화를 위한 요구사항과 대처 방안을 검토한다.
② 시각화를 통한 고급분석을 할 수 있는지 검토한다.
③ 대량의 데이터를 빠르게 시각화할 수 있는 속도와 능력을 갖추고 있는지 검토한다.
④ 상용화된 시각화 도구를 사용할지, 오픈소스 기반의 무료 시각화 도구를 사용할지 검토한다.

2) 검토한 기준과 스토리보드 기획서 내용대로 구현할 수 있는 도구와 기술을 선정한다

오픈소스 무료 시각화 도구이면서 분석도구로 많이 사용되고 있는 R을 선택한다.

3. 데이터 시각화에 대한 스토리보드 기획서에 제시된 시각화방법을 선택한다

1) 데이터 명세와 데이터 표현규칙 및 패턴정의를 한 데이터 요건정의서를 검토한다

① 데이터 명세서를 검토한다.

② 데이터 시각화를 위한 데이터에 대한 명세서를 검토한다.

2) 사용자 시나리오를 검토한다

3) 스토리보드 기획서 내용을 검토하고 구현할 정보시각화 방법을 선택한다

① 스토리보드 기획서 내용을 검토한다. 정보시각화 방법을 선택하기 위해 시각화 요건 정의 및 사용자 시나리오 작성하기 단계에서 작성한 스토리보드 기획서 내용을 검토한다.

② 정보시각화 방법을 결정한다.

4. 선택한 시각화 도구와 기술을 이용하여 정보시각화 방법을 구현한다

앞의 1~2단계에서 선택한 시각화 구현도구와 기술을 이용하여 단계에서 시각화하기로 한 시각화 방법들을 구현한다. 다양한 시각화 방법들을 시각화 도구로 R을 이용하여 구현한다.

1) 시각화 도구로서 R을 이용하여 시각화하기 위한 데이터 파일을 준비한다

2) 시각화를 위해 필요한 패키지를 설치하고 불러온다

R에서 데이터에 대한 차트나 플롯, 그래프 등을 구현하기 위해서 사용되는 함수들이 매우 다양하다. 이 중 증분방식을 사용하여 다양한 플롯을 작성하는 ggplot2 패키지와 지도 작성을 위한 ggmap 패키지 등에서 제공하는 함수들을 사용한다.

(1) 필요 패키지 설치하기

패키지 설치를 위해 install.packages()함수를 사용한다. 만약 해당 패키지가 설치되어 있다면 실행할 필요는 없다.

(2) 필요 패키지 불러오기

library() 함수를 사용하여 설치된 패키지를 로딩한다.

3) 시각화 방법들을 구현한다

(1) 시간시각화 구현하기

시간시각화는 시간에 따라 변화하는 데이터를 표현하는 방법으로써 막대그래프, 누적 막대그래프, 산점도 등은 이산형 데이터를 나타내기에 효과적이며 선그래프, 계단식 그래프, 영역차트 등은 연속형 시계열 데이터를 표현하기에 적절하다.

(2) 비교시각화 구현하기

비교시각화는 주요한 변수 간의 관계를 살펴보거나 모든 변수를 고려한 상황에서 개체들을 비교하기 위해 사용하는 시각화 방법으로서, 지역별 현황을 비교하기 위해 막대그래프와 히트맵, 버블 차트, 선그래프를 작성해본다.

(3) 관계시각화 구현하기

관계시각화는 다변량 데이터 사이에 존재하는 변수 사이의 연관성, 분포와 패턴을 찾는 시각화 방법으로서, 발생 건수와 부상자 수 사이의 관계를 파악하기 위해 산점도를 그려본다.

(4) 공간시각화 구현하기

공간시각화는 지도상에 해당하는 지리정보를 표현하는 것으로서, 지도에 데이터를 매핑하는 표현방식에 따라 등치지역도, 도트 플롯맵, 버블 플롯맵, 등치선도, 카토그램 등 매우 다양하다. R의 지도 패키지 ggmap, mapproj, maps 등을 이용하여 현황자료를 지도에 매핑하는 도트 플롯맵, 버블 플롯맵을 그려본다.

Tip

- R의 시각화 패키지 ggplot2에 대한 기능은 ggplot2 도움말과 문서를 참고하시오.
  - http://ggplot2.org
  - http://docs.ggplot2.org
  - http://groups.google.com/group/ggplot2

04 시각화 결과물을 검증하는 과정에 대하여 분석하라.

1. 사용자 테스트를 위한 조사설계를 한다

1) 사용자 그룹별 테스트를 위한 대상 선정

시각화 결과물을 이용하는 사용자 그룹 중 테스트 대상자를 선정한다.

2) 사용자 테스트 항목 구성

최종 디자인된 시각화 결과물이 원래 의도와 목적에 맞게 구현되었는지 검토하기 위한 항목을 구성한다.

3) 사용자 테스트 방법 결정

심층인터뷰 또는 사용자 테스트 과정을 기록하는 관찰조사 등의 방법을 적용한다.

2. 사용자 테스트 진행한다

설계한 사용자 테스트 방법에 따라 이용자별로 테스트를 진행한다.

3. 사용자 테스트 결과를 분석한다

테스트 결과 내용분석을 통해 최종 디자인된 시각화 결과물이 원래 의도와 목적에 맞게 구현되었는지 검토한다.

1) 데이터와 통계의 정확성 검토

① 잘못된 숫자나 이상치(Outlier)가 있는지 확인하기 위해 시각화 대상 데이터 중 적절한 크기의 샘플에 대해 검사를 수행한다.

② 통계숫자와 계산결과의 정확도를 확인한다.

2) 시각화 정확성 검토

① 데이터 묘사방식이 기능적으로 효과적인지 확인한다.

② 사용자나 청중에게 오해를 일으키지 않는지 확인한다.

③ 설명을 위한 선택 요소들이 데이터가 가지는 가치를 정확하게 보여주는지 확인한다.

3) 기능적 정확성 검토

시각화의 기능과 요소가 의도한 대로 작동하는지 확인한다. 특히 인터랙티브 시각화의 경우 꼭 확인한다.

4) 시각적 추론 확인

① 위치나 색의 선택 때문에 중요한 무엇인가가 보이는지 확인한다.

② 장식적인 요소이거나 필요하지 않으면 삭제한다.

학습활동.10 교수 · 학습 방법

교수 방법

- 빅데이터의 시각화에 대한 관련 용어, 구성, 방식 이해 정도를 파악한 후 수업을 진행한다.
- 교수자의 주도로 빅데이터의 시각화 등의 내용을 PPT 자료로 제시한 후 설명한다.
- 가능하면 사전에 개인별 학습 자료를 준비하여 모든 학생이 참여할 수 있는 문제 해결식 수업, 협력 수업이 가능하도록 한다.
- 빅데이터의 시각화 전 과정을 작업의 순서에 따라 단계적으로 실습이 이루어질 수 있도록 지도한다.
- 교재를 통해 수업을 준비하는데 있어서 필요한 모든 정보나 팁, 힌트 등 도움이 될 만한 내용들을 확인할 수 있다.
- 학생들이 만들게 될 각 모델들은 수업시간에 중점적으로 다뤄질 부분과 어휘, 질문, 답을 포함하고 있으며 또한 탐구할만한 추가적인 아이디어들도 포함하고 있다.

학습 방법

- 빅데이터의 시각화에 대한 관련 용어를 숙지하고, 빅데이터의 시각화에 대해 이해한다.
- 빅데이터의 시각화의 각 단계별 중점 사항을 체계적으로 학습한다.
- 빅데이터의 시각화의 수행순서의 전 과정을 실습한다.
- 빅데이터의 시각화의 내용을 이해한다.
- 빅데이터의 시각화을 숙지하고 숙달이 될 때까지 학습한다.

학습활동.10 평가 및 피드백

평가 준거

- 평가자는 피평가자가 수행 준거 및 평가 내용에 제시되어 있는 내용을 성공적으로 수행할 수 있는 지를 평가해야 한다.

학습내용	평가항목	성취수준		
		상	중	하
빅데이터의 시각화	빅데이터의 시각화를 이해할 수 있다.			

평가 방법

• 작업 포트폴리오

학습내용	평가항목	성취수준		
		상	중	하
빅데이터의 시각화	빅데이터의 시각화을 이해할 수 있다.			

• 필기시험

학습내용	평가항목	성취수준		
		상	중	하
빅데이터의 시각화	빅데이터의 시각화을 이해할 수 있다.			

• 체크리스트를 통한 관찰

학습내용	평가항목	성취수준		
		상	중	하
빅데이터의 시각화	빅데이터의 시각화을 이해할 수 있다.			

• 피드백

1. 작업 포트폴리오
   - 제출한 보고서를 평가한 후 주요 사항에 대하여 표시하여 돌려준다.
2. 필기시험
   - 평가 결과 성적이 저조한 학생은 보고서 제출 기회를 부여한다.
3. 체크리스트를 통한 관찰
   - 실습 과정에서 평가한 후 개선해야 할 사항 등을 정리하여 돌려둔다.

참 | 고 | 문 | 헌

- 개인정보보호법(시행 2016년 4월 7일, 법률 제13723호)
- 공공 데이터의 제공 및 이용활성화에 관한 법률(시행 2016년 7월 25일, 법률 제13423호)
- 공공데이터포털, https://www.data.go.kr, 2016.8.10.
- 교육부 · 전종훈 외, "빅데이터 분석, NCS 학습모듈"
- 국가법령 정보센터, http://www.law.go.kr
- 국가통계포털, http://kosis.kr에서 2016년 8월 11일 검색
- 김선남 · 이환수, 『빅데이터 개인정보 가이드라인(안)의 개선방향 연구』, 『정보화 정책 제21권, 제4호』, 25쪽, 2014.
- 김시환 · 천석진 · 이현주, 『Big data 이용현황과 시사점』, 『지급결제와 정보기술 제52호』, 금융결제원 금융결제 연구소, 2013.
- 김진영, 『헬로 데이터 과학』, 한빛 미디어, 2016.
- 김형훈 · 김선화, 『클라우드와 빅데이터의 강력한 파트너 MongoDB 핵심가이드』, 프리렉, 2014.
- 네이선 야우([2011] 2012), 『비주얼라이즈 디스 : 빅데이터 시대의 시각화+인포그래픽 기법(VISUALIZE THIS : The FlowingData Guide to Design, Visualization, and Statistics)』, 송용근(역), 에이콘
- 모리후지 다이치, 안티베이지안([2014] 2015), 『엔지니어를 위한 데이터 시각화(ENGINEER NO TAME NO DATA KASHIKA 〈JISSEN〉 NYUMON)』, 김성재(역), 한빛미디어
- 미래창조과학부, 한국정보화진흥원, K-ICT 빅데이터센터, 2015년 BIGDATA 시장현황 조사, 2016.
- 민세희, 「데이터 시각화, 인식과 행동」, 『2014년 지역정보화 동향분석』, 제9호, pp.1-14, 2014.
- 빅데이터 기술분류 및 현황, 한국지능정보사회진흥원, 2013.12.
- 소프트웨어공학센터, http://www.sw-eng.kr
- 위키백과, https://ko.wikipedia.org/wiki
- 유충현 · 홍성학, R을 활용한 데이터 시각화, 379, 2015.
- 이상한 · 정영훈, 『빅데이터 시스템 구축 가이드』, 프리렉, 2015.
- 이재운 기자, "통계학적 방식으로 취약점 방어...빅데이터 활성화 기대", 디지털타임즈, 3면, 2016. 7.1.
- 조대협, NoSQL 데이터 모델링, http://bcho.tistory.com/665, 2016.08.01. 검색, 2012.
- 조대협, 분산 로그 & 데이터 수집기 Fluentd, http://bcho.tistory.com/1115, 2016.8.1.
- 주종면, 『NoSQL & mongoDB』, 도서출판databook, 2014.
- 포스터 프로보스트, 톰 포셋, 『비즈니스를 위한 데이터 과학』, 한빛 미디어, 2014.
- 한국데이터베이스진흥원, 『데이터 분석 전문가 가이드 2014 Edition』, 2014.
- 한국데이터베이스진흥원, 『데이터 분석 전문가 가이드 개정판』, 2016.
- 한국데이터베이스진흥원, 『데이터 분석 전문가 가이드 2014 Edition』, KODB, 2014.
- 한국정보화진흥원, 2015년 빅데이터산업 10대 뉴스 및 이슈. BIGDATA, 2015.
- 한국정보화진흥원, 빅데이터 시각화 기술 도입을 위한 단계"「빅데이터 기술 분류 및 현황」, 2015.
- 한국정보화진흥원, 빅데이터 활용 단계별 업무절차 및 기술 활용 매뉴얼(Version 1.0), 2014.
- 행정자치부 관계부처 합동 보도문, 『개인정보 비식별화 가이드라인』, 2016.
- boardConfigUid=9 &boardIdx=39&boardStep=1, 2016.7.28.
- Cattell R., Scalable sql and nosql data stores, ACM SIGMOD, Athens, Greece, 2011.
- DBGuide.net, 데이터 요건분석

학습 10

- Gartner(2016), 'Magic Quadrant for Business Intelligence and Analytics Platforms', 2016.1.04
- http://cartodb.com/
- http://colorbrewer2.org
- http://data.seoul.go.kr/openinf/linkview.jsp?infId=OA-13304
- http://docs.ggplot2.org
- http://gapminder.org/world
- http://ggplot2.org
- http://github.com/dkahle/ggmap
- http://groups.google.com/group/ggplot2
- http://indiemapper.com/
- http://mbostock.github.io/protovis/ex/nba.html
- http://modestmaps.com/
- http://newsmap.jp
- http://philogb.github.io/jit/
- http://processing.org
- http://python.org
- http://sgis.kostat.go.kr/view/index
- http://www.adobe.com/kr/products/illustrator.html
- http://www.dbguide.net/db.db?cmd=view&boardUid=13839&
- http://www.google.com/drive/start/apps.html
- http://www.iea.org/etp/explore/
- http://www.instantatlas.com/
- http://www.labri.fr/perso/nrougier/teaching/matplotlib/
- http://www.perceptualedge.com/articles/visual_business_intelligence/sometimes_we_must_raise _our_voices.pdf
- http://www.r-project.org/
- http://www.tableau.com/
- http://www.telerik.com/kendo-ui
- http://www2.parc.com/istl/groups/uir/publications/items/UIR-1986-02-Mackinlay-TOG-Automat ing.pdf
- https://commons.wikimedia.org/wiki/File:Basic_by_Isotype.jpg
- https://commons.wikimedia.org/wiki/File:Gestalt_closure.svg
- https://cran.r-project.org/web/packages/RColorBrewer/index.html
- https://d3js.org/
- https://developers.google.com/chart/
- https://developers.google.com/chart/interactive/docs/gallery
- https://developers.google.com/chart/interactive/docs/reference
- https://docs.google.com/spreadsheets/u/0/
- https://en.wikipedia.org/wiki/Principles_of_grouping#/media/File:Gestalt_proximity.svg
- https://en.wikipedia.org/wiki/Principles_of_grouping#/media/File:Gestalt_similarity.svg
- https://ikkison.tistory.com/66 빅데이터/쉽게 읽는 데이터, 2019.5.23.

- https://infogr.am
- https://inkscape.org/
- https://public.tableau.com/s/
- https://stat.ethz.ch/R-manual/R-devel/library/stats/html/heatmap.html
- https://www.arcgis.com/features/index.html
- https://www.openstreetmap.org/
- https://www.rstudio.com/
- https://www.theguardian.com/news/datablog/2010/may/17/uk-public-spending-departments-mo ney-cuts
- IDC, 'IDC FutureScape : Worldwide Big Data and Analytics 2015 Predictions', 2014.12.10.
- Jock D. Mackinlay(1986), Automating the Design of Graphical Presentations of Relational Information, ACM Transaction on GRaphics, Vol.5, No.2, April. 1986, 1-34
- Łukasz Halik, (2012), The analysis of visual variables for use in the cartographic design of point symbols for mobile Augmented Reality applications, GEODESY AND CARTOGRAPHY, Vol.61, No.1, 2012, 19-30.
- mongoDB Inc., MongoDB 3.2 Manual, Retrieved from https://docs.mongodb.com/manual/, 2016.8.
- mongoDB Inc., Sharding, Retrieved from https://docs.mongodb.com/manual/sharding/ 2016.8.
- Shard_(database_architecture)
- Sharon Machlis(2015), Chart and image gallery : 30+ free tools for data visualization and analysis, Computerworld
- Solid IT. Inc., DB-Engines Ranking, Retrieved from http://db-engines.com/en/ranking, 2016.8.
- TTA, "빅데이터 시각화 기술", ICT 표준화포럼-빅데이터포럼, 2014.
- Wikipedia, Shard(database architecture), Retrieved from https://en.wikipedia.org/wiki/, 2016.8.

학습 1	빅데이터의 이해
학습 2	빅데이터의 분석기획
학습 3	빅데이터의 수집
학습 4	빅데이터의 저장
학습 5	빅데이터의 처리
학습 6	빅데이터의 분석용 데이터 탐색
학습 7	통계기반 빅데이터 분석
학습 8	머신러닝 기반의 빅데이터 분석
학습 9	텍스트마이닝 기반의 빅데이터 분석
학습 10	빅데이터의 시각화
학습 11	**빅데이터의 비즈니스 모델과 활용전략**
학습 12	빅데이터의 플랫폼과 관리
학습 13	빅데이터의 보안분석
학습 14	빅데이터의 융합

학습 목표	1. 빅데이터의 비즈니스 모델과 활용전략을 이해할 수 있다.

11-1 빅데이터의 비즈니스 모델

1. 빅데이터 비즈니스 모델

빅데이터의 비즈니스 모델을 판별하는 주요 기준은 수익성이다. 그리고 빅데이터가 경영 미치는 영향을 체계적으로 이해하고 기업의 실정에 맞는 단계적인 혁신을 추구하여 신사업 창출에 역동성을 가해야 한다.

발견된 사실이 중대한 경영환경 변화에 이바지 할 수 있다는 점은 인터넷과 빅데이터가 불러오는 중요한 변화가 아닐까 싶다. 발견은 검색과 다르다, 검색은 우리가 원하는 것을 인터넷 기술을 통해 찾는 것이지만 발견은 대량데이터를 취급하다가 의도하지 않는 중요한 진실을 찾아내는 것이다. 따라서 빅데이터를 활용하는 기업들은 빅데이터에서 도출된 결과를 학습하고 개선해 나가는 노력 역시 병행해야 한다.

빅데이터를 이용한 의사결정은 데이터를 정보와 지식으로 만들 수 있는 정보공급 사슬이 구조적으로 정의되어야 한다. 즉 소스데이터에 접근, 데이터 통합과 관리, 데이터 분석과 결과 제시, 결과의 발견과 개선이라는 정보공급 사슬구조이다. 경영자가 의사결정과정에서 경영자의 경험이나 직관에 의한 의사결정은 때로는 결함이 발생할 수 있지만, 빅데이터를 통한 의사결정은 편견을 극복하는 단계로 진화하고 있다. 결국 의사결정의 과학화와 자동화로서 경영혁신을 주도 할 수 있다.

빅데이터는 기업의 숨어있는 새로운 가치와 새로운 고객가치가 접목되는 시점에서는 기업의 사업 패러다임을 새롭게 바꾸는 계기를 제공할 수 있다. 결국 빅데이터를 통한 스마트 비즈니스는 새로운 고객가치를 발견하고 새로운 비즈니스 프레임워크를 창출할 수 있는 세상이다.

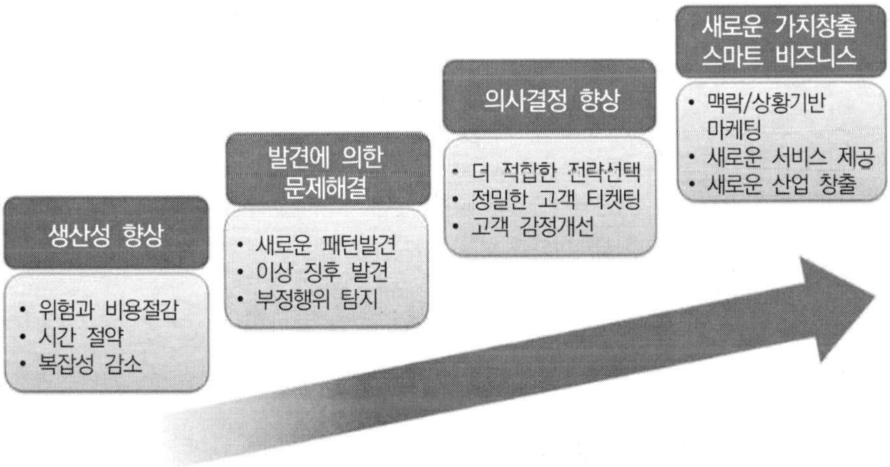

[그림 11-1] 빅데이터에 의한 경영혁신 4단계

2. 빅데이터의 수익성 모델과 성공적인 개발

빅데이터를 통하여 수익을 창출하는 모델로 돈이나 기타 재산을 받아들일 수 있도록 하는 경영방식이다.

다양한 분야에서 이용되는 빅데이터를 도입하기 위해서는 단순히 많은 데이터의 분석뿐만 아니라 대처방법의 시스템, 서비스, 조직 등 전사적으로 빅데이터를 분석할 수 있는 기반 조성이 필요하다.

빅데이터 관련 비즈니스 모델의 성공적인 개발을 위해서는 〈표 11-1〉과 같이 5가지 항목을 고려해야 한다. 즉 제품, 서비스 제공 고객, 제품과 서비스의 유형, 거래형태, 차별화된 서비스 전략, 적절한 기반기술 검토 등을 고려해야만 한다.

〈표 11-1〉 비즈니스 모델의 성공적인 개발을 위한 고려사항

항 목	내 용
제품, 서비스 제공 고객	제품과 서비스를 제공할 고객에 대한 세밀한 조사
제품과 서비스의 유형	고객에 제공한 제품과 서비스에 대한 검토
거래형태	방문판매에서 인터넷 활용한 판매를 포함한 거래형태를 결정
차별화된 서비스 전략	서비스를 제공하는 차별화 전략에 대한 문제고려
적절한 기반기술 검토	기반으로 하는 정보통신기술(ICT)에 대한 검토

3. 빅데이터 판매 비즈니스 모델

빅데이터 판매 비즈니스 모델 유형은 〈표 11-2〉처럼 빅데이터의 원시판매 비즈니스, 가공판매 비즈니스, 분석판매 비즈니스 등으로 구분한다.

〈표 11-2〉 빅데이터 판매 비즈니스 모델유형

모델 유형	내 용
원시판매 비즈니스	가공되기 전의 데이터 판매
가공판매 비즈니스	원시데이터를 분석 · 가공하여 필요한 부분만 추출한 데이터 판매
분석판매 비즈니스	원시데이터를 분석한 데이터 판매

11-2 빅데이터의 활용전략

1. 가트너의 데이터 경제시대 4단계

가트너의 데이터 경제시대의 4단계는 〈표 11-3〉처럼 사일로(저장), 교환(공유), 데이터풀(통합), 공유데이터(공동창출)가 있다.

빅데이터 사이언티스트가 사용하는 분석방법은 우리는 애널리스틱스(Analytics)라고 한다. 데이터에 대한 접근방법이나 강조방식이 조금씩 다르지만 데이터마이닝이나 어드밴스드(Advanced) 애널리스틱스, 인공지능, 머신러닝 등도 애널리스틱스에 해당된다.

데이터 분석의 4단계는 묘사(Descriptive)분석, 진단(Diagnostics)분석, 예측(Predictive)분석, 처방(Prescriptive)분석으로 이루어져다.

〈표 11-3〉 가트너의 데이터 경제 시대의 4단계

단 계	데이터 종류	방 법
1단계 : 사일로(저장)	• 조직의 독자적인 데이터 생성, 저장, 중심단계 • 외부데이터는 인터넷을 통해 수집(검색) 가능 • 데이터의 신뢰성과 품질제고 노력 필요	생성, 저장, 수집(검색)
2단계 : 교환(공유)	• 기업의 데이터를 외부기관들과 상호 교환하는 단계(1:1 또는 1:N의 공유, 연계)	연계, 공유
3단계 : 데이터풀(통합)	• 특정한 활동이나 목적을 위해 모인 연합, 그룹, 클럽들이 상호협력과 공유의 장 형성(집단) • 표준화된 데이터풀(Data Pool)의 연계를 통해 국경을 초월한 정보교환과 상호이용 가능	참여, 협력
4단계 : 공유데이터(공동창출)	• 오픈방식 플랫폼을 통해 데이터 공유 • 상호협력과 참여를 통해 공유의 자원 창조	오픈, 창조

첫 번째 단계인 묘사는 데이터 분석의 가장 기본적인 지표이다. 과거에 어떤 일이 일어났으며 현재 무슨 일이 일어나고 있는지 정확하게 살펴보는 것이다.

두 번째 단계인 진단은 묘사단계에서 찾아낸 분석내용의 원인을 이해하는 과정이다. A제품이 왜 특정지역에서 잘(혹은 안)팔렸는지 분기별로 매출차이가 발생한 이유가 무엇인지, 고객불만이 최근 1년간 더 많이 발생했다면 그 이유는 무엇인지 등에 대해 데이터를 기반으로 확인하는 것이다.

세 번째 단계인 예측은 말 그대로 데이터를 통해 기업 혹은 조직의 미래, 고객의 행동 등을 예측하는 과정이다. 기업들은 사용자들의 단어 사용패턴을 분석하여 특정 고객의 이탈 가능성을 확인하기도 하고, 특정 제품의 검색 또는 구매이력을 토대로 구매가능성이 높은 새상품을 추천하기도 한다. 데이터가 기업성장의 기반이 되는 시대가 온 것이다.

네 번째 단계인 처방은 앞선 예측을 바탕으로 이루어지는 최적화 과정이다. 어떤 시점에 어떤 액션을 취해야 고객의 이탈을 막을 수 있다. 어떤 채널에서 어느 정도의 예산을 배분해야 광고효과를 최대화할 수 있는지 어떤 종목에 비용을 투자해야 높은 수익률을 기대할 수 있는지 등이 처방분석에 해당된다. 이 처방 분석이 4단계의 빅데이터 분석과정에서 가장 어려운 부분에 해당된다. 결국 기업은 과거와 현재를 이해해야 미래를 예측할 수 있으며, 지표에 대한 묘사와 진단이 이루어져야 예측, 그리고 처방이 이루어질 수 있는 것이 당연하다.

가트너그룹은 'The Big data Value Model(2015)'을 통해 [그림 11-1]에서 보는 것처럼 빅데이터 분석의 주요활용 목적을 여섯 개의 카테고리로 구분했다.

Customer Insight, Product & Process Efficiency, Digital Products & Service, Operational Excellence, Digital Marketing 등으로 빅데이터 분석의 주요 활용목적을 크게 고객 관계관리/경험의 변화, 내부 프로세스/효율성 개선, 신규 Value Proposition 창출 등으로 빅데이터 활용 주요 사례를 알아본다.

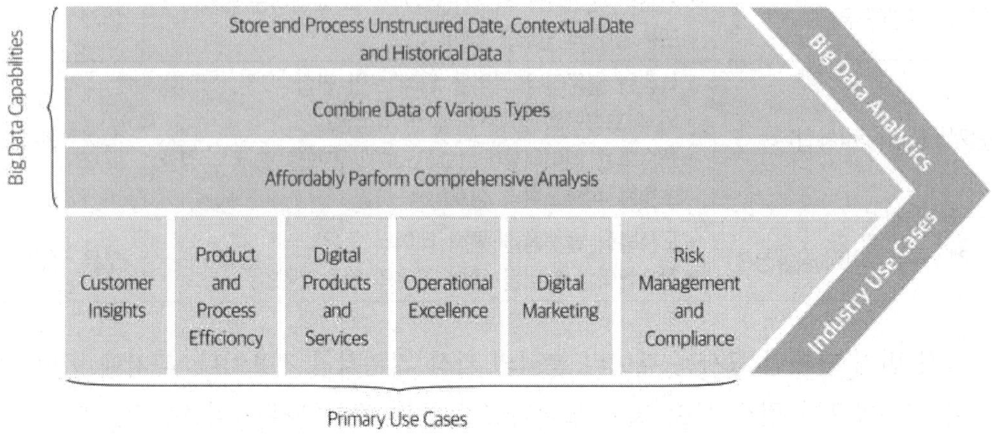

[그림 11-2] 빅데이터 가치 모델

2. 각 나라별 빅데이터 전략

최근 빅데이터는 트위터, 페이스북 등 SNS에서 수집되는 정보를 분석하여 소비자 마음을 읽는 기법으로 기업의 마케팅은 물론 위기관리 수단으로 급부상하고 있다. 따라서 빅데이터 활용을 통한 정부의 효율적 운영 등으로 국가 경쟁력 제고에 대한 각국의 노력은 점점 늘어나고 있다. 미국의 빅데이터 전략은 빅데이터 연구개발 이니셔티브 전략으로 빅데이터의 가능성을 파악하고 정부주도의 전략을 추진하고 있다.

영국의 전략은 오픈데이터 전략으로써 정보공유, 활용을 위한 데이터 개발중심의 정책을 추진하고 있다. 일본의 전략은 Active Japan ICT전략내 일부가 포함하여 사회현안 해결을 위한 데이터에 대한 가치재평가 전략을 추진하고 있고, 한국은 빅데이터를 활용한 스마트 정부를 구현하는 전략으로써 데이터의 창조적 활용을 통한 스마트 강국을 실현하는 전략을 구사하고 있다.

다음은 최근 각 국가별로 추진하고 있는 빅데이터의 대표적인 활용현황을 나타낸다.

〈표 11-4〉 국가별 활용전략

국가	활용분야	내 용
미국	국토보안	9.11 이후 국토안보부를 중심으로 테러 · 범죄 방지를 위한 범정부적 빅데이터 수집, 분석 및 예측체계 도입 • 부시 행정부의 국토안보부 장관인 Michael Chertoff는 국토보안을 위한 빅데이터 추진현황 언급 • 국내외 금융시스템의 개인, 기관의 금융거래 감시로 자금세탁 및 테러 자금조달 색출 강화
	치안	FBI의 종합 DNA 색인시스템(CODIS) • DNA 포렌직, 클라우드 DNA분석 등 "빅DNA데이터"의 활용을 통해 2007년 45,400건의 범인 DNA Hit rate 달성 • 1시간 안에 범인 DNA 분석을 위한 주정부 데이터 연계 및 빅데이터 실시간 분석 솔루션 확보
	의료	오바마 Health.20-필박스 프로젝트(Pillbox) • 국립보건원(National Library of Medicine)의 사이트로 약 검색을 서비스 • Pillbox를 통해 수집된 빅데이터를 통해 후천성 면역결핍증(HIV) 등 관리대상 주요 질병의 분포, 연도별 증가 등에 대한 통계치 확보 가능
영국	정보공개	영국은 정부사이트(data.gov.uk)를 통해 공공부문의 정보공유 및 활용을 위한 데이터 원스톱 서비스 제공 • 정부의 투명성 제고, 국민의 권리 향상, 데이터의 공개를 통한 경제적 사회적 가치 증대, 차세대 웹(Web of Data)에서 주도권 획득 목표 • 일반인들의 참여를 장려하고 아이디어 수렴, 앱 개발, 데이터 공개 등의 주제에 대한 커뮤니티 제공
싱가포르	국가 위험관리	싱가포르 정부는 빈번히 발생하는 테러 및 전염병으로 인한 불확실한 미래 대비를 위하여 2004년부터 빅데이터 기반 위험관리계획을 추진 • RAHS(Risk Assessment & Horizon Scanning) 시스템을 통해 질병, 금융위기 등 모든 국가적 위험을 수집 및 분석하여 위험을 선제적으로 관리 • 수집된 위험정보는 시뮬레이션, 시나리오 기법 등을 통해 분석되어 사전에 위험을 예측하고 대응 방안을 모색함
호주	정보공개	호주 정보관리청은 정부 2.0을 통한 정보개방 • 방대한 양의 정보를 검색하고 분석 및 재사용할 수 있도록 자동화된 툴을 활용하여 시간과 자원을 절감 • AGIMO 산하 정부 2.0 전략/서비스팀에서는 정부데이터에 대한 리포지터리 및 검색 툴을 서비스하는 data.gov.au 웹사이트 운영

3. 빅데이터 활용사례

빅데이터는 일반적인 데이터 관리 및 처리 소프트웨어에서 다루기 어려울 정도로 거대하고 복잡한 데이터의 집합을 나타내는 용어이다. 빅데이터 활용에 의해 새로운 발견이 되어 안고 있는 과제의 해결과 업무운영의 효율화가 기대되므로, 기업이나 조직의 일하는 방식을 완전히 바꾸어 여러 가지 업계에 혁명을 일으켰다고 말할 수 있다.

1) 제조업 분야의 활용사례

제조현장에서 생산되는 제조데이터는 기업의 혁신을 가능하게 하는 핵심자원이다. 업종별 스마트공장 구현을 통해 다양한 제조데이터 활용에 대한 실증사례를 찾아볼 수 있다. 스마트 공장에서 양질의 제조데이터를 확보하기 위해서는 데이터의 수준을 일치시키고 표준화할 수 있는 과정이 필요하다.

제조업에서는 데이터가 ERP나 MES, CMMS 등의 수많은 시스템에 산재해 데이터를 단일적으로 이용할 수 없기 때문에, 공장의 가동상황을 전반적으로 파악하는 것이 어렵다. 기업에서 빅데이터 분석의 첫걸음은 바로 데이터를 통합하여 관리해야 하는 것이다. 빅데이터의 활용으로 제조 프로세스를 개선할 수 있을 뿐만 아니라 생산성 향상 및 품질안정 등에 도움이 된다.

(1) 제조데이터의 중요성

최근 제조현장에서 생성되는 실시간 생산데이터, 계측데이터, 주문데이터 등 다양한 제조데이터의 활용은 스마트 공장 및 스마트 제조 구현을 위한 핵심자원으로 인식되고 있다. 제조데이터는 생산관리시스템(Manufacturing Execution System, MES), 전사적 자원관리(Enterprise Resource Planning, ERP), 제품수명주기 관리(Product Lifecycle Management, PLM) 등 제조 IT 응용시스템에서 수집 · 활용되고 생산되는 데이터를 말한다. 이러한 제조데이터는 기업 간의 수평적 · 수직적 통합에 있어서 중요한 역할을 담당하게 된다.

제조데이터를 잘 활용하게 되면 이는 기업이 공정혁신, 불량예측, 신규서비스 창출 등 새로운 부가가치를 창출할 수 있는 원동력이 될 수 있기 때문이다.

중소기업중앙회에 따르면 스마트 공장을 운영하는 기업이 제조데이터를 수집해 다양한 제조공정에 활용하고 있는 것으로 나타났다. 조사에 응답한 기업들은, 제조데이터가 실시간모니터링(69.5%), 수요예측/불량 등 원인 분석(42.9%), 고객사가 요구하는 공정 품질 분석 자료(34.7%) 등에 활용되고 있다고 응답했다. 즉 스마트 공장의 데이터가 단순히 쌓아 두기만 하는 수준을 넘어 다양한 제조공정에 활용되고 있는 것으로 조사되었다.

(2) 제조데이터 실증사례

디지털 기술로 새로운 가치를 창출하는 혁신기업의 등장으로 기존 사업의 경계가 붕괴되고 있다. 특히 글로벌 선진기업에서 진행중인 스마트화 및 디지털 전환은 신기술을 활용하여 비즈니스모델, 운영프로세스, 고객관리 등 조직 전반에 변화를 촉진하고 있다.

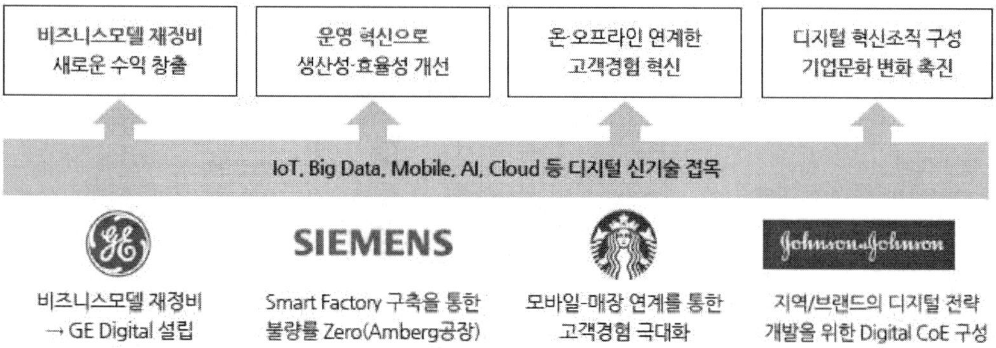

[그림 11-3] 디지털 기술로 새로운 가치 창출

디지털화의 핵심축인 스마트 공장은 '인간을 닮아가는 지능화된 미래형 공장'이다. 이에 이미 글로벌 선도 기업들은 사물인터넷 기술 기반으로 공장설비에서 산출되는 제조데이터 분석을 통해 지능형 공장으로 변화를 시도하고 있다.

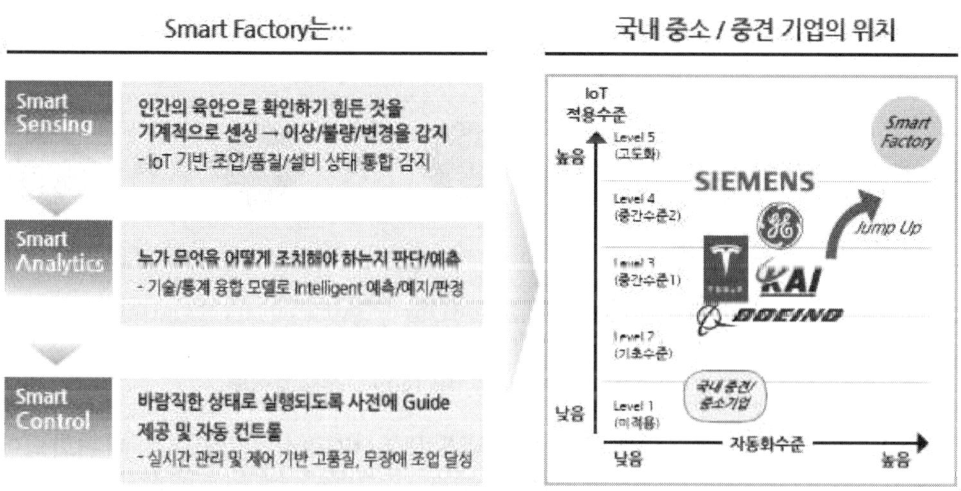

[그림 11-4] 지능화된 미래형 공장 개념

제조데이터를 핵심으로 하는 스마트 공장은 인간이 보고 듣고 느낀 것으로 판단하고, 예측하여 알리고 행동하는 것과 같이 공장 스스로 센싱(Sensing)을 한다. 또

학습 11

한 분석 · 예지(Analyze)하고 통제하는(Control) 지능형 공장을 일컫는다.

스마트 공장에서의 업종별 제조데이터 활용을 통한 실증사례를 살펴보면 다음과 같다.

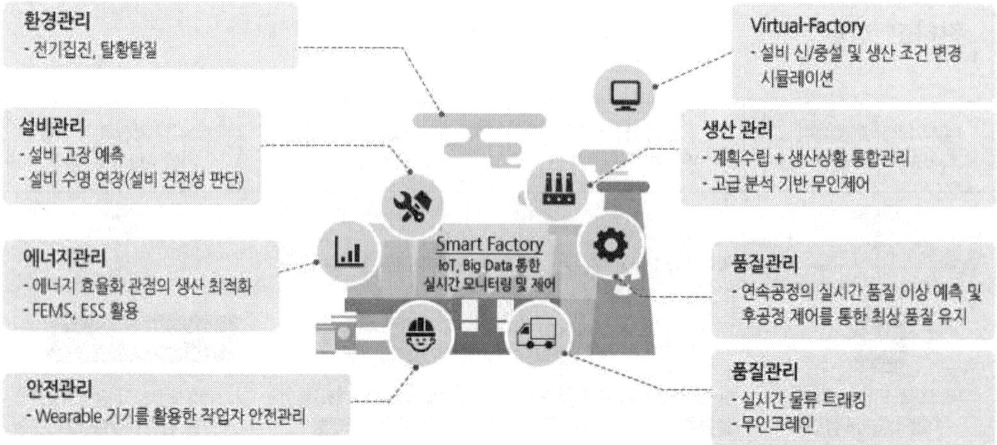

[그림 11-5] 스마트 공장 개념

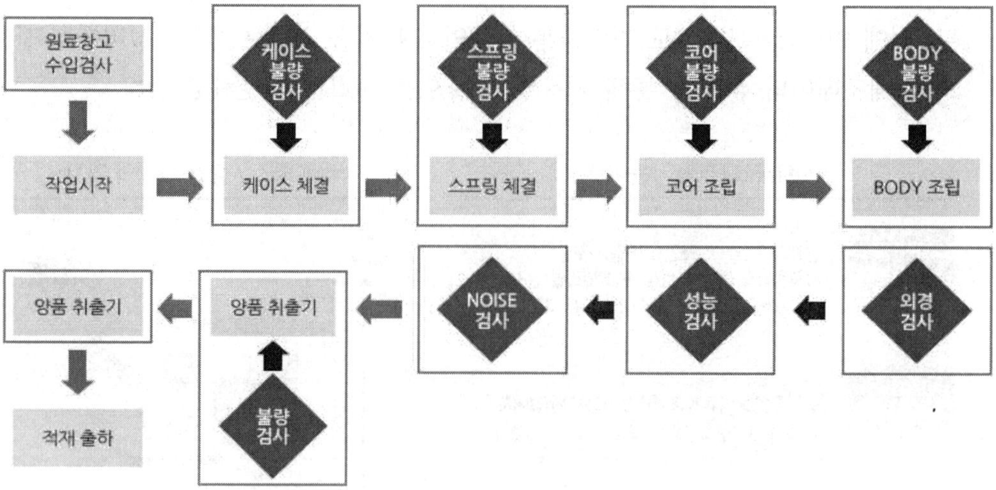

[그림 11-6] 공정흐름도 및 데이터 수집 포인트

산업현장에서 제조데이터는 업무부서별 또는 비즈니스 영역별로 파편화되어 구축되어있어 통합적 분석을 통한 인사이트 도출이 어려운 상황이다. 특히 중소제조기업의 발주/구매-생산, 관리-현장, 사람-기계 등 생산활동과 관련된 모든 데이터 수집 및 연결성 개선을 통한 운영의 효율 고도화 지원이 필요한 실정이다. 제조분야 데이터 활성화를 위하여 제조분야 데이터는 보유하고 있더라도 쓸만한 데이터가 없는 실정이다. 처음부터 용도가 분명한 데이터를 수집해야 하지만, 제조기업들은 영업비밀 이슈로 데이터의 외부공개를 기피하며 기업 간 · 업종 간 데이터 공유는 쉽지 않을 것이라는 전망 등의 의견이 나오고 있다.

이를 해결하기 위해 제조현장의 4 M1E(Man, Machine, Material, Method & Energy) 관점에서 비즈니스 프로세스 통합을 위한 제조데이터 수집 표준이 필요하다. 특히 중소제조기업은 수율, 불량률, 작업자 효율성(조립공정), 설비가동률(장치산업), 에너지 소비효율 등 제조수준 및 특성에 맞는 핵심성과지표(Key Performance indicator, KPI) 관리가 필요하다.

독일은 2012년부터 시스템 통합 능력이 곧 기업경쟁력이라는 점을 강조하며 공장 최하위 레벨의 센터부터 최상위 레벨의 기업운영시스템까지 통합능력을 정립하기에 이르렀는데, 이른바 Industrie 4.0(I4.0)이다. 이는 4차산업혁명의 시초가 되었고, 현재 세계 전 산업에 큰 영향을 미치고 있다. 이에 우리나라에서는 스마트 공장의 개념, 용어, 진단모델에 대해 I4.0의 참조 모델인 RAMI4.0(Reference Architecture Model I4.0)이 반영된 국가표준 KSX-9001을 2016년 제정하였고, 이는 스마트 공장 수준 확인제의 근간이 되고 있다. 특히 I4.0에서 권고하는 국제표준이 적용된 생산현장 데이터 수집도구는 자산관리쉘(Asset Administration Shell, AAS)인데, 이는 제조현장의 수직통합을 위한 가장 적절한 대안으로 논의되고 있으며, 이를 효과적으로 적용 · 확산하고 국내 제조환경 적합성을 확보하기 위한 선제적 실증작업이 요구되고 있다

2) 의료/헬스케어 분야의 활용사례

매일 대량 복잡한 비구조화 데이터를 생성하는 의료업은 빅데이터 기술을 통해 의료정보 활용의 폭과 가능성이 넓어진다.

의료분야의 데이터 분석사례는 유행병의 발생을 예측하고 그 영향을 최소화하기 위해 어떤 예방책을 강구할 지를 결정하는 데 도움이 된다. 수백만 명의 환자로부터 수집된 엑셀데이터나 다른 데이터를 사용하여 근거에 따른 진단을 하므로 치료비를 절감한다. 웨어러블 디바이스를 사용하면 빅데이터가 환자의 건강상태를 감시하고 의사에게 보고할 수 있다.

헬스케어 데이터는 인간이 평생 살아가면서 생산하는 데이터 중에 가장 다양하고 많은 양으로 생산하는 데이터 중에 하나다. 산업계에서는 이러한 데이터를 이용해 새로운 산업생태계를 만들기 위해 노력 중이다. 헬스케어분야 데이터 활용은 정부-

병원-기업이 유기적으로 협력해야 성공할 수 있다. 왜냐하면 의료는 민간영역 뿐만 아니라 공공영역이 복잡하게 얽혀 있으며 여러 이해당사자가 있기 때문이다.

COVID-19는 여러 산업의 디지털 혁신의 촉매제로서 작용하였다. 특히 국내 헬스케어분야에서는 원격의료의 현실적 반영, 감염병의 위험에 대한 기술적 차단과 방역, 공공의료의 질적 수준의 제고, 가정방문 건강돌봄 등에 대한 요구가 증가하였다. 그리고 오늘날의 의료는 디지털 대전환의 기점에서 인공지능, 클라우드 컴퓨팅, 사물인터넷, 모바일기술 등과의 기술적 융합을 도모하고 있다. 이러한 시대에 양질의 대규모 의료데이터를 체계적으로 수집 및 관리하는 것은 헬스케어 데이터 산업 생태계를 만들기 위한 최우선 과제이다. 또한 수집된 데이터를 이용해 의료의 질적 향상을 위해 다양한 종류의 의료 인공지능이 개발되어야 한다. 결국 의료의 질적 향상을 도모하며 동시에 천문학적인 의료비를 줄이기 위한 방법을 데이터로부터 찾고 있다.

미래에는 지금과는 상상할 수 없는 수준의 의료데이터 자원을 이용한 의료행위가 이루어질 것이다. 따라서 현재 정부가 추진중인 다양한 헬스케어분야 데이터 R&D 과제 및 정책이 보다 체계화되길 기대한다. 아울러 의료데이터 이용에서 산업계의 혼선을 방지하기 위해 보다 구체화된 데이터 사용 가이드라인이 마련되어야 할필요가 있다.

(1) 헬스케어 데이터 산업정책 동향

인간이 만들어낸 가장 다양하며 방대한 종류의 데이터 중 하나가 바로 헬스케어 데이터이다. 헬스케어 데이터 산업은 바이오기술과 정보기술이 눈부시게 발전함에 따라 비약적인 성장을 하고 있다. 하지만 헬스케어 데이터 산업은 개인의 민감한 의료정보를 다루는 의료법과 생명윤리 및 안전에 관한 법률의 지배를 받는 강력한 규제의 산업이기도 하다.

헬스케어분야는 민간영역과 공공영역이 복잡하게 얽혀있는 분야로 산업 비즈니스를 영리기관인 기업에 한정하기는 어렵다. 왜냐하면 헬스케어분야는 비영리 기관인 병원의 역할이 매우 크기 때문이다. 헬스케어 데이터 산업 분야는 정부-병원-기업이 유기적인 협력을 통해 산업 비즈니스가 이루어지고 있다. 헬스케어 데이터 산업 활성화를 위해 국가에서는 데이터의 생산 · 집적 · 활용에 관한 3대 분야와 이를 실제 구체화하기 위한 9개의 핵심과제를 선정하여 추진한다는 계획이다.

즉 양질의 데이터를 생산하여 개방하는 방법, 고부가가치 데이터를 쉽고 편리하게 누구나 사용할 수 있도록 플랫폼을 구축하는 방법, 마지막으로 구축된 빅데이터를 이용해 인공지능을 개발하기 위한 방법이 그것이다.

정부에서는 이미 한국판 뉴딜을 통해 10대 중점과제 중 하나로 '스마트의료 인프라'를 선정하여 의료 빅데이터와 인공지능 기술을 활용해 스마트병원을 집중 육성·발전시키겠다고 계획한 바 있다. 최근 이를 뒷받침 해주기 위해 헬스케어분야에서 다양한 국가 R&D투자가 이루어지고 있다.

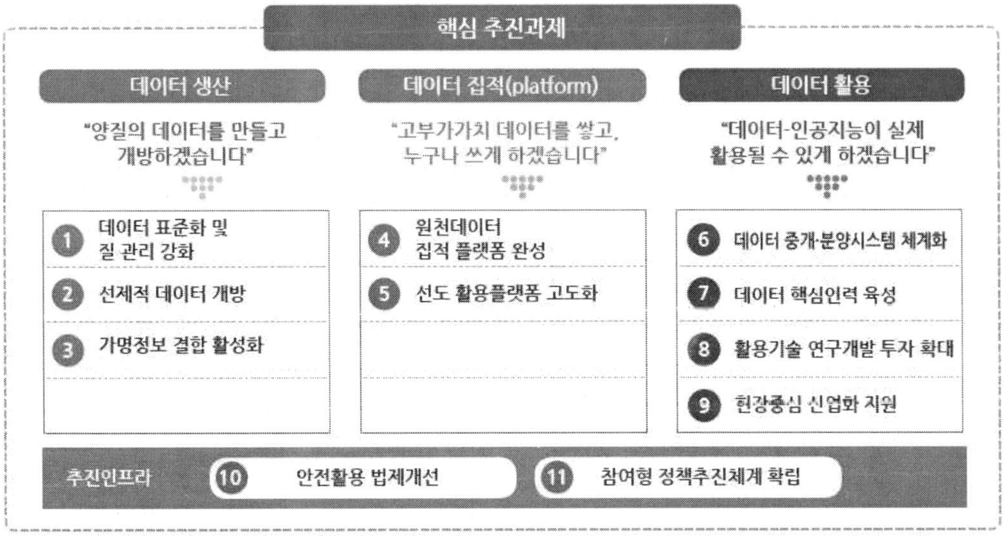

[그림 11-7] 보건의료데이터·인공지능 혁신전략 추진 과제

(2) 헬스케어 산업에서 데이터 활용현황 및 동향

헬스케어분야는 전자의무기록의 보편화와 유전체 분석기술의 고도화에 힘입어 광범위한 디지털화가 진행중이다. 전통적인 생명과학 분야의 연구방법인 세포실험(In-vitro)과 동물실험(In-vivo)이 초고속 컴퓨팅 기술을 이용한 데이터 분석에 근거한 생명정보 분석실험(In-silico)의 도움을 받고 있다. 또한 웨어러블기기의 대중화를 통해 개인중심의 라이프로그 헬스케어 데이터의 양이 기하급수적으로 증가하고 있다. 기존의 전통적인 정보통신 기업은 그동안 전혀 경험해 보지 못한 헬스케어 데이터를 마주하며, 새로운 비즈니스 전략을 수립하기 위해 부심중이다.

해외에서는 이미 아이비엠 왓슨(IBM Watson)을 시작으로 애플 및 구글과 같은 IT 공룡기업들이 헬스케어 데이터 산업분야에 직간접적으로 진출하였다. 환자의 헬스케어 데이터를 플랫폼화하여 체계적으로 수집하기 위해 이미 포석을 깔아놓은 상태이다.

최근 국내에서도 헬스케어 데이터 산업분야에 도전장을 내는 기존 기업들이 속속 등장하고 있다. 예를 들어 네이버 클라우드는 헬스케어분야에 진출하기 위해 의료분야 클라우드 인증을 받아 놓은 상태이다. KT는 데이터기반 감염병 대응기술 개발을 위해 '샤인'이란 앱을 출시하였다. 이 프로젝트는 자선단체인 빌&멜린다 게이츠 재단을 통해 지원받아 진행하는 연구 프로젝트로 인공지능 및 빅데이터 기반 감염병 조기진단 알고리즘 개발과 통신데이터 기반 감염병 확산경로 분석연구를 진행중이다.

한편 최근 국내에서 헬스케어 데이터 산업분야 스타트업이 선전하고 있다. 특히 헬스케어 데이터 산업분야에서 스타트업으로서 가장 발전한 분야가 의료영상 인공지능 분야이다.

국내의 의료영상 인공지능을 선도하는 기업으로는 뷰노, 루닛과 같은 기업이 있다. 이미 이러한 회사는 창업 10년도 되지 않은 짧은 시간 내에 코스닥 상장을 하며 기술적 우위를 점하였다. 최근 빅데이터와 인공지능 기술을 바탕으로 신약개발에 문을 두드려 IPO에 성공한 신테카바이오와 같은 기업도 있다. 신테카바이오는 다양한 종류의 유전체 및 임상데이터를 수집하여, 인공지능을 통한 신약 후보물질을 발굴하는 기업이다. 최근에는 개인화된 의료정보를 유통 및 관리하기 위한 헬스케어 기업도 등장하였다. 메디블록은 헬스케어 데이터를 안정적으로 유통하기 위해 블록체인기술을 활용한다. 레몬헬스케어는 개인의 진료정보를 보험사와 연계하여 실손보험을 청구할 수 있는 시스템을 구축하고 있다.

최근의 산업경향은 헬스케어 데이터 산업분야의 비즈니스 모델이 과거보다 훨씬 다양화·다각화 되고 있다는 것이다. 또한 병원과 기업이 협업하는 비즈니스 모델이 점점 증가하고 있다. 의사가 진료실을 떠나 기업의 환경을 경험하고 창업하는 수가 지속적으로 증가하고 있다. 이들은 자신의 진료경험을 바탕으로 전통적인 바이오 기업뿐만 아니라 헬스케어 데이터에 근거한 임상결정지원시스템(CDSS) 및 디지털 치료기기 분야에 도전장을 내고 있다.

(3) 헬스케어 데이터 분야에 대한 정부의 주요 R&D

① 보건의료데이터 중심병원 지원사업 : '보건의료데이터 중심병원 지원사업'은 민간병원을 중심으로 빅데이터 기반의 병원 의료혁신 생태계 확보를 위해 보건복지부가 지원을 하는 대규모 국책 프로젝트이다. '보건의료데이터 중심병원 지원사업'은 민간병원에 축적되어 있는 대규모 임상데이터를 활용해 새로운 치료기술, 신약, 의료기기 및 인공지능 등의 개발을 지원하기 위한 사업이다. 이를 통해 병원의 효과적인 데이터 활용 환경을 구축하고, 표준화·보안·

전문인력을 확보해 전문분야별 특화데이터를 구축하고 연구자가 의료데이터를 이용한 다양한 연구사업을 추진하는 원동력을 마련하고자 한다. 현재 서울대학교병원 및 세브란스병원 등 총 7개 컨소시엄, 40개 병원 및 41개 기업이 참여하고 있으며 총 200억원이 넘는 국비가 투입되었다.

[그림 11-8] 의료데이터 중심병원 빅데이터 시스템(예시)

이 사업의 주요 내용은 ⓐ 병원이 충분한 전산장비를 도입·보강하여 의료데이터 활용환경을 구축하고, ⓑ 데이터 활용기반을 마련해 국제적인 수준의 데이터 표준화·거버넌스를 구축·지원 할 수 있는 환경을 조성하며, ⓒ 신생물·순환계통질환·호흡계통질환 또는 질환·연령·환자군에 따른 분야별 특화된 의료데이터 개발·활용을 할 수 있도록 임상데이터를 제공하고, ⓓ 시나리오에 근거한 의료데이터 셋을 정의 및 구축하여 신약·의료기기, AI 등 개발을 위한 연구체계를 마련하는 것이다.

② 헬스케어 데이터 댐 사업 : 한국판 뉴딜의 사업으로 추진 중인 10대 과제에서 헬스케어분야와 연계된 과제로는 데이터 댐, 스마트 의료 인프라, 디지털 트윈이 있다. 이 중 데이터 댐 사업은 광범위한 데이터를 플랫폼화된 '댐'에 가둬두고 필요한 곳에 적재적소에 사용할 수 있게 하여 데이터의 사용효율을 높여 부가가치를 만들고자 하는 사업이다. 그동안 많은 종류의 막대한 데이터가 여러 민간기업 및 공공기관에서 다양하게 생산되었으나, 데이터를 보유한 기

관이 시간과 비용의 문제로 이를 체계적으로 개별 구축하는 것이 사실상 어려웠다. 이를 위해 헬스케어분야에서는 질병 중심으로 여러 병원에 분산저장되어 있는 의료데이터를 통합 및 정제하여 고품질 학습용 데이터를 구축하기 위한 작업에 착수했다.

예를 들어 척추질환 환자로부터 영상데이터 및 임상데이터를 표준화 및 레이블링하여 민간에 개방하는 것이 그것이다. 이를 통해 질병 중심으로 여러 의료기관에 저장되어 있는 데이터를 통합하여 개방할 수 있게 되었다. 특히 데이터 댐 사업의 전제 조건은 민간기업이 주도한다는 데 있다. 그동안 의료분야에 진출하고자 하는 기업이 많았지만, 병원으로부터 의료데이터를 수집하는 것이 사실상 불가능에 가까웠기 때문에 이 사업을 통해 양질의 의료데이터를 확보할 수 있는 루트가 확보되었다는 면에서 의미가 크다고 할 수 있다.

③ 마이 헬스웨이(건강정보 고속도로) 사업 : 여러 의료기관에 흩어져 있는 개인의 의료정보를 자신의 스마트 기기에서 손쉽게 확인하고, 다른 의료기관으로 해당 진료기록을 간편하게 보낼 수 있고, 자신이 겪는 질병에 대해 건강관리 서비스를 받을 수 있는 체계를 만드는 사업이다. 이 사업은 대통령직속 4차산업혁명위원회의 디지털 헬스케어 특별위원회가 구성된 이래, 개인 주도 의료데이터(Personal Health Record) 활용 생태계 조성을 통해 의료분야 마이데이터 활성화 방안의 논의로 구체화되었다. 의료분야 마이데이터는 환자가 자신의 건강정보에 대한 자기결정권을 갖고 건강증진 혜택을 누릴 수 있고, 해당 데이터는 적재적소에 원하는 방식으로 활용될 수 있다는 데에 큰 의의를 갖는다. 이는 어느 한 기관이 의료데이터의 주권을 갖지 않고 개인이 의료데이터 주권을 가질 수 있도록 API 형태로 제공되며, 어떤 사업체든 자유롭게 사업을 할 수 있는 생태계를 마련한다는 면에서 큰 의의가 있다. 데이터 보유기관은 본인 또는 데이터 활용기관으로 건강정보가 흘러가는 고속도로 역할을 수행한다.

이 사업의 3대 추진전략은 ⓐ 건강정보 제공 항목의 순차적 · 단계적 확대, ⓑ 국민들이 안심하고 이용할 수 있는 안전한 플랫폼 구축, ⓒ 정부는 법 · 제도적 기반을 마련하고, 민간은 혁신적 서비스를 제공하는 역할을 분담하도록 하고 있다.

마이헬스웨이 사업과 타 데이터사업의 근본적인 차이점은 식별 가능한 개인정보를 활용한다는 데 있다. 개인이 이 서비스를 이용하기 위해서는 가명정보가 아닌 개인정보를 직접이용해야 하기 때문이다. 마이헬스웨이 사업이 성공하기 위해서는 충분한 제도적 · 재정적 뒷받침이 필요하다. 마이헬스웨이 사업을 통해 진료기록을 발급할 경우 과금에 대한 비용문제를 해결하기 위한 제도적 방법을 고려해야 하고, 의료정보분야 인프라에 투자하기 어려운 영세한 병원이 참여할 수 있도록 재정적 지원이 충분히 뒷받침되어야 한다.

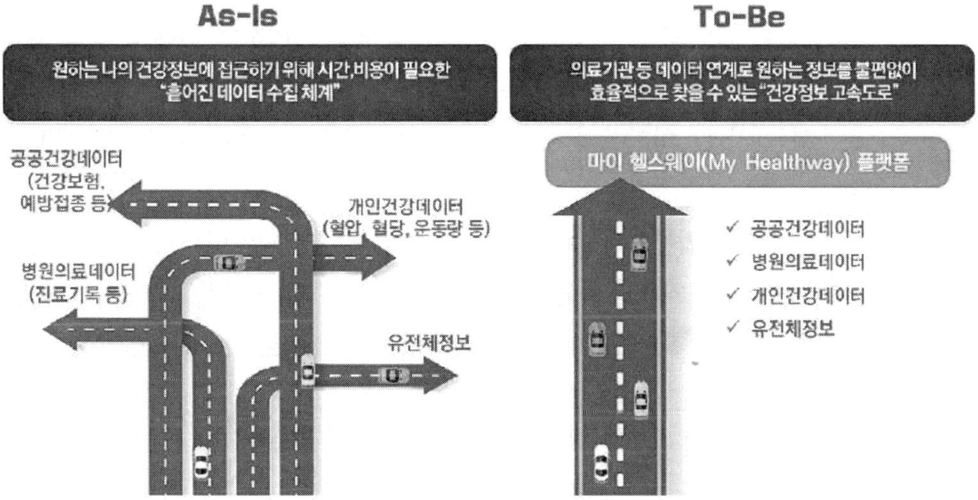

[그림 11-9] 마이헬스웨이 개념도

④ 디지털 치료기기 사업 : 지금까지의 전통적인 환자관리 및 치료는 진료 후에 의사가 환자에게 생활습관 개선을 위한 교육 및 약물을 처치하는 것이었다. 이러한 전통적 개념을 넘어서 최근에는 약물의 처방뿐만 아니라 심리적 및 행동학적 변화를 일으키게 하기 위한 기술들이 고안되고 있다. 바로 디지털 치료기기(Digital Therapeutics)이다. 디지털 치료기기 혹은 디지털 치료제는 의학적 장애나 질병을 예방, 관리, 치료하기 위해 환자에게 근거 기반의 치료적 개입을 제공하는 소프트웨어 의료기기로 정의한다. 즉 스마트폰에 설치된 앱을 실행시켜 질환을 개선하거나 치료한다는 개념이다. 하드웨어에 의존적이지 않고 특정한 의료기기의 목적을 띄고 독립적인 형태의 소프트웨어만으로 이루어진 의료기기를 말한다. 여기에는 의료용 모바일 앱뿐만 아니라 가상 · 증강현실(VR · AR), 게임 등의 형태도 포함된다. 예를 들어 우울증이나 경도인지장애 등 정신 · 신경계 질환의 예방 및 치료뿐만 아니라, 고혈압 및 당뇨 등 만성질환의 치료 및 관리에도 적용될 수 있다.

디지털 치료기기를 개발하기 위해서는 기존의 모바일 어플리케이션을 개발하

학습 11

기 위한 다양한 정보통신 기술뿐만 아니라 전통적인 약물 개발과 거의 유사하게 임상적인 유효성을 확보하기 위한 과정이 필요하다. 이를 위해 다양한 수준의 헬스케어 데이터가 확보돼야 하고, 제작된 제품의 유효성 확인을 위해 데이터가 생산되기도 한다.

디지털 치료기기 개발을 촉진하기 위해 2020년 5월 '의료기기산업 육성 및 혁신의료기기 지원법'이 시행됨에 따라 식품의약품안전처는 디지털 치료기기를 포함하는 혁신의료기기의 신속한 허가심사를 지원하기 위해 디지털 치료기기 허가 · 심사 가이드라인을 마련하였다. 이를 통해 디지털 치료기기의 판단 기준, 제품 사례, 허가신청 자료 등에 대한 기초적인 가이드라인을 제공하고 있다.

또한 2021년 산업통상자원부에서는 기업과 병원의 디지털 치료기기 개발지원을 위해 '디지털 치료기기 산업기술 개발 · 실증 및 상용화 지원'사업에 관한 제안요청서(RFP)를 내고 디지털 치료기기 R&D프로젝트를 공모했다.

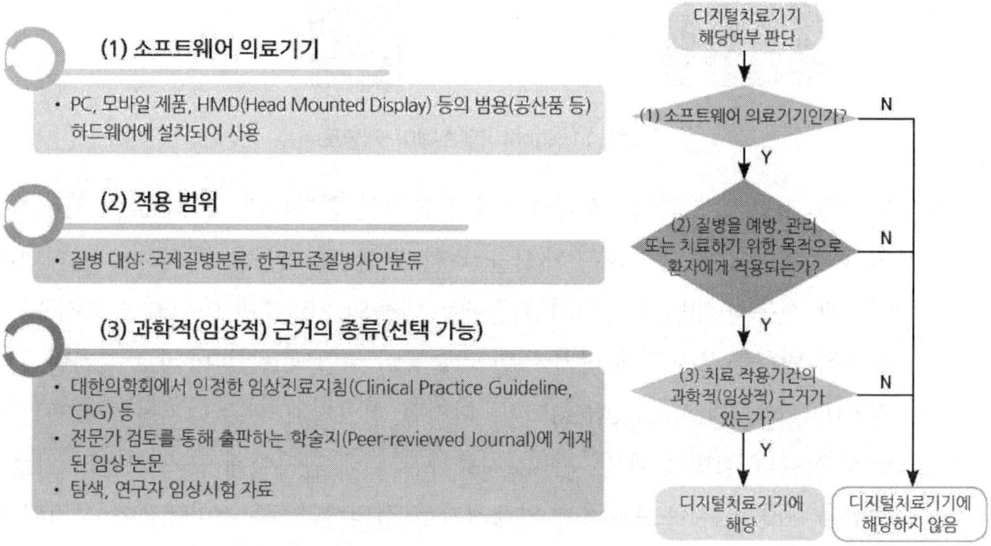

[그림 11-10] 디지털 치료기기 판단 기준

또한 식품의약품안전처에서는 '디지털 치료기기의 신속제품화 지원을 위한 안전성 및 성능 평가기술 개발 사업'을 통해 기초적인 가이드라인 제시 이후에 구체적인 안전성 및 성능평가를 위한 가이드라인을 제시할 예정이다.

⑤ 감염병 연구개발 사업 : 코로나19가 유행하기 이전 2019년부터 정부는 메르스 등 신종 · 해외 유입 감염병의 유입 및 확산을 막기 위한 기술을 개발하기

위해 ‘방역연계 범부처 감염병 연구개발 사업단’을 구성하여 7개 중점과제, 33개의 세부과제를 추진 중이었다.

이 연구개발 사업의 주된 목적은 감염병의 유입차단, 현장대응, 확산방지를 위한 기술을 개발하는 것이다. 유입차단을 위해 감염병 생물감시 마스터플랜 수립, 임상감시 네트워크 구축, 국내외 정보수집 및 통합·분석을 통해 실시간으로 의사결정 등을 지원할 수 있는 한국형 ‘통합생물 감시체계’를 구축한다. 현장대응에서는 감염병 환자 치료 및 확산 저지작업을 위해 살처분 현장 및 의료현장 등 다양한 환경과 사용자 편의성 최적화로 국제기준에 적합한 개인보호구 개발 등을 수행한다.

확산방지에서는 정보통신기술을 활용한 자가격리자 및 접촉자 관리시스템의 평가방법 개발 및 모니터링 시스템을 개발한다. 특히 이 사업단에서는 질병관리청의 긴급상황실(EOC)에 실시간으로 수집되는 데이터 관리를 위한 소프트웨어를 개발하여 신종 및 원인불명 감염병 등의 임상감시 네트워크를 구축·운영할 계획이다.

또한 최근 ‘범부처 의료기기 연구개발 사업단’과 정보통신산업진흥원을 통해 코로나19를 극복하기 위한 데이터기반의 감염병 차단기술에 관한 RFP를 내고 여러 민간 사업자가 선정되어 기술을 개발중에 있다.

(4) 데이터 3법과 의료정보이용 가이드라인

2020년 국회를 통과한 데이터 3법 개정은 의료분야에 적용하기에는 어려움이 있는데, 일반법을 의료분야에 적용하다 보니 특수법인 ‘의료법’과 ‘생명윤리 및 안전에 관한 법률’을 우선 적용하기 때문이다. 이를 위해서 보건복지부 개인정보보호위원회에서는 보건의료데이터 분야의 유형별·목적별 세부기준과 절차를 제시하고 거버넌스, 안전조치, 윤리사항 등에 관한 법적 안정성 도모를 위해 지난 2020년 9월에 ‘보건의료데이터 활용 가이드라인’을 배포하였다. 이 가이드라인의 핵심은 가명정보에 대한 명확한 기준을 두고 가명정보의 처리 및 결합에 대한 지정기준을 마련하였다는 데 있다. 또한 여러 의료기관 및 공공기관에 분산저장되어 있는 의료데이터를 결합하기 위한 구체적인 방법들을 명시하고 있다.

데이터의 내부·외부 반출 방법들에 관한 기술들을 제시하고 있고, 데이터 결합을 위한 데이터심의위원회의 역할에 대해서도 기술하였다. 그동안 의료데이터 결합 주체에 관한 명확한 근거가 없었고, 구체적인 결합방법에 관한 가이드라인이 없어 보건복지 분야 빅데이터의 정보집합물 결합은 사회보장정보원이 맡고 있었다.

최근 의료분야에서는 국민건강보험공단, 건강보험심사평가원, 보건산업진흥원을 결합전문기관으로 지정하여 운영중이다. 그리고 데이터결합에 대한 법적 근거도 명확하게 제시하여 가명정보에 관해서만 결합을 할 수 있도록 도모하였다.

하지만 아직 해결되지 않은 문제들이 있다. 병원에는 진료데이터 이외에 연구데이터도 많은데 진료데이터는 '의료법'의 영역인 반면, 연구데이터는 '생명윤리 및 안전에 관한 법률'의 영역이라는 것이다. 연구에서는 두 가지 데이터를 혼용하는 경우가 많기 때문에 복지부 조직에서 이런 데이터 영역을 일원화하여 총괄관리할 필요가 있다.

또 다른 문제는 유전체 데이터 및 영상데이터 등에 관한 가명화 처리방안이 명확히 제시되어 있지 않다는 것이다. 즉 유전체 데이터를 가명화하기 위한 기술이 명확하지 않은 상황에서 가명정보와 개인정보를 혼재해서 사용해야 하는 경우가 발생할 수 있다.

3) 금융분야의 활용사례

핀테크로 시작된 금융업 변화의 물결이 디지털 트랜스포메이션 시대를 맞이하여 더욱 가속화되고 있다. 금융산업도 더 이상 기존 금융사의 전유물이 아니며 새로운 기업, 서비스와 경쟁하는 시대에 접어들고 있다. 신구 경쟁자간 우위를 점하기 위해 가장 중요한 것은 무엇보다도 고객을 가장 잘 이해하는 것이다. 고객을 보다 잘 이해하기 위해서는 다양한 양질의 '데이터'를 가장 많이, 빠르게 확보하는 것이 중요하다. 데이터 확보는 각 산업의 전쟁에 비견될 정도로 치열하게 이루어지고 있다. 금융당국도 데이터 개방, 활용에 적극 동참하여 데이터 활용경쟁을 통한 금융업의 발전과 금융소비자 혜택 확대를 지원하고 있다. 데이터 3법 개정을 시작으로 마이데이터 도입, 금융데이터 거래소 출범, 금융공공 데이터 개방, 금융 빅데이터 시스템 구축 등 새로운 제도와 금융 인프라가 속속 도입되고 있다.

최근에는 최적의 데이터 분석·활용을 위한 인공지능 기술도 크게 각광받고 있다. 데이터와 인공지능이 바꿀 금융업의 변화 모습이 더욱 기대되는 시점이다. 금융정보 이용 활성화를 위한 제도 도입 및 정비를 통해 데이터 금융시대가 더욱 가속화될 것으로 예상된다. 2020년 8월 금융당국도 디지털금융 종합혁신방안을 내놓고 마이데이터, 마이페이먼트, 종합지급결제업을 신설하였다. 2020년 7월 금융위원회는 금융 빅데이터 5대 인프라 체계와 함께 금융데이터 생성, 결합, 거래 확대 계획을 발표하였다. 데이터 개방 확대와 신규사업 육성을 통해 디지털금융 경쟁과 혁신의 촉진

환경이 마련되고 있다. 이러한 환경변화에 맞춰 금융업에 새롭게 진출하는 기업들도 혁신적인 아이디어와 기술을 무기로 서비스 개발에 박차를 가하고 있다.

기업들이 효과적인 데이터 활용을 위해 인공지능 기술도 활발하게 사용하고 있어 앞으로는 데이터 자체의 중요성뿐만 아니라 데이터를 다루기 위한 인공지능 기술도 각광받게 될 것이다. 인공지능을 통해 비정형, 비금융데이터 활용이 활성화되면서 금융데이터가 기존에 비해 더욱 효율적으로 사용될 수 있다. 이에 따라 금융데이터 부족으로 인해 소외될 수밖에 없었던 취약계층을 제도권 금융으로 포용할 수 있게 되었고, 데이터 처리속도와 정확성이 증가되어 금융거래 비용이 낮아지게 된다. 궁극적으로 금융업에서 추구하는 금융 중개기능의 효율성은 더욱 증대될 것으로 예상된다.

은행에서는 빅데이터가 오랜 세월 활용되어 이미 경쟁전략상 빠뜨릴 수 없는 것이 되었다. 현금 회수부터 재무관리까지 빅데이터는 은행의 모든 업무효율을 높여준다. 은행의 빅데이터 애플리케이션은 고객의 수고를 덜어주고 수익을 창출한다.

클라우드 컴퓨팅으로 리스크 계산 데이터 처리에 드는 비용을 절감하고 리스크 관리의 효율을 향상시킨다. 고객데이터 수집, 분석을 통해 보다 개개인에 맞는 개별 서비스를 제공한다. 클러스터링+어소시에이션의 데이터 분석기법을 사용하여 지점의 장소선정 등 중요한 결정의 정확도를 높인다.

(1) 금융 공공데이터 개방

2020년 4월부터 금융위원회를 비롯하여 금융감독원, 예금보험공사, 한국산업은행, 중소기업은행, 신용보증기금, 한국예탁결제원, 한국자산관리공사, 주택금융공사, 서민금융진흥원 등 9개 금융공공기관이 보유한 금융 공공데이터를 공공데이터 포털(www.data.go.kr)을 통해 오픈API로 제공하기 시작하였다. 개방되는 데이터는 통합기업, 통합금융회사, 통합공시, 통합자본시장, 통합국가자산공매 등 5개 핵심분야 데이터정보와 50개 서비스로 5,500개 항목, 4,400만 건으로 구성되어 있다.

기존에는 금융서비스 개발 시 신용정보회사를 통해 유료로 해당 데이터를 구매하였으나 이제 금융 공공데이터를 통해 무료로 활용할 수 있다.

또한 핀테크 기업들은 비이간 법인정보, 통합 공시정보 등을 활용하여 거래 기업의 재무현황을 파악하고 새로운 영업기회를 발굴할 수 있다. 연구기관들도 금융기관 통계정보, 공시정보 등 연구에 필요한 데이터 활용이 가능하다.

학습 11

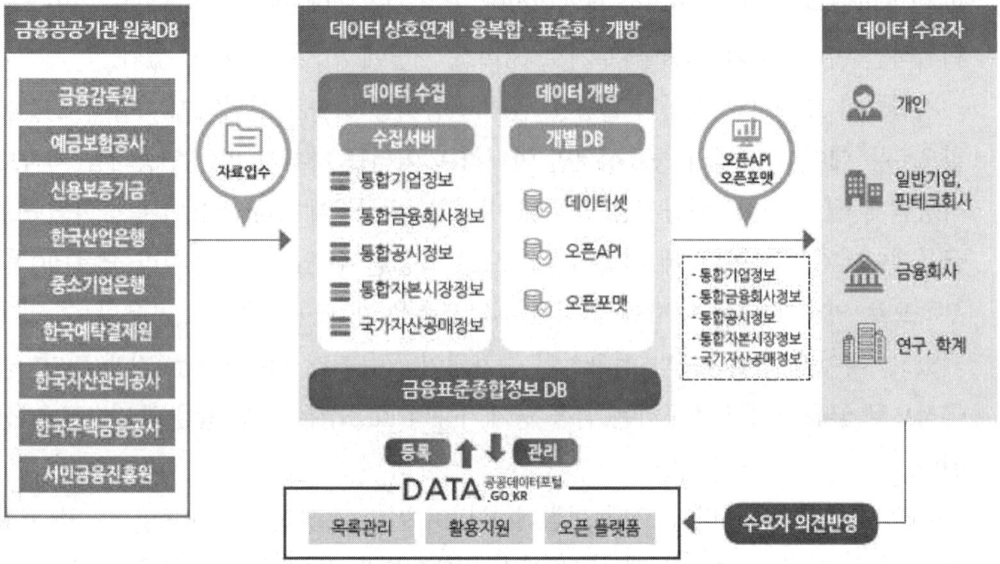

[그림 11-11] 금융표준종합정보 DB 체계도

(2) 금융 빅데이터 개방시스템

한국신용정보원은 '신용정보의 이용 및 보호에 관한 법률'에 근거하여 2019년 6월부터 '금융 빅데이터 개방시스템(CreDB)'을 개발 · 운영하고 있다. 금융 빅데이터 개방시스템은 다양한 금융, 신용데이터를 가공하여 분석용 데이터와 분석시스템을 제공하며, 금융업에 필요한 통계작성 및 빅데이터를 분석하여 다양한 분야의 정책, 학술연구를 지원한다. 금융 빅데이터 개방시스템은 그동안 한국신용정보원에만 집중되었던 신용정보를 표본추출하고 비식별 조치하여 제공한다. 제공되는 데이터는 크게 표본DB와 맞춤형DB 2가지 종류로 나뉜다.

표본DB는 사전에 정의한 제공 항목에 대해 전체 모수를 기준으로 표본추출하여 구축한 분석용 데이터로써 개인신용DB, 기업신용DB, 보험신용DB로 구성된다. 맞춤형DB는 이용자의 요구사항과 연구목적에 따라 커스터마이징된 데이터를 제공한다.

[그림 11-12] 금융 빅데이터 개방시스템(CreDB) 체계도

(3) 금융데이터 거래소

2020년 5월에 출범한 금융데이터 거래소는 데이터 공급자와 수요자를 상호 매칭하는 중개시스템이다. 정보유출방지 등 보안성을 유지하면서 편리한 거래기능을 제공하고, 데이터 거래가 원활히 이루어질 수 있도록 지원하고 있다. 금융데이터 거래소는 금융업과 이종산업을 연결하는 개방형 데이터 거래소를 운영하는 것이 목표이다. 금융정보 외에도 다양한 분야의 데이터가 함께 거래되도록 통신, 유통 등 일반상거래 기업들도 참여가 가능하다.

금융데이터 거래소는 수요자가 원하는 데이터, 제공형태 등을 공급자에게 직접 요청하는 수요자 중심의 거래를 지향한다. 이용자와 개별연락 없이 거래소 시스템만으로 모든 거래절차가 진행되는 편의성이 있다. 이를 통해 금융데이터 검색, 계약, 결제, 분석 등 데이터 유통 전 과정을 원스톱으로 지원하게 된다. 금융데이터 거래소는 금융업에 새로 진입하는 핀테크 기업의 창업과 비즈니스 기회를 확대하는 것뿐만 아니라, 이종분야 데이터 활용을 통해 새로운 서비스 개발의 활성화를 지원한다. 예를 들어 특정 지역에 필요한 맞춤형 마케팅 정보 창출이나 상권분석 앱을 개발한다면 해당 지역의 소득수준, 소비패턴 등 기존 금융정보와 함께 지리정보, 학군정보, 상권정보 등 비금융정보를 결합하여 만들 수 있다.

2020년 8월 신한카드는 SK텔레콤과 함께 금융, 통신 가명정보 결합상품인 '카드소비×이동동선 데이터'를 만들었다. 이 상품은 2020년 여름 부산지역 주요 관광지별 고객 체류시간, 소비금액, 소비건수 등을 결합·분석한 데이터다. 한국문화관광연구원은 이를 활용하여 국민관광형태 분석에 활용하고 있다.

[그림 11-13] 금융데이터 거래소 체계도

(4) 마이데이터

2021년 2월 '마이데이터 가이드라인'이 발표되었다. 향후 마이데이터 사업자들은 표준화된 오픈API를 통해 개인신용정보를 수집 · 활용하여 소비자에게 서비스를 제공하게 된다.

[그림 11-14] 마이데이터 지원센터 주요 역할

가이드라인에 따르면 신용정보의 제공범위는 크게 5가지 부문으로 구분된다. 여 · 수신 금융투자 부문은 예 · 적금(납입액, 금리, 만기 등), 대출(잔액, 금리, 만기 등), 투자상품(예수금, 매입종목, 거래단가 · 수량, 평가금액 등)이며, 보험부문은 가입상품(계약, 특약, 납입내역, 자기부담금 등), 대출내역(잔액, 상환내역 등)을 제공한다. 카드부문은 월 이용정보(금액, 일시, 결제예정총액), 카드대출, 포인트 등이며, 전자금융부문은 선불발행정보(잔액, 충전계좌), 거래내역(일시, 금액) 및 12개 범주화8된 주문내역정보 등을 제공한다. 가이드라인에 따르면 개인신용정보 전송요구를 보다 명확하게 규정하여 정보주체가 정보제공기관에 개인정보이동을 요구하면 마이데이터 사업자가 해당 제공정보를 안전하게 전송할 수 있도록 하였다. 개인이 정보제공기관의 종합포털을 통해 개인정보 전송을 요구하면 개인별 PDS(PersonalData

Storage)로 전송하게 된다.

2021년 2월에는 마이데이터 지원센터도 개소하였다. 마이데이터 지원센터는 마이데이터 프로세스 운영방안, 사업자 허가절차, 제공정보 종류, API 규격 등 마이데이터 제도 안내를 비롯하여 참여기관 관리 · 등록 등 마이데이터 생태계 전반을 지원할 계획이다.

(5) 인공지능(AI) 활용

2021년 7월 금융위원회는 인공지능 기반 금융서비스 개발을 위한 '금융분야 인공지능 가이드라인'을 발표하였다. 가이드라인은 금융기업들이 보다 적극적으로 인공지능 기술을 활용하고 금융서비스에 대한 고객 신뢰를 확보하는 데 목적이 있다. 가이드라인에 따르면 금융기업은 인공지능 서비스 운영의 책임 강화를 위해 인공지능 윤리원칙 마련, 인공지능 조직구성, 위험관리 정책수립 등 3중 내부 통제장치를 마련해야 한다. 이를 통해 인공지능 학습용 데이터의 정확성, 안정성을 확보하고 인공지능 금융서비스의 투명성, 공정성을 강화하게된다. 2021년 내에 가이드라인이 본격적으로 시행되면 인공지능 기술을 활용한 신용평가, 대출심사, 자산관리 등 핀테크 기업들의 신규서비스 등장과 핀테크 사업의 활성화가 기대된다. 또한 은행, 증권, 카드, 보험 등 기존 금융사들도 금융상품 설명, 고객상담 등을 인공지능 기반으로 설계하여 업무효율성 측면에서도 많은 도움이 될 것으로 예상된다.

[그림 11 15] 금융분야 인공지능 가이드라인 주요 내용

(6) 대안신용평가

대안신용평가란 금융거래 정보가 아닌 통신 · 전기 · 가스요금 납부이력, 온라인 구매정보, SNS 정보, 이메일 정보 등 비금융정보를 활용하여 신용을 평가하는 방식

학습 11

을 의미한다. 대안신용평가 도입을 통해 금융정보가 부족해 신용평가가 어려운 사회초년생, 주부 등 씬파일러(Thin Filer)에게도 금융혜택을 제공할 수 있다. 신용회복위원회 조사에 따르면 국내 씬파일러는 약 1,300만 명에 달하는데, 대안신용평가를 활용하면 중금리 시장을 확대하고 리스크가 낮은 우량고객을 발굴하여 대출 승인율은 높이면서 연체율은 감소시킬 수 있다.

네이버 파이낸셜은 기존 신용평가 회사가 보유한 금융데이터에 자체적으로 분석한 다양한 데이터를 활용하여 대안신용평가를 도입하였다. 미래에셋캐피탈, 우리은행과의 제휴를 통해 네이버 쇼핑몰인 스마트스토어에 입점한 온라인 소상공인에게 대출중개 업무를 하고 있다. 소상공인은 기존 평가측정 모델로는 신용도가 낮아 대출을 받을 수 없었지만 자재구매, 상품판매, 경제활동 등 수집가능한 데이터 등을 인공지능으로 분석하여 위험도가 낮은 적정한 대출규모를 산출 · 제공받게 된다. 신한카드는 자사가 보유한 결제데이터와 신용평가업체, 음식배달 플랫폼, 프리랜서 마케팅 플랫폼 등과 컨소시엄을 구성하여 플랫폼 종사자를 위한 대안신용평가 모델을 구축할 예정이다. 카카오뱅크도 한국신용데이터와 함께 중금리 혁신법인을 공동 설립하여 개인사업자 대출시장에 뛰어들었다

〈표 11-5〉 금융사 대안신용평가모델 개발현황

구 분	내 용
네이버 파이낸셜	스마트스토어 입점 소상공인 전용 대안신용평가 및 대출상품 개발
카카오뱅크	한국신용데이터와 조인트벤처 설립 및 중금리 대출시장 진출
금융결제원	한국기업데이터와 소상공인 전용 신용평가모델 구축
롯데카드	나이스 평가정보와 자영업자 전용 대안신용평가모델 공동개발

4) 소매업의 활용사례

빅데이터는 시장과 고객관심 분석을 통해 소매업 발전에 좋은 기회를 제공한다. 다양한 시장정보를 수집해 빅데이터의 해석을 기초로 고객만족도를 판단하거나, 신제품 개발에 도움이 되거나, 투입시기를 계산하는 등 광범위하게 활용된다.

운용을 통한 결합 판매데이터, 고객데이터 등 빅데이터는 패턴별로 세분화해 고객을 분류하고 각 부분에 대해 최적의 마케팅을 한다. 예측분석에 힘입어 상품의 가치를 높이고 공급과 수요예측의 정확도는 받아들일 수 없는 상품을 시장에 내놓는 것을 피한다. 히트상품과 데드셀러 분석을 하여 상품의 재고범위를 정하고, 재고 보유비용의 영향을 최소한으로 억제한다.

5) 유통, 물류분야의 활용사례

유통시장이 오프라인 중심에서 온라인 중심으로 급속히 전환됨에 따라 이커머스 플랫폼 기업들이 물류영역으로 들어오고 온·오프라인 연계를 극대화하면서 기업들은 시장에 대응하기 위해서 변화를 꾀하고 있다.

소비자들이 다품종 소량 합포장 형태의 주문을 하며 더 빠른 배송을 요구함에 따라 유통·물류업체들은 소비자 요구에 대응하기 위해서 맞춤 인프라를 갖추어야 한다. 현재 이커머스 시장에서는 이러한 고객주문에 따라 물류센터에서 상품보관- 제품피킹-포장-배송에 이르기까지 전체서비스를 담당하는 풀필먼트 서비스가 중요해지면서 AI, 자동화, 물류로봇, 빅데이터 기술을 갖춘 스마트 물류센터가 등장하고 있다.

커머스 사이트는 인터넷상에서 고객에게 상품이나 서비스를 판매함으로써 이익을 획득하므로 고객과 상품이 커머스 사이트 운영에 있어서의 가장 중요한 요소라고 생각할 수 있다. EC 업계에서 빅데이터는 데이터 분석 및 마이닝을 통해 법칙을 도출하여 기업에 지속적인 경쟁우위를 가져온다.

유입원과 사이트 내의 고객행동 데이터를 조합하여 효과가 있는 집객채널과 판매활동을 판별한다. 구매데이터, 경쟁사 가격, 상품원가 등의 데이터에 따라 상품의 베스트 프라이스를 결정하고 고객의 취향과 과거의 행동패턴에 따라 그 고객에게 최적의 상품만을 추천한다.

이커머스 성장과 함께 고객 니즈도 고도화됨에 따라 유통업계의 물류운영이 질적 성장을 해야만 하는 도전에 직면해 있다. 빠른 배송과 신속 출고를 위해서 재고보관량이 증가함에 따라 보관효율의 극대화도 필요하고 다품종 소량 합포장이 증가함에 따라 물류작업의 난이도가 높아져 오분류로 인한 오출고가 증가하게 된다. 이를 해결하기 위해서 물류작업 노동의 부담을 줄이고 인력안전과 자동검수를 위해서 물류로봇 및 자동화 설비가 급속히 도입될 것이다.

코로나 시대 이후 풀필먼트 도입, 데이터에 근거한 센터 운영, 설비와 로봇에 의한 센터운영은 기본이 될 것이다. 또한 풀필먼트 인프라 구축 이외에도 센터에서 출발하여 최종 고객까지 도착하는 라스트마일 배송은 원하는 상품을 빠르게 받아보는 구매경험의 가치로 대두되기 때문에 배송 네트워크 설계 또한 매우 중요한 물류역량 중 하나가 될 것이다. 빠른 배송을 위해서는 풀필먼트 센터의 거점이 도심 인근에 있어야 하므로 원가상승에 따른 생산성을 높이기 위해서 운영최적화가 상시 이루어져야 한다.

유통 · 물류기업들은 현재 변하지 않으면 안 되는 절체절명의 상황에 놓여있다. 고객의 마음을 사로잡기 위해서 상품의 품질도 중요하지만, 고객이 주문한 상품을 기다림 없이 빨리 배송받아 만족스러운 경험을 갖게 해야 한다. 이를 위해서 사전 물량 예측, 재고준비, 빠른 출고, 빠른 배송을 위한 인프라와 서비스를 만들어야만 하고 과감한 투자를 지속해야 한다.

(1) 유통 · 물류시장의 변화

코로나 시대를 거치면서 이커머스가 급속히 성장했다. 이에 따른 소비형태의 변화, 빠른배송, 비대면 가속화와 같은 환경에 대응하고 시장을 선점하고자 유통물류의 혁신이 가속화되고 있다. 이업종 간의 연합, 온 · 오프 중심 회사 간의 인수 또는 합병으로 유통업계의 기업들은 빠르게 높은 수준의 인프라를 갖추며 시장을 이끌고 있다.

이런 시대적 변화를 선도하기 위해서 업계는 주문한 상품이 물류창고를 거쳐 고객에게 배달 완료까지 자동화되는 풀필먼트 서비스 도입에 적극적일 것이며, 이러한 풀필먼트 시스템이 일반화될 것이다. 또한 풀필먼트 센터 내 인력부족 문제에 대한 대응과 해결방안 중 하나인 자원운영의 효율향상을 극대화하기 위해서 물류로봇 도입도 가속화될 것이다.

① 네이버 CJ대한통운 연합 : IT 중심의 플랫폼 기업인 네이버는 CJ대한통운과 자사주 맞교환을 함으로써 네이버의 쇼핑 · 결제시장 지배력과 CJ대한통운의 풀필먼트 운영역량을 결합하여 한국판 아마존을 그리며 물류영역으로 진입했다. CJ대한통운은 네이버 스마트스토어 주요 입점상품을 처리하는 곤지암 풀필먼트 센터에 이어 군포와 용인에 풀필먼트 센터를 연이어 오픈할 계획이다. 군포 · 용인센터는 상품보관 온도에 따라 맞춤형 물류서비스가 가능한 센터로 스마트스토어 입점상품 중 의류, 생활용품, 가정간편식, 건강기능식품 등 소비재 상품을 보관하며 배송시간을 앞당기고 새벽배송, 당일배송 등 새로운 서비스를 소비자들에게 제공할 것이다.

일반택배는 포장과 집화 등 작업시간을 고려해 오후 3시에 주문이 마감되지만, CJ대한통운 풀필먼트 센터는 출고된 상품이 바로 1시간 거리에 있는 곤지암 메가허브로 발송해 처리된다. 곤지암 메가허브는 아시아 최대 규모의 물류터미널로 CJ대한통운의 전국 범위의 택배배송을 담당한다.

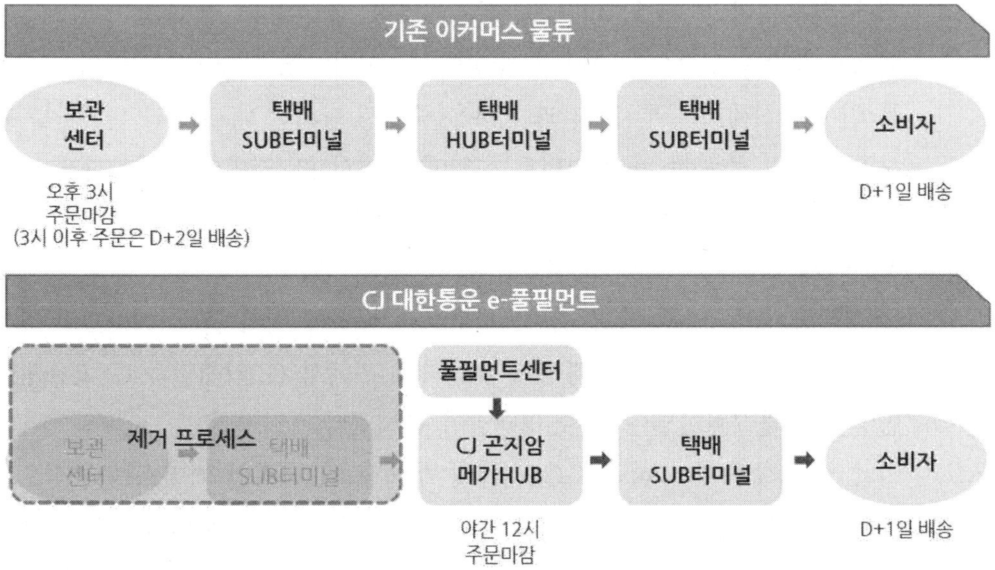

[그림 11-16] CJ대한통운, 네이버쇼핑에 풀필먼트 서비스 개시

이에 네이버는 쿠팡의 '로켓배송' 같은 더 빠른 배송을 위해서 자사 커머스 상품을 대상으로 '지정일 배송'과 '오늘 도착' 등이 포함된 배송서비스 추진을 계획하고 있다. '오늘 도착' 서비스는 소비자가 네이버 스마트스토어, 브랜드 스토어 등에서 오전 10시까지 주문한 상품이 당일 오후까지, 오후 2시까지 주문한 상품이 당일 저녁에 배송되는 것으로 계획하고 있다.

계획중인 풀필먼트 센터는 AI 수요예측, 물류로봇, 자동화 분류설비 등 디지털 기술이 대거 적용된 스마트 물류체계를 실험할 수 있는 센터가 될 것이고, 촘촘한 물류망을 통한 라스트마일 경쟁력을 추가로 갖추어 대형 고객사부터 중소상공인까지 서비스 제공을 확대할 계획이다.

② 신세계, 이베이 코리아 인수 : 신세계는 '미래유통은 온라인 강자만이 살아남을 것'이라며, 이베이 코리아 인수에 있어서 단순히 기업을 사는 것이 아니라 시간과 기회를 사는 딜(Deal)이라고 표현했다. 이번 인수는 신세계 그룹의 사업 구조가 오프라인에서 온라인으로 전환된 것을 의미하며, 이베이 코리아 인수로 이마트는 온라인 비중이 약 50%를 차지할 정도로 사업 포트폴리오와 디지털 전환을 더욱 더 가속화할 방침이며 온-오프 통합 국내 1등 유통사업자를 목표로 하고 있다.

이미 첨단 풀필먼트 센터를 보유한 신세계 그룹은 오프라인 거점을 온라인 물류 전진기지로 활용해 물류경쟁력을 극대화하려고 하며, 온라인 풀필먼트 센터에 향후 4년간 1조원 이상을 집중 투자할 계획이다.

빠르게 성장하고 갈수록 경쟁이 치열해지는 이커머스 시장에서 이베이 코리아를 인수한 신세계는 투자시간과 비용을 줄여서 단시간 내 고객과 판매자를 확보하게 되고 플랫폼 및 풀필먼트 운영에 있어서 IT 인력까지 확보하게 되는 것이다. 단기간 내 자원확보를 통해 규모의 경제를 이루어 사업을 신속히 성장시키기 위한 전략으로 볼 수 있다.

③ GS리테일 · GS홈쇼핑 합병 : 강자인 네이버, 쿠팡에 이어 롯데, 이마트와 같은 대형 유통업체들과의 생존경쟁에 대응하기 위해서 GS리테일과 GS홈쇼핑이 합병해 올해 7월 1일 통합GS리테일이 출범했다.

이날 임시 주총에서 허연수 GS리테일 부회장은 "디지털 커머스를 중심으로 온라인과 오프라인을 연계하고, 온 · 오프라인 구분없이 소비자들이 모든 쇼핑 니즈를 해결할 수 있는 토털 솔루션을 제공해 온 · 오프라인 통합 커머스 플랫폼 리딩기업으로 거듭나겠다"고 선언했다.

통합GS리테일은 원가를 낮추고자 상품 통합구매를 고려하고 있으며, 고객 통합으로 공통 마케팅에 나설 계획이다. 양사의 중복회원 600만명을 제외한 통합회원은 2,600만명으로 네이버, 쿠팡, 이마트에 맞설 수 있다. 통합GS리테일은 통합온라인몰 '마켓포'를 론칭하고 GS숍은 빠른 배송 경쟁력 강화로 ㈜매쉬코리아 지분도 확보하며 다회전 당일배송과 즉시배송으로 고객에게 접근

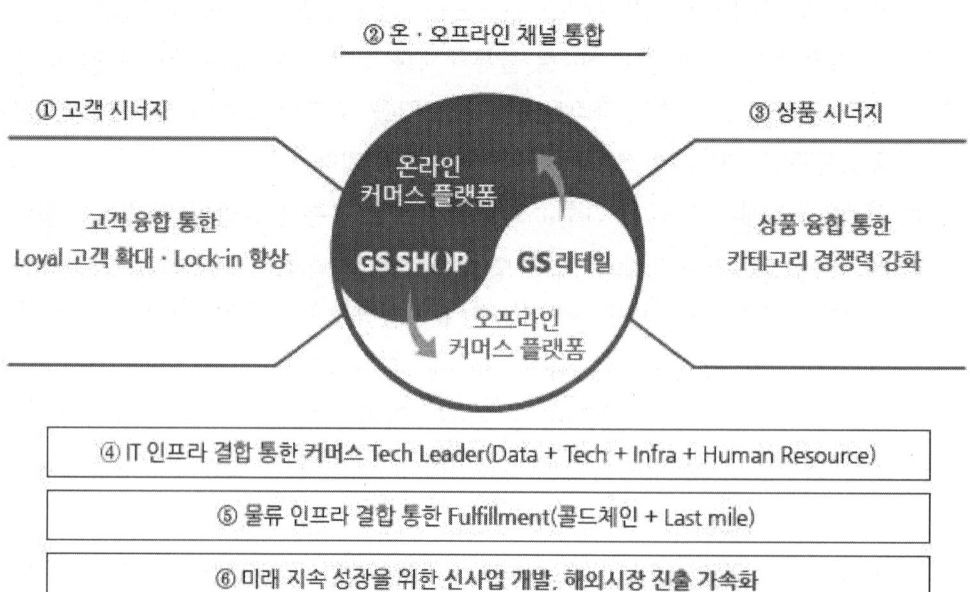

[그림 11-17] 통합GS리테일 사업 비전

할 계획을 가지고 있다.

신축 물류센터를 포함해서 전국 60개 물류센터망과 3,300여 대 차량, 2,200여 명의 인력으로 초대형 물류기업을 목표로 하고 있다. 또한 편의점 GS25, 슈퍼마켓 GS더프레시의 배송물량을 소화할 퀵커머스 플랫폼과 도심형 마이크로 풀필먼트를 준비하고 있다. 통합GS리테일은 사업 간 시너지를 극대화하고 신성장 동력을 확보하기 위해서 투자를 결정했다.

(2) 시장대응을 위한 데이터 기반 필요기술

회사 간 인수·합병이 일어나는 유통·물류시장에서 변화에 대응하고 최종 소비자의 마음을 사로잡기 위해서는 데이터 중심으로 즉시 판단하며 일사불란하게 운영될 수 있는 높은 수준의 인프라 기반의 풀필먼트가 필요하다. 대표적으로 미국 아마존 풀필먼트는 인공지능, 로봇, 빅데이터 등 첨단기술로 무료·빠른배송, 24시간 즉시 환불·재발송 등과 같은 서비스로 소비자를 사로잡았다고 볼 수 있다.

풀필먼트 서비스를 운영하는 데 있어 필요한 기술을 보면 고객주문을 미출고 없이 원활하게 처리하기 위한 수요예측 기술과 센터 내 운영생산성 확보를 위한 설비 및 로봇의 자동화가 중요하고, 그 다음으로는 출고된 고객상품을 당일배송, 익일배송과 같이 원하는 시간에 맞추어 배달하기 위해 촘촘한 네트워크망에서 라스트마일 관점의 경로를 최적화하는 기술이 필요하다. 따라서 데이터 중심의 중요한 기술 키워드인 수요예측, 센터 내 설비자동화, 라스트마일에 대해서 살펴보자.

① 물량과 이벤트 정보분석을 통한 수요예상 및 대처 : 이커머스 시장이 급성장함에 따라 업체 간의 치열한 경쟁이 지속되고 물류센터 내 원가는 상승함에 따라 업계에서 고민하는 부분이 있다.

제조·유통업체의 경우는 재고가 없어서 고객들이 주문한 상품이 출고되지 못하는 상황이 발생하지 않도록 특정 이벤트 행사에도 늘어날 출고량을 감안해서 풀필먼트 센터 내 상품을 보관해야 한다. 미출고로 최종 고객이 원하는 일자에 상품을 받지 못하면 서비스 만족도가 떨어져서 궁극에는 고객이탈을 초래할 수 있다. 그렇다면 물류의 경우 많은 주문량으로 인하여 작업인력이 부족하면 미출고가 발생되고, 반면 주문량이 적은 경우 과다한 작업인력이 투입된다면 비용이 증가할 수 있다. 작업인력의 원가상승에 따라 미출고 없이 비용효율화를 높이기 위한 대처가 필요하다.

이와 같이 재고관리와 비용효율화를 위해서 상품수요를 정확히 예측하고 관리

학습 11

하는 것이 기업들에게는 가장 중요한 과제이다. 제조 · 유통기업은 이벤트 상품, 할인율, 기간 등을 고려하여 당일 또는 익일 판매량을 예측하여 사전에 재고를 비축하여 미출고 없이 최종 고객주문에 대응해야 하고, 물류업체는 상품이벤트에 따른 주문량을 예측하여 사전 출고작업 등으로 작업인력의 생산성을 높여서 원가를 줄여야만 한다. 이 모든 것의 기반은 이벤트를 고려한 제조 · 유통기업의 주문량 예측에서 출발하기 때문에 주문량 예측이 중요한 것이다.

제조 · 유통기업이 직접 운영하는 물류의 경우는 예측된 당일 · 익일 물동량으로 재고관리와 인력효율화를 할 수 있지만, 물류를 위탁한 경우에 물류업체는 고객사의 이벤트에 따른 당일 · 익일물량을 예측하기 어려우므로 제조 · 유통기업과 협업하여 예측된 주문량으로 계획적으로 재고를 운영하고 작업인력을 관리해야 한다.

유통과 물류를 같이하는 아마존도 클라우드 서비스인 AWS와 인공지능 기술을 활용하여 방대한 고객정보 데이터를 분석했으며, 이를 통해 고객의 수요를 예측하고 고객이 주문하기 전에 배송을 미리 준비하는 시스템을 구축했다. 또한 미국 이베이는 인공지능 기술을 토대로 판매량을 예측하고 잠재수요를 파악하는 기술력을 획득하고자 이스라엘 스타트업 세일즈프 레딕트(Sales Predict)를 인수하기도 했다. 이와 같이 해외 유통사들도 인공지능을 활용한 수요예측에 집중하고 있다.

국내의 경우를 보면, 네이버는 자체 개발한 물류 수요예측 AI인 '클로바 포캐스트'를 CJ대한통운의 군포와 용인센터에 적용할 예정이며, 네이버 쇼핑주문량을 하루 전에 예측하여 물류센터의 인력배치와 운영효율화에 활용하고 있다. 또한 CJ대한통운은 인력의 효율적인 비용관리를 위해서 물류창고를 운영하는 D2C(Direct to Consumer) 고객사가 상품을 판매하는 주요 쇼핑몰의 당일 이벤트 정보를 수집하고 과거 주문정보와 결합하여 수요예측모형을 개발하고 있으며, 이를 현장에서 테스트하며 고도화하고 있다.

주문량 예측뿐만 아니라 추가적으로 상온과 저온으로 구분한 주문량, 물류센터 내 운영을 위해 단일품목 또는 이종품목의 합포에 대한 주문량을 예측하여 좀 더 정교한 인력수급에 활용하고 있다.

② 최적의 센터운영을 위한 설비자동화 : 최근 이커머스 산업의 발달로 인하여 창고의 역할은 단순히 물건을 보관하는 역할에서 구매자가 원하는 조합으로 분

류 및 재포장, 출고까지 점차 확장되고 있다.

또한 오프라인 시장이 활발하던 과거의 단일품목, 대용량 단위의 출고에서 현재는 창고와 소비자를 직접 연결해주는 온라인 플랫폼의 보급으로 인해 복수품목, 소용량 단위 위주의 복잡한 과정을 통한 출고형태로 변했다.

이와 같은 다품종 소량 합포장에 대응할 수 있는 이커머스 전용창고에 대한 수요가 증가하면서 복잡한 분류작업을 자동화할 수 있는 설비 및 로봇에 대한 요구가 늘고 있다. 독일의 시장조사 전문기업 Statista에 따르면, 창고 자동화 시장은 2021년 156억 달러에서 2026년에는 두 배가 증가한 302억 달러로 증가할 전망이다.

단일품목의 대용량 단위로 창고에 입고된 상품을 고객이 원하는 소품목으로 분류 및 재포장하기 위해서, 현재 QPS(Quick Picking System), DPS(Digital Picking System)의 성능을 강화한 CJ대한통운 피킹시스템(Picking System), QAS(Quick Assorting System), DAS(Digital Assorting System)의 성능을 강화한 CJ대한통운 분배시스템(Assorting System) 등과 같은 분류자동화 설비들이 운영되고 있다. 뿐만 아니라 종이박스를 자동으로 접어주는 제함기, 포장을 자동화하는 자동포장기, 포장검수를 자동화할 수 있는 중량검수기 등에 대한 보급이 활발하게 이루어지고 있다. 이런 자동화 설비의 성능을 최대한으로 사용하기 위해서는 설비 로그데이터 분석 및 주문량 예측 등을 활용하여 상시적으로 프로세스 최적화를 진행해야 한다. 또한 자동화 설비의 예지정비(Predictive Maintenance) 및 오류율 개선에는 설비 로그뿐만 아니라 창고 환경데이터 등 다양한 빅데이터가 활용되고 있다.

로봇을 활용한 창고시스템은 제품을 구매하는 소비자에게 다양한 혜택을 보장할 수 있는데, 기업에서는 창고의 24시간 무중단 운영이 가능해지면서 인력에 의존하던 과거와는 달리 생산성 향상과 비용절감을 보장할 수 있다. 이렇듯 유통사가 고객의 주문을 실시간으로 처리함으로써 양질의 서비스를 제공할 수 있을 뿐만 아니라 야간근무에 대한 비용 또한 절감할 수 있어서 기업의 부담을 덜 수 있다는 장점이 있다. 창고는 주로 보관하는 물품종류에 따라 레이아웃의 복잡도가 결정되는데, 단순한 구조 레이아웃에는 바코드 기반의 무인운반로봇(Automated Guided Vehicle : AGV)이 주로 사용되었지만, 다양한 상품을 취급하는 창고에 대한 수요가 증가됨에 따라 자율주행 기반 무인 지게차와 자율이동로봇(Autonomous Mobile Robot : AMR) 또한 보급이 증가하고 있다.

또한 물류창고는 특성상 중량이 무거운 상품을 취급하기 때문에 상품을 운반하기 위한 지게차와 입·출고를 위한 대형 화물차량들이 상시 이동하고 있어서 안전에 대한 관심도가 매우 높다. 이 때문에 이미 일부 창고에서는 로봇들만 이동할 수 있는 무인구역 운영을 목표로 하고 있다.

대표적인 물류로봇으로는 아마존의 오더 피킹용 로봇 Kiva가 있으며, 주문에 맞는 상품을 창고안에서 이동시키는 기능을 갖고 있다. 아마존에 따르면 현재 20여만 대의 로봇이 미국내 다수의 창고에서 운영되고 있으며, 그 수가 지속적으로 증가하고 있다고 한다. 국내에서도 물류기업들이 로봇 도입을 검토하고 있다. 대표적으로 CJ대한통운이 여러 대의 무인 로봇을 일부 센터에 도입하여 활용하고 있고 지속적으로 확대할 계획이다

물류로봇은 제조로봇과는 다르게 특정 공간을 이동하고 다양한 작업을 수행한다. 그러므로 각 로봇은 자동화된 프로세스를 통해서 작업을 지시받으며 창고내에서 발생하는 모든 상황에 대한 데이터가 실시간으로 수집되어 서로 공유되어야 한다. 이를 위해 대용량 데이터기반 최적화가 요구되며, 많은 물류기업이 도입을 검토할 때에는 단순히 로봇의 기능뿐만 아니라 로봇운용을 위한 데이터 분석 및 활용기술에 대한 검토가 동시에 이루어져야 할 것이다.

③ 라스트마일을 위한 경로최적화 : 유통·물류에서 최종 고객의 만족도를 높이는 최우선의 척도가 배송서비스라고 볼 수 있다. 업계는 배송에 대한 다양한 시도들을 하고 있으며 대표적으로 국내 택배산업의 익일배송뿐만 아니라 최근에는 일부 당일주문에 대한 새벽배송과 같이 실시간에 가까운 라스트마일 배송서비스를 제공하여 고객유치에 힘쓰고 있는 상황이다.

과거 라스트마일 배송서비스와 다르게 최근에는 유통전문회사와 물류전문회사가 서로 합작하여 시너지를 극대화하는 방식으로 발전하고 있다. 대표적인 사례로는 네이버, 마켓컬리 등과 같은 대형 온라인 쇼핑몰과 물류 전문기업인 CJ대한통운의 합작서비스가 있다. 차세대 이커머스 배송서비스는 집화처리 및 재분류 과정 없이 소비자에게 직접 배송하는 구조로 이루어지기 때문에 속도 측면에서 차별화된 배송서비스를 제공할 수 있다는 장점이 있다.

차별화된 라스트마일 서비스를 제공하기 위해서는 소비자의 주문에 따라 실시간으로 배송경로를 변화시켜 반영할 수 있는 데이터 및 최적화 기술력이 보장되어야 한다. 배송지역에 대한 객관화된 배송난이도에 기반하여 각 배송기사

가 배송을 처리할 수 있도록 자원관리를 해야 한다. 기존 택배배송은 고정된 지역 내 고정인력을 통해 배송하는 구조였지만, 모든 상황이 가변적인 라스트 마일 서비스는 배송난이도에 따른 자원관리가 이루어지지 않을 경우에 특정 담당자에게 과도한 업무량이 부과되는 상황이 발생할 수 있다.

지역별 배송난이도 정의를 위해서는 건물정보, GIS 데이터, 도로망 데이터 등의 정보를 활용한다. 예를 들면 각 건물 층수, 엘리베이터 유·무, 권역별 건물밀집도, 거주세대 수, 건물용도, 도로넓이와 같은 건물 주변정보 등이 있다. 이러한 데이터를 다양한 형태로 조합하여 산출한 각 건물 혹은 지역별 배송난이도를 배송 시 필요한 총 배송시간 예측에 활용함으로써 특정 배송기사에게 과도한 배송을 요구하는 상황을 피할 수 있으며, 회사와 배송기사가 서로 만족할 수 있는 적정한 수준의 배송 스케쥴을 정의할 수 있다.

기존의 택배배송은 배송지역 전담을 통해서 일정한 배송경로를 유지하는 형태이기 때문에 배송경로는 배송기사의 장시간 경험에 기반하고 있다. 하지만 라스트마일 서비스는 매일 새로운 패턴의 배송목적지가 지정되고 배송지역도 변하기 때문에 경험에 기반하여 배송이 이루어지기 힘들다는 특징이 있다.

이러한 환경에서 양질의 서비스를 고객에게 제공하기 위해 실시간 교통정보 데이터, 각 배송지 및 배송환경에 대한 배송난이도 등의 정보로 최적의 배송경로를 배송기사에게 제공하고 있다.

6) 모빌리티 분야 활용사례

첨단산업과 서비스의 집합체로 많은 관심을 받고 있는 모빌리티 산업의 핵심요소는 바로 데이터다. 자율주행 자동차 인공지능 학습데이터뿐만 아니라, 커넥티드카 증가에 따른 모네타이제이션, 자율주행과 커넥티드 기술발전에 따른 카커머스와 카페이먼트 시스템 등 모빌리티 산업에 있어 데이터는 기존 자동차 관련 하드웨어와 소프트웨어 기업들의 모빌리티 트랜스포메이션(Mobility Transformation)을 가능하게 하고 새로운 스타트업들의 등장을 촉진하고 있다.

(1) 모빌리티 산업

① 모빌리티의 정의 : 최근 모빌리티 산업은 국내뿐만 아니라 세계시장에서도 신산업이자 기술융합과 투자를 이끄는 견인차 역할로 많은 관심을 받고 있다. 사람과 물건의 이동을 위한 하드웨어, 소프트웨어, 서비스뿐만 아니라 더욱 높은 품질과 정교한 서비스, 새로운 사용자 경험과 높은 만족도를 얻기 위해

학습 11

사물인터넷, 인공지능, 클라우드 컴퓨팅, 빅데이터, 이동통신, 블록체인 등 다양한 첨단기술들이 통합된 새로운 플랫폼 산업으로 자리매김하고 있기 때문이다. 그만큼 국가, 기업 간의 경쟁도 심화되고 있으며 관련된 규제, 일자리 문제 등 사회에 미치는 영향도 중요한 이슈로 다루어지고 있다.

하지만 아직 명확하고 이해 주체 간에 합의된 산업분류나 정의가 없는 것이 현실이기도하다. 현재 국회에 계류 중인 '모빌리티 활성화 및 지원에 관한 법률안'에서 포함된 모빌리티의 정의는 사람과 물건의 이동에 관련된 수단, 인프라, 서비스 등 관련된 모든 과정에 필수적인 소프트웨어, 하드웨어, 인프라, 서비스 등 거의 모든 것들을 포함하는 광범위한 개념으로 해석할 수 있다.

모빌리티란 지역 내에서 사람 또는 물건을 한 장소에서 다른 장소로 이동하거나 운송하는 행위, 기능 또는 과정으로서 이와 관련한 수단, 기반시설 및 일련의 서비스를 통하여 확보할 수 있는 다음 각 항목의 이동성을 말한다.

- 한 장소에서 주요 교통망 또는 교통거점까지의 접근이동성
- 주요 교통망 또는 교통거점에서 다른 장소까지의 연계이동성
- 지역 내 서로 다른 장소사이의 상호이동성

또한 국내에서는 출발지에서 목적지까지 서비스 측면을 강조하는 MaaS(Mobility as a Service)라는 개념이 광범위하게 모빌리티 업계 및 정책분야에서 사용되고 있다.

다양한 이동수단 활용을 위한 효과적인 '접근성(Accessibility)'과 이들을 효과적으로 연계하는 '연결성(Connectivity)'을 강조하며 공급자 중심의 개념인 측면이 강한 것도 공공주도 성격이 강한 국내 모빌리티 정책의 특징 가운데 하나로 볼 수 있다.

2020년 6월 4일 혁신성장전략회의에서 발표한 '한국형 도심항공교통(K-UAM) 로드맵'에서도 UAM을 기존 버스, 택시, 철도, 퍼스널 모빌리티가 혼합된, 연결성이 강조된 'Seamless MaaS'에 포함된 하나의 연계 이동수단 관점으로 해석하기도 했다.

반면 우리나라보다 비교적 이른 시점에 MaaS 개념과 기업들이 등장한 해외에서는 주로 수요자 중심의 온디맨드 서비스를 강조하고 있다. MaaS를 '온디맨드로 접근할 수 있는 단일 모빌리티 서비스들의 통합'으로 정의하며, 이동수단보다는 서비스 관점, 출발지에서 목적지까지 다양한 이동수단 정보와 하나의 결제수단으로 한 번에 요금을 지불하는 '통합(Integration)'을 강조하는

것이 특징으로 볼 수 있다.

② 모빌리티 서비스와 데이터 : 모빌리티를 표방하는 업체들이 제공하는 서비스도 매우 다양하다. 모빌리티 업체를 표방하는 기업들을 이동수단 관점에서 구분해 보면 자전거, 전기자전거, 전동킥보드, 이륜차, 택시, 지하철과 버스 등 대중교통수단, 완성차, 자율주행차뿐만 아니라 최근 많은 관심을 받는 도심항공모빌리티도 포함된다.

서비스 관점에서 보면 위의 이동수단의 호출, 공유, 구독, 렌털, 온디맨드 등의 유형과 이들을 연결해 주는 MaaS 서비스 제공 기업들도 있다. 전기차의 원년으로 인정받는 2021년은 전기차 에코시스템 구축을 위한 충전 및 서비스 인프라 확장 등과 관련된 정보 및 서비스를 제공하며 전기차 생태계를 구성하는 모든 업체들 역시 모빌리티 기업으로 스스로를 정의하고 있다.

특히 코로나 19가 확산하면서 재택근무 확대 등에 따른 라이프스타일의 변화는 물류와 배송산업 규모를 확대하였고 딜리버리 로봇, 무인배송, 이륜차 등을 이용한 라스트마일 배송 등의 업체들도 모빌리티 산업군으로 포함하는 등 'MaaS=TaaS(Transportation as a Service)+LaaS(Logistics as a Service)' 형태로 모빌리티 산업범위는 점차 확대 추세에 있다.

이러한 트렌드와 모빌리티 기업을 표방하는 업체들의 비즈니스 모델들을 취합하면 서비스 관점에서 모빌리티는 '디바이스 다양성, 손쉬운 접근성, 새로운 사용자 경험을 제공하며 안전한 이동을 위한 모든 서비스'로 정의할 수 있다. 즉 지상에서 하늘까지, 실내에서 실외까지, 위에서 언급한 다양한 이동수단을 활용해 스마트폰을 통한 온디맨드 혹은 구독모델 등 다양한 접근방법으로 끊임없는 연결과 통합 등 새로운 경험을 제공하는 서비스를 통칭한다고 볼 수 있다. 이러한 서비스 중에서도 이동수단의 사고 없는 이동과정은 매우 중요하다.

하지만 코로나 19 확산 이후 전통적 사고에 대한 안전과 함께 코로나 19 감염 및 확산방지 등 바이러스 안전도 중요한 모빌리티 서비스 기본 요건으로 자리 잡고 있다.

이러한 서비스 제공을 위해 모빌리티 산업의 가장 중요한 자원 가운데 하나는 바로 데이터다. 자율주행 자동차 운행을 가능하게 하는 인공지능 학습을 위한 영상데이터, 각종 호출서비스와 퍼스널 모빌리티에서 출발지와 목적지까지의 경로데이터, 커넥티드카의 차량과 사용자데이터 등은 다양한 새로운 서비스의 창출과 신규 일자리, 무엇보다 도시의 이동패턴과 특성을 파악할 수 있어 그 가치와 활용에 대한 잠재력은 점차 높아지고 있다.

(2) 모빌리티 분야의 데이터 활용사례

① 자율주행 자동차 : 2020년 5월 미국의 대표적 자율주행 트럭 스타트업인 스타스키 로보틱스가 폐업을 선언했다. 트럭 외부에 장착된 6개 카메라에서 전송되는 실시간 영상을 보며 비디오 게임과 같이 차량을 원격조종하는 기술은 자율주행기술과 함께 스타스키 로보틱스가 자랑하는 기술로, 고속도로에서는 자율주행기술을 활용하고, 물류센터나 배송거점으로 이동하는 복잡한 시내에서는 원격조종 기술을 활용해 안전한 이동을 위한 기술과 비즈니스 모델을 개발했던 기업이다. 이러한 성과로 2019년 미국 CNBC에서 전세계 스타트업을 대상으로 선정하는 2019Upstart 100, 프라이트웨이브가 선정하는 FreightTech 25 가운데 12위로 선정되기도 했다. 이렇듯 자율주행 트럭업계에서 가장 주목받았던 기업이었기 때문에 스타스키 로보틱스의 폐업이 자율주행업계에 던지는 충격이 작지 않았다.

당시 공동창업자 스테판 셀츠 아크마허(Stefan Seltz-Axmacher)는 인공지능 관련 블로그 포스팅에서 “인공지능 기술이 급격히 발전했지만, 자율주행을 위한 인공지능이 인간 운전자 수준을 능가했다면 자율주행기술을 개발하는 기업들은 상용화를 위한 안전성만 증명하면 되고, 수준이 유사하다면 안전성을 확보하기 위한 기술개발을 위한 투자가 필요하다. 하지만 실제로는 아직 인공지능이 인간의 수준에 미치지 못하기 때문에([그림 11-18]의 L_3) 완벽한 자율주행기술 개발이 쉽지 않다.”고 주장했다.

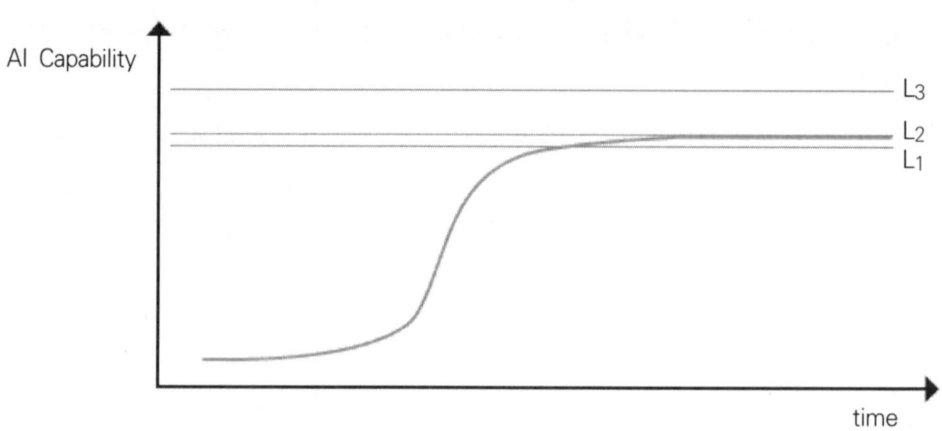

[그림 11-18] 슈퍼바이즈드 머신러닝 vs 인간 운전자 수준 비교

[그림 11-18]과 같이 인공지능 기술 수준은 최근 급격한 속도로 기술이 발전하며 자율주행 자동차에 적용되고 있다. 하지만 자동차가 스스로 안전한 주행을 담당하려면 최소 인간 운전수준과 동일하거나(L_2 : 인공지능과 동일한 인간 운전수준) 인간의 운전수준을 능가해야 하지만(L_1 : 인공지능보다 낮은 인간의 운전수준), 현재 인공지능 기술수준은 인간 운전수준보다 낮기 때문이라는 것이다(L_3 : 인공지능 기술보다 높은 인간 운전수준).

인공지능은 빅데이터와 머신러닝 기술이 없으면 구현되기 어렵기 때문에 인공지능 학습재료로서 빅데이터 확보는 매우 중요하다. 자율주행 자동차가 주행하는 환경에 존재하는 모든 객체의 이미지를 다양한 상황별로 확보해 이미지 데이터셋을 생성하고 인공지능이 이를 학습해 자율주행 자동차의 안전하고 정확한 주행을 위한 기본 데이터로 활용한다.

절차를 살펴보면 수집된 사진데이터에서 개인정보보호를 위한 익명화 과정, 날씨, 상황, 객체유형에 따른 데이터를 추출하고, 추출된 데이터를 라벨링과 주석작업을 통해 구분가능한 명확한 데이터로 분류하며 속성을 입력하는 어노테이션(Annotation) 작업을 거쳐 인공지능의 기반정보로 사용한다. 자율주행 자동차 조작을 위한 인지 → 판단 → 제어과정에서 특히 정확한 인지를 통한 안전확보를 위해서는 풍부한 고품질의 학습데이터와 어노테이션은 매우 중요한 기본 작업이다.

자율주행기술을 개발하는 거의 모든 업체들에 인공지능 학습데이터 확보 및

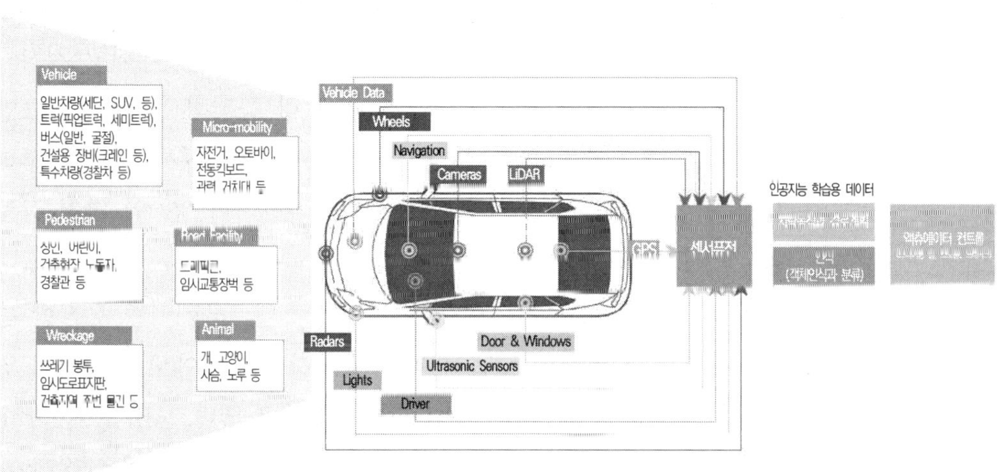

[그림 11-19] 자율주행 데이터 소스 및 인공지능 적용 절차

출처 : 「자율주행차 상용화를 위한 데이터 이슈」, 한국지능정보사회진흥원, 「AI DATA INSIGHT 12호」, 2021.8.

어노테이션은 필수과정이다. 일반적인 자율주행기술 개발 기업들이 라이다(LiDar)와 HD맵을 사용하는 반면, 2021년 6월부터 북미지역에서 판매하는 모델3와 모델Y에서 레이더(Radar)를 제거한 테슬라는 많은 우려에도 불구하고 카메라 8개만 사용해 자율주행 기능을 제공하기 시작했다. 현재 전세계에서 운행되고 있는 테슬라 차량은 100만 대 이상이며, 테슬라는 실시간으로 차량과 주행 관련 모든 데이터를 전송받아 수집하고 있다. 현재 완성차 업체들 가운데 가장 많은 데이터, 특히 오토파일럿 관련 데이터를 수집하고 있고 이는 테슬라를 데이터 플랫폼이라고도 부르는 이유기도 하다. 하지만 이와 같이 인공지능을 강조하는 테슬라에도 더욱 정교한 인공지능의 판단을 위해 약 1,000명의 어노테이션 담당자가 소속된 것으로 알려져서 자율주행차 안전을 위한 빅데이터 수집과 처리의 중요성은 매우 높다고 할 수 있다.

② 커넥티드카와 데이터 모네타이제이션(Data Monetization)

- 커넥티드카의 차량데이터 : 2014년부터 자동차에 내장형 셀룰러 모뎀(Embedded Cellular Modem)이 본격적으로 장착되기 시작하면서 자동차와 인터넷의 연결이 확산되기 시작했다. ABI Research(2020.7.28.)에 따르면 코로나19로 차량판매가 19% 감소한 상황에서 2020년 글로벌 차량 판매의 약 41%인 약 3000만 대에 셀룰러 모뎀이 내장되었다. 지역별로 살펴보면 각 지역의 신차판매량 가운데 미국은 91%, 아시아 태평양은 51%, 라틴 아메리카는 37%가 커넥티드였던 것으로 분석했다. 하지만 2020년 15% 축소된 커넥티드카 시장은 2021년부터는 회복세로 접어들어 2023년 75억 달러, 2025년에는 1억 1,500만대의 커넥티드카가 판매되고 시장규모는 830억 달러로 성장할 것으로 예측했다. 보다 긍정적으로는 마케츠앤마케츠(MarketsandMarkets)에서 2020년 539억 달러에서 2020년부터 2025년까지 연평균성장률(CAGR) 25.2%를 기록하며 1,660억 달러 규모로 성장할 것으로 분석하기도 했다.

  10인치에서 30인치에 이르는 대형 인포테인먼트 디스플레이를 장착한 완성차들이 많아지고, 프리미엄 모델이 아닌 일반차량 모델에도 커넥티드 인포테인먼트와 내비게이션을 기본 옵션으로 장착하고 있다. ABI Research에 따르면 멀티미디어 스트리밍, 와이파이 핫스팟, 음성비서 등을 내장한 차량은 2025년 약 5,700만대가 판매될 것으로 예상되고, 2023년까지 북미와 유럽은 거의 모든 차량이 음성제어 기능을 보유할 것으로 예상하고 있다.

이러한 커넥티드 차량의 확산은 차량데이터와 운전자데이터를 활용해 수익을 올릴 수 있는 차량데이터 모네타이제이션(Data Monetization) 산업 성장을 촉진하고 있다. 현대차는 현대디벨로퍼스(Hyundai Developers), BMW는 카데이터(Car Data), GM은 디벨로퍼스, 폭스바겐은 커넥트 고(Connect Go) 등의 서비스를 통해 차량데이터를 확보하여 다양한 부가서비스를 제공하고 있다.

일반적으로 차량데이터는 ECU(전자제어장치), CAN(컨트롤 액세스 네트워크) 및 인포테인먼트 시스템에서 생성되며 위치, 엔진상태, 도어 잠금상태, 속도, 타이어 공기압, 안전벨트 착용 여부, 외부온도 등 차량과 관련된 거의 모든 데이터 수집이 가능하다. 완성차 업체들뿐만 아니라 해당 데이터를 재가공해 보험사, 금융사, 운송회사, 응급서비스 업체 등에 판매하는 오토노모(Autonomo), 위조(Wejo)와 같은 전문업체들도 등장하기 시작했다.

해당 업체들은 차량데이터를 수집해 긴급서비스, 전기차 관리, 구독기반 서비스, 주차, 예측 유지보수, 보험, 미디어, 차량 내 서비스, 교통관리 및 스마트 시티 솔루션 등을 완성차업체나 관련 서비스 업체에 제공한다. 차량 빅데이터 분석업체 오토노모는 벤츠의 차량데이터를 바탕으로 GPS를 활용한 차량위치 추적, 원격진단, 운전자 안전 모니터링, 서비스 타임 최적화, 자동주차 페이먼트, 주유와 충전관리, 전기차 경로 계획수립, 차량 사용 모니터링, 효과적 차량 관리 등의 서비스를 제공하고 있다. 그리고 긴급구조 업체에는 실시간 도로 상황 정보를, 렌터카 기업들에는 원격으로 연료상황이나 차량잠금 실행서비스를, 전기차에는 경로상에 효과적인 충전소 정보 등을 제공하기도 한다.

- 차량데이터 모네타이제이션 보험분야 : 차량데이터를 활용한 잠재적 수익과 시장진입속도(Go-to-Market Speed)가 가장 높은 모네타이제이션 분야는 보험이며, 그 중에서도 최초 보상신고 개념인 FNOL(First Notice of Loss)이 잠재적 수익과 시장진입속도가 가장 빠른 분야이다. FNOL은 보험에 가입한 운전자에게 사고, 도난, 부상 등이 발생했을 때 계약자가 보험사에 최초로 통지하는 절차를 의미한다. 일반적으로 계약자의 성명, 생년월일, 주소 등 개인정보, 사고 날짜와 시간, 위치, 사고발생 경위, 차량번호 및 관련 정보, 과실 당사자 보험정보와 사건 세부정보 등을 전달한다.

최근 보험업계에서 많은 관심을 받는 PAUD(Pay-As-You-Drive) 및 PHUD(Pay-How-You-Drive)와 같은 UBI(Usage-Based Insurance) 보

학습 11

험에도 차량데이터는 유용하게 활용되고 있다. 커넥티드카는 관련 프로세스를 인공지능과 인터넷을 통해 자동화된 프로세스를 제공하는 장점이 있다. 이러한 데이터를 활용해 테슬라는 2019년 9월부터 보험사업도 시작했다. 테슬라가 출시한 차량에 탑재된 8대의 카메라, 레이더, 센서 등을 통해 다양한 데이터를 수집하고 있다는 것은 널리 알려진 사실이다. 테슬라가 수집하는 데이터는 매우 방대하다.

데이터를 출처별로 구분하면 ⓐ 고객과 사용 디바이스(성명, 주소, 전화번호, 이메일, 지불내역 정보), ⓑ 차량(차대번호, 속도, 주행거리계, 배터리 및 충전 이력, 각종 전자시스템 사용 이력, 소프트웨어 버전, 인포테인먼트 시스템 사용데이터, 안전벨트 착용 여부 등 안전데이터, 카메라 이미지, 에어백 정보, 가감속, 보안, 사고발생 시 비디오 클립, 차량 호출기능(Summon), 차량 퍼포먼스 데이터, 리모트 서비스 이력, 차량 외부비디오 클립), ⓒ 개인정보(연락처, 인터넷 검색이력, 내비게이션 사용이력, 라디오 채널 사용이력, 현재 위치, 사용충전소 위치), ⓓ 신용정보(은행 라우팅 정보, 사회보장번호, 신용카드 사용이력 및 한도, 운전면허증, 생년월일, 기타 카드 관련 정보) 등으로 거의 모든 차량과 운전자 정보를 활용한다.

데이터 기반의 개인 맞춤형 설계로 경쟁사보다 20~30% 보험료가 저렴한 것이 특징으로 일론 머스크는 향후 보험 비즈니스가 테슬라 비즈니스의 30~40%의 가치를 차지할 것이라고 주장했다. 이렇듯 차량데이터 활용범위와 가치, 새로운 서비스 제공범위는 점차 확장되고 있는 유망한 분야로 성장이 기대된다.

③ 카커머스와 카페이먼트 시스템(In-Car Payment System) : 최근 자동차와 페이먼트 업계는 과거 완성차 기업들이 강조했던 파워, 스타일링, 안전중심의 시스템 개발철학과 마케팅 키워드를 넘어 이커머스(e-Commerce)와 결합된 카커머스(Car-Commerce) 서비스 제공을 위한 노력을 강화하고 있다.

미국의 예를 들면 2018년 기준 일주일 중 평일 5일 동안 매일 평균 51분을 운전하는 미국의 1억 3,500만 운전자 가운데 73%는 스마트폰 혹은 차량 인포테인먼트 시스템을 이용해 인터넷과 연결하며 2,300억 달러를 지출했다. 주니퍼 리서치(Juniper Research)는 전세계에서 2018년 3억 3,000만 대에서 2023년까지 7억 7,500만 대의 소비자용 차량이 텔레매틱스 또는 차량 내 앱을 통해 연결될 것으로 분석했다. 자율주행과 커넥티드 기능이 발전함에 따라 운전자가 이동 중 서비스와 상품을 검색하고 지불하는 빈도가 높아져 시장 규모도 2023년 2,650억 달러 규모로 성장하여 전체 이커머스의 1%를 차지할 것으로 예상되는 등 앞으로의 성장 가능성도 무한하다.

이미 피아트크라이슬러(FCA)는 커넥티드카를 위한 OTA(Over-the-Air)로 가능한 차량내 상거래 플랫폼 Uconnect Market, BMW는 ConnectedDrive, 혼다는 DreamDrive, 벤츠는 주차결제 서비스인 on-street, 실시간 교통정보 구독 서비스인 in-car store, 재규어 랜드로버는 스마트 월렛(Smart Wallet) 서비스를 운영하고 있다. 폭스바겐은 2025년을 목표로 10억 유로 이상의 수익을 창출하기 위해 자율주행 차량 승객이 이동 중 서비스를 사용할 수 있는 클라우드 기반 시장을 개발하고 있다.

현재 글로벌 시장에서 제공되는 주요 서비스는 주유소와 충전소, 음식점, 주차장 등의 검색, 예약, 주문, 결제, 커피와 편의점 등 드라이브 스루, 다양한 사전물품 주문과 픽업, 수리와 같은 자동차 관련 서비스 예약, 호텔예약, 콘서트 등 티켓예약, 음악 및 영상 스트리밍 결제 등이 있다. 향후 관련 서비스 대상은 점차 확대될 것으로 예상되며, 자동차는 새로운 미래 금융서비스 성장의 원천으로 자리 잡고 있다.

특히 카페이먼트 생태계는 새로운 서비스보다는 음성인식 등 서비스를 활용하기 위한 사용자 경험이 핵심으로, 현재 제스처 · 홍체 인식 등 다양한 시도가 진행되고 있다.

결국 완성차 업체 등 카커머스를 추진하고 있는 기업들의 전략의 핵심에는 데이터가 있다. 운전자 혹은 탑승자가 구매하는 서비스나 물품의 빅데이터를 기반으로 상황에 따른 구매를 분석하고, 상황에 적합한 서비스나 물품을 사전에 예측해 적절한 시기에 선호도를 반영해 정보를 제공해 개인화(Personalization) 서비스를 확대하고 마케팅 자료로도 활용하겠다는 전략이다.

카커머스 핵심인 카페이먼트는 서비스 제공기업, 결제 솔루션 서드파티 기업, 완성차 기업, 결제 기업과 함께 가상비서, 구매대상 물품과 서비스 제공자로 구성이 되어 있다. 성공적인 에코시스템 구축을 위해서는 해당 기업들 간의 긴밀한 협력과 함께 API 및 개발 플랫폼 을 제공하여 타사 제공기업에서 결제 가능한 차량 내 앱을 제공할 수 있어야 한다.

(3) 향후 전망과 과제

2021년 6월 개최된 4차산업혁명위원회 해커톤에서는 '자율주행 자동차 영상정

학습 11

보 활용방안'에 대한 의제가 논의되었다. 업계에서는 비식별 처리데이터 사용 시 인공지능 학습과정에서 오류발생이 높아져 영상데이터 원본이 필요하다는 입장이며, 시민단체 등에서는 개인정보보호를 위해 영상데이터 원본사용은 곤란하다는 입장이다. 결론적으로 개인정보보호를 위한 적절한 안전장치 확보 및 유출사고 발생 시 법적 책임 · 피해 배상을 전제로 영상데이터 원본을 R&D에 활용할 수 있어야

〈표 11-6〉 국내 교통관련 공공데이터 플랫폼

구분	시스템명	관리기관	주요 정보
차량운행	디지털운행분석기록 시스템(eTAS)	한국교통안전공단	• 버스, 택시, 화물차의 실시간 운행행태 정보 • 운행기록, 위험운전행동 등 운행전반 정보
	교통안전정보관리 시스템(TMACS)		• 전국에서 발생한 교통사고에 대한 통계적, 시각적 정보
	택시운행정보관리 시스템(TIMS)		• 시간대별 도로구간별 택시정보 시각화 정보 • 이용자별 맞춤형 승하차 지점 정보
대중교통	전국대중교통정보 (TAGO)		• 전국 대중교통 노선 및 운행 관련 정보
	대중교통DB 시스템(PTDB)		• 교통수단별 대중교통 이용 관련 통계자료
운수 종사자	운수종사자종합관리 시스템		• 사업용자동차 운수종사자 사고이력자료 • 사고일시, 장소, 위치 등 사고 상세정보
	자동차검사통합 시스템(VIMS)		• 차량운행기록 검사자료 • 차량용도, 검사일자, 주행거리 정보
기타	온실가스관리시스템 (KOTEMS)		• 교통부문 온실가스 배출량 • 지역별, 교통수단별 온실가스 배출현황 정보
	화물운송실적관리 시스템(FPIS)		• 화물운송 전반에 관한 정보 • 화물 하차일, 운송료, 운송실적 등
공간정보	통계지리정보서비스 (SGIS)	통계청	• 인구, 교통, 복지, 경제와 융합된 공간정보 • 읍면동별 시계열 통계자료
	국가공간정보포털 (브이월드)	한국국토 정보공사	• 토지에 대한 권역별 지리정보 • 부동산, 건물에 대한 이용정보
교통사고	교통사고분석시스템 (TAAS)	도로 교통공단	• 교통사고 사례 유형, 차종, 기상상태, 기하구조 • 대중교통을 비롯한 전체 통행의 미시적 특성
통행특성	국가교통DB(KTDB)	한국교통 연구원	• 가구통행 실태조사, 주말통행 실태조사, 승차 인원 • 대중교통을 비롯한 정체통행의 미시적 특성
차량운행	버스운행관리시스템 (BMS)	각 지방 자치단체	• 정류장별 · 노선별 버스 출 · 도착정보

한다는 점에 상호 동의했다. 이에 따라 관련 부처인 개인정보보호위원회, 국토교통부, 산업통상부는 관련 법령개선을 위해 노력하고, 4차산업혁명위원회는 반영 사항을 모니터링한다는 결론을 내렸다. 자율주행기술이 발전하고, 국가·기업별 경쟁이 심화됨에 따라 관련 데이터에 대한 중요성 및 기업들의 요구사항이 증가할 것으로 예상된다.

단, 민간기업 데이터 개방에 대한 이슈는 한동안 지속될 것으로 예상된다. 자율주행 자동차 인공지능 학습을 위한 기업들의 영상데이터와 민간 모빌리티 기업들이 서비스 제공을 통해 획득한 데이터에 대한 공개 및 공유이슈는 계속 제기되고 있다. 공공도로를 활용하는 모빌리티 서비스 데이터를 공공재로 보는 관점으로 기존에 개방된 공공데이터와 같이 새로운 비즈니스 창출의 한계를 극복하자는 관점이다.

모빌리티 분야 최상위 법으로 2020년 9월 발의되어 국회에 계류 중인 '모리티 활성화 및 지원에 관한 법률안'에는 민간기업이 보유한 데이터의 제출 혹은 교통빅데이터 플랫폼 연계를 중앙행정기관과 지방자치단체장이 요청할 수 있도록 하는 조항이 포함되어 있다.

하지만 국회교통위 검토보고서는 '교통 관련 보유데이터를 중심으로 새로운 비즈니스를 창출하려는 민간기업 등에 과도한 부담이 될 소지가 있다'는 결론을 제시했다. 실제로 중앙 행정기관과 지방자치단체뿐만 아니라, 데이터 관련 스타트업들도 새로운 비즈니스 창출을 위해 해당 데이터들의 개방을 요구하고 있지만, 서비스 운영업체들은 데이터 개방요구를 거부하고 있는 상황이다.

향후 다양한 모빌리티 관련 데이터 확보를 통한 모빌리티 산업 활성화 기반 확대도 중요하지만 공공과 민간데이터의 공유, 개방, 협력을 유도할 수 있는 거버넌스 체제구축도 중요한 이슈다.

7) 교육분야의 활용사례

교육분야에서는 학습이나 교육현장에 대한 다양한 데이터가 축적되고 있다. 학습이력이나 행동이력 등의 빅데이터 수집, 시각화 분석을 통해 학습평가 및 각종 예측, 성적과 학습 행위 사이의 관계를 명확하게 할 수 있다. 많은 나라에서 중고등학교와 대학에서 빅데이터를 사용한다.

학생들은 학생 전체의 결과를 개선하기 위하여, 개별화된 과정과 방안을 제정하고 실시간 모니터링을 통한 수업을 통하여 교육과정 자료를 활용하여 차기 교육과정 개발을 위한 수정자료를 확보하고 반영한다. 학생의 학력데이터에 근거하여 이력 데이터의 분석, 각 학생의 진보, 장 · 단점, 취미 등을 분석하고 전략을 수립하여 장래 학생에게 적합한 장래의 직업분야 및 미래의 역할상담에 큰 도움을 준다.

8) 여행분야의 활용사례

여행업계는 주로 고객의 관광지에 대한 흥미와 그 행동특징을 바탕으로 비즈니스를 전개한다. 현재 대부분의 고객은 대리점보다 Web 서비스를 사용하는 경향이 있다. 빅데이터는 인터넷을 통해 전세계 관광지와 관광객의 정보를 수집하여 여행수요를 예측하는데 큰 도움을 준다.

대부분의 고객은 입소문과 고객의 검색키워드를 분석하여 관광지의 인기도를 평가한다. 항공사는 여행중인 승객과 그 수하물의 데이터에 따라 효과적으로 계획하고 그에 따라 서비스를 제공하고 지리적 위치, 교통 및 날씨정보를 바탕으로 특정 고객에게 적합한 섭외와 혜택을 전송한다.

9) 정부의 활용사례

어느 나라 정부든 매일 국민, 경제성장, 에너지 자원, 교통 등에 관한 다양한 기록과 데이터베이스를 추적해야 한다. 이러한 데이터의 적절한 조사와 분석은 정부의 지속가능한 발전목표(SDGs : Sustainable Development Goals)의 데이터 관련 업무를 지원한다.

주의해야 할 영역을 특정하여 정치 프로그램 상에서의 신속한 의사결정을 실현하고 실업, 테러리즘, 에너지 자원탐사 등 국가적 과제를 극복할 수 있는 자료를 제공한다. 행정이 보유한 지리공간 정보와 방재정보 등 공공데이터를 2차 이용하기 쉬운 형태로 민간에 개방하여 비즈니스 이용을 촉진한다.

각국의 국가통계시스템은 시스템을 현대화하기 위해 빅데이터 소스와 응용 프로그램을 사용해 혁신을 강화하고 있으며, SDG 모니터링을 위한 많은 혁신 및 활용 사례가 존재한다.

많은 국가에서는 SDG 모니터링을 위해 지리 공간 및 지구 관측 데이터를 활용하고 있다.

① 일본 우주국(JAXA : Japan's Space Agency) : 새로운 일본 위성 히마와리(Himawari)를 이용해 지표면 에어로졸 농도를 측정하고 있으며, 토지 소비 비율, 도시 개방 공간, 산지 등 다른 SDG 지표에 대한 방법론도 개발하고 있다.
② 중국 과학원 빅어스 데이터 엔지니어링 프로그램(CASEarth : The Chinese

Academy of Science Big Earth Data Engineering Program) : 다양한 SDG 지표를 모니터링하기 위한 지구 관측 데이터의 기여도를 연구하고 있다.

③ 멕시코 국립통계지리연구소(INEGI : The National Institute of Statistics and Geography) : 최근 오픈데이터큐브(ODC : The Open Data Cube)를 활용한 수상 생태계 모니터링 애플리케이션 등을 통해 지리공간 역량을 강화하고 있다.

〈표 11-7〉 국가 공식 통계의 빅데이터 활용 사례

기 관	내 용
이탈리아 통계청 (ISTAT, Italian National Institute of Statistics)	• 웹 인텔리전스(기업 웹사이트의 웹스크래핑, 가격 스크래핑, 일자리 스크래핑) • 소셜미디어 데이터(트위터 데이터에 기초해 경제지수에 대한 사회적 분위기 파악) • 공공 센티넬 2(Sentinel 2) : 높은 공간 해상도로 지구관측 광학 이미지를 얻는 위성 • 위성 이미지 사용 및 생산을 위한 자동 파이프라인을 통한 딥러닝 등 빅데이터 프로젝트 진행
영국 통계청 (UK-ONS, United Kingdom Office for National Statistics)	• 가격데이터 웹스크랩, 스마트 미터 데이터, 주소매칭을 위한 머신러닝 및 텍스트 설문 응답 코딩에 대한 자연어 처리 탐색 프로젝트 진행 • 영국정부는 2017년 데이터 사이언스 캠퍼스를 설립해 빅데이터와 행정데이터 등 새로운 데이터 소스를 조사하고 데이터 사이언스 역량 구축을 도움 • 2019년 기준 영국 외무부(Foreign Office)에서는 빅데이터 도구 개발, 국제 개발 전문가를 위한 데이터 과학역량 구축, 파트너 국가(르완다, 가나, 케냐 등) 통계청 직원 멘토링 등을 포함한 글로벌 공공재를 위한 데이터 과학 공동팀을 출범시킴
네덜란드 통계청 (Netherlands Statistics)	• 2015년 기준 세계 최초로 빅데이터로 제작된 공식 교통통계를 발표함 • 실시간 통계의 생성과 기존 통계의 세분화를 위한 빅데이터 통계센터를 설립하고 사회통계(안전, 건강, 주택), 경제통계(물가, 노동 시장), 이동 통계(교통, 관광)와 SDG 및 스마트 시티 등을 담당함
호주 통계청 (ABS, Australian Bureau of Statistics) · 뉴질랜드 통계청 (Statistics New Zealand)	• 네덜란드의 초기 성공을 바탕으로 아시아 태평양 지역의 통계청은 공식 통계를 작성하기 위해 기존과 차별화된 데이터를 사용해왔음 • 소비자물가지수를 조사하기 위해 호주 통계청과 뉴질랜드 통계청은 소매업체에서 바코드를 통해 얻은 데이터와 온라인 데이터를 통합해 상당한 관심을 받음

10) 농업분야의 활용사례

농업은 경험과 직감에 의지하는 부분이 많지만, 농사일에 빅데이터를 구사해 디지털 기술을 도입하면 예측이나 생산성 향상, 생산현장의 가시화를 가능하게 하다.

센서에서 얻은 기온, 일조량, 우량농작 데이터를 분석하여 생산계획부터 수확에서 출하까지 모두 볼 수 있게 한다. 기상데이터 등 각종 빅데이터에 따른 리스크 예측, 사전대책 실현하고 농가의 각종 기술 · 판단 기록 · 데이터화를 진행하고, 그 기술을 신농자 등에게 공유한다.

11) 음식업분야의 활용사례

경쟁이 치열해지는 음식업계에서는 시장지위를 유지하기 위해 데이터 드리븐의 경영전략을 설정하는 기업이 늘고 있다. 과거 레스토랑은 고객의 내점을 기다리기만 한 상태였지만, 음식점 정보를 빅데이터화하면 방문객 수를 예상할 수 있어 재방문 고객을 늘리기 위한 서비스와 판촉활동을 조정할 수 있다.

근처에서 음식점을 찾는 사람의 스마트폰 등에 최적의 타이밍에 효과적으로 광고를 낸다. 센서로 매장 내에서의 행동을 데이터화하여 현장의 운영상태를 대폭 개선하고 과거의 히트상품을 분석하거나 미래 제품에 대한 견행의 자료를 얻기 위하여 정확한 내점예측, 매출예측에 따라 프렌차이즈 가맹본부의 제품을 생산제품을 출하 조정할 수 있다.

4. 빅데이터 활용 추진단계

측정 가능한 실효성 있는 의사결정을 돕지 못한다면 빅데이터의 분석 및 관리는 의미가 없다. 그래서 불행히도 많은 의사결정권자인 대표이사는 빅데이터 분석을 기뻐하기보다는 기절하는 경우가 허다하다. 결국 빅데이터와 미래의 예측을 통한 의사결정은 일선의 담당자에게 연관성 높은 유용한 형태로 전달하지 못하게 된다. 너무도 많은 빅데이터 프로젝트를 일선 담당자의 의견수렴 없이 착수하고, 때로는 너무 오래 걸려서 사용하기도 전에 미래예측을 통한 통찰은 녹슬어 버리곤 한다.

많은 기업의 경험에 비추어 보면 빅데이터에서 가치를 창출하는 과정은 데이터를 통찰하여 미래로, 나아가 실무에 적용하도록 빨리, 반복 가능한 방식으로 연결하느냐의 여부가 관건이다. 공장에서의 빅데이터 예측 및 통찰은 제품이다. 상품은 쓸모가 있을 때 가치가 있는 법이고 데이터는 원자재이며, 이를 가공해 제품(통찰)을 만든다. 일선 담당자는 소비자로서, 제품을 필요로 하고 사용하는 사람이다.

최근 국내기업 사이에 빅데이터 열풍이 몰아쳤다. 대다수의 기업이 당장 빅데이터를 능숙하게 다룰 수 있는 솔루션을 찾고 있다. 하지만 현재의 상황은 솔루션이 아니라, 여러 단계를 거치며 성숙해야 빅데이터를 활용할 수 있는 상황이다.

빅데이터로 가는 수용단계는 크게 5단계로 나눈다.

1) 1단계 : 사용할 만한 데이터가 없는 단계

1단계는 빅데이터를 수용하는 성숙모델의 이론적 토대이자 출발점이다. 이 상황의 기업은 어떤 사용 가능한 데이터도 갖고 있지 않다. 이 단계에서 조직은 통계를 운영할 수 없다. 그리고 확실히 이해도 않으며, 정보화 거버넌스와 이디스커버리 수요에 대해 넘겨 짚을 뿐이다. 사업을 개선해줄 정보에 기반한 인사이트도 없다. 조직은 밖에 조언을 구하고, 서비스 프로바이저가 정보화 요구를 충족하기 위해 많은 돈을 사용하게 한다면 대표는 수입과 지출대비 너무 많은 비용이 든다고 경멸한다.

2) 2단계 : 빅데이터 구축단계

조직은 이 단계에서 빅데이터를 수용하기 위한 첫발을 뗀다. 그들은 꾸준히 내부와 외부의 소스로부터 데이터를 모은다. 그러나 이 데이터를 가치있는 정보로 바꿀 도구는 갖고 있지 않다. 단순히 데이터만 모아둘 뿐이다.

직원들은 분석보다 정보를 찾는데 더 많은 시간을 들인다. 많은 경우에 직원들은 데이터의 홍수속에 포기해버린다. 그들의 결정은 정보가 거의 없이 이뤄진다. 그들의 회사는 결코 그들의 정보를 전략적인 정보, 경쟁력있는 자산으로 바꿀 기회를 얻지 못한다.

일부 회사들은 내부데이터 인프라 스트럭처를 창조하고 싶어한다. 이들의 첫 단계는 내외부에서 수집된 데이터 소스에 그들과 관련된 아이덴티티를 부여하는 것이다. 그들은 순위를 정해 데이터를 캡처하는 메커니즘을 만들어간다. 이를 통해 그들은 초보적인 분석을 할 수 있는 데이터 구조를 세우며, 이 지점에서 성숙의 단계를 밟아갈 기초를 닦는다.

이런 조직은 회랑에서 걸어 내려와 전례없는 움직임을 고려해야 할 필요가 있다. 그들은 빅데이터 분석 테이블에 법률, 정보화 거버넌스 이해관계자를 초대할 필요가 있다. 이는 빅데이터 분석과 정보화 거버넌스, 이디스커버리 등의 통합을 시작하는 중요한 절차다.

학습 11

3) 3단계 : 적합한 빅데이터 수립

세 번째 모습은 양질의 빅데이터를 사용하는 조직이다. 이들은 문맥과 관련성을 그들의 데이터 모델에 적용한다. 그들은 기업 분류체계와 분류를 도와주고 의미있는 수단뿐만 아니라 빅데이터 사이의 관계와 상호의존성을 설명하는 메타데이터를 수립했다.

3단계의 달성의 핵심요소는 문화적인 교체다. 조직은 동시에 기술적인 교체를 가져간다. 이 단계의 기업은 전략을 최적화하고, 데이터를 이해하고, 가치를 깨닫게 된다. 정책에 기반한 인프라 관리와 거버넌스가 수립된다.

4) 4단계 : 빅데이터를 통한 예측단계

이 단계에 이른 조직들은 역사적인 혹은 소급해가는 분석을 더 많이 할 수 있게 된다. 그들은 예측분석도 수행할 수 있다. 내일, 혹은 그 이후 무슨 일이 일어날 것인지 아는 것으로 기업은 소비자의 행동, 시장수요, 내부의 리스크와 잠재적인 법률문제를 예측할 수 있다.

5) 5단계 : 빅데이터 예측결과로 전략구축

마지막 단계에 다다른 조직은 전체적인 사업모델이 분석모델을 중심에 두고 마련된다. 5단계에 이르기 위해선 역사적인 분석으로부터 꽤 다른 운영인 예측모델의 개발을 요구한다. 역사분석에 사용되는 데이터마이닝과 같은 기술은 앞을 더 잘 내다보기 위한 수단으로 여전히 중요하다.

예측분석은 따로 운영되는 게 아니다. 위기와 기회를 구분하고 가능한 수단을 쉽게 찾기 위해선 핵심 비즈니스 프로세스와 통합되어 간다.

5. 성공적인 빅데이터 활용요소

빅데이터 시대에는 데이터가 IT에서 분리된 독립체로 발전하며 IT의 주도권이 인프라, 기술, SW에서 데이터로 전이된다. 그러므로 요즘 대세인 스마트 시대의 데이터의 저장 - 검색 - 관리 - 공유 - 분석 - 추론의 전체적인 과정이 업그레이드되며, 정보화시대와 차별적으로 성장하고 있다.

최근 인공지능과 메타버스의 부각으로 데이터 분석의 중요성에 대한 인식과 다양한 데이터마이닝 기법이 새롭게 조명되고 있다. 수집된 데이터에서 유용한 정보를 찾아내서 혁명적인 신기술로 평가되고 있으나 기대보다 실제효과는 저조한 상태이다.

그러나 데이터 생성과 유통속도가 빨라지고 데이터의 절대적인 양이 많아지면서 의미있는 정보를 발견할 가능성이 커지고 있다.

〈표 11-8〉 성공적인 빅데이터 활용요소 변화

분 류		과 거	현 재
활용 변화	데이터 개방	웹기반 인터페이스	원본/분석/가시화 3계층
	이슈 접근	후집계/원인 파악하는 사후대책반	실시간 이슈탐지를 통한 선대응적 기획반
	활용형태	부처별 수직적 활용	범부처/민간 수평적 분석
	주체	업무 운영담당자	분석, 기획 담당자
분석 변화	분석대상	정형화된 DB 데이터	정형데이터 + SNS, 질문 등의 비정형 데이터
	규모	기가-테라바이트급	페타-제타 바이트급
	분석범위	단일저장소(Silo)	다중 저장소
	적용시간	일괄(Batch)처리	인타임 처리
	데이터	저장 후 분석	흐름(On-the-fly) 분석

빅데이터의 3대 요소는 활용할 수 있는 빅데이터를 발견하는 자원, 빅데이터 프로세스와 신기술 및 데이터 사이언티스트 역량을 키우는 인력이다. 즉 성공적인 빅데이터 활용을 위해서는 데이터의 자원화, 데이터를 가공하고 분석·처리하는 기술, 빅데이터의 의미를 통찰하는 인력 등 3가지 분야의 전략 수립하는데 필수적인 요소이다.

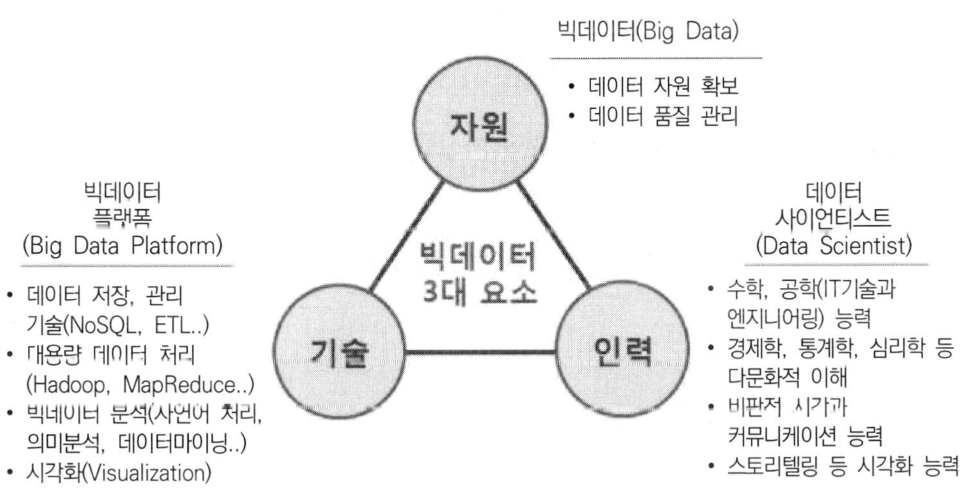

[그림 11-20] 빅데이터 3대 요소

1) 자 원

미래에는 빅데이터를 핵심자원으로 인식하고 필요한 정보를 뽑아 낼 수 있도록 리소스를 키우는 것이 중요한 성공전략이다.

주어진 빅데이터를 관리, 처리하는 측면과 함께 활용할 수 있는 외부 빅데이터 자원을 발견하고 확보하는 전략이 필요하다.

데이터의 품질(Quality)은 데이터 활용결과에 중대한 영향을 미치므로 데이터 관리체계 및 데이터의 신뢰성 확보가 매우 중요하다.

2) 기 술

빅데이터는 데이터 자체뿐만 아니라 관련 도구나 플랫폼, 분석기법까지 포함하는 용어로 의미가 확장되며 IT패러다임 변화에 견인된다.

성장을 촉진하는 신기술에 대한 이해가 부족하면 미래 경쟁력 강화를 위한 기회 포착에도 어려움을 겪을 수 있다. 조직과 기업의 혁신전략으로 적용할 수 있도록 빅데이터 플랫폼, 빅데이터 분석기술 및 빅데이터 분석기법에 대한 이해가 필요하다.

3) 인 력

신기술과 툴이 뛰어나도 실제 성과를 낼 수 slTsms rt은 이를 활용하여 적용하는 사람의 역량에 좌우된다. 데이터 처리와 분석능력을 갖춘 인력은 IT분야뿐만 아니라 대부분의 기업과 조직에서 필수적으로 확보해야 할 핵심인력이다. 조직의 차원에서 인재를 확보하기 위해 내부역량 강화 및 외부협력이 중요하다.

또한 빅데이터 과학자의 6가지 자질은 데이터 과학자인 존 라우저 아마존 수석 엔지니어가 인터뷰 중 제시한 내용이다. 즉 기본 자질로써 ① 수학과, ② 공학능력이고 데이터를 분석하는데 있어 필수인 가설을 세우거나 검증하는데 필요한, ③ 비관적 시각과 이를 잘 작성할 수 있는, ④ 글쓰기 능력이고 다른 사람에게 잘 전달할 수 있는, ⑤ 대화능력이 필요하고, ⑥ 호기심과 개인의 행복도 중요한 소양이다.

6. 빅데이터의 혁신

1) 빅데이터 연구 커뮤니티 혁신

클라우드 컴퓨팅 인프라 및 알고리즘, 위성 이미지 유비쿼터스 환경에 의해 지리공간 데이터 관련 SDG 애플리케이션이 발달되었다.

〈표 11-9〉 SDG 분야의 빅데이터 유형 및 소스활용도

SDG 분야	빅데이터 유형(숫자는 활용도를 의미함)	데이터 소스(숫자는 활용도를 의미함)
빈곤 종식	행정데이터(1), 의견데이터(3), 위성 및 지구관찰 데이터(10), 추적데이터(3)	CDR(2), CHIRPS(1), Facebook(2), GHS(1), Google(2), Lands(1), MODIS(2), NTL(6), OSM(2), QuickBird(1), SRTM(1), Sentinel(1), WorldClim(1), WorldPop(1)
기아 종식	행정데이터(1), 위성 및 지구관찰 데이터(5), 센서데이터(4)	CHIRPS(2), MODIS(1), Sentinel(1)
건강과 웰빙 증진	행정데이터(4), 위성 및 지구관찰 데이터(6), 센서데이터(3), 추적데이터(2)	CDR(4), Google(1), OSM(2), SRTM(1), WorldPop(2)
양질의 교육 보장	위성 및 지구관찰 데이터(1)	NTL(1), WorldPop(2)
성 평등	행동데이터(1), 의견데이터(4), 추적데이터(1)	Facebook(4), Google(2), Twitter(1)
깨끗한 물과 위생 보장	행정데이터(1), 위성 및 지구관찰 데이디(14)	GPW(1), Google(1), Landsat(8), MODIS(3), SRTM(1), Sentinel(2)
모두를 위한 에너지 보장	위성 및 지구관찰 데이터(5), 추적데이터(3)	GHS(3), Google), MODIS(1), NTL(4), OSM(3), SRTM(2), WorldPop(2)
경제성장과 양질의 일자리	행정데이터(1), 위성 및 지구관찰 데이터(2)	GHS(1), Google(1), NTL(1)
사회기반시설 산업화 및 혁신	위성 및 지구관찰 데이터(1)	Landsat(1), Sentinel(1)
불평등 감소	행정데이터(1), 위성 및 지구관찰 데이터(1)	NTL(1), SRTM(1)
지속가능한 도시와 주거지	위성 및 지구관찰 데이터(11), 센서데이터(2), 추적데이터(1)	GHS(2), GPW(2), Landsat(4), MODIS(2), NTL(3), OSM(2), QuickBird(1), Sentinel(2)
기후변화 대응	행정데이터(1), 위성 및 지구관찰 데이터(1), 센서데이터(2), 추적데이터(1)	CHIRPS(1), MODIS(1), WorldClim(1)
해양생태계 보존	위성 및 지구관찰 데이터(3), 센서데이터(1)	Landsat(1), Sentinel(1)
육상생태계 보호	행정데이터(1), 위성 및 지구관찰 데이터(21), 추적데이터(1)	Google(1), Landsat(9), MODIS(6), NTL(1), OSM(1), SRTM(2), Sentinel(4), WorldClim(1)
평화 · 정의 · 강력한 기관	의견데이터(1), 위성 및 지구관찰 데이터(1)	NTL(1), Twitter(1)

학습 11

학계에서는 SDG 모니터링을 지원하기 위한 빅데이터 소스의 활용에 대한 혁신이 빠르게 진행되고 있다

SDG 분야 15가지 항목 중 빅데이터 세트의 주요 소스활용도는 1부터 21로 정량화되었으며, 높은 숫자일수록 활용도가 높다.

조사결과 빅데이터 소스활용도가 가장 높은 빅데이터 소스종류는 위성 및 지구관찰 데이터이며, 이는 위성 및 지구관찰 분야가 1970년대부터 진행되었기 때문에 세계적으로 수용도가 높기 때문이다.

〈표 11-10〉 SDG 모니터링을 위한 빅데이터 소스

데이터 세트	내 용
CDRs	통화시간, 기간, 완료상태, 발신번호 및 수신처를 포함해 통화에 대한 정보를 제공하는 데이터 세트(Call Detail Records)임
CHIRPS	기후 위험 그룹 적외선 강수량 관측소 데이터(Climate Hazards Group InfraRed Precipitation with Station Data)는 35년 이상 수집된 강수량 데이터 세트임
GHSL	인간의 정착지에 대한 글로벌 공간정보를 제공하며, 인구밀도지도, 정착지도, 미세한 규모의 위성이미지, 인구조사 데이터 및 자원정보 등을 제공함
Landsat	나사(NASA)의 Landsat 프로그램은 1975년에 발사된 위성이 촬영하는 지구위성 사진을 제공함
MODIS	나사의 중간 해상도 이미징 분광계(Moderate Resolution Imaging Spectroradiometer)는 2,330km 폭의 판독범위를 가지고 있으며, 생물권의 대규모 변화를 모니터링함
NTL	야간 조명데이터(Night-time Light Data)는 1990년대 이후의 지구표면의 야간 위성사진을 제공하며, 이는 도시화, 경제활동 및 인구를 포함한 사회경제적 매개 변수와 상관관계가 있는 것으로 나타남
OSM	• 오픈스트리트맵(OpenStreetMap)은 오픈 크라우드소싱 세계지도로, 휴대용 GPS 장치를 통해 지도데이터가 수집됨 • 누구나 데이터에 접근, 사용 및 공유할 수 있는 개방형 라이선스로 게시됨
Sentinel	• 유럽의 코페르니쿠스 프로그램을 위해 방대한 양의 데이터와 이미지를 전달하도록 설계된 유럽우주국(ESA, European Space Agency)의 위성임 • 센티넬 1과 2는 육상 및 해양 모니터링을 위한 주야간 레이더 영상과 다중 스펙트럼 고해상도 영상을 제공함
SRTM	고해상도 지형데이터를 제공하고, 전세계적인 규모의 디지털 지형모델을 제공함
WorldPop	인구분포에 대한 현대데이터를 이용해 지역 인구분포, 구성, 특성, 성장 및 역학을 정확하게 측정하는 서비스를 제공함
WorldClim	높은 공간해상도(1km)를 지닌 날씨 및 기후정보의 데이터베이스임

위성 및 지구관찰 분야에 속하는 구글어스 엔진(Google Earth Engine) 플랫폼은 유럽 우주국의 센티넬(Sentinel) 1과 2의 레이더 이미지를 통합해 무료로 사용할 수 있도록 하며, 미국의 우주기관과의 협력을 통해 일반인에게도 지리 공간데이터를 제공할 수 있게 되어 지난 10년간의 가장 중요한 혁신으로 꼽힌다.

2) 빅데이터 혁신과제

많은 빅데이터 소스와 데이터 세트가 새롭게 등장함에 따라 이를 국가별 모니터링 및 보고과정에 최적으로 적용하는 방법을 명확히 할 필요성이 증가하고 있다.

여러 데이터 세트의 주체는 단순히 학계를 넘어 국제기구, 우주기관, 시민사회 조직 등 다양하지만 통계청과 관련된 사례는 거의 없고 각국 정부가 통계보고를 지원하거나 보완하기 위해 새로운 데이터 세트를 어떻게 사용할 수 있는지 명확하지 않은 상황이며, 이에 따라 개선이 필요하다.

개방형 데이터 저장소와 오픈소스 소프트웨어 등 확장 가능한 애플리케이션과 툴을 사용하면 글로벌 연구와 빅데이터에서 파생된 새로운 데이터 세트 간의 격차를 해소하고, 각국 정부가 통계보고를 위해 데이터 세트를 활용할 수 있도록 하는 데 도움이 될 수 있다.

유엔 글로벌 빅데이터 워킹그룹(The UN Global Working Group on Big Data)이 개발한 마켓플레이스(The Marketplace)는 각국 정부가 빅데이터에서 파생된 새로운 데이터 세트를 통합, 표준화 및 배포할 수 있도록 하는 플랫폼으로 기능하며 SDG 모니터링에 대한 지침도 제공한다.

그러나 각국 정부에서 데이터 세트의 해석, 검증, 이해 및 활용 등과 관련한 문제가 남아 있어 국제기구 및 국제정보시스템의 관여가 필요하다.

빅데이터에서 파생된 데이터 세트는 현상이 발생할 특정 가능성을 제시하는 추정치이기 때문에 지금의 결과물은 잘 설계된 조사데이터에 비해 품질이 떨어지며 대표성과 정확성, 신뢰성이 보장되지 않다.

전문가들이 검토한 과학적인 방침을 따라 통계데이터를 수집하고 기존 데이터 소스와 통합하여 정확성과 신뢰성을 보장하는 동시에 세부적인 부분을 조정하고, 적용범위 및 적시성을 개선할 수 있다.

데이터 세트는 적용되는 국가의 상황이 고려되지 않고, 교정 및 검증절차가 투명하게 이루어지지 않기 때문에 각국 정부가 모니터링 및 보고과정에 적용하는 데 어려움을 겪을 수 있다.

일부 국가는 국가 우주기관 및 지구과학 연구기관을 통해 정교한 지리공간 및 데이터 과학기능을 보유해도 통계청에서 엄격한 표준을 적용하고 데이터 소스 채택을 거부해 데이터 활용이 어려울 수 있음을 보여준다.

따라서 SDG 모니터링 및 의사결정을 지원하기 위해 지구관측 데이터를 사용하는 데 도움이 되는 도구와 지침을 제공하는 국토개발목표 모니터링을 지원하기 위한 토지 열화 매핑(Mapping Land Degradation to Support National SDGs Monitoring)과 같은 글로벌 이니셔티브가 진행 중이다.

이러한 접근방식은 SDG에 대한 글로벌 모니터링의 격차를 좁히고 자체 데이터 세트를 생성하고 검증하는 국가 역량을 구축하는 이중목표를 충족하도록 보장하는 데 유용하다.

국제 및 지역조직[유엔(The United Nations), 개발은행(Development Bank) 및 유럽위원회(The European Commission), 우주기관, 국가 정부기관, 연구기관, 비정부 기구] 및 싱크탱크[국제 자연 보전 연맹(International Union for the Conservation of Nature) 등], 민간 부문[구글(Google), 오렌지 텔레콤(Orange Telecom) 등] 등에서 통계청이 빅데이터를 SDG 모니터링에 활용할 수 있도록 지원하는 것이 매우 중요하다.

수행 내용

재료 · 자료

- 빅데이터 가이드라인 관련 자료
- 개인정보 비식별화 가이드라인

기기(장비 · 공구)

- 컴퓨터, 문서작성 프로그램, 프린터, 주변기기

안전 · 유의사항

- 빅데이터 관련 장비의 안전 및 유의사항을 숙지한다.
- 외부데이터일 경우 데이터 수집 및 경로 등을 빠짐없이 기록한다.
- 내 · 외부데이터 구분 후 개인정보보호법 등 관계 법령에 위배 여부를 확인한다.

수행 순서

01 데이터 기반 디지털 금융 및 데이터 3법과 금융데이터 활용에 대하여 분석하라.

1. 데이터 기반 디지털 금융

1) 핀테크와 디지털 트랜스포메이션

2005년 핀테크가 등장한 이후 최근 디지털 금융에 이르기까지 국내외 금융산업은 변화를 거듭하고 있다. 국내 금융업에서도 토스, 뱅크샐러드 등 신생 핀테크 기업을 비롯하여 카카오페이, 네이버 파이낸셜 등 빅테크 기업들도 금융혁신에 동참하고 있다. 2016년 케이뱅크를 필두로 국내 첫 인터넷전문은행이 등장하면서 금융업의 변화는 더욱 가속화되고 있다.

새로운 기술과 서비스의 등장은 기존 금융사에게도 커다란 위협이 되고 있다. 은행, 증권, 보험, 카드 등 전통기업들도 금융업에 특화된 디지털 트랜스포메이션 시대를 준비하고 있다. 2021년 3월 과학기술정보통신부에서 발표한 '2020 인터넷 이용 실태조사'에 따르면 국내 가구인터넷 접속률은 99.7%, 국민 이용률은 91.9%에 달할 정도로 인터넷 보급률은 세계 최고 수준이다. 특히 인터넷뱅킹 이용률은 76.5%로 전년대비 11.6%가 증가할 정도로 가파르게 상승하고 있는데, 2021년 4월 한국은행에서 발표한 '2020년 국내은행 인터넷뱅킹 서비스 이용현황'에 의하면 지난해 인터넷뱅킹을 통한 대출신청서비스 이용금액은 전년대비 151%로 크게 증가하였다. 이러한 금융소비자의 눈높이에 맞춰 금융기업의 업무들도 대부분 디지털로 전환중이다. 이제 금융의 디지털 트랜스포메이션은 선택이 아닌 필수가 되고 있다. 금융기업들이 금융업의 본질을 재정립하고, 생존을 위해 독자적이고 창의적인 디지털 트랜스포메이션 전략을 추진하기에 이르렀다.

2) 데이터 금융의 중요성

국내 금융시장도 오픈뱅킹, 마이데이터(본인신용정보관리업), 마이페이먼트(지급지시 서비스업), 종합지급결제업 등 새로운 제도가 속속 도입되고 있다. 은행, 증권, 카드, 보험 등 기존 금융사의 전유물로만 여겨졌던 금융산업이 핀테크, 빅테크 등 새로운 플레이어의 등장으로 디지털금융 선점을 위한 각축장으로 변모하고 있다. 경쟁을 위한 필수요건은 '데이터'와 이를 잘 활용할 수 있는 방법을 찾는 것이다. 데이터 활용에 가장 효과적 방법은 인공지능과 같은 디지털 신기술을 활용하는 것이다. 데이터와 디지털 신기술은 그 자체로 의미있는 것이 아니라 이를 활용하여 비즈니스에 접목할 때 비로소 새로운 가치가 생겨난다. 앞으로 양질의 데이터를 누가 어떻게 활용하고 선점하느냐에 따라 디지털 금융시장의 패권 선점은 달라질 수 있다.

2. 데이터 3법과 금융데이터 활용

1) 데이터 3법의 시행

2020년 2월, '데이터 3법' 개정안이 1년 2개월 만에 국회 본회의를 통과했다.

데이터 3법이란 개인정보보호법, 정보통신망 이용 촉진 및 정보보호 등에 관한 법률(이하 '정보통신망법'), 신용정보의 이용 및 보호에 관한 법률(이하 '신용정보법') 등 3가지 법을 통칭한다.

기존의 법체계는 정보보호 측면만을 강조하여 데이터 활용을 어렵게 하고 이를 기반으로 한 산업발전에 저해를 가져온다는 지적이 많았다. 정부당국은 데이터 3법 개정을 통해 데이터 경제의 토대를 만들고, 데이터 이용 활성화와 관련 산업의 진흥을 꾀하고 있다.

〈표 11-11〉 데이터 3법 주요 개정내용

구 분	개정내용
개인정보 보호법	• 개인정보 관리감독 기능을 개인정보보호위원회로 일원화 • 가명정보 개념을 도입하여 제품서비스 개발에 활용 • 가명정보 이용 시 안전장치 및 통제수단 마련
신용정보법	• 가명정보를 금융분야 빅데이터 분석에 활용 • 일부 목적에 한해 신용정보 주체자 동의 없이 가명정보 이용 · 제공 허용 • 신용정보 주체자의 본인정보 통제기능 강화
정보통신망법	온라인상 개인정보 관리 · 감독 권한을 개인정보보호위원회로 이관

출처 : 대한민국 정책브리핑, 「데이터 3법」, 2020.3.30.업데이트
(https://www.korea.kr/special/policyCurationView.do?newsId=148867915)

데이터 3법 개정으로 말미암아 정보제공 기관에서 수집한 고객의 신용데이터를 외부데이터와 결합할 수 있는 법적 근거가 마련되었다. 데이터 3법 개정안은 '가명정보' 개념을 도입하여 명확한 개인정보 판단기준 마련 및 이종데이터 결합을 촉진하고자 하였다. 가명정보는 완전한 비식별 조치가 된 익명정보와 식별 가능한 개인정보 사이의 중간단계라고 할 수 있다. 가명정보는 통계작성, 과학적 연구, 공익적 기록 보존을 목적으로 정보주체의 동의없이 활용이 가능하다. 은행, 증권, 보험 등 정보제공 기관이 내부데이터를 외부로 반출할 시엔 반드시 가명조치 후 중앙기관의 승인하에 제공해야 한다. 서로 다른 기업이 보유하고 있는 가명정보는 정부에서 허가받은 전문기관을 통해서만 결합할 수 있다.

〈표 11-12〉 개인정보, 가명정보, 익명정보 비교

	개 념	활용가능 범위
개인정보	특정 개인에 관한 정보, 개인을 알아볼 수 있게 하는 정보	사전적이고 구체적인 동의를 받은 범위 內 활용 가능
가명정보	추가정보의 사용 없이는 특정 개인을 알아볼 수 없게 조치한 정보	다음 목적에 동의 없이 활용 가능(EU GDPR 반영) ① 통계작성(상업적 목적 포함) ② 연구(산업적 연구 포함) ③ 공익적 기록보존 목적 등
익명정보	더 이상 개인을 알아볼 수 없게 (복원 불가능할 정도로) 조치한 정보	개인정보가 아니기 때문에 제한없이 자유롭게 활용

출처 : 대한민국 정책브리핑, 「데이터 3법」, 2020.3.30.업데이트
(https://www.korea.kr/special/policyCurationView.do?newsId=148867915,

2) 금융데이터의 활용

데이터의 활용가치가 높아짐에 따라 이를 통한 새로운 기술, 서비스의 결합 시도가 지속되

고 있다. 금융업 역시 핀테크를 비롯한 빅테크 기업의 데이터 융복합을 시도하고 있다. 이에 따라 각 산업 간 데이터 활용경계도 점차 희미해질 것으로 예상된다. 특히 금융기업이 보유한 방대한 금융정보와 통신, 유통, 콘텐츠 등 다른 분야의 고객데이터가 결합되면서 맞춤형 금융상품과 서비스 등장을 예고하고 있다. 이전에는 금융기업 자체적으로 축적한 데이터만으로 금융상품과 서비스를 설계 · 개발하였다면, 앞으로는 경쟁 금융기업의 데이터(입출금 내역, 카드거래 명세, 보험계약 정보 등)뿐만 아니라 통신료 납부내역, 유통사의 장바구니 정보 등 이종산업의 데이터와도 결합하여 상품 및 서비스 개발에 활용할 수 있게 되었다. 이를 통해 고객의 소비패턴을 분석하고 고객성향에 대한 종합적인 컨설팅과 초개인화된 서비스 제공이 가능하게 된다. 금융위원회도 '금융 빅데이터 5대 인프라 체계'를 마련하여 각종 금융데이터의 원활한 수집, 축적, 활용을 지원하고 있다.

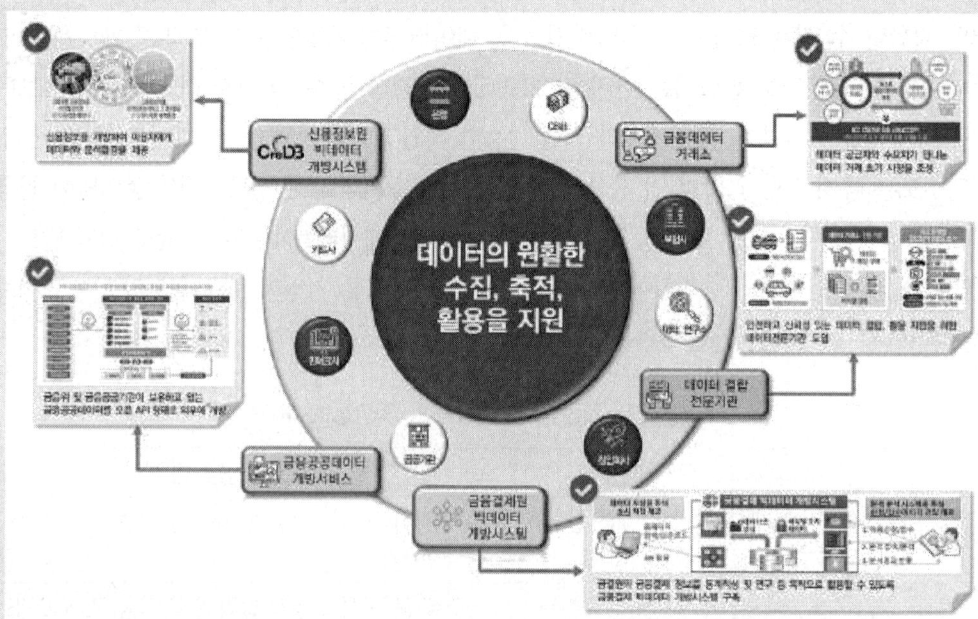

[그림 11-21] 금융 빅데이터 5대 인프라 체계도

02 빅데이터 활용 파트너십 유형 및 모델에 대하여 분석하라.

1. 빅데이터 프로젝트의 협력자 유형

SDG 모니터링을 지원하기 위한 빅데이터 프로젝트에는 정부, 민간기업, 학계, 국제기구, 시민사회 및 기술서비스 제공업체 등 여러 이해관계자와 협력자가 참여하고 있다. 이러한 새로운 데이터 생태계는 기존 데이터 모델을 개선하며, 통계청이 새로운 데이터 소스를 활용하고 새로운 플랫폼을 활용하며, 새로운 협력자와 협력하도록 해야 한다.

데이터 및 통계에 대한 파트너십의 중요성이 증가하는 현상은 공공-민간 파트너십, 비즈니스 모델 및 민간부문 인센티브, 스마트 데이터 전략 및 역량, 빅데이터 통계 프로젝트에서의 파트너십 구축 및 활용과 같이 최근의 연구 및 지침에서 분명하게 드러나고 있다.

협력자 유형, 파트너십에 대한 이익, 접근 및 비즈니스 모델, 빅데이터 소스사용에 대한 고려가 필요하며, 빅데이터 파트너십과 프로젝트를 개발하기 위한 여러 가시 주요 과세와 장벽도 존재한다. 이는 전반적으로 빅데이터의 유형, 데이터의 소유권, 작업환경, 기능 및 법적 상황에 따라 크게 차이가 있으며, 국가마다 데이터의 성숙도에 차이가 있다.

효과적인 파트너십을 구축하기 위해서 파트너십 환경, 주요 장벽 및 과제, 효과적인 완화 조치를 이해하는 것이 중요하다. 빅데이터를 통한 정보의 수집, 저장, 배포 및 분석이 가능하도록 하기 위한 대상 간 파트너십 환경은 매우 다양하고 복잡하다.

통계 기관에서는 사내에 빅데이터 기술 전문가가 없을 때 데이터 제공자 외에도 기술서비스 및 기술제공자와 협력해야 할 필요가 있을 수 있으며, 초기에 빅데이터 소스를 탐색하기 위해 지식중개자 및 기관과 상의해야 한다.

빅데이터 프로젝트를 시작하기 위해서 추가자금이 필요할 경우가 많기에 경영진 후원자 및 자금을 제공하는 외부 후원자의 도움이 필요하다.

법률 및 데이터 개인정보보호 담당자의 역할도 규제환경을 탐색하는 과정에서 필요하다.

〈표 11-13〉 빅데이터 프로젝트의 협력자 유형

협력자 유형	역 할	예 시
데이터 사용자	국가 통계의 관리자와 사용자	동계청, 징부/징책 입인자, 비징부 기구, 국제기구
데이터 공급자	빅데이터 소스의 공공 및 개인 소유자로, 오픈 액세스 및 영리목적으로 데이터를 제공함	우주국, 통신사, 소셜미디어 기업, 정부기관, 비정부기구

학습 11

협력자 유형	역 할	예 시
분석협력자	• 정부 또는 통계청이 수행하지 못하는 설계 및 분석(알고리즘 및 프로그램 개발 등)과 같은 고급기술을 제공함 • 기본데이터를 획득하고 원시데이터를 의도한 데이터 구조로 변환하며, 최종 결과를 생성하는 기술을 적용하는 노하우를 제공함	플로우마인더(Flowminder), 구글(Google), 학술기관, 연구기관, 지구과학기관, 도메인 전문가
기술협력자	• 독립 실행형 소프트웨어, 전체 플랫폼 또는 하드웨어를 통해 저장공간, 컴퓨팅 및 분석을 위한 제품을 제공함 • 클라우드 기반 솔루션이 포함되며, 분석을 용이하게 하기 위해 솔루션을 교육 및 컨설팅 서비스와 결합하는 경우가 많음	구글, 마이크로소프트(Microsoft), 아마존(Amazon), 에스리(ESRI), 클라우드 컴퓨팅 제공자
지식중개자/협의회	다양한 행위자를 소집하고 조정하며, 협력자 간의 관계를 구축하고 사용사례에 대한 인식을 제고함	GPSDD, TrendDS, PARIS21, CEPEI, P4R 및 국제기구
기부자/자금 제공자	빅데이터 프로젝트에 대한 자금을 지원함	자선재단, 비정부기구, 국제기구, 재정부
지도자/후원자	인지도 제고, 협력, 자금지원 도모	정치지도자, 간부, 민간부문 지도자
규제기관	데이터 사용을 규제하고 데이터 보호법을 시행하며, 빅데이터 프로젝트를 승인함	개인정보보호 위원회 및 정부규제기관
법적/프라이버시 협력자	데이터 사용, 개인정보보호, 계약체결 및 데이터 공유에 관한 법률자문 제공	정부 개인정보보호 담당자, 법률 부서

빅데이터를 활용할 수 있는 통계청의 역량과 적절한 파트너십 구축은 주로 데이터 거버넌스 및 기술수준과 성숙도에 따라 결정되며, 이러한 차이로 인해 운영환경의 다양한 모델이 등장한다.

데이터 공급자에 의한 통계의 생산, 제3자에게 데이터 전송 및 처리, 통계청 또는 제3자에게 데이터 접근권 부여 등을 통해 빅데이터를 활용할 수 있다. 그러나 이러한 모델은 데이터 처리 작업에 대한 책임 할당이 적절히 수행되고 사용사례가 잘 이해되며, 기타 초기 장벽이 극복되어야 한다는 조건이 있다. 빅데이터 프로젝트에 대한 인식 부족과 어려움, 법률 및 개인정보보호 문제, 기술적 능력 등 빅데이터 소스 사용에 대한 장벽이 있기 때문에 국가와 통계청마다 파트너십 유형에 있어 차이가 발생한다.

2. 빅데이터 성숙도 및 파트너십 모델

빅데이터 성숙도 모델을 통해 각국 통계청의 빅데이터 혁신상황과 성숙도 다음 단계로 이동하는데 필요한 단계를 파악할 수 있다.

해당 프레임워크는 초기단계에서 성숙단계까지 기술하며, 성숙도 모델은 SDG 지표, 통합 국가 데이터 시스템 및 조직의 빅데이터 성숙도를 위한 통계청에 관해 고안되었다.

통계청의 속성을 구성하는 데 사용되는 3가지 자질은 빅데이터 사례 인식, 리터러시 및 지원을 의미하는 조직특성과 인적 자원 능력 및 인프라를 의미하는 기술적 역량, 법적 및 규제환경을 의미하는 거버넌스로 구성되었다.

조직특성의 경우 정부와 통계청 내 빅데이터의 잠재적 적용과 더불어 빅데이터의 강점, 약점 및 한계에 대한 이해 부족까지 다양한 인식을 수반된다.

통계청은 빅데이터 및 사용사례를 이해하기 위해 사용자 및 전문가와 협력해야 하며, 빅데이터 도입과정에서 발생하는 신뢰도 문제를 해결하기 위해 데이터 소스의 잠재력에 대한 신뢰를 구축해야 한다. 또한 사용자에게 잠재적 사용사례를 숙지시키며, 모든 이해당사자를 빅데이터 활용과정에 참여시켜야 한다.

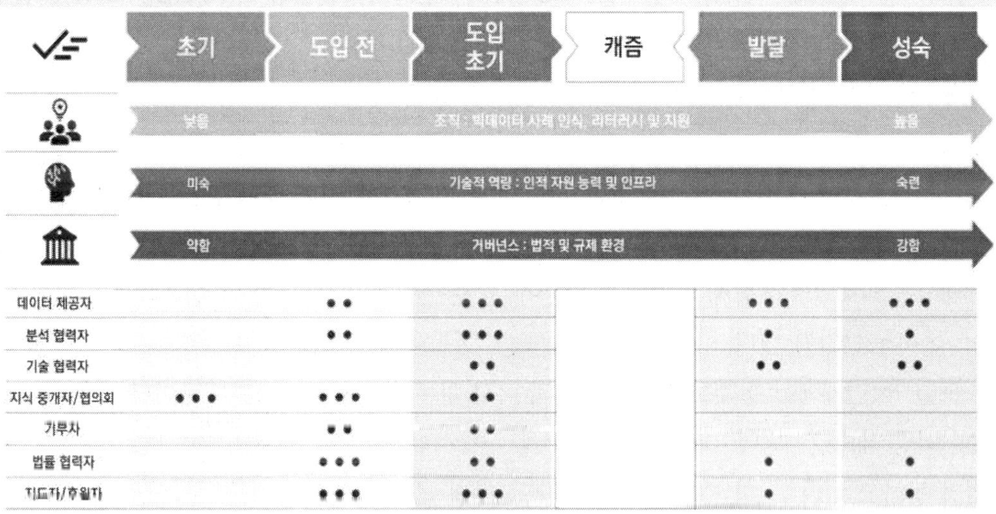

[그림 11-22] 빅데이터 성숙도 및 파트너십 모델

기술적 역량의 경우 데이터 사이언스, 고성능 데이터베이스 시스템 및 컴퓨팅 장비, 클라우드 컴퓨팅 플랫폼의 기술 세트와 같은 인프라와 빅데이터를 전송, 저장, 처리 및 분석할 인적 자원의 역량이 해당되며, 저소득 국가의 경우 빅데이터 솔루션 이용이 어렵고 특히 재정자원도 부족하다.

이미 빅데이터 소스를 수집, 저장, 처리, 분석할 수 있는 공공·민간사업자는 빅데이터에서 통찰력을 도출할 수 있는 인프라와 노하우를 갖추고 있을 가능성이 높다. 따라서 이러한 데이터 공급자와 분석협력자 및 기술협력자는 저소득 국가와 고소득 국가 간 역량격차를 해소하고 교육을 제공하며, 장기적인 프로젝트를 지속할 수 있는 역량을 구축하는 데 도움을 제공할 수 있다.

거버넌스의 경우 데이터 수집, 저장 및 공유방법뿐만 아니라 데이터 공유준비 및 위험 완화 조치의 적합성을 결정하는 다양한 행위자, 표준 및 규범으로 구성되었다.

일부 국가에서는 통계청이 데이터를 수집하고 공식통계를 작성하는 광범위하고 명확한 권한을 가지고 있으며, 개인정보보호 및 기밀성의 범위 내에서 공공 및 민간부문의 데이터에 접근할 수 있는 권한이 부여되었다.

이와는 대조적으로 일부 통계청은 공공기관의 데이터에 접근할 수 있는 권한만 갖거나 적절한 입법권한이 없을 수 있다. 많은 경우 입법 프레임워크가 기술발전을 따라잡지 못해 빅데이터 소스와 관련한 법과 제도가 마련되지 않았으며, 데이터 처리와 사용을 다루는 법적 프레임워크에 결함이 있을 수 있다. 이러한 법적 안전장치가 없으면 빅데이터 소스의 적합성에 문제가 발생할 수 있으므로 각국의 통계청에서 주도해 공식통계와 SDG 지표를 도출할 수 있도록 먼저 입법 프레임워크를 강화할 필요가 있다.

통계청의 빅데이터 성숙도는 초기, 도입 전, 도입 초기, 발달, 성숙기의 5단계로 분류되며, 이러한 단계를 거치며 통계청은 다양한 협력자 및 파트너십 모델을 필요로 하다.

초기단계는 빅데이터 이전 환경을 나타내며, 해당 단계에서 통계청은 빅데이터에 대한 인식, 잠재적 활용사례, 공식통계 및 SDG 모니터링을 지원하기 위한 준비가 미흡하다. 정부 내에서는 빅데이터의 잠재적 가치에 관심이 있으나, 빅데이터 활용을 위한 데이터 분석 능력이 갖추어져 있지 않다.

도입 전 단계에서 통계청은 글로벌 파트너십 참여와 후원자 모집, 빅데이터 적용을 위한 조직역량 개발 등 빅데이터에 대한 탐구를 시작하나, 아직까지 지도부에서 폭넓은 지지를 얻지 못하고 있다. 또한 빅데이터 분석, 프로그램 감독 운영위원회 도입, 개인 정보보호 및 윤리적 요구사항 도입 등 실험을 중심으로 빅데이터 혁신을 시작하고 있다.

가나, 필리핀, 콜롬비아와 같은 국가에서는 빅데이터 도입과정에서 데이터보호법 미준수, 빅데이터에 대한 인식부족 등으로 문제를 겪고 구글, 플로우마인더 등 민간부문 데이터 제공업체와 분석 협력자, GPSDD(Global Partnership for Sustainable Development Data)와 같은 지식 중개자, 법률 협력자 등의 도움으로 문제를 해결할 수 있었다.

이탈리아 통계청은 2013년부터 빅데이터에 관한 탐구를 시작했으며, 유럽 통계 공동체의 여러 지역 협약과 협력 프로젝트에 참여해 성숙단계로 진전할 수 있었다.

도입 초기단계는 일반적으로 획일화된 1-2개의 개념 증명(POC : Proof of Concept)을 지니고 있으며, 한 명 이상의 지도자 및 후원자가 있다. 해당 단계에서 통계청은 빅데이터에 대한 도입을 적극 추진하며, 해당 범위를 늘리기 위한 계획 및 전략수립을 진행할 수 있는 팀을 구성하였다. 또한 통계청은 다양한 데이터 공급자로부터 데이터를 수집하고, 증가하는 데이터 용량을 활용하기 위해 인프라에 투자하거나 기술 협력자에게 아웃소싱하였다. 통계청은 데이터 접근 및 공유계약을 체결해 프라이버시 보호와 데이터 공유를 가능하게 하고 데이터 분석기능을 구축하며, 사내역량을 보완하기 위해 기술지원 서비스 및 교육을 제공하였다.

필리핀의 경우 미국의 소프트웨어 기업인 에스리(Esri)를 통해 지리정보체계(ArcGIS) 소프트웨어와 PSA교육을 받았으며, 가나의 경우 보다폰(Vodafone)과 플로우마인더와 같은 기술 협력자와 파트너십을 체결해 교육을 받고 빅데이터 기술을 지원받았으며, 국민의 이동데이터를 제공 받을 수 있었다.

통계청이 도입 초기단계에서 발달단계로 넘어감에 따라 캐즘(Chasm)이 존재한다. 인식향상, 빅데이터 사용능력 및 사용사례 확인 등 초기과제는 해결이 되었으나, 지속적인 자금확보를 포함한 역량개발 및 거버넌스 맥락에서 캐즘이 지속될 수 있다.

설문 조사에 따르면 많은 통계청에서 여전히 빅데이터로 작업할 수 있는 기술적 능력이 부족하며, 급여가 매력적이지 않아 기술 전문가를 유치하기가 어려움이 있다.

발달단계로 넘어가기 위해서 빅데이터 프로젝트가 다른 통계생산 및 데이터 통합 프로그램과 동등하게 취급되고 예산이 할당되어야 하나, 각국 통계청 사례를 보면 발달단계로 넘어가는 과정에 많은 어려움이 수반되고 있다. 이러한 캐즘을 해소하기 위해서 통계청은 올바른 거버넌스, 데이터 아키텍처, 데이터 라이프 사이클 관리 및 조직구조를 갖추어야 하며, 프로젝트 시작부터 생산 프로세스 구축을 시작하고 시작부터 마무리까지 전체 가치사슬을 설정하는 것이 중요하다.

발달단계와 성숙단계에 도달한 통계청은 계획된 이니셔티브를 가지고 잘 구축된 빅데이터 프로그램을 보유하고 있다. 통계청은 보안, 복구 및 백업, 성능관리를 통해 분석을 지원하기 위해 다양한 인프라 및 기술을 통합적으로 사용할 수 있으며, 전체 데이터 가치사슬에 통합된 실시간 데이터를 비롯한 다양한 형태의 빅데이터를 활용한다.

데이터 공유는 강력한 데이터 거버넌스 정책을 통해 관리되며, 통계청 내에 데이터 분석 진행 상황을 감독기관을 포함한 거버넌스가 유지되고 있다.

이탈리아와 같은 국가의 통계청은 성숙단계에 해당하며, 이미지 처리를 위한 딥러닝 기법, 센티넬2 위성이미지, 마이크로소프트의 클라우드 컴퓨팅 플랫폼을 활용해 완전히 자동화된 파이프라인을 개발한다. 이탈리아 통계청은 기업 웹사이트의 웹스크래핑 데이터, 소셜미디어 공용 API, 위성 이미지 등을 포함한 개방형 액세스 데이터 소스에 의존하고 있다.

영국의 빅데이터 팀과 데이터 사이언스 캠퍼스는 명확한 업무 프로그램, 전담직원 및 리소스, 지속적인 자금지원을 통해 성숙한 빅데이터 역량을 보여주고 있다.

그러나 여전히 데이터 개인정보보호 고려 사항 및 민간 부문 데이터에 접근하는 측면에서 방법론적 문제가 남아 있기에 유럽에서는 표준화된 머신러닝 방법, 훈련데이터 세트 공유, 내외부 검증방법 등을 개발하기 위해 노력하고 있다.

유럽연합은 미가공 데이터에 대한 접근을 용이하게 하기 위한 규제와 프라이버시 보호기술과 같은 방안을 검토하고 있으며, 유럽 일반개인정보보호법(GDPR, General Data Protection Regulation)을 통해 개인 프라이버시와 집단 이익 사이의 균형을 맞추고자 한다.

03 빅데이터를 활용한 SDG 모니터링 혁신방안에 대하여 분석하라.

사례를 통해 배울 수 있는 점은 각 국가와 통계청이 빅데이터 인식 및 사용능력, 인적 역량 및 인프라, 거버넌스 및 규제 프레임워크 측면에서 성숙도 수준이 다르다는 것이다.

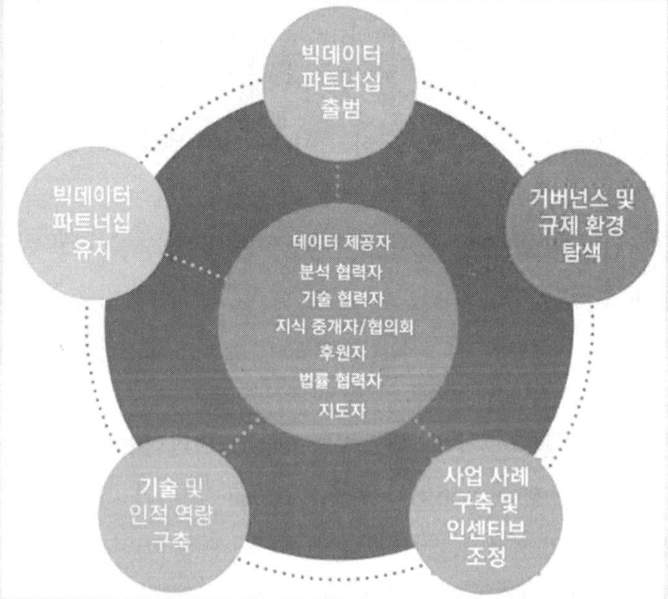

[그림 11-23] 빅데이터 혁신을 위한 파트너십 활용단계

통계청이 빅데이터 성숙도 및 혁신과정에 따라 파트너십을 활용할 수 있는 단계를 제시하고 있다. 빅데이터 혁신을 시작하지 않은 통계청의 경우 일반적으로 빅데이터 사용능력, 기회, 한계 및 위험에 대한 인식이 부족하기에 글로벌 및 지역통계 회의 및 데이터 포럼에 참여하고, 글로벌 및 중개자 또는 조직과 협력하여 문제를 해결해야 한다.

통계청은 SDSN, TrenDS, GPSDD, Data For Now, P4R, GIZ Data Lab, GEO, 개발 데이터 파트너십(The Development Data Partnership)과 같은 협력자를 통해 파트너십을 구축하고, 빅데이터에 대해 이해하며 고위관료 또는 경영진의 초기투자를 이끌어낼 수 있다.

통계청의 빅데이터 전문가 또는 후원자, 정부 또는 민간부문의 빅데이터 전문가가 빅데이터 혁신과정에 참여하는 것도 빅데이터 혁신과정에 대한 인식제고에 많은 도움이 된다.

초기단계를 거쳐 도입 전 단계로 나아가기 위해서 국가통계를 위한 빅데이터 적용을 시험하고 사용사례를 구체화해야 한다.

통계청, 데이터 제공자, 규제 기관, 기술서비스 제공자, 개인정보보호 담당자, 법률자문 등 다양한 협력자는 사용사례개발에 필요한 경우가 많으므로 협력자 간에 인센티브 조정을 위한 설득력 있는 가치제안과 각 협력자가 지닌 책임의 명확한 설명이 필요하다.

공공-민간 빅데이터 파트너십에 대한 인센티브에는 상호주의, 연구 통찰력, 평판 및 공공관계 구축, 규제준수 및 새로운 수익창출원이 포함될 수 있다.

여러 국가의 사례를 확인하면 빅데이터로 인한 사회적 가치를 입증하는 것이 민간부문 파트너가 지금까지 빅데이터 프로젝트에 참여하도록 동기를 부여하는 데 큰 역할을 수행했음을 알 수 있다. 따라서 시간이 지남에 따라 기업의 사회적 책임과 장기간에 걸쳐 프로젝트를 지원할 수 있는 지속가능한 비즈니스 모델의 균형을 맞추는 민간기업의 필요성이 증가할 것으로 보인다.

각 이해관계자의 인센티브와 운영상황을 이해하는 것은 가치제안을 구축하고 협력자 간의 인센티브 조정을 진행하는 것이 중요하다.

성공적인 프로젝트를 수행하기 위해 통계청은 법률 및 규제환경에 집중해야 한다. 예를 들어 휴대폰의 데이터 공유는 민간 기업의 빅데이터 소스이므로 공식화된 데이터 공유계약이 필요하며, 이해관계자 간 데이터 전송, 저장 및 공유과정에서 데이터 무단 공개 가능성이 있어 빅데이터 프로젝트에서 개인정보 유출 및 보안위험이 발생할 수 있다.

양해각서 또는 계약을 통해 체결되는 파트너십 계약은 데이터 제공자와의 협상이 필요하며, 분석 및 기술 제공자를 포함한 다른 형태의 파트너십 프레임워크를 제공하기 위해 보다 광범위하게 사용될 수 있다.

규제환경 및 개인정보보호 요건을 탐색할 수 있도록 데이터 개인정보보호 기관, 규제 기관과 담당자는 물론 통계청 또는 정부 내 법률상담 부서와 사전에 계약을 체결해야 한다. 이러한 계약 예시로는 데이터 공동작업을 위한 계약(C4DC : The Contracts for Data Collaboration)이 있으며, 이를 통해 효과적인 데이터 공동작업을 가능하게 하는 법정 조건에 대한 내용을 확인할 수 있다.

데이터 공유계약(Data Sharing Agreement)은 당사자 간에 데이터를 공유하는 조건을 정리한 문서로, 파트너십 관계를 관리하고 위험을 감독하는 데 필수적이다. 그러나 데이터 공유계약은 체결기간이 길어지는 경우가 잦아 C4DC를 통해 데이터 공유 계약이 형성되는 과정을 문서화하는 정책 리소스를 사용하여 부담을 줄인다.

온라인 C4DC 라이브러리에는 다양한 SDG 관련 응용프로그램에 사용되는 데이터 공유 계약자료와 함께 사례연구 및 보고서가 포함되어 있다.

빅데이터 혁신 초기단계에서는 빅데이터 적용에 필요한 인적 역량 및 인프라 구축을 시작할 기회가 있다. 분석 및 기술 협업자는 이 단계에서 사내역량을 보완하고 확장시킬 수 있도록 기술지원 서비스와 교육을 제공하는 것이 중요하다.

지도제작기관, 우주기관, 학술 및 연구기관, 도메인 전문가와의 관계구축은 국가 역량 개발을 위해 필수적이며, 통계청은 빅데이터 소스를 활용하기 위해 빅데이터 전문가, 데이터 과학자, 통계학자, 컴퓨터 과학자 등으로 구성된 자문그룹과 협력해야 한다.

빅데이터 혁신 초기단계에서 빅데이터 혁신의 성숙도를 높이기 위해서는 지속적인 투자와 협력이 필요하다. 빅데이터 소스를 수집, 처리 및 분석하고 새로운 데이터 수집 및 생산방법을 작업 프로그램에 통합하기 위해서는 숙련된 데이터 과학자가 필요하며, 이를 위해서 지속적인 역량 구축과 교육, 방법론적 발전과 자금조달이 필요하다.

데이터 공급자, 분석 협력자, 기술 협력자 및 후원자는 통계청이 빅데이터 숙련도의 격차를 메울 수 있도록 지원해야 한다.

정부는 또한 데이터 관리자와 관련 정부기관의 역할과 관련해 빅데이터 접근 및 사용에 대한 규칙을 정하는 프레임워크를 확립하는 데 노력을 기울여야 한다.

개인정보를 보호하는 동시에 데이터 공유를 가능하게 하는 효과적인 입법 프레임워크를 도입하는 데는 시간이 많이 소요되기 때문에 법률고문 및 개인정보보호 기관과의 지속적인 소통이 필요하다.

04 빅데이터와 4차산업혁명과의 관계에 대하여 분석하라.

1. 국가정책 관점에서 빅데이터

국가차원에서 4차산업혁명을 바라보는 두 가지 관점이 있다. 하나는 국가전략차원에서 장기적 체질개선으로 바라보는 것이다. 수많은 산업분야와 다양한 계층별 요구를 수렴해야 하며, 특히 기초과학기술에 대한 R&D 투자를 우선시하는 관점이다. 여기에 불만을 가지는 사람은 별로 없다. 어차피 기초과학기술에 투자는 해야 하기 때문이다. 다른 하나는 당장 미래 성장동력을 선택하는 과정으로 4차산업혁명을 바라보는 관점이다. 여기는 선택과 집중의 문제가 있다. 4차산업혁명에 핵심기술로 선정된 분야와 사람과 조직에게 예산을 집중해야 하기 때문이다. 이건 갈등요소가 상당히 있다.

국가정책에서 어떤 선택을 하든 4차산업혁명을 위한 기술적 과제는 반드시 선정해야하며, 여기서 빅데이터 연구는 필수적이다. 4차산업혁명의 주요 기술로 기론되는 거의 모든 아이템들이 대량의 데이터를 사용하여 구축되고 유지되는 경향이 있다. 생명과학분야에서 지금은 인공심장을 이식하면 휴대용 배터리와 시스템 제어기를 차고 다녀야 하지만 오래지 않아 생체에너지로 동작하는 인공심장이 나올 것이고, 인공심장에 문제가 발생하기 전에 긴급신호를 주치의에게 알리고 가장 가까운 병원에 자동연락이 가고 119를 호출하여 현재 위치를 알리는 형태가 될 것이다. 만약 대한민국에서 그런 기술을 최초로 구현한다면 우리가 인공심장분야에서 세계를 선도할 수 있을 것이다.

2. 4차산업혁명의 핵심기술과 데이터

단적으로 말하면 4차산업혁명은 이런 것이다. 현존하는 기술과 응용기술이 융합하여 상품화되고 새로운 기술이 트렌드를 선도하는 형태다.

현재와 같은 인공심장은 빅데이터 기술이 필요없다. 그러나 고도화된 인공심장이 구현되는 시점은 곧 인공장기가 신체 내에서 다이나믹하게 상호동작하는 상황이 될 것이다. 인공장기의 변곡점을 넘게 되는 시점부터 인간의 몸 전체가 거대한 빅데이터 생산체가 될 것이다.

지금도 그런 요소는 곳곳에 있다. 현재 웨어러블 기기는 생체데이터를 한시적으로 보관할 뿐이지만 곧 지속적으로 다양한 데이터를 기록하게 될 것이다. 4차산업혁명의 기술은 이런 미래를 상상하고 새로운 기술을 융합하고 개발하도록 요구하고 있다.

4차산업혁명이 가져올 변화의 상징적 기술로 많은 기술이 거론되지만 기반기술은 로봇 자동화와 인공지능으로 정의할 수 있다. 이 두 기술의 공통점은 '가장 인간화된 기술'이다. 로봇 자동화와 인공지능이 대체하려는 대상은 노동력으로서의 인간이 아니라, 생각하고 판단하는 인간 그 자체라는 측면에서 과거 산업혁명과 큰 차이가 있다.

궁극적으로 인간과 비슷하게 행동하고 판단하기 위해 가장 필요한 것은 외부환경의 정보를 수집하는 다양한 감각 수집기관이다. 기계에게 그것은 센서로 집약되며, 주변데이터를 수집하는 역할을 한다.

인공지능은 수집된 데이터를 실시간으로 해석하여 다음 행동을 결정한다. 인간과 다른 점은 로봇은 정해진 결과에 가장 근접한 방법을 찾을 뿐 그 방법에 대한 평가는 하지 않는다. 그리고 인간보다 빠르게 연산하지만 더 많은 데이터를 요구한다. 또 인간은 대부분 버리는 데이터조차 그들에게 필요하다. 로봇의 센서를 통해 수집된 정보와 그것을 해석하는 인공지능은 인간의 신체와 뇌 구조를 모방했지만 점점 인간과 다른 방식으로 진화할 가능성이 있다. 이 지점에서 인공지능이 인류에게 기여할 가능성이 있다.

제어할 수 없을 정도로 쏟아져 나오는 데이터를 다루는 새로운 방법을 인공지능이 발견할 가능성이 그것이다. 실제로 최근 알파고 제로는 대국 상대조차 없이 순수 독학으로 바둑을 익혀 인간 고수들과 기존 알파고 버전들을 압도하는 능력을 선보이기도 했다.

3. 누구를 위한 기술인가? 결국 사람을 위한 기술이다

4차산업혁명과 빅데이터의 관계를 이해하는 또 다른 키워드는 목적성이다. 비기술직에 종사하는 사람에게 온통 기술만 강조하는 4차산업혁명과 빅데이터는 어려울 수 있다.

새로운 기술을 배우고 이해해야 하는 부담보다 도무지 따라 잡을 수 없을 것 같은 두려움이 앞선다. 그러나 이보다 훨씬 근본적인 질문이 있다. 어떤 기술을 개발하고 성과를 축적하는 것보다 훨씬 근본적인 질문에 답해야 4차산업혁명의 여명을 맞을 수 있다.

질문은 바로 이것이다, "누구를 위한 기술인가?" 이 질문에 대한 대답은 과학자나 기술자가 아니어도 누구나 할 수 있다.

결국은 우리를 위한, 사람을 향한 기술인 것이다. 기술적 이해나 과학적 성취보다 인간사회에 대한 깊은 사색과 삶에 대한 통찰이 있다면 대답할 수 있다. 누구를 위한 기술인가?라는 질문은 4차산업혁명을 맞이하는 국가사회의 근본이념과 직결되어 있다. 국가사회의 근본이념은 일상에서 큰 의미를 갖지 않는 것처럼 보인다. 그러나 위험에 대해 시스템이 제대로 동작하지 못하여 패닉에 빠지게 되었을 때 국가사회의 근본이념은 안개 속의 등대가 되어 나아갈 바를 지시한다.

05 혁신을 주도하는 빅데이터 분석전략에 대하여 분석하라.

데이터를 활용하고 있는지의 여부와 관계없이 주위에는 풍부한 양의 데이터가 존재하고 있다. 고객, 직원 및 운영부서는 비즈니스와 수익을 개선하기 위해 활용할 수 있는 데이터를 지속적으로 생성하고 있다.

빅데이터를 사용하면 다양한 소스에서 실시간으로 스트리밍 되는 방대한 양의 정보를 분석하고 사용할 수 있다. 빅데이터가 기업을 도울 수 있는 중요한 한가지 방법은 혁신이다. '혁신'은 단순한 유행어가 아니라 기업의 성공과 실패를 구분 짓는 단어이다.

그러나 혁신은 추상적인 작업이 아니다. 그러므로 기업이 시장조사, 제품개발, 제품출시 등 운영의 모든 단계에서 빅데이터를 통한 혁신으로 경쟁우위를 확보하는 방법이다.

1. 더 나은 시장조사

실시간 빅데이터 분석은 시장조사를 위한 최고의 툴로서, 기존 데이터 분석으로는 얻을 수 없었던 고객수요, 선호도 및 행동에 대한 인사이트를 제공한다.

시장은 끊임없이 움직이고 혁신적인 비즈니스도 함께 움직인다. 빅데이터는 대량의 최신 시장데이터를 분석하고 주요 성장영역을 예측하는 데 도움이 될 수 있다. 즉 가장 관련성이 높은 고객수요를 갖춘 시장영역을 분별하고 이를 타겟으로 개발에 집중할 수 있다.

또한 빅데이터는 여러 소스에서 비롯된 다양한 종류의 비정형 데이터로 보다 빠르고 세부적인 인사이트를 통해 시장조사를 추진할 수 있는 귀중한 정보를 제공한다. 웹 쿠키, 고객 서비스 인터랙션, 소셜미디어 및 기타 소스에서 데이터를 가져오면 시장이 원하는 것을 진정으로 이해할 수 있다. 그리고 고객별 선호도를 실시간으로 파악하면 시장의 신호에 대응하여 혁신적인 제품 아이디어를 개발할 수 있다.

2. 의사결정의 효율화

빅데이터는 기업의 의사결정을 지원한다. 그리고 빅데이터 분석을 활용하면 신속한 정보기반 의사결정이 가능하다.

전통적인 데이터 분석은 정의된 데이터 세트로 제한되어 있으며 소급적용을 하는 배치 프로세싱을 진행한다. 반면 다이내믹 스키마로 다양한 비정형 데이터 세트를 실시간으로 분석하는 빅데이터 분석을 활용할 경우 훨씬 더 나은 인사이트를 얻을 수 있다.

Prometheus 또는 Grafana와 같은 데이터 시각화 툴을 사용하면 데이터의 발생과 동시에 이를 이해하는 데 도움이 된다. 이러한 데이터를 사용하여 회사의 향후 방향성에 대해 정보에 입각한 확실한 판단을 내릴 수 있다.

또한 빅데이터를 통해 의사결정의 영향을 모니터링하고 필요에 따라 상황에 대응할 수 있다. 위험한 결정을 내릴 때, 이러한 결정에 대한 영향을 미리 확인할 수 있고 필요한 경우 방향을 바꿀 수도 있다. 즉 경쟁업체가 고려하지 않을 수도 있는 파격적인 선택을 할 수 있다. 이러한 이점을 통해 경쟁업체보다 더 빠르고 결단력 있게 행동할 수 있으며 혁신을 앞당길 수 있다.

3. 제품개발 가속화

빅데이터는 고객의 요구사항과 선호도에 대한 풍부한 이해를 바탕으로 혁신적인 제품을 설계하는 데 도움이 된다. 또한 제품개발 프로세스의 속도를 높여 경쟁업체를 능가하는 경쟁력을 갖출 수 있도록 돕는다.

빅데이터 분석을 통해 실시간으로 고객 피드백 및 사용량 데이터를 수집하고 자세히 분석할 수 있다. 연구개발 팀은 이러한 데이터에서 수집한 인사이트를 제품개발 프로세스에 구현할 수 있다.

예를 들어 모바일앱을 만드는 회사는 행동분석 소프트웨어의 인사이트를 활용할 수 있다. 이 데이터는 수천 명의 사용자 기기에 있는 수백 개의 프로세스와 관련성을 맺을 수 있으며, 이를 통해 제품개발 팀은 기존 제품을 신속하게 조정하고 새 제품을 개발할 수 있다.

4. 생산성 향상

비즈니스 혁신은 단순히 아이디어에만 국한되지 않는다. 비즈니스 혁신은 소비자에게 혁신을 가장 먼저 제공하는 것이다. 빅데이터 분석은 생산성을 대폭 향상시켜 기업이 제품을 더 빨리 시장에 출시할 수 있도록 한다. 특히 5G, AI, 사물인터넷(IoT) 등의 기술과 함께 빅데이터 분석을 사용하면 생산성을 더욱 높일 수 있다.

예를 들어 기업은 고화질 카메라를 업무공간에 도입하여 AI를 활용하는 환경을 연구하고 새로운 사용 사례를 즉시 식별할 수 있다. 공장 카메라는 특정 방식으로 쌓인 상자가 부상 또는 제품 손상으로 이어질 가능성이 더 높다는 것을 감지할 수 있다. 그런 다음 이 데이터를 다른 자동화 영역에 연결하고 해당 상자가 쌓이는 방식을 변경할 수 있다.

이처럼 생산 프로세스의 사소한 개선이 높은 생산성 향상으로 이어져 시장에 보다 빠르고 효율적으로 혁신을 제공할 수 있다.

5. 선제적인 IT 최적화

작업현장에서 사용하는 기계는 지속적으로 로그데이터를 생성한다. 수년 동안 비즈니스는 운영에 대한 인사이트를 얻기 위해 이 로그데이터를 분석해 왔다. 하지만 빅데이터 분석은 이러한 정보를 활용하여 비즈니스의 혁신과 효율성을 주도할 수 있는 기회를 제공한다.

컨테이너, 스트리밍 소스, 클라우드 환경 및 가상머신에서 파생된 로그데이터는 문제를 신속하게 해결하고 고위험 영역을 사전에 모니터링할 수 있는 기회를 제공한다. 그러나 기존 데이터 스토리지 아키텍처는 최신 로그데이터가 제공하는 풍부하고 다양한 정보를 분석하는 데 적합하지 않다. 이를 위해서는 현대적이고 확장가능하며 적응력이 뛰어난 인프라가 필요하다. 로그데이터는 기존 데이터베이스가 요구하는 관계형 스키마를 쉽게 따르지 않아 많은 팀이 필요한 인사이트를 얻지 못한 채 무모한 도전을 하는 상황에 놓이게 될 수도 있다.

개선된 ITOps 및 AI 기반 모니터링은 다양한 소스의 로그데이터를 자동으로 스캔하고 분석할 수 있다. 이를 통해 이전에는 발견하지 못했을 문제를 감지하고 수동데이터 수집 및 분석에 소요되는 시간을 크게 줄일 수 있다.

학습 11

학습활동.11 교수 · 학습 방법

교수 방법

- 빅데이터의 비즈니스 모델과 활용전략에 대한 관련 용어, 구성, 방식 이해 정도를 파악한 후 수업을 진행한다.
- 교수자의 주도로 빅데이터의 비즈니스 모델과 활용전략 등의 내용을 PPT 자료로 제시한 후 설명한다.
- 가능하면 사전에 개인별 학습 자료를 준비하여 모든 학생이 참여할 수 있는 문제 해결식 수업, 협력 수업이 가능하도록 한다.
- 빅데이터의 비즈니스 모델과 활용전략 전 과정을 작업의 순서에 따라 단계적으로 실습이 이루어질 수 있도록 지도한다.
- 교재를 통해 수업을 준비하는데 있어서 필요한 모든 정보나 팁, 힌트 등 도움이 될 만한 내용들을 확인할 수 있다.
- 학생들이 만들게 될 각 모델들은 수업시간에 중점적으로 다뤄질 부분과 어휘, 질문, 답을 포함하고 있으며 또한 탐구할만한 추가적인 아이디어들도 포함하고 있다.

학습 방법

- 빅데이터의 비즈니스 모델과 활용전략에 대한 관련 용어를 숙지하고, 빅데이터의 비즈니스 모델과 활용전략에 대해 이해한다.
- 빅데이터의 비즈니스 모델과 활용전략의 각 단계별 중점 사항을 체계적으로 학습한다.
- 빅데이터의 비즈니스 모델과 활용전략의 수행순서의 전 과정을 실습한다.
- 빅데이터의 비즈니스 모델과 활용전략의 내용을 이해한다.
- 빅데이터의 비즈니스 모델과 활용전략을 숙지하고 숙달이 될 때까지 학습한다.

학습활동.11 평가 및 피드백

평가 준거

- 평가자는 피평가자가 수행 준거 및 평가 내용에 제시되어 있는 내용을 성공적으로 수행할 수 있는 지를 평가해야 한다.

학습내용	평가항목	성취수준		
		상	중	하
빅데이터의 비즈니스 모델과 활용전략	빅데이터의 비즈니스 모델과 활용전략을 이해할 수 있다.			

평가 방법

• 작업 포트폴리오

학습내용	평가항목	성취수준		
		상	중	하
빅데이터의 비즈니스 모델과 활용전략	빅데이터의 비즈니스 모델과 활용전략을 이해할 수 있다.			

• 필기시험

학습내용	평가항목	성취수준		
		상	중	하
빅데이터의 비즈니스 모델과 활용전략	빅데이터의 비즈니스 모델과 활용전략을 이해할 수 있다.			

• 체크리스트를 통한 관찰

학습내용	평가항목	성취수준		
		상	중	하
빅데이터의 비즈니스 모델과 활용전략	빅데이터의 비즈니스 모델과 활용전략을 이해할 수 있다.			

• 피드백

1. 작업 포트폴리오
   - 제출한 보고서를 평가한 후 주요 사항에 대하여 표시하여 돌려준다.
2. 필기시험
   - 평가 결과 성적이 저조한 학생은 보고서 제출 기회를 부여한다.
3. 체크리스트를 통한 관찰
   - 실습 과정에서 평가한 후 개선해야 할 사항 등을 정리하여 돌려준다.

참 | 고 | 문 | 헌

- 개인정보보호법(시행 2016년 4월 7일, 법률 제13723호)
- 공공 데이터의 제공 및 이용활성화에 관한 법률(시행 2016년 7월 25일, 법률 제13423호)
- 공공데이터포털, https://www.data.go.kr에서 2016년 8월 10일 검색
- 교육부 · 전종훈 외 "빅데이터 분석, NCS 학습모듈"
- 국가법령 정보센터, http://www.law.go.kr
- 국가통계포털, http://kosis.kr, 2016.8.11.
- 김선남 · 이환수, 『빅데이터 개인정보 가이드라인(안)의 개선방향 연구』, 『정보화 정책 제21권, 제4호』, 25쪽, 2014.
- 김시환 · 천석진 · 이현주, 『Big data 이용현황과 시사점』, 『지급결제와 정보기술 제52호』, 금융결제원 금융결제 연구소, 2013.
- 김정숙, "빅데이터 활용과 관련 기술 고찰", 한국콘텐츠학회 제10권 제1호
- 김진영, 『헬로 데이터 과학』, 한빛 미디어, 2016.
- 김형훈 · 김선화, 『클라우드와 빅데이터의 강력한 파트너 MongoDB 핵심가이드』, 프리렉, 2014.
- 네이선 야우([2011] 2012), 『비주얼라이즈 디스 : 빅데이터 시대의 시각화+인포그래픽 기법(VISUALIZE THIS : The FlowingData Guide to Design, Visualization, and Statistics)』, 송용근(역), 에이콘.
- 모리후지 다이치, 안티베이지안([2014] 2015), 『엔지니어를 위한 데이터 시각화(ENGINEER NO TAME NO DATA KASHIKA 〈JISSEN〉 NYUMON)』, 김성재(역), 한빛미디어
- 미래창조과학부, 한국정보화진흥원, K-ICT 빅데이터센터, 2015년 BIGDATA 시장현황 조사, 2016.
- 민세희, 「데이터 시각화, 인식과 행동」, 『2014년 지역정보화 동향분석』, 제9호, pp.1-14., 2014.
- 빅데이터 기술분류 및 현황, 한국지능정보사회진흥원, 2013.12.
- 소프트웨어공학센터, http://www.sw-eng.kr
- 연합뉴스, 韓 개도국 디지털 격차 줄이려 'K-통계' 전수 나선다, 2022.
- 위키백과, https://ko.wikipedia.org/wiki
- 유충현 · 홍성학, R을 활용한 데이터 시각화, 379, 2015.
- 이상한 정영훈, 『빅데이터 시스템 구축 가이드』, 프리렉, 2015.
- 이재운 기자, "통계학적 방식으로 취약점 방어...빅데이터 활성화 기대", 디지털타임즈, 3면, 2016.7.1.
- 정지선, 성공적인 빅데이터 활용을 위한 3대 요소, NIA, 빅데이터 전략연구센터, 2012.4.12.
- 제1회 SDG 데이터 혁신 포럼, www.sdgdataforum.kr
- 조대협, NoSQL 데이터 모델링, http://bcho.tistory.com/665에서 2016.08.01. 검색, 2012.
- 조대협, 분산 로그 & 데이터 수집기 Fluentd, http://bcho.tistory.com/1115, 2016.8.1.
- 주종면, 『NoSQL & mongoDB』, 도서출판databook, 2014.
- 포스터 프로보스트, 톰 포셋, 『비즈니스를 위한 데이터 과학』, 한빛 미디어, 2014.
- 한국데이터베이스진흥원, 『데이터 분석 전문가 가이드 2014 Edition』, 2014.
- 한국데이터베이스진흥원, 『데이터 분석 전문가 가이드 개정판』, 한국 데이터베이스 진흥원, 2016.
- 한국데이터베이스진흥원, 『데이터 분석 전문가 가이드 2014 Edition』, KODB, 2014.
- 한국데이터산업진흥원, 데이터산업 동향 이슈브리프. 2022.06.30.
- 한국정보화진흥원, 2015년 빅데이터산업 10대 뉴스 및 이슈, BIGDATA, 2015.
- 한국정보화진흥원, 빅데이터 시각화 기술 도입을 위한 단계", 「빅데이터 기술 분류 및 현황」, 2015.
- 한국정보화진흥원, 빅데이터 활용 단계별 업무절차 및 기술 활용 매뉴얼(Version 1.0), 2014.
- 함유근, 채승병, "빅데이터 경영을 바꾸다", 삼성경제연구소, 2012.

- 행정자치부 관계부처 합동 보도문, 『개인정보 비식별화 가이드라인』, 행정자치부 관계부처 합동 보도문, 2016.
- 혁신을 주도하는 5가지 빅데이터 분석 전략, https://www.purestorage.com/
- boardConfigUid=9 &boardIdx=39&boardStep=1, 2016.7.28.
- Cattell R., Scalable sql and nosql data stores, ACM SIGMOD, Athens, Greece, 2011.
- DBGuide.net, 데이터 요건분석.
- Gadomi & Haider, Beyond the hype : Big data concepts, methods, and analytics. International journal of information management, 2015.
- Gartner, 'Magic Quadrant for Business Intelligence and Analytics Platforms', 2016.1.4.
- Halper & Krishan, TDWI Big Data Maturity Model Guide. The Data Warehousing Institute, 2013.
- http://cartodb.com/
- http://colorbrewer2.org
- http://data.seoul.go.kr/openinf/linkview.jsp?infId=OA-13304
- http://docs.ggplot2.org
- http://gapminder.org/world
- http://ggplot2.org
- http://github.com/dkahle/ggmap
- http://groups.google.com/group/ggplot2
- http://indiemapper.com/
- http://mbostock.github.io/protovis/
- http://mbostock.github.io/protovis/ex/nba.html
- http://modestmaps.com/
- http://newsmap.jp
- http://philogb.github.io/jit/
- http://processing.org
- http://python.org
- http://sgis.kostat.go.kr/view/index
- http://www.adobe.com/kr/products/illustrator.html
- http://www.dbguide.net/db.db?cmd=view&boardUid=13839&
- http://www.google.com/drive/start/apps.html
- http://www.iea.org/etp/explore/
- http://www.instantatlas.com/
- http://www.labri.fr/perso/nrougier/teaching/matplotlib/
- http://www.perceptualedge.com/articles/visual_business_intelligence/sometimes_we_must_raise _our_voices.pdf
- http://www.r-project.org/
- http://www.tableau.com/
- http://www.telerik.com/kendo-ui
- http://www2.parc.com/istl/groups/uir/publications/items/UIR-1986-02-Mackinlay-TOG-Automat ing.pdf
- https://blog.naver.com
- https://commons.wikimedia.org/wiki/File:Basic_by_Isotype.jpg
- https://commons.wikimedia.org/wiki/File:Gestalt_closure.svg

- https://cran.r-project.org/web/packages/RColorBrewer/index.html
- https://d3js.org/
- https://developers.google.com/chart/
- https://developers.google.com/chart/interactive/docs/gallery
- https://developers.google.com/chart/interactive/docs/reference
- https://docs.google.com/spreadsheets/u/0/
- https://en.wikipedia.org/wiki/Principles_of_grouping#/media/File:Gestalt_proximity.svg
- https://en.wikipedia.org/wiki/Principles_of_grouping#/media/File:Gestalt_similarity.svg
- https://ikkison.tistory.com/66 빅데이터/쉽게 읽는 데이터, 2019.5.23.
- https://infogr.am
- https://inkscape.org/
- https://public.tableau.com/s/
- https://stat.ethz.ch/R-manual/R-devel/library/stats/html/heatmap.html
- https://www.arcgis.com/features/index.html
- https://www.finereport.com/kr/빅데이터 활용사례
- https://www.openstreetmap.org/
- https://www.rstudio.com/
- https://www.theguardian.com/news/datablog/2010/may/17/uk-public-spending-departments-mo ney-cuts
- IDC, 'IDC FutureScape : Worldwide Big Data and Analytics 2015 Predictions', 2014.12.10.
- Jock D. Mackinlay, Automating the Design of Graphical Presentations of Relational Information, ACM Transaction on GRaphics, Vol.5, No.2, April. 1986, 1-34, 1986.
- Łukasz Halik, The analysis of visual variables for use in the cartographic design of point symbols for mobile Augmented Reality applications, GEODESY AND CARTOGRAPHY, Vol.61, No.1, 19-30, 2012.
- Marcovecchi, Capability Maturity Models as a Means to Standardize Sustainable Development Goals Indicators Data Production, 2018.
- mongoDB Inc., MongoDB 3.2 Manual, Retrieved from https://docs.mongodb.com/manual/, 2016.8.
- mongoDB Inc., Sharding, Retrieved from https://docs.mongodb.com/manual/sharding/, 2016.8.
- NEAR & Future INSIGHT | Vol.6, 4차 산업혁명과 빅데이터 전략
- Shard_(database_architecture)
- Sharon Machlis, Chart and image gallery : 30+ free tools for data visualization and analysis, Computerworld, 2015.
- Solid IT. Inc., DB-Engines Ranking, Retrieved from http://db-engines.com/en/ranking, 2016.08.
- Thematic Research Network on Data and Statistics (TReNDS), Big Data and the Sustainable Development Goals : Innovations and Partnerships to Support National Monitoring, 2021.
- TTA, "빅데이터 시각화 기술", ICT 표준화포럼-빅데이터포럼, 2014.
- Wikipedia, Shard(database architecture), Retrieved from https://en.wikipedia.org/wiki/, 2016.8.

학습 1	빅데이터의 이해
학습 2	빅데이터의 분석기획
학습 3	빅데이터의 수집
학습 4	빅데이터의 저장
학습 5	빅데이터의 처리
학습 6	빅데이터의 분석용 데이터 탐색
학습 7	통계기반 빅데이터 분석
학습 8	머신러닝 기반의 빅데이터 분석
학습 9	텍스트마이닝 기반의 빅데이터 분석
학습 10	빅데이터의 시각화
학습 11	빅데이터의 비즈니스 모델과 활용전략
학습 12	**빅데이터의 플랫폼과 관리**
학습 13	빅데이터의 보안분석
학습 14	빅데이터의 융합

학습 목표

1. 빅데이터의 플랫폼과 관리를 이해할 수 있다.

12-1 빅데이터 플랫폼 개요

1. 빅데이터 플랫폼의 정의 및 범위

빅데이터 플랫폼은 데이터의 수집, 저장, 처리, 관리 및 분석 등의 역할 수행을 지원함으로써 새로운 인사이트(Insight)와 비즈니스 가치창출이 가능한 데이터 프로세스 환경을 의미한다. 즉 빅데이터의 다양한 데이터 소스에서 수집한 데이터를 저장, 처리, 분석 등 전 과정을 통합적으로 제공하여 그 기술들을 잘 사용할 수 있도록 지식을 발굴하고 이를 기반으로 지능화된 서비스를 제공하는데 필요한 준비된 ICT 환경이다.

빅데이터 플랫폼은 [그림 12-1]처럼 데이터의 수집, 저장, 처리, 관리를 담당하는 빅데이터 관리 플랫폼과 데이터 분석을 지원하는 빅데이터 분석 플랫폼으로 구분한다.

빅데이터 플랫폼의 핵심역할은 원시데이터로부터 새로운 통창력과 가치를 창출하는 역활이다.

빅데이터 플랫폼의 기능은 빅데이터를 처리하는 과정에서 부하발생은 불가피하며, 빅데이터 플랫폼은 이러한 부하들의 기술적인 요소들을 결합하여 해소한다.

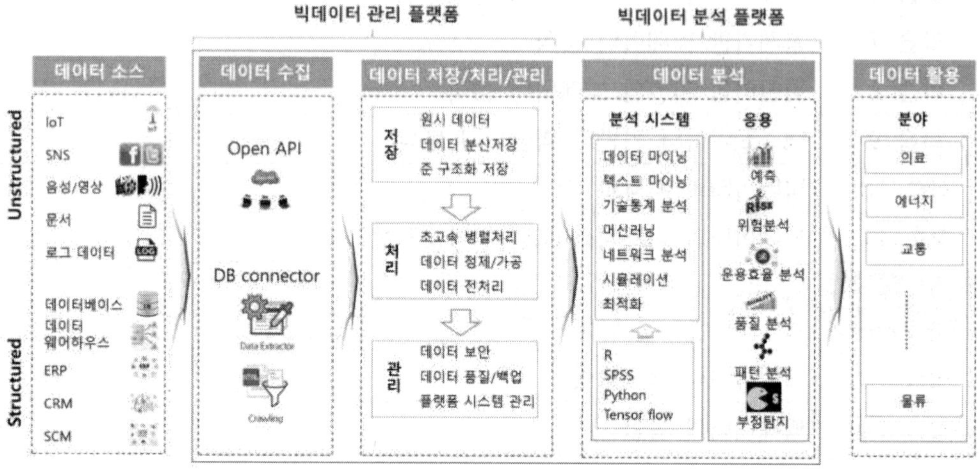

[그림 12-1] 빅데이터 플랫폼의 구분

1) 빅데이터 관리 플랫폼의 개발

(1) 초연결 지능형 기반 원천기술개발

초연결 지능형 기반 원천기술개발을 위하여 초연결 지능화 추세에 대응한 빅데이터 관리, 인공지능 및 초연결 통신결합의 핵심기술력을 강화해야 한다.

(2) 데이터의 신뢰성 향상 기술개발

데이터의 신뢰성 향상 기술개발를 위하여 빅데이터 분석 시 활용되는 데이터의 신뢰성 제고를 위한 데이터 전처리, 정제, 학습용 데이터 셋 등 데이터 품질향상을 위한 핵심기술 개발을 강화해야 한다.

(3) 사물인터넷 데이터의 실시간 처리기술역량 강화

사물인터넷 데이터의 실시간 처리기술역량 강화를 위하여 사물인터넷 환경에서 대규모의 방대한 데이터가 생성됨에 따라 실시간 빠른 데이터 처리 및 분석이 중요하고, 이에 최적화된 기술개발 투자를 강화해야 한다.

(4) 빅데이터 보안기술개발 강화

빅데이터 보안기술개발 강화를 위하여 빅데이터 플랫폼 기술개발 단계에서 개인정보 침해 및 데이터 위변조 관련 사전 대응 가능한 빅데이터 보안기술개발을 강화해야 한다.

2) 빅데이터 분석 플랫폼

(1) 빅데이터 분석 원천기술 확보

빅데이터 분석 원천기술 확보를 위하여 신뢰성 높은 빅데이터 분석결과 도출을 위한 빅데이터 분석 원천기술에 대한 R&D 지원을 강화해야 한다.

(2) 산업별 특화된 빅데이터 분석 플랫폼 기술개발

산업별 특화된 빅데이터 분석 플랫폼 기술개발를 위하여 다양한 산업의 특성을 반영한 빅데이터 분석 플랫폼 기술개발를 강화해야 한다.

(3) 지능화된 빅데이터 분석 툴 개발

지능화된 빅데이터 분석 툴(Tool) 개발을 위하여 인공지능 분석방법론을 적용한 다양한 빅데이터 분석방법론 기술개발이 필요하다.

2. 빅데이터 플랫폼 시장동향

빅데이터 플랫폼 시장은 크게 관리영역과 분석영역으로 구분이 가능하다. 빅데이터 관리영역은 데이터의 수집에서부터 처리, 저장, 품질관리를 위한 소프트웨어 영역과 빅데이터 분석영역인 데이터 분석을 위한 소프트웨어 영역이다. 단지 교육, 의료, 컨설팅, 물류 등 빅데이터를 활용한 서비스 제공분야는 또 다른 영역의 시장이다.

빅데이터 플랫폼 시장의 니즈 변화로써 사물인터넷, 스마트 디바이스, 소셜미디어 서비스 등의 활성화로 비정형 데이터 규모가 빠르게 증가하고 데이터 중심의 새로운 경제 패러다임의 도래로 데이터가 경제적 가치창출의 핵심 원유인 데이터 경제로 부상하고 있고, 새로운 가치창출의 추동으로서 빅데이터 플랫폼에 대한 수요가 증대하고 있다.

빅데이터의 플랫폼 성장 동인으로써는 실시간 데이터의 전송·처리를 위한 기술역량 강화 및 안정적인 네트워크 인프라 고도화라는 데이터 관리 기술 역량이 확보

학습 12

되어 있다. 또한 사물인터넷의 빠른 확산으로 인한 빅데이터 이용환경 확대로 데이터 활용 생태계가 성장하고 있고, 인공지능 연계의 빅데이터 분석기술의 정확도 향상 및 분석대상 특성에 따른 분석 알고리즘의 지속적인 진화로 인공지능 연계 분석기술이 고도화되고 있고, 빅데이터 분석결과의 활용성 제고를 위한 정부의 정책적 지원을 확대하고 있다.

국내외 빅데이터 플랫폼 시장 전망은 국내 빅데이터 플랫폼 총 시장규모는 '15년 1.39조 원에서 연평균 8.1%의 성장을 통해 '25년 약 2.2배 증가한 3.05조 원의 시장이 형성될 것으로 전망된다. 또한 세계 빅데이터 플랫폼 총 시장규모는 '15년 69.6조 원에서 '25년 152.5조 원의 시장으로 확대될 전망이다.

1) 국내시장

국내 빅데이터 플랫폼 총 시장규모는 〈표 12-1〉처럼 '15년 1.39조 원에서 연평균 8.1%의 성장을 통해 '25년 약 2.2배 증가한 3.05조 원의 시장으로 성장할 전망이다.

빅데이터 관리 플랫폼은 '15년 1.13조 원에서 연평균 7.6%의 성장을 통해 '25년 2.35조원의 시장규모가 될 것으로 전망되며, 전체 빅데이터 플랫폼 시장의 대부분('25년 기준약 77%)을 차지하는 매우 중요한 시장이다.

빅데이터 관리 플랫폼 시장전망은 데이터 수집, 저장, 품질, 관리 등을 대상으로 한국데이터진흥원(2018) 보고서의 2015년부터 2017년까지의 시장규모에 대한 CAGR 7.6%를 2018년 이후 시장에 적용하여 추정하였다.

빅데이터 분석 플랫폼은 '15년 0.26조 원에서 연평균 10.4%의 빠른 성장을 통해 '25년 0.7조 원의 시장규모가 될 것으로 전망되며, 관리 플랫폼 대비 상대적으로 높은 CAGR을 통한 시장 성장 기대된다.

〈표 12-1〉 국내 빅데이터 플랫폼 시장규모 전망

구분	2015	2016	2017	2018	2019	2020	2021	2022	2023	2024	2025	CAGR
빅데이터 관리 플랫폼	1.13	1.26	1.31	1.41	1.52	1.63	1.76	1.89	2.03	2.19	2.35	7.6%
빅데이터 분석 플랫폼	0.26	0.29	0.31	0.35	0.38	0.42	0.47	0.52	0.57	0.63	0.70	10.4%
합계	1.39	1.55	1.63	1.76	1.90	2.06	2.23	2.41	2.60	2.82	3.05	8.1%

출처 : 한국데이터진흥원(2018)

빅데이터 분석 플랫폼 시장전망은 데이터 분석·플랫폼 대상으로 한국데이터진흥원(2018) 보고서의 2015년부터 2017년까지의 시장규모에 대한 CAGR 10.4%를 2018년 이후 시장에 적용하여 추정하였다.

2) 세계시장

세계 빅데이터 플랫폼 총 시장규모는 〈표 12-2〉처럼 '15년 69.6조 원에서 '25년 152.5조 원의 시장으로 확대될 전망이다. 세계시장 규모는 국내 소프트웨어가 세계시장에서 차지하는 비중인 약 2%를 반영하여 추정하였다.

빅데이터 관리 플랫폼 시장은 '15년 56.7조 원에서 '25년 117.7조 원의 시장규모가 형성될 것으로 전망이다.

빅데이터 분석 플랫폼 시장은 '15년 12.9조 원에서 '25년 34.8조 원의 시장규모가 형성될 것으로 전망이다.

〈표 12-2〉 세계 빅데이터 플랫폼 시장규모 전망

구분	2015	2016	2017	2018	2019	2020	2021	2022	2023	2024	2025	CAGR
빅데이터 관리 플랫폼	56.67	63.18	65.59	70.56	75.91	81.67	87.86	94.53	101.69	109.40	117.70	7.6%
빅데이터 분석 플랫폼	12.92	14.30	15.75	17.38	19.20	21.19	23.40	25.84	28.53	31.50	34.78	10.4%
합계	69.59	77.48	81.34	87.95	95.11	102.86	111.26	120.36	130.22	140.90	152.48	8.1%

출처 : 한국데이터진흥원(2018)

3. 빅데이터 시스템의 구성

빅데이터 시스템의 Best Practice는 에코시스템(Ecosystem)을 구성할 소프트웨어들을 선택하는 것부터 물리적 구성, 개발도구 선택, 응용개발 표준 및 분석모델에 이르기까지 광범위한 영역에서 고려할 수 있다. 이 Best Practice들은 전체적으로 재활용 가능한 기반을 구성하며, 이는 빅데이터 시스템을 위한 플랫폼(Platform)으로 생각할 수 있다. 빅데이터 플랫폼(Big Data Platform)은 [그림 12-2]처럼 영역으로 구성된다.

학습 12

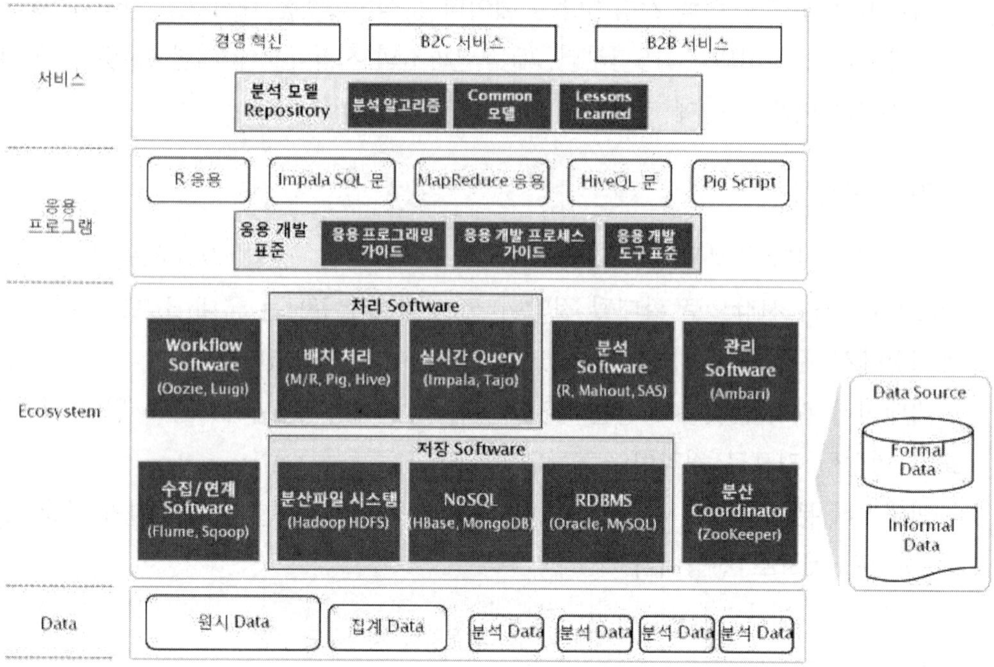

[그림 12-2] 빅데이터 플랫폼의 상세 구성

1) 에코시스템 표준

데이터의 수집에서부터 저장, 처리, 분석 등 빅데이터 활용의 각 단계별로 필요한 소프트웨어들은 아파치 하둡(Apache Hadoop)을 중심으로 에코시스템(Ecosystem)을 구성한다. 에코시스템 표준은 〈표 12-3〉처럼 주제들에 대한 가이드를 제시한다.

〈표 12-3〉 에코시스템 표준 가이드라인

항 목	내 용
에코시스템 구성요소 목록	수집, 저장, 처리, 분석, 관리영역에 사용할 Software 제품과 버전
논리적 시스템 구성안	데이터 수집에서 분석까지 End-to-End 범위의 에코시스템 구성요소 배치 및 연계방안, 데이터 규모 및 Big Data 활용조직 증가에 따른 확장방안
물리적 시스템 구성안	서버장비, 디스크, 네크워크 장비 등 H/W 구성방안 데이터 규모 및 Big Data 활용 조직/서비스 증가에 따른 확장방안
에코시스템 구성요소 설치, 설정, 연계, 최적화 및 문제해결(Troubleshooting)을 위한 상세가이드	

에코시스템의 범위는 앞으로도 상당히 확장될(다양한 새로운 영역이 등장할) 것이며, 각 영역에서 많은 제품들이 주도권을 주고 받을 것으로 예상된다. 에코시스템

표준은 이를 최대한 활용하여 빅데이터 시스템의 용도와 특성에 맞게 진화해야 한다.

이를 위해서 에코시스템 표준은 소프트웨어 개발방식의 하나인 애자일(Agile)한 형태와 방법으로 개발·관리되는 것이 필요하다. 에코시스템 표준화 초기에는 빠른 기술변화와 표준화 과정의 시행착오를 고려하여 설치 본 또는 오픈소스 소프트웨어(Open Source Software)의 고객화(Customization)와 같은 물리적인 형태에 집중하기보다는 표준안 또는 가이드와 같이 개선하기 쉬운 형태를 중심으로 표준을 수립하는 것이 유리할 것이다.

2) 응용개발 표준

빅데이터 시스템 활용에는 다양한 프로그래밍 언어와 도구들이 사용되고 있다. Apache Hadoop의 기본 구성요소인 맵리듀스(MapReduce)는 Java API를 제공하지만 Apache Pig, Apache Hive 등과 같이 현재 데이터 처리에 가장 폭넓게 사용되는 제품들은 고유한 Script와 Query 언어를 사용해야 한다.

이외에도 많은 곳에서 파이썬(Python)이 사용되고 있으며 SAS, R 등의 통계분석 Software들도 고유의 프로그래밍 언어를 사용한다. 모든 종류의 프로그래밍 언어와 도구를 허용하고 활용한다면, 그 시스템은 오래지 않아 유지하기 매우 어려운 상태에 빠질 것이다. 효율적이고 효과적인 응용개발 및 관리를 위해서는 다음과 같은 주제들을 포함하는 응용개발 표준이 필요하다.

〈표 12-4〉 응용개발 표준 가이드라인

항 목	내 용
응용개발에 사용할 프로그래밍 언어와 도구 표준 제품	주로 데이터 처리 또는 분석을 위한 응용개발에 사용 예 MapReduce, Pig, Hive, Impala, Storm, R
프로그래밍 언어별 응용 프로그래밍 가이드	코딩 스타일, 명명표준 권장/표준 외부 라이브러리 목록 재활용 기능/권장 코드 Sample - 로그처리, 코드처리, 예외처리 등
응용개발 프로세스 가이드	설계, 코딩, 디버깅, 테스트, 빌드, 배포, 형상관리 프로세스 가이드
응용개발 도구 표준	코딩, 코드분석, 단위 테스트 등에 활용할 통합개발환경(IDE)을 포함한 개발 도구목록 및 사용가이드

3) 분석모델 저장소(Repository)

분석은 빅데이터 시스템의 최종 사용단계이다. 빅데이터 시스템은 데이터의 규모뿐 아니라 데이터의 종류에도 새로운 범위를 추구한다. 위치정보, 웹사이트 콘텐츠,

SNS 콘텐츠 등과 같이 기존의 Data Mining, Business Intelligence 영역에서 다루지 않던 새로운 데이터를 분석할 뿐만 아니라 이들 새로운 데이터와 기업 내부 정형 데이터의 통합/교차분석을 전개하고 있다. 이러한 모든 특성들은 다양한 신규 분석모델의 개발과 활용을 요구하고 있다. 장기적 관점에서 빅데이터 시스템의 진화는 분석모델이 가장 중요한 견인차가 될 것이다. 빅데이터 시스템의 목적이 분석을 통한 활용에 있기 때문이다. 그러나 Intelligence와 Insight는 쉽게 얻을 수 있는 것이 아니며, 유용한 분석모델을 확보하기 위해서는 상당한 시행착오가 필요할 것이다. 지속적인 분석모델 고도화를 위해서 다음과 같은 내용을 포함한 체계적인 관리가 필요하다.

〈표 12-5〉 분석모델 저장소 가이드라인

항 목	내 용
표준/권장 분석 알고리즘	-
공통(Common) 분석모델	고객분석, 상품분석, 판매분석, 수요분석, 위치분석 등 전형적인 범위에서 일반적으로 사용되는 분석모델
분석모델 Lessons Learned	과거 또는 현행 분석모델 적용을 통해서 경험한 Lessons Learned

빅데이터 플랫폼의 구성 표준은 [그림 12-3]처럼 에코시스템 표준, 응용개발 표준, 분석모델 저장소로 범위를 구성되도록 가이드라인을 제시한다.

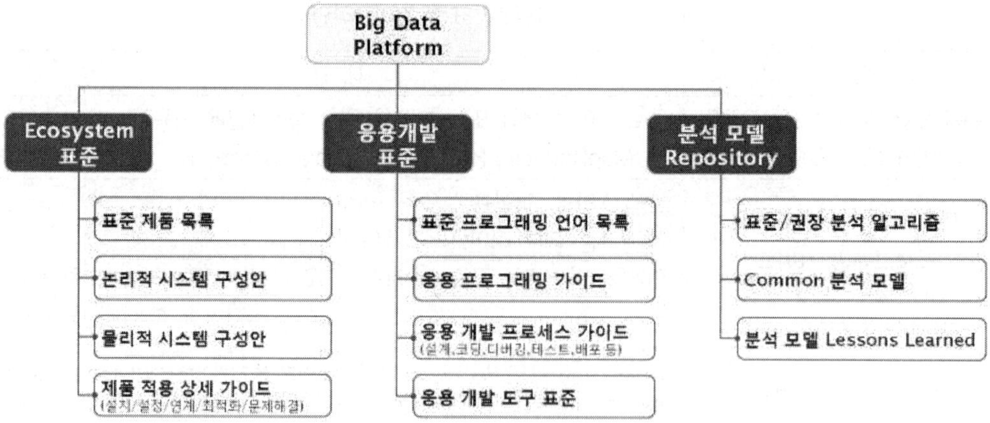

[그림 12-3] 빅데이터 플랫폼의 구성 표준영역

이 밖에도 체계적이고 안정적인 운영을 위한 시스템 운영 표준 등도 빅데이터 플랫폼의 영역으로 고려할 수 있을 것이다.

페이스북(Facebook), 트위터(Twitter), 링커드인(Linked-in), 네이버(Naver),

다음 카카오와 같은 기업들은 상용 소프트웨어에 거의 의존하지 않는다. 물론 이들은 IT 전문기업으로서 풍부한 고급 소프트웨어 엔지니어를 보유하고 있기 때문이기도 하다.

그러나 보다 근본적으로는 이들의 서비스를 지원할 수 있는 수준의 오픈소스 소프트웨어들을 가장 중요한 인에이블러(Enabler : 조정자)로 볼 수 있다. 빅데이터 영역은 보다 풍부하고 성숙된 오픈소스 소프트웨어들로 일반기업과 조직들에게 자체 역량확보의 가능성을 제시하고 있다.

비용관점에서 이는 매우 신중한 결정이 필요한 사항이며, 실제로 최근 다수의 대기업들이 오픈소스 소프트웨어들을 활용한 자체적인 빅데이터 시스템 구축을 시도하고 있다. 이러한 도전들이 성공하기 위해서는 플랫폼 관점이 매우 유용한 방법이 될 것이다.

빅데이터 플랫폼은 해당 기업 내부에서 진화할 것이며, 외부에서 재활용될 것이다. 성공적인 빅데이터 플랫폼은 유사한 산업 도메인과 사업규모를 가진 기업 또는 조직에게 매우 유용한 재활용 자산이 될 것이다.

12-2 빅데이터 플랫폼 관리

빅데이터 플랫폼의 관리와 관련한 성과평가 영역은 5개 영역과 18개 평가지표와 세부 평가지표로 24개 지표로써 빅데이터 거버넌스 역량, 빅데이터 서비스 역량, 빅데이터 정보기술(IT) 역량, 빅데이터 플랫폼의 이해관계자 기여도와 이해관계자 만족도 지표이다. 빅데이터 플랫폼을 관리 · 유지 · 보수영역에서 성과평가 모형의 영역, 평가지표, 측정항목은 향후 빅데이터 플랫폼의 취약한 부분을 진단하고 새로운 변화의 방향을 마련하는데 활용될 수 있을 것으로 기대된다. 뿐만 아니라 자생력을 가진 빅데이터 플랫폼을 선별하고 해당 플랫폼에 대한 선택과 집중을 하는 데 필요한 중요한 기초자료를 제공하여 관리될 것으로 기대된다.

1. 빅데이터 거버넌스 역량

빅데이터 거버넌스 역량은 통제(Control), 조정 및 모니터링(Coordination and Monitoring), 사업과 IT간의 정합성(Business-IT Alignment), 의사결정권의 적

학습 12

절성(Decision-rights Appropriation), 사업비전과 계획수립(Business Vision and Planning)의 5가지 지표이다.

〈표 12-6〉 빅데이터 거버넌스 역량관리지표

영역	평가지표	조작적 정의
빅데이터 거버넌스 역량	통제	빅데이터 분석에 대한 책임과 권한 보유
	조정 및 모니터링	빅데이터 분석활동에 필요한 플랫폼 내부의 기능간 동기화를 구축할 수 있는 능력의 수준
	사업과 IT간의 정합성	빅데이터 사업이 조직의 비전, 목표, 전략과 연계되는 수준
	의사결정권의 적절성	경쟁자 대비 효율적, 변화에 대응, 의사결정 속도, 고객에 대한 이해 수준
	사업비전과 계획수립	빅데이터의 전략적 활용을 위한 사업비전과 계획수립 유무

2. 빅데이터 서비스 역량

빅데이터 서비스 역량의 평가지표는 통합적 분석서비스(Integrated Analytics Service), 데이터관리 서비스(Data-management Service), 보고 및 시각화 지원서비스(Reporting and Visualization Service), 보안 및 위험관리서비스(Security and Risk Management Service)의 4가지 지표이다.

〈표 12-7〉 빅데이터 서비스 역량관리지표

영역	평가지표	조작적 정의
빅데이터 서비스 역량	통합적 분석서비스	조직 다양한 내 · 외부데이터를 통합할 수 있는 수준
	데이터 관리서비스	요구사항에 맞춰 데이터를 추출 및 변환할 수 있는 수준
	보고 및 시각화 지원서비스	데이터 시각화 도구활용 수준
	보안 및 위험관리 서비스	데이터 및 장비보호, 접속 및 인증 등에 대한 보안과 위험관리 수준

3. 빅데이터 정보기술(IT) 역량

빅데이터 정보기술(IT) 역량의 평가지표는 연결성(Connectivity), 적합성(Compatibility), 모듈성(Modularity)의 3가지 지표이다.

〈표 12-8〉 빅데이터 정보기술 관리지표

영역	평가지표	조작적 정의
빅데이터 정보기술 (IT) 역량	Connectivity(연결성)	서로 다른 데이터 제공자로부터 다양한 데이터를 수집하고 분석하기 위해 필요한 데이터 제공자들간의 연결수준
	Compatibility(적합성)	실시간 의사결정을 위해 필요한 정보의 지속적 흐름을 가능하게 하는 기존시스템과 빅데이터 분석시스템 간의 호환수준(사용자 인터페이스, 정보접근 등)
	Modularity(모듈성)	빅데이터 플랫폼에 새로운 기능의 수정 및 추가등이 유연하게 이루어질 수 있는 수준

4. 이해관계자 기여도

이해관계자 기여의 평가지표는 지식경영, 온라인 커뮤니티 맥락에서 활용된 선행연구의 기여행동(Contribution Behavior)을 토대로 기여의 질(Quality of Contribution)과 기여의 양(Quantity of Contribution)의 2가지 지표이다. 한편 기여의 질은 완전성(Completeness), 최신성 (Currency), 형식(Format), 정확성(Accuracy)의 4개 하위요인으로 구성하며, 기여의 양은 기간(Duration), 빈도(Frequency), 다양성(Diversity), 양(Volume)의 4개 하위요인으로 구성하였다.

〈표 12-9〉 이해관계자 기여도 관리지표

영역	평가지표		조작적 정의
이해 관계자 기여도	Quality of Contribution (기여의 질)	Completeness(완전성)	제공되는 정보의 완전한 수준
		Currency(최신성)	제공되는 정보의 최신 여부
		Format(형식)	제공되는 정보의 형식 수준
		Accuracy(정확성)	제공되는 정보의 정확 수준
	Quantity of Contribution (기여의 양)	Duration(기간)	플랫폼 이용기간
		Frequency(빈도)	플랫폼 이용횟수
		Diversity(다양성)	플랫폼에서 제공하는 정보의 다양성 정도
		Volume(양)	플랫폼에서 제공하는 데이터/정보 양

5. 이해관계자 만족도

이해관계자 만족의 평가지표는 IS 사용만족을 체계적으로 분석한 정보 만족(Information Satisfaction), 시스템 만족(System Satisfaction), 서비스 만족(Service Satisfaction), 전반적인 만족(Overall Satisfaction)의 4가지 지표이다.

〈표 12-10〉 이해관계자 만족도 관리지표

영역	평가지표	조작적 정의
이해관계자 만족도	Information Satisfaction(정보 만족)	플랫폼에서 산출되는 정보에 대한 만족
	System Satisfaction(시스템 만족)	플랫폼 시스템 기능에 대한 만족
	Service Satisfaction(서비스 만족)	플랫폼 이용과 관련된 지원서비스에 대한 만족
	Overall Satisfaction(전반적인 만족)	정보, 시스템, 서비스를 모두 고려한 전반적인 플랫폼 이용 만족

12-3 클라우드 컴퓨팅

클라우드 기업은 소프트웨어 아웃소싱 증가, 소비자 트렌드에 맞는 IT 솔루션 수요 확대에 따라 인프라서비스(Infra as a Service, 이하 IaaS), 소프트웨어서비스(Software as a Service, 이하 SaaS), 플랫폼서비스(Platform as a Service, 이하 PaaS)를 On-premise, Private, Public, 하이브리드 등 고객환경에 적합한 형태로 제공중이다.

1. 클라우드 컴퓨팅의 개요

1) 개념과 특징 및 변화

클라우드 컴퓨팅(Cloud Computing, 이하 클라우드)는 사용자가 필요한 IT 인프라(스토리지, 네트워크, 서버 등)를 직접 물리적으로 구축하여 소유·관리하는 기존 방식(On-premise)과는 달리, 클라우드 서비스 업체가 구축해 놓은 가상화된 IT 자원을 네트워크를 통해 빌려서 필요에 따라 사용하고, 사용한 만큼 비용을 지불하는 방식의 서비스로 소유와 관리가 분리된 방식이다.

클라우드를 활용하면 개별 사용자의 즉각적인 요구에 따라(On-demand) 최적화된 서비스 이용이 가능하므로 시간과 장소, 기기의 제약이 없고 급격한 이용량 증가에도 유연한 확장이 가능하다는 특징이 있다.

1980년대 대형 범용컴퓨터(메인 프레임) → 1990년대 단말컴퓨터의 성능이 향상되며 분산처리가 가능 → 2000년대 네트워크의 속도가 향상되어 기업 내 인트라넷 구축 → 2010년대 클라우드 컴퓨팅이 등장하며 기업들의 IT 인프라(계산, 저장,

네트워크)를 특정 클라우드 서비스 업체가 제공한다.

〈표 12-11〉 컴퓨팅 환경의 변화

컴퓨팅 환경	개인용 컴퓨팅 환경	서버-클라이언트 환경	클라우드 컴퓨팅 환경
데이터 위치 및 컴퓨팅 주체	개인용 PC, 노트북	서버/클라이언트	클라우드 서버(온라인)
자원구매/폐기	이용자	이용자	서비스 제공자
사용자 컴퓨터 설치 S/W	OS, 응용 S/W	OS, 응용 S/W, 클라이언트	클라이언트(웹브라우저)
데이터의 소유 및 관리	소유와 관리가 동일	소유와 관리가 일부 분리	• 소유와 관리 분리 - 소유 : 이용자 - 관리 : 서비스 제공자
제공서비스	오프라인 컴퓨팅 서비스(문서작성, 통계계산, 그래픽 작성 등)	• 기본 인터넷 서비스 - 웹, FTP, 이메일 등 • 응용인터넷 서비스 - 웹하드, SBC, ASP 등 • IT 융합서비스 - VoIP, IPTV 등	• 가상서버/데스크탑 서비스 • 스토리지 제공 서비스 • S/W 임대서비스 등

2) 클라우드의 일반화

iCloud, Gmail, Google Photo, Google Drive 등의 서비스를 통해 클라우드 기술은 일상생활 속에서 쉽게 접할 수 있다.

클라우드의 기본개념은 1960년대 인터넷의 전신인 ARPANET(Advanced Research Project Agency Network)의 개발자인 릭라이더(Licklider)가 'Intergalactic Computer Network'에서 최초로 언급했으며, 초기 아이디어를 바탕으로 그리드 컴퓨팅, 유틸리티컴퓨팅, 애플리케이션 서비스 제공자(Application Service Provider, ASP), 네트워크 컴퓨팅 등 다양한 개념으로 진화하였다.

세일스포스닷컴(Salesforce.com)이 웹사이트상에 기업 애플리케이션을 제공하는 서비스를 출시함으로써 클라우드의 개념이 현실에 구현되기 시작했다. 이어서 아마존이 2002년도 AWS(Amazon Web Services)를 시작으로, 2006년 EC2(Elastic Compute Cloud)라는 상업용 클라우드 서비스를 제공해 컴퓨터를 구입없이 빌려 쓰는 형태로 응용프로그램을 실행할 수 있게 되면서 클라우드가 일반화되기 시작하였다.

3) 클라우드의 장점

많은 기업체나 기관들이 필요한 IT 인프라 관리 및 데이터 백업, 재해복구 지원을 위해 지출하는 비용을 절감하고, 하드웨어 구입 시 필요한 배송 및 설치시간 감소, 필요한 전산자원(컴퓨터 성능, 저장소, 대역폭)의 쉬운 확장, 전산인프라 관리, 하드웨어 설치, 소프트웨어 패치와 같은 반복적인 IT 관리작업 감소로 필요한 핵심 목표에 집중 가능, 최신 컴퓨팅 자원제공 및 지역에 관계없이 서비스 제공이 가능하다.

2. 클라우드 산업 생태계

온라인 서비스의 확대로 성장중인 클라우드 산업생태계는 후방산업(데이터센터)을 기반으로 클라우드 서비스 제공자와 클라우드 파트너사의 협업으로 다양한 온라인 서비스 및 애플리케이션 서비스를 제공한다.

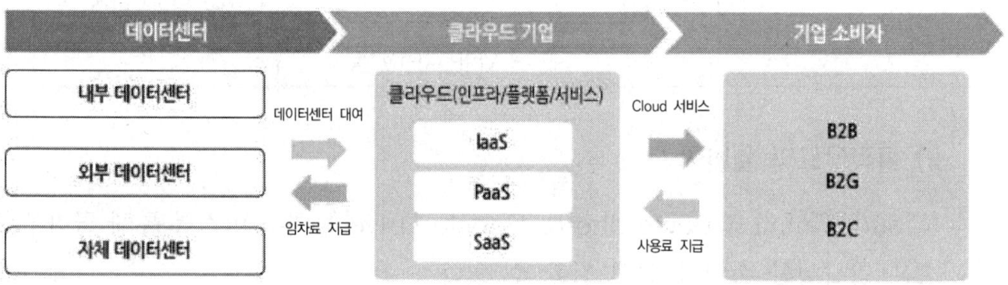

[그림 12-4] 클라우드 사업구조

1) 데이터센터

구글, 아마존, MS 등의 해외기업이 자사의 인프라(대여한 데이터센터와 클라우드 자원)를 기반으로 다양한 플랫폼 기술을 제공하며, 국내 클라우드 서비스 제공자(KT, NHN, NBP, 더존비즈온 등)는 자체 데이터센터를 보유중이다. 구글 클라우드의 서울 데이터센터 리전(Region) 설립 등 외국계 클라우드 기업들(아마존, MS, 오라클 등)이 시장공세를 강화중에 있으며, 국내 기업인 KT, 네이버의 NBP(Naver Business Platform)는 시장의 약 20% 점유율로 열세를 보이고 있다.

2) 클라우드 서비스 제공자와 파트너사

클라우드 사업구조 밸류체인(Value Chain)의 중심에 있는 주요 기업들은 설비

투자를 통해 자체 데이터센터를 확보하거나, 내외부에 있는 데이터센터를 대여하여 대 고객 클라우드 서비스를 제공한다.

외국계 주요 벤더사는 클라우드 인프라, 플랫폼을 제공하고 있으며 2020년 매출은 PaaS, SaaS를 합산한 기준으로 마이크로소프트(MS), 아마존, 오라클, IBM, 구글, 알리바바 순이다.

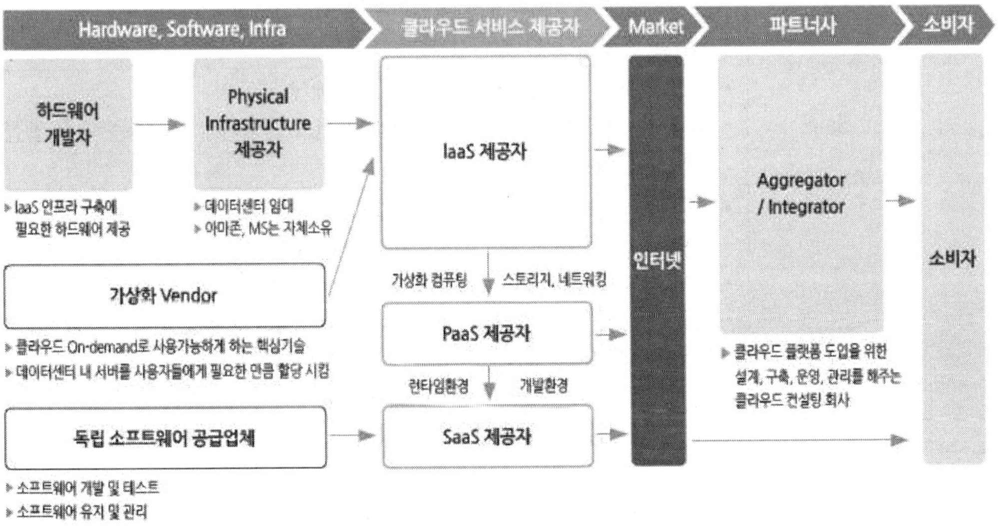

[그림 12-5] 클라우드 생태계 밸류체인

클라우드 파트너사는 엔드유저에게 클라우드 구축 및 운영 등의 공급과 특화된 솔루션을 제공하며, 클라우드 서비스 제공자에게 자격을 취득하여 클라우드 사업을 수행한다.

최근 IaaS에서는 선두업체의 과점화가 진행되고 있으며, IaaS · PaaS 통합 플랫폼화와 SaaS분야의 참여자 확대도 동시에 이루어지면서 클라우드를 효율적으로 활용하기 위한 클라우드 파트너의 필요성이 점차 중요시되고 있다.

3) 클라우드 서비스

클라우드 서비스는 온라인 서비스와 비즈니스 애플리케이션 형태로 제공되며, 클라우드 파트너사를 통한 구축형 프로젝트로 서비스를 개발한다.

IaaS분야는 시장선점을 위해 서버, 네트워크, 스토리지 등 IT 인프라 대상으로 대규모 투자가 필요한 분야로 자본력을 갖춘 글로벌 기업들이 시장을 과점해 가는 상황이며, 최근에는 대규모 IT 인프라 구축을 기본으로 데이터베이스, 분산처리, AI 등의 PaaS 플랫폼이 결합되는 형태로 경쟁방식이 다양해지는 상황이다.

〈표 12-12〉 클라우드 서비스 세부유형 분류

서비스 유형		세부내용
IT 자원 유형	IaaS	• 스토리지, 서버 등 컴퓨팅 인프라 구축에 필요한 가상 하드웨어 자원 제공 • 자체 인프라 구축에 부담을 느끼는 중소기업이 주요 대상 • MS(Managed Service)를 통한 효율적 관리가 중요
	PaaS	• 프로그램이나 애플리케이션을 개발하는데 필요한 툴이나 프레임워크 등 제공 • 고가의 장비나 개발 툴을 구매하지 않고 소프트웨어 개발이 가능 • MS를 통한 효율적 관리가 중요
	SaaS	• 소프트웨어나 애플리케이션을 엔드유저에게 제공 • 사용자는 소프트웨어를 직접 구매해 자신의 단말기에 설치하는 대신 웹접속을 통한 임대형태로 사용
서비스 개방 여부	퍼블릭	• 사용대상에 제한을 두지 않으며, 데이터센터 내의 컴퓨팅자원을 불특정 다수의 사용자들이 공용으로 이용(Multi-tenant) • 초기 투자비용이 없기 때문에 경제적이나, 서비스 제공자에 대한 의존도가 큼 • 가장 기본적인 클라우드 서비스로 서비스 제공자가 운영하는 IaaS와 PaaS 시장의 대부분을 차지 • (싱글/멀티방식) 싱글방식은 한 업체에 종속되며, 멀티방식은 퍼블릭-퍼블릭 결합형태로 단일 클라우드의 취약점(서버 부하 등)을 보완하기 위해 활용함
	프라이빗	• 단일고객에게 클라우드 서비스 제공 • 대규모의 투자비용이 소요되지만 데이터 및 인프라에 대한 통제권이 크기 때문에 보안에 강점이 있음 • 컴퓨팅 자원을 특정 사용자(Single-tenant)에게 할당하여 배타적으로 사용 가능 • 사용자의 기존 데이터센터 內 데이터센터를 구축하는 방식도 가능(On-Premise Private Cloud)
	하이브리드	• 퍼블릭-프라이빗 클라우드 서비스를 혼용하는 방식 • 시스템 자원을 효율적으로 사용하면서도 비용절감이 가능 • 공유를 원하지 않는 일부 데이터 및 서비스에 대해서는 프라이빗 클라우드 형태를 활용

출처 : 미래창조과학부, 한국과학기술정보연구원, 「퍼스널 클라우드의 기술동향」, 2013.9

SaaS분야는 SW솔루션 기업들이 기존 구축형 제품을 클라우드 기반으로 변형하면서 자연스럽게 참여가 이루어지는 분야로 다양한 기업들이 경쟁하고 있으며, 최근에는 IaaS의 경쟁력 강화에 SaaS솔루션 도입의 효용성이 입증됨에 따라 IaaS기업과 다양한 Third Party 솔루션 개발사의 연계가 진행중에 있다.

MS가 MS office를 SaaS(Office365) 형태로 제공하여 동사의 IaaS 경쟁력 강화에 활용하는 것처럼 구글도 Google Workspace라는 유사 애플리케이션을 제공하면서 시장에 참여했다.

MSP(Managed Service Provider) 서비스의 발전은 다음과 같다.

① IaaS의 과점화와 SaaS솔루션의 다양화는 클라우드 도입기업 입장에서 최적화 문제를 야기함에 따라 적합한 클라우드 사용환경을 제시해 줄 수 있는 MSP가 등장하게 되었다.

② IaaS 기업들이 경쟁력 확보를 위해 PaaS, SaaS서비스를 확대한 결과 AWS가 100개가 넘는 서비스를 제공하는 등 기업들의 선택권은 확대되었으나, IT예산 제약을 가진 기업은 도입 장애요인으로 인식하기 시작하였다.

③ 2008년 글로벌 금융위기를 기점으로 등장한 MSP는 도입기업의 안정적인 클라우드 운영을 보장함에 따라 클라우드 최적화 및 운영 지원서비스와 관련된 비즈니스를 발전시키게 된다.

④ MS분야의 성장에 따라, 기존의 웹/서버 호스팅 업체, IT컨설팅 업체(Accenture) 등 다양한 기반의 MPS들이 등장하기 시작하였으며 최근에는 경쟁에서 뒤쳐진 IaaS 후발 주자(Rackspace 등)까지 참여가 확대되고 있다.

한편 IaaS 사업자 입장에서도 대규모 IT 인프라를 관리하면서 지역, 언어, 통화 등을 감안한 전문화된 서비스 제공에는 한계가 있어 MSP와의 파트너십이 강화되는 추세다

〈표 12-13〉 Managed Service(MS) 내용

항 목	내 용
자원관리	서버(컴퓨팅)자원, 패치관리(최신 업데이트, 패치 적용), 액세스관리(여러 인증체계의 복잡성을 관리)
보안관리	침입탐지, 침입방지시스템 등을 통한 정보자산보호
연속성 관리	비즈니스 장애 및 중단 시 복원, 예약백업 등 실시
보고	모든 유형의 인프라를 기업이 통합된 형태로 파악할 수 있도록 IT 서비스 관리도구와 통합서비스 제공

학습 12

4) 클라우드 시장

글로벌 클라우드 시장은 2021년 기준 시장규모 3,220억 달러로 2019년부터 2025년까지 연평균 18.2% 수준의 성장을 지속할 것으로 예상된다.

가트너는 2019년부터 2025년까지 전세계 클라우드 시장이 연평균 18.2% 성장

할 것으로 예상하였다. 가장 큰 시장은 SaaS이지만 최근 IaaS 영역이 빠르게 성장중이며, 글로벌 빅테크 기업인 MS와 아마존의 압도적인 시장점유율로 해당 시장을 선도하고 있다.

클라우드 서비스 유형별로는 2021년 기준 IaaS의 성장률이 29.5%로 가장 높고, PaaS 19.7%, SaaS 17.8%, BPaaS(Business Process as a Service) 아웃소싱 서비스 5.2% 순이다.

국내 클라우드 시장은 2017년 이전에는 국내 대기업들은 클라우드 서비스로의 전환이 신중한 편이었으나, 2017년 쿠팡을 시작으로 2018년에는 대기업 최초로 대한항공이 클라우드를 전사적인 IT 인프라로 전환하면서 클라우드 서비스 시장에 대한 적극적인 진출이 시작되었다.

국내시장은 2020년 기준 2조원 규모이며, 국내 클라우드 주요 사업자는 자체 데이터센터 기반의 특화된 서비스로 외국계 클라우드 기업과 경쟁중이다.

〈표 12-14〉 국내 주요 클라우드

업 체	내 용
amazon	• 개발자 생태계를 초기에 장악하여 개발자들이 가장 선호 • 가격을 선도, 지속적 가격 인하에도 매출영업이익 상승 • 머신러닝 AI기반의 PasS, SaaS로의 진화
kt	• 국내기업 중 가장 큰 클라우드 시장점유율 보유 • 공공기관 대상의 G-클라우드에 강점 • 글로벌 회사대비 가성비가 좋다는 평가를 받음
servicenow	• 포트폴리오 다각화를 통해 매출을 크게 견인 • 토탈기업 솔루션을 목표로 모든 기업내 비즈앱을 하나의 시스템으로 통합시키고 자함
Microsoft Azure	• 하이브리드 클라우드 시장을 선점하여 고성장 지속 • AI기술을 활용한 개발 툴과 플랫폼 제공, 오피스365 점유율을 바탕으로 IaaS, PaaS 고객유치
NAVER	• 한국은행 코레일 등 고객사 확보(기업고객 6,000여개사) • 최근 금융/공공영역에 집중해 클라우드 포털 별도 운영 • 현재 15개 카테고리 119개 상품보유 중
salesforce	• SaaS 시장에서 포트폴리오 다각화와 손쉬운 개발환경을 제공해 자체생태계 구축 • 적극적인 M&A로 데이터 분석 및 시각화에 강점 보유

최근 글로벌 빅테크 기업들의 한국 내 데이터센터 확보가 급속히 늘어남에 따라 국내시장의 성장세가 가속화되고 있으므로 클라우드 생태계 내 데이터센터, 클라우드 기업(클라우드 서비스 제공자, 파트너사)에 대한 관심을 가지고 공공과 민간이 잘 활용할 수 있는 기반을 갖추는 것이 필요하다.

국내 퍼블릭 클라우드 시장규모는 2020년 기준 2조원 수준이며, 각 서비스별 비중은 Saas(51.4%), IaaS(39.4%), PaaS(9.1%) 순이다.

국내 클라우드 주요 사업자는 자체 데이터센터 기반의 특화된 서비스로 외국계 클라우드 기업과 경쟁중이며, 온라인 관련 서비스를 중심으로 클라우드 활용 비중이 높다.

특히 인터넷/전자상거래(63%), 게임(40.6%), 미디어/방송(39.9%) 등에서 높은 클라우드 활용률을 보이고 있으며, 클라우드 활용 업무영역에서는 Web/App 서비스가 73.1%의 활용률을 보여 압도적인 비중을 차지하고 있다.

국내 기업들은 규모와 무관하게 빅데이터, 미디어, AI 등의 분야에 클라우드 기술을 활용하는 것을 선호한다.

학습 12

수행 내용

재료 · 자료

- 빅데이터 가이드라인 관련 자료
- 개인정보 비식별화 가이드라인

기기(장비 · 공구)

- 컴퓨터, 문서작성 프로그램, 프린터, 주변기기

안전 · 유의사항

- 빅데이터 관련 장비의 안전 및 유의사항을 숙지한다.
- 외부데이터일 경우 데이터 수집 및 경로 등을 빠짐없이 기록한다.
- 내 · 외부데이터 구분 후 개인정보보호법 등 관계 법령에 위배 여부를 확인한다.

수행 순서

01 빅데이터 플랫폼의 생태계 현황에 대하여 분석하라.

1. 주요 기업 현황 및 전략

빅데이터 플랫폼 기업들은 대용량 데이터의 실시간 처리, 다양한 파일시스템에 대한 접근성 강화, 클라우드와 오픈소스 기반 빅데이터 솔루션 연계 등을 통해 기업생태계 형성 및 산업성장에 자원과 역량을 집중하고 있다.

주요 기업들은 분산형 병렬처리 및 실시간 데이터 처리를 위해 하둡 등의 솔루션을 활용하고 있다. 아마존은 자사의 AWS(Amazon Web Service) 클라우드 서비스와 오픈소스 빅데이터 솔루션의 연계를 통해 차별화된 플랫폼 환경구축을 추진하고 있다.

구글과 애플은 모바일 기반 고객데이터와 자사의 분석 플랫폼을 기반으로 빅데이터 분석 환경 마련하고 있다.

빅데이터 플랫폼 기업의 핵심기능을 크게 빅데이터 관리와 분석으로 구분이 가능하다.

1) 빅데이터 관리분야 플랫폼 기업

빅데이터 관리분야 플랫폼 기업은 하둡을 기반으로 데이터 수집, 분산 컴퓨팅 및 병렬처리에 집중하고 있다.

〈표 12-15〉 빅데이터 관리분야 플랫폼 기업

구 분	기업명
주요 제품기술	• 하둡, HDFS, 맵리듀스, Spark, • 데이터 수집, 분산 컴퓨팅, 분산파일 시스템, NoSQL, 병렬 DBMS
국외	Google, IBM, MS, Amazon, Oracle, SAP, Intel, Cisco, Splunk, Teradata
국내	넥스알, 데이터스트림즈, 선재소프트 등

〈표 12-16〉 국외 빅데이터 플랫폼 관리 기업현황

기 업	내 용
Google	• 플랫폼 : 구글 클라우드 • 빅데이터 저장 및 처리를 위한 맵리듀스와 Big Table 원천기술 보유
Amazon	• 플랫폼 : AWS • 고객의 디지털 경험 개선을 위해 AWS를 통해 클릭스트림을 수집 및 처리 • 새로운 데이터에 대한 변환작업(필터링, 정렬, 조인, 집계 등) 수행
MS	• 플랫폼 : Azure • 모바일, 스토리지, 데이터 관리, 메시징 등 다양한 서비스 제공
IBM	• 플랫폼 : InfoSphere Information Server • IBM BigSheets를 포함한 성능, 신뢰성, 보안 및 관리기능으로 하둡 강화 • InfoSphere Information Server : 포괄적 데이터 통합 및 품질기능으로 신뢰성 있는 정보 제공
Oracle	• 플랫폼 : 오라클 클라우드 • 데이터 수집 · 저장 · 처리과정의 간소화 • 대용량 빅데이터 병목현상 제거 • 하둡, 스파트, NoSQL과 같은 데이터 서비스들과의 통합절차 개선
SAP	• 플랫폼 : HANA 클라우드 플랫폼, SAT 클라우드 플랫폼 • 혁신적이고 다양한 사물인터넷 환경 적용 • 인 메모리 컴퓨팅 플랫폼 제공
Intel	• 플랫폼 : Xeon 스케일러블 프로세서 • 실시간 애널리틱스, 가상화된 인프라, 고성능 컴퓨팅 연산기능 • 클라우드 – 빅데이터 – 5G 무선통신기술의 결합
Cisco	• 플랫폼 : CA(Connected Analytics), CPA(Cisco Prime Analytics), CPA(Common Platform Architecture) • Connected Analytics : 하드웨어, 소프트웨어 및 센서데이터 기반 서비스들을 결합한 사물인터넷용 데이터 분석 플랫폼

학습 12

기 업	내 용
	• Cisco Prime Analytics : 실시간 네트워크 중심의 분석서비스를 제공하는 확장 가능한 플랫폼으로 다양한 소스로부터 네트워크 데이터를 쉽게 수집가능 • Common Platform Architecture : 하둡 기반 개방형 플랫폼으로 다양한 어플라이언스를 지원
Splunk	• 플랫폼 : 통합로그 관리시스템 • 소규모 IT 환경 비정형 데이터 분석을 위한 전용 솔루션기업 • IT에서 발생하는 로그데이터, 실시간 이벤트 데이터 및 다양한 장비데이터를 수집, 모니터링, 검색, 분류, 분석할 수 있는 엔진제공
Teradata	• 플랫폼 : TAP(Teradata Analytics Platform) • 스파크(Spark), 텐서플로우(TensorFlow), 글루온(Gluon), 티아노(Theano) 등의 엔진이 탑재되며, 인공지능 및 딥러닝 등의 알고리즘에 빠르게 접근 가능 • 상용 및 오픈소스 분석기술 및 프로그래밍 언어에 대한 용이한 액세스 제동 • 파이썬(Python), R, SAS, SQL 등을 지원

〈표 12-17〉 국내 빅데이터 관리분야 기업현황

기 업	내 용
KT 넥스알	• 플랫폼 : NDAP(NexR Data Analytic Platform) • 하둡 기반 기업환경에 최적화된 성능, 신뢰성, 사용편의성 제공 • 실시간 발생데이터를 수집하여 비즈니스 의사결정을 지원하는 Lean Stram 솔루션 제공
데이터스트림즈 (Data Streams)	• 플랫폼 : TeraONE • 하둡을 기반으로 정형 · 비정형 데이터, 빅데이터의 통합과 데이터 거버넌스를 종합적으로 구성한 One-Stop 데이터 처리 플랫폼 • 수집된 데이터의 품질개선으로 데이터 분석의 신뢰성 향상
선재소프트 (Sunjesoft)	• 플랫폼 : Goldilocks • 인메모리 DB 기술을 채택하여 초고속으로 대용량 데이터처리 서비스 제공

2) 빅데이터 분석분야 플랫폼 기업

빅데이터 분석분야 플랫폼 기업은 데이터마이닝, 텍스트마이닝, 인공지능 알고리즘 등의 분석 툴을 활용하여 가치 있는 솔루션을 제공한다.

〈표 12-18〉 빅데이터 분석분야 플랫폼 기업

구 분	기업명
주요 제품기술	• Mahout, R, Spotfire, Tableau • 통계분석, 데이터 · 텍스트마이닝, 자연어 처리, 기계학습
국외	Google, IBM, MS, Amazon, Oracle, SAP, TIBCO Spotfire, Tableau Software
국내	다음소프트, 그루터, 사이람, 솔트룩스, 마인즈랩 등

〈표 12-19〉 국외 빅데이터 플랫폼 분석기업 현황

기 업	내 용
Google	• 플랫폼 : 구글 클라우드 • 클라우드 기반의 빅데이터 분석서비스와 딥러닝 플랫폼 제공
Amazon	• 플랫폼 : AWS • 클라우드 컴퓨팅 서비스 제공 • 클라우드 서비스 AWS와 인공지능 비서 알렉스의 연계
MS	• 플랫폼 : Azure • 클라우드 컴퓨팅 및 인프라스트럭쳐 서비스
IBM	• 플랫폼 : InfoSphere BigInsights, InfoSphere Streams • InfoSphere BigInsights : 고급 텍스트 분석모듈 및 데이터 탐색용 • InfoSphere Streams : 짧은 시간에 다양한 유형의 데이터 분석지원
Oracle	• 플랫폼 : 오라클 클라우드 • 하둡, 스파트, NoSQL과 같은 데이터 서비스들과의 통합절차 개선
SAP	• 플랫폼 : HANA 클라우드 플랫폼, SAT 클라우드 플랫폼 • 혁신적이고 다양한 사물인터넷 환경 적용 • 인 메모리 컴퓨팅 플랫폼 제공
TIBCO Spotfire	• 플랫폼 : Spotfire X, Spotfire Data System • Spotfire X, 자연어 검색 및 인공지능 기반 인사이트를 제공 • Spotfire Data System : 다양한 데이터 소스에 대한 스트리밍 분석제공
Tableau Software	• 플랫폼 : Tableau Desktop • 각종 데이터 소스에 연결·분석으로 대시보드, 리포트를 생성하는 분석 플랫폼

〈표 12-20〉 국내 빅데이터 플랫폼 분석기업 현황

기 업	내 용
그루터 (Grutcr)	• 플랫폼 : BAAS(Bigdata Analytics & Application System) • 하둡 관련 기술을 보유한 빅데이터 솔루션 전문기업 • 다양한 오픈소스와 소프트웨어 스택 솔루션 제공
사이람	• 플랫폼 : 넷마이너(NetMiner) • 소셜 네트워크 분석 응용솔루션 및 컨설팅 제공 • 대규모 소셜 네트워크 및 데이터 간의 관계를 계량적으로 분석 및 패턴파악
솔트룩스	• 플랫폼 : Truestory, STORM, O2 • 비정형 빅데이터 분석 전문기업 • Truestory는 클라우드 컴퓨팅과 인공지능 기술이 결합된 빅데이터 분석수행
마인즈랩 (MINDsLab)	• 플랫폼 : maum.ai • 음성인식, 텍스트마이닝 관련 종합 인공지능 서비스 기업 • 인공지능 알고리즘을 토대로 소셜 빅데이터 분석정보 및 기업 내부의 정형 데이터와 교차 분석하여 비즈니스 활동에 필요한 정보제공

기 업	내 용
다음소프트	• 플랫폼 : Contextual Finder • 소셜 네트워크 마이닝 분야의 전문분석수행 • 소셜미디어 상의 데이터에 대한 의미 있는 정보 서칭, 정보간의 관계 및 패턴 파악, 트렌드 분석 등 서비스 제공

출처 : 안춘모(2017), 중소기업기술정보진흥원(2018. 2019), IBM(2012), Amazon 홈페이지 등

3) 빅데이터 관리 및 분석 관련 자체 플랫폼

Google, Amazon, MS 등 글로벌 기업들은 빅데이터 관리 및 분석 관련 자체 플랫폼을 바탕으로 자사의 기업 고객에게 토탈 솔루션을 제공하고 있다.

02 빅데이터 플랫폼의 관리 및 분석에 대한 국내외 정책동향에 대하여 분석하라.

1. 빅데이터 플랫폼의 관리분야의 국내외 정책동향

1) 미 국

① '12년 "빅데이터 R&D 이니셔티브"를 발표, 빠르게 성장하는 디지털 데이터의 수집 · 저장 · 처리 · 관리 등의 추진계획 포함하고 있다.

구 분	내 용
국립과학재단(NSF)	대용량 데이터 저장 연구
국립보건원(NIH)	신경과학 관련 데이터 수집 및 접근성 개선 연구와 게놈 프로젝트를 통한 인체 유전자 데이터 공개
에너지부(DoE)	대용량 데이터의 관리, 접근, 보존 관련 기술개발

- '16년 "빅데이터 R&D 전략계획"를 발표, 방대한 양의 데이터 처리, 공유 및 관리를위한 전략과제를 제시하고 있다.

※ 국가 데이터 인프라 구축 강화 및 데이터 표준 공유와 데이터간 상호운영성 촉진 정책 추진하고 있다.

2) 유 럽

① 빅데이터의 공유 및 개방을 통한 새로운 가치창출에 자원과 역량을 집중하고 있다.

※ 영국은 데이터 수집 · 활용을 위한 파트너십 구축에 정부지원을 확대하고 있다.

② 개인정보보호규정(GDPR, General Data Protection Regulation) 시행 : 투명한 데이터 처리방식, 데이터 삭제권 등 개인정보보호 강화와 합법적인 데이터 유통을 동시에 추구한다.

3) 일 본

① 빅데이터 활용의 기반 인프라 구축을 위한 '미래투자전략 2017'을 발표, 빅데이터에 대한 접근성을 강화하고 있다.

② '관민 데이터 활용추진 전략회'를 중심으로 2020년까지 공공데이터 개방, 데이터 유통 기반의 정비 및 데이터 활용을 위한 종합적인 민관데이터 활용에 관한 법제 정비 추진하고 있다.

③ 2017년 '개인정보의 보호에 관한 법률' 개정으로 익명 가공정보의 활용을 촉진시킴으로써 빅데이터 정보의 수집 등 데이터 접근 · 활용성을 강화하고 있다.

4) 중 국

① '빅데이터 산업발전 계획(2016~2020년)'을 발표, 빅데이터 기술개발 및 제조업 생산과정에 빅데이터의 전면 도입을 강화하고 있다.

② 특히 빅데이터 수집 · 저장 · 처리 · 관리 등 핵심기술에 대한 연구개발 중점 프로젝트 추진하고 있다.

5) 대한민국

① 빅데이터가 4차산업혁명 시대 산업발전과 가치창출의 촉매 역할을 함에 따라 '데이터 산업 활성화 전략'을 통해 데이터 구축 · 개방, 저장 · 유통 등의 세부과제를 추진하고 있다.

- 데이터 구축 · 개방 : 산업적 활용도가 높은 영역별 기기 · 센서 등을 통해 수집 · 생성되는 산업별 실제 빅데이터 구축, 공공데이터의 개방으로 공공부문 핵심 데이터를 오픈하고 있다.
- 데이터 저장 · 유통 : 데이터의 효율적 저장관리를 위한 클라우드 기반 데이터 관리 확대 및 민간-공공 연계의 개방형 데이터 기반으로 구축하고 있다.

② '4차산업혁명 대응계획'을 통해 빅데이터의 산업 · 공공분야에서의 산업적 활용을 높이기 위해 빅데이터의 개방형 혁신과 인프라 구축을 추진하고 있다.

- 데이터 인프라 구축 : 인공지능 학습용 · 연구개발용 의료영상 데이터셋 등 보건의

료 데이터 구축 및 개방을 촉진하고 있다.

- 빅데이터 개방형 혁신 : 연구데이터 공유 · 활용 제도화, 국가 연구데이터 플랫폼 구축, 공공 · 민간분야 양질의 데이터 구축 · 분석을 지원하는 빅데이터 전문센터 구축하고 육성하고 있다.

2. 빅데이터 플랫폼 분석분야의 국내외 정책동향

1) 미 국

① '빅데이터 R&D 이니셔티브'를 통해 빅데이터 분석기술 확보, 활용성 강화, 전문인력 양성을 중점적으로 추진하고 있다.

- 기술 : 다량의 데이터로부터 가치 있는 정보창출을 위해 빅데이터 분석기술의 최첨단화를 추진하고 있다.
- 응용 · 활용 : 산업의 새로운 부가가치 창출 견인 및 공공분야에서의 활용을 통한 사회문제 해결의 핵심 추동으로 빅데이터 분석, 응용, 활용 강화 및 확대하고 있다.
- 전문가 양성 : 빅데이터 기획에서부터 분석 및 인사이트 추출에 이르는 전 과정의 숙련된 경험 · 노하우 및 관련 도메인 특성에 대한 지식을 보유한 빅데이터 전문인력을 양성하고 있다.

② '빅데이터 R&D 전략계획'을 통해 빅데이터 분석관련 기술방법론 개발, 인력양성 및 활용역량 개선을 강조하고 있다.

- 빠르게 변화하는 미래수요에 대응한 빅데이터 분석방법론 개발, 데이터 과학자 · 빅데이터 전문가 양성 및 공공분야에서의 데이터 분석결과의 활용역량을 개선하고 있다.

2) 유 럽

① 유럽내 통합 디지털 플랫폼인 'Digital European'을 통해 데이터 경제육성 전략방향을 제시하였으며, 특히 데이터에 대한 분석 · 활용을 강화함으로써 새로운 데이터 비즈니스 창출을 촉진하고 있다.

② 영국은 장기적인 측면에서 데이터 분석 및 활용을 활성화하기 위해 빅데이터 전문가 양성정책을 강화하고 있다.

3) 일 본

① '미래전략투자 2017'의 빅데이터 활용을 위한 기반 인프라 구축 지원정책을 통해 빅데

이터 분석 및 응용을 위한 토대를 마련하고 있다.

② 건강, 의료, 간호 데이터를 개개인이 파악할 수 있는 시스템 구축에 따른 빅데이터 분석 및 활용의 기반 구축으로 개개인에 보다 의미있는 빅데이터 분석결과 도출 환경 구축을 촉진하고 있다.

4) 중 국

① '빅데이터 산업발전 계획(2016~2020년)'을 통해 빅데이터의 제조업 분야에서의 응용 확대, 글로벌 빅데이터 리딩 기업육성 정책방향을 제시함으로써 빅데이터가 중국 전 산업발전의 추동으로 인식하고 있다.

② 빅데이터 분석 · 응용 관련 핵심기술에 대한 연구개발 강화와 빅데이터 분석 상품개발 · 솔루션 개발 촉진정책을 통해 2020년까지 10개 이상의 글로벌 빅데이터 선도기업과 500개의 빅데이터 응용서비스 기업의 육성을 추진하고 있다.

5) 대한민국

① 빅데이터의 산업적 가치창출 활성화를 위한 정책지원으로 '데이터 산업 활성화 전략'에 빅데이터 분석 · 활용 관련 세부과제를 추진하고 있다.

- 데이터 분석 · 활용 : 데이터 기반 산업경쟁력 제고 및 빅데이터를 활용한 사회문제 해결 강화
- 데이터 분석을 위해 빅데이터 기반 실시간 모니터링(데이터 수집), 사전예측, 조기대응 등을 활용

② 빅데이터 기술을 활용하여 기반 산업과 공공분야에서의 지능형 혁신 추진을 목표로 '4차산업혁명 대응계획'에서 빅데이터의 응용환경 조성을 마련하고 있다.

- 빅데이터 분석 · 응용 : 빅데이터 기반 스마트 시티 운영체계 구축, 인공지능과 빅데이터 기반의 위험감지와 빅데이터 분석을 통한 지능형 의사결정 지원체계를 마련하고 있다.

학습활동.12 교수 · 학습 방법

교수 방법

- 빅데이터의 플랫폼과 관리에 대한 관련 용어, 구성, 방식 이해 정도를 파악한 후 수업을 진행한다.
- 교수자의 주도로 빅데이터의 플랫폼과 관리 등의 내용을 PPT 자료로 제시한 후 설명한다.
- 가능하면 사전에 개인별 학습 자료를 준비하여 모든 학생이 참여할 수 있는 문제 해결식 수업, 협력 수업이 가능하도록 한다.
- 빅데이터의 플랫폼과 관리전 과정을 작업의 순서에 따라 단계적으로 실습이 이루어질 수 있도록 지도한다.
- 교재를 통해 수업을 준비하는데 있어서 필요한 모든 정보나 팁, 힌트 등 도움이 될 만한 내용들을 확인할 수 있다.
- 학생들이 만들게 될 각 모델들은 수업시간에 중점적으로 다뤄질 부분과 어휘, 질문, 답을 포함하고 있으며 또한 탐구할만한 추가적인 아이디어들도 포함하고 있다.

학습 방법

- 빅데이터의 플랫폼과 관리에 대한 관련 용어를 숙지하고, 빅데이터의 플랫폼과 관리에 대해 이해한다.
- 빅데이터의 플랫폼과 관리의 각 단계별 중점 사항을 체계적으로 학습한다.
- 빅데이터의 플랫폼과 관리의 수행순서의 전 과정을 실습한다.
- 빅데이터의 플랫폼과 관리의 내용을 이해한다.
- 빅데이터의 플랫폼과 관리를 숙지하고 숙달이 될 때까지 학습한다.

학습활동.12 평가 및 피드백

평가 준거

- 평가자는 피평가자가 수행 준거 및 평가 내용에 제시되어 있는 내용을 성공적으로 수행할 수 있는 지를 평가해야 한다.

학습내용	평가항목	성취수준		
		상	중	하
빅데이터의 플랫폼과 관리	빅데이터의 플랫폼과 관리를 이해할 수 있다.			

평가 방법

• 작업 포트폴리오

학습내용	평가항목	성취수준		
		상	중	하
빅데이터의 플랫폼과 관리	빅데이터의 플랫폼과 관리를 이해할 수 있다.			

• 필기시험

학습내용	평가항목	성취수준		
		상	중	하
빅데이터의 플랫폼과 관리	빅데이터의 플랫폼과 관리를 이해할 수 있다.			

• 체크리스트를 통한 관찰

학습내용	평가항목	성취수준		
		상	중	하
빅데이터의 플랫폼과 관리	빅데이터의 플랫폼과 관리를 이해할 수 있다.			

• 피드백

1. 작업 포트폴리오
   - 제출한 보고서를 평가한 후 주요 사항에 대하여 표시하여 돌려준다.
2. 필기시험
   - 평가 결과 성적이 저조한 학생은 보고서 제출 기회를 부여한다.
3. 체크리스트를 통한 관찰
   - 실습 과정에서 평가한 후 개선해야 할 사항 등을 정리하여 돌려준다.

학습 12

참 | 고 | 문 | 헌

- 개인정보보호법(시행 2016년 4월 7일, 법률 제13723호)
- 공공 데이터의 제공 및 이용활성화에 관한 법률(시행 2016년 7월 25일, 법률 제13423호)
- 공공데이터포털, https://www.data.go.kr, 2016.8.10.
- 교육부 · 전종훈 외, "빅데이터 분석, NCS 학습모듈"
- 국가법령 정보센터, http://www.law.go.kr
- 국가통계포털, http://kosis.kr, 2016.8.11.
- 김선남 · 이환수, 『빅데이터 개인정보 가이드라인(안)의 개선방향 연구』, 『정보화 정책 제21권, 제4호』, 25쪽, 2014.
- 김시환 · 천석진 · 이현주, 『Big data 이용현황과 시사점』, 『지급결제와 정보기술 제52호』, 금융결제원 금융결제 연구소, 2013.
- 김진영, 『헬로 데이터 과학』, 한빛 미디어, 2016.
- 김형훈 · 김선화, 『클라우드와 빅데이터의 강력한 파트너 MongoDB 핵심가이드』, 프리렉, 2014.
- 네이선 야우([2011] 2012), 『비주얼라이즈 디스 : 빅데이터 시대의 시각화+인포그래픽 기법(VISUALIZE THIS : The FlowingData Guide to Design, Visualization, and Statistics)』, 송용근(역), 에이콘.
- 모리후지 다이치, 안티베이지안([2014] 2015), 『엔지니어를 위한 데이터 시각화(ENGINEER NO TAME NO DATA KASHIKA 〈JISSEN〉 NYUMON)』, 김성재(역), 한빛미디어.
- 미래창조과학부, 한국정보화진흥원, K-ICT 빅데이터센터, 2015년 BIGDATA 시장현황 조사, 2016.
- 민세희, 「데이터 시각화, 인식과 행동」, 『2014년 지역정보화 동향분석』, 제9호, pp.1-14., 2014.
- 빅데이터 기술분류 및 현황, 한국지능정보사회진흥원, 2013.12.
- 소프트웨어공학센터, http://www.sw-eng.kr
- 오상문, https://blog.skcc.com/1734 [SK(주) C&C 블로그:티스토리], 2014.
- 위키백과, https://ko.wikipedia.org/wiki
- 유충현 · 홍성학, R을 활용한 데이터 시각화, 379, 2015.
- 이규엽 · 박상철 · 류성열, "공공 빅데이터 플랫폼 성과평가 모형, 지식경영연구", 제21권 제4호, 2020.4.
- 이상한 · 정영훈, 『빅데이터 시스템 구축 가이드』, 프리렉, 2015.
- 이재운 기자, "통계학적 방식으로 취약점 방어...빅데이터 활성화 기대", 디지털타임즈 3면, 2016.7.1.
- 조대협, NoSQL 데이터 모델링, http://bcho.tistory.com/665에서 2016.08.01. 검색 2012.
- 조대협, 분산 로그 & 데이터 수집기 Fluentd, http://bcho.tistory.com/1115, 2016.8.1.
- 주종면, 『NoSQL & mongoDB』, 도서출판databook, 2014.
- 포스터 프로보스트, 톰 포셋, 『비즈니스를 위한 데이터 과학』, 한빛 미디어, 2014.
- 한국데이터베이스진흥원, 『데이터 분석 전문가 가이드 2014 Edition』, 2014.
- 한국데이터베이스진흥원, 『데이터 분석 전문가 가이드 개정판』, 2016.
- 한국데이터베이스진흥원, 『데이터 분석 전문가 가이드 2014 Edition』, KODB, 2014.
- 한국데이터산업진흥원, 2021년도 데이터 백서
- 한국정보화진흥원, 2015년 빅데이터산업 10대 뉴스 및 이슈, BIGDATA, 2015.
- 한국정보화진흥원, 빅데이터 시각화 기술 도입을 위한 단계, 「빅데이터 기술 분류 및 현황」, 2015.
- 한국정보화진흥원, 빅데이터 활용 단계별 업무절차 및 기술 활용 매뉴얼(Version 1.0), 2014.
- 행정자치부 관계부처 합동 보도문, 『개인정보 비식별화 가이드라인』, 행정자치부 관계부처 합동 보도문, 2016.

- boardConfigUid=9 &boardIdx=39&boardStep=1, 2016.7.28.
- Cattell R., Scalable sql and nosql data stores, ACM SIGMOD, Athens, Greece, 2011.
- DBGuide.net, 데이터 요건분석.
- Gartner(2016), 'Magic Quadrant for Business Intelligence and Analytics Platforms', 2016.01.04
- http://cartodb.com/
- http://colorbrewer2.org
- http://data.seoul.go.kr/openinf/linkview.jsp?infId=OA-13304
- http://docs.ggplot2.org
- http://gapminder.org/world
- http://ggplot2.org
- http://github.com/dkahle/ggmap
- http://groups.google.com/group/ggplot2
- http://indiemapper.com/
- http://mbostock.github.io/protovis/
- http://mbostock.github.io/protovis/ex/nba.html
- http://modestmaps.com/
- http://newsmap.jp
- http://philogb.github.io/jit/
- http://processing.org
- http://python.org
- http://sgis.kostat.go.kr/view/index
- http://www.adobe.com/kr/products/illustrator.html
- http://www.dbguide.net/db.db?cmd=view&boardUid=13839&
- http://www.google.com/drive/start/apps.html
- http://www.iea.org/etp/explore/
- http://www.instantatlas.com/
- http://www.labri.fr/perso/nrougier/teaching/matplotlib/
- http://www.perceptualedge.com/articles/visual_business_intelligence/sometimes_we_must_raise _our_voices.pdf
- http://www.r-project.org/
- http://www.tableau.com/
- http://www.telerik.com/kendo-ui
- http://www2.parc.com/istl/groups/uir/publications/items/UIR-1986-02-Mackinlay-TOG-Automat ing.pdf
- https://commons.wikimedia.org/wiki/File:Basic_by_Isotype.jpg
- https://commons.wikimedia.org/wiki/File:Gestalt_closure.svg
- https://cran.r-project.org/web/packages/RColorBrewer/index.html
- https://d3js.org/
- https://developers.google.com/chart/
- https://developers.google.com/chart/interactive/docs/gallery
- https://developers.google.com/chart/interactive/docs/reference

- https://docs.google.com/spreadsheets/u/0/
- https://en.wikipedia.org/wiki/Principles_of_grouping#/media/File:Gestalt_proximity.svg
- https://en.wikipedia.org/wiki/Principles_of_grouping#/media/File:Gestalt_similarity.svg
- https://ikkison.tistory.com/66 빅데이터/쉽게 읽는 데이터, 2019. 5.23
- https://infogr.am
- https://inkscape.org/
- https://public.tableau.com/s/
- https://stat.ethz.ch/R-manual/R-devel/library/stats/html/heatmap.html
- https://www.arcgis.com/features/index.html
- https://www.openstreetmap.org/
- https://www.rstudio.com/
- https://www.theguardian.com/news/datablog/2010/may/17/uk-public-spending-departments-mo ney-cuts
- IDC(2014), 'IDC FutureScape : Worldwide Big Data and Analytics 2015 Predictions', 2014.12.10.
- Jock D. Mackinlay, Automating the Design of Graphical Presentations of Relational Information, ACM Transaction on GRaphics, Vol.5, No.2, April. 1986, 1-34.
- Łukasz Halik, The analysis of visual variables for use in the cartographic design of point symbols for mobile Augmented Reality applications, GEODESY AND CARTOGRAPHY, Vol.61, No.1, 2012, 19-30.
- mongoDB Inc., Sharding, Retrieved from https://docs.mongodb.com/manual/sharding/, 2016.08.
- mongoDB Inc., MongoDB 3.2 Manual, Retrieved from https://docs.mongodb.com/manual/, 2016.08.
- Shard_(database_architecture)
- Sharon Machlis, Chart and image gallery : 30+ free tools for data visualization and analysis, Computerworld, 2015.
- Solid IT. Inc., DB-Engines Ranking, Retrieved from http://db-engines.com/en/ranking, 2016.08.
- TTA, "빅데이터 시각화 기술", ICT 표준화포럼-빅데이터포럼, 2014.
- Wikipedia, Shard(database architecture), Retrieved from https://en.wikipedia.org/wiki/, 2016.08.

학습 목표

1. 빅데이터의 보안분석을 이해할 수 있다.

13-1 빅데이터 시스템 관련 보안이슈의 이해

1. 빅데이터 보안

빅데이터의 가치가 높아지면서, 안전한 활용을 위한 빅데이터 보안의 중요성은 더욱 커지고 있다. 과거에는 주로 관련된 규제에 대한 대응차원에서 데이터 보안 시스템을 설치하여 운영하였지만, 점점 더 실질적인 보호를 위한 정책을 적용하고 모니터링을 하는 등의 방향으로 변하고 있다.

기술적으로는 클라우드로 IT 시스템을 이전하는 기업 및 기관이 증가하면서, 새롭게 전개되는 환경에 적합한 DB 보안기술에 대한 수요가 증가하고 있다

학습 13

1) 빅데이터 보안의 정의

빅데이터 보안은 승인되지 않은 액세스로부터 데이터를 보호하고 데이터 기밀성,

무결성, 가용성을 유지하기 위해 도입된 보호조치이다. 빅데이터 보안 모범사례에는 데이터 암호화, 키 관리, 데이터 개정, 데이터 부분집합화, 데이터 마스킹, 권한 있는 사용자 액세스 관리, 감사, 모니터링 등 데이터 보호기술 관련 사례가 포함된다.

데이터 유출의 위험을 완화하고 규제준수 목표를 달성하기 위해 데이터 보안 모범사례는 온프레미스 및 클라우드 환경 모두에서 활용될 수 있어야 한다. 세부적인 권장사항은 다를 수 있지만 일반적으로 심층방어(Defense-in-depth) 접근에 적용하기 위해 설계된 계층형 데이터 보안전략을 호출한다. 다양한 제어방식으로 다양한 위협 벡터를 완화할 수 있다. 고유 솔루션 영역에는 데이터베이스 활동 및 위협을 평가, 감지 및 모니터링할 수 있는 기능이 포함된다.

2) 빅데이터의 보안 프라이버시 문제

빅데이터가 안겨주는 고민은 데이터를 저장, 관리, 분석, 발굴하는 과정에 국한되지 않는다. 보안, 프라이버시 문제에 대한 고민 역시 안겨주고 있다.

빅데이터는 무수한 통로를 통해 막대한 데이터를 전달·처리하며, 그 안에는 개인의 신원정보(PII : Personal Identifiable Information) 역시 포함하고 있다. 그 진행속도 역시 그 어느 때보다 빠르게 이뤄지며, 또한 각 통로 간의 연결지점은 상당한 취약성을 지니고 있다.

역식별(Deidentification) 방식을 활용하면 신원정보를 여타 데이터와 분리함으로써 신원정보를 감추는 것이 가능하다. 그러나 이와 같은 정보의 별도 관리를 통한 프라이버시 보호과정은 배후의 어떠한 편향 혹은 오용의 가능성 역시 지니고 있다는 지적을 피하기 어렵다. 또한 역식별 보안방법론은 신원정보를 재조합하는 재식별(Reidentification) 과학에 의해 무력화 될 수 있어 이것이 진정 빅데이터 시나리오에서 개인정보보호 수단으로 역할을 할 수 있을까 라는 의문을 낳고 있다.

빅데이터 관리에 복잡한 시스템들을 이용하는 기업들에게는 시스템 간의 이관 문제 역시 대두된다.

일반적인 추출, 변형, 적재(ETL, Extraction, Transformation, Load) 과정은 전통적 관계형 데이터베이스 관리시스템(RDBMS) 데이터 웨어하우스로부터 하둡 클러스터(Hadoop Cluster)로 빅데이터를 로드한다.

수집되는 데이터 대부분이 비정형 데이터이기 때문에 시스템은 데이터를 정형화하는 과정을 거치게 되고, 이어서 그것을 관계형 데이터베이스나 BI 애널리스트, 또는 하둡 구동을 통해 저장, 참조, 복구 등을 담당하는 또 다른 데이터 웨어하우스로 전달한다. 그리고 이 모든 전달과정은 각각의 취약성을 안고 있다.

빅데이터 솔루션 제작자들이 현재 진행하는 작업들 가운데 다수가 본래에는 그들이 의도치 않던 활동들이다.

맵 리듀스(Hadoop)를 예로 들어보면 구글은 공공링크를 저장해 사용자들이 검색할 수 있도록 하기 위해 이를 개발했다. 다루는 대상이 공공링크였기에, 보안과 관련한 어떠한 우려도 없었다. 하지만 이제 맵리듀스와 NoSQL은 기업영역에서 의료, 금융기록을 다루는데 이용되고 있다. 구상단계에선 고려되지 않던 프라이버시 이슈가 제기되기 시작한 것이다. 큰 문제가 아닐 수 없다. 벤더들은 분산형 컴퓨팅 아키텍처를 위한 방화벽을 개발하지 않았다. 이것의 확장성은 전통적 방화벽과 침입탐지시스템(IDS : Intrusion Detection System)이 포괄할 수 없는 수준이기 때문이다.

개인식별정보(PII : Personally Identifiable Information)를 노출시키는 취약성은 개인을 조사하고 프로파일링할, 그리고 해당 인물의 인구학적 정보에 기초해 차별과 배제를 야기할 위험이 있다.

또한 이러한 정보남용에서 개인이 통제할 수 있는 부분은 극히 적다. 브랜드나 벤더, 법률 기관, 나아가 정부기관들까지, 각종 기관들이 개인정보를 특정 개인에게 어떠한 제약을 가하는데 이용할 수 있다는 것이 기사의 요지다.

이러한 문제를 예방하기 위해 프라이버시 보호의 책임을 지닌 기관들은 익명화(Anonymization), 가명화(Pseudonymization), 부호화(Encryption), 키-코딩(Encryption), 데이터 셰어링(Encryption) 등 전통적 역식별 방법론을 통해 실제 신원과 개인식별정보(PII) 사이에 거리를 두는 방식을 적용해왔다.

익명화란 성명이나 주소, 사회보장번호 등 프라이버시와 관련한 정보를 제거하는 방식으로 이뤄지며, 가명화는 이들 정보를 닉네임이나 가명, 가상 신원자로 대체하는 방식을 의미한다.

키-코딩은 개인식별정보(PII)를 부호화하고 이를 해제할 키를 제작하는 방식이다. 데이터 셰어링은 데이터를 수평적 요소들로 쪼갠 뒤 이것의 사용자에게 원하는 결과물을 도출할 수 있을 만큼이지만 이를 이용해 신원을 재식별하기는 불가능한 정도로 제공하는 구조이다.

데이터 조각들로부터 신원을 재식별해내는 것이 가능해진다는 사실은 프라이버시 정책에 대한, 그리고 익명성에 대한 신뢰에 악영향을 줄 것이다.

3) 빅데이터 보안의 중요성

빅데이터는 모든 조직에 가장 중요한 자산 중 하나이다. 따라서 모든 종류의 무단 액세스 시도로부터 데이터를 보호하는 일이 무엇보다 중요하다. 데이터 유출, 감사 실패, 규제 요구사항 준수 실패 등은 모두 조직의 명성 추락, 브랜드 자산의 손실, 지적재산권 침해, 규제 준수 실패로 인한 벌금 등의 결과를 낳을 수 있다.

유럽연합의 GDPR(General Data Protection Regulation) 하에서는 데이터 유출 시 조직의 연간 글로벌 수익의 최대 4%까지 벌금이 부과될 수 있으며, 그 결과 조직은 상당한 재정적 손실에 직면할 수 있다.

민감한 데이터에는 개인식별정보, 재무정보, 건강정보, 지적재산권이 포함되고 데이터 유출방지 및 규정준수를 위해 데이터는 보호되어야 한다.

13-2 빅데이터 분석의 보안위협요소 분석

1. 빅데이터 보안의 필수요소

고도의 복합적이고 알려지지 않은 새로운 사이버 위협에 대응하기 위해서는 알고리즘, 심층 인텔리전스, 자동화 등은 빅데이터 보안에서 필수요소라고 할 수 있다.

1) 준비된 알고리즘

높은 정확도를 위해 데이터 처리능력, 커스텀 규칙(Custom Rule)을 혼합하여 기계학습, 행동이상 탐지 등의 알고리즘 이용한다. 또한 알고리즘이 감염된 호스트, 네트워크 정찰, 자격 수확, C&C(Command & Control)통신의 지속적인 스트리밍의 패턴, 장후 파악을 위한 알고리즘이 필요하다.

2) 심층 인텔리전스

내 · 외부 네트워크에서 어떤 일이 일어나는지 대한 상황적 인식과 네트워크 자산, 구성, 취약점에 대한 지속적인 모니터링을 연계함으로써 인텔리전스 허브역할 수행한다.

3) 자동화

사람이 대응하기에 너무도 많은 위협과 취약점, 사건, 네트워크 패킷 등이 존재한다. 지속적인 탐지와 비정규적인 공격에 대한 자동감지 및 대응이 필요하다.

2. 빅데이터를 활용한 보안기술

다음은 APT공격 등과 같은 치명적인 사이버 위협 공격에 대응하기 위해서 주요 IT기반 시스템의 다양한 데이터, 보안 이벤트 등의 연관성을 분석할 수 있는 주요한 빅데이터 보안데이터 수집/저장기술, 빅데이터 분석기술 및 프라이버시 보호 기술 등의 빅데이터 활용한 보안기술들이다.

1) 빅데이터 보안데이터 수집/저장기술

① Streaming : 인터넷에서 음성, 오디오, 비디오데이터를 실시간으로 수집할 수 있는 기술이다.

② Log Aggregator : 웹서버 로그, 웹로그, 드렌젝션 로그, 클릭로그, DB로그등 각종 데이터를 수집하는 오픈소스 기술이다.

③ RDB Aggregator : 관계형 데이터베이스에서 정형 데이터를 수집하여 하둡 분산파일시스템이나 HBase같은 NoSQL에 저장하는 오픈소스 기술이다.

④ 분산파일 시스템 : 분산된 서버의 로컬 디스크에 파일을 저장하고 파일의 읽기, 쓰기 등과 같은 연산을 운영체제가 아닌 API를 제공하여 처리하는 파일시스템이다.

⑤ 인메모리 데이터 그리드 : 분산된 서버의 메인 메모리에 데이터를 저장하여 다수의 컴퓨터로 고속병렬처리 및 실시간 처리가 가능한 기술이다.

2) 빅데이터 분석기술

① 연관성 규칙 학습(Association Rule Learning) : 내용량 데이터베이스 내의 다양한 변수로부터 흥미있는 주제의 관련성 및 연관성을 찾는 기술로 잠재적 규칙을 만들어 내고 테스트하는 일련의 알고리즘으로 구성이다.

② 분류(Classification) : 이미 분별된 데이터를 포함하는 학습데이터 세트를 기반으로 새로운 데이터가 속해있는 카테고리를 식별할 수 있는 기술이다.

③ 군집화(Cluster Analysis) : 유사성에 대한 특성이 사전에 알려져 있지 않은 상태에서 유사한 개체들의 작은 그룹으로 분할하기 위한 통계적 방법이다.

④ 앙상블 학습(Ensemble Learning) : 기계학습의 분류방법을 통해 여러 개의 분류기를 생성하고 그것들의 예측을 결합함으로써 새로운 가설을 학습하는 방법이다.

⑤ 유전 알고리즘(Genetic Algorithm) : 자연세계의 진화과정에 기초한 계산 모델로써 최적화 문제를 해결하는 기법이다.

⑥ 아웃라이어 판별(Outlier Discovery) : 주어진 데이터에서 이상값(Outlier)을 찾아내어 전체에 영향을 주는 요소들을 제거하거나 이상값에 대한 원인을 분석하는 기술이다.

⑦ 머신러닝 : 악성행위의 식별을 위해서는 사용자의 행위 이벤트 간 연관성을 고려하여 해킹 행위 사이클에 따라 이상행위를 찾아내고, 악성행위로 식별하기 위해서는 정밀한 분석을 통한 적용 모델을 도출하기 위한 기법이다.

⑧ 시각화(Visualization) : 데이터 분석의 결과를 표현하고 이해의 수준을 향상하기 위하여 이미지, 다이어그램, 애니메이션 등을 사용하는 기법이다. 이러한 빅데이터 분석요소 기술들을 활용하여 실시간 모니터링, 행위 프로파일링, 다양한 위협과 공격패턴에 대한 지능적 분석등 사이버 위협에 대응하기 위한 보안기술로 활용된다.

3) 프라이버시 보호기술

빅데이터를 활용하여 보안분석 시 프라이버시 보호에 대한 방법도 같이 고민해야 한다. 개인정보보호법 등 법규나 정책에 저촉되지 않도록 분석하고자 하는 데이터에 대한 보호수준 및 알고리즘 선택에 대한 고려가 필요하다.

① PPDM(Privacy Preserving Data Mining) : 프라이버시를 보호할 수 있도록 변환하거나 이를 보호할 수 있는 방법을 사용하여 데이터마이닝을 수행하고, 그 결과를 도출하는 방법이다.

② 마스킹, 암호화, 교정(Redaction)을 통한 데이터 보호 : 데이터를 처리 및 분석하는 주체가 악의적인 경우, 해당 개인정보는 쉽게 유출될 수 있다. 이를 방지하기 위해 익명화 과정을 거쳐 데이터에 존재하는 개인정보를 제거한 형태의 처리 및 분석과정이 필요하다. 또한 순서보존 암호 및 연산보존 암호와 같은 암호화 기술등을 이용하여 빅데이터 보안분석시 프라이버시 보호와 함께 유용한 정보를 도출할 수 있는 기술이 필요하다.

3. 빅데이터 분석 플랫폼의 데이터 보안

직접 빅데이터를 분석하거나 분석서비스를 의뢰하는 고객들의 가장 큰 고민거리가 데이터 유출 영역이며, 클라우드 기반의 빅데이터 분석 플랫폼인 경우 더 많은 우려와 걱정이 있다. APT 기반의 외부 공격과 내부 직원에 의한 유출이 또한 중요하게 생각될 수 있다.

어떻게 클라우드 플랫폼 기반에서 빅데이터를 수집단계부터 폐기될 때까지 보호할 수 있을까? 데이터 유출방지는 수집영역의 데이터 거버넌스로 시작해서 상호 연관된 일관된 정책을 적용할 수 있는 통합관리방안이 만들어져야 한다.

1) 데이터 거버넌스

다양한 채널과 디바이스를 통해서 대량의 데이터가 생성, 연계되어 수집되기 때문에 데이터 사용자와 분석가는 어디에 어떤 데이터를 어떻게 활용할 것인가를 판단하고, 이 데이터를 처리하는 방법과 절차를 알아야 한다.

데이터의 출처 및 근원관리를 위해 빅데이터의 버전관리, 기관인증, 출처 추적, 생명주기 관리 등과 같은 데이터 신뢰성을 제고할 방법이 확보되어야 한다. 또한 분산된 다중 사이트(데이터 레이크)의 메타데이터가 상호 연동될 수 있어야 하고, 데이터 형식도 사전에 정의되어야 한다. 데이터 거버넌스는 메타데이터 관리로 시작된다.

2) 메타데이터(Meta Data)

데이터에 관한 구조화된 데이터로, 다른 데이터를 설명해 주는 데이터이다. 대량의 정보 가운데에서 찾고 있는 정보를 효율적으로 찾아내서 이용하기 위해 일정한 규칙에 따라 콘텐츠에 대하여 부여되는 데이터이다. 어떤 데이터, 즉 구조화된 정보를 분석·분류하고 부가적 정보를 추가하기 위해 그 데이터 뒤에 함께 따라가는 정보를 말한다.

3) 메타데이터 관리

빅데이터의 효과적 분석을 위한 내·외부데이터 간의 메타데이터 관리가 가능해야 한다. 비정형 데이터에 존재하는 마스터 데이터를 식별하고, 다양한 데이터 형식을 하나의 형식으로 변환하기 위해 일련의 통합규칙과 논리적 연결고리를 유연하게 관리할 수 있도록 메타데이터를 관리해야 한다.

데이터 수집 및 통합분석의 핵심 정보들은 싱글 뷰를 제공하기 위해 기준 정보 데이터 분류에 따른 식별자 속성을 정하고, 그 기준에 의해 다른 시스템에 분산된 정보와 융합해야 한다는 것이다.

다시 말해 메타데이터 관리를 통해서 기밀정보, 생명주기 관리, 개인정보, 민감정보 등 보안 및 보호가 필요한 속성에 대한 정책 및 관리기준을 설정·관리할 수 있다.

빅데이터 플랫폼에 수집되는 데이터는 수집부터 폐기될 때까지 관리되고 모니터링되어야 한다. 데이터 레이크는 또한 다른 수집영역의 이름이 될 수 있다.

4) 데이터 레이크(Data Lake)

오픈소스 기반의 Business Intelligence 기업 펜타호(Pentaho)의 창립자이자 CTO인 제임스 딕슨(James Dixon)이 2014년 처음으로 사용한 용어로 정제되지 않은 다양한 형태의 데이터 저장소를 의미한다.

데이터 레이크의 주요 기능을 알아야 수집영역에서 데이터 유출 보안을 위한 고려사항을 찾아낼 수 있다.

빅데이터를 활용할 수 있도록 정제되지 않은 원천데이터를 한 곳에 통합저장해 인사이트를 도출해 내기 위해 생성된 개념으로 주요 기능은 다음과 같다.

① 가공되지 않은 상태의 다양한 비정형 형태 포맷의 데이터를 저장하고 가공할 수 있어야 한다.
② 전통적인 기술로 처리하기 어려운 규모의 대용량 데이터를 저장·관리할 수 있어야 하며, 비용을 최소화할 수 있도록 클라우드 기반의 스토리지를 제공할 필요가 있다.
③ 데이터 입력 및 활용을 위한 표준화된 인터페이스와 활용 대상 데이터의 메타정보를 제공해야 분석가들의 활용도를 올릴 수 있다.
④ 데이터를 찾고 가공할 수 있는 스크립트 언어 또는 SQL과 같은 도구가 필요하다.
⑤ IoT 데이터가 중요한 데이터의 원천이므로 정적 데이터의 처리 이외에도 동적 스트리밍 데이터의 동적 분석이 가능해야 한다.

여기에 데이터 처리 오케스트레이션(Orchestration) 기능 또한 필요하다.

여기 언급된 주요 기능에 꼭 필요한 부분은 보안관점에서 데이터 레이크에 저장된 데이터의 접근과 변경에 대한 사용자, 분석가 관점의 보안정책이 수립되고 적용되어야 한다.

데이터 접근을 통제하는 인증(Authentication)과 데이터 활용권한을 통제하는 인가(Authorization) 기능 및 각종 데이터 관리 및 활용에 대한 감사(Audit) 기능이 필요하다.

데이터 레이크 솔루션을 제공하는 기업 중에는 최근 아파치 하둡(Apache Hadoop), 아파치 스파크(Aparch Spark), 아파치 나이파이(Apache Nifi)와 같은 최신 오픈소스를 기반으로 하는 데이터 레이크 관리 소프트웨어 플랫폼을 제공하고 있는데 관련 솔루션 적용 시 인증, 인가 및 감사 증적에 필요한 로그기능을 확인해 봐야 한다.

데이터 레이크 수집영역부터 법과 제도가 고려되어야 한다.

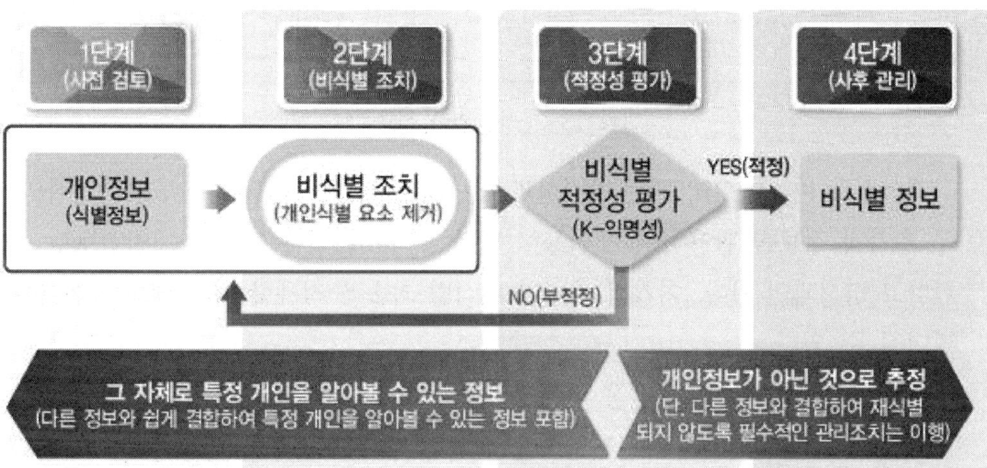

[그림 13-1] 개인정보 비식별 조치 가이드라인

출처 : 관련 부처 합동, 2016.

정부관계 부처는 개인정보 비식별 조치 가이드라인(2016년)을 수립하였나. 현행 개인정보보호 법령의 틀 내에서 빅데이터가 안전하게 활용될 수 있도록 하는데 필요한 개인정보의 비식별 조치기준과 비식별 정보의 활용범위 등을 제시했다.

또한 금융권 클라우드 서비스 이용 가이드(2016년, 금융보안원)에서도 금융회사가 클라우드를 이용하려면 '비중요 정보처리시스템'으로 지정하도록 하고, 비식별화 조치 가이드라인을 준수하여 비식별화한 경우 '비중요 정보처리시스템'으로 지정 가능함을 명시하여 금융권에서도 클라우드를 통한 빅데이터 분석이 가능하게 되었다. 그

학습 13

래서 D 플랫폼에서 [그림 13-2]와 같은 비식별화 프로세스를 활용하고 있다.

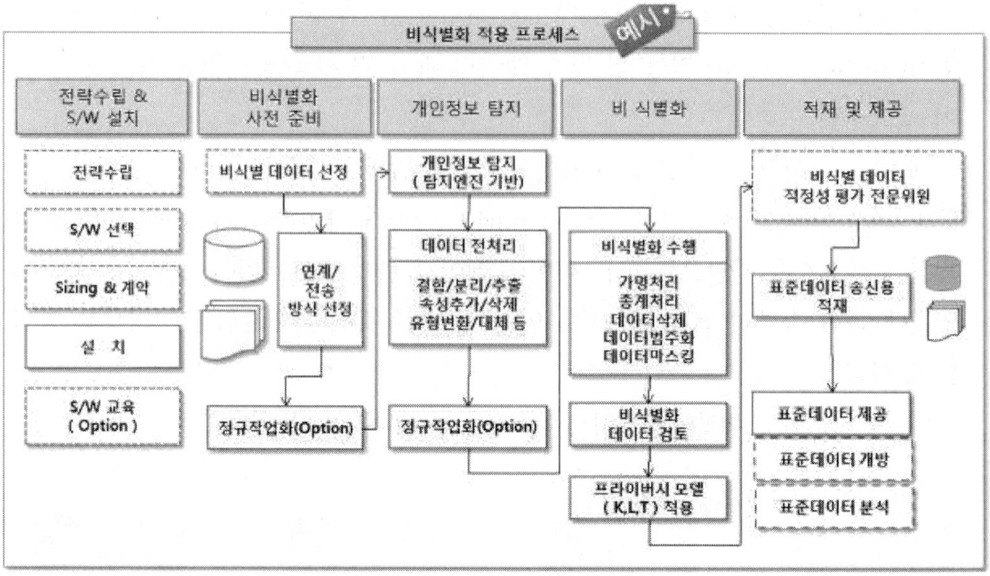

[그림 13-2] 비식별화 적용절차

개인정보 비식별 처리에는 가명화와 익명화로 크게 구분할 수 있고, 가명화의 경우 추가적 정보를 활용하면 개인을 식별할 수 있어 식별 가능한 개인정보로 봐야 한다고 명시되어 있다. 여기서 지나친 비식별 기술을 적용할 경우 데이터 활용도가 떨어질 수 있다.

정부는 빅데이터 산업육성을 위해 개인정보 비식별화 조치와 기술 안정성 확보에 속도를 내고 있으며, 특히 규제완화를 위해 가명 정보활용이 가능하도록 입법화를 추진하고 있다.

결과적으로 현 국내법상으로 클라우드에서 개인정보를 분석할 수 있는 경우는 고객으로부터 명시적으로 동의를 받았거나 비식별화 조치가 수행되어야 많은 법적 이슈가 되지 않을 것으로 판단된다.

수집영역부터 시작하는 데이터 보안을 위해서는 어떻게 해야 할까?

APT(Advanced Persistent Threat)와 같은 더 지능적인 해킹 방식이 증가하고 내부 사용자에 의한 정보유출의 위협이 늘면서 단순히 네트워크 또는 시스템 레벨에서 차단하는 경계선 기반의 보안 솔루션 만으로는 100% 정보 유출을 막을 수 없다.

데이터 자체를 보호하는 데이터 암호화 적용과 로깅을 기본적인 사항이며, 빅데이터 활용의 특성상 여러 사람이 공유하고 이동하는 것을 효율적으로 관리하는 데는 일부 한계가 있어, 문서보안 솔루션이라고 부른 DRM 기반 솔루션도 고려해 볼 수 있다.

또한 개인정보보호법 준수를 위한 개인정보 비식별화 적용 또는 향후 입법화되면 적용될 수 있는 가명화가 고려되어야 한다.

실제로 데이터를 활용하는 환경에서 이런 '암호화, 로깅, DRM, 비식별화, 데이터 보안 솔루션을 어떻게 적용할 것인가?'와 '보안정책과 생명주기에 따른 통합 관점에서의 보안'이 더 중요한 문제이다.

이를 정리를 해보면 다음과 같다.

① 분석가 및 사용자 환경의 물리적 접근 통제는 기본적으로 확보되어야 한다.
② 어떤 중요한 데이터를 어떤 형태로 어느 곳에 보관하고 있는지를 관리할 수 있는 '데이터 거버넌스'를 수립하고 그 기반에 메타데이터 관리 및 접근통제를 적용한다.
③ 권한이 있는 여러 분석가가 공유하고 이동하면서도 보안정책과 생명주기에 따른 암호화 및 DRM 등의 복합적인 보안 솔루션 적용이 필요하다.
④ 실제 이러한 데이터들의 사용현황과 로그가 모니터링되어야 한다.
⑤ 다양한 시스템 로그들의 연관관계를 분석해서 내부데이터 유출의 리스크를 최소화 있도록 데이터 수집영역에서부터 통합관리해야 어떠한 보안위협에서도 중요한 정보를 안전하게 보호할 수 있다.

빅데이터 플랫폼이 더욱 확대되기 위해서는 사용자의 쉬운 접근성 확보, 클라우드 기반 서비스 확대와 더불어 데이터 생명주기에 따른 데이터 보안을 확보하는 것이 필수적이라고 판단된다.

13-3 빅데이터 보안기법

1. 데이터 보안 솔루션

임호화, 키 관리, 데이터 마스킹, 권한 있는 사용자 액세스 관리, 활동 모니터링, 감사 등 데이터 보안 모범사례를 활용해 데이터 유출의 위험을 줄이고 규정준수를 간소화할 수 있다.

학습 13

1) 데이터 보호

기업들은 기술 및 조직의 보안관리를 포함하는 적절한 수준의 보안을 실행해야 한다. 이를 통해 데이터 손실, 정보유출, 무단 데이터 처리작업 등을 방지할 수 있다. 기업이 암호화, 사고관리, 네트워크 및 시스템 무결성, 가용성, 탄력성 요구사항 등을 기업의 보안 프로그램에 도입할 것을 권장한다. 그러므로 암호화, 키 관리, 개정, 마스킹 등 광범위한 사용사례를 충족하기 위해 솔루션을 통해 데이터 유출 및 규정 비준수 위험을 줄인다.

2) 데이터 액세스 관리

데이터베이스 시스템 보안의 기본적인 단계는 데이터베이스에 액세스하는 사용자의 ID(인증)를 검증하고 해당 사용자가 수행할 수 있는 작업(권한)을 관리하는 것이다. 강력한 인증 및 권한관리는 해커의 공격으로부터 데이터를 보호하는 데 도움을 준다.

개인은 자신의 데이터에 대한 더 큰 통제 권한을 가지며, 궁극적으로 더 강력한 소유권을 보유하게 된다. 이들은 데이터 이식권 및 잊혀질 권리를 포함한 확장된 데이터 보호권을 누릴 수 있게 된다.

또한 업무분리를 적용하면 권한이 있는 사용자가 시스템 권한을 악용하여 민감한 데이터에 액세스하는 것을 방지할 수 있으며, 실수로 인한 또는 악의적인 데이터베이스 변경도 방지할 수 있다.

3) 감사 및 모니터링

모든 데이터베이스 활동은 감사용으로 기록되어야 한다. 여기에는 네트워크를 통해 발생하는 작업과 네트워크 모니터링을 우회하는 데이터베이스 내에서(일반적으로 직접 로그인을 통해) 트리거된 작업이 포함된다. 기업들은 자사의 보안 관행 기록을 문서화 및 유지 관리해 자사의 보안 프로그램의 효과를 감사하고 적절한 시정 조치를 취해야 한다.

기업들은 데이터 유출 사실을 인지한 후 과도한 지체 없이 규제 당국 및/또는 영향을 받는 개인에게 이 사실을 알려야 한다.

감사기능은 네트워크가 암호화된 상태에서도 작동해야 한다. 데이터베이스는 데이터 요청을 제시한 클라이언트, 작업 세부정보 및 SQL 문 자체 등에 대한 정보를 포함한 강력하고 포괄적인 감사를 제공해야 한다.

4) 클라우드 환경의 데이터베이스 보안

클라우드 데이터베이스 배포는 비용을 절감하고, 더 중요한 작업을 수행할 수 있는 인력을 확보하고, 보다 민첩하고 신속하게 대응하는 IT 조직을 지원할 수 있다. 이러한 이점은 확장된 네트워크 경계, 알 수 없는 관리그룹이 포함된 확장된 위협 지표, 공유 인프라 등 추가적인 위험을 동반할 수 있다. 그러나 적절한 데이터베이스 보안 모범사례를 적용함으로써 클라우드는 대부분의 온프레미스에서 제공할 수 있는 것보다 더 나은 보안을 제공하는 동시에, 비용을 절감하고 민첩성을 높이는 데 기여할 수 있다.

2. 빅데이터 보안방안

1) 데이터 접근제어

다양한 저장소(RDBMS, 빅데이터, NO SQL DBMS 등)에 저장되어 있는 데이터에 대한 접근은 권한을 가진 사용자로 한정될 수 있도록 통제하여야 한다. 현재 시점에서 구현할 수 있는 방법은 게이트웨이, 스니핑, 에이전트 방식을 사용하고 있는데, 앞으로는 데이터 저장소가 다양한 종류로 확대되고 있으므로 그에 적합한 기술이 더욱 출현할 수 있다.

단일 솔루션으로 모든 데이터 관련 규제에 대응하면서, 안전하게 데이터를 보호하기는 사실상 어렵다. 따라서 여러 솔루션으로 다층적인 적용을 통해 데이터를 보호해야 한다. DBMS 내부에서 관리하는 데이터의 경우에는 데이터 접근통제 시스템을 구축하여 권한이 있는 사람만 접근할 수 있도록 제한해야 하고, 승인된 범위의 작업만 할 수 있도록 세밀하게 통제해야 한다. 기존에는 DB 사용자 그룹 단위로 권한을 부여하여 관리의 효율성에 중점을 두었다. 하지만 최근에는 DB 사용자 개인별로 최소의 권한만 부여하도록 관리하고, 어떤 권한에 의해서 작업을 수행하였는지 추적이 가능하도록 접근제어를 확대하는 경향이 있다. 또한 금융기관의 원장과 같이 매우 중요한 데이터에 접근하는 경우에 대해서는 여러 단계의 승인과정을 거치고, 변경 전·후 데이터를 완벽하게 로깅할 수 있는 체계가 요구되고 있다. 보안 시스템 구성 시 단일 솔루션 형태로 운영되었던 구조에서 계정관리 시스템, 결재관리 시스템, 인사관리 시스템 등과 연동해 기능의 자동화 및 사용자 단위 개별 권한 관리체계를 강화하는 방향으로 진화하고 있다.

또한 본인에게 필요한 권한은 직접 신청하고, 담당 관리자가 승인한 후 보안관리자가 승인된 권한을 접근통제 시스템에 부여하는 방식으로 변화하고 있다. 이를 통해 보안관리자가 대규모 사용자에 대한 방대한 권한관리의 부담에서 벗어날 수 있고, 사용자의 상황을 가장 잘 알고 있는 업무 관리자들이 필요한 권한만 부여하여 관리할 수 있기에 효율성과 보안성을 동시에 높여나가는 방안으로 인식되고 있다.

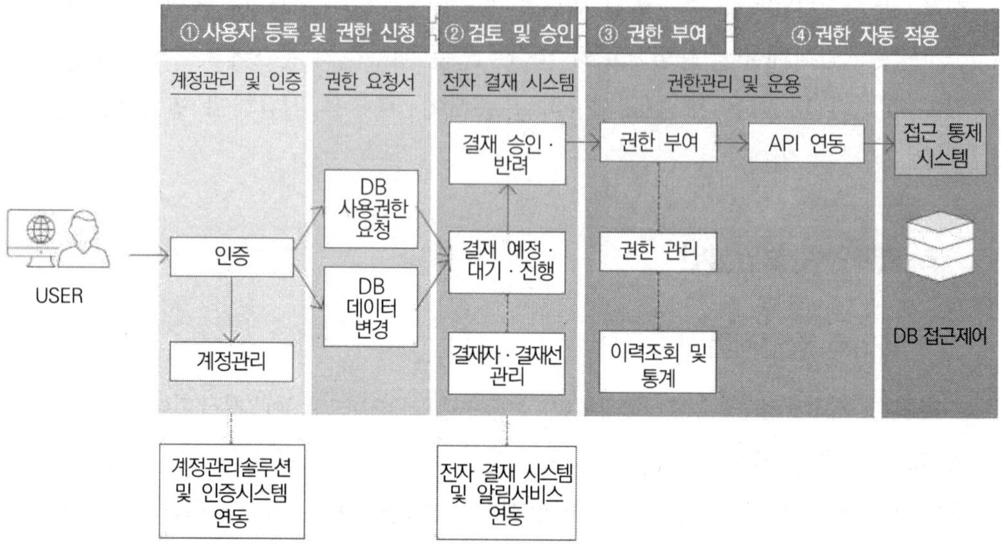

[그림 13-3] 계정관리 및 결재시스템과 연동한 DB접근제어 구성

2) 데이터 암호화

개인정보보호법 시행과 관련해서는 고유식별정보에 대한 암호화 처리가 필요한 상황이다. 암호화의 기술은 현재로는 API 방식과 플러그인 방식을 사용하고 있으며, 두 가지 기술을 결합한 하이브리드 방식도 많이 사용하고 있다.

〈표 13-1〉 정형 · 비정형 암호화 방식

구 분	설 명	주요 방식
정형 암호화	DB 내에 있는 개인정보에 대한 암호화	• API 방식 : 애플리케이션 통한 암 · 복호화 • Plug-In 방식 : SQL 함수 및 뷰, 트리거를 통한 암 · 복호화 • 커널 방식 : OS 커널 혹은 DBMS 커널에서 암 · 복호화
비정형 암호화	개인정보를 포함하고 있는 각종 파일(로그, 이미지, 녹취, 문서 등)에 대한 암호화	• API 방식 : 애플리케이션을 통한 암 · 복호화 • Agent 방식 : Agent를 사용하여 주기적으로 특정 디렉토리에 생성되는 파일에 대한 암호화 • 커널 방식 : OS 커널에서 암 · 복호화

100만 명 이상 개인정보를 보유한 기업 및 기관에 유예되었던 암호화 조치가

2017년말로 종료됨에 따라 예외 없이 고유식별정보에 대한 암호화 조치를 해야 한다. 개인정보보호법에 따른 암호화 조치가 초기에는 주로 DB 내에 저장된 고유식별정보에 대한 암호화를 하는 데 집중되었으나, 최근에는 이미지, 녹취, 로그 등의 다양한 형태의 파일을 암호화(비정형 암호화)하는 방향으로 확대되고 있다.

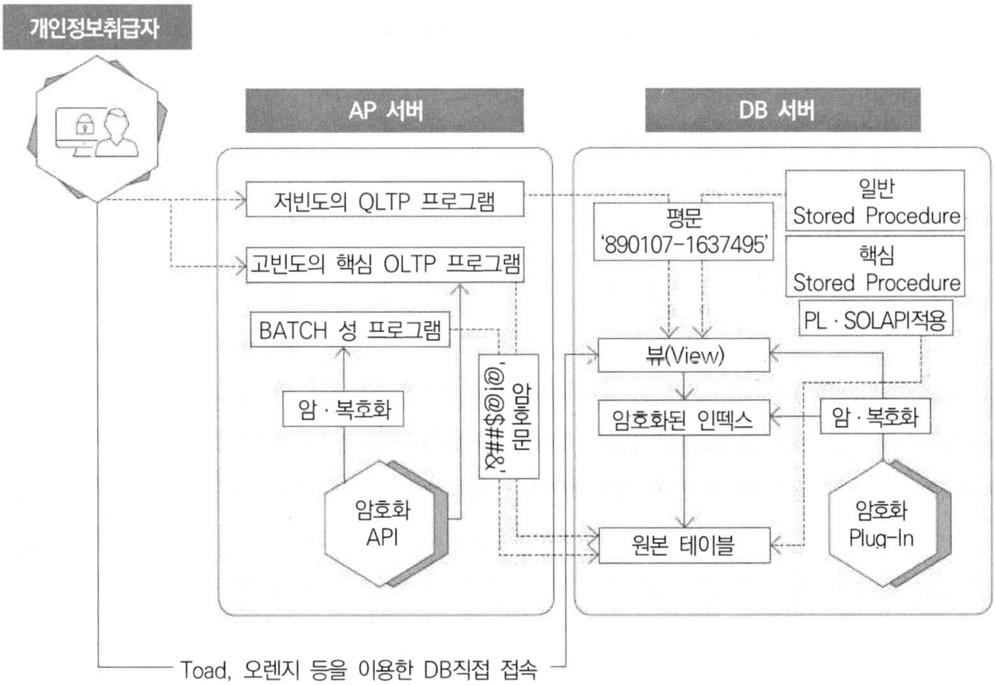

[그림 13-4] 데이터 암호화 구현기술

13-4 개인정보 비식별 처리수준과 프레임워크

2020년 8월 5일 데이터 3법이 발효되면서 느디어 우리나라에서도 개인정보를 가명 · 익명처리를 하면 수집목적 외의 활용이 가능해져 그동안 답보상태에 있던 데이터산업이 인공지능(AI), 빅데이터 등 4차산업혁명을 기반으로 크게 성장할 것이라고 기대하고 있다.

하지만 법에서 요구하는 안전한 비식별 처리수준의 정의와 기준의 모호성은 아직까지도 많은 기업들이 데이터 비식별 처리에 선뜻 나서지 못하게 하는 장애요인이 되고 있다.

이러한 고민은 비단 우리나라뿐만 아니라 우리보다 앞서 개인정보 활용을 허용해

학습 13

온 다른 많은 국가들의 공통된 과제이기에 하다. 이를 위해 북미나 유럽연합(EU)에서는 정부기관이나 연구기관들이 앞장서서 개인정보 비식별 처리담당 실무자들이 참고 하여 비식별 수준을 설정하고 위험도를 평가할 수 있도록 비식별 처리방법론이나 프레임워크를 제공하고 있다.

우리나라도 각 분야별 「가명정보 처리 가이드라인」을 통해 가명처리 전 가명화 수준을 설정하고, 가명처리 후 가명화 수준의 적절성을 평가하는 방법을 제공하고 있다.

1. 비식별 위험요소와 데이터 상황

1) 비식별 빅데이터의 안정성

세계적으로 개인정보 익명화와 관련하여 다양한 연구와 지침서를 제공하고 있는 영국의 민간조직인 영국 익명화 네트워크(UKAN, The UK Anonymisation Network)는 "비식별화는 목적에 맞는 유용한 데이터가 생성되어야만 의미가 있으며 유용하면서도 리스크가 없는 데이터를 생산하는 것은 현실적으로 불가능하다"를 비식별 원칙으로 선언하고 있다. 따라서 개인정보 데이터는 완벽히 안전하게 비식별 처리를 하기는 불가능하며 이렇게 생성된 데이터는 다양한 위협 주체들로부터 여러 유형의 재식별(Re - identification) 공격 위협에 노출되어 있다는 것을 의미한다.

〈표 13-2〉 재식별 공격위험

위협요인	내 용
내부공격자	특정 지식 · 기능 · 권한을 보유한 내부자가 비식별화에 이용된 기밀 또는 여타 중요한 정보를 획득할 수 있으며, 데이터 컨트롤러, 데이터 프로세서, 제3자가 모두 내부공격자가 될 수 있음. 단, 감독관이나 법 집행 기관 등 개인정보에 합법적으로 접근할 수 있는 제3자는 잠재적인 내부 공 격자에서 제외
외부공격자	비식별 처리의 기밀이나 기타 관련 정보에 직접 접근할 수 없으나 비식별화 데이터셋에 접근하여 추가적인 정보를 파악 또는 적용함으로써 공격을 시도하며, 일반적인 외부자 이외에 악의적인 데이터 컨트롤러와 악의적인 데이터 프로세서도 외부공격자 역할을 할 수 있음
공격의 목적	공격이 발생하는 상황과 가명처리 방법 등에 따라 공격자는 ① 가명처리 기밀 인출(Retrieval of the Pseudonymisation Secret), ② 완전한 재식별화(Complete Re-Identification), ③ 판별 (Discrimination) 등을 목적으로 공격을 시도
주요 공격기술	가명화된 데이터에 대한 공격은 ① 무차별 대입 공격(Brute Force Attacks 또는 Exhaustive Search), ② 사전검색(Dictionary Search), ③ 추측(Guesswork) 등의 방식으로 이루어지며, 이 같은 공격기술의 효과는 정보의 양, 배경지식, 가명처리 기법의 특징 등에 따라 달라질 수 있음

2) 비식별 처리 유형

비식별화의 주요 목적은 비식별 처리된 데이터셋(Dataset)과 정보주체 간의 연결성을 제한하여 정보주체의 신원을 보호하는 것이지만, 앞서 언급한대로 유용성을 감안해야하기에 현실적으로 완벽한 비식별 처리는 불가능하다. 이러한 상황을 고려했을 때 Elliot 등은 비식별 처리영역과 처리방법 등을 고려하여 선택가능한 비식별 처리유형을 다음과 같이 4가지 유형으로 분류하였다.

〈표 13-3〉 비식별 처리의 유형

처리 유형	방 법
정형 비식별 (Formal Anonymisation)	특정 개인을 구분할 수 있는 식별자를 제거하거나 마스킹(Masking)하는 방법(재식별화 가능성을 1이하로 낮추는 메커니즘)
보장형 비식별 (Guaranteed Anonymisation)	특정 개인이 식별될 수 있는 위험을 제로(Zero)에 가깝도록 확실히 보장하고 복구가 불가능하게 데이터를 처리하는 방법. 하지만 유용한 데이터를 공유하고자 할 때 일반적으로 보장형 익명처리는 현실적으로 가능하지 않을뿐더러 실용적이지 않음(재식별 가능성을 0으로 만드는 메커니즘)
통계적 비식별 (Statistical Anonymisation)	재식별 가능성을 0의 확률로 축소하는 것이 어렵기에 특정 속성값에 대한 노출 빈도를 통계적으로 균일하게 처리하는 비식별 처리로써 데이터의 속성값에 적용한다는 부분에서 정형 익명처리 대상과 차이가 있음(정형, 보장형 익명처리 모두 통계적 익명처리의 특별한 경우임)
기능적 비식별 (Functional Anonymisation)	데이터 속성 자체뿐만 아니라 데이터 상황이라 불리는 데이터 활용 목적과 환경에 따라 비식별 처리기법을 결정하는 방식으로 재식별이 미치는 영향, 노출이 가능한 데이터, 비식별 데이터의 관리방법, 재식별 가능성을 분석하여 적합한 방식을 선정하는 방법

출처 : UKAN, 「The anonymisation decision-making framework」, 2016.7

3) 비식별 위험결정 요인

UKAN은 비식별 데이터의 위험은 특정 위험 결정요인에 의해 발생한다고 정의하고, 다음과 같이 6가지 비식별 위험결정 요인을 제시하였다.

① 비식별 처리된 데이터에 포함된 개인을 재식별하려는 공격동기
② 개인정보 노출(Disclosure)에 따른 결과(공격 동기와 연관이 있음)
③ 악의 없는 우발적 재식별(Spontaneous Identification) 이슈
④ 위험에 영향을 주는 정부의 데이터 접근관리 정책, 데이터 보안 및 다른 인프라들

학습 13

⑤ 해당 데이터와 연관 가능성이 있는 다른 데이터나 지식
⑥ 해당 데이터와 다른 데이터나 지식의 차이(Data Divergence)

4) 데이터 상황

「통계적 비식별 처리유형」에 「위험 결정요인」들을 추가적으로 감안하여 비식별 처리를 한 것이 바로 「기능적 비식별 처리」이다. 이렇듯 기능적 비식별 처리는 통계적 측면뿐만 아니라 기본적인 위험을 판단할 수 있는 모든 정보는 데이터 환경이라고 하는 일종의 맥락(Context) 안에 포함되어 있다고 생각하며, 데이터와 관련된 모든 환경을 종합적으로 고려하여 재식별 위험을 평가한다. UKAN의 ADF가 바로 해당 개념을 반영한 프레임워크이다.

UKAN에서는 「데이터 상황을 데이터와 데이터를 둘러싼 환경과의 관계로 정의하고 데이터 환경을 고려하지 않고는 데이터가 비식별화되었는지의 여부를 판단할 수 없다고 한다. 데이터 환경은 세부적으로 다른 데이터, 행위자(에이전트), 거버넌스(법, 제도적 규칙), 인프라의 4가지 구성요소로 이루어지며, 다음과 같이 누가(Who), 무엇을(What), 어디서(Where), 어떻게(How)라는 질문을 이용하면 좀 더 구체적인 데이터 환경제어방법을 특정할 수 있을 것이다.

① 누가(Who) 데이터에 접근할 수 있는가?
② 무슨(What) 분석이 이루어지거나 이루어지지 않는가?
③ 어디(Where)에서 데이터 접근/분석이 이루어지는가?
④ 어떻게(How) 데이터에 접근하는가?

2. 주요 비식별 처리 프레임워크 및 위험평가방법

1) 미국 건강정보신뢰협회의 리스크 기반 비식별화(Risk-Based De-Identification)

HITRUST에서는 개인정보의 식별성 판단을 비식별 데이터 처리수준이 특정 임계 값(Threshold)을 넘으면 '개인 식별이 가능한(Identifiable) 데이터'라 하고, 넘지 않으면 '개인을 식별할 수 없는 데이터'라고 이분법적으로 판단을 하지만, 데이터의 식별성(Identifiability) 수준을 특정 단계로 명확히 나눌 수 없는 일종의 연속체로 정의하고 데이터에 가해지는 비식별 조치결과에 따라 재식별 위험수준을 5단계로 구분하였다. 여기서의 척도는 단순히 서수이기 때문에 레벨 간의 개념적 거리를 의미하는 것은 아니다(즉 레벨1, 2 사이의 거리 ≠ 레벨4, 5 사이의 거리). 또한

레벨간 위험수준이 비율척도를 나타내는 것도 아니기에 레벨1에서 레벨 3로 이동 시 위험수준이 레벨1에서 레벨2로 이동 시 위험수준의 2배라는 의미로 해석해서는 안 된다.

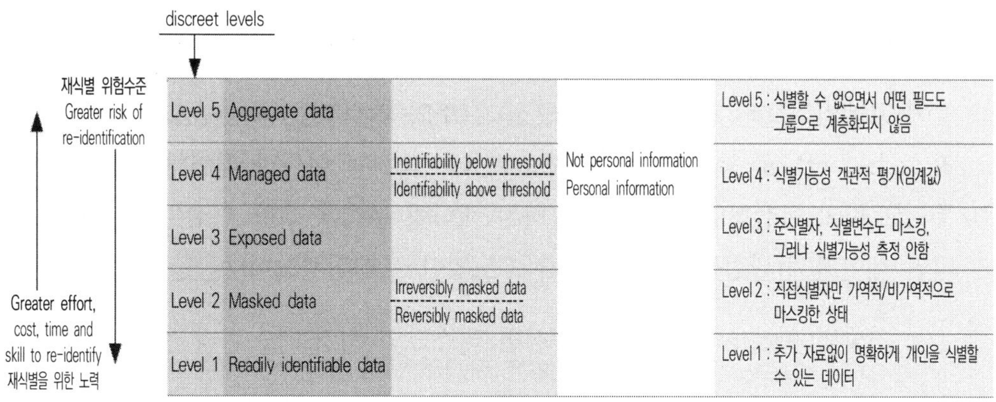

[그림 13-5] Identifiability Continuum의 개념적 5단계 모델

여기서 중요한 것은 식별가능성 판단기준이 되는 임계값(Threshold)을 설정하는 것인데, HITRUST는 임계값 설정 기초자료로 검사(Prosecutor), 기자(Journalist), 마케터(Marketer) 공격자 모델 기반의 데이터 자체 위험도를 측정하고, 다음과 같이 3가지 요소에 대한 Check List 기반 평가결과를 바탕으로 비식별 수준을 결정하는 임계값을 구한다.

① 데이터 사용자 환경에 대한 데이터 보호를 위한 통제 상황(Mitigating Controls)
② 데이터 재식별 시 정보주체에 대한 프라이버시 침해 정도(Invasion of Privacy)
③ 데이터 요청자의 재식별 동기와 능력(Motives and Capacity)

2) UKAN의 익명화 의사결정 프레임워크(ADF 개정판)

UKAN은 데이터가 익명화되었는지 여부를 데이터 속성뿐만 아니라 데이터와 그 맥락 간의 관계를 통해 결정하는 기능적 익명화(Functional Anonymisation) 방식의 프레임워크인 익명화 의사결정 프레임워크를 다음의 4가지 원칙을 기반으로 제정하였다.

① 포괄성 원칙(Comprehensiveness Principle) : 데이터 자체만으로는 공유나 공개의 안정성 여부를 판단할 수 없지만 그래도 데이터를 살펴보아야 한다.
② 유용성 원칙(Utility Principle) : 익명화는 안전한 데이터를 생성하기 위한 프

로세스이지만 생성된 데이터가 목적에 맞는 유용한 데이터이어야만 의미가 있다.

③ 현실적 위험원칙(Realistic Risk Principle) : 유용하면서도 리스크가 없는 데이터를 생산하는 것은 현실적으로 불가능하다.

④ 비례원칙(Proportionality Principle) : 위험관리를 위해 적용하는 통제는 위험의 정도와 해당 위험으로 야기될 수 있는 영향에 비례하여 적용해야 한다.

이 프레임워크는 기술적(Technical) 요소와 맥락적(Contextual) 요소의 두 가지 요소가 하나로 통합된 프레임워크로, 데이터뿐만 아니라 데이터의 환경까지 모두 검토하여 현실적인 위험을 판단하는 재식별 문제에 대한 새로운 사고의 접근방식인 데이터 상황접근법을 가장 처음 도입한 프레임워크이다.

① 기술적(Technical) 요소 : 재식별 리스크의 정량화와 관리 방법 파악

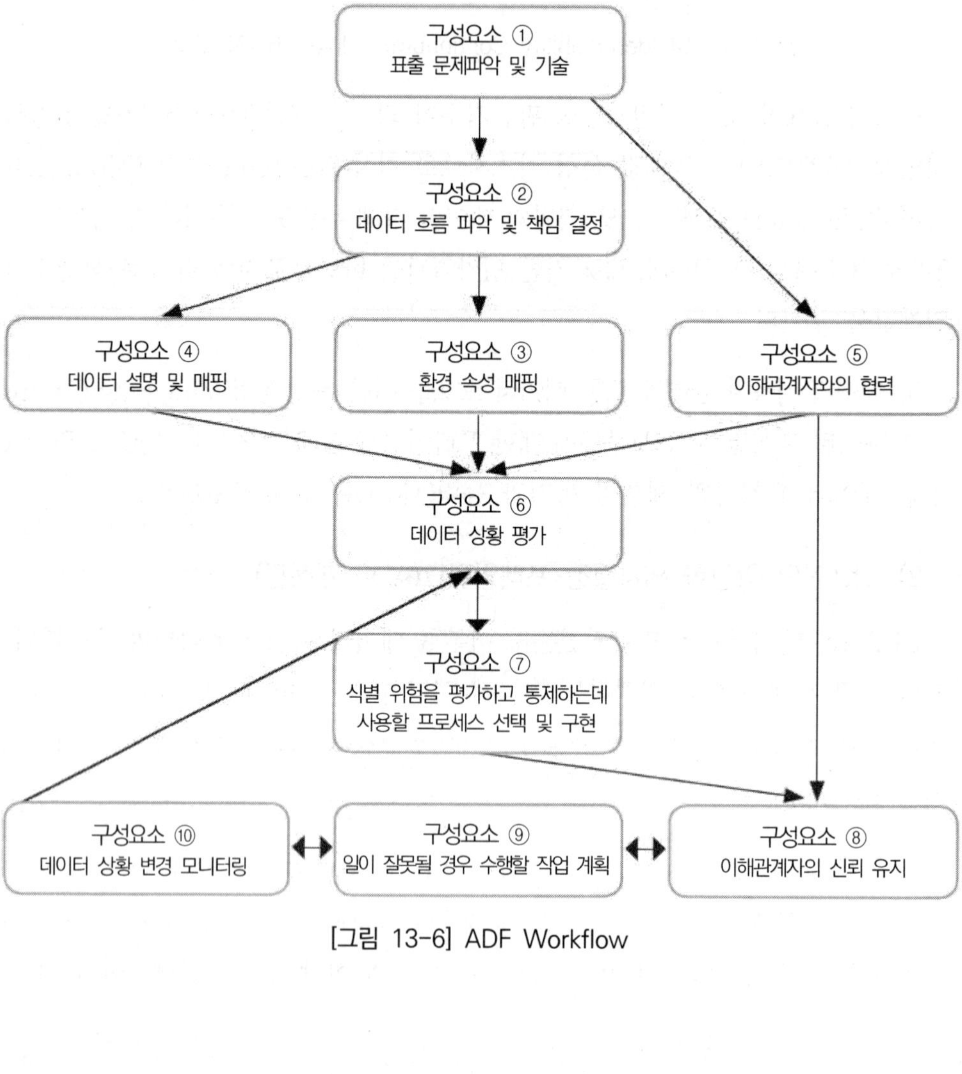

[그림 13-6] ADF Workflow

② 맥락적(Contextual) 요소 : 위험에 영향을 미치는 요소를 파악하고 처리(데이터 흐름, 법적 및 윤리적 책임, 거버넌스 관행, 공유 또는 릴리스 후의 책임, 문제발생상황에 대한 대응계획)

ADF는 [그림 13-6]처럼 총 3개 분야 10개의 구성요소로 구조화되어 있으며, 구성요소가 순서별로 목록화되어 있기에 일반적으로 구성요소 ①에서 시작하여 차례대로 적용하지만 그렇다고 엄격하게 순차적으로 적용할 것을 요구하거나 확인하지 않기 때문에 필요할 경우 순서 없이 자유로운 적용이 가능하다.

예를 들어 이해 관계자 참여(구성요소 ⑤)는 프로세스의 모든 지점에서 발 생할 수 있으며, 데이터 상황평가(구성요소 ⑥)의 경우도 데이터 상황을 새롭게 제안하거나 수정이 필요할 때는 여러 번 반복할 수 있다.

〈표 13-4〉 ADF 구성요소 요약표

분 류	구성요소		내 용
데이터 감시	1	표출문제 파악 및 기술	데이터 상황을 이해하기 위한 단계로 익명처리 목표를 명확히 하고 위험을 식별하여 기술적 처리를 하기 위한 준비단계
	2	데이터 흐름 파악 및 책임 결정	
	3	환경속성 매핑	
	4	데이터 설명 및 매핑	
	5	이해관계자와 협력	
	6	데이터 상황 평가	
식별위험 평가 및 통제	7	식별위험을 평가하고 통제하는데 사용할 프로세스 선택 및 구현	데이터의 식별을 위협을 평가하고 적절한 통제를 구현하는 단계
영향도 관리	8	이해관계자의 신뢰 유지	의도하지 않은 식별이나 법위반 등에 대비하여 대응계획을 수립하고 위험수준을 적절히 유지하기 위한 상황 모니터링 단계
	9	일이 잘못될 경우 수립할 작업계획	
	10	데이터 상황 변경 모니터링	

출처 : Mark Elliot, Elaine Mackey and Kiero O'Hara, 「The Anonymysation Decision-Making Framwork : European Practitioners' Guide」, UKAN Publications 2020., https://msrbcel.files.wordpress.com/2020/11/adf 2nd edition 1.pdf

3) 우리나라 데이터 상황 기반의 가명 · 익명 프레임워크

(1) 프레임워크의 제정배경

〈표 13-5〉처럼 기존에 다른 나라에서 제안한 데이터 상황 기반 접근법이 우리나라의 법과 제도적인 요소에 맞추어 적용하기에는 적절치 않고, 의료 등 특정분야에

치우쳐 있어 범용적으로 적용하기 어렵기에 새로운 연구를 통해 최근 개정된 우리나라의 데이터3법을 따르면서 우리나라 법과 환경에 맞게 체계적인 분류가 가능하고 각 구성요소들의 위험도를 정량화하여 측정할 수 있는 새로운 방안을 제시하였다.

(2) 국내 가명 · 익명 프레임워크

실제 국내에 적용되고 있는 프레임워크는 개인정보보호위원회와 한국인터넷진흥원이 진행하는 2021년 가명정보 전문가 양성교육 과정에서 확인할 수 있다. 내용을 좀 더 구체적이고 현실적으로 변형하여 총 3개 분야 6가지의 관점으로 데이터 상황을 분류하였다.

〈표 13-5〉 주요 비식별 프레임워크의 장 · 단점

프레임워크 및 가이드	장 점	단 점
영국 UKAN 익명처리 의사결정 프레임워크	단순하고 명료함	실제 데이터를 둘러싼 모든 상황을 고려하기에 부족
미국 NIST SP800-188(2nd Draft) 정부 데이터셋 비식별화 가이드	데이터뿐만 아니라 데이터 주변 여러 다른 측면을 고려토록 함	고려사항 일부 구체적이지 못함
HIPAA 프라이버시 규칙	비식별 조치 전 데이터 중요도, 잠재적 피해, 공개 타당성 검토	측정 자체가 정성적이고 의료분야에 한정, 모든 환경요소 미고려
HITRUST & Privacy Analytics 사 상황기반 위험도 측정 방법론	데이터 상황에 대한 구체적인 접근법 제시	우리나라의 법제도, 상황에 부적합하며, 의료분야에 한정됨
대한민국 비식별조치 가이드라인(2016)	재식별 시도 가능성과 재식별 시 영향분석 등 일부 내용 포함	영향분석이 비식별 처리 이후 실시 데이터 상황 전체 구성요소 중 일부만 고려됨

수행 내용

재료 · 자료

- 빅데이터 가이드라인 관련 자료
- 개인정보 비식별화 가이드라인

기기(장비 · 공구)

- 컴퓨터, 문서작성 프로그램, 프린터, 주변기기

안전 · 유의사항

- 빅데이터 관련 장비의 안전 및 유의사항을 숙지한다.
- 외부데이터일 경우 데이터 수집 및 경로 등을 빠짐없이 기록한다.
- 내 · 외부데이터 구분 후 개인정보보호법 등 관계 법령에 위배 여부를 확인한다.

수행 순서

01 빅데이터 보안 관련 솔루션의 변화에 대하여 분석하라.

한국데이터산업진흥원에서는 "공공 · 민간 등에서 개발하여 활용 중인 정보시스템의 데이터 품질을 확보하기 위해 데이터, 데이터 관리, 데이터 보안 등을 심사 · 인증하여 범국가적 데이터의 품질제고 및 고도화를 목적"으로 데이터인증센터(www.dqc.or.kr)를 통하여 데이터 인증사업을 수행하고 있다.

그 중 '데이터 보안' 관련 인증은 'Level1 접근제어', 'Level2 암호화',' Level3 작업결제', 'Level4 취약점 분석' 등의 4가지 솔루션 영역으로 구성되어 있다.

DB 접근제어 영역은 데이터에 접근하는 사용자에게 최소의 권한만 부여하여, 임의의 변경 혹은 허용되지 않은 데이터 조회를 방지한다. DB 암호화는 데이터 저장 시 개인정보(고유식별정보)를 암호화한 후 저장하고, 권한이 있는 사용자 · 시스템만 복호화할 수 있도록 하여 데이터가 유출되더라도 피해를 최소화할 수 있는 솔루션이다. 작업결제는 DB 사용자가 데이터에 접근할 때, 사전 혹은 사후에 담당 관리자들에게 결재를 받도록 하여 권한 부여에 대한

학습 13

책임성을 강화한 솔루션이다. 마지막 취약점 분석은 데이터를 관리하는 DBMS(Database Management System)를 스캐닝하여 취약점을 찾아 보완할 수 있도록 하는 솔루션이다.

이런 솔루션은 단독으로 설치하여 운영하기도 하지만 계정관리시스템, 인증시스템, 인사시스템, 로그관리시스템 등의 다양한 영역의 시스템과 연동하여 운영하기도 한다.

관리의 편의성과 비용절감을 위해 많은 IT 시스템이 클라우드 환경으로 이전하는 추세인데, 이에 따라 데이터 보안 솔루션 구성과 기능도 변화하고 있다. 과거에는 관리자가 보안대상을 하나씩 입력하였지만, 현재는 클라우드 환경에서 제공하는 다양한 API를 활용하여 일정 주기로 자동으로 정보를 수집하여 저장하는 솔루션도 나오고 있다. 또한 데이터를 저장하여 관리하는 DBMS는 주로 Oracle, MS SQL Server, My SQL 등과 같은 관계형 DBMS(Relational DBMS)가 주를 이루었으나, 현재는 빅데이터용 DBMS, NO SQL DBMS와 같은 새로운 유형의 DBMS가 많이 출현함에 따라 그런 DBMS를 포함하도록 솔루션이 진화하고 있다.

02 빅데이터 보안 관련 규제현황에 대하여 분석하라.

우리나라는 2014년에 개인정보보호법이 제정되어 시행되고 있는데 「개인정보의 안전성 확보조치 기준」(고시)이 2019년 6월 7일에 개정되었다. 주요 개정내용을 살펴보면 아래와 같다.

- 접속기록의 기록항목을 구체화(접속하여 수행한 업무내역에 대하여 개인정보취급자 등의 계정, 접속일시, 접속지 정보, 처리한 정보주체 정보)
- 접속기록 보관기간을 최소 1년 이상 보관하도록 차등적 연장(5만 명 이상 처리하는 시스템은 2년 이상 확대)
- 접속기록 점검에 대한 사항 개선(내부관리계획 이행실태 점검에 접속기록 포함, 점검주기를 반기별 1회에서 월 1회 이상, 개인정보를 다운로드한 경우 반드시 그 사유확인)

변경된 보호조치 기준에 따라 기존 시스템에 대한 운영방식의 변경이 필요하고, 다운로드 사유관리와 같은 요구에 대응할 수 있도록 업무시스템 및 보안시스템에 대한 개선이 필요하다.

미국의 경우 지난 대통령 선거기간에 케임브리지 애널리티카(Cambridge Analytica) 스캔들이 발생하였는데, 특정 심리 프로그램을 이용한 사용자 및 사용자의 지인 관련된 정보를 광범위하게 수집하여 선거에 활용하였다는 의혹이 제기되었다. 이에 따라 미국 상원의원 에이미 클로버샤(Amy Jean Klobuchar)가 페이스북의 마크 저커버그(Mark Elliot Zuckerberg)의 출석을 요구하였고, 2018년 4월 11일에 관련된 청문회가 열렸는데 이 자리에서 마크 저커버그는 페이스북을 통한 개인정보 유출 건에 대해 사과하였다.

유럽과 미국의 개인정보보호법을 비교하면 미국보다 유럽이 더 구체적이고 광범위하게 적용하고 있는 것을 알 수 있다. 자세한 내용은 아래 표와 같다.

〈표 13-6〉 유럽과 미국의 개인정보보호법 비교

	유 럽	미 국
개인정보 보호법 핵심키워드	• 식별정보, 가명처리정보, 익명정보 • 가명 처리한 개인정보도 규제 대상임	• 식별정보, 비식별 정보 • 비식별 정보는 사전동의 없이 활용 가능함 • 개인정보에 대한 일반 공통 규제법이 미비함 • 그 대신 산업영역별 개별법에 의해 규제됨(민간 영역)

출처 : 황은진, "개인정보보호법 개정 : 개인정보 관리 전문인력 요구.벌금 부여 등 규제 강화", 한국행정연구원, 규제동향지 2018년 여름호, p48

캘리포니아는 소비자 개인정보보호법안(The California Consumer Privacy Act of 2018)을 상정하였다. 이 법안에 따르면 각 기업은 지금까지 수집한 개인정보 카테고리를 공개해야하며, 기업 홈페이지에 링크를 게시해 사용자들에게 정보 판매금지에 대한 권리를 부여함을 알려야 한다.

EU는 개인의 개인정보보호권을 강화하고 EU 회원국 간의 자유로운 데이터 이동을 보장하기 위해 개인정보보호규정(General Data Protection Regulation, GDPR)을 제정하였다. 이 규정은 정보주체 보호 강화, 기업의 책임 강화, 디지털 경제 활성화를 위한 개인정보 보호와활용 간의 균형유지를 목표로 하고 있다.

영국에서는 1984년에 정보보호법(Data Protection Act. 1984)을 제정하였으나, 디지털화된 경제와 사회의 변화상을 반영하고 추후 유럽연합을 탈퇴(Brexit)할 것을 대비하여 2018년 5월부터 새로운 정보보호법(Data Protection Act, 2018)을 시행하였다. 이 법은 EU의 GDPR 기준을 대부분 적용하였고, 지속적인 정보처리 기술의 발전에도 개인정보보호와 권리보장이 유지되도록 하고 있다.

학습 13

03 빅데이터를 활용한 보안 모법사례에 대하여 분석하라.

빅데이터에 숨겨진 통찰력을 발견하고 이를 활용하여 최근 사이버위협에 대응할 수 있는 주요 모범사례를 살펴보자.

1. 자동화된 통합보안 정보수집

위험기반 보안 인텔리전스를 달성하고 사이버위협에 대한 보안 모니터링을 향상시키려면 가치 있는 정보를 저장하고 분석해야 한다. 이것은 단순한 로그관리로 가능한 일이 아니며, 자동화된 수집, 통합로그에서의 위협에 대한 Insight를 발견할 수 있어야 한다.

2. 빅데이터 분석을 통한 실행가능한 통찰력의 실시간 제공

복잡한 공격을 더욱 확실하게 식별해야 하는 필요성이 증가함에 따라, 패턴매칭 이상의 고급분석이 필요하며, 복잡한 실시간 분석이 가능한 보안 플랫폼을 기반으로 위험기반 분석 및 모델링을 구현한다.

3. 모니터링 및 차단

차단 가능한 위협과 불가능한 위협을 파악하고 가용서비스, 데이터, 리소스를 활용할 수 있는 위협을 감지하는 모니터링기능을 갖춘다. 차단할 수 있는 위협은 방지하고 차단할 수 없는 위협은 모니터링한다. 모든 보안 관련 이벤트에서 Context에 맞추며 분석을 수행하여 의심스럽거나 악의적인 활동을 탐지한다.

4. IT와 보안의 융합을 통한 시너지 창조

보안과 IT 사이에는 뛰어난 이해와 협력이 필요하다. 보안과 IT가 적절한 단계로 융합되어 사이버 보안위협에 대해 시너지 효과를 가져온다.

빅데이터를 활용한 사이버 보안을 위한 상용 보안 솔루션이 이미 활용되고 있으며, 데이터 및 보안 이벤트에 대한 응용프로그램 콘텍스트 및 콘텐츠를 얻기 위해 DPI(Deep Packet Inspection) 기능을 수행, 이벤트 정보와 보안정보를 수집하고 연관성을 분석할 수 있는 통합보안관리 기능을 제공하고 있다.

요즘 이슈가 되고 있는 4차산업혁명은 외부와 연결되지 않은 것들을 연결하게 되기 때문에 사이버 보안 취약점은 지금까지보다 더 취약한 환경이라고 할 수 있다. 4차산업혁명 시대에는 사이버 보안의 고려가 필수적이고 사이버 보안이 선제되어야 한다. 선제적 보안강화의 한 방법으로 빅데이터 보안에 대한 통합적 보안 프레임워크를 통한 플랫폼 구축과 함께 사례기반 업종별 빅데이터 연구를 통해 업종별 특성에 맞는 보안에 대한 고찰이 필요하다.

04 미래의 보안기술 전망에 대하여 분석하라.

1. IT와 OT환경의 보안가시성 확보, 융합보안(Convergence Security)

다양한 이기종 장비연계나 IT와 OT영역간의 연결성(Connection)이 증가되면서 IT와 OT환경의 보안요소를 식별하고 현황을 파악하기 위해서는 '보안가시성 확보'가 필수적이다.

매년 ICS/OT 보안사고로 인한 피해 예상액은 증가추이를 보이고 있으며, 실제 보안사고로 인한 피해액 역시 예상액 대비 9배 이상의 수치를 보이며 IT와 OT환경의 융합보안 중요성을 다시금 상기시켜 주고 있다.

ICS/OT환경의 보안취약점도 매년 꾸준한 증가추이를 보이고 있어 OT환경의 위협요소들이 보안사고에 직간접적인 영향을 미치고 있다는 점을 수치적으로 확인할 수 있다.

IT환경과 OT환경은 환경적 특수성과 비즈니스 우선순위가 상이함에 따라 IT와 OT환경을 포괄할 수 있는 △ 융합보안체계의 부재와 △ IT와 OT보안을 전담할 수 있는 융합보안 전문조직의 부재는 말미암아 △ 물리적 자산 현행화 미흡과 △ 벤더 종속적인 제품 특성과 결합하여 융합보안 관리에 악영향을 미치게 되었다.

특히 ICS/OT환경은 벤더별 제품 구성언어와 프로토콜 상이할 뿐만 아니라 ICT/OT환경에서 보안 취약점이 발생하더라도 이를 공유하고 관리할 수 있는 위협정보 공유 플랫폼이 부재함에 따라 보안사고 대응에 한계가 될 수밖에 없다.

ICS/OT환경의 보안위협을 대비하기 위해서는 IT와 OT환경을 고려한 융합보안 거버넌스를 수립하고 융합보안 모니터링체계(Convergence Security by Design)을 통해 주기적인 보안성 검토 및 모의해킹 활동으로 위협요소 식별 및 대응을 수행하고, 융합보안 모니터링 환경을 통해 보안위협의 가시성을 확보해야 한다. 이를 위해 △ OT보안 컨설팅, △ OT보안 솔루션 도입, △ OT보안서비스, △ ICS/OT 사이버 위협정보 공유 등을 통해 융합보안 대응방안 적용으로 IT와 OT환경의 보안위협을 대응할 수 있게 될 것이다.

학습 13

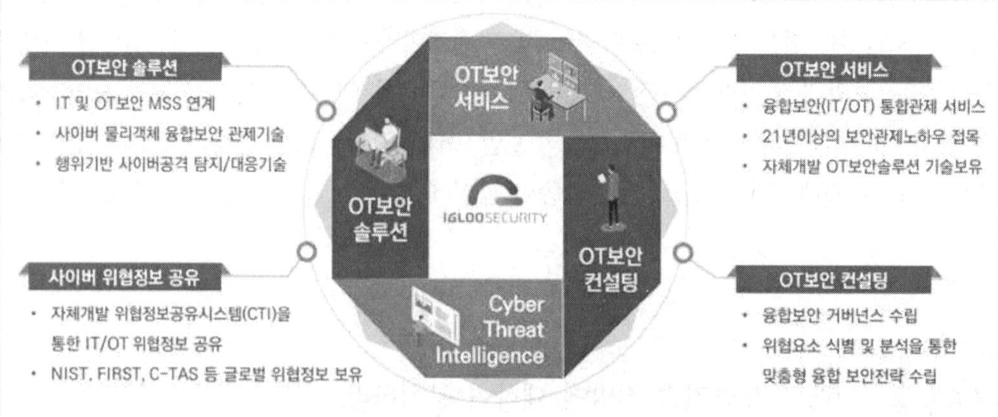

[그림 13-7] 이글루시큐리티의 융합보안 강화를 위한 보안 카탈로그

2. Playbook With SOC, SOAR를 통한 4세대 보안관제

조직화·고도화되는 사이버 범죄를 대응하기 위해서 보안관제 체계를 기반으로 이기종 보안솔루션을 운영할 수 있는 보안관제(SOC, Security Operation Center)플랫폼과 고도화된 분석기술을 보유한 전문인력을 통해 위협요소를 식별 및 대응하는 활동을 수행하게 된다.

〈표 13-7〉 SOAR 필요성

구 분	주요내용
보안관제 운영방식의 한계	• 급변하는 보안위협 대응을 위해 일원화된 정책운영을 위한 통합운영환경 필요성 증대 • 대용량 데이터분석을 통한 선제적 위협대응 중요 • 보안인력 증대 및 성숙도 한계로 인한 운영효율성을 위한 보안관제업무 자동화 요구 강화 • 최신 위협정보(Threat Intelligence)를 통한 이기종 솔루션간의 위협탐지 및 대응 강화로 보안관제 고도화 필요
보안관제 플랫폼의 발전	• 빅데이터 활용을 통한 AI/ML 기반 이상행위 탐지 • 보안위협정보(Threat Intelligence)의 보안관제 연동 강화 • SOAR/SOAPA 자동화 대응체계 및 솔루션 구축(Security Orchestration and Automatic Response/Security Operations and Analytics Platform Architecture)

그러나 사이버 공격의 지능화 및 보안관제 인력의 기술 성숙도 차이 등으로 인해 모든 보안위협을 식별하고 대응하는 것은 현실적으로 불가능하다. 이를 대응하기 위한 방안으로

다양한 사이버 위협의 대응수준을 자동으로 분류하고 표준화된 업무 프로세스에 따라 보안 업무 담당자와 이기종 보안솔루션간의 유기적인 협력을 지원하는 플랫폼인 'SOAR (Security Orchestration, Automation and Response, 보안 오케스트레이션·자동화 및 대응)'기술의 필요성이 점차 증대되고 있다.

SOAR는 SIPR, SOA, TIP로 구성되어 있다. 보안사고 대응 플랫폼(SIRP, Security Incident Response Platforms)은 대응 프로세스 표준화, 인력 간 역량격차 축소, 전문인력부족문제를 해소할 수 있으며, 보안 오케스트레이션 및 자동화(SOA, Security Orchestration and Automation)는 이기종 솔루션 간 연동 복잡성해소를 통해 업무 처리시간을 단축하고 다수의 보안솔루션 운영으로 인한 관리업무의 부담에서 해소할 수 있게 된다. 위협 인텔리전스 플랫폼(TIP, Threat Intelligence Platforms)은 위협데이터를 수집 및 분석하여 단순 반복업무량을 감소시키고 위협정보를 통해 선제적인 대응체계를 구축할 수 있게 된다.

〈표 13-8〉 OAR 적용 시 고려사항

구분	고려사항	주요내용
환경적 측면	現SOC 구조 파악	• GRC기반 보안관제 아키텍처 고려
	업무프로세스 및 의사소통	• 보안관제 및 업무프로세스 정형화/문서화 수준파악 • 조직 내 커뮤니케이션 도구 및 절차 이해
	보안관제 업무 정량화	• 분석 및 대응업무의 반복작업 및 자동화 대상 및 업무담당자 파악
기술적 측면	연동장비 API	• 기존 SOC내 이기종 솔루션들간의 연동을 위한 API지원여부 및 연동작업에 필요한 추가 공수파악
	자동차단을 위한 플레이북 개발	• 플레이북(Playbook) 프로세스 및 적용 모니터링 방안 확보 • 정량적/정성적 성과측정 기준에 따른 플레이북 유효성 검증과정 필요

물론 모든 보안기술이 그러하듯이 SOAR를 도입한다고해서 모든 보안위협을 탐지 및 대응할 수 있는 것은 아니다. 하지만 보안관제업무 프로세스의 표준화(Standard)를 통한 플레이북(Playbook)을 이용하여 보안업무의 사일로 현상과 잠재되어 있는 위협요인들을 발견함으로써 고도화된 보안관제체계를 수립할 수 있게 된다.

3. 공격 가능성 최소화방안, 공격 표면관리(Attack Surface Management)

사이버 공격자들은 기업내부에 침투하거나 악성코드 유포 등을 통한 정보탈취 및 시스템 파괴 등의 공격수행을 위해서 끊임없이 신규 취약점을 연구하거나 위협요인들을 발견하고 있다. 특히 디지털 전환으로 인한 비대면, 언택트 환경 증가와 같이 근무환경의 변화는 새로운 공격표면으로 작용하고 있다.

한국인터넷진흥원(KISA)에서 발표한 자료에 따르면 2021년 상반기에 공개된 취약점 개수는 약 8,950 건으로 그 중 원격접속을 위한 VPN이나 RDP등 원격접근 프로토콜 관련 취약점 공격이 상당수인 것으로 밝혀졌다.

외부로 공개된 단일경로라고 할지라도 공격자의 침입경로로 활용될 수 있으며, 덥웹이나 다크웹을 통해 거래되는 불법정보를 악용하는 사이버 공격이 꾸준히 증가됨에 따라 기업이나 조직에서 보유하고 있는 모든 인프라나 자산에 대한 보안관리 방안인 공격표면관리(Attack Surface Management)의 필요성이 증대되고 있다.

공격표면관리는 Gartner's Hype Cycle for Security Operations, 2021의 Innovation Trigger요소로 외부공격 표면관리(EASM, External Attack Surface Management)라는 기술이 부각되게 되었다.

〈표 13-9〉 공격표면관리의 필요성

구 분	주요 내용
정의되지 않은 네트워크 경계	• 자산복잡성 증가 및 분산으로 인한 가시성 저하 • 디지털 기록 및 흔적(Digital Footprint) 증가 • IP, 도메인, SW 등 모든 경계요소 관리소홀
Shadow IT	• 기업 내 하드웨어 및 소프트웨어 목록 현행화 부재 • 재택근무, 원격근무 등으로 인한 자산 모니터링 부재
다크웹 노출 및 공급망 침해	• 기 유출된 공격표면 요소를 이용한 내부시스템 접근 • 3rd Party 및 HW/SW의 공급망 구성요소
잘못된 구성 및 휴먼에러	• 클라우드, 데이터베이스, 서비스 등 Misconfiguration • 잘못 구성된 Architecture로 인한 문제

일반적으로 공격표면은 인프라 측면, 데이터 측면, 소프트웨어 측면, 사용자 측면으로 분류할 수 있다. 하드웨어나 소프트웨어 등의 초기구축비용과 시스템 운영과정에서 필요한 부가적인 환경을 제공해야 하는 온프레미스 환경에서 클라우드 환경으로 전환되면서 사용량별 요금부과 및 오토스케일링(Auto Scaling)을 기반으로 탄력적인 자원활용이 가능한 인프라 환경의 변화는 데이터 수집 및 저장, 가공, 분석, 재활용 등 데이터 활용 프로세스에도 영향을 미치면서 소프트웨어 개발 생태계가 급격하게 변화를 맞이할 수 있었다.

하지만 이러한 변화로 인해 정보유출, 공격접점(Attack Point), 공급망 공격(Supply Chain) 등이 발생됨에 따라 조직의 내·외부에 존재하는 자산(Asset)기반으로 위협요인을 발견하고 대응(접근제어, 네트워크분리, 보안적용 등)하기 위한 공격표면관리(Attack Surface Management)를 수행해야 한다.

〈표 13-10〉 공격표면 발생원인 및 대응방안

구분	공격표면 발생요인	대응방안
인프라 측면	• On-premise에서 Cloud(Multi, Hybrid, Public, Private)로 인프라 환경 유연성 및 확장성 강화 • IoT, IIoT등 연계(Connection)강화로 인한 공격접점(Attack Point) 확대	• 제로 트러스트(Zero Trust) 관점에서 보안 아키텍처 설계 및 구현(Network Micro-Segmentation, SDP, IAP) • 저전력 디바이스 보안강화 방안수립
데이터 측면	• 정형데이터 이외에 반정형, 비정형 데이터로 데이터 활용 확대로 인한 성능 및 보안이슈 • 데이터 생명주기에 따른 수집, 저장, 분석, 시각화 등의 기술 안전성(정형 : ETL, FTP, OpenAPI, 반정형 : Crawling, RSS, OpenAPI, 비정형 : Crawling, Streaming) • 데이터(개인정보, 가명정보, 익명정보)활용에 따른 데이터간 보안 및 재식별문제	• 무분별한 데이터 스프롤(Sprawl) 대응을 위해 데이터 접근대상자의 업무별 권한 부여시 인증(Authentication)과 인가(Authorization) 강화 • 데이터 암·복호화 적용 • 프라이버시 보존기술(PETs)를 통한 데이터 보안강화
소프트웨어 측면	• IT기술확대로 인한 3rd Party 소프트웨어에 대한 보안리스크 증가 • 개발인프라 구성 및 소프트웨어, 중앙관리형 소프트웨어 등 공급망 공격(Supply Chain)을 통한 보안위협	• DevSecOps를 통한 개발 및 운영, 보안의 자동화된 보안라이프사이클 수립 • 시큐어코딩, 소프트웨어 테스팅 고도화
사용자 측면	• 디지털 전환 등으로 인해 기술의존도 증가 및 공격표면과 위협지표 상승 • 재택근무, 분산 근무지, 디지털 워크플레이스 등으로 인한 업무지원 솔루션(회상회의 솔루션, RDP, VPN등) 보안취약점 및 정보유출 문제	• 보안인식 제고 및 기본보안수칙 실행을 위한 혜택과 제재 도입 • 모의해킹 및 취약점 점검을 통한 보안이슈 발견 및 해소

4. 데이터 경제 활성화, 개인정보보호와 활용의 Trade-Off

다양한 산업분야에서 지능화 기반 산업혁신을 위한 필수요소로 데이터가 자리 잡으면서 데이터 활용 규제혁신을 통한 국가비전을 통해 데이터 활성화를 위한 움직임이 활발하게 일어나고 있다.

국내에서는 데이터 3법을 통한 데이터 활성화 전략 및 보안강화 방안을 재정하였으며, 한국판 뉴딜을 통해 10대 핵심과제로 데이터댐을 선정하였다.

뿐만 아니라 마이데이터 사업을 통해 정보주체 자기결정권 강화를 통한 개인데이터 유통 생태계 조성과 정보주체의 능동적이고 적극적인 권리행사를 위한 데이터 제공자와 데이터 구매자간의 상호연결 환경조성에 앞장서고 있다.

학습 13

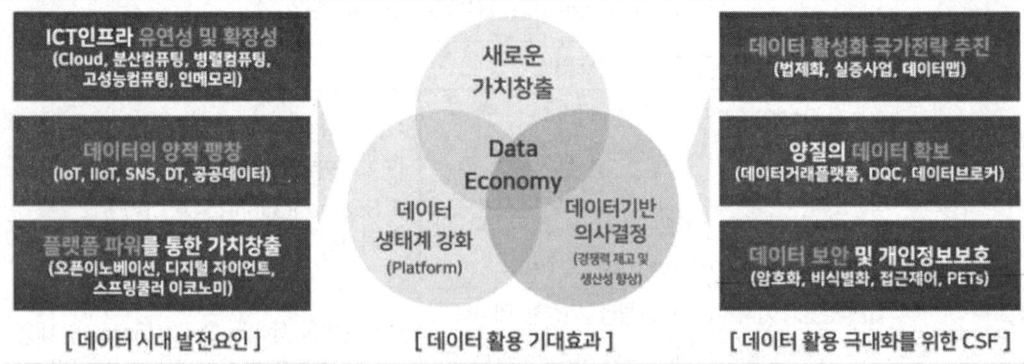

[그림 13-8] 데이터 경제활성화 원인 및 기대효과

데이터 경제구성을 통해 '데이터 모네타이제이션(Data Monetization)'이 가능해지면서 데이터 활용을 통한 가치창출이라는 긍정적인 면에 반해 무분별한 데이터 오남용과 정보유출 등의 문제가 발생됨에 따라 이를 대응하기 위한 기술들이 부각되고 있다. 개인정보를 보호하기 위한 프라이버시 보호기술의 대표적인 기술로 프라이버시 보호모델, 연합학습, 재현데이터, PPDM, 동형암호 등이 있다.

〈표 13-11〉 프라이버시 보호기술 유형별 특징 비교

구분	프라이버시 보호모델 (K-Anonymity)	연합학습 (Federated Learning)	재현데이터 (Synthetic Data)	PPDM (Privacy Preserving Data Mining)	동형암호 (Homomorphic Encryption)
개념	가능한 추론형태와 프라이버시 노출에 대한 정량적인 위험성을 규정하는 방법	다수의 클라이언트와 하나의 중앙 서버가 탈중앙 환경에서 협력해서 데이터 모델 학습	원본데이터와 유사한 통계적, 확률적 특징을 가지는 임의데이터	개인정보가 포함된 빅데이터에서 개인정보를 보호하면서 데이터 분석기술	암호화된 상태에서 데이터 연산이 가능한 암호기술
특징	연결공격(Linking Attack)대응	데이터 분석결과만 외부로 전송하여 데이터 직접유출 없음	GAN 활용	통계처리나 기계학습에 사용	양자내성암호 튜링완전성
장점	직관적이고 단순	학습결과를 취합해 더 높은 정확도의 모델 도출	샘플수를 무한대로 증가 가능	랜덤화 기법을 통해 실용화 가능	데이터를 암호화하여 외부전송
단점	재식별 가능성 존재(동질성, 배경지식, 쏠림, 유사성)	모델수립 시 평가 필요	불일치로 인한 예측 정확도 감소	SMC기반 PPDM은 컴퓨팅 환경에 따라 실효성 모호	처리속도의 한계

이들 기술들은 성능과 안전성을 보장하기 위한 기술들로 암호화된 상태에서 검색을 제공하거나 가명화된 정보의 재식별 여부를 측정하는 등 식별요소를 비식별 처리하거나 암호화하는 방식들을 이용하여 개인을 식별할 수 없게 된다. 데이터 활용에 따른 역기능을 최소화하기 위해서는 기술적 요소뿐만 아니라 선제적인 제도혁신과 기술투자를 통해서 보다 안전한 데이터 활용을 기대해 본다.

5. AI for the Security, 보안의 '절대반지' 인공지능

반지의 제왕에서 나오는 '절대반지'처럼 인공지능의 양면성으로 인한 기대감과 우려가 지속되고 있다. 실제영상이나 이미지와의 차이점을 판단하기 어려운 딥페이크(Deepfake)를 통해 가짜뉴스가 유포되거나, 인공지능 프로세스 과정에 개입해 중독공격(Poisoning Attack)이나 회피공격(Evasion attack)을 유발하여 자율주행 자동차의 교통사고가 발생되는 등 인공지능 활용에 따른 부작용을 방지하기 위해 제도적, 기술적, 사회적 지원이 필요하다.

인공지능의 역기능으로 인한 사회이슈를 해소하기 위해 OECD, G20 정상회의, 국제전기전자학회(IEEE), 세계경제포럼(WEF)등 전세계 정치인과 석학들은 앞다투어 인공지능 기술을 통한 포용성과 인간중심가치를 기반으로 투명성, 견고성, 안전성, 책임성 등의 기본가치를 보장할 수 있는 '윤리적 AI개발 가이드라인'과 실무적인 기준 마련에 나서고 있다. 인공지능의 기술 안전성을 향상하기 위해서 인공지능으로 인한 보안위협 대응을 위한 탐지기술 및 인공지능기반의 해킹방지기술, 자가지도 및 복합인지기술을 통한 보안위협 자율대응등의 보안기술개발이 활발하게 연구되고 있다.

편향된 데이터나 알고리즘, 인공지능으로 발생하는 악의적인 사이버공격과 프라이버시 침해사고 등의 역기능을 방지하기 위해서는 기술적인 측면에서 암호화 기술 및 암호화된

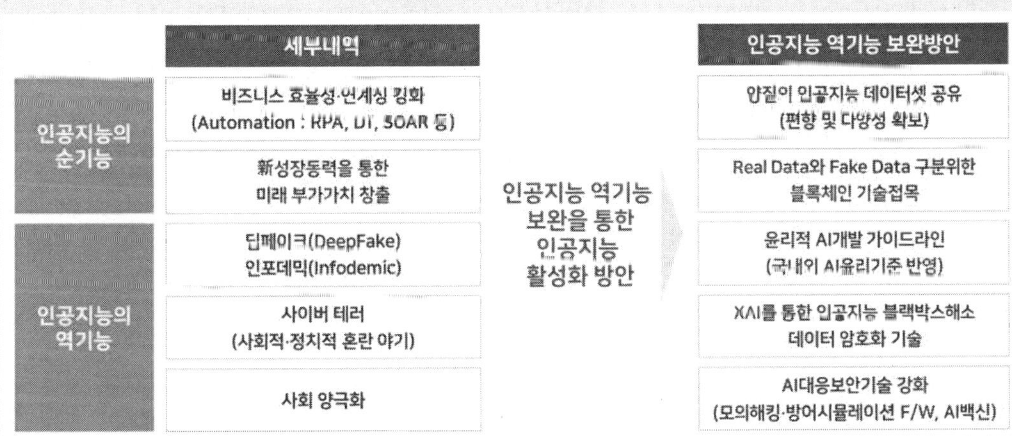

[그림 13-9] 인공지능의 순기능과 역기능을 통한 인공지능 활성화 방안

학습 13

상태에서 데이터를 처리할 수 있는 암호화 기술(동형암호)연구 및 AI 백신연구 등을 통해 악의적인 오용가능성을 방지할 수 있으며, 인력적인 측면에서는 인공지능 보안인력 육성·양성을 위한 투자가 중요과제라고 할 수 있다. 이외에도 인간중심가치를 보존한 상태에서 인공지능 생태계 안전성을 확보하기 위해서는 인공지능 시스템 개발 라이프사이클을 고려한 가이드라인과 표준을 제시함으로써 보다 안전한 인공지능 활용을 통한 신뢰사회 구축이 가능할 것이다.

지금까지 발생 가능한 보안위협을 예측하고 이를 대응하기 위한 대응전략을 살펴보았다. 기업 비즈니스는 기술혁신과 더불어 옴니채널의 유기적 연계로 고객의 감성을 어필할 수 있는 맞춤형 초개인화 고객경험(Customer Experience) 확대, 신규 경쟁자의 시장진입으로 인한 무한경쟁체제, ESG경영 등의 모든 변화에 대응하기 위해 짧은 주기의 비즈니스 전략을 통해 새로운 생존전략을 모색하고 있다. 비즈니스 환경이 급변하는 가운데 공격자들 역시 인공지능, 빅데이터, 클라우드 등의 기술 이해도가 높은 공격 성숙도를 앞세서 공격의 수위를 높여가고 있다.

비즈니스 자산의 복잡성과 연계성으로 인한 위험(Risk)노출에 대한 가시성과 통찰력을 제공하기 위해 다양한 시도를 하고 있다. 위협 헌팅(Threat Hunting), 위협 인텔리전스(Threat Intelligence), 데이터마이닝 등을 통해 위협(Threat)요소를 식별하고 TTPs기반의 공격 아티팩트 분석과 활용을 위해 인공지능(AI/ML), 자동화(Automation) 기술을 결합한 SOAR, AI+X(AI기반 보안솔루션), EDR, XDR, 융합보안 등이 각광을 받고 있다.

고도화된 사이버 보안기술들은 사이버 보안체계 고도화 및 정보보호 안전성 확보에 이바지 하며 정보보호체계의 강건성을 확보하는데 중요한 역할을 수행하게 된다.

공격자와 방어자의 관계에서 절대적인 우위는 존재하지 않는다. 비즈니스 생태계 활성화를 위한 다양한 정책적·기술적 환경 조성에도 불구하고 다크웹을 통한 데이터 거래 및 유통, 개인정보 오남용 등 보안 리스트는 산업성장을 저해하게 된다. 사이버 공격의 폭풍속에서 살아남기 위해서는 긍정의 이면에 감춰진 위험(Risk)을 지속적으로 관리해야만 쟁취할 수 있다는 것을 잊지 말아야 할 것이다.

학습활동.13 교수 · 학습 방법

교수 방법

- 빅데이터의 보안분석에 대한 관련 용어, 구성, 방식 이해 정도를 파악한 후 수업을 진행한다.
- 교수자의 주도로 빅데이터의 보안분석 등의 내용을 PPT 자료로 제시한 후 설명한다.
- 가능하면 사전에 개인별 학습 자료를 준비하여 모든 학생이 참여할 수 있는 문제 해결식 수업, 협력 수업이 가능하도록 한다.
- 빅데이터의 보안분석 전 과정을 작업의 순서에 따라 단계적으로 실습이 이루어질 수 있도록 지도한다.
- 교재를 통해 수업을 준비하는데 있어서 필요한 모든 정보나 팁, 힌트 등 도움이 될 만한 내용들을 확인할 수 있다.
- 학생들이 만들게 될 각 모델들은 수업시간에 중점적으로 다뤄질 부분과 어휘, 질문, 답을 포함하고 있으며 또한 탐구할만한 추가적인 아이디어들도 포함하고 있다.

학습 방법

- 빅데이터의 보안분석에 대한 관련 용어를 숙지하고, 빅데이터의 보안분석에 대해 이해한다.
- 빅데이터의 보안분석의 각 단계별 중점 사항을 체계적으로 학습한다.
- 빅데이터의 보안분석의 수행순서의 전 과정을 실습한다.
- 빅데이터의 보안분석의 내용을 이해한다.
- 빅데이터의 보안분석을 숙지하고 숙달이 될 때까지 학습한다.

학습활동.13 평가 및 피드백

평가 준거

- 평가자는 피평가자가 수행 준거 및 평가 내용에 제시되어 있는 내용을 성공적으로 수행할 수 있는 지를 평가해야 한다.

학습내용	평가항목	성취수준		
		상	중	하
빅데이터의 보안분석	빅데이터의 보안분석을 이해할 수 있다.			

학습 13

평가 방법

• 작업 포트폴리오

학습내용	평가항목	성취수준		
		상	중	하
빅데이터의 보안분석	빅데이터의 보안분석을 이해할 수 있다.			

• 필기시험

학습내용	평가항목	성취수준		
		상	중	하
빅데이터의 보안분석	빅데이터의 보안분석을 이해할 수 있다.			

• 체크리스트를 통한 관찰

학습내용	평가항목	성취수준		
		상	중	하
빅데이터의 보안분석	빅데이터의 보안분석을 이해할 수 있다.			

• 피드백

1. 작업 포트폴리오
   - 제출한 보고서를 평가한 후 주요 사항에 대하여 표시하여 돌려준다.
2. 필기시험
   - 평가 결과 성적이 저조한 학생은 보고서 제출 기회를 부여한다.
3. 체크리스트를 통한 관찰
   - 실습 과정에서 평가한 후 개선해야 할 사항 등을 정리하여 돌려둔다.

참고문헌

- 개인정보보호법(시행 2016년 4월 7일, 법률 제13723호)
- 공공데이터의 제공 및 이용활성화에 관한 법률(시행 2016년 7월 25일, 법률 제13423호)
- 공공데이터포털, https://www.data.go.kr, 2016.8.10.
- 교육부 · 전종훈 외 “빅데이터 분석, NCS 학습모듈”
- 국가법령 정보센터, http://www.law.go.kr
- 국가통계포털, http://kosis.kr, 2016.8.11.
- 김선남 · 이환수, 『빅데이터 개인정보 가이드라인(안)의 개선방향 연구』, 『정보화 정책 제21권, 제4호』, 25쪽, 2014.
- 김시환 · 천석진 · 이현주, 『Big data 이용현황과 시사점』, 『지급결제와 정보기술 제52호』, 금융결제원 금융결제 연구소, 2013.
- 김진영, 『헬로 데이터 과학』, 한빛 미디어, 2016.
- 김형훈 · 김선화, 『클라우드와 빅데이터의 강력한 파트너 MongoDB 핵심가이드』, 프리렉, 2014.
- 모리후지 다이치, 안티베이지안([2014] 2015), 『엔지니어를 위한 데이터 시각화(ENGINEER NO TAME NO DATA KASHIKA 〈JISSEN〉 NYUMON)』, 김성재(역), 한빛미디어.
- 미래창조과학부, 한국정보화진흥원, K-ICT 빅데이터센터(2016), 2015년 BIGDATA 시장현황 소사.
- 민세희, 「데이터 시각화, 인식과 행동」, 『2014년 지역정보화 동향분석』, 제9호, pp.1-14., 2014.
- 빅데이터 기술분류 및 현황, 한국지능정보사회진흥원, 2013.12.
- 소프트웨어공학센터, http://www.sw-eng.kr
- 위키백과, https://ko.wikipedia.org/wiki
- 유충현 · 홍성학, R을 활용한 데이터 시각화, 379, 2015.
- 유현주, 빅데이터를 활용한 보안기술, https://dataonair.or.kr/, 20017.4.27.
- 이상한 · 정영훈, 『빅데이터 시스템 구축 가이드』, 프리렉, 2015.
- 이재운 기자, “통계학적 방식으로 취약점 방어...빅데이터 활성화 기대”, 디지털타임즈, 3면, 2016.7.1.
- 조대협, NoSQL 데이터 모델링, http://bcho.tistory.com/665, 2016.08.01. 검색 2012.
- 조대협, 분산 로그 & 데이터 수집기 Fluentd, http://bcho.tistory.com/1115, 2016.8.1.
- 주종면, 『NoSQL & mongoDB』, 도서출판databook, 2014.
- 포스터 프로보스트 · 톰 포셋, 『비즈니스를 위한 데이터 과학』, 한빛 미디어, 2014.
- 한국데이터베이스진흥원, 『데이터 분석 전문가 가이드 2014 Edition』, 2014.
- 한국데이터베이스진흥원, 『데이터 분석 전문가 가이드 2014 Edition』, KODB, 2014.
- 한국데이터베이스진흥원, 『데이터 분석 전문가 가이드 개성판』, 한국 데이터베이스 진흥원, 2016.
- 한국정보화진흥원, 2015년 빅데이터신업 10대 뉴스 및 이슈, BIGDATA, 2015.
- 한국정보화진흥원, 빅데이터 시각화 기술 도입을 위한 단계 「빅데이터 기술 분류 및 현황」, 2015.
- 한국정보화진흥원, 빅데이터 활용 단계별 업무절차 및 기술 활용 매뉴얼(Version 1.0), 2014.
- 행정자치부 관계부처 합동 보도문, 『개인정보 비식별화 가이드라인』, 2016.
- Cattell R., Scalable sql and nosql data stores. ACM SIGMOD, Athens, Greece, 2011.
- DBGuide.net, 데이터 요건분석,
- http://www.dbguide.net/db.db?cmd=view&boardUid=13839&
- boardConfigUid=9 &boardIdx=39&boardStep=1, 2016.7.28.
- mongoDB Inc., MongoDB 3.2 Manual, Retrieved from https://docs.mongodb.com/manual/, 2016.08.

- mongoDB Inc., Sharding, Retrieved from https://docs.mongodb.com/manual/sharding/, 2016.08.
- https://ikkison.tistory.com/66 빅데이터/쉽게 읽는 데이터, 2019.5.23.
- Solid IT. Inc., DB-Engines Ranking, Retrieved from http://db-engines.com/en/ranking, 2016.8.
- Wikipedia, Shard(database architecture). Retrieved from https://en.wikipedia.org/wiki/, 2016.08.
- Shard_(database_architecture)
- 네이선 야우([2011] 2012), 『비주얼라이즈 디스 : 빅데이터 시대의 시각화+인포그래픽 기법(VISUALIZE THIS : The FlowingData Guide to Design, Visualization, and Statistics)』, 송용근(역), 에이콘.
- Gartner, 'Magic Quadrant for Business Intelligence and Analytics Platforms', 2016.1.4
- IDC(2014), 'IDC FutureScape : Worldwide Big Data and Analytics 2015 Predictions', 2014.12.10.
- Jock D. Mackinlay(1986), Automating the Design of Graphical Presentations of Relational Information, ACM Transaction on GRaphics, Vol.5, No.2, April, 1986, 1-34
- Łukasz Halik, (2012), The analysis of visual variables for use in the cartographic design of point symbols for mobile Augmented Reality applications, GEODESY AND CARTOGRAPHY, Vol.61, No.1, 19-30, 2012.
- Sharon Machlis(2015), Chart and image gallery : 30+ free tools for data visualization and analysis, Computerworld
- TTA, "빅데이터 시각화 기술", ICT 표준화포럼-빅데이터포럼, 2014.
- http://cartodb.com/
- http://colorbrewer2.org
- http://data.seoul.go.kr/openinf/linkview.jsp?infId=OA-13304
- http://docs.ggplot2.org
- http://gapminder.org/world
- http://ggplot2.org
- http://github.com/dkahle/ggmap
- http://groups.google.com/group/ggplot2
- http://indiemapper.com/
- http://mbostock.github.io/protovis/
- http://mbostock.github.io/protovis/ex/nba.html
- http://modestmaps.com/
- http://newsmap.jp
- http://philogb.github.io/jit/
- http://processing.org
- http://python.org
- http://sgis.kostat.go.kr/view/index
- http://www.adobe.com/kr/products/illustrator.html
- http://www.google.com/drive/start/apps.html
- http://www.iea.org/etp/explore/

- http://www.instantatlas.com/
- http://www.labri.fr/perso/nrougier/teaching/matplotlib/
- http://www.perceptualedge.com/articles/visual_business_intelligence/sometimes_we_must_raise _our_voices.pdf
- http://www.r-project.org/
- http://www.tableau.com/
- http://www.telerik.com/kendo-ui
- http://www2.parc.com/istl/groups/uir/publications/items/UIR-1986-02-Mackinlay-TOG-Automat ing.pdf
- https://commons.wikimedia.org/wiki/File:Basic_by_Isotype.jpg
- https://commons.wikimedia.org/wiki/File:Gestalt_closure.svg
- https://cran.r-project.org/web/packages/RColorBrewer/index.html
- https://d3js.org/
- https://developers.google.com/chart/
- https://developers.google.com/chart/interactive/docs/gallery
- https://developers.google.com/chart/interactive/docs/reference
- https://docs.google.com/spreadsheets/u/0/
- https://en.wikipedia.org/wiki/Principles_of_grouping#/media/File:Gestalt_proximity.svg
- https://en.wikipedia.org/wiki/Principles_of_grouping#/media/File:Gestalt_similarity.svg
- https://infogr.am
- https://inkscape.org/
- https://public.tableau.com/s/
- https://stat.ethz.ch/R-manual/R-devel/library/stats/html/heatmap.html
- https://www.arcgis.com/features/index.html
- https://www.openstreetmap.org/
- https://www.rstudio.com/
- https://www.theguardian.com/news/datablog/2010/may/17/uk-public-spending-departments-mo ney-cuts
- https://www.oracle.com/kr/security/database-security/what-is-data-security/
- https://www.ciokorea.com/news/19250#csidx587560daba9f724b2d28e2ac5828903
- LG CNS, "빅데이터 분서 플랫폼 데이터 보안의 시작", https://www.lgcns.com/ 2021.10.22.

학습 13

학습 1	빅데이터의 이해
학습 2	빅데이터의 분석기획
학습 3	빅데이터의 수집
학습 4	빅데이터의 저장
학습 5	빅데이터의 처리
학습 6	빅데이터의 분석용 데이터 탐색
학습 7	통계기반 빅데이터 분석
학습 8	머신러닝 기반의 빅데이터 분석
학습 9	텍스트마이닝 기반의 빅데이터 분석
학습 10	빅데이터의 시각화
학습 11	빅데이터의 비즈니스 모델과 활용전략
학습 12	빅데이터의 플랫폼과 관리
학습 13	빅데이터의 보안분석

학습 14 빅데이터의 융합

학습 목표	1. 빅데이터의 융합을 이해할 수 있다.

14-1 빅데이터의 융합

1. 빅데이터 융합의 개요

4차산업혁명은 빅데이터 시대이다. 빅데이터 시대에 새롭게 부상하고 있는 기술 중 하나가 바로 이종간 데이터 융합이다. 상이한 특성을 가진 데이터들을 상호 결합해 데이터의 활용범위를 넓히고 깊은 합의를 도출해 낼 수 있다.

빅데이터의 융합방법은 [그림 14-1]처럼 데이터의 융합, 분석방법의 융합, 플랫폼의 융합을 해야만 진정 빅데이터의 조화로운 융합이라고 할 수 있다.

즉 데이터의 융합은 정형과 비정형 데이터의 융합을 통해 가치있는 데이터를 사용자에게 제공할 수 있고, 플랫폼의 융합은 다양한 플랫폼을 목적과 특성에 맞게 융합하여 활용할 수 있다. 또한 분석방법의 융합은 빅데이터 분석을 위해 여러 방법인 키워드 분석, 최적화, 다차원분석, 예측분석, 데이터 품질관리방법, Ad hoc

Report 등을 융합하여 활용하는 방법을 사용함으로써 진정한 빅데이터 융합이다.

특히 융합 플랫폼의 장점은 패키지 구매방식 대신 훨씬 저렴한 비용이고, 특정 제품에 종속적이지 않은 구조이고, 구축 부담없이 SNS 데이터를 분석할 수 있고, 서버 구매방식 대신 훨씬 유연한 확장 등의 장점이 있다.

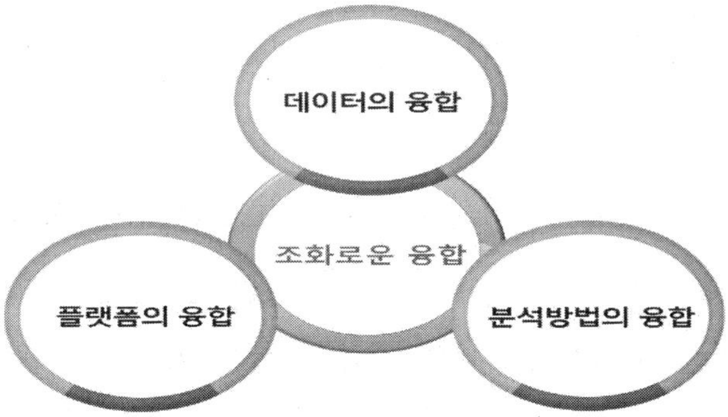

[그림 14-1] 빅데이터의 융합

1) 데이터 활용과 분석력이 수익을 창출할 수 있는 원천

산업 내에서는 빅데이터를 활용하기 위한 다양한 시도들이 이뤄지고 있다. 정보통신기술의 발전으로 인해 급속도로 생성되고 있는 빅데이터를 저장 · 처리하는 기술 또한 점차 진보해 나가고 있다.

현재 각 산업분야별로 많은 기업들이 빅데이터를 활용해 새로운 서비스를 개발하려는 시도는 하고 있지만 실제로 수익을 내는 모델로 발전시킨 경우는 드물다. 이를 두고 기업들은 빅데이터라는 새로운 기술을 활용한다고는 하지만 기존에 보유하고 있던 정보의 양이 늘어난 것 외에 다양한 원천의 정보를 활용해 수익을 창출할 수 있는 분석력은 아직 부족하다.

이런 한계를 극복하고자 빅데이터 시대에 새롭게 부상하고 있는 기술 중 하나가 바로 이종간 데이터 융합이다. 지금까지는 유사한 종류의 데이터 결합 및 분석을 통해 새로운 기회를 발굴해내는 데 초점을 두었다면, 빅데이터 시대에서는 상이한 특성을 가진 데이터들을 상호 결합해 데이터의 활용범위를 넓히고 깊은 합의를 도출해 낼 수 있다.

IDC(Internet Data Center)와 빅데이터 및 분석시장(Big Data and Business Analytics)에 따르면 2016년부터 매년 11% 이상의 높은 성장률로 성장해 2025년에는 5,100억 달러 규모에 다다를 것으로 전망한다. 현재 세계 빅데이터 및 분석시장은 금융과 제조업이 견인하고 있는 구조이다. 최근에서도 빅데이터 및 분석시장

산업별 비중은 은행업(13.1%)이 가장 높았으며 뒤이어 조립제조(11.9%), 공정제조(8.4%), 연방/중앙정부(7.6%), 전문서비스(7.4%) 순이었다.

지금 시대적 흐름에 발맞춰 국내에서도 다양한 데이터 융합 시도가 이뤄지고 있다. 가령 민-관 데이터 연계, 업무협약을 통한 서로 다른 분야 간의 데이터 교류 등이 있다. 이와 관련해 정부는 빅데이터를 활용해 정부의 역량을 강화하고 보다 나은 공공서비스를 제공하기 위해 다양한 정부와 민간데이터 융합분석을 추진해 오고 있다.

2) 해외 감염병 예방을 위한 민-관 빅데이터 융합사업 추진

과학기술정보통신부와 질병관리본부는 코로나, 메르스, 자카 바이러스, 원숭이두창 같은 해외 감염병의 국내 유입 위험이 높아짐에 따라 KT가 가진 통신데이터를 활용해 해외 감염병 예방을 위한 민-관 빅데이터 융합사업을 추진하고 있다. 최근에는 서비스 대상이 KT 뿐만 아니라 LG U+, SKT로 확대 적용되어 휴대전화를 사용하는 전 국민을 대상으로 감염병 안내 문자서비스가 제공되고 있다. 이를 통해 우리나라는 세계 최초로 '통신 로밍 데이터를 활용한 감염병 확산방지모델'을 성공적으로 구축한 사례로 평가받고 있다.

정부가 직접 나서서 빅데이터의 활용과 민·관 데이터 융합에 주목하고 있는 이유에 대해 다가오는 스마트 사회에서는 데이터 활용 경쟁력이 바로 국가 경쟁력으로 연결되기 때문이다. 정부뿐만 아니라 민간기업들 역시 외부와의 데이터 협력을 적극적으로 고려하고 있다.

이어 데이터 융합을 통해 개별 기업이 보유한 빅데이터의 가치를 더욱 높일 수 있으며, 이 과정에서 얻게 되는 고도의 데이터 분석경험을 활용해 성공적인 미래사업 모델을 구축할 수 있다.

3) 스마트 팩토리, 데이터는 성패를 결정 짓는 핵심

최근 제조산업에서의 화두는 무엇보다도 스마트 팩토리다. 스마트 팩토리는 말 그대로 똑똑한 공장을 뜻한다. 생산과정에 디지털 자동화 솔루션이 결합된 정보통신기술을 적용해 생산성, 품질, 고객만족도를 향상시키는 지능형 생산공장을 말한다.

공장 내 설비와 기계에 사물인터넷이 설치되어 공정데이터가 실시간으로 수집되고 데이터에 기반한 의사결정이 이뤄짐으로써 생산성을 극대화할 수 있다. 여기에 제조산업은 단 1초의 차이가 최종 생산량 측면에서는 막대한 차이로 나타날 수 있기 때문에 극한의 실시간성을 요구한다.

서비스 융합 요구에 따른 제조업과 서비스업의 경계가 붕괴되면서, 제품 자체보다는 제품에 서비스가 부가되어 제품의 가치를 극대화하는 제조업의 서비스화가 가속될 것으로 전망된다. 그러면 제조분야에서도 빅데이터 시대에 상이한 특성을 가진 데이터들을 상호 결합해 데이터의 활용범위를 넓히고 깊은 함의를 도출해 낼 수 있다.

스마트 팩토리를 구축하는 데 있어 데이터 확보와 분석력이 성패를 좌지우지한다. 또 데이터는 핵심이 되는 만큼 보안도 중요하다.

제조산업에서 스마트 팩토리를 도입하고 잘 이끌기 위해서는 데이터 분석역량 확보가 우선시되어야 한다. 결국 스마트 팩토리는 데이터를 얼마나 잘 활용하는가에 따라 성공과 실패가 결정된다.

14-2 빅데이터의 데이터 융합

1. 공공데이터의 융합

우리나라는 2013년 「공공데이터 제공 및 이용 활성화에 관한 법률」을 제정한 이후 공공데이터를 적극적으로 개방하려고 노력하고 있다. 정부는 이러한 공공데이터 개방을 통해 정책수립과정에 대한 국민들의 이해력 증대와 행정처리의 투명성 및 책임성 강화 등의 효과를 기대하고 있다. 이런 노력 덕분에 우리나라는 최근 OECD 공공데이터 개방 평가에서 1위를 차지하였고, 현재 우리나라의 데이터 개방 정도는 세계적으로도 매우 높은 수준이라고 할 수 있다.

행정안전부에서는 공공기관이 생성 또는 취득하여 보유하고 있는 공공데이를 한 곳에서 제공하는 통합창구로 공공데이터 포털(https://www.data.go.kr)을 운영하고 있다. 2011년 7월 '국가공유자원 포털'이란 이름으로 처음 포털을 개방한 이후, 공공데이터포털에서 제공하고 있는 데이터 건수는 2013년 5,272건에서 현재 54,636건으로 약 10배 가량 늘어났다.

[그림 14-2]처럼 공공데이터 포털에서는 파일데이터, 오픈API, 표준데이터, 시각화 등의 다양한 유형으로 데이터를 제공하고 있으며, 포털에서 제공하지 않고 있는 공공데이터의 경우 공공데이터 제공신청을 통해 제공여부를 심의받은 후 이용할 수 있다.

[그림 14-2] 공공 데이터 포털(행정안전부)

개인과 기업은 공공데이터 포털에 공개된 공공데이터를 다운받아 자신이 보유한 외부데이터와 결합하여 새로운 서비스나 신기술을 개발하는 데 활용할 수 있다. 이처럼 공공데이터 포털은 일반 국민들의 데이터 접근성을 높히고 공공데이터의 활용범위를 넓혔다는 점에서 의의가 있다.

2. 민간데이터의 융합

1) 네이버 데이터랩(DataLab)

민간기업이 자사가 보유한 데이터를 공개하고 있는 가장 대표적인 사례는 2016년 1월에 오픈한 네이버의 '데이터랩(DataLab)'을 들 수 있다. 현재 데이터랩에서는 분야별 인기 검색어, 검색어 트렌드, 지역별 관심도 등의 데이터와 함께 지역 · 업종별 카드사용통계를 제공하고 있다.

[그림 14-3]처럼 데이터랩을 접속하자마자 카테고리별 인기검색어를 보여준다.

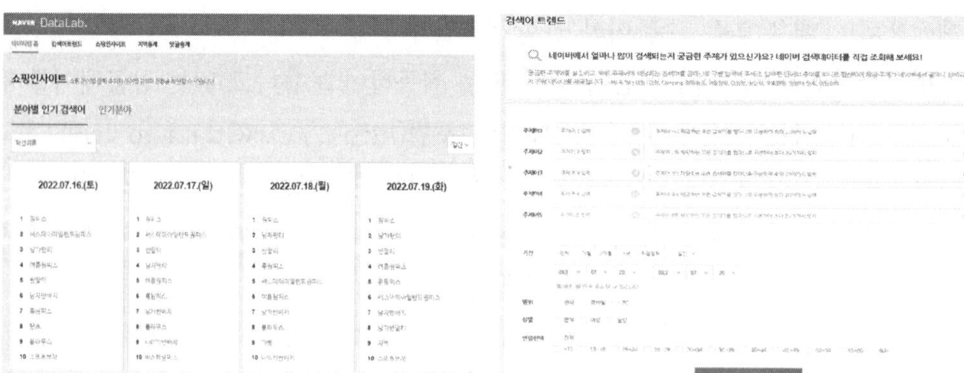

[그림 14-3] 네이버 데이터랩

실시간 검색순위는 아니지만 많이 찾는 검색어를 확인할 수 있으니 트랜드를 확인하기 쉽고, 이전 데이터까지 확인할 수 있으니 옷을 판매하는 쇼핑몰은 언제부터 겨울옷을 준비하여 판매하면 좋을지 예측하여 불필요한 비용을 줄일 수 있을 것으로 판단된다.

예를 들면 네이버에서 뮤직을 일자별, 검색어별, 지역별로 기간과 범위, 성별, 연령 등의 주제어에 따라서 검색하면 네이버 뮤직 이용자 데이터를 활용하여 해당 곡의 성별 및 연령별 인기도와 기간별 추이 등을 제공하는 '뮤직 데이터랩(DataLab)' 자료를 제공한다.

〈표 14-1〉 네이버 데이터랩 제공 데이터

분류	제공 항목	내 용
검색어로 알아보는 대한민국	급상승 트래킹	30초 단위로 실시간 급상승 검색어 순위(1~20위) 제공
	분야별 인기 검색어	주제별(TV오락, 쇼핑, 영화, 자동차, 게임), 사용자별(싱글녀, 주부, 대학생, 청소년) 검색어 순위(1~10위) 제공
	검색어 트렌드	기간별 · 연령별 · 성별 · 검색기기(모바일, PC)에 따른 네이버 통합 검색어와 네이버 쇼핑 클릭수 추이를 제공
지역통계	지역별 관심도	지역(시 · 군 · 구)과 특정 업종을 선택하면, 선택된 업종에 대한 하위 지역들(읍 · 면 · 동 · 리)의 검색 관심도를 제공
	카드사용통계	비씨카드에서 제공하는 데이터를 기반으로, 지역별/기간별/업종별 카드사용통계를 제공
	맞춤형 트렌드 분석도구	선택한 지역과 업종의 성별 · 연령별 카드사용통계를 제공 (복수의 지역과 복수의 업종간의 카드사용통계 비교 가능)
공공데이터	공개된 공공데이터	e-나라지표, 경기도 공공데이터, 공공데이터 포털, 국가기록원, 문화재청, 서울열린데이터광장, 통계청, 특허청, 한국고전번역원, 한국문화정보원 등에서 공개한 공공데이터 제공

데이터랩 사용자들은 "검색어 트렌드 분석"을 통해 여러 개의 주제어에 대한 검색 관심도를 비교해볼 수 있으며, 기간 · 성별 · 연령 · 검색기기(모바일, PC) 등의 세부항목을 설정하여 보다 자세한 분석을 진행할 수 있다. 특히나 BC카드의 카드 결제데이터를 네이버의 검색어 데이터와 융합하여 분석할 수 있다는 점이 데이터랩의 가장 큰 특징이라고 할 수 있다.

이는 민간 사업자의 데이터와 네이버의 검색어 데이터를 융합한 최초의 사례이자 정형데이터와 비정형데이터의 결합으로서 그 의미가 매우 크다. 네이버 검색어 데이터가 소비자들의 구매를 예측하는 데 유용했다면, BC카드의 카드결제 데이터를 통해서는 소비자의 실제 구매결과를 확인할 수 있다. 따라서 향후에는 데이터랩에서 제공되는 이러한 상이한 두 유형의 빅데이터 융합분석을 통해 사회현상에 대한 보다 정확한 진단과 분석이 가능할 것으로 기대되고 있다.

2) 구글 트랜드

구글 트랜드는 구글에서 서비스 중인 검색어 및 시청 동영상 기반 빅데이터 분석 서비스이다. [그림 14-4]처럼 구글 트랜드(https://trends.google.co.kr/trends)는 전세계인이 가장 많이 사용하는 검색엔진인 구글의 빅데이터 기반으로 세상의 트랜드를 알아볼 수 있는 트랜드 분석도구이다.

[그림 14-4] 구글 트랜드

키워드를 검색해서 그 키워드의 검색량을 시간/지역으로 나누어 볼 수 있고, 관련 검색어를 확인하는 것 또한 가능하다. 구글 검색창에 구글 트랜드를 입력하고 홈페이지를 접속하면 가장 윗부분에 전세계 사용자들의 검색어 동향을 살펴볼 수 있는 창이 나오는데 여기에 내가 찾는 검색어나 주제를 입력하면 된다. 즉 내가 찾는 검색어를 입력하면 가장 먼저 12개월 동안의 검색어 관심도 추이변화를 그래프로 한눈에 확인할 수 있는데 기간도 본인의 선택이 가능하다.

구글 사용자들의 검색을 취합하여 정량적인 데이터로 변환한다. 예를 들어 하루에 어마어마한 숫자의 사람들이 나무위키를 검색했다면 나무위키가 인기 검색어에 오르는 식이다.

일별 인기 급상승 검색어와 실시간 인기 급상승 검색어를 확인할 수 있다. '올해의 검색어'라는 키워드로 주제별 검색어 순위를 확인할 수 있다.

구글 트렌드 사용시 '검색어'와 '주제' 중 선택이 가능하다. 정확한 결과를 얻기 위해서는 동일한 항목을 통해 비교해야 한다.

구글은 구글 트랜드를 통해서 카카오는 데이터 트랜드로 다양한 검색엔진의 빅데이터 흐름을 파악할 수 있다. 결국 데이터가 돈을 벌게 해주는 시대가 왔다고 느낄 수 있다.

3) 카카오 데이터 트랜드

카카오 데이터 트렌드는 모바일을 완벽히 고려한 디자인이다. 업무용이라기보다는 일반인들도 일상속에서 손쉽게 검색어 트렌드를 비교해 볼 수 있다. 더불어 카카오의 기반이 모바일앱이라 모든 서비스를 기획할 때 모바일을 최우선으로 고려하고 있다.

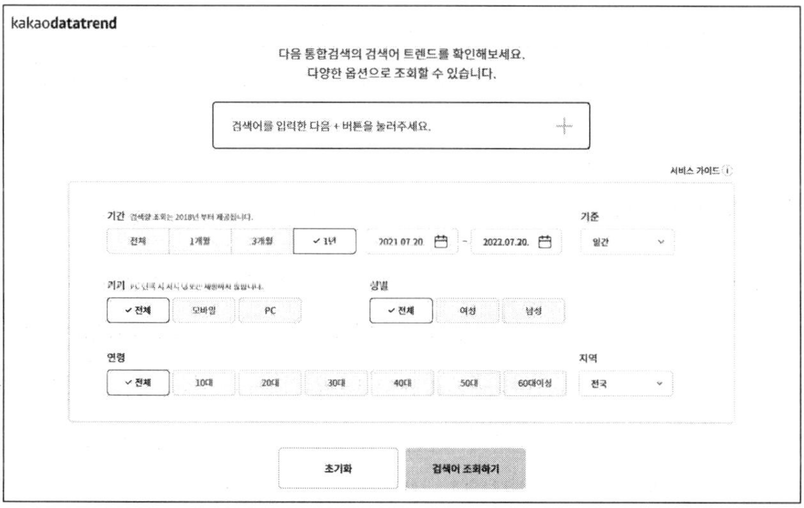

[그림 14-5] 카카오 데이터 트랜드

4) SKT 빅데이터 허브(Big Data Hub)

자사가 보유한 데이터를 공개하고 있는 또 다른 사례로는 SKT의 '빅데이터 허브(Big Data Hub)'가 있다. 2013년 10월에 오픈한 SKT 빅데이터 허브는 민간소유의 빅데이터를 대중에게 개방한 국내 첫 사례이다. SKT 빅데이터 허브는 SK텔레콤이 보유한 통신데이터와 공공기관에서 공개한 데이터들을 주제별로 분류하여 제공하고 있다. 이 외에도 개별 사업자가 SKT 빅데이터 허브사이트에 가입하여 법인 저작권의 데이터를 직접 등록 및 전시할 수 있다.

현재 SKT 빅데이터 허브에서 제공되고 있는 데이터는 대단히 많다. 그러나 다른 데이터포털과 비교하면 상대적으로 적은 수준이지만, SKT 빅데이터 허브가 가진 가장 큰 장점은 "DATA 매쉬업" 빅데이터 시대와 데이터 융합이라는 메뉴를 통해 외부데이터와의 융합분석이 가능하다는 점이다. "DATA 매쉬업"은 CHART, MAP

등의 기능을 활용해 T-데이터와 외부데이터를 결합하여 다각도로 분석해볼 수 있게 해 주는 서비스이다. "DATA 매쉬업" 기능을 통해 사용자는 단일데이터를 사용했을 때보다 훨씬 더 통찰력 있는 분석결과를 도출할 수 있다.

〈표 14-2〉 SKT 빅데이터 허브 제공 데이터

분 류	제공 데이터
산업/경제	특허 실용신안 통합이력정보, 해외특허 서비스 등
문화/예술	외국인 가입자 시간대별 체류지 데이터, 국민관광 실태조사 등
정보통신/IT	월간 게임동향, 광고 집행금액 및 트래픽 리포트 등
사회/교육	지역별 콜택시 이용 분석, 유아교육기관 이용분석 데이터 등
공공/행정	웨더플래닛 기상정보, 전국 시내버스 노선정보, 사회 약자 시간대별 체류지 데이터 등

3. 민·관데이터 융합

빅데이터 시대에는 데이터가 바로 경제적 자산이 된다. 매일 매순간 생성되고 있는 엄청난 크기의 데이터들을 어떻게 잘 활용하느냐에 따라 빅데이터가 창출해낼 수 있는 가치 또한 무궁무진하다. 이에 따라 우리나라 정부 또한 빅데이터를 활용하여 정부의 역량를 강화하고 보다 나은 공공서비스를 제공하기 위해 다양한 정부/민간데이터 융합분석을 추진해오고 있다.

1) 해외유입 감염병 차단

코로나, 메르스, 지카바이러스와 같은 해외 감염병의 국내 유입 위험이 높아짐에 따라 과학기술정보통신부와 질병관리본부는 KT가 가진 통신데이터를 활용하여 해외감염병 예방을 위한 민·관 빅데이터 융합사업을 추진하였다. 과학기술정보통신부는 질병관리본부와 함께 KT가 제안한 "로밍 빅데이터를 활용한 해외유입 감염병 차단 서비스"를 '16년 빅데이터 선도 시범사업'으로 선정하였으며, 같은 해 11월 16일부터 "스마트 검역정보시스템 고도화 사업"을 운영하였다. 이와 같은 사업시행이 가능했던 이유는 2015년에 「감염병의 예방 및 관리에 관한 법률」 개정으로 제76조의2(정보제공요청 등) 조항이 신설됨에 따라 해당 조항에 근거하여 KT가입자의 해외 로밍데이터를 해외감염병 예방에 활용할 수 있게 되었기 때문이다.

스마트 검역정보시스템 고도화 사업은 해외 로밍데이터를 활용해 감염병 오염국가에서 국내로 입국하는 사람을 확인한 후 감염병 잠복기간 동안 모니터링하는 검역정보화 사업이다. 먼저 통신사 고객이 감염병 오염국가에 방문하여 로밍을 하면, KT에서는 감염병 오염국가 방문정보를 질병관리본부에 제공하고 고객에게 감염병 신고안내 문자를 전송한다. 감염병 오염국가를 방문한 고객이 국내 도착 시 질병관리본부에 입국자 정보가 전송되고 KT에서는 고객에게 입국시 자진신고 안내 문자를 발송한다. 또한 고객이 감염병 증상이 발현하여 의료기관에 방문하게 되면 건강보험심사평가원과 국민건강보험공단에서는 질병관리본부가 보유한 오염국가 방문이력 정보를 해당 의료기관으로 전달하여 진료 시에 해당 내용을 조회할 수 있도록 했다. 이를 통해 통신사 고객은 오염국가를 방문하거나 귀국시에 관련 감염병 안내 문자를 받아볼 수 있으며, 질병관리본부에서는 오염국가 방문자 통계를 검역 정책 수립 및 해외유입 감염병 대응방안 마련을 위한 자료로 활용할 수 있다.

또한 의료기관에서는 환자의 감염병 오염국가 방문이력 정보를 확인하여 진료에 활용할 수 있다.

2017년 4월부터는 서비스 대상이 KT 뿐만 아니라 LGU+, SKT로 확대 적용되어 휴대전화를 사용하는 전 국민을 대상으로 감염병 안내 문자서비스를 제공하고 있다. 이를 통해 우리나라는 세계 최초로 "통신 로밍데이터를 활용한 감염병 확산 방지 모델"을 성공적으로 구축한 사례로 평가받고 있다.

2) 서울시 심야버스노선 개발

서울시에서는 빅데이터 분석을 통해 실제로 시민이 필요로 하는 심야버스노선을 개발하고 2013년부터 해당 노선을 운행하는 일명 '올빼미버스' 서비스를 시행하고 있다. 우리나라 수도인 서울에서는 낮 시간대 못지 않게 야간 시간의 경제활동 역시 활발하게 이루어지고 있으나 심야에 이용할 수 있는 교통편은 거의 택시로만 한정되어 있는 상황이었다.

야간 교통서비스의 수요대비 공급 미달상황과 그로 인한 교통서비스 수준의 악화(택시 승차거부, 비용부담), 안전문제 등으로 인해 시민들의 야간 경제활동은 많은 제약을 받고 있었다. 이러한 문제를 해결하기 위해 서울시에는 공공 심야전용버스를 개발하려는 계획을 세웠다. 이런 심야전용버스 서비스가 성공적으로 시행되기 위해서는 심야버스의 경로별 수요를 파악하여 최적의 운행노선도를 개발하는 것이 무엇보다 중요했다. 서울시는 심야버스노선 개발을 위해 KT와 업무협약(MOU)을 맺고 휴대전화 통화이력 데이터에서 추출한 개인위치정보를 활용하기로 했다. KT는 공익사업을 위한 민·관데이터 협력이라는 큰 틀 하에서 개인정보보호를 위해 개인 신변과 관련된 데이터 항목을 제외한 통화기록정보를 서울시에 제공하였다.

서울시는 우선 2013년 3월 한 달 동안의 KT 통화데이터 30억 건을 분석하여 심야시간(0~5시)대의 유동인구 밀집지역을 파악하였다. 여기에 500만 건에 달하는 시민들의 심야택시 승하차 데이터를 결합하여 최적의 심야버스노선을 구축하였다. 3개월(4.19~7.31) 동안 시내버스 2개 노선을 시범운행한 결과 총 22만 명(일평균 2,100명)이 심야전용버스를 이용한 것으로 나타났다. 그리하여 같은 해 9월부터는 본격적인 심야전용버스 서비스를 시작하였고, 이후 2016년 11월에는 운행지역을 확대하고 운행차량의 증차를 통해 시민들의 편의를 제고하였다. 2016년 12월 한 달 동안의 심야전용버스 일평균 승객은 9,883명으로 2013년 시범운행 때보다 약 5배 정도 증가하였다. 노선별로는 N61(1,865명), N13(1,395명), N26(1,235명) 순으로 가장 많은 승객이 이용한 것으로 집계되었다. 요일별로는 금요일에서 토요일로 넘어가는 새벽 시간대의 이용승객수가 가장 많았으며, 월평균 이용 승객수는 금요일(12,378명), 토요일(10,741명), 목요일(10,342명) 순으로 나타났다. 뿐만 아니라 심야전용버스 증차후 택시 승차거부 신고건수도 2015년 12월 823건에서 2016년 12월 774건으로 전년 동기 대비 6%(49건)가 줄어들었다. 이와 같은 서울시의 '올빼미버스' 운영사업은 한정된 자원을 효율적으로 운영하여 시민들에게 직접적인 편의를 제공한 사례로서 "제1회 대한민국 지방자치 정책대상"에서 대상을 수상하였다

3) 한국교통연구원의 ViewT 플랫폼

교통량과 관련된 정보는 도로정책을 수립하는 데 있어 핵심지표로 활용되고 있으며 해당 데이터의 정확성에 따라 도로정책의 효과도 크게 달라질 수 있다. 그러나 교통량 정보는 고속도로 이외의 도로에서는 매우 제한적으로 수집되고 있으며 일부 지자체에서는 아예 수집하지 않는 경우도 있어 실제로 활용하기에는 많은 어려움이 존재했다. 국토교통부와 한국교통연구원은 이와 같은 교통데이터의 한계점을 극복하고자 공공부문의 교통량 빅데이터와 민간의 내비게이션 빅데이터를 융합하여 교통량 자료가 수집되지 않는 도로의 교통량까지도 추정할 수 있는 기술을 개발하였다. 민간의 내비게이션 자료는 현대엠엔소프트에서 제공하는 2015년 1년치 내비게이션 데이터 87억 건*이 활용되었다. 민간의 내비게이션 자료는 네비게이션 이용의 대중화로 방대한 양의 빅데이터가 수집되고 있으나 「개인정보보호법」에 따라 외부 제공이 제한되고 있으므로 주로 교통소통정보 도출에 국한되어 활용되고 있다.

한국교통연구원은 일부 구간에서만 관측되던 공공의 관측교통량 자료와 전국 단위로 수집되는 민간의 내비게이션 자료를 융합하여 전국의 미관측 도로의 교통량을 추정할 수 있는 'ViewT 1.0'을 올해 9월부터 서비스하기 시작하였다. 기존 현장조사를 통한 전국도로대비 교통량 수집량은 고작 3%에 불과하였으나 한국교통연구원이 개발한 민 · 관 빅데이터 융합기술을 활용하면 전국도로의 95%까지 교통량을 확인할 수 있게 되었다. 공공의 관측교통량 자료와 민간의 내비게이션 자료는 서로 매우 밀접하게 연관되어 있으면서도 각자의 한계를 보완해줄 수 있는 빅데이터라고 할 수 있다. 내비게이션 자료는 전국을 대상으로 수집되기 때문에 데이터 수집범위 측면에서의 장점이 있으며, 관측교통량 자료는 내비게이션 표본데이터를 전수화하는 데 있어 기준역할을 하므로 두 자료는 교통량 추정에 있어 상호보완의 관계라고 할 수 있다. 그 결과 두 데이터를 융합하여 미관측 도로의 교통량 추정 알고리즘 기술을 개발할 수 있었던 것이다. 'View T 1.0(http://viewt.ktdb.go.kr)'을 통해 분석한 우라나라에서 교통량이 제일 많은 도로는 평일 일평균 161,741대의 교통량이 발생한 강남대로(한남IC → 한남대교)로 나타났다. 이 외에도 특정도시나 특정도로의 일일 차량대수나 시간대별 교통량 등의 분석도 가능하다.

〈표 14-3〉 ViewT 1.0 제공서비스

구 분	제공서비스	
주요분석 기능	Selected Link Analysis	특정도로를 지나는 차량들의 진입/퇴출경로 분석
	Time Maps	특정도로에서 30분/1시간 동안 이동가능한 거리 분석
	사용자 혼잡구간선정	사용자가 설정한 혼잡기준에 따른 혼잡구간을 선정
	주요 경로	동일한 출발기와 도착지에서 운전자가 어떤 경로를 주로 선택하는지 분석
	우리동네 교통지표	사용자가 바운더리를 설정하여 교통지표와 교통현상을 분석
	실시간 소통상황	현재 시간에 도로의 소통상황이 어떤지를 분석
지표분석	교통량	관측교통량, 추정교통량, 차량주행거리
	속도	평균속도, 혼잡시 평균속도, 정상시 평균속도
	교통혼잡지표	혼잡시간강도, 혼잡빈도강도, 혼잡기대강도, 교통혼잡비용

'ViewT 1.0'에서 제공하는 분석기능에는 일반 시민들이 전국의 교통량을 파악하는 데에 도움이 될 뿐만 아니라 지금까지 교통량 자료를 수집하지 않았던 지자체들이 해당 지역의 교통현황을 파악하는데 활용할 수 있는 여러 자료들이 포함되어 있다. 이처럼 민 · 관 교통 빅데이터 융합분석을 통해 도출한 다양한 결과들은 향후

효과적인 국가교통정책 수립을 위한 가치 있는 참고자료로도 활용될 수 있을 것으로 기대된다.

언급된 사례들 외에도 민·관데이터 융합을 위한 다양한 시도들은 계속해서 이루어지고 있다. 먼저 서울시에서는 영세 소상공인들의 골목상권 창업에 도움이 되는 '우리마을가게'라는 상권분석서비스를 제공하고 있다. 해당 서비스를 통해 서울시는 시가 보유한 공공데이터에 BC카드, KB카드, 나이스 지니데이타, KT, 오픈메이트 등의 민간데이터를 결합하여 서울시내 골목상권의 소비지출 동향을 분석하고 그 결과를 제공한다. 제주시에서는 전국 최초로 '지역거점형 민·관 융합데이터 서비스 표준모델과 포털' 구축을 추진하고 있다. 해당 사업은 제주도가 공공데이터포털을 통해 공개하고 있는 교통, 관광관련 공공데이터에 카카오가 보유한 생활기반 데이터를 융합하여 통합 플랫폼을 구축하는 방식으로 진행된다. 또다른 예로 안산시에서는 '민·관 빅데이터 융합을 통한 선제적 범죄예방 지원서비스 개발'의 일환으로 오픈메이트와의 협업을 통해 신규 CCTV 설치장소 위치를 도출하는 사업을 진행하였다. 민간기업인 SK텔레콤 역시 지자체 및 공공기관과 총 80여 건에 달하는 데이터 협업 프로젝트를 진행하며 민·관 빅데이터 융합분석 활성화에 기여하고 있다.

4차산업혁명 시대를 맞아 지난 2016년 12월 8일 우리나라 정부에서는 공공 및 민간의 빅데이터 활성화를 지원하기 위한 「민관 합동 빅데이터 TF」를 발족하였다. 그동안 각 부처에서는 독립적으로 빅데이터 관련 협의체를 운영해 왔으나 이와같은 빅데이터 TF가 구성됨에 따라 범정부적인 빅데이터 정책 추진이 가능하게 되었다.

이처럼 정부에서 직접 나서서 빅데이터의 활용과 민·관데이터 융합에 주목하고 있는 이유는 다가오는 지능정보사회에서는 데이터 활용 경쟁력이 바로 국가 경쟁력으로 연결되기 때문이다. 정부뿐만 아니라 민간기업들 역시 외부와의 데이터 협력을 적극적으로 고려하고 있다. 데이터 융합을 통해 개별기업이 보유한 빅데이터의 가치를 더욱 높일 수 있으며, 이 과정에서 얻게 되는 고도의 데이터분석 경험을 활용하여 성공적인 미래사업모델을 구축할 수 있기 때문이다.

이러한 측면에서 빅데이터 융합분석은 향후 다양한 산업분야에 걸쳐 지금보다 더욱 활발하게 이루어질 전망이다. 매일 새롭게 생성되는 데이터들로 넘쳐나는 빅데이터의 시대에는 이종간 데이터 결합이 데이터가 가진 잠재력을 최대한 이끌어낼 수 있는 가장 효과적인 방법 중 하나가 될 수 있기 때문이다. 각종 데이터들의 융합분석을 통해 빅데이터가 가지고 있는 무한대의 가능성을 발굴해내는 사례는 앞으로 점점 더 늘어날 것이며, 그 방식 또한 지금보다 훨씬 더 다양해질 것으로 기대된다.

14-3 빅데이터의 플랫폼 융합

1. 빅데이터 플랫폼 융합의 개요

4차산업혁명에서 가장 우수한 실적을 구축하기 위해서 필요한 것은 빅데이터 플랫폼 융합이라고 할 수 있다. 환경에 관련 빅데이터를 융합함으로써 변화무상한 날씨 등 관련 환경부분에 대한 정확한 현황을 실시간으로 빠르고 정확하게 분석하고, 이를 제시하는 것이 가능하다.

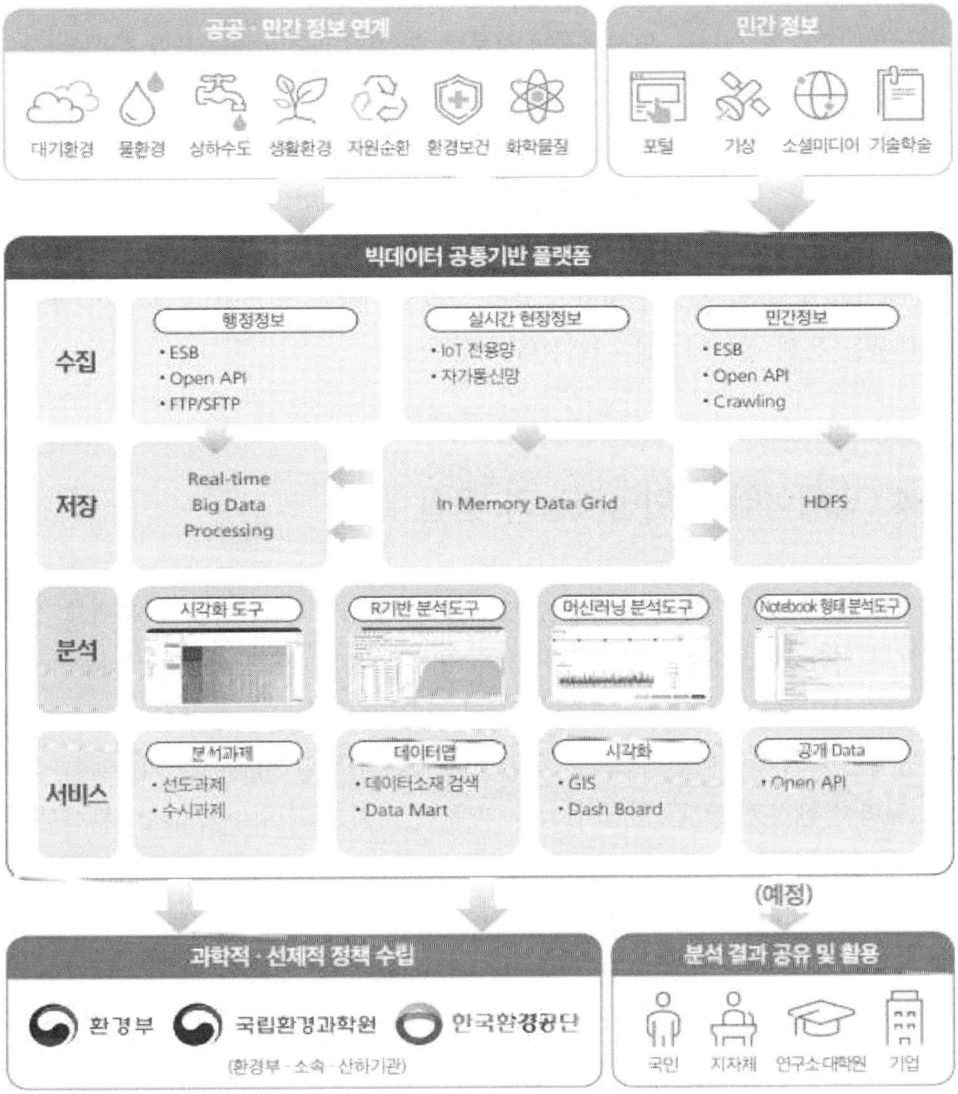

[그림 14-6] 빅데이터 플랫폼 융합사례

우리 주변의 기후대기 · 물환경 · 자원순환 · 생활환경 등 다양한 환경 속에 살고 있다. 이는 빅데이터 기반의 환경정보 융합 플랫폼을 구축한다면, 분산되어 관리되던 다양한 환경정보를 신속 · 정확하게 연계 · 분석해 지능화한 환경 서비스를 제공하는 플랫폼으로 탄생하게 될 것이다.

2. 공공융합 플랫폼

교통, 환경, 안전, 보건 등 공공분야의 빅데이터를 활용하여 사회문제를 해결하기 위한 기술 또는 서비스를 개발하는 차세대 융합서비스 플랫폼이다.

중장기적으로 차세대 교통시스템(모빌리티 혁신형), 지능형 헬스케어(도민복지 선도형), 미래형 스마트 도시설계(도시문제 해결형)의 3대 공공융합 플랫폼 구축을 목표로 연구사업을 추진하고 있다.

이를 통해 중소기업을 위한 신사업 생태계 구축과 지역주민을 위한 새로운 공공서비스 혁신을 창출한다. 또한 공공분야의 다양한 데이터와 중소기업이 서로 연결되어 공동연구-개발-산업의 선순환 구조를 갖춘 고도화된 플랫폼으로 진화함으로써 주민의 삶의 질 향상과 신산업 육성 그리고 새로운 일자리 창출 등이 공공융합 플랫폼을 통해 실현되기를 기대한다.

14-4 빅데이터와 인공지능의 융합

인공지능(AI) 생산자 플랫폼은 2025년까지 130억 달러 규모로 빠르게 성장할 것으로 전망되며, 자동화 기계학습(AutoML, Automated Machine Learning) 관련 솔루션 또한 2030년까지 145억 달러 규모의 성장세가 예상된다. 이러한 성장 배경에는 데이터 사이언티스트가 해결해야 하는 다양한 비즈니스 이슈들을 풀어나갈 인력이 한정적이라는 현실이 있다. 때문에 피처 엔지니어링, 튜닝, 분석모델 구현, 검증, 배포, 운영을 자동으로 수행하는 AutoML 솔루션의 필요성이 대두된다.

이는 빅데이터 분석에 발생되는 여러 이슈들을 해결하고, 데이터 사이언티스트의 부족을 보완해 준다. 향후에는 기초적인 분석역량만을 보유한 시티즌 데이터 사이언티스트만으로도 이슈해결과 기업의 생산성 증대와 투자수익률(ROI)을 개선하는 데 기여할 수 있게 될 것이다.

전세계적으로 인공지능(Artificial intelligence, 이하 AI) 및 기계학습(Machine

Learning, 이하 ML) 시장에 대한 관심과 수요가 증가하는 가운데 Forrester의 보고서는 2025년까지 인공지능(AI) 소프트웨어 시장이 370억 달러로 성장할 것으로 전망했다. 인공지능(AI) 시장 중 AI 생산자 플랫폼이 가장 빠르게 성장하여 2025년까지 130억 달러의 규모에 도달할 것으로 예상된다.

AI 소프트웨어 부문을 ① 범용 AI 생산자(maker) 플랫폼, ② AI 촉진자(facilitator) 플랫폼, ③ AI 중심(centric) 애플리케이션 및 미들웨어, ④ AI 인퓨즈드 애플리케이션(AI infused application)으로 구분하였다. 이러한 4가지 중 AutoML 솔루션이 범용 AI 생산자 플랫폼에 해당되는데, AutoML란 Automated Machine Learning의 약칭으로 머신러닝 비전문가에게 머신러닝을 제공하고, 머신러닝의 효율성을 향상시키며 머신러닝에 대한 연구를 가속화시키는 방법과 프로세스를 의미한다.

1. 자동화된 머신러닝(AotoML) 등장

AutoML은 머신러닝 전문가에 의존한 적절한 피처선택, 워크플로우, 전형적인 머신러닝, 알고리즘, 하이퍼 파라미터 튜닝을 벗어나 전문지식 없이도 쉽게 사용할 수 있는 머신러닝 방법을 점진적 자동화하는 것을 목표로 두고 있다. DataRobot에서는 [그림 14-7]과 같이 표준 머신러닝 프로세스를 9단계로 제시하였다.

각 단계는 ① 비즈니스 문제 정의 및 기대가치, ② 데이터 수집, ③ 레이블 데이터, ④ 피처 추출, ⑤ 데이터셋 분리, ⑥ 모델 평가지표, ⑦ 모델 학습, ⑧ 모델 결과 분석, ⑨ 모델 배포 순으로 나누어진다. 그중 AutoML이 가능한 영역을 ④ ~ ⑨ 단계로 보고 있으며, 이러한 단계에서 데이터셋이 업로드된 이후 분석이 자동으로 이루어져서 프로그래밍 지식이 없는 사람도 비즈니스 문제를 해결할 수 있다.

1) AutoML의 등상배경 및 필요성

과거부터 지금까지 많은 기업들이 통계적, 수학적 알고리즘을 기반으로 데이터마이닝, 빅데이터 분석, 머신러닝, 인공지능을 활용한 분석을 수행해왔으나, 각 기업들의 데이터 사이언스 성숙도는 천차만별이다.

기업들의 데이터 사이언스 성숙과성을 살펴보면, 1단계에서는 데이터 사이언스를 통한 비즈니스를 전환하는데, 이에 필요한 분석과 데이터에 대한 지식 그리고 관련 인력이 부족하다. 가장 큰 문제는 분석에 필요한 데이터가 구비되어 있지 않고, 있더라도 분석가에게 데이터를 설명하고 이해시키는 데 오랜 시간이 걸린다. 그리고 현업 실무자 입장에서는 분석 이해도가 떨어져서 비즈니스에 접목시키는 것이 무척 어렵다.

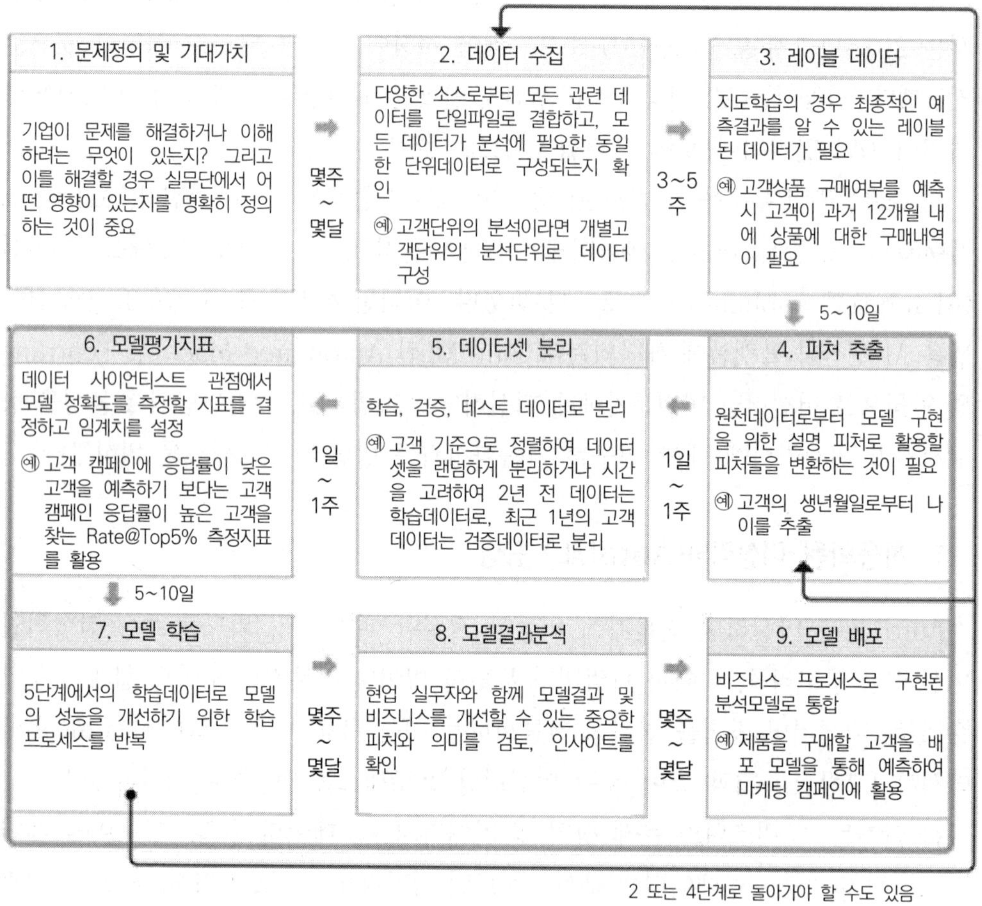

[그림 14-7] DataRobot의 표준 머신러닝 프로세스

출처 : https://www.datarobot.com/wiki/automated-machine-learning

2단계에서는 데이터 처리에 대한 어려움과 인사이트에 대한 이해를 돕기 위한 솔루션을 고려해서 빅데이터 플랫폼, 데이터 전처리 솔루션, 시각화 솔루션을 활용하여 가시적인 성과를 내는듯 하지만, 이 또한 현실의 비즈니스 프로세스에 접목시키는 경우는 드물다.

3단계에서는 전문 데이터 사이언티스트와 데이터엔지니어, 현업 실무자, IT 실무자 등이 조직을 구성하여 예측이 필요한 문제에서 실현 가능한 비즈니스 문제(실효성 평가)를 중심으로 과업을 정의한다. 실무관점에서 정의된 문제는 전문 데이터 사이언티스트가 직접 R/Python 코딩해서 머신러닝과 딥러닝 알고리즘을 활용하여 예측모델을 만들고 모델을 배포하여 비즈니스 프로세스에 접목시켜 본다.

앞선 1~3단계는 기업들의 데이터 사이언스 성숙과정에서 일반적으로 겪게 되는 시나리오이다. 그러나 기업들이 오랜 시간을 투자하여 이러한 문제를 해결하기에는 전문 데이터 사이언티스트와 데이터엔지니어 인력이 턱없이 부족하고 지속적으로 문제를 해결하는 데도한계에 부딪힌다.

빅데이터 분석에 있어 겪게 되는 문제로는 ① 피처 엔지니어링 · 튜닝 · 분석모델 구현 · 검증에 많은 시간이 소요됨, ② 다양한 알고리즘을 검증하기 위한 코딩능력과 지식이 사람의 경험과 숙련도에 따라 유동적임, ③ 피처 중요도와 해석 설명이 표준화되지 않아 이해도가 떨어짐, ④ 사람에 의존하여 머신러닝 코딩을 수행하기 때문에 병렬로 머신러닝 문제해결을 수행할 수가 없음, ⑤ 데이터 변화에 따른 모델 재학습 및 변경 대응이 느림, ⑥ 모델배포와 운영서비스 관리가 어려움, ⑥ 현업 실무자가 데이터 사이언스를 수행하기 위한 진입장벽이 높음, ⑦ 도메인 지식을 가진 데이터 사이언티스트의 확보 및 육성의 어려움 등이 있다. 이러한 이유로 인하여 AutoML의 필요성이 부각된다고 할 수 있다. AutoML 솔루션을 활용한다면 자동으로 수많은 머신러닝, 딥러닝 알고리즘들을 병렬로 피처 엔지니어링, 튜닝, 분석모델 구현, 검증을 수행하여 빠른 시간에 최석의 모델을 추천받아 비즈니스에 접목하는 것이 가능하다.

2) AutoML의 제공유형

AutoML의 제공유형은 〈표 14-4〉처럼 오픈소스(Open Source), 스타트업(Startups), 거대 테크(Tech Giants)로 나누어 볼 수 있다. 오픈소스 AutoML 기반 도구로는 Python 또는 R의 개발환경이 필요하며, 사용자가 자동화된 머신러닝 프로세스를 수행하기 위해서는 코드작성 및 실행능력이 필요하다. 스타트업이 제공하는 AutoML은 데이터 사이언티스트가 부족한 현실에서 분석역량이 떨어지는 기업이 보다 효과적으로 투자수익률(ROI)을 극대화할 수 있다는 점에서 최근 많은 관심을 받고 있다.

분석역량이 부족한 사용자를 위해 깔끔한 인터페이스를 제공하고 있고, 분석결과와 모델설명에 있어 필요한 시각화뿐만 아니라 모델배포과 운영관리기능도 제공하고 있다.

대표적인 거대 테크 기업으로는 구글(Google), 아마존(Amazon), 마이크로소프트(Microsoft) 등이 있으며, 대표적인 AutoML로는 Google Cloud AutoML, AWS Sagemaker, Microsoft Azure 등이 있다.

구글 트렌드를 통해 AutoML에 대한 관심도 추이를 살펴보면, 2016년 하반기부터 본격적으로 관련 키워드의 검색량이 증가했고, 2018년 ~2019년 꾸준히 증가했다가 2020년부터 감소세를 보였다.

〈표 14-4〉 AutoML 제공유형

소프트웨어	제공유형	출시연도	고용자 수
Xpanse Analytics	Startup	2014	1-10
TPOT	Open source(Python)	-	-
Tazi.ai	Startup	2015	1-10
PurePredictive	Startup	2011	11-50
MLJAR	Startup	2016	1-10
Kortical	Startup	2016	11-25
H2O.ai	Startup	2012	51-100
Google Cloud AutoML	Tech giant	2018	-
Enhencer	Startup	2017	1-10
DMWay Analytics	Startup	2014	1-10
DataRobot	Startup	2012	251-500
Caret	Open source(R)	-	-
Business Insight's TIMi Suite	Startup	-	11-25
BigML OptiML	Open source	-	-
Azure Machine Learning	Tech giant	-	-
Auto-WEKA	Open source	2013	-
Auto-Sklearn	Open source(Python)	-	-
Auger.ai	Startup	2017	-

스타트업에서 제공하는 AutoML 제품군이 일반적인 기업 비즈니스에 활용하는 상용 솔루션이며, AutoML과 관련된 상업용 솔루션에서는 DataRobot과 Dataiku의 검색량이 비슷하며 함께 높은 관심도를 나타내고 있다. 대표적인 거대 테크 기업인 구글, 아마존, 마이크로소프트에서도 AutoML 제품군을 출시했고, 자체 클라우드 환경에서 AutoML 제품을 활용할 수 있도록 지원하고 있다. 2017년 8월 이후 아마존의 AWS Sagemaker 검색량이 증가했는데, 이는 기업들이 클라우드 환경으로의 전환에 따른 것으로 보이며, 반면에 Microsoft Azure의 경우 AutoML과 상관없이 검색추이가 꾸준히 증가하는 경향을 보인다.

3) AutoML 역할 및 이점

(1) AutoML 역할

AutoML에 대한 관심 증가의 원인과 배경을 살펴보면 다음과 같다.

① 가장 큰 원인으로 데이터 분석의 수요는 계속 늘어나고 있으나 데이터 사이언티스트가 턱없이 부족하다.

② 기업의 비즈니스 투자수익률(ROI) 측면에서 신속하고 빠르게 분석결과를 내기 위한 수요가 증가하고 있다는 것이다. 최근에는 MLOps를 통한 모델관리에 대한 중요성도 커지고 있는 상황이기도 하다. Bip Consulting(2020)은 전문 데이터 사이언티스트와 시티즌 데이터 사이언티 스트로서의 역할에 대한 AutoML의 영향력에 차이가 있음을 제시하였다. 비즈니스 문제를 해결하기 위해 잘 훈련된 데이터 사이언티스트를 발굴하고 육성하는 것은 어렵다. 그래서 앞으로 기업들은 어렵고 특화된 문제는 고비용의 전문 데이터 사이언티스트가 해결하게 하고, 일반적인 문제는 데이터 사이언스, 통계학 또는 수학이 부족하더라도 비즈니스 전문지식과 데이터를 이해하고 있는 시티즌 데이터 사이언티스트가 AutoML 솔루션을 활용하여 비즈니스 문제를 해결하게 할 것이다.

(2) AutoML 이점

① 비용절감 및 생산성 증대 : 데이터 사이언티스트가 코딩에 사용하던 또는 소모하던 시간을 절약할수 있고, 다양한 모델의 성능을 비교하여 빠른 시간 내에 모델성능을 높일 수 있기 때문에 생산성도 높일 수 있다. 또한 데이터 사이언티스트 교육 및 성장에 필요한 투자비용도 줄일 수 있다.

② 성과개신 : 분석의 숙련도가 낮더라도 신속하게 다양한 모델을 학습, 검증하고 최적 모델을 통해 비즈니스 관련 중요한 요인들과 예측결과를 검도할 수 있어 새로운 인사이트를 찾고 확인하는 데 도움이 된다. 신속하게 현실 비즈니스에 접목하는 의사결정을 할 수 있고, 기업의 투자수익률(ROI) 개선 정도도 빠르게 확인해 볼 수 있다.

③ 모델운영관리 : 서비스 중단없이 모델이 운영될 수 있도록 서비스 상태를 모니터링하고 모델 정확도, 데이터 변화관리를 모니터링함으로써 안정적이고 지속적인 모델운영관리가 가능하다. 또한 모델의 정확도가 떨어지는 시점에서 모델 재학습 및 교체가 편리하다.

4) AutoML 주요 활용사례

AutoML은 금융, 보험, 핀테크, 건설, 부동산, 의료, 제조, 유통, 공공 등 다양한 산업에서 활용될 수 있다. 예를 들면 거래이상 탐지, 보험율 산정, 매출예측, 영업관리, 마케팅, 수요예측, 고객관리, 생산수율 등 더 나은 의사결정과 예측을 위해 활용되고 있다.

미국 Avant사의 경우 DataRobot를 통해 대출 의사결정의 시간을 절약하고 보다 정확하게 위험을 식별한 성과를 냈고, 미국 Trupanion사는 DataRobot를 통해 판매 프로세스 속도를 높여 생산성을 10배 향상시켰으며, 고객의 2/3가 이탈하기 전에 이탈가능성을 확인하고 대응하였다.

브라질 레노버사는 DataRobot를 통해 판매 및 제조작업모델의 정확도를 80%에서 87.5%로 증가시켰으며, 모델생성시간을 4주에서 3일로 단축시킨 성과를 내기도 하였다.

또한 미국 부동산업체 G5사는 H2O.ai를 통해 마케팅과 콜센터 관리에 있어 모델을 5배 빠르게 구현했고, 정확도는 95%까지 개선하는 효과를 보았다. 국내에서는 SK하이닉스, 포스코, 미래에셋, KT, 쏘카, 카카오뱅크, 라이나생명, 신한은행, 현대캐피탈, 현대제철, SK가스 등 대기업에서 주로 AutoML를 활용하고 있고, 이러한 주요 대기업의 AutoML에 대한 활용사례가 아직 대외적으로 공개되지는 않았다. 앞으로는 민간 대기업뿐만 아니라 자체데이터를 확보하고 있는 공공기관, 공기업에서도 AutoML 솔루션의 수요(Needs)가 있을 것이라고 전망한다.

2. 머신러닝 오페리이터(MLOps)

한 조직 내 기계학습(Machine Learning, 이하 ML)의 적용 및 확산 시 반드시 운영단계에 대한 준비 및 고려가 필요하다. 데이터에 기반한 의사결정 또는 Action item 발굴을 염두에 둔 케이스라면 더욱 안정적이고 연속적인 운영을 위해 컴퓨팅 리소스 관리 외에도 데이터 수급, 변이대응, 이상치대응 전략이 필요하다. 이와 관련하여 최근 AI/ML 결과물의 운영적용을 위해 MLOps(Machine Learning Operations)가 크게 주목받고 있다. 이 절에서는 이러한 MLOps와 주요 기능 및 가용 소프트웨어는 다음과 같다.

1) MLOps 등장배경

많은 기업들이 데이터 사이언스 팀을 만들고 툴에 투자한 이후에도 겪게 되는 어려움이 있는데, 이는 ML 프로젝트 마지막에 운영을 위한 작업을 진행할 때이다. 왜냐하면 기계학습(ML)은 배포(Deploy)하기가 쉽지 않기 때문이다. 모든 데이터 사이언티스트는 각자 선호하는 툴, 언어와 기법이 있다. 또 각 팀은 각자 다른 문제를 다른 플랫폼으로 해결하기 마련이다. 더욱 어렵게 만드는 것은 배포(Deploy) 이후 IT팀이 데이터 사이언스에서 사용하는 R, Python과는 다른 Java, C언어에 익숙하기 때문에 자신들이 이해하지 못하는 언어로 만들어진 모델을 배포(Deploy)하기 꺼려하기 마련이다.

IT팀은 ML모델을 하나의 소프트웨어 구성요소로 간주하기 쉬우나, 데이터 사이언티스트 관점에서 보면 일반적인 소프트웨어와는 다르다.

ML모델들은 학습데이터에 특정 알고리즘과 파라미터가 튜닝된 결과물이어서 학습데이터가 바뀌면 (실제 운영환경에서 자주 발생하는) 모델의 성능도 저하되고 재작업이 필수적이기 때문이다. 또한 재작업된 모델은 앞서 운영을 위해서 추가된 모니터링, 보안, 거버넌스 작업도 다시 수행되어야 하는 것이다. 이러한 이유로 기존 DevOps 개념처럼 ML 모델의 지속적인 학습과 운영을 지원하기 위한 MLOps 개념이 나오게 되었고, MLOps는 초기 개발된 모델의 배포 및 운영과 개선방법을 제공하는 기능을 통칭한다.

MLOps가 지원해야 하는 기능들은 다음과 같다.

① 만들어진 모델이 예상대로 동작하는지 어떻게 모니터링할 것인가?
② 모델성능 저하 시 업무 프로세스 중단없이 어떻게 모델을 교체할 것인가?
③ 어떻게 운영환경 접근에 관한 통제를 구현할 것인가?
④ 운영 지속 시 발생할 수 있는 모델 교체 등의 이벤트 발생 시에도 규제 사항을 충족하면서 운영환경을 유지할 것인가?

이러한 이유로 데이터 사이언스 팀은 IT 팀이 요구하는 보안이나 거버넌스 정책을 회피하고 스스로 만든 플랫폼을 통해 배포(Deploy)하는 경우가 적지 않게 된다.

ML프로젝트를 진행하는 경우, 정확도 높은 모델을 얻기 위한 코딩(R/Python)이 대부분의 작업이라고 생각하기 쉽다. 이는 전통적인 데이터 분석방법론의 대부분이 데이터 탐색 및 모델링에 맞추어져 있기 때문이기도 하고, 대부분의 ML 프로젝트가 실제 운영까지 가기 보다는 데이터로부터 인사이트를 얻는 데 그치는 경우가 많기 때문일 것이다.

그러나 다루고 있는 주제가 비즈니스에 실질적인 영향이 있는 것이라면 인사이트를 얻고 끝내는 대신, 실제 운영환경으로 배포(Deploy)를 해야 하고 [그림 14-8]과

학습 14

같이 실제 운영으로 넘기기 위해서 해야 하는 전체 작업 중에 코딩작업은 극히 일부분에 불과하며 코딩작업과 전혀 다른 성격의 일들이 존재하게 된다.

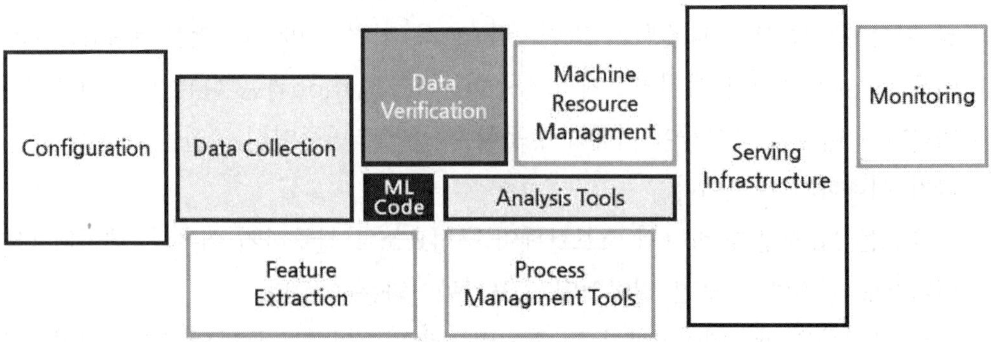

[그림 14-8] ML코드를 포함한 실제 ML시스템 및 관련 인프라

출처 : Sculley, D. a.-F.,「Hidden Technical Debt in Machine Learning Systems」, Curran Associates, Inc., 2015.

2) MLOps 구현전략

전통적인 ML개발 방법론을 준수하여 개발된 모델은 문제정의-데이터 준비-탐색분석(EDA)-학습 및 튜닝-배포·운영의 생애주기를 갖게 된다.

각 단계별로 모델의 신뢰성 확보·유지의 위험요소가 존재하나 MLOps 관점에서 주요하게 검토하고 대비해야 하는 위험은 배포·운영단계에 맞추어져 있다.

MLOps를 구현할 때 두 가지 접근을 할 수 있는데, 성능관점의 모델확보를 위해 배포된 모델의 관리에 중점을 두고 모델의 지속적 개발(재학습, 재개발)은 기존의 ML개발 방법론을 따르도록 하거나(이하 모델관리 중점 MLOps), 주기적인 재학습에 초점을 두고 자동 워크플로우 구현에 중점을 두는 방식을 취할 수도 있다(이하 재학습 중점 MLOps). 특히 모델관리 중점 MLOps에서는 배포·운영단계에서 발생할 수 있는 위험을 서비스 관점과 성능 관점으로 나누어 볼 수 있다.

서비스 관점에서는 안정적 예측값 서비스를 위한 응답시간, 캐쉬율 등 일반적인 SW/HW 관리 측면이 중요하다. 성능관점 또는 데이터 사이언스 관점에서 보다 중요한 위험은 운영중인 모델의 성능이 학습단계에서 보였던 수준으로 얼마나 유지될 수 있을 것인지에 있으며, 이를 위협하는 다양한 요소를 사전에 방지하고 관리하기 위해 요구되는 기능들과 추가로 재학습 중점 MLOps를 위해 고려해야 할 기능들을 다음 절에서 기술한다.

3) 공통기능

(1) 모델 거버넌스(승인, 버전관리)

앞에서 살펴본 모델의 Replace/Retire/Retrain은 관련된 이해 당사자들의 협의와 노력을 거쳐 하나의 배포라고 하더라도 다양한 인스턴스가 발생하게 된다. 모델의 버전관리, 승인 프로세스, 배포 권한관리 기능이 필요한 이유이다.

(2) 모델 메타데이터 관리

운영되는 모델의 안정적 관리를 위해서는 메타데이터를 정의하고 이의 관리를 통해 해당 모델의 라이프사이클 동안 유지 · 관리되어야 한다. ML 모델 자체에 대한 정보들(알고리즘, 하이퍼파라미터, 모델 사이즈 등)과 피처 스토어와 연관된 정보들(데이터셋 아이디, 피처리 스트 등)이 운영되는 동안 수집 · 관리되어야 한다.

(3) 서비스 모니터링 및 관리

운영되는 모델의 성능 외에도 예측요칭에 대한 응답시간, 시간당 요청건수, 배치 및 실시간 요청 통계정보 등이 수집 · 관리되어야 한다. 이는 예측서비스의 안정적 제공 외에 모델 Replace/Retire/Retrain의 의사결정에도 중요한 판단자료로 쓰일 수 있기 때문이다.

(4) 컨테이너 기반 컴퓨팅 자원

서버 인프라에 대한 고려는 각 기업 또는 조직이 처한 환경에 맞게 설계되어야 하는데, 최근의 추세만을 언급하자면 가상머신 기반으로 배포하는 것보다는 도커(Docker) 기반 컨테이너에 Flask 같은 작은 크기의 웹서버를 통해 각 배포별로 독립된 서비스를 제공하는 것이 일반적인 추세이다. 최근에는 도커 기반 컨테이너 환경의 문제점을 해소하고자 관리도구인 쿠버네티스(Kubernetes)를 채택하여 구축하는 경향도 나타나고 있다. 아울러 쿠버네티스 환경에서 ML 파이프라인 수행을 돕는 오픈소스인 Kuberflow를 이용해 ML의 전반적인 라이프사이클을 지원하고자 하는 경향도 존재한다.

학습 14

수행 내용

재료 · 자료

- 빅데이터 가이드라인 관련 자료
- 개인정보 비식별화 가이드라인

기기(장비 · 공구)

- 컴퓨터, 문서작성 프로그램, 프린터, 주변기기

안전 · 유의사항

- 빅데이터 관련 장비의 안전 및 유의사항을 숙지한다.
- 외부데이터일 경우 데이터 수집 및 경로 등을 빠짐없이 기록한다.
- 내 · 외부데이터 구분 후 개인정보보호법 등 관계 법령에 위배 여부를 확인한다.

수행 순서

01 자주 사용하는 네이버, 구글, 카카오의 빅데이터 포털 비교에 대하여 분석하라.

3개 포털 모두 최대 5개의 주제어를 선정, 가장 데이터가 많은 기간을 기준으로 검색량의 흐름을 비중으로 보여주는 방식은 동일하다. 하지만 데이터를 설정하고 보여주는데 서비스마다 차별점이 있어, 데이터를 조회하면 각 포털마다 특징이 있다.

	네이버 데이터랩	Google Trends	kakao datatrend
공통점	주제어 : 5개까지 지정 가능 그래프 기준 : 데이터가 가장 많은 기간을 100으로 하여 상대적인 변화를 보여줌		
조회가능기간	2016.1.1~전일	2004.1.1~당일	2018.1.1~전일
조회설정기능	• 하위검색어 추가 • 데이터 기준 선택(일/주/월간) • 디바이스 선택(전체/PC/	• 조회국가 선택 • 주제어 타입 선택(검색/주제/카테고리) • 조회 카테고리 선택(전체/	• 데이터 기준 선택(일/주/월간) • 디바이스 선택(전체/PC/모바일)

	네이버 데이터랩	Google Trends	kakao datatrend
	모바일) • 성별, 연령 선택(전체/남성/여성, 5년 단위)	건강/게임 등 25개) • 조회 검색영역 선택(이미지/뉴스/쇼핑/유튜브)	• 성별, 연령 선택(전체/남성/여성, 10년 단위) • 지역 선택(전체/서울/경기 등 17개)
조회결과	다운로드(csv)	• 주제어 별 지역별 관심도 • 주제어 별 연관 검색어 • 평균데이터 제공 • 공유/퍼가기/다운로드(csv)	• 연령별/성별/지역별 검색량 비교 • 평균데이터 제공 • 공유/다운로드(csv)

1. 네이버 트랜드

네이버 트렌드는 5개의 주제별 하위 주제어를 지정할 수 있다.

1) 하위 주제어

궁금한 주제어를 설정하고, 하위 주제어에 해당하는 검색어를 콤마(,)로 구분하여 입력하면 입력한 단어의 추이를 하나로 합산하여 해당 주제가 네이버에서 얼마나 검색되는지 조회할 수 있다.

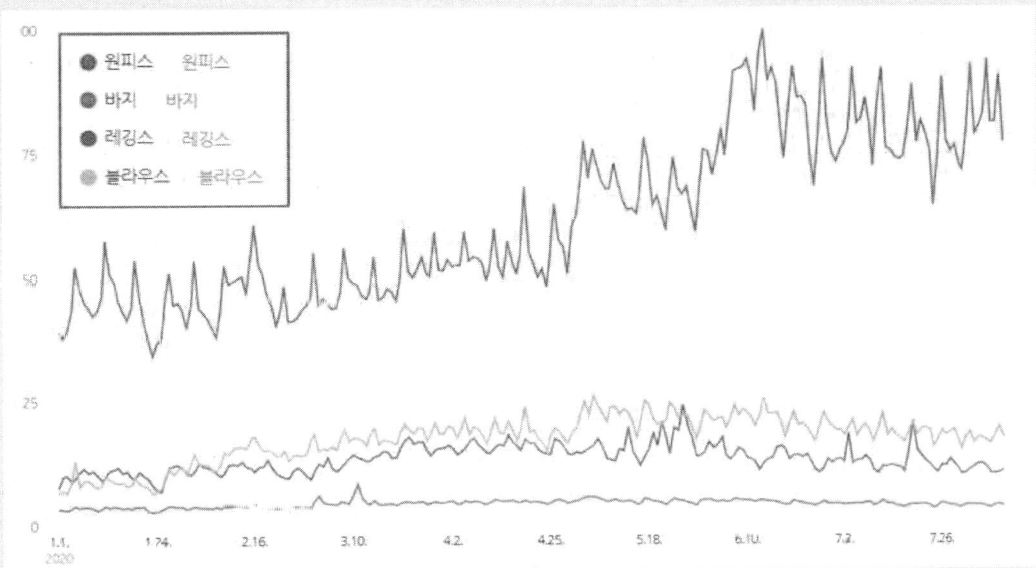

4개의 의류를 하위 주제어 없이 검색했을 때는 '원피스'의 검색량이 압도적으로 많았다. '원피스' 데이터에 의류 원피스와 만화 원피스가 합쳐진 결과일 수 있어, 하위 주제어를 설정해보았다.

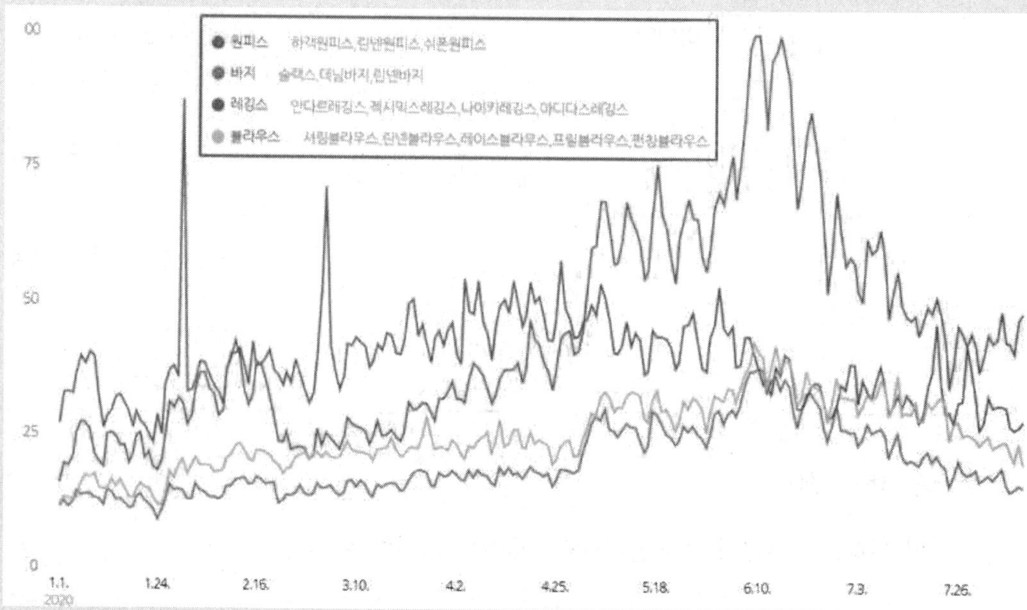

보고 싶은 주제어별 소재 또는 브랜드를 지정하여 검색하였더니 더 정확한 데이터를 확인할 수 있었다. '원피스/바지/블라우스'는 5월부터 상승하다 6월 중순 이후 하락하고 있으며, '레깅스'는 1월 말과 3월 초에 급상승했다.

2. 구글 트렌드

구글은 조회 국가를 지정할 수 있으며, 검색어 또는 주제를 나누는 등 조건 기준이 다양했다. '마스크' 단어 하나도 〈검색어/주제/영화〉를 구분하여 트렌드를 볼 수 있으며 '보건용 마스크'까지 함께 조회하였더니 아래와 같이 데이터가 조회되었다.

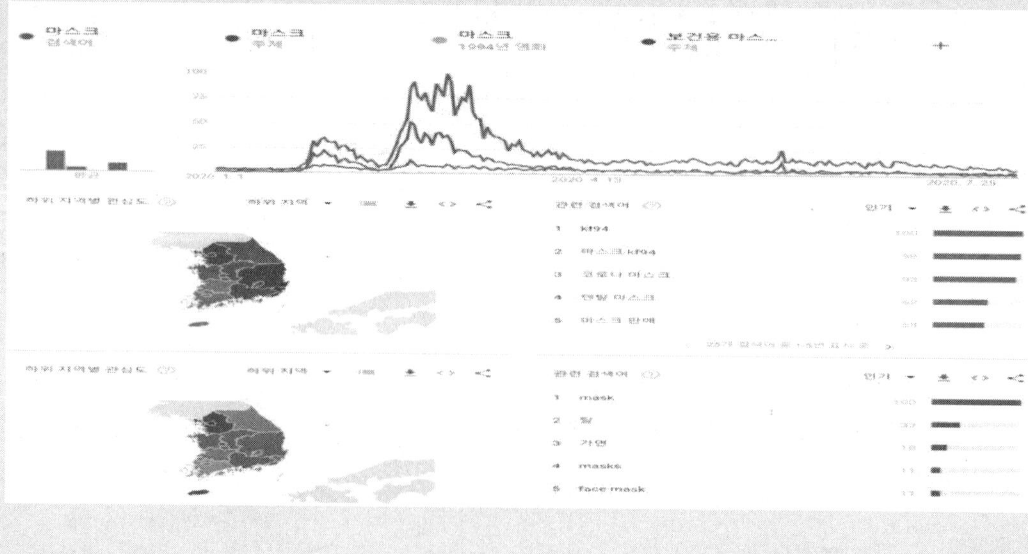

마스크(검색어)와 보건용 마스크(주제)의 트렌드가 비슷하게 확인되었다. 각 주제마다 지역별 관심도와 관련 검색어(마스크를 탐색한 사람이 함께 검색한 검색어) 데이터도 함께 지원하고 있다. 다른 검색설정 기능인 검색영역에도 트렌드 차이가 있는지, 싹쓰리의 멤버를 〈웹검색〉과 〈유튜브 검색〉을 통해 확인해보았다.

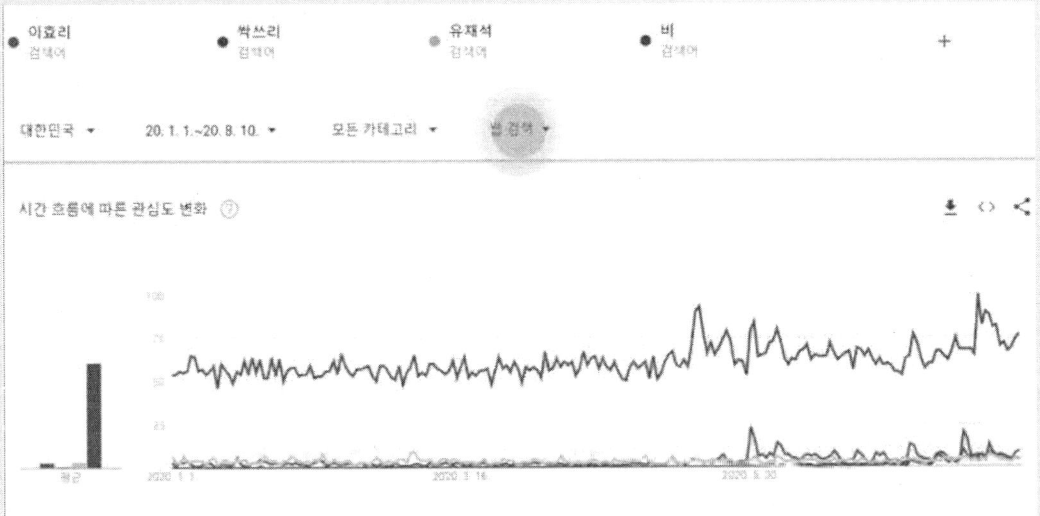

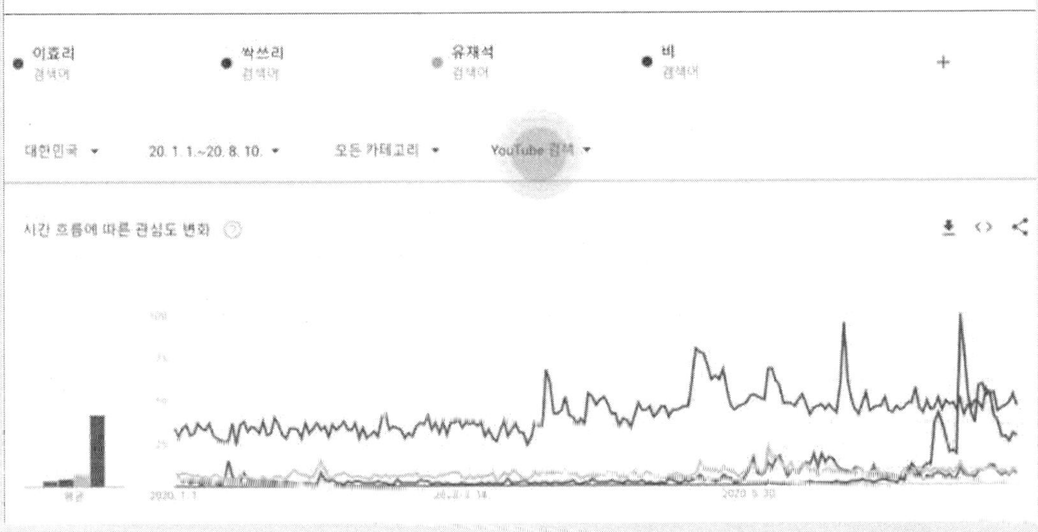

〈웹검색〉에서는 '비'가 날씨 키워드도 포함돼서 인지 가장 높았지만 〈유튜브 검색〉에서는 '싹쓰리' 키워드가 7월부터 상승하여 '비'를 추월하는 것을 알 수 있다.

추가로 유튜브에서 '깡' 열풍은 언제부터 시작되었는지 궁금해져서 구글 트렌드에서 확인해 본 결과 '깡'이 5월 중순부터 급상승하였으며 6월 중순 이후 하락한 데 비해 '비'는 6월 24일 정점을 찍은 것을 확인할 수 있다.

학습 14

3. 카카오 데이터 트렌드

카카오 데이터 트렌드는 주제별로 성별, 연령별, 지역별 검색량을 제공하고 있어 성별 차이 데이터를 비교할 수 있도록 '면도기'와 '네일'을 선정하여 데이터를 조회해보았다.

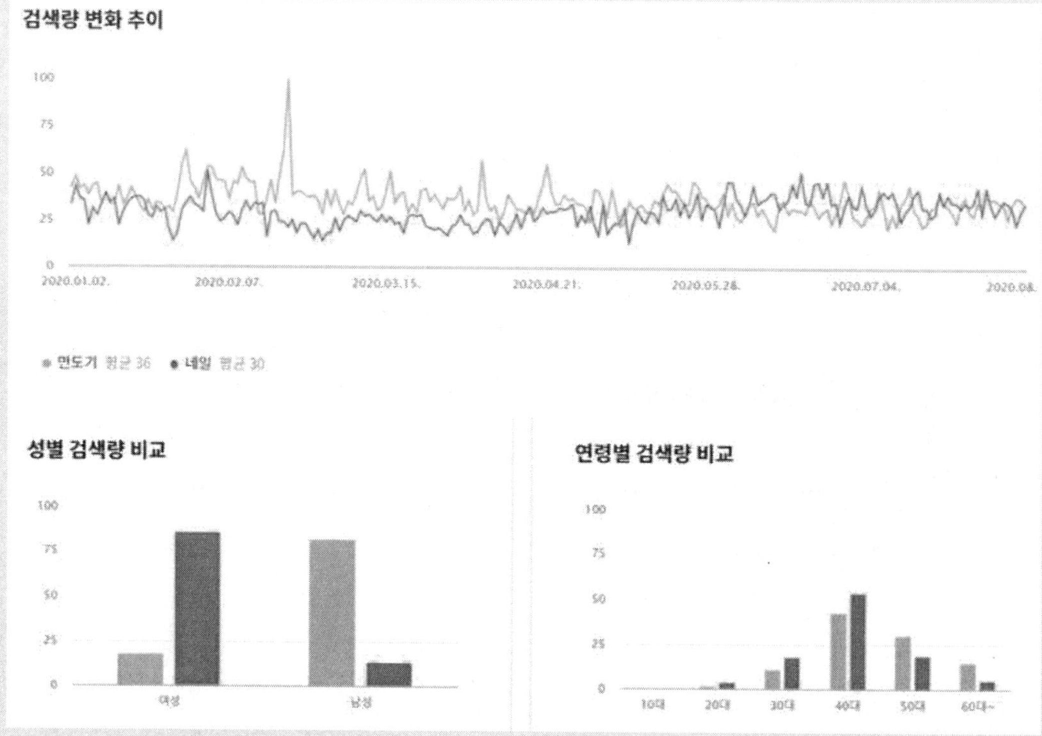

'면도기'의 남성 비중은 82, '네일'의 여성 비중은 86으로 각각 높게 나타났으며, 40대의 비중이 가장 높았다. 아래와 같이 모바일을 기준으로 지역별 검색량 그래프를 제공하고 있어 지역 별로 비중이 높은 주제어를 알 수도 있다.

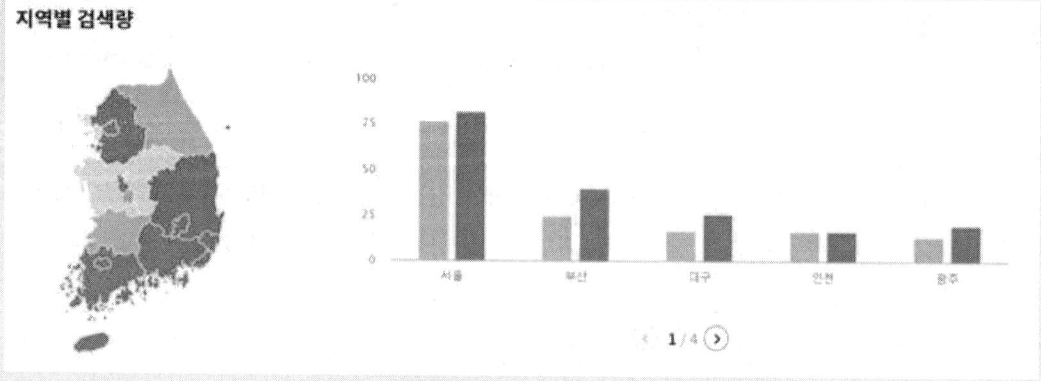

이처럼 3개 트렌드 서비스의 기능이 조금씩 차이가 있다.

02 빅데이터 융합기반의 데이터 엔지니어링, 데이터 사이언스, 데이터 플랫폼 엔지니어링에 대하여 분석하라.

1. Data Engineering

역사적으로 데이터의 중요성은 오랜시간 동안 강조되어 왔다. 과거에는 데이터를 가공에 비용이 너무 많이 들었기 때문에 정말 중요한 데이터만 분석을 했다. 하지만 기술의 발전과 수많은 데이터가 생산됨에 따라 데이터 분석의 범위는 커져갔다.

예를 들면 카카오 트래드의 경우에 다음과 같다.

1) 카카오의 Data 기반 의사결정

데이터를 목적에 맞게 활용하는 데이터 해석능력을 Data Literacy라고 한다. 데이터 업체는 모든 크루의 Data Literacy 역량을 향상할 수 있도록 지원해주고 있다.

2) 카카오의 Data 기반 서비스

그렇게 모은 데이터를 가지고 서비스를 직접 발전시킨다. 예를 들어 사용자가 좋아할 만한 콘텐츠를 추천해 주고, 그 사용자가 살 만한 상품을 광고하고, 마지막으로 AB test를 통해 직관이 아닌 실제 사용자의 선택에 기반한 서비스 개선을 꾸준히 진행한다.

기술의 발전으로 데이터 분석비용이 급속도로 낮아짐에 따라 빅데이터 기반 테크 기업들이 엄청난 성장을 하고 있다. 통상적으로 수십 테라 이상의 데이터를 빅데이터라고 칭하곤 한다. 그러나 카카오에서는 수십 테라 이상으로 훨씬 더 큰 데이터를 만져볼 수 있다. 무려 수 페타바이트(PB)에 이르는 데이터를 분석을 하고 있다. 이것은 베리 빅데이터라고 부른다.

3) 데이터 엔지니어링

데이터 엔지니어링은 빅데이터를 선문직으로 다루는 엔지니어들을 지칭하는 하는 밀이다. 데이터 엔지니어들이 사용하는 기술은 Data Pipeline(rebbitMQ, kafka, storm, flink, spark streaming, nifi, logostash, fluentd 등), Data Lake/Data Warehous(hive, hbase, mySQL, postgreSQL. 등), Big Data(hadoop MR, hive, spark, impale, presto, druid 등), Analytics Systems(jupyter,zeppelin,superset 등), Programming (python, scale, java 등) 도메인에 대한 지식들이다.

데이터 엔지니어와 데이터 사이언티스트는 모두 데이터를 다루는 직무이나, 두 직무의 필요 역량에는 조금 차이가 있다. 처음으로 두 직무에서 공통으로 요구되는 역량을 보면,

학습 14

분석과 기본적인 프로그래밍 스킬, 그리고 빅데이터를 다룰 줄 알아야 한다.

데이터 엔지니어에게 조금 더 필요한 역량으로는 프로그래밍 역량과, 분산시스템에 대한 지식, 그리고 데이터 파이프라인을 잘 다루면 좋다.

반면에 데이터 사이언티스트는 수학적/통계지식과 ML/AI, 그리고 분석시스템에 대한 역량이 뛰어나면 더욱 좋다.

2. Data Science

Data Science 분야는 최근 들어 많은 인기를 얻고 있지만 간단히 정의하기엔 어려움이 있다. 여러 정의가 가능하겠지만 Data Science를 위해 필요한 세 가지 요소가 있다고 보는 게 일반적이다.

첫 번째로는 수학적/통계학적 전문성, 다음으로는 프로그래밍 능력을 포함한 컴퓨터 사이언스 스킬, 그리고 마지막으로 가장 중요한 Business Knowledge가 있다. 특히 Business Knowledge가 중요한 이유는 비즈니스 도메인에 대한 지식을 바탕으로 한 제대로 된 문제 인식이야말로 Data Science가 필요하고 제대로 그 가치를 실현할 수 있는 전제조건이기 때문이다.

한편 Artificial Intelligence, Machine Learning, Deep Learning 이런 용어들도 주변에서 많이 접할 수 있는데 Data Science와 그 개념이 혼용되기도 해서 잘 구분할 필요가 있다.

AI는 가장 포괄적인 개념으로 사람처럼 '학습'을 하고 판단할 수 있는 프로그램을 구현하는 것이 목적이다. '학습'이라는 기능을 구현하기 위해 시스템이 데이터를 입력받고, 이 데이터에 기반해서 어떤 목적하는 metric이 향상되는 방향으로 구현체의 모델 파라미터가 스스로 업데이트되는 그러한 시스템을 개발하는 방법론을 통칭하여 Machine Learning(이하 ML)이라 정의한다. ML의 여러 알고리즘 가운데 대표적인 것으로 신경망(Neural Network)이 있고, 복잡한 구조와 대용량 데이터를 수용해서 더 높은 성능을 낼 수 있도록 발전하여 최근 각광받고 있는 알고리즘이 Deep Learning이다.

Data Science는 '데이터에 기반하여 과학적인 접근법을 통해서 목적하는 애플리케이션을 개발하거나 인사이트를 얻는 것을 목표'로 하며, 이를 위해 데이터에 기반해 '학습'하는 모델을 개발하는 작업뿐만 아니라 '데이터를 다루고 분석하고 해석하는 작업'까지 포괄하는 좀 더 넓은 범위의 개념이다.

ML 관련 기술을 다양한 업무에 적용하고 있으며, 기본적으로 데이터에 기반해서 학습 시스템을 개발하며, 이를 이용하는 서비스 애플리케이션 개발과 연계되는 경우가 많다. 주로 서비스 품질향상을 위해서 쓰이거나 인사이트를 제공하는 목적으로 활용되고 있다.

Data Science 입장에서 ML 관련 기술을 통해 목적하는 바는 '데이터에 기반한 학습시스템 개발 혹은 인사이트 도출과 같은 방식의 과학적 접근을 통해 비즈니스 도메인의 문제를 해결'하고자 하는 것이다. 따라서 무엇보다도 해결하고자 하는 문제인식과 정의 그리고 이와 관련한 데이터 환경을 잘 파악하고 ML 방식이 최선인지 판단할 수 있는 것이 중요하다.

ML 모델의 성능과 풀고자 하는 비즈니스 문제의 성과가 잘 Align되어야 한다. 그리고 일회성으로 학습된 모델을 적용하는 경우도 있지만, 지속적으로 변화하는 환경에 적응하면서 최적의 답을 찾아가야 하는 애플리케이션에 도입하였을 때 무엇보다 유의미한 성과를 거둘 수 있다. 최근 데이터 파이프라인부터 모델학습, 서비스 적용, 성능 모니터링 및 개선에 이르기까지 전 과정이 자동화/플랫폼화의 방향으로 발전하고 있으며 이를 MLOps라고 한다.

3. Data Platform Engineering - Database Engineer

1) 데이터의 관리방법

기업에서 다루는 데이터는 다수에게 안전하고 접근이 용이하게 공유되어야 된다. 또 코스트를 절감할 수 있는 방안도 고려가 되어야 하며, 데이터의 신뢰성을 위해서 손상되지 않으면서도 일관성을 유지하는 것도 무척 중요하다. 예를 들면 시간을 저장하는 기로에 시간데이터가 아닌 다른 값이 들어오지 않게 해야 하며, 주문이 취소되었을 때 배송뿐만 아니라 결제도 취소되는 과정이 필요하다.

2) 데이터 베이스 사용 이유

가장 간단하게 데이터를 그냥 텍스트 형태로 저장하는 것을 한번 생각해 보면 시간이 지나서 데이터가 점점 커질수록 원하는 데이터를 빠른 시간 안에 찾기가 쉽지 않을 것이다.

혼자 사용하는 데이터가 아닌 이상 여러 사람이 동시에 사용할 수 있도록 구현을 해야 되고, 개발자라고 해서 무조건 유지데이터를 아무나 볼 수 없기 때문에 승인을 받고 적절한 권한을 획득하도록 해야 될 것이다.

또한 데이터를 효율화 있게 저장하기 위해서는 중복데이터도 최소화해야 된다. 거래내역같이 중요한 데이터라면 백업도 주기적으로 받아야 될 뿐만 아니라 백업을 통해서 특정 시점으로 복원도 가능해야 된다. 이런 것들을 모두 애플리케이션에서 구현하고 예외사항을 처리하려면 아마 엄청난 시간과 비용이 든다.

하지만 Database Management System(이하 DBMS)에서는 이런 기능들을 모두 제공하기 때문에 바로 사용하면 된다. DBMS로 데이터를 관리하면 애플리케이션을 사용하는 다양한 개발언어와 상관없이 SQL이라는 언어로 표준화해서 관리가 가능하기 때문에 향후 데이터베이스 종류를 바꾸더라도 애플리케이션에서는 기존 SQL을 그대로 사용할 수 있는 장점도 있다.

이런 여러 가지 데이터 관리이슈를 고려해서 서비스를 위한 데이터는 DBMS를 선택해서 사용하게 된다. 궁극적으로는 사용자에게 데이터를 빠르고 안전하게, 그리고 사용성이 편리하도록 제공되어야 한다.

데이터의 제 성격과 활용용도에 따라서 DBMS를 복수로 선택해서 사용하는 경우가 많다.

3) Data Platform Engineering - Hadoop

빅데이터 플랫폼에 해당되는 하둡 엔지니어링 직무이다.

식재료(데이터)

요리(데이터엔지니어
데이터 사이언티스트)

주방/조리도구
(데이터 플랫폼 엔지니어)

여기 식재료가 있다. 이 식재료를 데이터라고 생각해 보자. 그리고 여기 한 셰프가 이 식재료로 맛있는 요리를 하고 있다. 마치 셰프가 식재료를 가지고 요리를 하듯이 데이터를 수학적으로 또는 통계학적 방법으로 분석을 하고 또 비즈니스 도메인과 연결하는 것을 우리는 통상적으로 데이터 사이언스라고 하다. 그리고 이걸 가능하게 하기 위해서 데이터를 처리하는, 즉 데이터를 수집하고 가공하고 적재하는 것을 데이터 엔지니어링이라고 한다.

셰프가 요리를 하기 위해서는 요리를 할 수 있는 도구와 공간은 반드시 필요하다. 프로는 도구를 탓하진 않는다고는 하지만 어떤 도구를 사용하느냐, 공간을 어떻게 구성하느냐에 따라 요리의 퀄리티나 생산성은 분명히 달라진다. 셰프가 요리를 하기 위해서 도구와 공간이 필요하듯이 데이터 사이언티스트와 데이터 엔지니어가 데이터를 마음껏 주무를 수 있는 공간, 우리는 이 공간을 플랫폼이라 한다. 이 플랫폼을 설계 · 구축하고 운영하는 일을 데이터 플랫폼 엔지니어링이라고 한다. 그중에서도 우리는 빅데이터 플랫폼 엔지니어링을 수행하고 있다.

여기서 우리의 주방을 잠깐 살펴보도록 하자.

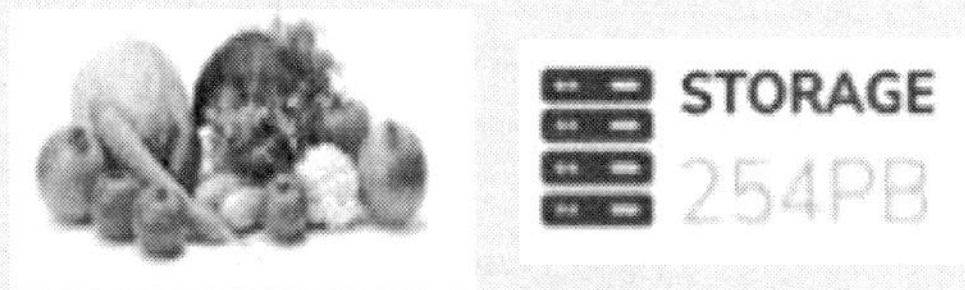

식재료(데이터)

코스요리(분석작업)

주방(플랫폼)

우리 주방에는 식재료인 데이터가 약 254PB 정도 쌓여 있다. 그리고 이 재료를 가지고 우리의 셰프인 데이터 사이언티스트와 데이터 엔지니어들이 매일매일 맛있는 코스요리를 만들고 있다. 특히 카카오에서 가장 큰 주방에 해당되는 공용 하둡 클러스터에는 매일 19만 개 이상의 분석작업이 수행되고 있다. 그래서 우리는 이 많은 작업량을 감당하기 위해서 140여 개의 주방을 준비해뒀다. 이걸 클러스터라 부른다.

이 클러스터에는 요리를 할 수 있는 화구에 해당되는 데이터노드가 약 9,100여 개 갖춰져 있다. 그런데 이 화구들은 보통 화구가 아니다. 고도의 컴퓨팅 자원이 집적된 막강한 화력을 가지고 있다. 보는 것처럼 15만여 개의 CPU 코어와 1.27PB 정도의 메모리가 탑재되어 있다.

이렇듯 우리 주방은 여러 셰프들이 동시에 많은 요리를 할 수 있는 주방, 나아가서 섬세한 스토리가 담긴 코스요리를 만들 수 있는 주방이어야 한다. 즉 데이터 사이언티스트와 데이터 엔지니어들이 동시에 많은 양의 분석작업을 하더라도 견뎌낼 수 있는 플랫폼이어야 한다.

그래서 우리는 가장 오래되고 가장 보편적이면서도 검증이 된 플랫폼인 하둡 빅데이터 플랫폼을 선택했고, 우리 역할은 바로 이 하둡 플랫폼을 안정적으로 제공하기 위해서 엔지니어링을 수행하는 것이다.

4) Hadoop Engineer

2000~2010년 초중반까지만 하더라도 다음 그림의 우측 삼각형 내 세 가지 직무의 경계가 모호했다. 그러나 빅데이터라는 시대로 접어들면서 패러다임이 바뀌기 시작한 것이다. 각자의

학습 14

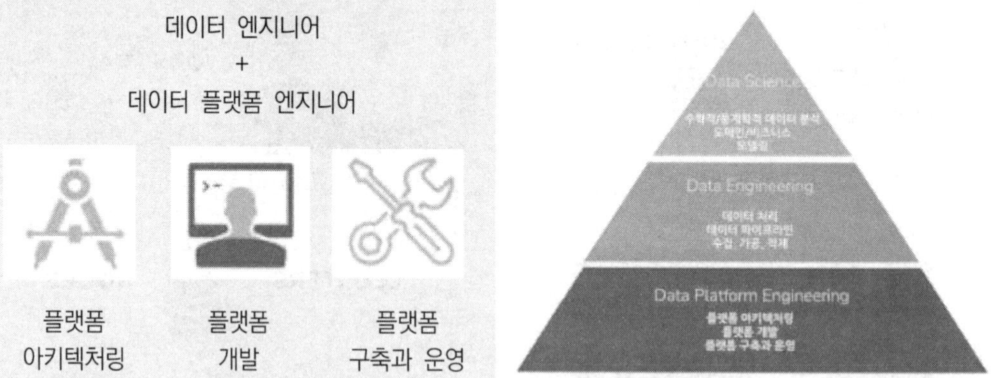

기능이 전문화되고 구조적 접근이 가능하게 되었다. 모두 데이터를 다루는 일인 것 같지만, 각각의 롤의 명세를 보면 각 분야에 대해서 아이디어와 접근방법을 달리하셔야 된다는 걸 알 수 있다.

하둡을 이 구조에 가장 하부에 해당되는 플랫폼으로 적용하기 위해서 아키텍처를 만들고, 플랫폼을 개발하고, 이것을 플랫폼 포탈 업체의 환경에 녹이고 운영하는 일을 하고 있다. 즉 데이터 분야의 SRE(Site Reliability Engineering), 신뢰성 엔지니어링을 실현하는 것이다.

하둡 생태계에는 하둡 에코시스템이라고 불리는 많은 분석도구들이 있다.

① 이것들을 평가하고 개발해서 패키지 하는 일
② 이 패키지를 다양한 비즈니스적 요구사항에 맞춰서 적용하는 일
③ 그 요구사항에 따라서 클러스터를 설치하고 운영하는 일

'축적의 시간'에서, 우리나라의 10년 차 엔지니어는 그냥 10년 차 엔지니어이고, 100년이 된 글로벌 기업의 10년 차 엔지니어는 110년 차 엔지니어라고 했다. 무엇이 이 차이를 만든 걸까? 무엇이 이런 초인류 기업과 그렇지 않은 기업의 차이를 만든 걸까?

그건 선배들이 쌓아온 경험과 시간 그리고 그 경험을 어떻게 쌓아왔느냐의 차이이다. 우리는 이걸 스케일이라고 한다. 이처럼 스케일은 공간적인 개념뿐만 아니라 시간적인 개념이 포함돼 있다.

카카오의 데이터 분야에 근무하면 대한민국 최대 규모의 빅데이터 플랫폼이라는 물리적인 스케일을 가져갈 수도 있으며, 선배들이 겪었던 많은 시행착오와 경험 그리고 노하우를 얻어 갈 수 있다.

03 AutoML 공급업체에 대한 평가 및 요구사항에 대하여 분석하라.

1. 상업용 AutoML에 대한 평가

Targetbase(2018)의 "Automated Machine Learning : An Agile Approach to AI Deployment"에 따르면 DataRobot과 H2O.ai가 다른 AutoML 공급업체보다 더 나은 성능을 보인다고 평가를 하였으며, DataRobot과 Tazi.ai가 평가된 데이터프로세싱, 피처 엔지니어링, 모델링, 시각화에서 다른 공급업체에 비해 더 높은 자동화 비율을 나타내고 있다.

Forrester(2019)의 보고서는 AutoML 시장에 대해서 현재 오퍼링(Current offering)과 시장상황(Market Presence)의 정도에 따라 4가지 영역(Leaders : 리더, Strong Performers : 강력한 실행자, Contenders : 경쟁자, Challengers : 도전자)으로 구분하였다. 이 보고서는 해당 Aible, Bell Integrator, Big Squid, DataRobot, DMway Analytics, dotData, EdgeVerve, H2O.ai, Squark 등의 솔루션 중에서 DataRobot과 H2O.ai를 리더그룹으로 평가하였다. 특히 DataRobot은 사용자 경험, 모델운영, 비전, 로드맵을 포함한 10가지 평가기준 중 9가지에서 높은 평가를 받았다. 최근에 AIMultiple의 AutoML Software9에 따르면 브랜드 인기도과 웹트래픽에 있어 DataRobot, Dataiku DSS, H2O.ai가 Top3로 조사되었다.

국내 상용 AutoML 솔루션 시장에서도 현재 DataRobot, Dataiku DSS, H2O.ai가 제품지원과 마케팅, 영업활동을 하고 있다.

Gartner peerinsights의 Data Science and Machine Learning Platforms 평가 기반으로 DataRobot, Dataiku DSS, H2O.ai 등에 대해서 〈표 14-5〉와 같이 정리해보았다.

〈표 14-5〉 Gartner Peer Insights(2021)의 Customer Reviews

평점요소	DataRobot	Dataiku DSS	H20.ai
전반적 평점	4.7	4.8	4.7
평가 및 계약	4.5	4.5	4.7
통합 및 배포	4.5	4.5	4.6
서비스 및 지원	4.7	4.8	4.9
제품기능	4.6	4.8	4.6

학습 14

각 솔루션에 대한 사용자의 선호적 평가와 비판적 평가를 살펴보면 DataRobot은 데이터 사이언티스트가 아닌 경우도 현실 비즈니스 문제를 빠르게 처리하여 생산성이 높다는 측면에서 AutoML 철학에 부합되는 솔루션이라는 평과 함께 최소한의 유연성만 허용되는 점이 아쉽다는 지적이 있다.

DataRobot의 특징은 아무리 복잡한 모델이라 하더라도 PDP, Permutation Feature Importance, XEMP, Shapley Values 등을 통해 피처 및 모델에 대한 설명이 가능한 일관성 높은 인터페이스 화면을 제공하고, DataRobot 노하우가 반영된 블루프린트 기반의 다양하고 수많은 알고리즘을 병렬로 학습, 검증, 블랜딩하여 높은 정확도의 모델을 추천하다는 점이 특징적이다.

손쉽고 편리하게 모델 배포와 모니터링을 관리하고, 자동으로 모델 생애주기(Lifecycle)가 관리되어 서비스 중단 없이 모델 재학습, 교체 등의 운영이 가능하다. 또한 모델운영관리에 필요한 서비스, 정확도, 데이터 드리프트 등과 같은 MLOps 서비스 화면이 잘 정비되어 있다.

Dataiku DSS의 경우 데이터 사이언티스트와 함께 워크플로우를 공유하면서 쉽게 분석할 수 있고 R, Python, SQL 등의 코딩도 활용할 수 있다는 점이 특징이다. 다만 폭넓은 범위의 산업에 활용되기 위해서는 대규모 데이터셋 처리에 대한 개선이 필요하다는 평도 있다.

Dataiku DSS의 강점은 워크플로에 기반한 유연한 데이터 처리와 피처생성 그리고 수동(R/Python)코딩을 워크플로우에 삽입할 수 있다는 점이 특징이다. H2O.ai의 경우 머신러닝 수행을 위한 적절한 옵션 및 오픈 API를 활용하여 맞춤 설계와 배포가 가능하다. 다만 여러 번 실행 시 클러스터 안정성이 부족하고 웹 인터페이스에서 소프트웨어 활용이 제한적이라는 평도 있다. H2O.ai는 피처 엔지니어링 관점에 자동으로 상호작용이 높은 피처를 생성하고 모델설명을 위한 PDP, ICE, Permutation Feature Importance, Shapley Values, LIME 등 다양한 시각화 화면을 제공하고 있다.

2. AutoML 요구사양

AutoML 요구사양에 있어서 사용자의 접근성이 높아야 한다. 데이터 사이언티스트, 데이터엔지니어, IT 전문가, 현업 비즈니스 실무자 등 폭넓은 사용자들이 편리하게 사용할 수 있어야 한다. 더불어 데이터 거버넌스, 데이터 엔지니어링, 피처 엔지니어링, 모델 최적화 구현, 모델 설명 해석 가능성 그리고 MLOps 기능까지 모든 영역에서 사용자의 편리성, 모델의 다양성, 효율성, 정확성, 모델 운영/관리성 등이 확보되어야 한다.

〈표 14-6〉 AutoML 평가요소별 기능요소

편리성	다양성/확장성	효율성/정확성	운영/관리성
• 자동화 모델 생성 • 자동 EDA과 데이터 품질 추적과 관리 • 하이퍼 파라미터 튜닝 • 모델성능 평가지표 및 모델비교 제공 • 피처 중요도 • 피처 관계 해석 • 피처 엔지니어링 기능 • API 배포코드 및 보고서 기능	• 다양한 소스(CSV, DB, Hive, Spark, HDFS 등)연계 • 다양한 데이터 유형(정형, 이미지, 텍스트, 공간정보 등)에 따른 분석활용 • 최신의 다양한 머신러닝/딥러닝(지도학습, 비지도학습, 시계열, 이상 탐지 등) 알고리즘 제공	• 다수 모델링 자동 병렬 실행을 통한 신속한 모델 구현 • 임계치 변동시뮬레이션 기능 • 모델 투자수익률(ROI) 시뮬레이션 기능 • 다수의 모델설계 노하우 기반 분석 시나리오 • 모델 간 오토앙상블 및 Blend 기능	• 배포모델 서비스 모니터링 기능 • 배포모델 정확도 및 데이터 변화 추적 모니터링 기능 • 배포모델 재학습과 모델교체 기능 • 프로젝트 공유 및 이력 관리, 계정권한 관리 • 프로젝트 자원 및 리소스 관리

3. 일반데이터 과학자 관점에서 AutoML

최근에는 AutoML 제품을 활용하여, 비전문 분석인력(현업 비즈니스 실무자, IT 전문가, 데이터 엔지니어)들도 직접 코딩하지 않더라도 머신러닝 프로세스에 참여 할 수 있게 되었다.

일반적으로 일반데이터 사이언티스트는 영업, 마케팅, 재무 또는 인적 자원과 같은 비즈니스 라인에서 직면한 비즈니스 과제에 대한 도메인 지식을 가지고 데이터 과학자, 통계학자 또는 수학자들이 했던 작업의 지원을 받아 분석한다.

일반데이터 사이언티스트는 해당 분야에서 일반적인 분류, 회귀분석과 같은 비교적 용이한 문제를 해결하는 역할을 담당하고, 난이도가 높은 지식이 필요한 경우 데이터 사이언티스트의 지원을 받아 문제를 해결하는 것이 바람직하다.

데이터 사이언티스트의 경우 전문적이고 복잡하고 난이도가 높은, 잘 해결되기 어려운 분석 프로젝트에 집중할 수 있게 하거나 기업에서 최대한 많은 비전문 분석인력이 일반데이터 사이언티스트의 역량을 높일 수 있도록 기술지원과 자문하는 것이 바람직하다.

일반데이터 사이언티스트은 머신러닝과 인공지능에 대한 전문지식과 코딩능력이 없는 경우가 대부분이기 때문에 오픈소스 기반보다는 모델유지관리가 편리하고 인터페이스가 잘 갖추어진 상업용 AutoML를 활용하는 것이 효과적이다.

지금까지는 데이터 사이언티스트가 직접 R이나 Python 코딩을 하지 않았으며, 머신러닝 모델을 구현할 수가 없었고, 최신 알고리즘보다는 기존에 자주 사용했던 알고리즘만 사용하는 경우가 많아서 배포된 모델이 최선이라고 보장할 수도 없었다. 그리고 분석 중 최신 알고

학습 14

리즘을 검토하고 적용할 시간도 충분하지 않았다. AutoML 제품은 데이터 준비가 완료되면 피처 엔지니어링과 모델학습 및 검증, 배포, 서비스 구현까지 실무에 바로 적용할 수 있도록 종단간(End to End) 플랫폼으로 발전하고 있다.

앞으로 AutoML를 활용하면 데이터 기반 의사결정과 문제해결에 대한 진입장벽이 낮아질 것이다. 그래서 일반데이터 사이언티스트가 기존보다 많은 비즈니스 문제에 있어 쉽고 빠르게 최적의 모델을 구현하게 될 것이며, 기업의 생산성 증대와 투자수익률(ROI)을 개선하는데 더 가치있게 기여하게 될 것이다.

04 MLOps 상용 소프트웨어에 대하여 분석하라.

1. SAS

모델관리에 중점을 둔 제품으로 MLOps 기능을 제공하며, 재학습 관점에서는 전통적인 ML 개발방법론으로 해결책을 제시한다. 별도의 패키지로 Model Manager를 판매하며 모델관리 관점에서 위에 언급된 기능 외에도 해당 모델의 내재적인 특성을 모니터링하고 관리할 수 있는 기능을 풍부하게 제공한다.

2. Google

다양한 오픈소스를 활용한 MLOps 개념을 활발히 적용하고 발표해 오고 있으며, 모델관리 관점에 대한 기능들보다 재학습 중점에 보다 많은 기능들을 제시하고 있다. 주로 ML Pipeline 자동화와 지속적 개발(Continuous Development) 지속적인 통합에(Continuous Integration) 주안점을 두고 코드기반의 MLOps 구현을 제시하고 있다.

3. AWS

AWS Sagemaker 환경에서 만들어진 모델의 SDK를 활용하여 코딩을 통해 API 엔드포인트(Endpoint)로 구현하거나 배치서비스로 구현이 가능하다. 최근에 MLOps 프레임워크를 발표했으나 모델관리 관점에서 위에 제시한 기능들에 대한 구현은 비교적 초기상태이다.

4. Microsoft Azure

MS Azure Machine Learning 환경에서 개발된 모델을 웹서비스 형태로 배포할 수도 있고, SDK기반으로 배포하고 관리하는 다양한 기능을 구현할 수 있다. 다양한 타깃(컨테이너, Kubernetes, 웹서비스 등)에 배포하고 MLOps 개념을 구현할 수 있으나 드리프트 검출 기능 등은 아직 진행중이다.

5. AutoML 개발사

최근 들어 데이터 사이언티스트 부족에 따른 분석자동화를 위해 AutoML 개발사들이 대두되었다. DataRobot, H2O.ai 및 DataIku 등이 해당하는데 분석자동화를 모델개발에 한정하지 않고, 모델관리 및 재학습까지 범위를 넓히기 위해서 MLOps 기능은 자연스럽게 지원되는 추세이다. 그러나 대부분은 모델관리에 중점을 둔 기능만을 제공한다. 다만, DataRobot은 최근 Continuous AI를 선언하며 모델관리 외에도 피처 스토어 및 재학습 워크플로우 기능을 포함하여 제공하고 있다.

학습활동.14 교수 · 학습 방법

교수 방법

- 빅데이터의 융합에 대한 관련 용어, 구성, 방식 이해 정도를 파악한 후 수업을 진행한다.
- 교수자의 주도로 빅데이터의 융합 등의 내용을 PPT 자료로 제시한 후 설명한다.
- 가능하면 사전에 개인별 학습 자료를 준비하여 모든 학생이 참여할 수 있는 문제 해결식 수업, 협력 수업이 가능하도록 한다.
- 빅데이터의 융합 전 과정을 작업의 순서에 따라 단계적으로 실습이 이루어질 수 있도록 지도한다.
- 교재를 통해 수업을 준비하는데 있어서 필요한 모든 정보나 팁, 힌트 등 도움이 될 만한 내용들을 확인할 수 있다.
- 학생들이 만들게 될 각 모델들은 수업시간에 중점적으로 다뤄질 부분과 어휘, 질문, 답을 포함하고 있으며 또한 탐구할만한 추가적인 아이디어들도 포함하고 있다.

학습 방법

- 빅데이터의 융합에 대한 관련 용어를 숙지하고, 빅데이터의 융합에 대해 이해한다.
- 빅데이터의 융합의 각 단계별 중점 사항을 체계적으로 학습한다.
- 빅데이터의 융합의 수행순서의 전 과정을 실습한다.
- 빅데이터의 융합의 내용을 이해한다.
- 빅데이터의 융합을 숙지하고 숙달이 될 때까지 학습한다.

학습활동.14 평가 및 피드백

평가 준거

- 평가자는 피평가자가 수행 준거 및 평가 내용에 제시되어 있는 내용을 성공적으로 수행할 수 있는 지를 평가해야 한다.

학습내용	평가항목	성취수준		
		상	중	하
빅데이터의 융합	빅데이터의 융합을 이해할 수 있다.			

평가 방법

• 작업 포트폴리오

학습내용	평가항목	성취수준		
		상	중	하
빅데이터의 융합	빅데이터의 융합을 이해할 수 있다.			

• 필기시험

학습내용	평가항목	성취수준		
		상	중	하
빅데이터의 융합	빅데이터의 융합을 이해할 수 있다.			

• 체크리스트를 통한 관찰

학습내용	평가항목	성취수준		
		상	중	하
빅데이터의 융합	빅데이터의 융합을 이해할 수 있다.			

• 피드백

1. 작업 포트폴리오
   - 제출한 보고서를 평가한 후 주요 사항에 대하여 표시하여 돌려준다.
2. 필기시험
   - 평가 결과 성적이 저조한 학생은 보고서 제출 기회를 부여한다.
3. 체크리스트를 통한 관찰
   - 실습 과정에서 평가한 후 개선해야 할 사항 등을 정리하여 돌려준다.

참 | 고 | 문 | 헌

- '올빼미버스' 운행 50일, 하루 6천명 이용(서울특별시청 : 보도자료), 2013.11.15.
- '올빼미버스' 증차후, 하루 2천여 명 이용 증가, 혼잡도 완화(서울특별시청 : 보도자료), 2017.1.16.
- 개인정보보호법(시행 2016년 4월 7일, 법률 제13723호)
- 공공 데이터의 제공 및 이용활성화에 관한 법률(시행 2016년 7월 25일, 법률 제13423호)
- 공공데이터 개방 및 활용 주요 현황('17.10월), 공공데이터포털, 2017.12.1.
- 공공데이터포털, https://www.data.go.kr.
- 과학기술정보통신부 · 행정안전부 · 통계청 보도자료, 통계데이터로 빅데이터 산업 활성화 한다, 2017. 8.30.
- 교육부 · 전종훈 외, "빅데이터 분석, NCS 학습모듈"
- 국가법령 정보센터, http://www.law.go.kr
- 국가통계포털, http://kosis.kr, 2016.8.11.
- 김선남 · 이환수, 『빅데이터 개인정보 가이드라인(안)의 개선방향 연구』, 『정보화 정책 제21권, 제4호』, 25쪽, 2014.
- 김시환 · 천석진 · 이현주, 『Big data 이용현황과 시사점』, 『지급결제와 정보기술 제52호』, 금융결제원 금융결제 연구소, 2013.
- 김진영, 『헬로 데이터 과학』, 한빛 미디어, 2016.
- 김형훈 · 김선화, 『클라우드와 빅데이터의 강력한 파트너 MongoDB 핵심가이드』, 프리렉, 2014.
- 네이버 데이터랩(https://datalab.naver.com/)
- 네이선 야우([2011] 2012), 『비주얼라이즈 디스 : 빅데이터 시대의 시각화+인포그래픽 기법(VISUALIZE THIS : The FlowingData Guide to Design, Visualization, and Statistics)』, 송용근(역), 에이콘.
- 모리후지 다이치, 안티베이지안([2014] 2015), 『엔지니어를 위한 데이터 시각화(ENGINEER NO TAME NO DATA KASHIKA 〈JISSEN〉 NYUMON)』, 김성재(역), 한빛미디어.
- 미래창조과학부 보도자료, 빅데이터로 해외감염병 대응한다, 2016.11.15.
- 미래창조과학부, 한국정보화진흥원, K-ICT 빅데이터센터, 2015년 BIGDATA 시장현황 조사, 2016.
- 민관 빅데이터 융합을 통한 선제적 범죄예방 지원 서비스 개발(안산시, 2016.11)
- 민세희, 「데이터 시각화, 인식과 행동」, 『2014년 지역정보화 동향분석』, 제9호, pp.1-14., 2014.
- 민 · 관 빅데이터 융합을 통한 해외유입 감염병 차단 본격화, 미래창조과학부 보도자료, 2016.5.24.
- 박종일, 차량운행경로 빅데이터의 도로정책 활용방안, 국토정책 Brief, 2017.7.31.
- 빅데이터 기술분류 및 현황, 한국지능정보사회진흥원, 2013.12.
- 빅데이터 산업의 현황과 전망, KISTI MARKET REPORT, 2013.4.
- 서울시 올빼미버스 제1회 지방자치정책 대상 수상(서울특별시청 : 보도자료), 2016.11.25.
- 서울시 우리마을가게 상권분석서비스, https://golmok.seoul.go.kr/
- 소프트웨어공학센터, http://www.sw-eng.kr
- 우리나라에서 교통량 가장 많은 도로가 궁금하다면?(국토교통부 보도자료), 2017.9.4.
- 위키백과, https://ko.wikipedia.org/wiki
- 유충현 · 홍성학, R을 활용한 데이터 시각화, 379, 2015.
- 이상한 · 정영훈, 『빅데이터 시스템 구축 가이드』, 프리렉, 2015.
- 이신 · 허유경 · 김혜미, 빅데이터를 이용한 교통계획 : 심야버스와 사고줄이기, 서울시 교통정책 패키지, 2017.3.

- 이재운 기자, "통계학적 방식으로 취약점 방어...빅데이터 활성화 기대", 디지털타임즈, 3면, 2016.7.1.
- 전시현, 빅데이터 시대, 이종간 데이터 융합이 핵심, 인더스트리뉴스
- 제주도-카카오, 민관 융합 빅데이터 비즈니스 창출, 한라일보, http://www.ihalla.com/read.php3?aid=1499232646569781073, 2017.7.5.
- 조대협, NoSQL 데이터 모델링, http://bcho.tistory.com/665에서 검색 2012, 2016.08.01.
- 조대협, 분산 로그 & 데이터 수집기 Fluentd, http://bcho.tistory.com/1115, 2016.8.1.
- 주종면, 『NoSQL & mongoDB』, 도서출판databook, 2014.
- 포스터 프로보스트, 톰 포셋, 『비즈니스를 위한 데이터 과학』, 한빛 미디어, 2014.
- 한국데이터베이스진흥원, 『데이터 분석 전문가 가이드 2014 Edition』, 2014.
- 한국데이터베이스진흥원, 『데이터 분석 전문가 가이드 개정판』, 2016.
- 한국교통연구원 View T 1.0(http://viewt.ktdb.go.kr)
- 한국데이터베이스진흥원, 『데이터 분석 전문가 가이드 2014 Edition』, KODB, 2014.
- 한국데이터산업진흥원, 2021년도 데이터 백서
- 한국정보화진흥원, 2015년 빅데이터산업 10대 뉴스 및 이슈, BIGDATA, 2015.
- 한국정보화진흥원, 빅데이터 시각화 기술 도입을 위한 단계", 「빅데이터 기술 분류 및 현황」, 2015.
- 한국정보화진흥원, 빅데이터 활용 단계별 업무절차 및 기술 활용 매뉴얼(Version 1.0), 2014.
- 행정자치부 관계부처 합동 보도문, 『개인정보 비식별화 가이드라인』, 2016.
- Cattell R, Scalable sql and nosql data stores, ACM SIGMOD, Athens, Greece, 2011.
- DBGuide.net, 데이터 요건분석
- https://ikkison.tistory.com/66 빅데이터/쉽게 읽는 데이터, 2019.5.23.
- http://www.dbguide.net/db.db?cmd=view&boardUid=13839&
- boardConfigUid=9 &boardIdx=39&boardStep=1, 2016.7.28.
- mongoDB Inc., MongoDB 3.2 Manual, Retrieved from https://docs.mongodb.com/manual/, 2016.8.
- mongoDB Inc., Sharding, Retrieved from https://docs.mongodb.com/manual/sharding/, 2016.08.
- Solid IT. Inc., DB-Engines Ranking, Retrieved from http://db-engines.com/en/ranking, 2016.8.
- Wikipedia, Shard(database architecture). Retrieved from https://en.wikipedia.org/wiki/
- Shard_(database_architecture), 2016.08.
- Gartner, 'Magic Quadrant for Business Intelligence and Analytics Platforms', 2016.1.4.
- IDC(2014), 'IDC FutureScape : Worldwide Big Data and Analytics 2015 Predictions', 2014.12.10.
- Jock D. Mackinlay(1980), Automating the Design of Graphical Presentations of Relational Information, ACM Transaction on GRaphics, Vol.5, No.2, April. 1-34, 1986.
- Łukasz Halik, (2012), The analysis of visual variables for use in the cartographic design of point symbols for mobile Augmented Reality applications, GEODESY AND CARTOGRAPHY, Vol.61, No.1, 19-30, 2012.
- Sharon Machlis(2015), Chart and image gallery : 30+ free tools for data visualization and analysis, Computerworld
- TTA(2014), "빅데이터 시각화 기술", ICT 표준화포럼-빅데이터포럼.
- http://cartodb.com/

- http://colorbrewer2.org
- http://data.seoul.go.kr/openinf/linkview.jsp?infId=OA-13304
- http://docs.ggplot2.org
- http://gapminder.org/world
- http://ggplot2.org
- http://github.com/dkahle/ggmap
- http://groups.google.com/group/ggplot2
- http://indiemapper.com/
- http://mbostock.github.io/protovis/
- http://mbostock.github.io/protovis/ex/nba.html
- http://modestmaps.com/
- http://newsmap.jp
- http://philogb.github.io/jit/
- http://processing.org
- http://python.org
- http://sgis.kostat.go.kr/view/index
- http://www.adobe.com/kr/products/illustrator.html
- http://www.google.com/drive/start/apps.html
- http://www.iea.org/etp/explore/
- http://www.instantatlas.com/
- http://www.labri.fr/perso/nrougier/teaching/matplotlib/
- http://www.perceptualedge.com/articles/visual_business_intelligence/sometimes_we_must_raise _our_voices.pdf
- http://www.r-project.org/
- http://www.tableau.com/
- http://www.telerik.com/kendo-ui
- http://www2.parc.com/istl/groups/uir/publications/items/UIR-1986-02-Mackinlay-TOG-Automat ing.pdf
- https://commons.wikimedia.org/wiki/File:Basic_by_Isotype.jpg
- https://commons.wikimedia.org/wiki/File:Gestalt_closure.svg
- https://cran.r-project.org/web/packages/RColorBrewer/index.html
- https://d3js.org/
- https://developers.google.com/chart/
- https://developers.google.com/chart/interactive/docs/gallery
- https://developers.google.com/chart/interactive/docs/reference
- https://docs.google.com/spreadsheets/u/0/
- https://en.wikipedia.org/wiki/Principles_of_grouping#/media/File:Gestalt_proximity.svg
- https://en.wikipedia.org/wiki/Principles_of_grouping#/media/File:Gestalt_similarity.svg
- https://infogr.am
- https://inkscape.org/
- https://public.tableau.com/s/
- https://stat.ethz.ch/R-manual/R-devel/library/stats/html/heatmap.html

- https://www.arcgis.com/features/index.html
- https://www.openstreetmap.org/
- https://www.rstudio.com/
- https://www.theguardian.com/news/datablog/2010/may/17/uk-public-spending-departments-mo ney-cuts
- http://www.industrynews.co.kr, 2018.5.22.
- https://market.dighty.com/contents/
- https://tech.kakao.com/
- Big Data Fades to the Algorithm Economy(Forbes, 2015.8.14.,
- https://www.forbes.com/sites/gartnergroup/2015/08/14/big-data-fades-t
- o-the-algorithm-economy/#4b988f6b51a3)
- Wikibon Big Data in the Public Cloud Forecast, 2016-2026(Wikibon, 2016.5.31.)
- Data Age 2025 : The Evolution of Data to Life-Critical(IDC, 2017.4)
- Google Trends(https://trends.google.com)
- Government at a Glance 2017(OECD, 2017.7.13.)
- Statista(https://www.statista.com)
- The World Economic Forum : The top 10 emerging technologies for 2012
- https://www.weforum.org/agenda/2012/02/the-2012-top-10-emerging-technologies/
- Worldwide Semiannual Big Data and Analytics Spending Guide(IDC), 2017.3.
- SKT, "'빅데이터 허브' 공개 4년…공공 활용 선도"(아이티데일리, 2017.6.30.,
- http://www.itdaily.kr/news/articleView.html?idxno=83945)
- SKT 빅데이터허브(www.bigdatahub.co.kr/)
- 2011 국가정보화백서(행정안전부), 2011.
- 2016년 빅데이터 시장현황조사(한국정보화진흥원), 2017.3.
- 2016 빅데이터 스마트서비스 시범사업 결과보고서(한국정보화진흥원), 2017.8.

학습 14

저자약력

남 상 엽
- 삼성종합기술원 근무
- 모토로라반도체 기술연구소 근무
- 국제대학교 의료IT학과 교수(현재)

최 선 정
- 삼성SDI기술연구소 근무
- 국제대학교 의료IT학과 교수(현재)

홍 재 혁
- 삼성전자 / 삼성전기 근무
- 국제대학교 의료IT학과 교수(현재)

임 용 순
- LG전자 근무
- 국제대학교 e-크리에이터 전공 교수(현재)

이 혜 명
- 국제대학교 컴퓨터공학과 교수(현재)

이 현 진
- (주) 나누리코리아 대표(현재)
- 나누리원격평생교육원 원장(온라인 쇼핑몰 교육)
- (주) 나누리로지스틱스 대표
- 평택스피드박스 3pl 물류창고 운영
- 온라인 쇼핑몰 빅파워샵 운영
- 상품대량수집 솔루션 EZ-Q 개발
- 2017년~2021년 온라인 쇼핑몰 400여 개 컨설팅 및 창업
- 2021년 해성컨벤션고등학교 온라인 쇼핑몰 강좌 산학협력기관
- 2022년 송파여성인력개발원 온라인 쇼핑몰 강좌개설
- 2021년 온라인 쇼핑몰 창업지원 명인
- 2022년 한국스포츠경제 쇼핑몰교육컨설팅부문 고객감동 혁신기업대상
- 2022년 1인창업 지원의 플랫폼 서비스 방법 및 시스템 특허
- 프렌차이즈박람회 온라인 쇼핑몰 부문 최초 참여
- 삼성생명 보험여왕, 웅진씽크빅 10여 년 영업 및 교육, 휴대폰 프랜차이즈 컨설팅 150여 개 달성

빅데이터 분석 및 응용

2023년 1월 10일 1판 1쇄 발행

저 자 남상엽 · 최선정 · 홍재혁
임용순 · 이혜명 · 이현진

발행인 남 승 우

발행처 도서출판 상尙 학學 당堂

서울특별시 동작구 사당로9가길 6
TEL : 02) 595-1692~4
FAX : 02) 595-1394
E-mail : shdbooks@naver.com
신고 : 2-155호 (1968. 11. 29)

정가 38,000원

ISBN 978-89-6587-230-6 93000

〈디자인〉 편집 엄해숙 / 표지 토틀컴